SÚMULAS
TNU
TURMA NACIONAL DE UNIFORMIZAÇÃO DOS JUIZADOS ESPECIAIS FEDERAIS

Organizadas por assunto, anotadas e comentadas

INCLUI ÍNDICES:

Alfabético-remissivo   Cronológico-remissivo

Coleção Súmulas
VOLUME 6

Autores:

- Alexandre Ferreira Infante Vieira
- André Wasilewski Duszczak
- Aníbal Magalhães da Cruz Matos
- Carlos Adriano Miranda Bandeira
- Carmen Elizangela D. M. de Resende
- Celso Araújo Santos
- Ciro Benigno Porto
- Daniel Machado da Rocha
- Edilson Pereira Nobre Junior
- Fábio Moreira Ramiro
- Filipe Aquino Pessoa de Oliveira
- Francisco Glauber Pessoa Alves
- Frederico Augusto Leopoldino Koehler
- Gerson Luiz Rocha
- Gessiel Pinheiro de Paiva
- Gláucio Maciel Gonçalves
- Hugo Leonardo Abas Frazão
- João Batista Lazzari
- Leonardo Augusto de Almeida Aguiar
- Lucilio Linhares Perdigão de Morais
- Luiz Régis Bomfim Filho
- Marcelle Ragazoni Carvalho Ferreira
- Marco Bruno Miranda Clementino
- Paulo Sérgio Ribeiro
- Rogério Moreira Alves
- Ronaldo José da Silva
- Sérgio Murilo Wanderley Queiroga
- Thiago Mesquita Teles de Carvalho

SÚMULAS
TNU

TURMA NACIONAL DE UNIFORMIZAÇÃO DOS JUIZADOS ESPECIAIS FEDERAIS

Organizadas por assunto, anotadas e comentadas

INCLUI ÍNDICES:

Alfabético-remissivo   Cronológico-remissivo

Coleção Súmulas
VOLUME 6

Organizador:
ROBERVAL ROCHA

Coordenadores:
Antônio César Bochenek
Frederico Augusto Leopoldino Koehler
Márcio Augusto Nascimento

2017

www.editorajuspodivm.com.br

www.editorajuspodivm.com.br

Rua Mato Grosso, 164, Ed. Marfina, 1º Andar – Pituba, CEP: 41830-151 – Salvador – Bahia
Tel: (71) 3045.9051
• Contato: https://www.editorajuspodivm.com.br/sac

Copyright: Edições JusPODIVM

Conselho Editorial: Eduardo Viana Portela Neves, Dirley da Cunha Jr., Leonardo de Medeiros Garcia, Fredie Didier Jr., José Henrique Mouta, José Marcelo Vigliar, Marcos Ehrhardt Júnior, Nestor Távora, Robério Nunes Filho, Roberval Rocha Ferreira Filho, Rodolfo Pamplona Filho, Rodrigo Reis Mazzei e Rogério Sanches Cunha.

Capa: *(Adaptação)*: Ana Caquetti

Diagramação: Cendi Coelho *(cendicoelho@gmail.com)*

Todos os direitos desta edição reservados à Edições JusPODIVM.

É terminantemente proibida a reprodução total ou parcial desta obra, por qualquer meio ou processo, sem a expressa autorização do autor e da Edições JusPODIVM. A violação dos direitos autorais caracteriza crime descrito na legislação em vigor, sem prejuízo das sanções civis cabíveis.

APRESENTAÇÃO DA COLEÇÃO

"Importante ressaltar a difusão que teve a Súmula, como método de trabalho, pois este parece ser o seu aspecto de maior eficácia, suplantando mesmo a sua condição de repertório oficial de jurisprudência da Alta Corte. Em certo sentido, pode-se dizer que o conteúdo da súmula passa para segundo plano, quando o comparamos com a sua função de método de trabalho, revestido de alguns efeitos processuais, que contribuem para o melhor funcionamento da Justiça."

Florianópolis, 04/09/1981.

Victor Nunes Leal, in "Passado e Futuro da Súmula do STF"

A coleção SÚMULAS COMENTADAS traz para os leitores informações objetivas e relevantes, tanto da doutrina como da jurisprudência, sobre a aplicação dada aos enunciados sumulares dos tribunais e das instituições mais importantes do país.

Seu escopo é levar, aos estudiosos, aos operadores do direito e àqueles que lidam com os órgãos das mais diversas esferas de atuação governamental, as máximas da sistematização judicial e administrativa, cujos textos intentam orientar, da maneira mais racional possível, a atuação dos entes estatais no cumprimento de se múnus constitucional.

VOLUMES DA COLEÇÃO		
Volume 01 – Súmulas STF	Volume 08 – Enunciados FONAJEF	Volume 15 – Súmulas do CARF
Volume 02 – Súmulas STJ		Volume 16 – Súmulas do TJSP
Volume 03 – Súmulas TCU	Volume 09 – Enunciados FONACRIM	Volume 17 – Súmulas do TJRJ
Volume 04 – Súmulas AGU	Volume 10 – Enunciados CJF (Vol. I – Direito Civil)	Volume 18 – Enunciados do Fórum Permanente de Processualistas Civis
Volume 05 – Enunciados Câmaras de Coordenação e Revisão do MPF	Volume 11 – Enunciados CJF (Vol. II – Direito Comercial)	Volume 19 – Enunciados NCPC – ENFAM
Volume 06 – Súmulas TNU	Volume 12 – Súmulas TRT's	Volume 20 – Enunciados das Turmas Recursais do Juizados Especiais do TJ's
Volume 07 – Enunciados FONAJE	Volume 13 – Súmulas TRF's	
	Volume 14 – Súmulas TJ's	

ROBERVAL ROCHA
ORGANIZADOR

APRESENTAÇÃO

Em breve introdução, podemos dizer que a Turma de Uniformização Nacional (TNU) é competente para processar e julgar o pedido de uniformização de interpretação de lei federal fundado em divergência entre decisões de Turmas de diferentes Regiões, ou da proferida em contrariedade à súmula ou jurisprudência dominante do Superior Tribunal de Justiça, conforme o art. 14, parágrafo segundo, da Lei 10.259/01.

É relevante lembrar que a divergência na interpretação da lei federal em questões materiais deve ser atual, ou seja, questões que já tenham sido pacificadas pela TNU não servem para subsidiar o pedido de uniformização.

As Turmas de Uniformização devem se limitar a fixar a interpretação da lei, não adentrando no julgamento das questões fáticas nem em temas processuais, sob pena de se transformar numa terceira instância de matéria probatória[1].

A Resolução 345/15, com alterações posteriores, do Conselho da Justiça Federal, disciplina o Regimento Interno da Turma Nacional de Uniformização dos Juizados Especiais Federais.

A TNU possui jurisdição em todo o território nacional e a sua sede é na Capital Federal. A designação oficial é Turma Nacional de Uniformização dos Juizados Especiais Federais. O local das sessões é no Plenário junto ao Conselho da Justiça Federal, mas elas também podem ser realizadas fora da sede, em caso de necessidade ou conveniência, a critério do Presidente. É presidida pelo Ministro Corregedor-Geral da Justiça Federal e composta por dez juízes federais como membros efetivos.

O processo de escolha e seleção dos integrantes da TNU é precedido pela indicação de cada Tribunal Regional Federal de dois juízes federais como membros efetivos e dois como suplentes, os quais serão escolhidos entre os integrantes de Turmas Recursais, para mandatos de dois anos, permitida uma recondução. A condição de membro de Turma Recursal é pressuposto para designação do juiz como membro, efetivo ou suplente, da Turma Nacional de Uniformização, e não para sua permanência em caso de modificação superveniente de lotação. Os juízes federais terão assento segundo a ordem de antiguidade na Turma ou, subsidiariamente, na carreira da magistratura federal.

A jurisprudência firmada pela Turma Nacional de Uniformização poderá ser compilada em súmula, cuja aprovação dar-se-á pelo voto de pelo menos sete de seus membros, cabendo ao relator propor-lhe o enunciado. Somente poderá ser objeto de súmula o entendimento adotado em julgamento tomado pelo voto da maioria absoluta dos membros da Turma e que represente sua jurisprudência dominante.

---

1 SAVARIS, José Antônio; XAVIER, Flávia da Silva. **Manual dos Recursos nos Juizados Especiais Federais.** 5. ed. Curitiba: Alteridade, 2015, p. 204.

Os enunciados da súmula, datados e numerados, com indicação do assunto, do teor do enunciado, da legislação pertinente e dos julgados que lhe deram suporte serão publicados três vezes na imprensa oficial, em datas próximas, e divulgados no Portal da Justiça Federal.

Os enunciados da súmula prevalecem sobre jurisprudência anterior e aplica-se aos casos não definitivamente julgados. É possível a revisão na forma estabelecida no Regimento Interno. Durante o julgamento do incidente de uniformização, qualquer dos membros poderá propor a revisão da jurisprudência compendiada em súmula, caso a maioria dos presentes admita a proposta de revisão, procedendo-se ao sobrestamento do feito, se necessário. A alteração ou o cancelamento do enunciado de súmula será aprovado pelo voto de pelo menos sete membros da Turma. Ficarão vagos, com a nota correspondente, para efeito de eventual restabelecimento, os números referentes aos enunciados que a Turma Nacional de Uniformização cancelar ou alterar, tomando os que forem modificados novos números da série. A Secretaria da Turma Nacional adotará as providências necessárias à ampla e imediata divulgação da alteração ou cancelamento do enunciado da súmula.

As súmulas da TNU serão observadas pelas Turmas Recursais e Juizados Especiais Federais, em virtude do disposto no art. 927, inc. V, do CPC ("*Art. 927. Os juízes e os tribunais observarão: V – a orientação do plenário ou do órgão especial aos quais estiverem vinculados*."). Portanto, os juizados especiais federais e as Turmas Recursais devem seguir a orientação compendiada nas súmulas da TNU, a não ser que o caso apresente peculiaridades que o distingam do paradigma (distinção/*distinguish*), ou na hipótese de a súmula ser superada por julgamento posterior da própria TNU (superação/*overruling*).

Fácil perceber que os enunciados da súmula da TNU são instrumentos valiosos para guiar os militantes na área jurídica sobre a jurisprudência predominante no âmbito do microssistema dos Juizados Especiais Federais.

Diante desse quadro, a editora Juspodivm encarregou os Coordenadores em buscar os melhores quadros da Justiça Federal para realizar comentários, apontar legislação e indicar jurisprudência que melhor auxiliasse os operadores jurídicos a compreender a razão de ser e o objetivo de cada uma das Súmulas da TNU. E findo o trabalho temos a certeza de que a meta foi alcançada, razão pela qual a Juspodivm e os Coordenadores agradecem imensamente a inestimável colaboração dos Juízes Federais que participaram desta grande empreitada.

Paraná e Pernambuco, outono de 2017.

Os Coordenadores:
ANTÔNIO CÉSAR BOCHENEK
FREDERICO AUGUSTO LEOPOLDINO KOEHLER
MÁRCIO AUGUSTO NASCIMENTO

COORDENADORES

ANTÔNIO CÉSAR BOCHENEK

Juiz Federal do Tribunal Regional Federal da 4ª Região, lotado na 2ª Vara Federal de Ponta Grossa/PR. Doutor em Direito pela Universidade de Coimbra, Mestre pela PUC/PR, Bacharel em Direito pela Universidade Estadual de Ponta Grossa – UEPG. Professor da ESMAFE/PR e do CESCAGE. Vice-presidente do IPDP. Presidente do IBRAJUS. Foi Presidente da AJUFE e da APAJUFE. Autor do livro "A Interação entre Tribunais e Democracia por meio do Acesso aos Direitos e à Justiça: Análise de Experiências dos Juizados Especiais Federais Cíveis Brasileiros", Série Monografias do CEJ. Coautor dos livros "Juizados Especiais Federais Cíveis & Casos Práticos", Juruá, e "Competência Cível da Justiça Federal e dos Juizados Especiais Federais", Juruá.

FREDERICO AUGUSTO LEOPOLDINO KOEHLER

Juiz Federal do Tribunal Regional Federal da 5ª Região, lotado na 2ª Turma Recursal da Seção Judiciária de Pernambuco. Mestre e bacharel em Direito pela UFPE. Professor Adjunto do Curso de Graduação em Direito da UFPE. Membro e Secretário-Geral Adjunto do Instituto Brasileiro de Direito Processual – IBDP. Membro e Diretor de Publicações da Associação Norte-Nordeste de Professores de Processo – ANNEP. Membro da Associação Brasileira de Direito Processual – ABDPRO. Diretor da Revista Jurídica da Seção Judiciária de Pernambuco. Ex-Procurador Federal. Autor do livro "A Razoável Duração do Processo", da Editora JusPodivm. Articulista e parecerista em diversas revistas especializadas. Conferencista em eventos jurídicos.

MÁRCIO AUGUSTO NASCIMENTO

Juiz Federal do Tribunal Regional Federal da 4ª Região, lotado na 8ª Vara Federal de Londrina/PR. Bacharel em Direito pela Universidade Estadual de Londrina – UEL. Professor convidado em cursos de Pós-graduação em Direito Previdenciário da UEL e da PUC – Pontifícia Universidade Católica (Campus de Londrina). Ex-Auditor Fiscal da Receita Federal do Brasil. Coautor do livro "Juizados Especiais Federais Cíveis & Casos Práticos", Juruá. Autor dos livros "Benefícios Previdenciários e Assistenciais – Curso de Prática Judicial com Modelos de Petições e Requerimentos", Juruá; e "Aposentadoria Pública Universal no Brasil: proposta para diminuir as desigualdades sociais", LTr.

AUTORES

ALEXANDRE FERREIRA INFANTE VIEIRA
Juiz Federal em Minas Gerais, atualmente convocado para compor a 2ª Câmara Regional Previdenciária de Minas Gerais. Graduado em Direito pela UFMG e em Engenharia de Computação pela UNICAMP. Foi Procurador da República, Procurador Federal e Analista do Banco Central do Brasil.

ANDRÉ WASILEWSKI DUSZCZAK
Juiz Federal. Formado em direito pela Faculdade de Direito de Curitiba. Pós-Graduado em direito tributário pela Faculdade de Direito de Curitiba. Mestre em direito comparado pela Universidade de Samford-AL-EUA. Mestrando em direito econômico e desenvolvimento pela PUC-PR. Ex-procurador da Fazenda Nacional.

ANÍBAL MAGALHÃES DA CRUZ MATOS
Juiz Federal Titular da 2ª. Vara da Seção Judiciária de Minas Gerais/Belo Horizonte. Especialista em Direito Público e Mestre em Teoria do Direito pela PUC-MG. Professor de Direito Constitucional e Teoria do Estado.

CARLOS ADRIANO MIRANDA BANDEIRA
Juiz Federal Substituto no Tribunal Regional Federal da 2ª Região. Foi Juiz Federal Substituto no TRF1 (2015). É bacharel em Direito pela UERJ - Universidade do Estado do Rio de Janeiro e pós-graduado em Direito Público pela Universidade Cândido Mendes.

CARMEN ELIZANGELA DIAS MOREIRA DE RESENDE
Juíza Federal Presidente da 4ª. TR/MG e membro efetivo da TNU. Graduada em Direito e Pós-graduada em Direito Público pela Pontifícia Universidade Católica de Minas Gerais. Pós-graduada em Direito Processual Público pela UFF - Universidade Federal Fluminense. Pós-graduada em Direito Sanitário pela ESMPU.

CELSO ARAÚJO SANTOS
Juiz Federal Substituto na 9ª Vara Federal da Seção Judiciária do Rio de Janeiro, especializada em Direito Previdenciário e Propriedade Intelectual. Foi advogado e Defensor Público do Estado em São Paulo. Graduação em Direito pela Universidade de São Paulo (USP). Especialização em Direito Tributário pela Universidade de São Paulo (USP).

CIRO BENIGNO PORTO
Juiz Federal. Especialista em Direito Processual Civil.

DANIEL MACHADO DA ROCHA
Juiz Federal Presidente da 2ª TR/RS, ex-membro da TNU e da TRU dos JEF da 4ª Região. Doutor e Mestre em Direito (PUC-RS). Professor Coordenador da disciplina de Direito Previdenciário da ESMAFE/RS. Coordenador Acadêmico do Instituto Latino-Americano de Direito Social (IDS América Latina). Autor de diversas obras jurídicas.

EDILSON PEREIRA NOBRE JUNIOR

Desembargador do Tribunal Regional Federal da Quinta Região. Professor da Faculdade de Direito do Recife - UFPE. Mestre e Doutor em Direito Público. Ex-integrante da Turma Nacional de Uniformização dos Juizados Especiais Federal, no período de 15/09/2006 A 15/09/2008.

FÁBIO MOREIRA RAMIRO

Juiz Federal da SJ/BA. Bacharel em Direito pela Universidade Católica do Salvador e graduado em Medicina pela UFBA, é especialista em Direito Processual Público pela Universidade Federal Fluminense. Professor de Direito Processual Penal da Universidade Católica do Salvador. Foi Juiz de Direito (BA) e Promotor de Justiça (BA).

FILIPE AQUINO PESSOA DE OLIVEIRA

Juiz Federal na Subseção Judiciária de Guanambi. Graduado em Direito pela Universidade Estadual de Feira de Santana. Especialista em Direito Previdenciário pela Universidade Gama Filho. Professor de Processo Civil e Teoria Geral do Processo na Faculdade Guanambi.

FRANCISCO GLAUBER PESSOA ALVES

Juiz Federal da SJ/RN, atuando na Turma Recursal. Doutor e Mestre em Processo Civil pela PUC/SP. Membro do Instituto Brasileiro de Direito Processual (IBDP). Secretário-executivo do IBDP para o RN. Autor e coautor de diversas obras em livros e periódicos jurídicos. Ex-Presidente da Associação dos Juízes Federais da 5a Região (REJUFE).

FREDERICO AUGUSTO LEOPOLDINO KOEHLER

Juiz Federal do Tribunal Regional Federal da 5ª Região, lotado na 2ª TR/PE. Mestre e bacharel em Direito pela UFPE. Professor Adjunto do Curso de Graduação em Direito da UFPE. Ex-Procurador Federal. Membro do IBDP, da ABDPRO e a ANNEP. Autor e coordenador de livros jurídicos, articulista e parecerista em diversas revistas especializadas. Conferencista em eventos jurídicos.

GERSON LUIZ ROCHA

Juiz Federal, titular da 1ª Turma Recursal do Paraná, titular da Turma Nacional de Uniformização (2015-2017), especialista em Direito Processual Público (Universidade Federal Fluminense).

GESSIEL PINHEIRO DE PAIVA

Juiz Federal Substituto na SJRS desde janeiro de 2015 e Juiz Federal Substituto na SJRJ e 2012 a 2014. Bacharel em Direito pela UFRGS. Especialista em Direito Constitucional, Direito Previdenciário e Direito do Trabalho pela Faculdade Atlântico Sul/Anhanguera Educacional de Pelotas/RS. Professor convidado de Direito Processual Civil da ESMAFE/RS.

GLÁUCIO MACIEL GONÇALVES

Juiz Federal da 21ª. Vara de Minas Gerais. Juiz da TNU no período de maio/2012 a maio/2014. Professor Adjunto da Universidade Federal de Minas Gerais (UFMG). Doutor e Mestre em Direito pela UFMG. Pós-Doutor pela Albert-Ludwigs-Universität, em Freiburg, Alemanha.

HUGO LEONARDO ABAS FRAZÃO

Juiz Federal. Mestrando em Direito pela PUC-SP. Professor de direito constitucional do curso de direito da Faculdade de Teologia, Filosofia e Ciências Humanas Gamaliel – FATEFIG. Especialista em Direito Público pela UNIDERP.

JOÃO BATISTA LAZZARI

Juiz Federal Presidente da 3ª TR/SC. Integrante da TRU da 4ª Região e da TNU (2013-2015). Doutor em Ciência Jurídica pela UNIVALI. Doutor em Direito Público pela Universidade de Perugia/Itália. Professor da Escola Superior da Magistratura Federal e do Trabalho de Santa Catarina. Professor em Cursos de Pós-Graduação em Direito Previdenciário. Membro emérito do Instituto Brasileiro de Direito Previdenciário.

LEONARDO AUGUSTO DE ALMEIDA AGUIAR

Juiz Federal. Presidente da Turma Recursal de Juiz de Fora-MG. Membro da Turma Regional de Uniformização de Jurisprudência da 1a. Região. Mestre e Doutor em Direito pela UFMG. Pós-doutorando em Teorias Jurídicas Contemporâneas pela Fac. Nacional de Direito da UFRJ.

LUCILIO LINHARES PERDIGÃO DE MORAIS

Juiz Federal. Mestre em Administração pela UFMG. Bacharel em Direito pela UFMG e em Administração pela Fundação João Pinheiro. Foi Promotor de Justiça (MPDFT), Advogado da União (AGU), Policial Rodoviário Federal e Administrador Público (Governo de Minas Gerais).

LUIZ RÉGIS BOMFIM FILHO

Juiz Federal Substituto (TRF1). Foi Defensor Público Federal e Técnico Judiciário com atuações em JEFs no Ceará e no Pará. Especialista em Direito Constitucional (2011) e em Direito Processual Civil (2010), ambas pela Escola Superior da Magistratura do Estado do Ceará (ESMEC).

MARCELLE RAGAZONI CARVALHO FERREIRA

Juíza Federal da 7ª vara gabinete JEF/SP. Mestre em Direito econômico pela PUC/SP. Vice-presidente da AJUFE.

MARCO BRUNO MIRANDA CLEMENTINO

Juiz Federal Titular da 6ª Vara e Diretor do Foro da Seção Judiciária do Rio Grande do Norte. Professor da Graduação e do Mestrado em Direito da UFRN. Mestre (UFRN) e Doutor (UFPE) em Direito. Coordenador do IBET-Natal. Formador da ENFAM.

PAULO SÉRGIO RIBEIRO

Juiz Federal Substituto do Tribunal Regional Federal da 4ª Região. Mestre em Direito pela PUC/SP. Bacharel em Direito pela UFPR. Professor da Escola da Magistratura Federal do Paraná ESMAFE/PR.

ROGÉRIO MOREIRA ALVES

Juiz Federal do 3º JEF de Vitória/ES. Presidente da Turma Recursal dos JEFs do Espírito Santo (2010-2012). Membro da Turma Nacional de Uniformização dos JEFs (2011-2013).

RONALDO JOSÉ DA SILVA

Juiz Federal em Campo Grande-MS, Vice-Presidente da TR/MS, Integrante da TRU do TRF3 e da TNU dos JEFs. Pós-Graduado em Direito do Estado pela UEL. Professor da EMAG 3ª Região e em Cursos de Pós-Graduação em Direito do Estado. Membro fundador e diretor tesoureiro da Academia Sul-mato-grossense de Direto Público - ASMDP.

SÉRGIO MURILO WANDERLEY QUEIROGA
Juiz Federal Presidente da 1ª Turma Recursal da Paraíba. Ex-membro da TNU. Professor Universitário.

THIAGO MESQUITA TELES DE CARVALHO
Juiz Federal (Seção Judiciária do Ceará). Bacharel em Direito pela Universidade Federal do Ceará.

A ESTRUTURAÇÃO DO LIVRO

Para que o leitor possa identificar rapidamente o tipo de informação contido nos comentários e anotações, são utilizados diferentes formatos de textos, antecedidos por símbolos que identificam o item sob leitura:

- referências informativas dos enunciados;
- tópicos de jurisprudência;
- tópicos de legislação;

Como no exemplo abaixo:

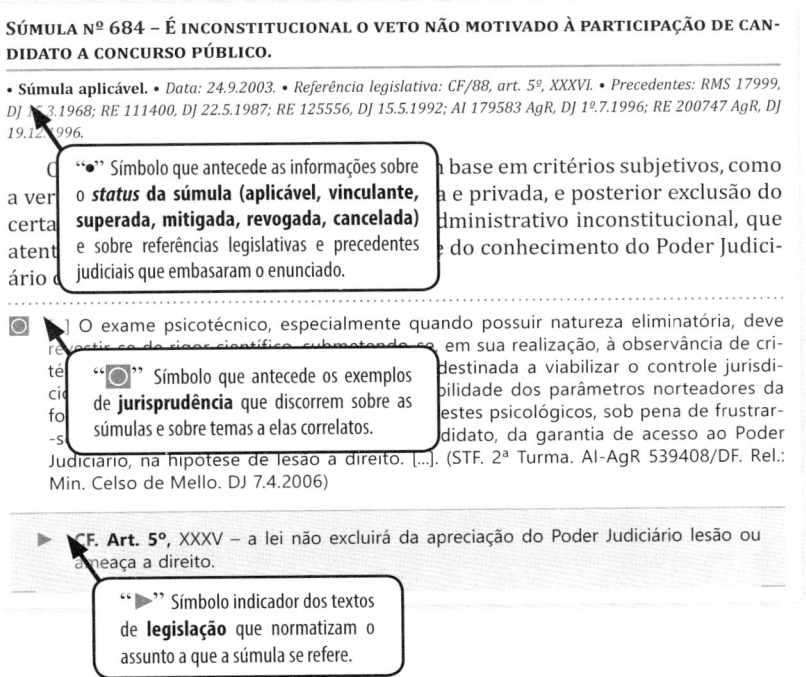

Os Enunciados/Súmulas são agrupados por assunto em tópicos específicos, em que se indica sua pertinência com o ordenamento jurídico atual (e, se for o caso, com a classificação de aplicáveis, superados, cancelados, revogados, mitigados ou vinculantes), de acordo com o entendimento da jurisprudência, da aplicação que lhes é dada pelas Cortes brasileiras, e, também, pela análise da doutrina majoritária sobre os temas que versam.

Para cada súmula/enunciado há comentários objetivos, calcados em estudo de obras jurídicas o mais atualizadas possível, seguidos de exemplos-resumo de ementas de julgamentos importantes envolvendo o assunto antes e depois de sua edição, assim como as referências legislativas históricas que lhes serviram de base normativa e os textos legais referidos nas decisões judiciais.

Os livros trazem, também, excertos de julgamentos sobre os temas abordados, visando familiarizar o leitor com a aplicação dada aos verbetes pelos Tribunais, descortinando o panorama dos litígios que as envolvem, de maneira que permita aclarar o pensamento judicial majoritário nessas composições colegiadas.

Um índice cronológico remissivo evidencia a página do livro em que se encontram os comentários de cada um dos enunciados/súmulas, proporcionando uma rápida localização de seus textos:

ÍNDICE CRONOLÓGICO REMISSIVO

001 É vedada a expulsão de estrangeiro casado com brasileira, ou que tenha filho brasileiro, dependente da economia paterna. » 233

002 Concede-se liberdade vigiada ao extraditando que estiver preso por prazo superior a sessenta dias. » 236

003 A imunidade concedida a deputados estaduais é restrita à Justiça do Estado. » 155

004 Não perde a imunidade parlamentar o congressista nomeado Ministro de Estado. » 154

Outro índice, alfabético remissivo, indica os enunciados que tratam de determinados assuntos, separados por palavras-chave:

ÍNDICE ALFABÉTICO REMISSIVO

A
Abono salarial. » Súms. 241, 230, 234, 235, 501, 552.
Ação civil pública. » Súms. 643.
Ação cominatória. » Súms. 500.
Ação declaratória. » Súms. 258.
Ação direta de inconstitucionalidade. » Súms. 360, 614, 642.
Ação penal. » Súms. 388, 524, 554, 601, 607, 608, 609.
Ação popular. » Súms. 365.
Ação previdenciária. » Súms. 689.

Ao final de cada capítulo, é apresentado um quadro sinóptico com o status de aplicabilidade das súmulas/enunciados, preparado com o objetivo de facilitar a visão temática geral:

9. QUADRO SINÓPTICO

DIREITO ADMINISTRATIVO	
1. ATOS ADMINISTRATIVOS	
Súmula nº 473 – A administração pode anular seus próprios atos, quando eivados de vícios que os tornam ilegais, porque deles não se originam direitos; ou revogá-los, por motivo de conveniência ou oportunidade, respeitados os direitos adquiridos, e ressalvada, em todos os casos, a apreciação judicial.	aplicável

A organização das obras é estruturada de forma utilitária, para apresentar e discutir máximas jurídicas em linguagem clara, concisa e, sobretudo, atual.

SUMÁRIO

Capítulo I
DIREITO ADMINISTRATIVO **21**
1. Responsabilidade Civil............................. 21
2. Servidores Públicos................................. 24
   2.1. Servidores Civis 24
   2.2. Servidores Militares 40
3. Quadro Sinóptico 43

Capítulo II
DIREITO PREVIDENCIÁRIO **45**
1. Atividade Especial.................................. 45
2. Atividade Rural 68
3. Beneficiários... 93
   3.1. Dependentes.................................. 93
   3.2. Requerente..................................... 95
   3.3. Segurado Especial 99
4. Benefícios... 110
   4.1. Coeficiente de Cálculo 110
   4.2. Índices de Reajuste 110
   4.3. Prazo Prescricional........................ 128
   4.4. Prazo Decadencial......................... 134
   4.5. Termo Inicial de Concessão 141
5. Benefícios em Espécie............................ 148
   5.1. Aposentadoria Especial 148
   5.2. Aposentadoria por Idade 148
   5.3. Aposentadoria por Invalidez........ 151
   5.4. Aposentadoria por Tempo de Serviço 155
   5.5. Auxílio-acidente............................. 170
   5.6. Auxílio-alimentação 174
   5.7. Auxílio-doença............................... 175
   5.8. Benefício Assistencial de Prestação Continuada 183
   5.9. Pensão por Morte 204
   5.10. Salário-maternidade..................... 219
6. Contribuições Previdenciárias............... 221
   6.1. Incidência da Taxa Selic................ 221
   6.2. Recolhimentos................................ 224
   6.3. Salário de Contribuição................ 224
7. FGTS... 238
8. Juros de Mora... 248
9. Previdência dos Servidores Públicos................................ 251
10. PIS.. 257
11. Quadro Sinóptico 258

Capítulo III
DIREITO PROCESSUAL CIVIL...................... **267**
1. Antecipação de Tutela............................ 267
2. Competência... 271
3. Incidente de Uniformização de Jurisprudência 277
4. Provas... 293
5. Quadro Sinóptico 311

ÍNDICE CRONOLÓGICO-REMISSIVO **313**
1. Súmulas Aplicáveis................................ 313
2. Súmulas Canceladas.............................. 317

ÍNDICE ALFABÉTICO-REMISSIVO............................... **319**

REFERÊNCIAS **323**

CAPÍTULO I
DIREITO ADMINISTRATIVO

SUMÁRIO

1. Responsabilidade Civil
2. Servidores Públicos
2.1. Servidores Civis
2.2. Servidores Militares
3. Quadro Sinóptico

1. RESPONSABILIDADE CIVIL

SÚMULA 59. A AUSÊNCIA DE DECLARAÇÃO DO OBJETO POSTADO NÃO IMPEDE A CONDENAÇÃO DA ECT A INDENIZAR DANOS DECORRENTES DO EXTRAVIO, DESDE QUE O CONTEÚDO DA POSTAGEM SEJA DEMONSTRADO POR OUTROS MEIOS DE PROVA ADMITIDOS EM DIREITO.

● *Súmula aplicável.* ● *DJ 24.5.2012.* ● *Precedentes: Pedilef 2005.84.00.506649-9. Pedilef 2007.34.00.701364-8. Pedilef 2010.32.00.700133-8. Pedilef 0505123-05.2010.4.05.8500. Pedilef 2006.71.50.001751-2.*

▶ *Sérgio Murilo Wanderley Queiroga*

Vige no direito brasileiro a regra da liberdade dos meios de prova, que, em essência, se presta à garantia do princípio do contraditório e, em certa medida, do próprio acesso à justiça e da inafastabilidade da jurisdição. Nesse contexto, qualquer limitação a tal direito deve resultar de uma ponderação razoável com outro princípio do ordenamento jurídico, de forma a encontrar-se justificativa apta à existência dessa limitação.

Na esfera administrativa, fortemente submetida aos princípios da estrita legalidade e da eficiência, é comum se estabelecer, perante o administrado, um rol prévio de elementos probatórios aptos a gerar alguma prestação estatal pretendida. Isso se dá sobretudo em face da impossibilidade de, perante cada solicitação que lhe é enviada, o Estado se dispor a realizar um longo procedimento para apuração de elementos probatórios para então decidir se oferece ou não a prestação pleiteada.

Entretanto, no âmbito judicial o raciocínio deve se dar de maneira diversa. A jurisdição pressupõe prerrogativa de se ditar soluções de caráter definitivo a determinados conflitos expostos à sua cognição, de modo que os órgãos jurisdicionais devem se cercar de todos os elementos necessários a uma ampla e justa cognição do fato, assegurando o exaurimento das garantias do contraditório e da ampla defesa. Isso inclui a citada ideia da liberdade de produção das provas, exposta no artigo 332 do Código de Processo Civil de 1973 e no artigo 369 do CPC de 2015.

Devido a essas considerações, é comum se encontrarem controvérsias judiciais a respeito da restrição, no âmbito administrativo, ao direito de produção de provas, por meio de determinação prévia dos meios probatórios que devem ser utilizados para a obtenção de determinada prestação. É o caso da indenização a ser paga pela Empresa Brasileira de Correios e Telégrafos, em caso de extravio de postagem.

A empresa pública, para realizar a reparação dos danos causados ao usuário do serviço, em decorrência do extravio, costumava exigir, como condição necessária e única, a comprovação do conteúdo da postagem por meio da declaração do objeto postado. A EBCT aplicava, também, o raciocínio de que o extravio consistia em mero inadimplemento contratual, não dando razão a qualquer necessidade de reparação por eventuais danos morais causados ao usuário do serviço público, visto que somente estaria caracterizado o simples aborrecimento, o qual não gera direito a indenização por danos extrapatrimoniais, nos termos de jurisprudência sedimentada pelo Superior Tribunal de Justiça, replicada por todo o sistema judiciário.

Entretanto, na análise de processo judicial sobre a matéria, devem-se adotar premissas diversas, chegando-se a conclusões igualmente distintas.

Em primeiro lugar, o extravio, ainda que de conteúdo não comprovado, deve gerar direito a indenização por danos materiais no valor da postagem, dado que, inegavelmente, se pagou por um serviço não prestado (entrega da encomenda ao destino final pretendido). Assim, a condenação por danos materiais no valor da postagem independe de prova do conteúdo extraviado.

Por outro lado, o extravio também deve, via de regra, resultar em condenação da Empresa Pública a reparar danos morais, conforme ressaltado em recente acórdão prolatado pela Turma Nacional de Uniformização de Jurisprudência (Pedilef 00201104320104013900).

Tal entendimento encontra guarida em outro julgado exemplar emitido pelo mesmo órgão uniformizador (Pedilef 00162335920104014300), adiante colacionado.

Assim, é de se ter em mente que o extravio de postagens não se resume a um inadimplemento contratual, mas a uma falha grave – em verdade, à própria inexecução – de serviço prestado sob o privilégio da exclusividade pela União, pelo qual o administrado já apresentou contraprestação pecuniária ao Estado, o que acarreta a responsabilização da EBCT na forma do art. 37, § 6º, da Constituição Federal.

Ademais, o simples fato de o administrado necessitar recorrer à justiça para obter tão somente indenização pelo valor da postagem também já é indício de que a situação transborda o mero aborrecimento, merecendo a atenção do julgador a possibilidade de ocorrência de danos à esfera extrapatrimonial do indivíduo.

Por fim, o terceiro ponto assentado na jurisprudência da Turma Nacional de Uniformização, e mais precisamente o objeto central da súmula ora em análise, guarda relação com a possibilidade de indenização pelo valor do conteúdo da postagem (e não somente pelo valor pago em razão da postagem, como anteriormente tratado), quando não preenchida, pelo usuário do serviço, a declaração do objeto postado. Conforme explanação inicial, não é legítimo se restringir o direito à produção de prova de uma parte em processo judicial a um só documento específico, condicionando o reembolso do valor do conteúdo da postagem à existência de declaração do objeto postado, quando não se vislumbra razão de maior monta para tanto.

Como citado, restrições ao direito à prova se justificam quando se tem conflito entre os princípios do contraditório e do acesso à justiça com outra norma do ordenamento jurídico. Desse conflito deve resultar ponderação dos princípios em jogo na situação concreta, somente após a concretização desse método se legitimando, por fim, as limitações a um ou a outro, que possam ter como consequência uma restrição justa ao direito de produção de prova. No caso em questão, não se tem qualquer elemento ensejador de tal situação jurídica, de modo que não se vislumbram motivos justos, jurídicos e legítimos a sustentar a restrição do direito de prova do administrado contra a Empresa Pública em questão. Aliás, sequer se está frente à exigência de comprovação pelo meio documental, mas à exigência de comprovação do valor do objeto postado unicamente por meio de um documento específico – a citada declaração de objeto postado.

Se, na fase de instrução processual, o administrado lograr comprovar, por outros meios de prova que não a declaração supramencionada, o conteúdo do objeto postado, o julgador tem plena e total condição de, ante os elementos concretos da lide, determinar pagamento de indenização ao usuário em valor equivalente ao do objeto comprovadamente extraviado, e não somente ao valor pago pela postagem. Também pode o julgador, mais uma vez diante dos elementos específicos do caso, majorar eventual condenação por danos morais, se restar comprovado que o objeto sujeito à falha na prestação do serviço possuía algum valor especial para os envolvidos em tal falha (remetente ou destinatário da postagem).

Situação ilustrativa dessa última conclusão alcançada é o substrato fático que deu origem a um dos julgados proferidos pela TNU, utilizados como precedentes para a formulação do enunciado sumulado ora em comento. No Pedilef 200584005066499, (Rel. Joana Carolina Lins Pereira, DJ 25.2.2010), assentou-se a tese sumulada, com base em situação na qual o remetente comprou objeto em nome do destinatário, enviou-lhe e recebeu dele ressarcimento, em conta bancária, equivalente ao valor da compra (fatos devidamente comprovados nos autos), de modo que, mesmo não existindo declaração de objeto postado, restou comprovado o valor do conteúdo da remessa por outros meios de prova, fazendo-se jus, portanto, a indenização por danos materiais no valor do objeto postado, a ressarcimento pelo valor pago pelo serviço não prestado (valor da postagem) e a eventual reparação por danos morais decorrentes do extravio.

Ante toda a moldura exposta pela Súmula ora analisada, podem-se extrair – reitere-se – três conclusões relevantes para a matéria em questão: a ausência de declaração de objeto postado não obsta, de forma alguma, o ressarcimento do valor pago pela postagem – pagamento por um serviço público não efetivado; a ausência de declaração de objeto postado não obsta a condenação da EBCT ao pagamento de indenização por danos materiais no valor do conteúdo da postagem, desde que o valor desse conteúdo seja comprovado por outros meios de prova admitidos em direito; e, por fim, a inexecução do serviço, caracterizada pelo extravio de encomenda, não se constitui mero inadimplemento contratual causador de simples aborrecimentos ao usuário vítima da má prestação do serviço, podendo haver condenação da Empresa

Pública responsável pela sua prestação a reparar o administrado em danos materiais, a serem apurados em cada caso concreto.

◉ Com efeito, seja qual for o conteúdo da postagem, a frustração decorrente da não entrega da postagem sempre excederá o simples aborrecimento diante da mencionada peculiaridade do objeto da prestação no serviço postal. Carta, ou correspondência, coisas fungíveis ou fungíveis, objetos pessoais ou bens sem valor especial para o remetente ou destinatário, tudo o que é postado deve ser entregue no destino e a falha nessa entrega compromete claramente os direitos imateriais dos envolvidos. (TNU, Pedilef 00201104320104013900, Rel. Bruno Leonardo Câmara Carrá, DOU 30.01.2015)

◉ Embora os Correios pretendam fazer demonstrar que um extravio é só um extravio, a vida cotidiana revela que não é bem assim. Com efeito, o extravio vai além do extravio. Tal como na bagagem perdida pela companhia transportadora, seus efeitos vão além do comum e produzem sentimentos mais que confusos, distantes em muito da figura do simples aborrecimento. (TNU, Pedilef 00162335920104014300, Rel. Luiz Claudio Flores da Cunha, DOU 22.3.2013)

2. SERVIDORES PÚBLICOS

2.1. Servidores Civis

SÚMULA 13. O REAJUSTE CONCEDIDO PELAS LEIS 8.622/93 E 8.627/93 (28,86%) CONSTITUIU REVISÃO GERAL DOS VENCIMENTOS E, POR ISSO, É DEVIDO TAMBÉM AOS MILITARES QUE NÃO O RECEBERAM EM SUA INTEGRALIDADE, COMPENSADO O ÍNDICE ENTÃO CONCEDIDO, SENDO LIMITE TEMPORAL DESSE REAJUSTE O ADVENTO DA MP 2.131 DE 28.12.2000.

● *Súmula aplicável.* ● *DJ 10.5.2004.* ● *Referência legislativa: CF. Lei 8.622/93. Lei 8.627/93. MPv 1.704/98. MPv 2.131/00.* ● *Precedentes: RMS/STF 22.307/DF. Enun. 16/TR-SJRJ. REsp 527.048/PR. REsp 511.296/MG. REsp 543.917/MG. REsp 478.902/MG. REsp 479.052/BA. REsp 457.164/PE. REsp 531.269/SC. PU/TNU 2003.34.00.702016-2/DF. PU/TNU 2003.34.00.709526-0/DF. PU/TNU 2003.34.00.705647-8/DF. PU/TNU 2003.34.00.709525-7/DF. PU/TNU 2003.34.00.709529-1/DF.*

▸ *Carlos Adriano Miranda Bandeira*

Em 1993, o STF proferiu decisão administrativa estendendo o aumento de 28,86% aos próprios servidores e pensionistas, com base na autoaplicabilidade do art. 37, X, da Constituição. A Corte considerou que a Lei 8.622/93 promoveu revisão geral de vencimentos, mas ferindo a isonomia. Em 16.2.97, reiterou o entendimento em julgamento (ROMS 22307-7/DF), ocasião em que estendeu a servidores civis do Poder Executivo o referido aumento.

Em causa estava a Lei 8.622/93, cujos artigos 1º e 2º determinaram revisão anual de 100% e acréscimo de cento e dois mil cruzeiros a soldos e vencimentos. Tal operação conduziria o soldo do mais alto posto da classe dos oficiais generais de Cr$ 4.713.330,00 (previsto no Anexo I da Lei 8.460/1992) para Cr$ 9.528.660,00. Entretanto, o artigo 4º da lei previa que o reposicionamento de várias categorias de servidores deveria ser disciplinado, o que se concretizou com a edição da Lei 8.627/93. Ao reposicionamento era condicionada a alteração de soldos dos oficiais generais, na forma do art. 6º. O mais alto posto faria jus a Cr$ 12.279.540,00 (conforme Anexo V da Lei 8.622/1993) e esse valor implicava um aumento diferenciado de 28,86%.

No julgamento do ROMS 22307-7/DF, o Pretório Excelso não reconheceu o óbice da súmula 339 do STF, tendo o Min. Marco Aurélio promovido a distinção entre revisão anual e aumento de servidores. Apenas a segunda matéria dava ensejo ao óbice da súmula 339 e à reserva de lei de iniciativa presidencial. O Min. Maurício Correa citou atos da Câmara dos Deputados, Senado Federal, TCU, STJ, CJF, TSE e MPU, todos já estendendo aos seus servidores a revisão anual incluindo o percentual de 28,86%. O Min. Carlos Velloso considerou que havia inconstitucionalidade por ação estatal de caráter discriminatório, sanável pela extensão do tratamento benéfico ao grupo discriminado. O Min. Ilmar Galvão, Néri da Silveira e Sepúlveda Pertence destacaram a necessidade de a decisão jurisdicional do STF ser coerente com a anterior decisão administrativa de 1993.

A extensão a servidores civis da revisão anual aplicada ao mais alto soldo vem sendo reiterada pela Corte Suprema e deu origem à Súmula 672 do STF, a qual foi replicada, em 2015, na Súmula Vinculante 51. É feita ressalva com relação às categorias de agentes públicos que, como os oficiais generais, recebeu reajuste diferenciado, embora correspondente a índice distinto de 28,86%. Proposta a demanda pleiteando revisão e pagamento de atrasados, reconhecia-se o direito a revisão ao autor que tivesse se beneficiado de um índice inferior aos 28,86%, caso em que se concedia apenas o suficiente para terminar de elevar o autor até o percentual garantido na lei aos oficiais generais de mais alta patente.

No reposicionamento disciplinado quando da edição da Lei 8.627/93, o índice de 28,86% corresponde ao atribuído à maior patente, mas não foi o maior índice conferido. Já se defendeu a tese segundo a qual devida seria a revisão anual de vencimentos pelo maior coeficiente de reajuste, de 31,87%, concedido a contra-almirantes, generais de brigada e brigadeiros. A tese, entretanto, vem sendo rechaçada pelo Superior Tribunal de Justiça, que não reconhece aí um índice de revisão geral.

A extensão do percentual de 28,86% aos servidores civis foi admitida pelo Poder Executivo, que editou a Medida Provisória 1.704-1/1998 regulando o seu pagamento administrativo mediante acordo. Nos termos do art. 6º dessa medida provisória, as diferenças apuradas seriam pagas em até sete anos. Conforme decidido pela TNU no julgamento do Pedilef 0051674-85.2010.4.01.3400, caso esse pagamento parcelado não inclua a correção monetária devida, as diferenças devidas relativas a todo o período podem ser reclamadas em ação judicial proposta até cinco anos após o pagamento da última parcela.

Por meio da súmula 13, a TNU estabeleceu, no sistema dos juizados especiais federais, entendimentos que vieram a se firmar definitivamente no âmbito da jurisprudência nacional. A seu tempo, ela superava controvérsia quanto à extensão da revisão de 28,86% a militares. A súmula fixou que os militares de patente inferior eram destinatários da revisão anual isonômica, fazendo jus ao aumento. Se já recebedores de algum reajuste especial, mas inferior àquele patamar, devia-se observar, tão somente, a necessária compensação. Posteriormente, o STJ admitiu que se beneficiam desse direito não apenas os militares das Forças Armadas, mas também os policiais militares do Distrito Federal.

Em julgamento de repetitivos (REsp 990.284), o STJ definiu que a base de cálculo sobre a qual incide o percentual abrange o vencimento básico ou soldo, acrescido das parcelas que não os têm como base de cálculo. Exemplo desse tipo de parcela é o complemento que garante ao militar o recebimento de, pelo menos um salário mínimo, mesmo nos casos em que o soldo é fixado em valor inferior. A própria AGU editou súmula 76 para reconhecer a incidência do 28,86% sobre esse valor.

As repercussões financeiras decorrentes da inclusão do aumento de 28,86% na revisão geral anual se deram até o advento da MP 2.131/2000, de 28.12.2000, que reestruturou a remuneração dos militares. Essa orientação foi consolidada na súmula da TNU em comento e reafirmada pelo STF ao decidir questão de ordem em repercussão geral (RE-RG-QO 584.313). A situação dos servidores civis é diferente e a TNU já operou distinção, esclarecendo que a eles não se aplica o limite temporal contido na súmula 13. Nesse sentido, vide o julgamento do Pedilef 0502160-53.2012.4.05.8500.

No tocante à prescrição, em sede de repetitivos (REsp 990.284), o STJ reconheceu que o militar prejudicado podia propor a ação até 30.6.2003 pleiteando atrasados devidos desde 1993, tendo idêntica solução sido adotada pela TNU no julgamento do Pedilef 2005.36.00.900382-5. Se o militar ajuizou a demanda até 1º de janeiro de 2006, sua pretensão alcançava valores devidos apenas no quinquênio anterior à propositura da demanda (Pedilef 2007.40.00.703935-9), operando-se a prescrição com relação a atrasados anteriores a esse período.

- Súmula Vinculante 51. O reajuste de 28,86%, concedido aos servidores militares pelas Leis 8.622/1993 e 8.627/1993, estende-se aos servidores civis do poder executivo, observadas as eventuais compensações decorrentes dos reajustes diferenciados concedidos pelos mesmos diplomas legais.

- Súmula STF 672. O reajuste de 28,86%, concedido aos servidores militares pelas Leis 8.622/93 e 8.627/93, estende-se aos servidores civis do Poder Executivo, observadas as eventuais compensações decorrentes dos reajustes diferenciados concedidos pelos mesmos diplomas legais.

- Súmula STF 339. Não cabe ao Poder Judiciário, que não tem função legislativa, aumentar vencimentos de servidores públicos sob fundamento de isonomia.

- Enunciado TR/SJRJ 16. O reajuste concedido pelas leis n. 8.622/93 e 8.627/93 (28,86%) constituiu revisão geral dos vencimentos, sendo devido também aos militares que não o receberam em sua integralidade, compensado o índice então concedido, sendo limite temporal desse reajuste o advento da MP 2.131 de 28.12.2000.

- Súmula AGU 76. O reajuste de 28,86%, extensivo aos militares, incide sobre a parcela denominada complementação do salário mínimo, instituída pelo artigo 73 da Lei 8.237/1991.

- (...). 2. Alegação de ofensa aos arts. 5º e 37, X, da CF. Inexistência. 3. Há de estender-se o reajuste de 28,86% aos servidores militares contemplados com índices inferiores pelas leis 8.622/93 e 8.627/93, já que se trata de revisão geral dos servidores públicos, observadas, entretanto, as compensações dos reajustes concedidos e a limitação temporal da MP 2.131/2000, atual MP 2.215/2001. 4. Questão de ordem acolhida para: (1) reconhecer a repercussão geral quanto à extensão do reajuste de 28,86% aos servidores civis e militares; (2) reafirmar a jurisprudência do Tribunal; (3) prover parcialmente o recurso, apenas para limitar as diferenças devidas à data em que entrou em vigor a MP 2.131/2000, atual MP 2.215/2001, que reestruturou as carreiras e a remuneração dos servidores militares; (STF, RE-RG-QO 584313, Rel. Min. Gilmar Mendes, repercussão geral - mérito, Tema 340, DJe 22.10.2010).

◉ (...). 3. Quanto ao reajuste de 28,86%, este STJ firmou jurisprudência no sentido de que o reconhecimento, por parte do egrégio STF, dos reajustes decorrentes das leis 8.622/93 e 8.627/93, importou em revisão geral de remuneração, assegurando aos servidores públicos civis a percepção do mencionado índice. A negativa desse direito aos militares beneficiados com reajustes abaixo daquele percentual implicaria em desrespeito ao princípio da isonomia. 4. No que toca à base de cálculo do reajuste de 28,86%, predomina nesta Corte entendimento de que incide sobre a remuneração do servidor, o que inclui o vencimento básico (servidor público civil) ou o soldo (militar), acrescido das parcelas que não os têm como base de cálculo, a fim de evitar a dupla incidência do reajuste. (...)6. Consolidou-se neste Sodalício a tese de que, por terem naturezas distintas, é vedada a compensação do reajuste com valores pagos a título de complementação do salário mínimo.7. Adoção pela Terceira Seção, por maioria, do entendimento de que a edição da referida Medida Provisória implicou na ocorrência de renúncia tácita da prescrição, nos termos do artigo 191 do Código Civil vigente. Nesse sentido, se ajuizada a ação ordinária dos servidores até 30.6.2003, os efeitos financeiros devem retroagir a janeiro de 1993; e se proposta após 30.6.2003, deve ser aplicado apenas o enunciado da Súmula 85 desta Corte. (STJ, 3ª. S., REsp 990.284, Rel. Min. Maria Thereza de Assis Moura, Recursos repetitivos, Temas 6, 7, 8, 9, 10, 11, 12, 13, DJe 9.10.2008)

◉ (...). Revisão de vencimentos. Isonomia. "A revisão geral de remuneração dos servidores públicos, sem distinção de índices entre servidores públicos civis e militares, far-se-á sempre na mesma data" – inciso X – sendo irredutíveis, sob o ângulo não simplesmente da forma (valor nominal), mas real (poder aquisitivo) os vencimentos dos servidores públicos civis e militares – inciso XV, ambos do artigo 37 da Constituição Federal. (STF, ROMS 22.307/DF, Rel. Min. Marco Aurélio, DJ 13.6.1997)

◉ (...). Militar. Leis n.s 8.622/93 e 8.627/93. Prescrição. Matéria não ventilada. Ausência de prequestionamento. Súmula 356/STF. (...). Reajuste de 28,86%. Direito à diferença. (...). 3. Os vencimentos dos servidores públicos, sendo contraprestações, são créditos de natureza alimentar. Logo, há que se ponderar que a matéria não versa sobre Direito Civil, com aplicação do dispositivo contido no art. 1.062, do CC, mas sim, de normas salariais, não importando se de índole estatutária ou celetista. Na espécie, aplica-se o art. 3º, do Decreto-Lei 2.322/87, incidindo juros de 1% ao mês sobre dívidas resultantes da complementação de salários. Precedentes (STF, RE 108835 e STJ, REsp 7116 e 5657 e EREsp 58.337). 4. Este Superior Tribunal de Justiça, conforme decisão emanada do Colendo Supremo Tribunal, já firmou entendimento no sentido de estender aos vencimentos de todos os servidores civis federais, o reajuste de 28,86% concedido aos militares e a algumas categorias civis, por força das Leis n.s 8.622/93 e 8.627/93. A concessão do reajuste aos militares deveria ocorrer de forma linear, não se admitindo aumentos variados. Desta forma, tem o autor, servidor público militar, o direito de perceber a diferença entre o reajuste de 28,86% e o percentual já recebido. (...). (STJ, 5ª T., REsp 527.048/PR, Rel. Min. Jorge Scartezzini, DJ 13.10.2003)

◉ (...). Servidores públicos militares. Leis n.s 8.622/93 e 8.627/93. Direito à diferença entre o índice de 28,86% e o percentual já recebido. (...). Ainda que assim não fosse, o acórdão recorrido encontra-se em consonância com a recente orientação desta Egrégia Quinta Turma, segundo a qual o aumento concedido pelas Leis n.s 8.622/93 e 8.627/93, por tratar-se de revisão geral de remuneração, deve ser estendido aos servidores públicos militares, contemplados com reajustes inferiores ao de 28,86%, em respeito ao princípio da isonomia e ao disposto no art. 37, inciso X, da Constituição Federal. (...). (STJ, 5ª T., REsp 511.296/MG, Rel. Min. Laurita Vaz, DJ 4.8.2003)

◉ (...). Servidor público militar. Vencimentos. Reajuste de 28,86%. Leis 8.622/93 e 8.627/93. Revisão geral de remuneração. Verificado que determinadas categorias já foram beneficiadas pelo aumento. "Compensação". I. Conforme entendimento firmado no colendo STF (RMS 22.307/DF), o reajuste de 28,86% previsto nas Leis n. 8.622 e 8.627/93 constituiu-se em revisão geral de remuneração, devendo ser estendido aos demais servidores civis e militares (art. 37, X, da CF). Todavia, como determinadas categorias já foram beneficiadas pelo aumento, deve ser feita a devida compensação na fase de execução do julgado. II. Desse modo, aqueles militares que foram contemplados com reajustes inferiores ao de 28,86% fazem jus, a contar de 1993, à complementação desse percentual, consistente na diferença entre os índices efetivamente percebidos em virtude da adequação de soldos, postos e graduações, levada a efeito pela Lei 8.627/93, e o índice de 28,86%. (...). (STJ, 5ª T., REsp 457.164/PE, Rel. Min. Felix Fischer, DJ 31.3.2003)

◎ Servidores militares. Inciso X do art. 37 da Lei das Leis (redação anterior à EC 19/98). Direito à revisão geral de 28,86%, decorrente das leis n.s 8.622/93 e 8.627/93. Compensação dos índices já concedidos pela própria Lei 8.627/93. Interpretação da jurisprudência do Supremo Tribunal Federal. Ao julgar o RMS 22307, o Plenário desta Corte decidiu, por maioria, que as leis n.s 8.622/93 e 8.627/93 concederam revisão geral de vencimentos aos servidores públicos, da ordem de 28,86%, nos termos do inciso X do art. 37 da Carta de Outubro (redação anterior à EC 19/98). Posteriormente, ao apreciar os embargos de declaração opostos (RMS 22.307-ED), entendeu, também por maioria, que deveriam ser compensados, em cada caso, os índices eventualmente concedidos pela própria Lei 8.627/93. Tal decisão autoriza concluir que a citada revisão, sendo geral, na forma do dispositivo constitucional em apreço (cuja redação originária não comportava distinção entre civis e militares), é devida, por igual, aos servidores militares, também com a mencionada compensação. (...). (STF, RE-AgR 439938, Rel. Min. Carlos Britto, DJ 19.8.2005)

◎ A Terceira Seção do Superior Tribunal de Justiça, em julgamento submetido à sistemática dos recursos repetitivos, firmou, por maioria, relativamente ao reajuste de 28,86%, o entendimento de que a edição da Medida Provisória n. 1.704, de 30.6.1998, implicou a ocorrência de renúncia tácita à prescrição, nos termos do artigo 191 do Código Civil vigente. 'Nesse sentido, se ajuizada a ação ordinária dos servidores até 30.6.2003, os efeitos financeiros devem retroagir a janeiro de 1993; e se proposta após 30.6.2003, deve ser aplicado apenas o enunciado da Súmula 85 desta Corte.' (REsp 990284...). (TNU, Pedilef 2005.36.00.900382-5, Rel. Joana Carolina Lins Pereira, DJ 22.9.2009)

◎ (...). Reajuste de 28,86%. Extensão aos militares. Gratificação de Estímulo à Fiscalização e Arrecadação – GEFA. Incidência reflexa, ou seja, indireta. (...). O reajuste de 28,86% incide sobre a Gratificação de Estímulo à Fiscalização e à Arrecadação – GEFA não diretamente, mas por esta ter como base de cálculo o vencimento básico do servidor público. (...). (STJ, 5ª T., AgREsp 982.306, Rel. Min. Napoleão Nunes Maia Filho, DJe 29.6.2009)

◎ Quanto aos servidores militares, a partir de 1º.1.2006, isto é, decorridos 5 (cinco) anos contados da data em que a Medida Provisória n. 2.131/2000 passou a produzir efeitos, mais precisamente em 1º.1.2001, consuma-se a prescrição das parcelas devidas (TNU, Pedilef 200740007039359, Rel. Vanessa Vieira de Mello, DJ 25.5.2012)

◎ (...). Registre-se que não deve ser aplicado ao caso o entendimento de que todas as parcelas devidas estariam prescritas, sob o argumento de que o reajuste de 28,86% seria devido apenas até os efeitos financeiros da MP n. 2.131/2000, uma vez que esse diploma legal limita-se a reestruturar a carreira dos servidores militares, e não a dos servidores públicos civis. A Súmula n. 13 da TNU, com efeito, refere-se somente ao limite temporal do reajuste dos servidores públicos militares, e não dos civis. Sendo assim, para fixação do termo final do reajuste eventualmente devido aos servidores civis deve ser aplicada a MP n. 2.225-45/2001, em cujo artigo 10 se prescreve: 'Art. 10. Na hipótese de reorganização ou reestruturação de cargos e carreiras, concessão de adicionais, gratificações ou qualquer outra vantagem de qualquer natureza, o reajuste de que trata o art. 8º somente será devido até a data da vigência da reorganização ou reestruturação efetivada, exceto em relação às parcelas da remuneração incorporadas a título de vantagem pessoal e de quintos e décimos até o mês de dezembro de 1994'. (TNU, Pedilef 05021605320124058500, Rel. Frederico Augusto Leopoldino Koehler, DJ 9.8.2013)

CAPÍTULO I ● DIREITO ADMINISTRATIVO

◎ (...). Servidores militares do Distrito Federal. Leis 8.622/93 e 8.627/93. Reajuste de 28,86%. Incidência. 1. Está consolidado nesta Corte o entendimento de que "sendo da competência da União a organização e manutenção da Polícia Militar e do Corpo de Bombeiros do Distrito Federal, são aplicáveis a eles as Leis federais n. 8.622/93 e n. 9.627/93, devido, portanto, o reajuste do percentual de 28,86%" (AREsp 37203...). (STJ, 1ª T., AgREsp 1.310.069, Rel. Min. Sérgio Kukina, DJe 23.8.2013)

◎ Administrativo. Servidor público civil. Percepção diferença entre o reajuste de 28,86% e o índice de 31,87% conferido aos oficiais Generais de Brigada. Impossibilidade. 1. "O índice de 31,87% foi concedido apenas e especificamente aos Oficiais-Generais, não caracterizando revisão geral apta a ser estendida a todos os demais servidores militares de patentes inferiores" (AgRg no REsp 1058618...). (STJ, 1ª T., AgREsp 1.381.542, Rel. Min. Sérgio Kukina, DJe 1.9.2014)

◎ Incidente de uniformização de jurisprudência. Reajuste de 28,86% concedido aos servidores militares (leis n.s 8.622, de 19.1.1993 e 8.627, de 19.2.1993). Extensão aos servidores civis pela MP n. 1.704, de 30.6.1998. Renúncia à prescrição. Pagamento parcelado. Ação visando à cobrança de correção monetária. Termo inicial da prescrição. Pagamento da última parcela. Incidente conhecido e provido. (...). Logo, se pretendia a Administração negar o pagamento da atualização monetária de cada parcela do principal, deveria, expressamente, a cada pagamento, ter indicado que não o faria, não sendo razoável pretender que os servidores viessem a supor que essa seria a "intenção" da Administração, ao menos enquanto não houvesse o pagamento da última parcela do principal e o efetivo encerramento do processo administrativo respectivo. Acresça-se, ainda, que a obrigação conferida à União pela MP n. 1.704/93, embora seja passível de divisão no aspecto financeiro – pagamento parcelado -, é uma obrigação una, ou seja, refere-se ao pagamento de único montante relativo a atrasados do período de 1993 a 1998, conforme decidiu o STJ no AREsp 189.570, acima referido. Essa circunstância confirma a conclusão anterior no sentido de que o simples pagamento de uma parcela sem a correção monetária integral não implica em ato que coloque em inequívoca mora a Administração. Pelas razões expostas, entendo que o incidente deve ser conhecido e provido, fixando-se o entendimento de que o prazo de prescrição da pretensão de recebimento da correção monetária referente ao pagamento administrativo das diferenças remuneratórias decorrentes da MP n. 1.704/98 (28,86%), pagas parceladamente, é de cinco anos e tem seu termo inicial no pagamento da última parcela, com o retorno dos autos à origem para adequação. (TNU, Pedilef 0051674-85.2010.4.01.3400, Rel. Gerson Luiz Rocha, DJ 11.10.2016)

▶ **CF. Art. 37.** X – A revisão geral da remuneração dos servidores públicos, sem distinção de índices entre servidores públicos civis e militares, far-se-á sempre na mesma data; (redação original, anterior à Emenda Constitucional n°19/98)

▶ **Lei 8.622/93. Art. 1º** Fica concedido aos servidores civis e militares do Poder Executivo Federal da Administração direta, autárquica e fundacional, bem como extintos Territórios, a partir de 1º de janeiro de 1993, reajustamento de cem por cento incidente sobre os valores dos vencimentos, soldos e demais retribuições, vigentes em dezembro de 1992. ▶ **Art. 2º** Os soldos e vencimentos fixados nos Anexos I a IV da Lei 8.460, de 17 de setembro de 1992, uma vez reajustados na forma anterior, serão ainda acrescidos, a partir de 1º de janeiro de 1993, da importância de Cr$ 102.000,00 (cento e dois mil cruzeiros), que passará a integrá-los para todos os fins. ▶ **Art. 4º** O Poder Executivo enviará, até 28 de fevereiro de 1993, projeto da lei especificando os critérios para reposicionamento dos servidores civis nas respectivas tabelas e a adequação dos postos, graduações e soldos dos servidores militares, tendo em vista as tabelas constantes dos Anexos I, II, III e V desta lei. ▶ **Art. 6º** Quando da adequação da tabela constante do Anexo I desta lei, nos termos do art. 4º, os oficiais-generais passarão a perceber os soldos constantes do Anexo V.

▶ **Lei 8.237/91. Art. 4º** Remuneração é o somatório das parcelas devidas mensal e regularmente, ao militar, pelo efetivo exercício da atividade militar, ou, em decorrência deste, quando na inatividade. ▶**Art. 6º** Soldo é a parte básica da remuneração, inerente ao posto ou à graduação do militar, e é irredutível. ▶**Art. 73.** Nenhum militar da ativa, ou na inatividade remunerada, bem como o beneficiário de pensão militar, poderá receber, como remuneração mensal ou pensão militar, valor inferior ao do salário mínimo mensal vigente, sendo-lhe paga, como complemento, a diferença encontrada.

▶ **Dec. 722/93. Art. 32.** Nenhum militar na ativa ou na inatividade remunerada receberá, a título de soldo ou quotas de soldo, importância inferior ao salário mínimo vigente. (...) **§ 2º** Será paga, como complemento, a diferença encontrada entre o salário mínimo e o soldo ou benefício da pensão militar. (Revogados p/Dec. 4.307/02).

SÚMULA 23. AS SUBSTITUIÇÕES DE CARGOS OU FUNÇÕES DE DIREÇÃO OU CHEFIA OU DE CARGO DE NATUREZA ESPECIAL OCORRIDAS A PARTIR DA VIGÊNCIA DA MEDIDA PROVISÓRIA N. 1.522, DE 11.10.1996, E ATÉ O ADVENTO DA LEI N. 9.527, DE 10.12.1997, QUANDO IGUAIS OU INFERIORES A TRINTA DIAS, NÃO GERAM DIREITO À REMUNERAÇÃO CORRESPONDENTE AO CARGO OU FUNÇÃO SUBSTITUÍDA.

● *Súmula aplicável.* ● *DJ 21.3.2005* ● *Referência legislativa: CF/88. MPv 1.522/96 MPv 1.573/97 MPv 1.595/97 Lei 8.112/90 Lei 9.527/97.* ● *Precedentes: ROMS 11343/DF. ROMS 11971/DF. REsp 255.890/RN. REsp 275.896/DF. PU/TNU 2004.43.00.710261-1. PU/TNU 2004.43.00.710489-0. PU/TNU 2004.43.00.710492-7. PU/TNU 2004.43.00.710598-0. PU/TNU 2004.43.00.710613-2. PU/TNU 2004.43.00.710614-6.*

▶ *Leonardo Augusto de Almeida Aguiar*

A Lei 8.112/90, instituiu o Regime Jurídico dos Servidores Públicos Civis da União, das autarquias, inclusive as em regime especial, e das fundações públicas federais, em obediência ao comando insculpido no art. 39 da Constituição de 1.988.

Em seu artigo 62, a Lei 8.112/1990, Lei do Regime Jurídico Único (LRJU), previu que ao servidor investido em função de direção, chefia ou assessoramento seria devida uma gratificação pelo seu exercício.

Com o advento da Lei 9.527, de 10.12.1997, o dispositivo legal passou a ter nova redação, prevendo também a remuneração pelo exercício de cargo de Natureza Especial, e ainda mencionando a retribuição pelo exercício de cargo em comissão:

> Art. 62. Ao servidor ocupante de cargo efetivo investido em função de direção, chefia ou assessoramento, cargo de provimento em comissão ou de Natureza Especial é devida retribuição pelo seu exercício.

Como se percebe, esta norma legal trata do pagamento de uma gratificação financeira (ou retribuição) àqueles servidores ocupantes de cargo efetivo que exercem alguma função de direção, chefia ou assessoramento, bem como àqueles que ocupam cargos em comissão ou de Natureza Especial.

A finalidade da norma é justamente recompensar aquele servidor que ocupa uma posição hierárquica na Administração Pública Federal a qual lhe traz maiores responsabilidades, demandando-lhe um maior esforço e um maior comprometimento com o serviço.

Em razão da importância dessa posição dentro da Administração Pública, o art. 38 da LRJU prevê que esses servidores, investidos em cargo ou função de direção ou chefia, e os ocupantes de cargos de Natureza Especial terão substitutos indicados no regimento interno ou, no caso de omissão, previamente designados pelo dirigente máximo do órgão ou entidade (com redação dada pela Lei 9.527/1997). Por força do art. 39 da LRJU, esta regra também se aplica aos titulares de unidades administrativas organizadas em nível de assessoria.

Dessa forma, nos afastamentos, impedimentos legais ou regulamentares do titular do cargo ou função de direção ou chefia, de Natureza Especial ou de assessoria, o substituto assume o exercício do respectivo cargo ou função automaticamente, quer dizer, sem a necessidade de qualquer ato designatório, cumulativamente com o cargo que ocupa, ou seja, sem prejuízo do cargo de origem (art. 38, § 1º, da LRJU).

Obviamente, o substituto também fará jus a uma remuneração (ou retribuição) financeira pelo exercício cumulativo do cargo ou função de direção ou chefia ou de cargo de Natureza Especial ou de assessoramento, o que é tratado pelo art. 38, § 2º, da LRJU.

Em sua redação original, a norma legal previa que o substituto faria jus a esta remuneração na proporção dos dias de efetiva substituição, sem qualquer tipo de limitação.

Essa regra, contudo, foi alterada pela Medida Provisória n. 1.522/96, que foi reeditada por quatorze vezes até ser convertida, como MP n. 1.595-14, em 10.12.1997, na Lei 9.527/1997.

O quadro histórico completo é o seguinte:

1.	MP n. 1.522, de 11 de outubro de 1996:	"O substituto fará jus à gratificação pelo exercício do cargo ou função de direção ou chefia ou de cargo de Natureza Especial, nos casos de afastamentos ou impedimentos legais do titular, superiores a trinta dias, paga na proporção dos dias de efetiva substituição";
2.	Reeditada pela MP n. 1.522-1, de 12 de novembro de 1996:	"O substituto fará jus à gratificação pelo exercício do cargo ou função de direção ou chefia ou de cargo de Natureza Especial, nos casos de afastamentos ou impedimentos legais do titular, superiores a trinta dias consecutivos, paga na proporção dos dias de efetiva substituição, que excederem o referido período";
3.	Reeditada pela MP n. 1.522-2, de 12 de dezembro de 1996:	repetiu a redação anterior.
4.	Reeditada pela MP n. 1.522-3, de 9 de janeiro de 1997:	repetiu a redação anterior.
5.	Reeditada pela MP n. 1.522-4, de 5 de fevereiro de 1997:	repetiu a redação anterior.

6.	Reeditada pela MP n. 1.522-5, de 6 de março de 1997:	repetiu a redação anterior.
7.	Reeditada pela MP n. 1.522-6, de 6 de abril de 1997:	repetiu a redação anterior.
8.	Reeditada pela MP n. 1.573-7, de 2 de maio de 1997:	"O substituto fará jus à gratificação pelo exercício do cargo ou função de direção ou chefia ou de cargo de Natureza Especial, nos casos dos afastamentos ou impedimentos legais do titular, superiores a trinta dias consecutivos, paga na proporção dos dias de efetiva substituição, que excederem o referido período, hipótese em que se aplica o disposto no § 1º do art. 62".
9.	Reeditada pela MP 1.573-8, de 3 de junho de 1997:	repetiu a redação anterior.
10.	Reeditada pela MP 1.573-9, de 3 de julho de 1997:	repetiu a redação anterior.
11.	Reeditada pela MP 1.573-10, de 31 de julho de 1997:	repetiu a redação anterior.
12.	Reeditada pela MP 1.573-11, de 29 de agosto de 1997:	repetiu a redação anterior.
13.	Reeditada pela MP 1.573-12, de 26 de setembro de 1997:	repetiu a redação anterior.
14.	Reeditada pela MP 1.573-13, de 27 de outubro de 1997:	repetiu a redação anterior.
15.	Reeditada pela MP 1.595-14, de 10 de novembro de 1997:	repetiu a redação anterior.
16.	Convertida na Lei 9.527, de 10 de dezembro de 1997:	repetiu a redação anterior.

De acordo com o novo e atual regramento, então, somente as substituições superiores a trinta dias consecutivos geram direito ao pagamento de remuneração ao substituto, e mesmo assim essa retribuição é paga apenas na proporção dos dias de efetiva substituição que excederem o referido período.

Ou seja: o novo regramento vedou o pagamento de remuneração por substituição inferior a trinta dias, e ainda determinou que nas substituições que excedam tal lapso temporal a remuneração pela substituição deve ser paga apenas na proporção dos dias que o extrapolam.

Assim, concretamente, com a edição da MP 1.522/1996, passaram os servidores públicos federais a terem direito à gratificação de substituição a contar do trigésimo dia da substituição do titular, e não mais a contar do primeiro dia, conforme era a redação original da Lei 8.112/1990. Em caso de substituição por período igual ou inferior a trinta dias, de servidor ocupante de cargo ou função comissionada, o substituto então acumula ambas as funções, mas pode optar pela remuneração que lhe for mais vantajosa (TCU, Acórdão n. 3275/2006, Segunda Câmara). Ou seja: nos primeiros 30 dias de substituição, o substituto acumula as funções do cargo que ocupa e daquele que substitui, optando pela remuneração mais vantajosa. A partir do 31º dia, passa a exercer exclusivamente as atribuições do cargo substituído, dando início ao processo de substituições nos níveis hierárquicos inferiores (Nota Técnica n. 62/2012/CGNOR/DENOP/SEGEP/MP).

A controvérsia que surgiu dessa sucessão de medidas provisórias diz respeito a ser devida ou não a remuneração por substituição no período de vigência das medidas provisórias, ou seja, entre outubro de 1996 e novembro de 1997.

Alegou-se, por um lado, que a Medida Provisória não convertida em lei perderia, desde a sua edição, toda eficácia, não podendo, uma vez ineficaz, somar-se no tempo a qualquer outra que venha tomar o lugar. No ponto, veja-se que o parágrafo único do art. 62 da Carta Magna, em sua redação então vigente, dispunha que "as medidas provisórias perderão eficácia, desde a edição, se não forem convertidas em lei no prazo de trinta dias, a partir de sua publicação". Defendia-se, então, que consoante esta previsão, o prazo de validade da medida provisória seria peremptório e improrrogável, de modo que a sua eventual reedição não ressuscitaria os efeitos e, consequentemente, a vigência da medida originária, cujos efeitos limitar-se-iam, temporalmente, a trinta dias, após o que se extinguiria pela caducidade do seu prazo de validade. Esta corrente, portanto, assumindo uma postura crítica à prática – então comum – de reedição da mesma Medida Provisório não apreciada, entendia que a não-manifestação do Congresso Nacional no prazo constitucionalmente definido consistiria em tácita rejeição da medida.

Desse modo, apenas a partir da MPv 1.595-14, editada em novembro de 1997, que restou convertida na Lei 9.527, de 10 de dezembro de 1997, é que teria início o novo regramento, com a vedação do pagamento de retribuição decorrente de substituições inferiores a trinta dias.

Por outro lado, contudo, alegou-se que não perderia eficácia a Medida Provisória, com força de lei, não apreciada pelo Congresso Nacional, mas reeditada, por meio de outro provimento da mesma espécie, dentro de seu prazo de validade de trinta dias. Dessa forma, a eficácia da Lei 9.527/1997, que alterou a Lei 8.112/1990, art. 38, retroagiria à edição da primeira Medida Provisória da qual se originou, a de n. 1.522/1996, editada em outubro de 1996, e não da última, de n. 1.595/97, editada em novembro de 1997, e que foi convertida em lei.

Ocorre que se firmou, na jurisprudência do Eg. Supremo Tribunal Federal, a orientação no sentido de que a medida provisória não apreciada pelo Congresso Nacional podia, até a EC 32/2001, ser reeditada dentro do seu prazo de eficácia de trinta dias, mantidos os efeitos de lei desde a primeira edição, como se pode ver pelos seguintes precedentes do Pretório Excelso: ADI-MC 1617 (Pleno, Rel. Min. Octávio Gallotti, DJ 15.8.1997), ADI-MC 1533 (Pleno, Rel. Min. Octávio Gallotti, DJ 7.11.1997), ADI 1612 (Pleno, Rel. Min. Carlos Velloso, DJ 18.6.1999), RE 232896 (Pleno, Rel. Min. Carlos Velloso, DJ 1.10.1999), e AgReg no RE 239287 (2ª T., Rel. Min. Nery da Silveira, DJ 24.9.1999).

Note-se que na sessão plenária de 24.9.2003 o STF sumulou este entendimento, através da Súmula n. 651. Já na sessão plenária de 17.3.2016, teve por bem em editar, com idêntico conteúdo, a Súmula Vinculante n. 54.

Dessa forma, prevaleceu na jurisprudência do STJ a tese de que a eficácia da Lei 9.527/1997, que alterou a Lei 8.112/1990, art. 38, retroage à edição da primeira Medida Provisória da qual se originou, a de n. 1.522/1996, editada em outubro de 1996, e não da última, de n. 1.595/97, editada em novembro de 1997, e que foi convertida em lei.

Nesse sentido os julgamentos do REsp 255890 (5ª T., Rel. Min. Edson Vidigal, j. 3.10.2002), REsp 275896 (5ª T., Rel. Min. José Arnaldo da Fonseca, j. 20.8.2002), RMS 11971 (5ª T., Rel. Min. Edson Vidigal, j. 10.4.2001) e RMS 11343 (6ª T., Rel. Min. Fernando Gonçalves, j. 12.11.2002), entre outros.

No âmbito da TNU, então, a questão se pacificou no mesmo sentido, de modo que em decorrência do julgamento uníssono de diversos pedidos de uniformização (PU 2004.43.00.710261-1; PU 2004.43.00.710489-0; PU 2004.43.00.710492-7; PU 2004.43.00.710598-0; PU 2004.43.00.710613-2; e PU 2004.43.00.710614-6) restou editada a Súmula ora comentada.

Por fim, importa notar que esta questão jurídica também chegou ao STF, e de uma forma bastante peculiar. Isto porque um Tribunal Regional do Trabalho (6ª Região) editou uma Resolução Administrativa na qual, considerando o entendimento de que a convalidação através de medidas provisórias, de atos praticados em outras anteriores, não convertidas em lei, confronta-se com o parágrafo único do art. 62 da CF/88, resolveu afastar a validade da MPv n. 1.522/1996 e de suas reedições, pois não tinha sido convertida em lei no prazo constitucional, e assim reconhecer a validade da redação original do art. 38, §§ 1º. e 2º, da Lei 8.112/1990 (LRJU), e assim determinar o pagamento, a seus servidores, em substituição, dos valores relativos aos dias de substituição, ainda que esta tenha se dado por período inferior a 30 (trinta) dias. O MPF, por meio do Procurador Geral da República, então ajuizou uma ação direta de inconstitucionalidade, autuada como ADI 1616/PE (Rel. Min. Maurício Corrêa), que teve a liminar deferida pelo Pleno do Eg. STF em 25.6.1997, com a suspensão da eficácia da referida Resolução Administrativa, nos seguintes termos:

> Alteração do art. 38 da Lei 8.112/90 pelo art. 1º da Medida Provisória nº 1.522, de 11.10.96, reeditada pelas Medidas Provisórias n. 1.522-1 (12.11.1996), 1.522-2 (12.12.1996), 1.522- 3 (9.1.1997), 1.522-4 (5.2.1997), 1.522-5 (6.3.1997), 1.522-6 (3.4.1997), 1.573-7 (2.5.1997), e 1.573-8 (3.6.1997), no sentido de que as referidas substituições serão pagas na proporção dos dias de efetiva substituição que excederem a trinta dias 2. A Resolução impugnada, ao determinar o pagamento de acordo com a redação original do art. 38 da Lei 8.112/90, nega força de lei às sucessivas Medidas Provisórias editadas, além de usurpar a competência do Congresso Nacional de disciplinar as relações jurídicas decorrentes da sua não conversão em lei no prazo de trinta dias, a teor do que dispõe o art. 62 e seu parágrafo único do Constituição. Medida cautelar deferida para suspender a eficácia da Resolução Administrativa tomada na Sessão de 30.4.97 pelo Tribunal Regional do Trabalho da 6ª Região/Recife-PR, com efeito "ex nunc".

O mérito desta ADI foi julgado pelo Pleno do Eg. STF em 24.5.2001, confirmando-se a medida cautelar anteriormente deferida.

◎ Súmula Vinculante 54. A medida provisória não apreciada pelo congresso nacional podia, até a Emenda Constitucional 32/2001, ser reeditada dentro do seu prazo de eficácia de trinta dias, mantidos os efeitos de lei desde a primeira edição.

◎ Administrativo. Gratificação de substituição do art. 38 da Lei 8.112/90. MP 1.522/96, reeditada até a MP 1.595/97, convertida esta na Lei 9.527/97. Eficácia das disposições contidas na Lei 9.527/97 desde da primeira MP. Precedentes do STF. 1. Com a edição da MP 1.522/96, passaram os servidores públicos federais a terem direito à gratificação de substituição a contar do trigésimo dia da substituição do titular, e não mais a contar do primeiro dia, conforme era a redação original da Lei 8.112/90. 2. A jurisprudência do STF admite a reedição de Medida Provisória não votada pelo Congresso Nacional, com preservação de eficácia do provimento com força de lei, sem solução de continuidade, até que eventualmente se consume, sem reedição, o seu prazo de validade, ou seja ele rejeitado. (...). (STJ, 5ª T., REsp 255.890/RN, Rel. Min. Edson Vidigal, DJ 6.11.00).

◎ Administrativo. Gratificação de substituição do art. 38 da Lei 8.112/90. MP 1.522/96, reeditada até a MP 1.595/97, convertida esta na Lei 9.527/97. Eficácia. Precedentes do STF. 1. Com a edição da MP 1.5522/96, passaram os servidores públicos federais a terem direito à gratificação de substituição, somente a contar do trigésimo dia da substituição do titular. 2. A jurisprudência do STF admite a reedição de Medida Provisória, não votada pelo Congresso Nacional, com preservação de eficácia do provimento com força de lei, sem solução de continuidade, até que eventualmente se consume, sem reedição, o seu prazo de validade, ou seja ela rejeitada. (...). (STJ, RMS 11.971/DF, Rel. Min. Edson Vidigal, DJ 18.6.2001)

▶ **Lei 8.112/90. Art. 38.** Os servidores investidos em cargo ou função de direção ou chefia e os ocupantes de cargo de Natureza Especial terão substitutos indicados no regimento interno ou, no caso de omissão, previamente designados pelo dirigente máximo do órgão ou entidade. **§ 1º** O substituto assumirá automática e cumulativamente, sem prejuízo do cargo que ocupa, o exercício do cargo ou função de direção ou chefia e os de Natureza Especial, nos afastamentos, impedimentos legais ou regulamentares do titular e na vacância do cargo, hipóteses em que deverá optar pela remuneração de um deles durante o respectivo período. **§ 2º** O substituto fará jus à retribuição pelo exercício do cargo ou função de direção ou chefia ou de cargo de Natureza Especial, nos casos dos afastamentos ou impedimentos legais do titular, superiores a trinta dias consecutivos, paga na proporção dos dias de efetiva substituição, que excederem o referido período. ▶**Art. 39.** O disposto no artigo anterior aplica-se aos titulares de unidades administrativas organizadas em nível de assessoria. ▶**Art. 62.** Ao servidor ocupante de cargo efetivo investido em função de direção, chefia ou assessoramento, cargo de provimento em comissão ou de Natureza Especial é devida retribuição pelo seu exercício. **Parágrafo único.** Lei específica estabelecerá a remuneração dos cargos em comissão de que trata o inciso II do art. 9º.

SÚMULA 39. NAS AÇÕES CONTRA A FAZENDA PÚBLICA, QUE VERSEM SOBRE PAGAMENTO DE DIFERENÇAS DECORRENTES DE REAJUSTES NOS VENCIMENTOS DE SERVIDORES PÚBLICOS, AJUIZADAS APÓS 24.8.2001, OS JUROS DE MORA DEVEM SER FIXADOS EM 6% (SEIS POR CENTO) AO ANO (ART. 1º-F DA LEI 9.494/97).

● *Súmula aplicável.* ● *DJ 20.6.2007.* ● *Referência legislativa: Lei 9.494/97, art. 1º-F. MP 2.180-35/01.* ● *Precedentes: REsp 654745/RS. REsp 688301/SC. AgRg no Ag 680.324/RS. AgRg no REsp 416911/PR. PU/TNU 2003.51.53.001528-5/RJ. PU/TNU 2003.51.55.000831-6/RJ. PU/TNU 2002.51.51.013783-6/RJ. PU/TNU 2003.51.66.000861-0/RJ. PU/TNU 2004.51.51.027456-3/RJ. PU/TNU 2002.51.51.014645-0/RJ. PU/TNU 2003.51.60.009317-6/RJ. PU/TNU 2003.51.51.015636-7/RJ.*

O presente excerto sumular tem sua origem no julgamento, conjunto e unânime, de oito pedidos de uniformização[1], ocorrido no dia 31 de maio de 2007, sendo todos os arestos publicados no Diário da Justiça da União, edição de 20 de junho de 2007.

Nos precedentes, sem exceção, debatia-se o dissenso entre decisões emanadas de Turmas Recursais da Seção Judiciária do Rio de Janeiro e a jurisprudência do Superior Tribunal de Justiça.

A divergência se estabeleceu pelo fato das decisões recorridas, a partir do Código Civil vigente, virem acatando a compreensão de que, nos termos do seu art. 406, o qual mencionava, nos moldes de uma regra geral, a aplicação da taxa praticada para a mora do pagamento de impostos devidos à Fazenda Nacional. Daí que, combinando-se o preceito com o art. 161, § 1º, do Código Tributário Nacional, aquela deveria corresponder ao percentual mensal de um por cento (1%).

Conforme constam dos relatórios, mais precisamente aquele exarado no PU 2003.51.60.009317-6, a motivação da decisão recorrida – e aqui se tratou de acórdão da Segunda Turma Recursal da Seção Judiciária do Rio de Janeiro – se orientou no sentido de que o art. 1º-F da Lei 9.494/97[2] colide com o princípio constitucional da isonomia, prevendo a fixação diferenciada de percentual a título de juros de mora nas condenações impostas à Fazenda Pública, no que concerne ao pagamento de quantias devidas a servidores públicos federais.

Serviu de baliza para a reforma da decisão recorrida e, de conseguinte, para que restasse aprovada a súmula em comento, o julgamento, pelo Pleno do Pretório Excelso, do RE 453.740/RJ, DJU 24.8.2007.

Na ocasião, prevaleceu voto do relator, Min. Gilmar Mendes, no sentido de que, em se considerando que as diferenciações somente infringem a isonomia quando fora da razoabilidade, há, no caso do art. 1º-F da Lei 9.494/97, um "discrímen" justificado.

Isso porque noutras situações existentes no ordenamento é possível se observar a incidência de juros de mora, em favor de credores da Fazenda Pública, no percentual de seis por cento ao ano, conforme se tem nas desapropriações (art. 15-B, Decreto-Lei 3.365/41), ou até mesmo inferior, como é o caso dos juros moratórios incidentes nos Títulos da Dívida Agrária, nos termos do art. 5º, § 3º, da Lei 8.177/91, sem esquecer que a Lei 11.178/05, responsável por traçar diretrizes para a elaboração da

---

1. TNU: PU 2003.51.53.001528-5/RJ, Rel. Hélio S. Ourem Campos; PU 2003.5155.000831/RJ, Rel. Marcos Roberto Araújo dos Santos; PU 2002.51.51.013783-6/RJ, Rel. Daniele Maranhão Costa; PU 2003.51.66.000861-0, Rel. Maria Divina Vitória; PU 2004.51.51.027456-3/RJ, Rel. Hélio S. Ourem Campos; PU 2002.51.51.014645-0/RJ, Rel. Renata Andrade Lotufo; PU 2003.51.60.009317-6, Rel. Alexandre Miguel; PU 2003.51.51.015636-7/RJ, Rel. Hermes Siedler da Conceição Júnior.
2. Cuidava-se, àquele instante, da redação original, constante da MP 2.180-35/01, ainda vigente, tendo em vista a superveniência da declaração de inconstitucionalidade, no particular, da Lei 11.960/09, no âmbito das Ações Diretas de Inconstitucionalidade 4357/DF e 4425/DF. Tal redação é a que segue: "Os juros de mora, nas condenações para pagamento de verbas remuneratórias devidas a servidores e empregados públicos, não poderão ultrapassar o percentual de seis por cento ao ano"

Lei Orçamentária de 2006, dispõe que, nas dotações orçamentárias destinadas para o pagamento de precatórios parcelados, a taxa de juros a ser praticada será de seis por cento ao ano.

Restou esclarecido por que não se poderia invocar, para que se obtivesse entendimento contrário, comparação com a situação dos credores trabalhistas e tributários.

É que, quanto aos primeiros, não podem eles ser equiparados aos servidores públicos, pois os empregados da iniciativa privada se encontram em posição distinta daqueles do setor público, porquanto estes, mesmo quando contratados pela CLT, acham-se submetidos a regras específicas e mais benéficas quanto à sua contratação e dispensa.

Já quanto ao contribuinte, quando passa à condição de credor da Fazenda Pública, a aplicação do art. 161, § 1º, do Código Tributário Nacional, combinada com o § 4º do art. 39 da Lei 9.250/95, no âmbito federal, tem sua justificativa pelo simples fato de que sob tal taxa exige a Administração Tributária o pagamento de seus créditos[3].

---

3. Houve divergência capitaneada pela Min. Carmen Lúcia, sendo acompanhada pelos Ministros Carlos Britto, Marco Aurélio e Sepúlveda Pertence. Destaco do voto da Min. Carmen Lúcia a passagem que segue: "No caso em foco, contudo, não vislumbro elementos que possam dotar de razão legítima de ser a norma contida no art. 1º-F da Lei 9.494 tal como se positivou pela Medida Provisória 2.225/01. Afirma o eminente Ministro Relator que não haveria a diferença dos percentuais a serem fixados. Lembro os casos em que cobra dos contribuintes, nas dívidas havidas nos casos de tributação e previdência, 1% (um por cento) ao mês, e não aquele percentual de 0,5% (meio por cento). No caso aqui apreciado, a União reconhece que deve aos servidores resíduo de valor que deveria ter pago, segundo o quanto a própria entidade calculou. Afirma, em norma, o modo de pagar, que, entretanto, apena o servidor. Impõe que ele tenha de acionar o Poder Judiciário para cobrar o que lhe é devido e na forma de pagamento devida, ou seja, de uma única vez por de cuidar de débito que tem natureza alimentar. E ainda se nega a pagar como é devido pelos devedores em geral, privilegiando-se com índice menor? Com a devida vênia do eminente Ministro Relator, não me convenço da tese segundo a qual todo e qualquer débito judicial paga-se, em termos de juros moratórios, à base de 0,5% ao mês, totalizando, então, 6% ao ano. A legislação processual tributária e previdenciária estão a demonstrar que assim não é. Ora, a desigualação, no caso, não obedece, então, ao princípio da igualdade, nem ao menos ao da razoabilidade e não pode então ser tida como constitucionalmente válida. Pior: ela é injusta. E como em lição que não esqueço de João Barbalho, comentando esse princípio sob a égide da Constituição de 1891: "os direitos que a Constituição assegura são os mesmos para todos os indivíduos; os meios e recursos estabelecidos para garanti-los competem igualmente a todos. Não há, perante a lei republicana, grandes nem pequenos, senhores nem vassalos, patrícios nem plebeus, ricos nem pobres, fortes nem fracos, porque a todos irmana e nivela o direito... A lei, a administração, as justiças serão iguais para todos. E a desigualdade, além de injusta e injurídica, é impolítica. Em que fundamento se faria repousar uma organização política, dando mais direitos, mais garantias, mais vantagens, a uns do que a outros membros da mesma comunhão? Não seria num princípio de direito. A ausência desse princípio cria uma situação irritante, de desgosto, de animadversão, de hostilidade contra os favorecidos, contra os privilegiados. Outrora os povos a suportavam, e era mantida pela ignorância e fraqueza; mas hoje que, à luz da civilização os povos vão conhecendo o que valem, pela consciência de seus direitos, o privilégio lhes é uma afronta e provoca reação e perigo para a ordem estabelecida" (Constituição Federal Brasileira: Comentário. Rio de janeiro, 1924, p. 407)".

Afastada a inconstitucionalidade, a hipótese mereceu a incidência do critério da especialidade como hábil para o conflito de regras legais, o qual tem a sua consagração pela Lei de Introdução às Normas do Direito Brasileiro, no seu art. 2º, § 2º.

Com tal critério, hábil para a solução de antinomias, não há a exclusão de uma das normas incompatíveis, mas apenas da fração da lei geral cuja regulação se confronta com a lei especial[4].

De advertir, ainda, que, muito embora na redação da súmula se tenha empregado o vocábulo "reajuste", tem-se que, por força da redação do art. 1-F da Lei 9.494/97, ao falar em verbas de caráter remuneratório devidas aos servidores e empregados públicos, a incidência da orientação pretoriana é mais ampla, de modo que abrange não somente aquilo que é devido por reajustamento, mas toda e qualquer prestação pecuniária devida a servidor público.

E, por a questão dos juros de mora dizer respeito às obrigações em geral, a compreensão que veicula a súmula é extensível aos servidores públicos dos Estados, Distrito Federal e dos Municípios. É que, em sendo assim, cuida-se de tema cuja competência legislativa é privativa da União (art. 22, I, CF).

○ (...) . Juros moratórios. Fazenda Pública. Débito em relação à remuneração dos servidores públicos. Ação ajuizada após a edição da MP 2.180/01. Fixação no patamar de 6% ao ano. 1. O art. 1º-F, da Lei 9.494/97, que fixa os juros moratórios nas ações ajuizadas contra a Fazenda Pública no patamar de 6%, é de ser aplicado tão somente às demandas ajuizadas após a sua entrada em vigor. Inaplicabilidade do art. 406 do CC/2002. 2. Constitucionalidade do art. 1º-F, da Lei 9.494/97 declarada pelo STF. (...). (STJ, REsp 1086944, Rel. Min. Maria Thereza de Assis Moura, 3ª S., DJe 4.5.2009)

○ (...). Servidor público. Reajuste de 3,17%. MP n. 2.225-45/2001. Incorporação. Limitação. Ausência de prequestionamento. Compensação já realizada. Apelo. Ausência de interesse. Juros de mora. Percentual. Natureza alimentar do débito. Início do processo após vigência da mp nº 2.180-35/2001. Incidência. I. Segundo o entendimento desta Corte, além do percentual de 22,07% da variação do IPC-r, é devido aos servidores públicos federais o índice de 3,17% relativo à aplicação do art. 28 da Lei n. 8.880/94. II. A argüição da recorrente de que deve haver limitação dos efeitos do reajuste a partir da vigência da Medida Provisória n. 2.225-45/2001, baseia-se na reclassificação dos autores, ocorrida com o advento da Lei n. 8.884/94, matéria cujo exame encontra-se vetado no apelo nobre, à míngua do necessário prequestionamento (Súmula n. 282/STF). III. Julgado procedente o pedido concernente à compensação dos valores recebidos a título do reajuste de 3,17%, resta ausente o interesse da recorrente que almeja o mesmo efeito. IV. Proposta a ação após o início da vigência da Medida Provisória n. 2.180-35, de 24 de agosto de 2001, que acrescentou o art. 1º-F ao texto da Lei n. 9.494/97, os juros de mora devem ser fixados no percentual de 6% ao ano. (...). (STJ, REsp 654.745/RS, Rel. Min. Felix Fischer, 5ª T., DJ 8.11.2004)

---

4. Sobre o critério da especialidade, ressalta Noberto Bobbio: "A passagem de uma regra mais extensa (que abrange um certo genus) para uma regra derrogatória menos extensa (que abrange uma 'species do genus') corresponde a uma exigência fundamental de justiça, compreendida como tratamento igual das pessoas que pertencem à mesma categoria. A passagem da regra geral à regra especial corresponde a um processo natural de diferenciação das categorias, e a uma descoberta gradual, por parte do legislador, dessa diferenciação" (**Teoria do ordenamento jurídico**. 4. ed. Brasília: Editora da Universidade de Brasília, 1982. p. 96).

CAPÍTULO I ⬛ DIREITO ADMINISTRATIVO

◉ (...). Servidor público. 28,86%. (...). Prescrição. Termo inicial. Juros de mora. 6% ao ano. Ação ajuizada após a edição da mp 2.180-35/01. Honorários advocatícios. Contrariedade ao art. 20, § 4º, do cpc. Inexistência. Redução. Impossibilidade. Súmula 7/stj. Dissídio jurisprudencial. Ausência de cotejo analítico. Recurso especial conhecido e parcialmente provido. (...). 2. A contagem do prazo prescricional teve início em 26/9/2000, com o trânsito em julgado da decisão que reconheceu à autora o direito à percepção de pensão integral, questão prejudicial ao julgamento do direito ao reajuste de 28,86%. 3. O recorrente não procedeu ao cotejo analítico entre o acórdão recorrido e os paradigmas, conforme exigência dos arts. 541, parágrafo único, do CPC, e 255, §§ 1º e 2º, do RI/STJ. 4. A condenação da Fazenda Pública ao pagamento de honorários advocatícios estabelecidos em 10% sobre o valor da condenação não contraria o disposto no art. 20, § 4º, do Código de Processo Civil, que possibilita a fixação dessa verba em percentual inferior. (...). 5. A pretensão de redução da verba honorária encontra óbice na Súmula 7/STJ, vez que demanda o reexame de matéria fática relacionada ao trabalho do advogado. 6. As disposições contidas na Medida Provisória 2.180-35/01, por terem natureza de norma instrumental, com reflexos na esfera jurídico-material das partes, somente são aplicáveis aos casos ajuizados posteriormente à sua vigência, ou seja, 24/8/2001. Hipótese em que a ação foi ajuizada no ano de 2003, pelo que os juros moratórios devem ser fixados no percentual de 6% (seis por cento) ao ano, nos termos do art. 1º-F da Lei 9.494/97. (...). (STJ, REsp 688.301/SC, Rel. Min. Arnaldo Esteves Lima, 5ª T., DJ 10.10.2005)

◉ (...). Juros de mora. Percentual. Medida Provisória n. 2.180-35/2001. 1. Este Superior Tribunal de Justiça firmara o entendimento no sentido de que, nas diferenças decorrentes do pagamento de reajuste nos vencimentos de servidores públicos, deveriam incidir juros moratórios no percentual de 1% ao mês, em face da sua natureza eminentemente alimentar. 2. Vigente a Medida Provisória n. 2.180/35, que acrescentou o artigo 1º-F ao texto da Lei n. 9.494/97, a jurisprudência deste Superior Tribunal de Justiça consolidou-se no sentido de que os juros de mora devem ser fixados no percentual de 6% ao ano nas hipóteses em que proposta a ação após a inovação legislativa, taxa incidente não somente nos pagamentos de verbas remuneratórias devidas a servidores e empregados públicos, mas também, e com igual razão, nos pagamentos das pensões delas decorrentes. 3. A norma jurídica contida no artigo 406 do Novo Código Civil, predominantemente de natureza dispositiva, é, por inteiro, estranha às hipóteses tais como a dos autos, de juros de mora devidos pela Fazenda Pública nas condenações ao pagamento de verbas remuneratórias aos servidores e empregados públicos, tendo incidência própria nas relações jurídicas disciplinadas pelo Código Civil e funções meramente subsidiária e supletiva, em razão das quais determina que se observe a taxa que estiver em vigor para a mora do pagamento de impostos devidos à Fazenda Nacional. (...). (STJ, AgRg no Ag 680.324/RS, Rel. Min. Hamilton Carvalhido, 6ª T., DJ 12.9.2005)

◉ (...). Juros de mora. 12% ao ano. MP n. 2.180-35/2001. Não incidência. Ação ajuizada antes do seu advento. (...). De acordo com o entendimento assente no âmbito da Terceira Seção desta Corte, os juros moratórios só devem ser fixados no percentual de 6% ao ano nas ações ajuizadas após a vigência da Medida Provisória n. 2.180-35, assinada em 24 de agosto de 2001 e publicada no D.O.U. de 27 de agosto de 2001, que acrescentou o artigo 1º-F ao texto da Lei n. 9.494, de 10 de setembro de 1997. (...). (STJ, AgRg no REsp 416.911/PR, Rel. Min. Hélio Quaglia Barbosa, 6ª T., DJ 6.3.2006)

▶ **Lei 9.494/97. Art. 1º-F.** Nas condenações impostas à Fazenda Pública, independentemente de sua natureza e para fins de atualização monetária, remuneração do capital e compensação da mora, haverá a incidência uma única vez, até o efetivo pagamento, dos índices oficiais de remuneração básica e juros aplicados à caderneta de poupança.

2.2. Servidores Militares

Súmula 58. Não é devido o reajuste na indenização de campo por força da alteração trazida pelo Decreto 5.554/2005.

● *Súmula aplicável.* ● *DJ 24.5.2012.* ● *Precedentes: Pedilef 2007.43.00.903550-1. Pedilef 0027714-87.2007.4.01.3600. Pedilef 2007.30.00.907017-0. Pedilef 2007.80.13.505654-8. Pedilef 0028648-79.2006.4.01.3600. Pedilef 0026466-86.2007.4.01.3600.*

▸ *Aníbal Magalhães da Cruz Matos*

O art. 16 da Lei 8.216/91 criou a indenização de campo, devida aos servidores públicos que se afastarem do seu local de trabalho, sem direito à percepção de diária, para execução de trabalhos de campo, tais como os de campanhas de combate e controle de endemias; marcação, inspeção e manutenção de marcos decisórios; topografia, pesquisa, saneamento básico, inspeção e fiscalização de fronteiras internacionais.

O fundamento essencial para a criação dessa indenização reside no fato de que em alguns casos, como nos exemplificados pelo legislador, acima descritos, é incabível o pagamento de diárias, ante o não preenchimento dos requisitos previstos em lei, mas o servidor tem várias despesas rotineiras para a execução de suas atribuições, principalmente em locais de difícil acesso e em áreas rurais dentro do município ou área metropolitana inseridos geograficamente dentro de sua sede administrativa, como, por exemplo, os agentes de combate e controle de endemias e os de inspeção e fiscalização de fronteiras internacionais.

Com efeito, o art. 58 da Lei 8.112/90 dispõe que as diárias são devidas apenas quando o servidor se afastar da sede, a serviço, em caráter eventual ou transitório para outro ponto do território nacional, excetuando o pagamento nos casos em que o deslocamento constituir exigência permanente do cargo (§ 2º) ou quando o deslocamento ocorrer dentro da mesma região metropolitana, aglomeração ou microrregião, constituídas por municípios limítrofes, ou em áreas de controle integrado mantidas em países limítrofes (§ 3º).

Desse modo, o Poder Legiferante instituiu a indenização de campo com base nos princípios da equidade e da isonomia, a ser paga quando os servidores, em razão das atribuições do cargo que ocupam, desempenham suas funções em locais afastados da zona urbana, muito embora dentro da sede, conforme esclarecido pelo art. 4º do Decreto 343/91, situações que geram despesas rotineiras a serem cobertas por eles.

Por outro lado, previu-se a inacumulabilidade de diárias com a indenização de campo (art. 16, parágrafo único, da Lei. 8.216/91), com o escopo de evitar dupla remuneração pelo mesmo fato e o consequente enriquecimento sem causa.

Contudo, o art. 15 da Lei. 8.270/91 estabeleceu a paridade de reajuste (de reajuste, não de valor) entre as diárias e a indenização de campo, prescrevendo que esta última deve ser reajustada sempre na mesma data e percentual de revisão daquelas, a fim de manter a isonomia de tratamento entre os servidores, considerando que os fatos geradores do pagamento dessas verbas remuneratórias são similares, não sendo razoável a discriminação.

A partir de 5.10.2005, com a publicação do Decreto 5.554/05, que alterou a estrutura normativa do denominado "adicional de deslocamento", previsto inicialmente pelo Decreto 99.632/90, calculado em percentual do valor das diárias de acordo com o local de destino, bem como de acordo com a classificação do cargo, emprego ou função, surgiu a controvérsia jurídica sobre a aplicabilidade desse diploma normativo às indenizações de campo, com o consequente aumento dos valores devidos a tal título, de forma a garantir a paridade de reajuste com o valor das diárias, conforme previsto em lei.

No entanto, apesar de a paridade de reajuste ter sido reafirmada pelo Poder Judiciário em inúmeros casos, principalmente no âmbito do Superior Tribunal de Justiça (AgRg no REsp 1306297/PB), cuja matriz jurídica foi inclusive sumulada no âmbito administrativo pela Advocacia Geral da União – AGU (Súmula 54), pacificou-se o entendimento de que a alteração do adicional de deslocamento previsto no Decreto 5.554/05 não importou em reajuste dos valores das diárias, considerando que referido diploma normativo apenas efetuou modificações no rol de cidades para as quais o servidor teria direito ao adicional de deslocamento, fato jurídico que não ofende a proporcionalidade necessária determinada por lei entre o valor da diária e a indenização de campo de que trata o art. 16 da Lei. 8.216/90.

Por fim, é preciso registrar que o art. art. 15 da Lei. 8.270/91, antes descrito, ao fixar o valor da indenização de campo (nove mil cruzeiros à época) apenas estabeleceu que ela deve ser "reajustada pelo Poder Executivo na mesma data e percentual de revisão dos valores das diárias", sem prever qualquer correlação entre tal reajuste e a instituição de outra verba remuneratória, como o adicional de deslocamento previsto pelo Decreto 5.554/05, que possui base normativa e finalidade diferentes.

◯ Súmula AGU 54. A indenização de campo, criada pelo artigo 16 da Lei 8.216/91, deve ser reajustada na mesma data e no mesmo percentual de revisão dos valores das diárias, de modo que corresponda sempre ao percentual de 46, 87% das diárias.

◯ (...). Não apresenta repercussão geral o recurso extraordinário que, tendo por objeto o reajuste da vantagem pecuniária denominada "indenização de campo, no mesmo percentual pago a título de reajuste de diárias, versa sobre matéria infraconstitucional. (STF, AI 743681 RG, Rel. Min. Cezar Peluso, DJ 16.10.2009)

◯ Processual civil e administrativo. Agravo regimental em recurso especial. Servidor público federal. Servidores da Funasa. Indenização de campo. Reajustamento de 46,87%. Art. 15 da Lei 8.270/1991. Reajuste das diárias pelo Decreto 5.554/2005. Natureza distinta. Inexistência de aumento linear. Precedentes da segunda turma do STJ. Incidência da súmula 83/STJ. Agravo regimental não provido. 1. A Segunda Turma do STJ no julgamento do AgRg no REsp 1.283.707/PB, da relatoria do Min. Humberto Martins, decidiu que "a fixação de percentual variável, de adicional ao pagamento de diária, para adequação à realidade econômica da localidade visitada não tem a faculdade de reajustar a referida indenização e, por conseguinte, não viola o art. 15 da Lei 8.270/91. Aliás, a controvérsia fica claramente diferenciada quando se visualiza que a Terceira Seção já demarcou a natureza jurídica distinta entre 'diária' e 'adicional de localidade'. (...).. (STJ, 2ª T., AgRg no REsp 1475168/CE, Rel. Min. Mauro Campbell Marques, DJe 8.10.2014)

○ (...). 1. O STJ firmou o entendimento de que a indenização prevista no art. 16 da Lei 8.216/91 deve ser reajustada pelo Poder Executivo na mesma data e percentuais de reajustes aplicados às diárias. (...). (STJ, 2ª T., AgRg no REsp 1306297/PB, Rel. Min. Herman Benjamin, DJ 1.8.2012)

○ (...). Nos termos da Lei 8.270/91, a indenização criada pelo art. 16 da Lei 8.216/91, deve ser reajustada pelo Poder Executivo na mesma data e percentual de revisão dos valores de diárias. Esta previsão resulta na garantia de que a indenização deve sempre corresponder ao valor de 46,87% das diárias, tendo em vista que esta proporção permanece inalterada, independentemente do percentual de reajuste aplicado nas diárias. (...). (STJ, 5ª T., REsp 690309/PB, Rel. Min. Gilson Dipp, DJ 13.6.2005)

○ Constitucional e administrativo. Servidor público civil. Fundação Nacional de Saúde – Funasa. Diferenças salariais a título de indenização de campo. Decreto 5.554/2005. Adicional de deslocamento. Não incidência na indenização de campo. Reajuste. Descabimento. 1. O Decreto 5.554, de 4 de outubro de 2005, não reajustou o valor nominal das diárias dos servidores da funasa, que continuou a ser de R$ 57,28 (cinquenta e sete reais e vinte e oito centavos), mas apenas efetuou modificações em relação ao pagamento dos adicionais instituídos sobre a diária, os quais variam de acordo com as peculiaridades econômicas da localidade para a qual o servidor é designado temporariamente. 2. Não há que falar em aumento linear promovido nas diárias dos servidores públicos, pelas alterações introduzidas pelo Decreto 5.554/2005, pelo que não se justifica qualquer reajustamento da indenização de campo, na medida em que a nova norma efetuou unicamente modificações quanto ao elenco das localidades para as quais o deslocamento do servidor importaria a percepção de um adicional mínimo de 50%, anteriormente concedido apenas em relação às cidades de população superior a 200.000 (duzentos mil) habitantes, adicional, inclusive, que já existia desde a edição do Decreto 1.656/95 e se destina a cobrir despesas de estada na localidade a que o servidor se desloca. Não houve, por conseguinte, afronta à proporcionalidade entre o valor da diária e a indenização de campo de que trata o art. 16 da Lei 8.216/91. 3. Apelação e remessa oficial providas: pedido improcedente. Apelação da parte autora prejudicada. (TRF1, 2ª T., AC 0030456-73.2011.4.01.3300/BA, Rel. Francisco Neves da Cunha, e-DJF1 18.10.2016)

○ Incidente de uniformização regional. Administrativo. Indenização de campo. Servidor da Funasa. Competência da Justiça Federal em razão de o pedido remontar à incidência de um regulamento administrativo anterior à nova redação do art. 198, § 5º, CF e da Lei 11.350/06. Extensão de reajuste percentual nas indenizações de campo com base no acréscimo das diárias que teria sido instituído pelo Decreto n. 5.554/2005. Impossibilidade. Faixas percentuais de acréscimo nas diárias preexistentes à nova regulamentação. Decreto 5.554/05 não trouxe aumento geral às diárias. Não há violação à Lei 8.270/91. (...). (TRF2, TRU, IUR 00739333720074025151, Rel. Cynthia Leite Marques, DJ 1.9.2009)

○ Administrativo. Servidor público da Funasa. Prescrição quinquenal. Decreto n. 20.910/32. Indenização de campo. Reajuste nos mesmos percentuais das diárias. Leis n. 8.216/91 e n. 8.270/91. Decretos n. 1.656/95 e 5.554/2005. Direito às diferenças. Precedentes deste tribunal. (...). 2. "Entendimento consolidado neste egrégio Tribunal no sentido de que, se a razão entre a indenização de campo e a diária ao tempo da Lei era de 46,87%, esta proporção deve permanecer inalterada. Muito embora, em setembro de 2002, a FUNASA, através da Portaria n. 406/2002, tenha implantado o percentual de reajuste para indenização de campo na mesma base de correção das diárias, o Decreto n. 5.554/2005, não observando os ditames do art. 15, da Lei 8.270/91, fixou os novos valores para as diárias de nível 'D' (R$ 85,92) e a indenização de campo (R$ 26,85) sem respeitar a correspondência entre o percentual da diária e o da referida indenização (46,87%), em nítida violação ao referido artigo. Devidas as parcelas vencidas a partir de outubro de 2005" (...). (TRF5, Apelreex 200782000074220, Rel. Marcelo Navarro, DJe 20.9.2012)

CAPÍTULO I • DIREITO ADMINISTRATIVO

▶ **Lei 8.112/90. Art. 58.** O servidor que, a serviço, afastar-se da sede em caráter eventual ou transitório para outro ponto do território nacional ou para o exterior, fará jus a passagens e diárias destinadas a indenizar as parcelas de despesas extraordinária com pousada, alimentação e locomoção urbana, conforme dispuser em regulamento. (...). **§ 2º** Nos casos em que o deslocamento da sede constituir exigência permanente do cargo, o servidor não fará jus a diárias. **§ 3º** Também não fará jus a diárias o servidor que se deslocar dentro da mesma região metropolitana, aglomeração urbana ou microrregião, constituídas por municípios limítrofes e regularmente instituídas, ou em áreas de controle integrado mantidas com países limítrofes, cuja jurisdição e competência dos órgãos, entidades e servidores brasileiros considera-se estendida, salvo se houver pernoite fora da sede, hipóteses em que as diárias pagas serão sempre as fixadas para os afastamentos dentro do território nacional.

▶ **Lei 8.216/91. Art. 16.** Será concedida, nos termos do regulamento, indenização de Cr$ 4.200,00 (quatro mil e duzentos cruzeiros) por dia, aos servidores que se afastarem do seu local de trabalho, sem direito à percepção de diária, para execução de trabalhos de campo, tais como os de campanhas de combate e controle de endemias; marcação, inspeção e manutenção de marcos decisórios; topografia, pesquisa, saneamento básico, inspeção e fiscalização de fronteiras internacionais. **Parágrafo único.** É vedado o recebimento cumulativo da indenização objeto do caput deste artigo com a percepção de diárias.

▶ **Lei 8.270/91. Art. 15.** A indenização criada pelo art. 16 da Lei 8.216, de 1991, é fixada em nove mil cruzeiros e será reajustada pelo Poder Executivo na mesma data e percentual de revisão dos valores de diárias.

▶ **Dec. 343/91. Art. 4º** A indenização de que trata o art. 16 da Lei 8.216, de 13 de agosto de 1991, será devida aos servidores de toda e qualquer categoria funcional que se afastar da zona considerada urbana de seu município de sede para execução de atividades de campanhas de combate e controle de endemias, marcação, inspeção e manutenção de marcos divisórios, topografia, pesquisa, saneamento básico, inspeção e fiscalização de fronteiras internacionais.

▶ **Dec. 99.632/90. Anexo único.** O valor da diária será acrescido da importância correspondente a 40% (quarenta por cento) nas hipóteses de deslocamento para as cidades de Manaus, Salvador, Rio de Janeiro, São Paulo, Brasília, Foz do Iguaçu, Rio Branco, Macapá, Boa Vista e Porto Velho, e a 20% (vinte por cento), nos deslocamentos para Recife, São Luís, Belém e Florianópolis.

3. QUADRO SINÓPTICO

DIREITO ADMINISTRATIVO	
1. RESPONSABILIDADE CIVIL	
Súm. 59. A ausência de declaração do objeto postado não impede a condenação da ECT a indenizar danos decorrentes do extravio, desde que o conteúdo da postagem seja demonstrado por outros meios de prova admitidos em direito.	aplicável
2. SERVIDORES PÚBLICOS	
2.1. SERVIDORES CIVIS	
Súm. 13. O reajuste concedido pelas leis 8.622/93 e 8.627/93 (28,86%) constituiu revisão geral dos vencimentos e, por isso, é devido também aos militares que não o receberam em sua integralidade, compensado o índice então concedido, sendo limite temporal desse reajuste o advento da MP 2.131 de 28.12.2000.	aplicável

Súm. 23. As substituições de cargos ou funções de direção ou chefia ou de cargo de natureza especial ocorridas a partir da vigência da Medida Provisória n. 1.522, de 11.10.1996, e até o advento da Lei n. 9.527, de 10.12.1997, quando iguais ou inferiores a trinta dias, não geram direito à remuneração correspondente ao cargo ou função substituída.	aplicável
Súm. 39. Nas ações contra a Fazenda Pública, que versem sobre pagamento de diferenças decorrentes de reajustes nos vencimentos de servidores públicos, ajuizadas após 24.8.2001, os juros de mora devem ser fixados em 6% (seis por cento) ao ano (art. 1º-F da Lei 9.494/97).	aplicável
2.2. SERVIDORES MILITARES	
Súm. 58. Não é devido o reajuste na indenização de campo por força da alteração trazida pelo Decreto 5.554/2005.	aplicável

CAPÍTULO II
DIREITO PREVIDENCIÁRIO

SUMÁRIO

1. Atividade Especial
2. Atividade Rural
3. Beneficiários
3.1. Dependentes
3.2. Requerente
3.3. Segurado Especial
4. Benefícios
4.1. Coeficiente de Cálculo
4.2. Índices de Reajuste
4.3. Prazo Prescricional
4.4. Prazo Decadencial
4.5. Termo Inicial de Concessão
5. Benefícios em Espécie
5.1. Aposentadoria Especial
5.2. Aposentadoria por Idade
5.3. Aposentadoria por Invalidez
5.4. Aposentadoria por Tempo de Serviço
5.5. Auxílio-acidente
5.6. Auxílio-alimentação
5.7. Auxílio-doença
5.8. Benefício Assistencial de Prestação Continuada
5.9. Pensão por Morte
5.10. Salário-maternidade
6. Contribuições Previdenciárias
6.1. Incidência da Taxa Selic
6.2. Recolhimentos
6.3. Salário de Contribuição
7. FGTS
8. Juros de Mora
9. Previdência dos Servidores Públicos
10. PIS
11. Quadro Sinóptico

1. ATIVIDADE ESPECIAL

SÚMULA 26. A ATIVIDADE DE VIGILANTE ENQUADRA-SE COMO ESPECIAL, EQUIPARANDO-SE À DE GUARDA, ELENCADA NO ITEM 2.5.7 DO ANEXO III DO DECRETO N. 53.831/64.

● *Súmula aplicável.* ● *DJ 22.6.2005.* ● *Referência legislativa: Dec. 53.831/64. Dec. 83.080/79.* ● *Precedentes: REsp 395.988/RS. REsp 413.614/SC. REsp 441.469/RS. PU/TNU 2002.83.20.002734-4/PE.*

▶ *Gessiel Pinheiro de Paiva*

O Código 2.5.7 do Anexo III do Decreto 53.831/94 considerava como especiais as atividades ligadas à "extinção de fogo e guarda", tais como, "bombeiros, investigadores e guardas", por serem consideradas perigosas.

No regime anterior à Lei 8.213/91, e mais especificamente, em relação às atividades consideradas especiais (penosas, perigosas ou insalubres), até a edição da Lei 9.032/95, para que fosse reconhecida como especial era suficiente que a atividade estivesse enquadrada nas relações dos Decretos n. 53.831/64 e/ou 83.080/79.

Entretanto, mesmo a ausência do enquadramento da atividade, de forma expressa, como especial, não inviabiliza sua consideração como tal, se comprovado que a atividade é perigosa, penosa ou insalubre (Súmula 198 do extinto Tribunal Federal de Recursos), pois o rol dos referidos decretos é meramente exemplificativo (no mesmo sentido: STJ, REsp 1.306.130/SC, recurso repetitivo).

A jurisprudência da TNU, assim, vem considerando que a atividade de vigilante com utilização de arma de fogo, por se tratar de atividade perigosa, deve ser equiparada à atividade de guarda, prevista no anexo III do Decreto 53.831/64, para fins de reconhecimento como especial.

A atividade de vigilante, a que se refere a súmula, é aquela regulamentada pela Lei 7.102/83 (art. 15 e art. 10, incisos I e II e §§ 2º, 3º e 4º), como sendo o profissional contratado por estabelecimentos financeiros ou por empresa especializada em prestação de serviços de vigilância para fins de proceder a vigilância patrimonial das instituições financeiras e de outros estabelecimentos, públicos ou privados, bem como a segurança de pessoas físicas, ou para realizar o transporte de valores ou garantir o transporte de outro tipo de carga, aos quais é assegurado o uso de armas de fogo, quando do efetivo exercício da profissão, não se confundindo, por exemplo, com a atividade de "vigia" (STJ, RESP 1.221.960).

No mesmo sentido, as diversas e sucessivas instruções normativas do INSS, que "estabelecem rotinas para agilizar e uniformizar o reconhecimento de direitos dos segurados e beneficiários da Previdência Social", sendo a última e atualmente em vigor a Instrução Normativa INSS n. 77 de 21.01.2015. Aliás, todas as Instruções Normativas para tal finalidade editadas pelo INSS desde ao menos 2002 preveem o reconhecimento da especialidade da atividade de vigilante exercida nos termos da Lei 7.102/83 até 28.4.1995.

Todavia, a jurisprudência predominante no âmbito da TNU preceitua que "apesar de o enquadramento por categoria profissional ter sido abolido pela Lei 9.032/95, ainda se admite o enquadramento da atividade de vigilante como especial no período compreendido entre 29.4.1995 (início da vigência da Lei 9.032/95) e 4.3.1997 (antes de entrar em vigor o Decreto n. 2.172/97), porque o Decreto nº 53.831/64 persistiu em vigor nesse período" (ex.: Pedilef 50069557320114047001; Pedilef 0510607-28.2010.4.05.8200).

Esse entendimento encontra ressonância na doutrina, como se verifica no seguinte trecho de autoria de Maria Helena Carreira Alvim Ribeiro[1]:

> O trabalho exercido após a edição da Lei 9.032/95, relacionado na lista de atividades e ocupações do Quadro Anexo do Decreto 53.831/64 e nos Anexos do Decreto 83.080/79 será considerado para efeito de enquadramento como tempo especial até a data da publicação do Decreto 2.172/97 quando constar nos formulários de informações sobre atividades com exposição a agentes nocivos ou se for comprovado por outros meios de provas.
>
> Portanto, a atividade do guarda e vigilante incluída no Quadro Anexo do Decreto 53.831/64, goza de presunção absoluta de insalubridade até a edição da Lei 9.032/95, sendo também considerada especial quando comprovado o exercício da atividade por meio dos formulários de informações sobre atividades com exposição a agentes nocivos ou por outros meios de provas até a data da publicação do Decreto 2.172/97.

---

1. RIBEIRO. Maria Helena C. A. **Aposentadoria Especial: regime geral da previdência social**. 5. ed. Curitiba: Juruá, 2013, p. 391.

O entendimento acima mencionado não quer dizer que a TNU não reconheça a possibilidade de enquadramento da atividade de vigilante como especial após 4.3.1997.

Ao contrário, o que se depreende na análise de diversos julgados da TNU envolvendo essa questão é que existem duas teses: a primeira de que, após a referida data, não é possível mais o enquadramento da atividade de vigilante pela presunção de ser perigosa, ainda que com uso de arma de fogo, que não seria suficiente, por si só, para comprovar a periculosidade a edição do Decreto n. 2.172/97(ex.: Pedilef 200972600004439); a segunda, no sentido de que, havendo laudo técnico (ou elemento material equivalente) que ateste a permanente exposição à atividade nociva pela periculosidade, é possível o reconhecimento da atividade como especial ainda que após 4.3.1997 (ex.: Pedilef 50077497320114047105; Pedilef 05249362020114058100).

As teses não são excludentes, ao contrário, se complementam, podendo ser assim resumidas: até 4.3.1997, basta comprovar o exercício da atividade de vigilante com o uso de arma de fogo para o reconhecimento da especialidade; após a referida data, a especialidade poderá ser reconhecida se restar comprovado, por meio de laudo técnico ou elemento material equivalente, a habitual e permanente exposição à periculosidade.

Quanto ao uso de arma de fogo, os TRFs da 3ª e da 4ª Regiões entendem ser desnecessária a comprovação desse uso antes de 28.4.1995, somente exigindo essa comprovação para atividades prestadas após essa data, para fins de configuração da periculosidade (TRF4, EIAC 1999.04.01.082520-0, 3ª S.; TRF3, precedentes das quatro turmas que julgam matéria previdenciária). Os demais Tribunais (1ª, 2ª e 5ª Regiões), o STJ e a própria TNU, no entanto, entendem ser sempre necessário o uso de arma de fogo.

Nesse sentido, a TNU, ao julgar o Pedido de Uniformização de Interpretação de Lei Federal n. 2007.70.95.015669-0 deliberou que "esta Turma Nacional sempre interpretou a Súmula n. 26 entendendo que o fator de enquadramento da atividade de guarda como atividade perigosa no código 2.5.7 do Anexo ao Decreto nº 53.831/64 é a utilização de arma de fogo", concluindo, assim, não ser possível a atividade de vigilante desarmado ser reconhecida como submetida a condições especiais de trabalho. Essa interpretação é compatível com a já mencionada Lei 7.102/83, que regulamenta a atividade de vigilante.

A respeito do reconhecimento da atividade como especial pela periculosidade após 4.3.1997, há divergências já exaradas dentro da TNU, com decisões no sentido de que, após essa data, somente seria possível o reconhecimento de especialidade com base no fator perigo em relação àquelas atividades que estivessem arroladas em lei específica como perigosas. Vide excerto do acórdão Pedilef 50136301820124047001, adiante transcrito, que trata da atividade de transporte de combustíveis (gás liquefeito de petróleo).

O julgamento acima ocorreu em 7.8.2013. Todavia, em julgados mais recentes, a TNU, adequando-se ao entendimento exarado pelo STJ no REsp 1306113 (sem fazer o "distinguish" mencionado no julgamento transcrito acima), tem admitido o reconhecimento da especialidade com base em periculosidade para a atividade de vigilante mesmo após 4.3.1997. Nesse sentido: Pedilef 50077497320114047105 e Pedilef 50138641620114047201, ambos de 11.9.2015; Pedilef 05249362020114058100 e Pedilef 05000825220134058306, ambos de 21.10.2015; Pedilef 50495075620114047000, de 19.11.2015; Pedilef 05207198120094058300, de 11.12.2015; e Pedilef 50000672420124047108, de 16.3.2016.

De qualquer sorte, cabe observar que a atividade de vigilante é arrolada expressamente como perigosa pelo artigo 193, inciso II, da Consolidação das Leis do Trabalho (CLT), incluído pela mesma Lei 12.740/2012, mencionada como revogadora da Lei 7.369/85.

Contudo, não se tratou de revogação com a finalidade de extinguir o direito que nela era tratado, mas de reposicionamento legal e ampliação do direito, uma vez que o assunto foi incorporado ao artigo 193 da CLT, juntamente com outras atividades (risco acentuado em virtude de exposição permanente do trabalhador a inflamáveis, explosivos ou energia elétrica e roubos ou outras espécies de violência física nas atividades profissionais de segurança pessoal ou patrimonial).

◉ Súmula TFR 198. Atendidos os demais requisitos, é devida a aposentadoria especial, se perícia judicial constata que a atividade exercida pelo segurado é perigosa, insalubre ou penosa, mesmo não inscrita em regulamento.

◉ (...). Recurso representativo de controvérsia. Atividade especial. Agente eletricidade. Supressão pelo Decreto 2.172/1997 (Anexo IV). Arts. 57 e 58 da Lei 8.213/1991. Rol de atividades e agentes nocivos. Caráter exemplificativo. Agentes prejudiciais não previstos. Requisitos para caracterização. Suporte técnico médico e jurídico. Exposição permanente, não ocasional nem intermitente (art. 57, § 3º, da Lei 8.213/1991). 1. Trata-se de Recurso Especial interposto pela autarquia previdenciária com o escopo de prevalecer a tese de que a supressão do agente eletricidade do rol de agentes nocivos pelo Decreto 2.172/1997 (Anexo IV) culmina na impossibilidade de configuração como tempo especial (arts. 57 e 58 da Lei 8.213/1991) de tal hipótese a partir da vigência do citado ato normativo. 2. À luz da interpretação sistemática, as normas regulamentadoras que estabelecem os casos de agentes e atividades nocivos à saúde do trabalhador são exemplificativas, podendo ser tido como distinto o labor que a técnica médica e a legislação correlata considerarem como prejudiciais ao obreiro, desde que o trabalho seja permanente, não ocasional, nem intermitente, em condições especiais (art. 57, § 3º, da Lei 8.213/1991). (...). (REsp 1306113/SC, repetitivo, Rel. Min. Herman Benjamin, 1ª S., DJe 7.32013)

◉ (...). Tempo de serviço. Atividade especial. Vigilante. Não enquadramento. Conversão. Possibilidade. Periculosidade. Comprovação. 1. O direito à contagem, conversão e averbação de tempo de serviço é de natureza subjetiva, enquanto relativo à realização de fato continuado, constitutivo de requisito à aquisição de direito subjetivo outro, estatutário ou previdenciário, não havendo razão legal ou doutrinária para identificar-lhe a norma legal de regência com aquela que esteja a viger somente ao tempo da produção do direito à aposentadoria de que é instrumental. 2. O tempo de serviço é regido sempre pela lei vigente ao tempo da sua prestação. Dessa forma, em respeito ao direito adquirido, se o trabalhador laborou em condições adversas e a lei da época permitia a contagem de forma mais vantajosa, o tempo de serviço assim deve ser contado. 3. A ausência do enquadramento da atividade desempenhada pelo segurado como atividade especial nos Decretos n. 53.831/64 e 83.080/79 não inviabiliza a sua consideração para fins de concessão de aposentadoria se comprovado o exercício de atividade sob condições especiais. (...). (STJ, REsp 395.988/RS, Rel. Min. Hamilton Carvalhido, 6ª T., DJ 19.12.2003)

◎ (...). Vigilante. Porte de arma de fogo. Atividade perigosa. Enquadramento. Decreto n. 53.831/64. Rol exemplificativo. I. Restando comprovado que o Autor esteve exposto ao fator de enquadramento da atividade como perigosa, qual seja, o uso de arma de fogo, na condição de vigilante, deve ser reconhecido o tempo de serviço especial, mesmo porque o rol de atividades consideradas insalubres, perigosas ou penosas, descritas naquele decreto, é exemplificativo e não exaustivo. (...). (STJ, REsp 413.614/SC, Rel. Min. Gilson Dipp, 5ª T., DJ 2.9.2002)

◎ (...). Aposentadoria. Vigilante bancário. Lei vigente ao tempo da prestação do serviço. Enquadramento. Atividade especial. Rol exemplificativo. Possibilidade. 1. A Egrégia 3ª Seção desta Corte Superior de Justiça pacificou já entendimento no sentido de que o tempo de serviço é regido pela lei vigente ao tempo da sua prestação. 2. Desse modo, em respeito ao direito adquirido, se o trabalhador laborou em condições adversas e a lei da época permitia a sua contagem de forma mais vantajosa, o tempo de serviço assim deve ser contado. (...). (STJ, REsp 441.469/RS, Rel. Min. Hamilton Carvalhido, 6ª T., DJ 10.3.2003)

◎ "(...). 2. A Lei 9.032/95, ao acrescentar os §§ 4º e 5º ao art. 57 da Lei 8.213/91, modificou a sistemática de aposentadoria com contagem de tempo especial até então existente. A aposentadoria por categoria profissional deixou de existir, prevendo a lei a possibilidade de contagem de tempo especial se o trabalho estivesse sendo exercido sob condições que prejudicassem a saúde ou a integridade física. Mesmo após a edição da Lei 9.032/95, os Decretos 53.831/64 e 83.080/79 foram mantidos em vigor pelo art. 152 da Lei 8.213/91 (hoje revogado), até que fossem integralmente regulamentados os art. 57 e 58 da referida Lei 8.213/91. A regulamentação só veio ocorrer em 5 de março de 1997, em virtude da edição do Decreto 2.172/97, mas a partir da Lei 9.032/95 passou-se a exigir que o trabalho sujeito a condições prejudiciais à saúde, para fins de ser computado como especial, fosse não ocasional e nem intermitente, devendo ser demonstrada a efetiva exposição a agentes nocivos (§§ 3º e 4º do art. 57 da Lei 8.213/91, com a redação dada pela Lei 9.032/95). 3. O legislador, ao editar as Lei 9.032/95 e 9.528/97, teve a intenção de reduzir as hipóteses de contagem de tempo especial de trabalho, excluindo o enquadramento profissional e, após o Decreto 2.172/97, o trabalho perigoso. A periculosidade, em regra, deixou de ser agente de risco para a aposentadoria do regime geral de previdência. 4. A retirada do agente periculosidade como ensejador da contagem de tempo especial no regime geral ficou clara com a promulgação da Emenda Constitucional 47/05. Isso porque dita emenda permitiu aos servidores públicos, nos termos de lei complementar, a contagem especial de tempo de trabalho exercido em atividades de risco (inciso II) e sob condições especiais que prejudiquem a saúde ou a integridade física (inciso III do § 4º do art. 40 da Constituição). Já para os segurados do regime geral, no entanto, restringiu o direito àqueles segurados que trabalhem de atividades que prejudiquem a saúde ou a integridade física (§ 1º do art. 201 da Constituição), nada se referindo aos que atuam sob risco. 5. É bem verdade que o Superior Tribunal de Justiça, no julgamento do REsp 1.306.113/SC (DJ 7-3-2013), de que foi relator o Sr. Ministro Herman Benjamin, submetido ao regime de recursos repetitivos, definiu que as atividades nocivas à saúde relacionadas nas normas regulamentadoras são meramente exemplificativas, podendo o caráter especial do trabalho ser reconhecido em outras atividades desde que permanentes, não ocasionais e nem intermitentes. Em consequência, considerou o agente eletricidade como suficiente para caracterizar agente nocivo à saúde, deferindo a contagem especial mesmo depois da edição do Decreto 2.172/97. 6. Contudo, deve ser feito o distinguish dessa decisão, haja vista ter tratado de eletricidade, que continha regulamentação específica, prevista na Lei 7.369/85, revogada apenas pela Lei 12.740/12. O que se extrai do acórdão do Superior Tribunal de Justiça é que, não obstante a ausência de previsão constitucional da periculosidade como ensejadora da contagem de tempo de serviço especial no regime geral de previdência após 5-7-2005, data da promulgação da Emenda 47/05, é possível essa contagem pelo risco, desde que haja sua previsão expressa na legislação infraconstitucional. 7. Julgamento de acordo com o art. 46 da Lei 9.099/95. 8. Pedido de uniformização parcialmente provido para, firmando a tese de que não se pode contar tempo especial pelo agente nocivo perigo, após 5-3-1997, quando da edição do Decreto 2.172/97, à exceção daquelas previstas em lei específica como perigosas, anular o acórdão da turma de origem e devolver os autos para que seja feito novo julgamento dos recursos, tomando por base essa premissa. (TNU, Pedilef 50136301820124047001, Rel. Gláucio Ferreira Maciel Gonçalves, DOU 16.8.2013)

Súmula 32. O tempo de trabalho laborado com exposição a ruído é considerado especial, para fins de conversão em comum, nos seguintes níveis: superior a 80 decibéis, na vigência do Decreto n. 53.831/64 e, a contar de 5 de março de 1997, superior a 85 decibéis, por força da edição do Decreto n. 4.882, de 18 de novembro de 2003, quando a Administração Pública reconheceu e declarou a nocividade à saúde de tal índice de ruído.

● *Súmula cancelada.* ● *DOU 11.10.13 (cancelamento).* ● *Referência legislativa: Decreto 53.831/64. Decreto 4.882/03.*
● *Precedentes: PU/TNU 2004.61.84.075231-9. PU/TNU 2006.71.95.024335-3. PU/TNU 2007.71.95.004182-7. PU/TNU 2008.32.00.703490-8. PU/TNU 2003.51.51.012024-5/RJ.*

▶ *Thiago Mesquita Teles de Carvalho*

A Turma Nacional de Uniformização, na oitava sessão ordinária, de 9 de outubro de 2013, aprovou, por unanimidade, o cancelamento da Súmula.

A compreensão do enunciado em comento – e das razões de seu cancelamento – depende sobremodo do conhecimento da sucessão de normas no tempo, relativas à caracterização como especial do trabalho exercido sob o agente nocivo ruído.

Inicialmente, o Decreto 53.831/64 estabeleceu a especialidade da atividade exercida sob níveis de ruído superiores a 80 decibéis (dB). A partir de 5 de março de 1997, com a edição do Decreto 2.172, os níveis foram elevados para 90 dB. Esse patamar foi mantido pelo Decreto 3.048/99 (Regulamento da Previdência Social – RPS), que revogou o decreto de 1997. Finalmente, de 18 de novembro de 2003 em diante, com a edição do Decreto 4.882, modificando o RPS, os níveis de ruído necessários à caracterização do tempo como especial foram reduzidos para 85 dB.

A elevação dos níveis de ruído, em 1997, e a posterior redução, em 2003, causou estranheza, uma vez que a tendência é que, com o desenvolvimento da tecnologia e o aperfeiçoamento dos equipamentos de proteção individual e coletiva, a tolerância à exposição a agentes nocivos seja sempre incrementada, nunca reduzida.

Assim, a TNU entendeu que a redução dos níveis de ruído tolerados, em 2003, configurava a confissão de um equívoco pela Administração Pública, que teria se excedido ao elevar os níveis de ruído, em 1997, para um patamar inadequadamente alto.

Nessa linha, vide um dos precedentes da TNU que deu ensejo ao enunciado, cuja ementa segue adiante colacionada (Pedilef 200461840752319).

É nítido que uma razoável diretriz lógica presidiu a consolidação do entendimento da TNU, cristalizado no Enunciado ora comentado. Contudo, o Superior Tribunal de Justiça seguiu orientação distinta. De fato, na Petição 9.059/RS, restou assentada a tese de que a especialidade da atividade deve ser aferida à luz do regime jurídico vigente à época de seu exercício, é dizer, deve ser aplicada a lei vigente na época em que o trabalhador esteve exposto ao agente nocivo.

Desse modo, o STJ, com base no princípio "tempus regit actum", afastou a possibilidade de aplicação retroativa do Decreto n. 4.882/2003 ao período em que o nível de ruído exigido era de 90 dB.

Cabe ressaltar que, de um lado, o STJ adota o "tempus regit actum" para a caracterização da especialidade de determinada atividade; de outro, para a definição do fator de conversão do tempo especial em comum (ou vice-versa), bem como para a determinação da própria possibilidade de conversão, o STJ entende que deve ser aplicada a lei vigente ao tempo em que restaram reunidos os requisitos para a concessão do benefício, e não a lei do tempo do labor. Nesse sentido, o REsp 1.310.034/PR, repetitivo.

◉ (...). Recurso representativo de controvérsia. Previdenciário. Regime geral de previdência social. Tempo especial. Ruído. Limite de 90dB no período de 6.3.1997 a 18.11.2003. Decreto 4.882/2003. Limite de 85 dB. Retroação. Impossibilidade. Aplicação da lei vigente à época da prestação do serviço. Controvérsia submetida ao rito do art. 543-C do CPC. 1. Está pacificado no STJ o entendimento de que a lei que rege o tempo de serviço é aquela vigente no momento da prestação do labor. Nessa mesma linha: REsp 1.151.363 (...); REsp 1.310.034 (...), ambos julgados sob o regime do art. 543-C do CPC. 2. O limite de tolerância para configuração da especialidade do tempo de serviço para o agente ruído deve ser de 90 dB no período de 6.3.1997 a 18.11.2003, conforme Anexo IV do Decreto 2.172/1997 e Anexo IV do Decreto 3.048/1999, sendo impossível aplicação retroativa do Decreto 4.882/2003, que reduziu o patamar para 85 dB, sob pena de ofensa ao art. 6º da LINDB (ex-LICC). Precedentes do STJ. Caso concreto. 3. Na hipótese dos autos, a redução do tempo de serviço decorrente da supressão do acréscimo da especialidade do período controvertido não prejudica a concessão da aposentadoria integral. (...). (STJ, 1ª S., REsp 1398260/PR, repetitivo, Rel. Min. Herman Benjamin, DJe 5.12.2014)

◉ (...). Recurso representativo de controvérsia. Previdenciário. Tempo especial e comum. Conversão. Possibilidade. Art. 9º, § 4º, da Lei 5.890/1973, introduzido pela Lei 6.887/1980. Critério. Lei aplicável. Legislação vigente quando preenchidos os requisitos da aposentadoria.1. Trata-se de Recurso Especial interposto pela autarquia previdenciária com intuito de desconsiderar, para fins de conversão entre tempo especial e comum, o período trabalhado antes da Lei 6.887/1980, que introduziu o citado instituto da conversão no cômputo do tempo de serviço. 2. Como pressupostos para a solução da matéria de fundo, destaca-se que o STJ sedimentou o entendimento de que, em regra; a) a configuração do tempo especial é de acordo com a lei vigente no momento do labor, e b) a lei em vigor quando preenchidas as exigências da aposentadoria é a que define o fator de conversão entre as espécies de tempo de serviço. Nesse sentido: REsp 1.151.363 (...), julgado sob o rito do art. 543-C do CPC. 3. A lei vigente por ocasião da aposentadoria é a aplicável ao direito à conversão entre tempos de serviço especial e comum, independentemente do regime jurídico à época da prestação do serviço. (...). 4. No caso concreto, o benefício foi requerido em 24.1.2002, quando vigente a redação original do art. 57, § 3º, da Lei 8.213/91, que previa a possibilidade de conversão de tempo comum em especial. (...). (STJ, 1ª S., REsp 1310034/PR, repetitivo, Rel. Min. Herman Benjamin. j.24.10.12, DJe 19.12.2012)

◉ (...). Direito previdenciário. Conversão de tempo de serviço especial em comum. Ruído. Decreto 4.882/2003. Retroação. Impossibilidade. (...). No período compreendido entre 6.3.1997 a 18.11.2003, data da entrada em vigor do Decreto 4.882/03, considerando o princípio "tempus regit actum", o limite de ruído aplicável para fins de conversão de tempo de serviço especial em comum é de 90 dB. A partir do dia 19.11.2003, incide o limite de 85 dB. (...). (STJ, 2ª T., REsp 1365898/RS, Rel. Min. Eliana Calmon, DJe 17.4.2013)

◉ Previdenciário. Conversão de tempo de serviço comum em especial. Incidência da legislação vigente quando preenchidos os requisitos do benefício pretendido. Matéria decidida sob o rito do art. 543-c do CPC. Incidência da súmula 168/STJ. 1. No julgamento do REsp 1.310.034/PR, Rel.

Min. Herman Benjamin, processado nos termos do arts. 543-C do CPC, ficaram estabelecidos os seguintes parâmetros: "a) a configuração do tempo especial é de acordo com a lei vigente no momento do labor, e b) a lei em vigor quando preenchidas as exigências da aposentadoria é a que define o fator de conversão entre as espécies de tempo de serviço". 2. Segundo as premissas estabelecidas, para que o segurado faça jus à conversão de tempo de serviço comum em especial, é necessário que ele tenha reunido os requisitos para o benefício pretendido antes da vigência da Lei 9.032/95, de 28.4.95, independentemente do momento em que foi prestado o serviço. 3. Portanto, na espécie, há incidência da Súmula 168/STJ: "Não cabem embargos de divergência, quando a jurisprudência do Tribunal se firmou no mesmo sentido do acórdão embargado". (...). (STJ, 1ª S., AgRg nos EAREsp 659.066/PR, Rel. Min. Sérgio Kukina, DJe 4.3.2016)

○ (...). Tempo especial de serviço. Insalubridade. Ruído. Níveis de tolerância a serem observados. Decretos 53.831, 2.172, 3.048 e 4.882. Impossibilidade de redução do limite máximo sem o reconhecimento da prejudicialidade do limite máximo anterior. Incidente provido. (...). 3. A promulgação do Decreto n. 4.882/03, que reduziu o limite máximo de tolerância a ruído para 85 dB, implica reconhecimento de que a sujeição ao limite anterior de 90 dB, previsto no Decreto n. 2.172/97 era inadequada. Aquele diploma normativo veicula verdadeiro reconhecimento de que a sujeição a ruído superior a 85 decibéis é imprópria à saúde do trabalhador, sendo absurdo considerar que no período que antecedeu a sua edição não o fosse. 4. Normatização do entendimento de que durante o período de 5.3.1997 a 17.11.2003 a exposição permanente do trabalhador a nível de ruído superior a 85dB é danosa à saúde, autorizando a contagem do tempo como especial, por força do reconhecimento veiculado no Decreto n. 4.882/03. 5. Incidente improvido. (TNU, Pedilef 200461840752319, Rel. Simone Lemos Fernandes, DOU 6.7.2012)

○ Pedido de uniformização de jurisprudência apresentado pelo INSS. Previdenciário. Reconhecimento de tempo de serviço especial. Ruído. Decreto n. 2.172/1997. Limite de tolerância. 90 decibéis no período de 06.3.1997 a 18.11.2003. Acórdão recorrido contrário ao entendimento do STJ (Petição n. 9.059/RS). Cancelamento do enunciado de Súmula nº 32 da TNU. Incidente conhecido e provido. 1. Incidente de Uniformização de Jurisprudência interposto pelo INSS em face de acórdão que reconheceu como sendo de natureza especial a atividade desenvolvida no período de 1.8.2001 a 17.3.2003, com exposição ao agente ruído, sob pressão sonora de 87,0 dB (A). 2. Alega que o acórdão recorrido diverge do entendimento adotado pela Terceira Turma Recursal do Paraná (Proc. n. 2009.70.66.002115-2). 3. Incidente inadmitido na origem, sendo os autos encaminhados a esta TNU após agravo. 4. A Lei 10.259/01 prevê o incidente de uniformização quando "houver divergência entre decisões sobre questões de direito material proferidas por Turmas Recursais na interpretação da lei" (art. 14, caput). Caberá à TNU o exame de pedido de uniformização que envolva "divergência entre decisões de turmas de diferentes regiões ou da proferida em contrariedade a súmula ou jurisprudência dominante do STJ" (art. 14, § 4º) e, ainda, "em face de decisão de Turma Regional de Uniformização proferida em contrariedade à súmula ou jurisprudência dominante do Superior Tribunal de Justiça". 5. Considera-se que o(s) paradigma(s) apontado(s) presta(m)-se para conhecimento do incidente. 6. É firme a jurisprudência do Superior Tribunal de Justiça no sentido de que, em se tratando do agente ruído, deve ser considerada atividade especial aquela exercida acima dos seguintes níveis: a) 80 decibéis até a edição do Decreto n. 2.172/1997 (5.3.1997); b) 90 decibéis a partir do início de vigência do Decreto n. 2.172/1997 até a edição do Decreto n. 4.882/2003 (de 6.3.1997 a 18.11.2003); c) 85 decibéis a partir da edição deste último decreto (19.11.2003). Entende, ainda, o Tribunal Superior que não há possibilidade de aplicação retroativa do que determinado no Decreto n. 4.882/2003, pelo que inviável a redução do limite para 85 decibéis durante o período de vigência do Decreto n. 2.172/1997. Precedente: Petição n. 9.059/RS, DJe 9.9.2013. 7. Cancelamento do enunciado de Súmula 32 da TNU (...). 8. Em face do exposto, tem-se que o incidente nacional de uniformização de jurisprudência formulado pelo INSS merece ser conhecido e provido, para afastar a especialidade da atividade desenvolvida pelo autor/recorrido no período de 1.8.2001 a 17.3.2003. (...). (TNU, Pedilef 00065845720064036304, Rel. Carlos Wagner Dias Ferreira, DOU 27.9.2016)

▶ **LINDB. Art. 6º** A Lei em vigor terá efeito imediato e geral, respeitados o ato jurídico perfeito, o direito adquirido e a coisa julgada.

SÚMULA 49. PARA RECONHECIMENTO DE CONDIÇÃO ESPECIAL DE TRABALHO ANTES DE 29.4.1995, A EXPOSIÇÃO A AGENTES NOCIVOS À SAÚDE OU À INTEGRIDADE FÍSICA NÃO PRECISA OCORRER DE FORMA PERMANENTE.

● *Súmula aplicável.* ● *DJ 15.3.2012.* ● *Precedentes: Pedilef 2004.51.51.061982-7. Pedilef 2007.72.51.004360-5. Pedilef 2007.72.51.008595-8. Pedilef 2007.71.95.022763-7. Pedilef 0002950-15.2008.4.04.7158.*

▶ André Wasilewski Duszczak

A previsão de trabalhos exercidos em condições especiais (insalubres, perigosas ou penosas) existe desde a edição da primeira Lei Orgânica da Previdência Social – LOPS (Lei 3.807, de 5 de setembro de 1960), que no rol de benefícios oferecidos previa a aposentadoria especial. Nesta havia[2]:

> Um quadro anexo ao Regulamento Geral da Previdência Social, aprovado pelo Decreto nº 48.959-A, de 19 de setembro de 1960, que relacionou esses serviços e indicou o tempo de trabalho exigido. Não havia qualquer indicação de exposição a agentes nocivos, mas somente às atividades consideradas insalubres e a possíveis exposições.
>
> A parir de 25 de março de 1964, o benefício passou a ser concedido levando-se em conta o quadro criado pelo Decreto nº 53.831, que estabeleceu a relação entre o tempo de trabalho mínimo exigido e cada um dos serviços e atividades profissionais classificados como insalubres, perigosas ou penosas, em razão da exposição do segurado aos agentes químicos, físicos e biológicos. Esse foi o primeiro decreto que dividiu, em dois quadros diferentes, as atividades especiais (ocupações) e os agentes físicos, químicos e biológicos, a cuja exposição dava direito à contagem de tempo especial.
>
> A partir de então, o que dava direito à aposentadoria especial era a comprovação do exercício de atividade considerada especial (categoria profissional especial) ou a exposição nociva aos agentes físicos, químicos e biológicos previstos no decreto.

Posteriormente, uma nova tabela de agentes nocivos e atividades especiais (categorias profissionais) foi publicada pelo Decreto nº 83.080/1979.

Esse sistema de reconhecimento de especialidade por meio do exercício de atividade por categoria profissional foi mantido quando da edição da Lei 8.213/91, que regulamentou os Planos de Benefícios da Previdência Social de acordo com a Constituição Federal de 1988, nos seguintes termos:

> Art. 57. A aposentadoria especial será devida, uma vez cumprida a carência exigida nesta lei, ao segurado que tiver trabalhado durante 15 (quinze), 20 (vinte) ou 25 (vinte e cinco) anos, conforme a atividade profissional, sujeito a condições especiais que prejudiquem a saúde ou a integridade física. (...).

Esta lei foi regulamentada pelos Decretos 357/91 e 611/92, cujos artigos 295 e 292, respectivamente, determinaram a aplicação das tabelas dos Decretos n.s 53.831/64 e 83.080/79 para verificação da especialidade da atividade.

---

2. PEREIRA, Guilherme Bollorini. O Tempo de Serviço sob Condições Especiais no Regime Geral da Previdência Social. **Revista da EMERJ**. Rio de Janeiro, v. 15, n. 58, p. 75-101, abr.-jun. 2012.

Posteriormente, a Lei 9.032/95 introduziu diversas alterações na redação do art. 57 e parágrafos da Lei 8.213/91, alterando os §§ 3º e 4º da seguinte forma:

> Art. 57. A aposentadoria especial será devida, uma vez cumprida a carência exigida nesta Lei, ao segurado que tiver trabalhado sujeito a condições especiais que prejudiquem a saúde ou a integridade física, durante 15 (quinze), 20 (vinte) ou 25 (vinte e cinco) anos, conforme dispuser a lei. (...)
>
> § 3º A concessão da aposentadoria especial dependerá de comprovação pelo segurado, perante o Instituto Nacional do Seguro Social–INSS, do tempo de trabalho permanente, não ocasional nem intermitente, em condições especiais que prejudiquem a saúde ou a integridade física, durante o período mínimo fixado.
>
> § 4º O segurado deverá comprovar, além do tempo de trabalho, exposição aos agentes nocivos químicos, físicos, biológicos ou associação de agentes prejudiciais à saúde ou à integridade física, pelo período equivalente ao exigido para a concessão do benefício.

Assim, esta lei extinguiu o benefício de aposentadoria especial decorrente de exercício de atividade por categoria profissional, e passou a exigir comprovação de exposição efetiva a agentes nocivos químicos, físicos, biológicos ou associação de agentes prejudiciais à saúde ou à integridade física de forma permanente, não ocasional nem intermitente.

A fim de se comprovar esta exposição, foi editada a Lei 9.528/97 em 29.4.1995 (conversão da Medida Provisória 1.523, de 11.10.96) que alterou o artigo 58 da Lei 8.213/91, passando a exigir, para comprovação da exposição aos agentes nocivos e apresentação de perfil profissiográfico do trabalhador (PPP – este somente passou a ser exigível com a edição do Decreto nº 4.032/2001) e laudo técnico de condições do ambiente de trabalho – LTCAT, expedido por médico do trabalho ou engenheiro de segurança do trabalho, com indicação, inclusive, da existência de tecnologia de proteção coletiva.

Portanto, em data anterior a 29.4.1995, não há como se exigir que a comprovação de exposição aos agentes nocivos tenha ocorrido de forma permanente, basta que o segurado comprove (mesmo que não seja por laudo técnico ou PPP – salvo se se tratar de ruído ou calor que sempre exige – vez que estes não eram exigíveis antes de 11.10.1996,), que se enquadrava em uma das atividades ou estava sujeito a algum dos agentes insalubres constantes das tabelas dos Decretos n.s 53.831/64 e 83.080/79.

Trata-se de uma presunção legal de exercício de atividade especial, motivo pelo qual, mesmo que não exerça a atividade de forma permanente ainda assim terá direito ao reconhecimento do tempo como especial. No entanto, cabe ressaltar que esta atividade tem que ser a habitual do segurado, vez que o exercício de atividade eventual ou ocasional nunca foi considerada como apta a caracterizar o tempo de serviço como especial.

E a impossibilidade de se exigir a comprovação da exposição de forma permanente decorre do princípio "tempus regit actum", vez que o tempo de serviço é regulado de acordo com a legislação vigente na data de seu exercício (Decreto 3048, art. 70, §

1º), sendo incorporado dia a dia, mês a mês, e não somente quando do requerimento do benefício, trata-se de direito adquirido do segurado[3].

Assim, tendo exercido atividade profissional em época que esta era considerada especial, mesmo que legislação posterior altere tal entendimento, isto em nada afetará o direito do contribuinte. Mas, embora essa atividade se incorpore ao patrimônio do segurado, para poder obter a aposentadoria, deverá observar as regras vigentes quando da data da implementação de todos os requisitos exigidos. Por exemplo, um segurado que necessite de 20 anos de tempo especial para se aposentar e possua 19 anos de atividade insalubre, estes 19 anos de tempo especial não podem mais ser retirados do segurado, é direito adquirido. Mas se vem uma lei e passa a exigir 25 anos de tempo especial para aposentadoria, então o segurado terá que exercer mais 6 anos de atividade especial, pois, neste caso, o segurado ainda não havia implementado todos os requisitos necessários para obtenção da aposentadoria, tendo mera expectativa de direito, não há direito adquirido a regime jurídico que pode ser alterado a qualquer tempo, respeitados os direitos já incorporados ao patrimônio do segurado.

Portanto, até o advento da Lei 9.032 de 29.4.1995, para o reconhecimento do tempo de serviço especial, bastava que a atividade profissional do demandante fosse elencada nos decretos previdenciários regulamentares (Decreto 53.831, de 25.3.1964, e Decreto 83.080, de 24.1.1979), independentemente da comprovação de efetiva e permanente exposição aos agentes nocivos, sendo desnecessário laudo pericial ou perfil profissiográfico previdenciário, que foram exigidos apenas com a Lei 9.032/95.

○ Previdenciário e processual civil. Remessa oficial. Atividades especiais. Soldador. Atividade presumidamente insalubre até o advento da Lei 9.032/95. Trabalhador exposto a agentes nocivos durante a sua jornada de trabalho. Enquadramento parcial. Tempo insuficiente para a posentadoria. Averbação. (...). 6. Para a demonstração da permanência e habitualidade da atividade insalubre não é necessária a exposição ao agente agressivo durante toda a jornada laboral, mas apenas o exercício de atividade, não ocasional, nem intermitente, que o exponha habitualmente a condições especiais, prejudiciais à sua saúde ou integridade física. Por sinal, a exigência de habitualidade e permanência da exposição sob agentes nocivos somente foi trazida pela Lei 9.032/95, não sendo aplicável aos períodos anteriores à sua publicação. Inteligência da Súmula 49 da TNU. (TRF1, 1ª CRPBA, AC 00059907920114013602, Rel. Cristiano Miranda de Santana, e-DJF1 13.3.2017)

○ Pedido de uniformização nacional. Previdenciário. Tempo de serviço especial, enquadramento por exposição a agentes nocivos. Trabalho anterior à Lei 9.032/95. Exposição habitual, permanente, intermitente, ocasional. 1. Para fins de caracterização de tempo de serviço especial, aplica-se a lei vigente à época da prestação do trabalho, motivo pelo qual em relação ao tempo de serviço trabalhado antes de 29.4.95, data da publicação da Lei 9.032/95, não se exigia o preenchimento do requisito da permanência, embora fosse exigível a demonstração da habitualidade e da intermitência. 2. Por se tratar de uma condição restritiva introduzida pela Lei 9.032/95, a permanência somente passou a ser exigida a partir de 29.4.95, sendo que a previsão de permanência nos regulamentos da CLPS de 1960 e da CLPS de 1984 extrapolou o poder regulamentar, ao restringir-se aquilo que a lei não restringia; aos decretos cabia apenas a definição das atividades ou agentes penosos, insalubres ou perigosos. 3. Habitual é a

---

3. STJ: 5ª T., AgREsp 662658, Rel. Min. Felix Fischer, v. u., DJU 4.4.2005; 6ª T., REsp 640947, Rel. Min. Hamilton Carvalhido, v. u., DJU 25.10.04 e 5ª T., AgREsp 545653, Rel. Min. Gilson Dipp, v. u., DJU 2.8.2004.

exposição a agentes nocivos durante todos os dias de trabalho normal, ou seja, durante todos os dias da jornada normal de trabalho. 4. Permanente é a exposição experimentada pelo segurado durante o exercício de todas as suas funções, não quebrando a permanência o exercício de função de supervisão, controle ou comando em geral ou outra atividade equivalente, desde que seja exclusivamente em ambientes de trabalho cuja nocividade tenha sido constatada. 5. Intermitente é a exposição experimentada pelo segurado de forma programada para certos momentos inerentes à produção, repetidamente a certos intervalos. 6. Ocasional é a exposição experimentada pelo segurado de forma não programada, sem mensuração de tempo, acontecimento fortuito, previsível ou não. 7. No caso, a exposição eventual aos agentes nocivos não era habitual e nem intermitente, sendo não habitual e meramente ocasional. A exposição aos agentes nocivos umidade, microrganismos, fungos e bactérias ocorria apenas quando o autor trabalhava nas "caixas subterrâneas", que estavam "constantemente alagadas"; só que isso não ocorria todos os dias da sua jornada normal de trabalho (e, portanto, a exposição não era habitual), nem ocorria repetidamente de forma programada em certos intervalos (e, portanto, a exposição não era intermitente, mas, sim, ocasional). 8. Pedido de uniformização improvido. (TNU, Pedilef 2004.51.51.061982-7, DJ 20.10.2009)

◉ Previdenciário. Aposentadoria especial. Exposição habitual e permanente a agentes nocivos. Exigida somente a partir da edição da Lei 9.032/95. Súmula 83/STJ. Exposição efetiva ao agente danoso. Súmula 7/STJ. 1. O entendimento firmado pelo Tribunal de origem, no sentido de que a comprovação do exercício permanente (não ocasional, nem intermitente) somente passou a ser exigida a partir da Lei9.032/95, que deu nova redação ao § 3º do art. 57 da Lei 8.213/91, não merece censura, pois em harmonia com a jurisprudência desta Corte, o que atrai a incidência, ao ponto, da Súmula 83 do STJ. 2. "In casu", concluindo as instâncias de origem que o autor estava exposto de modo habitual e permanente a condições perigosas, conclusão contrária demandaria reexame do acervo fático-probatório dos autos, o que é inviável em sede de recurso especial, sob pena de afronta ao óbice contido na Súmula 7 do STJ. Agravo regimental improvido. (STJ, 2ª T., AgRg no AREsp 295.495/AL, Rel. Min. Humberto Martins, DJe 15.4.2013)

Súmula 55. A conversão do tempo de atividade especial em comum deve ocorrer com aplicação do fator multiplicativo em vigor na data da concessão da aposentadoria.

● *Súmula aplicável.* ● *DJ 7.5.2012.* ● *Precedentes: Pedilef 2007.63.06.008925-8. Pedilef 2006.72.95.016019-0. Pedilef 2006.51.51.003901-7. Pedilef 2007.72.95.003208-7.*

▸ Rogério Moreira Alves

A redação original do § 3º do art. 57 da Lei 8.213/91 dispunha que "O tempo de serviço exercido alternadamente em atividade comum e em atividade profissional sob condições especiais que sejam ou venham a ser consideradas prejudiciais à saúde ou à integridade física será somado, após a respectiva conversão, segundo critérios de equivalência estabelecidos pelo Ministério do Trabalho e da Previdência Social, para efeito de qualquer benefício". Portanto, a lei admitia tanto a conversão de tempo especial em comum, quanto a conversão de tempo comum em especial. Por exemplo, um homem que exerça atividade comum (direito à aposentadoria aos 35 anos) podia convertê-lo em tempo especial (direito à aposentadoria especial aos 25 anos) mediante o fator de conversão 0,71.

A Lei 9.032/95, porém, alterou a redação do § 3º do art. 57 da Lei 8.213/91, suprimindo a possibilidade de conversão de tempo de serviço comum em especial, ou seja, o tempo de serviço prestado em condições normais não pode mais ser convertido para fins de concessão de aposentadoria especial.

É incontroverso que o tempo de serviço comum prestado após 29.4.95 não pode ser convertido em tempo especial. Mas, e o tempo comum exercido antes de 29.4.95? Ele ainda continua podendo ser convertido em tempo especial para efeito de concessão de aposentadoria especial? Considerando que a legislação vigente até 28.4.95 permitia a conversão de tempo comum em especial, o segurado tem direito adquirido à contagem do tempo nessa forma, ainda que os requisitos para a concessão da aposentadoria especial somente sejam cumpridos após a edição da Lei 9.032/95?

No que se refere ao direito adquirido, é preciso traçar distinção entre reconhecimento de tempo de atividade especial e conversão de tempo de atividade comum em especial. A jurisprudência está pacificada no sentido de que, para fins previdenciários, o tempo de serviço (e sua correspondente qualificação jurídica) completado se incorpora ao patrimônio jurídico do segurado, formando direito adquirido. Assim, por exemplo, o tempo de serviço especial acumulado até 28.4.95 não pode deixar de ser considerado especial se lei posterior modificar os requisitos para qualificação das condições especiais de trabalho.

Por outro lado, a conversão de tempo de serviço é questão concernente ao regime jurídico da aposentadoria a ser requerida. Deve ser aplicado o regime jurídico vigente no momento em que se completam os requisitos para se aposentar. Ou seja, se o segurado exerceu atividade comum antes de 29.4.95, mas completou os requisitos para se aposentar depois dessa data, ele não pode mais converter o tempo de serviço comum anterior a 29.4.95 em tempo especial, porque não existe direito adquirido a regime jurídico. Desde o início essa foi a orientação da Turma Nacional de Uniformização, conforme Pedilef 2007.70.95.01.6165-0 (Relator José Eduardo do Nascimento, DJU 8.6.2012). Esse entendimento foi reiterado no julgamento do Pedilef 2007.71.54.003022-2, conforme ementa adiante transcrita.

Com a consolidação do entendimento, a TNU editou a Súmula 55, ora comentada. O enunciado da súmula converge com a tese fixada pelo Superior Tribunal de Justiça em julgamento de recurso repetitivo (REsp 1310034): "a lei vigente por ocasião da aposentadoria é a aplicável ao direito à conversão entre tempos de serviço especial e comum, independentemente do regime jurídico à época da prestação do serviço".

No recente julgamento dos embargos de declaração, a Primeira Seção do STJ reiterou esse entendimento (EDcl nos EDcl no REsp 1310034, Rel. Herman Benjamin, DJe 16.11.2015).

A TNU chegou a hesitar, modificando seu entendimento a respeito da matéria (Pedilef 5011435-67.2011.4.04.7107, Rel. Kyu Soon Lee, DOU 23.1.2015), mas acabou se realinhando à jurisprudência pacificada no Superior Tribunal de Justiça (Pedilef 5001103-34.2012.4.04.7001, Rel. Sérgio Murilo Wanderley Queiroga. j. 20.11.2015), consolidando o entendimento consagrado na Súmula.

Previdenciário. Aposentadoria especial. Conversão de tempo de serviço comum em especial. Impossibilidade após a edição da Lei 9.032/95. Ausência de direito adquirido a regime jurídico.
1. A conversão de tempo de serviço é questão concernente ao regime jurídico da aposentadoria a ser requerida. Deve ser aplicado o regime jurídico vigente no momento em que se completam os requisitos para se aposentar. Ou seja, se o segurado exerceu atividade comum até 28.4.1995,

mas completou os requisitos para se aposentar depois dessa data, ele não pode mais converter o tempo de serviço comum anterior a 28.4.1995 em tempo especial, porque não existe direito adquirido a regime jurídico. (...). 2. A Primeira Seção do STJ já decidiu, em recurso representativo de controvérsia, que "a lei vigente por ocasião da aposentadoria é a aplicável ao direito à conversão entre tempos de serviço especial e comum, independentemente do regime jurídico à época da prestação do serviço" (REsp 1.310.034...). 3. Uniformizado o entendimento de que o tempo de serviço comum exercido antes de 29.4.1995 não pode ser convertido em tempo de serviço especial para fins de concessão de aposentadoria cujos requisitos tenham sido completados após 29.4.1995. 4. Pedido improvido. (TNU, Pedilef 2007.71.54.003022-2, Rel. p/ ac. Rogerio Moreira Alves, DOU 7.6.2013)

◉ (...). Recurso representativo de controvérsia. Previdenciário. Tempo especial e comum. Conversão. Possibilidade. Art. 9º, § 4º, da Lei 5.890/1973, introduzido pela Lei 6.887/1980. Critério. Lei aplicável. Legislação vigente quando preenchidos os requisitos da aposentadoria. 1. Trata-se de Recurso Especial interposto pela autarquia previdenciária com intuito de desconsiderar, para fins de conversão entre tempo especial e comum, o período trabalhado antes da Lei 6.887/1980, que introduziu o citado instituto da conversão no cômputo do tempo de serviço. 2. Como pressupostos para a solução da matéria de fundo, destaca-se que o STJ sedimentou o entendimento de que, em regra; a) a configuração do tempo especial é de acordo com a lei vigente no momento do labor, e b) a lei em vigor quando preenchidas as exigências da aposentadoria é a que define o fator de conversão entre as espécies de tempo de serviço. Nesse sentido: REsp 1.151.363/MG, Rel. Min. Jorge Mussi, Terceira Seção, DJe 5.4.2011, julgado sob o rito do art. 543-C do CPC. 3. A lei vigente por ocasião da aposentadoria é a aplicável ao direito à conversão entre tempos de serviço especial e comum, independentemente do regime jurídico à época da prestação do serviço. (...). 4. No caso concreto, o benefício foi requerido em 24.1.2002, quando vigente a redação original do art. 57, § 3º, da Lei 8.213/1991, que previa a possibilidade de conversão de tempo comum em especial. (...). (STJ, REsp 1310034/PR, Rel. Min. Herman Benjamin, 1ª S., DJe 19.12.2012)

SÚMULA 62. O SEGURADO CONTRIBUINTE INDIVIDUAL PODE OBTER RECONHECIMENTO DE ATIVIDADE ESPECIAL PARA FINS PREVIDENCIÁRIOS, DESDE QUE CONSIGA COMPROVAR EXPOSIÇÃO A AGENTES NOCIVOS À SAÚDE OU À INTEGRIDADE FÍSICA.

Súmula comentada/anotada no item *Beneficiários – Segurado Especial*, adiante.

SÚMULA 66. O SERVIDOR PÚBLICO EX-CELETISTA QUE TRABALHAVA SOB CONDIÇÕES ESPECIAIS ANTES DE MIGRAR PARA O REGIME ESTATUTÁRIO TEM DIREITO ADQUIRIDO À CONVERSÃO DO TEMPO DE ATIVIDADE ESPECIAL EM TEMPO COMUM COM O DEVIDO ACRÉSCIMO LEGAL, PARA EFEITO DE CONTAGEM RECÍPROCA NO REGIME PREVIDENCIÁRIO PRÓPRIO DOS SERVIDORES PÚBLICOS.

● *Súmula aplicável.* ● *DJ 24.9.2012.* ● *Precedentes: Pedilef 2006.71.95.000743-8. Pedilef 2004.50.50.009256-5. Pedilef 2004.50.50.002997-1. Pedilef 2006.50.50.006206-5. Pedilef 2008.33.00.702364-7. Pedilef 2009.70.51.011530-0.*

▸ *Gerson Luiz Rocha*

Até a promulgação da Constituição Federal de 1988, os servidores públicos eram regidos por dois regimes jurídicos distintos: (a) o estatutário, nos moldes da Lei 1.711, de 28.10.1952; e, (b) o celetista, regido pela Consolidação das Leis do Trabalho (CLT).

A nova ordem constitucional determinou a extinção do regime celetista e a instituição de regime jurídico único para os servidores da administração direta, autarquias e fundações públicas da União, Estados, Distrito Federal e Municípios (CF, art. 39; ADCT, art. 24), o que no âmbito federal deu-se pela edição da Lei 8.112, de 11.12.1990, que no seu art. 243 transpôs para o novo regime os servidores estatutários e celetistas.

Registre-se que os servidores públicos federais, até então regidos pela CLT, eram segurados do regime geral da previdência social a cargo do antigo Instituto Nacional de Previdência Social (INPS), na forma da Lei 3.807, de 26.8.1960, de modo que tinham assegurada a aposentadoria especial prevista no art. 31 da referida lei, uma vez comprovado o exercício de atividade profissional em serviços considerados penosos, insalubres ou perigosos, assim considerados por decreto do Poder Executivo, bem como o direito de converter o tempo laborado sob condições especiais em tempo de serviço comum, para fins de aposentadoria (vide Lei 6.887/80).

De se observar, ainda, que a Constituição Federal de 1988[4], além da instituição do mencionado regime jurídico único, assegurou, para efeito de aposentadoria, a contagem recíproca do tempo de contribuição na administração pública e na atividade privada, caso em que os respectivos sistemas devem se compensar financeiramente, na forma da lei.

A contagem recíproca e a respectiva compensação financeira, no âmbito federal, foram reguladas pela Lei 8.213/91 (arts. 94 a 99).

Nesse contexto, os servidores que até a Lei 8.112/90 eram regidos pela CLT – e que passaram a ser denominados ex-celetistas -, pleitearam perante a Administração o direito de ter o tempo laborado sob condições penosas, insalubres ou perigosas, na vigência de tal regime, convertido em tempo de serviço comum, para efeito de aposentadoria no novo regime jurídico único, o que foi rejeitado administrativamente, sob o fundamento de que a Lei 8.213/91, vedaria tal espécie de conversão[5].

Submetida a controvérsia ao Poder Judiciário, concluiu-se que a vedação contida na Lei 8.213/91 não poderia subsistir, uma vez que a Constituição Federal, ao estabelecer a contagem recíproca do tempo de serviço na administração pública e na atividade privada, conferiu ao legislador ordinário, unicamente, a prerrogativa de estabelecer critérios relativos à compensação financeira entre os regimes, e não restrições acerca da contagem do tempo de serviço prestado em cada um dos regimes. Por conseguinte, a restrição quanto à contagem recíproca de tempo de serviço exercido pelo servidor ex-celetista em condições especiais prejudiciais à saúde desborda dos limites constitucionais e deve ser afastada. Uma vez excluída a referida restrição, não obstante fosse legítimo ao constituinte originário romper integralmente com o sistema previdenciário anterior, isso não ocorreu no caso do regime geral da previdência social, que manteve a possibilidade da aposentadoria especial e da conversão do tempo especial em comum para fins de aposentadoria por tempo de contribuição.

---

4. Art. 202, na redação original (atualmente deslocado para o art. 201, § 9º, por força da EC n. 20, de 1998).
5. "Art. 96. O tempo de contribuição ou de serviço de que trata esta Seção será contado de acordo com a legislação pertinente, observadas as normas seguintes: I – não será admitida a contagem em dobro ou em outras condições especiais".

Do mesmo modo, a Lei 8.112/90, no seu art. 100, assegurou a contagem do tempo de serviço público federal para todos os efeitos, cumprindo assim entender que os servidores ex-celetistas incorporaram ao seu patrimônio jurídico o direito à contagem majorada do tempo de serviço que exerceram sob condições especiais anteriormente à Lei 8.112/90, pois não obstante a aposentadoria deva observar a legislação vigente quando da implementação de todos os requisitos necessários à sua concessão, o tempo de serviço, ao contrário, deve ser contado de acordo com a lei vigente no momento em que é efetivamente prestado.

Esse foi o entendimento prevalente no âmbito tanto do Superior Tribunal de Justiça[6] quanto do Supremo Tribunal Federal[7], bem como da Turma Nacional de Uniformização, que editou a esse respeito a presente Súmula.

Por fim, penso que merece destaque ainda a circunstância de que o direito reconhecido nos termos da referida súmula restringe-se à possibilidade de conversão do tempo de serviço especial em tempo comum relativamente às atividades exercidas exclusivamente por servidores ex-celetistas, em período anterior à Lei 8.112/90, isto é, não pode ser aplicado ao tempo de serviço prestado posteriormente à mencionada lei, uma vez que as disposições contidas no art. 40, § 4º, II e III, da Constituição Federal, ainda carecem de regulamentação, conforme tem reiteradamente decidido o Supremo Tribunal Federal[8].

SÚMULA 70. A ATIVIDADE DE TRATORISTA PODE SER EQUIPARADA À DE MOTORISTA DE CAMINHÃO PARA FINS DE RECONHECIMENTO DE ATIVIDADE ESPECIAL MEDIANTE ENQUADRAMENTO POR CATEGORIA PROFISSIONAL.

●*Súmula aplicável.* ● *DJ 13.3.2013.* ● *Precedentes: Pedilef 2009.50.53.000401-9. Pedilef 0503865-63.2010.4.05.8401. Pedilef 5001015-85.2011.4.04.7015.*

▶ *Filipe Aquino Pessoa de Oliveira*

A presente súmula trata da possibilidade de reconhecimento do caráter especial da atividade desempenhada por segurado empregado na função de tratorista (condutor de tratores e assemelhados), para fins de concessão dos benefícios de aposentadoria especial ou aposentadoria por tempo de contribuição.

Nos termos do artigo 57, da Lei 8.213/91, "a aposentadoria especial será devida, uma vez cumprida a carência exigida nesta Lei, ao segurado que tiver trabalhado sujeito a condições especiais que prejudiquem a saúde ou a integridade física, durante 15 (quinze), 20 (vinte) ou 25 (vinte e cinco) anos, conforme dispuser a lei". A legislação

---

6. STJ: 6ª T., AgRg no AgRg no RMS 13.257/RS, Rel. Min. Og Fernandes, DJe 25.10.2012; AgRg no REsp 799.771/DF, Rel. Min. Laurita Vaz, DJe 7.4.2008; 1ª T., AgRg no AREsp 680.209/ES, Rel. Min. Sérgio Kukina, DJe 19.8.2015.
7. STF: 1ª T., RE 603.581-AgR, Rel. Min. Dias Toffoli, DJe 4.12.2014; 2ª T., RE 382352. Rel. Min. Ellen Gracie, DJ 6.2.2004; Pleno, RE 209899, Rel. Min. Maurício Corrêa, DJ 6.6.2003.
8. STF: 2ª T., ARE 841148-AgR, Rel. Min. Dias Toffoli, DJe 30.4.2015; Pleno, MI 3920-AgR, Rel. Min. Edson Fachin, DJe 10.12.2015.

admite, ainda, a conversão do período laborado sob condições especiais em período comum, mediante aplicação do índice multiplicador adequado, a fim de propiciar o cumprimento dos requisitos para a concessão do benefício de aposentadoria por tempo de contribuição, caso o segurado possua, durante sua vida profissional, períodos laborados sob condições comuns alternados com períodos laborados sob condições especiais. Nesse sentido, o disposto no parágrafo 5º, do art. 57, da Lei 8.213/91: "o tempo de trabalho exercido sob condições especiais que sejam ou venham a ser consideradas prejudiciais à saúde ou à integridade física será somado, após a respectiva conversão ao tempo de trabalho exercido em atividade comum, segundo critérios estabelecidos pelo Ministério da Previdência e Assistência Social, para efeito de concessão de qualquer benefício".

Ainda sobre o tema, na forma do art. 70, § 1º, do Decreto 3.048/99, a caracterização e a comprovação do tempo de atividade sob condições especiais devem obedecer ao disposto na legislação em vigor na época da prestação do serviço, de acordo com a fórmula do "tempus regit actum". Assim, a prova da condição especial das atividades deve obedecer a regramentos diferenciados, segundo cada período pleiteado.

Até 28.4.1995 bastava o enquadramento da atividade profissional desempenhada pelo segurado no rol do Decreto 83.080/79, ou então a comprovação da efetiva exposição de risco à saúde e à integridade física. Com o advento da Lei 9.032/95, exigiu-se a comprovação específica da exposição efetiva aos agentes nocivos, estando dispensado o laudo. Após 6.3.1997, com a Lei 9.528/97, o laudo passa a ser essencial.

Ocorre que os referidos Decretos, por mais específicos que fossem, não poderiam prever todas as atividades profissionais submetidas a condições insalubres e, portanto, merecedoras do reconhecimento da qualidade de atividade exercida sob condições especiais, com todas as consequências jurídicas daí advindas, especialmente a redução do tempo de serviço exigido para a concessão da aposentadoria. Com isso, diversas atividades profissionais de caráter insalubre ficaram fora do rol de atividades especiais, o que acabou gerando inúmeras demandas judiciais pleiteando o reconhecimento do caráter especial em favor de atividades não previstas nos Decretos 53.831/64 e 83.080/79.

Após longo período de amadurecimento da questão nos Tribunais brasileiros, acabou prevalecendo o entendimento de que o rol de atividades especiais previsto nos Decretos 53.831/64 e 83.080/79 era meramente exemplificativo, e não taxativo (tese defendida pelo INSS), sendo possível o reconhecimento do caráter especial de determinada atividade, ainda que não prevista naquelas normas, desde que comprovado que as condições impostas aos segurados eram prejudiciais à saúde ou integridade física.

Dentre essas demandas, uma das mais comuns dizia (e ainda diz) respeito ao reconhecimento do caráter insalubre da atividade de tratorista, que não encontra previsão expressa no rol dos mencionados Decretos. A tese levada ao Poder Judiciário pelos segurados pretendia o enquadramento da atividade de tratorista por analogia à atividade de motorista de caminhão, essa sim prevista no item 2.4.2 do Anexo II do Decreto 83.080/79.

Considerando-se a similitude entre as atividades de Motorista de caminhão e Tratorista, a jurisprudência dos tribunais brasileiros acabou se firmando pela possibilidade de equiparação das duas atividades profissionais, autorizando o reconhecimento do caráter especial da atividade de tratorista até 28.4.1995, nas mesmas condições da atividade de motorista de caminhão. Após inúmeras decisões, a TNU editou a presente Súmula, cristalizando a tese acima exposta.

◯ Previdenciário. Recurso especial. Aposentadoria por tempo de contribuição. Cômputo de tempo especial. Atividade de tratorista. Enquadramento por analogia. Possibilidade. Rol de atividades especiais meramente exemplificativo. Jurisprudência assentada do STJ. Recurso especial repetitivo 1.306.113/SC. Recurso especial conhecido e não provido. 1. A jurisprudência do STJ orienta-se no sentido de que o rol de atividades consideradas prejudiciais à saúde ou à integridade física descritas pelos Decretos 53.831/1964, 83.080/1979 e 2.172/1997 é meramente exemplificativo, e não taxativo, sendo admissível, portanto, que atividades não elencadas no referido rol, sejam reconhecidas como especiais, desde que, tal situação seja devidamente demonstrada no caso concreto. 2. "In casu", o Tribunal a quo, especado nos elementos fáticos coligidos aos autos, concluiu pela especialidade da atividade de tratorista, porquanto comprovada, por meio de formulários DSS-8030, a sua especialidade. (...). (STJ, 2ª T., REsp 1369269/PR, Rel. Min. Mauro Campbell Marques, DJe 23.03.2015)

◯ Incidente de uniformização. Previdenciário. Tempo especial. Equiparação entre tratorista e motorista (Código 2.4.4 do Decreto 53.831/64). Possibilidade. Acórdão recorrido em consonância com o entendimento consolidado na TNU. Aplicação da Questão de Ordem n. 13. Pedido de uniformização não conhecido. (...). Ao contrário do que argumenta a autarquia, o acórdão proferido pela Turma Recursal de origem perfilha o entendimento jurisprudencial dominante, seja nesta Casa ou no e. STJ. Confira-se: "Processual civil e previdenciário. Tempo especial. Equiparação entre tratorista e motorista. Possibilidade. Acórdão recorrido em consonância com o entendimento consolidado nesta tnu. Aplicação da questão de ordem n. 13. Pedido de uniformização não conhecido. 1. O INSS, recorrente, pretende a modificação do acórdão que, reformando parcialmente os termos da sentença, reconheceu como tempo especial o período de 9-5-1994 a 9.11.1994, em que o autor exerceu a função de tratorista. Alega que o acórdão impugnado diverge da jurisprudência do Superior Tribunal de Justiça e da Turma Recursal de São Paulo, segundo a qual não é possível a equiparação da atividade de tratorista à de motorista de caminhão, para fins de reconhecimento de tempo especial. 2. A questão em discussão foi recentemente decida por este Colegiado, em recurso representativo de controvérsia (Pedilef 2009.50.53.000401-9), julgado em 27-6-2012, da relatoria do Sr. Juiz Antônio Schenkel. Entendeu esta Turma que a atividade de tratorista pode ser equiparada à de motorista de caminhão para fins de enquadramento como labor especial. Confira-se: Ementa-voto. Previdenciário. Tempo de serviço especial. Equiparação entre tratorista e motorista. Possibilidade. 1. No Pedilef 200651510118434, de relatoria do Exmo. Juiz Federal José Antonio Savaris (sessão de 14.6.2011, DJ 25.11.2011) a TNU firmou a seguinte premissa de Direito: "A equiparação a categoria profissional para o enquadramento de atividade especial, fundada que deve estar no postulado da igualdade, somente se faz possível quando apresentados elementos que autorizem a conclusão de que a insalubridade, a penosidade ou a periculosidade, que se entende presente por presunção na categoria paradigma, se faz também presente na categoria que se pretende a ela igualar". 2. O STJ, no AgRg no REsp 794092 (...) firmou tese no mesmo sentido, ao dispor que "o rol de atividades arroladas nos Decretos n.s 53.831/64 e 83.080/79 é exemplificativo, não existindo impedimento em considerar que outras atividades sejam tidas como insalubres, perigosas ou penosas, desde que estejam devidamente comprovadas". (...). (TNU, Pedilef 50010158520114047015, Rel. Gláucio Ferreira Maciel Gonçalves, DOU 8.3.2013)

◯ (...). 2. O cômputo do tempo de serviço especial deve observar a legislação vigente à época da prestação laboral, tal como disposto no § 1º, art. 70, do Decreto n. 3.048/99, com redação do

Decreto n. 4.827/03. 3. Reconhece-se o tempo de serviço comprovadamente prestado como motorista de caminhão como especial por enquadramento em categoria profissional, enquadramento cabível para períodos anteriores à vigência da Lei 9.032/95, exceto quando não há especificação, em qualquer documento, a respeito do tipo de veículo dirigido pelo segurado. 4. Da mesma forma, o tempo de serviço prestado como tratorista pode ser reconhecido como especial por analogia à atividade de motorista de caminhão, desde que as atividades tenham sido realizadas em zona urbana. 5. O enquadramento do tempo de serviço especial pelo exercício de atividade agropecuária, prevista no código 2.2.1 do Decreto n. 53.831/1964, só é possível se realizadas atividades tanto na lavoura como na pecuária, com conjugação de tarefas mediante o cultivo de plantas aliado à criação de animais (Precedentes desta CRP: AC 2007.38.04.000331-1/MG, Rel. Rodrigo Rigamonte Fonseca, 1ª CRP, e-DJF1 14.7.2016). (...). (TRF1, 1ª CRPMG, AC 0002494-31.2005.4.01.3803, Rel. Murilo Fernandes de Almeida, e-DJF1 12.12.2016)

SÚMULA 71. O MERO CONTATO DO PEDREIRO COM O CIMENTO NÃO CARACTERIZA CONDIÇÃO ESPECIAL DE TRABALHO PARA FINS PREVIDENCIÁRIOS.

● *Súmula aplicável.* ● DJ 13.3.2013. ● *Precedentes: Pedilef 2007.72.95.001889-3. Pedilef 2008.71.64.000496-1. Pedilef 2007.71.54.004946-2. Pedilef 5036363-78.2012.4.04.7000.*

▶ *Filipe Aquino Pessoa de Oliveira*

Como a anterior, a presente súmula também é aplicável aos benefícios de aposentadoria especial e aposentadoria por tempo de contribuição. Trata de tese jurídica levada ao Poder Judiciário e que buscava o reconhecimento da condição especial da atividade de pedreiro, fundamentada no contato direto do trabalhador com o cimento. Sobre o tema, convém destacar que, nos termos do artigo 57, da Lei 8.213/91, o reconhecimento da condição especial do labor é requisito para a concessão do benefício de aposentadoria especial. Além disso, tratando-se de pedido de aposentadoria por tempo de contribuição, o reconhecimento do caráter especial da atividade autoriza a incidência do multiplicador previsto na legislação, permitindo-se a soma com os períodos comuns para fins de apuração do tempo de serviço (art. 57, § 5º, da Lei 8.213/91).

Para que determinado período seja reconhecido como laborado sob condições especiais, a legislação de regência exige a comprovação de que o segurado esteve submetido de forma permanente, não ocasional nem intermitente, a condições especiais que prejudiquem a saúde ou a integridade física (art. 57, § 3º, da Lei 8.213/91). Delimitando melhor o tema, o parágrafo 4º, do mesmo dispositivo, estabelece que "o segurado deverá comprovar, além do tempo de trabalho, exposição aos agentes nocivos químicos, físicos, biológicos ou associação de agentes prejudiciais à saúde ou à integridade física, pelo período equivalente ao exigido para a concessão do benefício". Evidentemente, somente será considerada nociva a exposição aos agentes quando esta se der em níveis de concentração superiores aos limites de tolerância.

Atualmente, esses agentes prejudiciais estão previstos no Anexo IV, do Decreto 3.048/99. Antes dele, estiveram relacionados nos Decretos 53.831/64 e 83.080/79. Assim, somente será reconhecida como especial a atividade que submeter o segurado a exposição permanente, ou seja, de maneira não ocasional nem intermitente, aos agentes nocivos descritos nos referidos Decretos, desde que essa exposição atinja níveis acima dos limites de tolerância.

O Decreto 83.080/79 previu, em seu anexo I, item 1.2.12, o cimento como agente nocivo, porém apenas no tocante a sua fabricação. O Decreto 3.048/99, por sua vez, não prevê especificamente o cimento como agente nocivo, mas prevê a Sílica, que integra sua composição. Integra, ainda, a composição química do cimento, embora em baixa quantidade, a substância denominada "álcali cáustico", cuja fabricação é considerada insalubre pela Norma Regulamentadora 15 do Ministério do Trabalho.

De todo o exposto, é de fácil conclusão que, embora seja possível o reconhecimento do caráter especial da atividade de pedreiro, este enquadramento não se dá de maneira automática, pelo simples contato do segurado com o cimento. Há a necessidade de demonstração efetiva, através de laudos técnicos ou do Perfil Profissiográfico Previdenciário, que a exposição aos agentes nocivos (sílica ou álcali cáustico) tenha se dado de forma permanente e em níveis superiores aos limites de tolerância.

◉ Previdenciário e processual civil. Pedido de uniformização. Tempo de serviço. Especialidade. Sentença indeferitória mantida pela 1ª Turma Recursal de Santa Catarina. Alegação de divergência com a jurisprudência dominante do Superior Tribunal de Justiça. Atividade de pedreiro. Manuseio de cimento. Álcalis cáusticos. Agente químico presente em baixíssima porcentagem na composição do cimento. Laudo técnico que não especificou a forma e o nível de contato com o cimento e de efetiva exposição ao agente químico álcali cáustico. Insalubridade não caracterizada. Incidente conhecido, mas desprovido. (...). A pretensão recursal visa ao reconhecimento da especialidade da atividade desenvolvida pelo autor no período de 19 de outubro de 1982 a 2 de maio de 1995, durante o qual exerceu atividade de pedreiro, contramestre, encarregado de turno ou de manutenção civil, sob exposição ao agente químico álcali cáustico devido ao contato com cimento. A Norma Regulamentadora n. 15, que dispõe sobre atividades e operações insalubres, prevê, em seu Anexo 13 – Agentes Químicos, que a fabricação e o manuseio de álcalis cáusticos representam insalubridade de grau médio, ao passo em que a fabricação e o transporte de cal e cimento nas fases de grande exposição a poeiras representam insalubridade de grau mínimo. Vê-se, pois, que a referida norma diferencia os agentes químicos álcalis cáusticos e cimento, de modo que não se pode considerar se tratarem da mesma substância, afinal, como visto, o primeiro está presente na composição do outro, embora em baixíssima porcentagem. Além disso, em relação ao cimento, a norma só prevê insalubridade – e de grau mínimo! – nas fases de grande exposição a poeiras, situação específica que não restou atestada no laudo presente nos autos. Na composição do cimento, os álcalis, representados pelos óxidos de potássio e de sódio, aparecem em baixíssima porcentagem, de 1% a 2,3%. Os constituintes fundamentais do cimento são a cal, a sílica, a alumina e o óxido de ferro, que representam os componentes essenciais do cimento e constituem, geralmente, 95% a 96% do total na análise de óxidos, sendo que os óxidos de sódio e de potássio (denominados álcalis do cimento) são impurezas menores que aparecem como constituintes do cimento. Ora, se os álcalis constituem componente secundário do cimento, apresentando baixíssima porcentagem em sua composição, não se parece plausível dizer que o simples manuseio do cimento implicará, necessariamente, na exposição ao agente químico álcalis cáusticos. Para a avaliação do risco à saúde do indivíduo, faz-se necessário precisar até que ponto e a forma como se dá o contato com o cimento e se causa, efetivamente, reações adversas ao trabalhador. Nada disso restou explanado no laudo técnico acostado aos autos. "A ação do cimento é resultante da alcalinidade de silicatos, aluminatos e sílico-aluminatos que o constitui. Essa alcalinidade que não chega a ser agressiva é que propicia sinergicamente as condições para instalação de um processo de sensibilidade, ou seja, uma condição alérgica. É bom frisar que esta alcalinidade não é devida aos álcalis cáusticos, propiciadores de insalubridade e representados pelos hidróxidos de cálcio e potássio que não estão presentes no cimento. Os alcalino-terrosos, esses sim presentes no cimento e dos quais decorre sua alcalinidade média ou fraca, em função de seu grau de ionização, não estão contemplados como insalubres nas normas legais (NR-15 Anexo 13)". A jurisprudência do Tribunal Superior do Trabalho, nesse sentido, firmou que "não basta a constatação da insalubridade por meio de laudo pericial para que o empregado tenha direito ao respectivo adicional, sendo necessária a classificação da atividade insalubre na relação oficial elaborada pelo Ministério do Trabalho". Não considera insalubre, portanto, atividades distintas daquelas previstas na NR-15 e seu Anexo 13, firmando que "a atual jurisprudência desta Corte, consagrada à luz do art. 190 da CLT e da OJ n. 4/SDI-I/TST, no sentido de que se classifica como insalubre apenas as tarefas de – fabricação e manuseio de álcalis cáusticos –, em grau médio, e – fabricação e transporte de cal e cimento nas fases de grande exposição a poeiras –, em grau mínimo, na relação oficial do Ministério do Trabalho (Anexo 13 da NR-15 da Portaria n. 3.214/78 do MTb)". A Norma Técnica diferencia os agentes álcalis cáusticos e cimento, de modo que não se pode considerá-las a mesma substância, estando o álcali cáustico presente na composição do outro (o cimento), em baixíssima porcentagem. Além disso, só reconhece insalubridade em relação ao cimento quando o contato se dê nas fases de grande exposição a poeiras – e mesmo assim em grau mínimo! –, situação específica que não restou atestada nos autos. Não se trata de examinar ou reexaminar a prova em se de uniformização, mas de fixar jurisprudencialmente se o cimento, ou a eventual presença de álcalis cáusticos no produto, leva à consideração do tempo de serviço como especial, a partir do conhecimento técnico que se tem atualmente sobre a atividade da construção civil. Nesse sentido, Newton Dias esclarece "os álcalis são encontrados em pequena quantidade na matéria prima dos cimentos. Ocorre alguma volatilização durante a queima e as cinzas da obtenção do cimento são ricas em álcalis. O cimento Portland possui aproximadamente de 0,5 a 1,3% de $K_2O + Na_2O$" – Diante da objetividade da Norma Técnica, não é possível reconhecer como especial o tempo de serviço de pedreiro em razão do mero contato com o cimento, notadamente porque, embora se reconheça o rol legal das atividades insalubres como meramente exemplificativo, a atividade desempenhada não pode ser considerada como de exposição do trabalhador a risco. (...). (TNU, Pedilef 200772950018893, Rel. Janilson Bezerra de Siqueira, DJ 30.11.2012)

◉ Previdenciário. Advento no novo Código de Processo Civil. Lei 13.105/15. Não conhecimento da remessa oficial. Aposentadoria especial. Art. 57 da Lei 8.213/91. Exercício de atividade profissional sob condições especiais em período insuficiente para a concessão da benesse. (...). III. No que tange ao lapso de 1.9.1982 a 30.8.1984, vê-se, pois, que a parte autora não logrou reunir elementos comprobatórios de haver trabalhado sob a exposição a agentes insalubres sob os moldes previstos no código 2.3.0 (perfuração, construção civil, assemelhados) definidas no anexo do Decreto n. 53.831/64. Isso porque, a mera exposição a materiais de construção e a simples sujeição a ruídos, pó de cal e cimento, decorrentes da atividade de construção e reparos de obra, bem como o esforço físico inerente à profissão de "pedreiro", não possuem o condão de denotar a insalubridade ou penosidade aventadas, cuja comprovação dá-se, frise-se, por meio de formulários e laudos que confirmem a subsunção fática às hipóteses do código 2.3.3 do Decreto n. 53.831/64, ou seja, "trabalhadores em edifícios, barragens, pontes e torres". (...). (TRF3, 8ª T., Apelreex 00102450820104036109, Rel. David Dantas, e-DJF3 8.3.2017)

SÚMULA 82. O CÓDIGO 1.3.2 DO QUADRO ANEXO AO DECRETO N. 53.831/64, ALÉM DOS PROFISSIONAIS DA ÁREA DA SAÚDE, CONTEMPLA OS TRABALHADORES QUE EXERCEM ATIVIDADES DE SERVIÇOS GERAIS EM LIMPEZA E HIGIENIZAÇÃO DE AMBIENTES HOSPITALARES.

●*Súmula aplicável.*●*DJ 30.11.2015.*●*Precedentes: Pedilef 501475-35.1.2012.4.04.7001. Pedilef 000002-69.8.2013.4.90.0000. Pedilef 5002599-28.2013.4.04.7013.*

▶ *Frederico Augusto Leopoldino Koehler*

A Súmula foi aprovada na sessão de julgamento de 19 de novembro de 2015 e embasa-se em diversos precedentes do colegiado, dentre os quais: Pedilef 5002599-28.2013.4.04.7013, j. 19.11.2015, Rel. Daniel Machado da Rocha; Pedilef 501475-35.1.2012.4.04.7001, DOU 16.8.2013, Rel. Rogério Moreira Alves; Pedilef 0000026-98.2013.4.90.0000, DOU 25.4.2014, Rel. Paulo Ernane Moreira Barros.

O enunciado de súmula em comento surgiu para consolidar o posicionamento da TNU sobre o alcance dos agentes nocivos previstos no Código 1.3.2 do Quadro Anexo ao Decreto n. 53.831/64. A questão que se punha era a seguinte: tais agentes nocivos relacionam-se apenas com os profissionais da área da saúde ou contemplam outros trabalhadores a eles expostos, como os que exercem atividades de serviços gerais em limpeza e higienização de ambientes hospitalares?

O código 1.3.2 do quadro anexo ao Decreto n. 53.831/64 dispõe que, para os efeitos da concessão da aposentadoria especial, serão considerados serviços insalubres, perigosos ou penosos:

> GERMES INFECCIOSOS OU PARASITÁRIOS HUMANOS – ANIMAIS
>
> Serviços de Assistência Médica, Odontológica e Hospitalar em que haja contato obrigatório com organismos doentes ou com materiais infecto-contagiantes. Trabalhos permanentes expostos ao contato com doentes ou materiais infecto-contagiantes – assistência médico, odontológica, hospitalar e outras atividades afins.

É comum observar acórdãos de Turmas Recursais que, mesmo entendendo provado que o requerente executava trabalhos rotineiros de conservação, manutenção e limpeza em geral nos setores de um hospital, expondo-se a sangue e secreções biológicas, não reconheciam a atividade especial porque: (i) a exposição a agentes infecto-contagiosos não era habitual e permanente; (ii) o código 1.3.2 do quadro anexo ao Decreto nº 53.831/64 somente contempla os profissionais da área da saúde que se expõem a germes infecciosos, não abrangendo atividades na área de limpeza. Os precedentes indicados pela TNU para a elaboração da súmula em estudo, a propósito, consistem, todos eles, em acórdãos da corte uniformizadora que deram provimento a pedidos de uniformização e reformaram acórdãos das turmas recursais com argumentos similares aos postos acima.

Sobre o argumento da necessidade de que a exposição a agentes infecto-contagiosos fosse habitual e permanente, importa observar o que disposto no art. 57 da Lei 8.213/91:

> Redação original da Lei 8.213/91: "§ 3º O tempo de serviço exercido alternadamente em atividade comum e em atividade profissional sob condições especiais que sejam ou venham a ser consideradas prejudiciais à saúde ou à integridade física será somado, após a respectiva conversão, segundo critérios de equivalência estabelecidos pelo Ministério do Trabalho e da Previdência Social, para efeito de qualquer benefício".
>
> Eedação dada pela Lei 9.032/95" "§ 3º A concessão da aposentadoria especial dependerá de comprovação pelo segurado, perante o Instituto Nacional do Seguro Social–INSS, do tempo de trabalho permanente, não ocasional nem intermitente, em condições especiais que prejudiquem a saúde ou a integridade física, durante o período mínimo fixado".

Desde a instituição da aposentadoria especial (Lei 3.807/60), até o advento da Lei 9.032/95, nenhuma lei exigia expressamente a necessidade de comprovação pelo segurado do tempo de trabalho prejudicial de modo permanente, não ocasional nem intermitente[9].

Por conta disso, em relação à habitualidade e permanência da atividade especial, a jurisprudência pacificou-se no sentido de que o reconhecimento do tempo especial prestado antes de 29.4.1995 (a partir da vigência da Lei 9.032/95) não impõe o requisito da permanência, exigindo-se, contudo, a demonstração da habitualidade na exposição ao agente nocivo. Nesse exato sentido, a súmula 49 da TNU: "Para reconhecimento de condição especial de trabalho antes de 29.4.95, a exposição a agentes nocivos à saúde ou à integridade física não precisa ocorrer de forma permanente". A jurisprudência do Superior Tribunal de Justiça é pacífica no mesmo sentido, conforme vários acórdãos e decisões[10].

De fato, quando se trata de agentes biológicos, o que importa, no que tange ao enquadramento nos conceitos de habitualidade e permanência, não é o tempo de exposição, mas sim o risco de exposição. Assim é porque basta o contato de forma eventual para que haja risco de contração de doenças. Por isso que a permanência não é imprescindível, no caso dos agentes biológicos. Pede-se vênia para transcrever-se a lição de Marina Vasques Duarte a esse respeito[11]:

"Ora, não é possível restringir o direito à aposentadoria especial apenas aos profissionais que exerçam trabalhos em estabelecimentos de saúde em contato permanente com pacientes portadores de doenças infecto-contagiosas ou com manuseio de materiais contaminados – restritos, em geral, aos trabalhadores que atuam nos setores de doenças infecto-contagiosas dos hospitais -, pois nestas situações, a especialidade do trabalho não existe em virtude do desgaste que o agente nocivo provocaria à integridade do profissional, mas, sim, em virtude do risco desta exposição. O que sugerimos seja verificado na hipótese é a permanência do risco e não da exposição em si, mesmo porque o fundamento da aposentadoria especial é a possibilidade de prejuízo à saúde do trabalhador e não o prejuízo em si".

Assim, cai por terra o argumento de que os profissionais de limpeza de ambientes hospitalares não fariam jus ao tempo especial porque apenas os profissionais de saúde estariam expostos a agentes infecto-contagiosos de forma habitual e permanente.

Uma pessoa que faz a limpeza de ambientes hospitalares encontra-se exposta, mesmo que de forma intermitente, intercalada, aos mesmos agentes infecto-contagiosos que atingem os profissionais de saúde. Não se exige, desta forma, que o trabalhador da limpeza lide, em seu horário integral no trabalho, com materiais de enfermos com doenças infectocontagiosas em setores isolados, podendo fazer jus ao tempo

---

9. Corroborando o afirmado, confiram-se: GONÇALVES, Mariana Amélia Flauzino. Aposentadoria especial. *In*: SAVARIS, José Antônio (coord.). **Direito Previdenciário: problemas e jurisprudência.** Curitiba: Alteridade, 2014, p. 77-81; SAVARIS, José Antônio. **Direito processual previdenciário.** 5. ed. Curitiba: Alteridade, 2014, p. 505.
10. Atualmente, os Ministros do STJ vêm decidindo tal matéria por decisão monocrática. Exemplo disso é a decisão do Ministro Napoleão Nunes Maia Filho no REsp 1494074 (DJ 29.2.2016).
11. DUARTE, Marina Vasques. **Direito previdenciário.** 3. ed. Porto Alegre: Verbo Jurídico, 2004, p. 167.

especial mesmo que exerça outras atribuições que não envolvam, necessariamente, o contato com materiais infectados. A título exemplificativo, um profissional que limpe áreas administrativas e os quartos dos hospitais faz jus ao tempo especial, pois não precisa trabalhar apenas limpando as áreas de risco de forma permanente, mas apenas habitual.

Assim, quando a parte autora comprova que trabalhou como servente, faxineiro, atendente de enfermagem, ou qualquer outra ocupação que realize limpezas em ambientes hospitalares, é devida a contagem do tempo especial por conta do enquadramento no código 1.3.2 do quadro anexo ao Decreto 53.831/64.

Por fim, registre-se que a TNU já vem decidindo há alguns anos que serviços gerais de limpeza e higienização de ambientes hospitalares configuram fator de risco previsto no item 1.3.2 do Decreto nº 53.831/64, no exato sentido do seu Enunciado de Súmula. Vide trecho do voto do relator, no Pedilef 2007.72.95.009452-4, adiante:

> (...). Deveras, não vejo como conceber que o trabalhador de serviços gerais que, conforme o Perfil Profissiográfico Previdenciário PPP, via-se incumbido de executar 'higienização total geral em todos os ambientes do hospital', nisso incluído a limpeza de banheiros e quartos dos pacientes, não se visse, de fato, exposto ao fator de risco 'vírus e bactérias', que, nos termos do item 1.3.2 do Decreto nº 53.831/64, permitia o enquadramento de sua atividade como insalubre de molde a permitir a contagem especial daquele seu tempo de serviço. Nessa conformidade, voto no sentido de conhecer e dar provimento ao presente pedido de uniformização, para firmar que o trabalhador que desempenha serviços gerais de limpeza e higienização de ambientes hospitalares desempenha atividade prevista no item 1.3.2 do Decreto nº 53.831/64, que enseja a contagem especial deste seu tempo de serviço. (...). (TNU, Pedilef 2007.72.95.009452-4, Rel. Juiz Federal Manoel Rolim, voto, DJ 9.2.2009)

2. ATIVIDADE RURAL

Súmula 5. A prestação de serviço rural por menor de 12 a 14 anos, até o advento da Lei 8.213, de 24 de julho de 1991, devidamente comprovada, pode ser reconhecida para fins previdenciários.

● *Súmula aplicável.* ● DJ 25.9.2003. ● *Referência legislativa: Lei 8.213/91.* ● *Precedentes: REsp 314059/RS. REsp 396338/RS. REsp 397045/SP. REsp 361142/SP. AGREsp 443250/RS. AGREsp 410545/RS. PU/TNU 2002.70.00.005085-3/PR.*

▶ *João Batista Lazzari*

A súmula protege o direito dos trabalhadores rurais, possibilitando-lhes o cômputo de tempo de serviço laborado no campo a partir dos 12 anos de idade, desde que devidamente comprovado, no período anterior ao advento da Lei 8.213/91.

O tempo de serviço rural, inclusive o prestado em regime de economia familiar, foi disciplinado pela Lei 8.213/91 (LBPS), que operou a paridade de direitos entre os trabalhadores rurais e urbanos, passando aqueles ao Regime Geral de Previdência Social (RGPS).

O artigo 55, § 2º da LBPS, possibilita o cômputo da atividade campesina anterior à sua vigência, independentemente do recolhimento de contribuições, exceto para fins de carência.

Ressalta-se que a Súmula em comento contextualiza exatamente o interregno anterior ao início de vigência da Lei de Benefícios da Previdência Social (LBPS).

A questão, no ponto, é regida pela referida lei que, quando editada, estendeu aos cônjuges e filhos maiores de 14 anos do chefe da unidade familiar a condição de serem segurados de um regime de previdência e a fazerem jus aos benefícios proporcionados aos segurados especiais, desde que laborem, comprovadamente, com o respectivo grupo familiar no meio rural (art. 11, VII)[12].

O legislador ordinário adotou, assim, o mesmo limite estabelecido na redação original da Constituição Federal de 1988, que proibiu o trabalho dos menores de 14 anos, salvo na condição de aprendizes, a partir dos 12 anos (art. 7º, XXXIII)[13].

Todavia, as normas constitucionais anteriores trataram a matéria de maneira distinta. Até 1967, sob o pálio da Constituição Federal de 1946, o limite mínimo de idade para o trabalho era de 14 anos. O direito ao reconhecimento do trabalho rural prestado a partir dos 12 anos de idade verificou-se com a promulgação da Constituição Federal de 1967 (art. 158, X). A Emenda Constitucional n. 01, de 1969, manteve a proibição de qualquer trabalho a menores de 12 anos (art. 165, X).

A jurisprudência passou a entender, dessa forma, que o comando da Lei 8.213/91, não poderia prevalecer para períodos anteriores à proibição do trabalho aos menores de quatorze anos e consolidou-se nesse sentido. Essa orientação tem fundamento, ainda, na premissa reiterada pelos Tribunais Superiores de que os menores de idade não podem ser prejudicados em seus direitos trabalhistas e previdenciários, pois, mesmo que tenham exercido atividade laboral em idade inferior à mínima permitida no texto constitucional, o limite imposto visa à proteção do menor, não lhe podendo trazer prejuízo.

Vide, adiante, como o Supremo Tribunal Federal (RE 889635) manifesta-se sobre a temática.

Não se trata apenas de limitar o alcance previdenciário às atividades desempenhadas de acordo com a idade permitida na norma constitucional, mas de estender tais efeitos àquelas situações em que o trabalho do menor tenha sido efetivamente prestado em contrariedade à Constituição relativamente à idade mínima exigida.

No julgamento do Pedido de Uniformização 2002.70.00.005085-3, a TNU analisou caso em que o labor rural foi exercido no período de vigência da Constituição

---

12. O limite de idade, atualmente, é de 16 anos (art. 11, VII, c, com redação proporcionada pela Lei 11.718/2008).
13. De 6.10.1988 a 15.12.1998, na vigência da Constituição Federal de 1988, o limite de idade era de 14 anos, sendo permitida a filiação de menor na condição de aprendiz a partir dos 12 anos de idade. Com a Emenda Constituição n. 20, de 16.12.1998, é que a idade mínima passou a ser de 16 anos, salvo na condição de aprendiz, a partir dos 14 anos de idade.

Federal de 1946, a qual proibia o trabalho aos menores de quatorze anos, ocasião em que entendeu que a Constituição subsequente, de 1967, que fixou limite etário distinto, é a norma aplicável e essa situação, sem que isso importe a retroação de seus efeitos, pois "entender o contrário implica em conferir tratamento díspar àqueles que, com a idêntica idade (doze anos), prestaram atividades agrícolas em períodos marcados simplesmente por Constituições diversas, sendo a Carta subsequente mais benéfica que a anterior".

○ Decisão recurso extraordinário. Previdenciário. Aposentadoria. Contagem de tempo de serviço de trabalhador rural ou rurícola menor de quatorze anos. Possibilidade. Precedentes. Recurso provido. (...) A jurisprudência deste Supremo Tribunal firmou-se no sentido de ser possível a contagem de tempo de serviço do trabalhador rural ou rurícola menor de quatorze anos de idade. Mesmo proibindo a Constituição o trabalho infantil, ocorrido ele, deve ser considerado para efeito dos benefícios que lhe são inerentes: "Agravo de instrumento. 2. Trabalhador rural ou rurícola menor de quatorze anos. Contagem de tempo de serviço. Art. 11, VII, da Lei. 8213. Possibilidade. Precedentes. 3. Alegação de violação aos arts. 5°, XXXVI; e 97, da CF/88. Improcedente. Impossibilidade de declaração de efeitos retroativos para o caso de declaração de nulidade de contratos trabalhistas. Tratamento similar na doutrina do direito comparado: México, Alemanha, França e Itália. Norma de garantia do trabalhador que não se interpreta em seu detrimento. Acórdão do STJ em conformidade com a jurisprudência desta Corte. (...)". (AI 529694...). "Agravo regimental em recurso extraordinário. Direito previdenciário. Trabalhadora rural. Menor de 16 anos de idade. Concessão de salário-maternidade. Art. 7°, XXXVIII, da Constituição Federal. Norma protetiva que não pode privar direitos. Precedentes. Nos termos da jurisprudência do Supremo Tribunal Federal, o art. 7°, XXXIII, da Constituição 'não pode ser interpretado em prejuízo da criança ou adolescente que exerce atividade laboral, haja vista que a regra constitucional foi criada para a proteção e defesa dos trabalhadores, não podendo ser utilizada para privá-los dos seus direitos' (RE 600616-AgR...). (STF, RE 889635, Rel. Min. Cármen Lúcia, DJe 19.6.2015)

○ (...). Trabalhadora rural. Menor de 14 anos. Tempo de serviço. Regime de economia familiar. Aposentadoria por tempo de serviço. 1. Comprovado o tempo de serviço da trabalhadora rural em regime de economia familiar, quando menor de 14 anos, impõe-se a contagem desse período para fins previdenciários. (...). (STJ, REsp 314.059/RS, Rel. Min. Paulo Gallotti, 6ª T., DJ 9.12.2002)

○ (...). Reconhecimento de tempo de serviço rural anterior aos 14 anos de idade. Possibilidade. Norma constitucional de caráter protecionista. Impossibilidade de restrição aos direitos do trabalhador. Divergência jurisprudencial não comprovada. Art. 255 e parágrafos do RISTJ. Desde que comprovada atividade rural por menor de 12 (doze) anos de idade, impõe-se o seu reconhecimento para fins previdenciários. (...). (STJ, REsp 396.338/RS, Rel. Min. Jorge Scartezzini, 5ª T., DJ 22.4.2002)

○ (...). Rurícola. Aposentadoria. Tempo de serviço. Menor de quatorze anos. Averbação. Recurso especial. 1. Comprovado o exercício de atividade rural pelo recorrido, quando menor de 14 (quatorze) anos, deve esse período ser declarado e computado para efeitos previdenciários. Vedação ao trabalho infantil que, por protecionista, não pode ser utilizada em detrimento do trabalhador. (...). (STJ, REsp 397.045/SP, Rel. Min. Edson Vidigal, 5ª T., DJ 1.4.2002)

○ (...). Tempo de serviço. Rural. Regime de economia familiar. Menor de 14 anos. Esta Corte, sob o entendimento que a limitação etária para atividade laborativa é imposta em benefício do infante, já afirmou que comprovado o exercício da atividade empregatícia rural, abrangida pela Previdência Social, por menor de 14 anos, é de se computar esse tempo de serviço para fins previdenciários. (...). (STJ, REsp 361.142/SP, Rel. Min. Felix Fischer, 5ª T., DJ 4.2.2002)

◎ (...). Cômputo do tempo de serviço do menor de 14 anos para fins previdenciários. Possibilidade. Art. 11, VII, da Lei 8.213/91. Inaplicabilidade. Desnecessidade da contribuição. I. A decisão agravada fez menção ao artigo 11, VII da Lei 8.213/91, afastando, porém, a sua incidência, porque manifestamente inaplicável ao caso, uma vez que a questão em causa não diz respeito à condição de segurado obrigatório da Previdência Social, mas sim à possibilidade do cômputo ou não do tempo de serviço, como tempo de contribuição do menor de 14 anos, para fins previdenciários. II. Reconhecendo a Lei 8.213/91, art. 55, § 2º, o tempo de serviço rural pretérito, sem contribuição, para efeitos previdenciários – não para contagem recíproca – não há que se falar na limitação aos menores de 14 (quatorze) anos. Afinal, o tempo de serviço, para fins de aposentadoria, é disciplinado pela lei vigente à época em que efetivamente prestado, passando a integrar, como direito autônomo, o patrimônio jurídico do trabalhador. Precedentes. III. Sobre o tema, a jurisprudência deste Tribunal encontra-se pacificada, no sentido de que, comprovada a atividade rurícola de menor de 14 anos, antes da Lei 8.213/91, impõe-se seu cômputo para fins previdenciários. A proibição do trabalho aos menores de catorze anos foi estabelecida pela Constituição em benefício do menor e não em seu prejuízo. (...). (STJ, AgRg no REsp 443.250/RS, Rel. Min. Gilson Dipp, 5ª T., DJ 4.11.2002)

◎ (...). Tempo de serviço. Rural. Regime de economia familiar. Menor de 14 anos. "Esta Corte, sob o entendimento que a limitação etária para atividade laborativa é imposta em benefício do infante, já afirmou que comprovado o exercício da atividade empregatícia rural, abrangida pela Previdência Social, por menor de 14 anos, é de se computar esse tempo de serviço para fins previdenciários". (...). (STJ, AgRg no REsp 410.545/RS, Rel. Min. José Arnaldo da Fonseca, 5ª T., DJ 9.12.2002)

SÚMULA 6. A CERTIDÃO DE CASAMENTO OU OUTRO DOCUMENTO IDÔNEO QUE EVIDENCIE A CONDIÇÃO DE TRABALHADOR RURAL DO CÔNJUGE CONSTITUI INÍCIO RAZOÁVEL DE PROVA MATERIAL DA ATIVIDADE RURÍCOLA.

● *Súmula aplicável.* ● DJ 25.9.2003. ● *Referência legislativa:* LC 16/73, art. 3º, §§ 1º, "b" e 2º. Lei 8.213/91, arts. 55, § 3º e 142. ● *Precedentes:* EREsp 104312/SP. EREsp 270747/SP. AGA 351175/SP. REsp 317277/RS. REsp 354596/SP. REsp 386538/RS. REsp 440504/SC. AR 1418/SP. PU/TNU 2002.70.03.001876-5/PR.

▶ *João Batista Lazzari*

A súmula resulta da análise de reiterados pedidos de uniformização em que se discutia a condição de segurada especial da esposa de trabalhador rural que, para fazer prova do exercício de atividade rural, trazia à colação certidão de casamento com qualificação apenas do cônjuge como lavrador.

A previdência do trabalhador rural até o advento da Lei 8.213/91 era regulada pela Lei Complementar 11/71, posteriormente alterada pela Lei Complementar 16/73, que instituiu o Programa de Assistência do Trabalhador Rural (Prorural), sendo dele beneficiários o trabalhador rural (empregado e produtor, proprietário ou não) e seus dependentes que trabalhassem em regime de economia familiar (art. 3º, § 1º, a e b). A esposa do produtor rural, proprietário ou não, era considerada como sua dependente (art. 3º, § 2º), mas a lei vedava a concessão de aposentadoria por velhice a mais de um componente da unidade familiar, cabendo apenas o benefício ao respectivo chefe ou arrimo (art. 4º, parágrafo único).

O tempo de serviço rural, prestado em regime de economia familiar, foi previsto pela Lei 8.213/91, que operou a paridade de direitos entre os trabalhadores rurais e urbanos, passando aqueles ao Regime Geral de Previdência Social (RGPS). O inciso VII do art. 11 da Lei de Benefícios caracterizou como segurado especial não somente o produtor rural, mas também seu cônjuge ou companheiro e filhos, equiparando os membros da família que exercem atividades em conjunto.

A comprovação do tempo de serviço em atividade rural, para fins de concessão de benefício previdenciário ou de averbação de tempo de serviço, faz-se mediante a apresentação de início de prova material contemporânea ao fato alegado (art. 55, § 3º, Lei 8.213/91). Os documentos arrolados no art. 106 do mesmo diploma legal bastam à comprovação da atividade rural, porém, a relação não é taxativa. Os tribunais aceitam as mais diversas provas, desde que hábeis e idôneas. Devem, entretanto, demonstrar um conjunto, de modo que, quando integradas, levem à convicção de que efetivamente houve a prestação do serviço.

Leva-se em conta a dificuldade do interessado, não raras vezes pessoa humilde e de pouca instrução, em obter documentos em seu nome para que tenha reconhecido o tempo de serviço prestado. As particularidades do meio rural devem ser consideradas, pois culturalmente não se vê o homem do campo preocupado com a formalização, por via de documentos, das mais diversas formas de atos, salvo quando se demonstra necessário.

As normativas internas e o Regulamento da Previdência Social preveem que o início de prova material tem validade somente para comprovação do tempo de serviço da pessoa que é referida no respectivo documento, vedando sua utilização por outras pessoas ainda.[14]

A jurisprudência, contudo, passou a entender impossível exigir-se da esposa que tenha exercido trabalho rural em regime de economia familiar a apresentação de prova material declarando expressamente sua condição de rurícola, firmando o entendimento de que "as atividades desenvolvidas em regime de economia familiar podem ser comprovadas através de documento em nome do pai de família, que conta com a colaboração efetiva da esposa e filhos no trabalho rural" (STJ, REsp 386538).

Costumeiramente, o que se observa no meio rural é que os atos de negócio são formalizados em nome do "pater familiae", representante do grupo familiar perante terceiros, razão pela qual a documentação se encontra em seu nome.

Quanto ao valor probante da certidão de casamento, que qualifique o cônjuge como trabalhador rural, a TNU segue a orientação sedimentada no âmbito do Superior Tribunal de Justiça, segundo a qual, a qualificação profissional do marido, como rurícola, constante em atos do registro civil, estende-se à esposa, sendo considerada como início razoável de prova material a ser complementado por prova testemunhal.

◯ (...). Rurícola. Inicio razoável de prova documental. 1. Esta Corte já firmou entendimento no sentido da possibilidade da comprovação da condição de rurícola por meio de certidão de

---

14. Portaria MPAS n. 4.273, de 1997; Ordem de Serviço n. 590, de 1997; e § 6º do art. 62 do Decreto 3.048, 1999, com redação conferida pelo Decreto n. 4.729, de 2003.

casamento, onde consta a profissão de trabalhador rural do marido da beneficiária, em face do regime de economia familiar. (...). (STJ, Eresp 104.312/SP, Rel. Min. Fernando Gonçalves, 3ª S., DJ 25.2.1998)

◎ (...). Benefícios. Trabalhador rural. Início de prova material. I – Tendo o v. acórdão recorrido afirmado a existência de início razoável de prova documental compondo o material cognitivo, cai por terra a tese sustentada no recurso – comprovação da condição de rurícola unicamente por testemunhos -, dada a diversidade de pressupostos. II – Início razoável de prova material – complementada por testemunhos hábil, inclusive, para efeitos de comprovação de período trabalhado como rurícola. (...). (STJ, AgRg no Ag 351.175/SP, Rel. Min. Felix Fischer, 5ª T., DJ 4.6.2001)

◎ (...). Trabalhador rural. Aposentadoria por idade. Prova material. 1. Esta Corte já pacificou o entendimento no sentido da necessidade do início de prova material, existente na espécie, à comprovação da condição de rurícola. (...). (STJ, REsp 317.277/RS, Rel. Min. Fernando Gonçalves, 6ª T., DJ 13.8.2001)

◎ (...). Aposentadoria por idade. Comprovação. Início de prova material. Certidão de casamento e contrato de parceria agrícola. Inexigibilidade de carência. Divergência jurisprudencial não demonstrado. A teor do art. 255 e seguintes do RISTJ, não restou demonstrada a divergência pretoriana aventada. O art. 143, da Lei 8.213/91, prevê a concessão da aposentadoria por idade, independentemente do período de carência, sendo, apenas, necessária a comprovação dos requisitos da idade e da atividade rural em número de meses idêntico à carência do referido benefício. Há possibilidade de concessão de benefício previdenciário, na hipótese em que resta comprovada a profissão de rurícola do marido e da mulher, conforme Certidão de Casamento e contrato de parceria agrícola, além dos depoimentos testemunhais. (...). (STJ, REsp 354.596/SP, Rel. Min. Jorge Scartezzini, 5ª T., DJ 15.4.2002)

◎ (...). Aposentadoria por tempo de serviço. Trabalhador rural. Menor de 14 anos. Art. 7º, inc. XXXIII da Constituição Federal. Trabalho realizado em regime de economia familiar. Comprovação parcial. A norma constitucional insculpida no artigo 7º, inciso XXXIII da Constituição Federal, tem caráter protecionista, visando coibir o trabalho infantil, não podendo servir, porém, de restrição aos direitos do trabalhador no que concerne à contagem de tempo de serviço para fins previdenciários. Tendo sido o trabalho realizado pelo menor de 14 anos, há que se reconhecer o período comprovado para fins de aposentadoria. No caso em exame, foi comprovada a propriedade rural em nome do pai do recorrente no ano de 1962. Não existindo outras formas de comprovação, face a impossibilidade da obtenção de documentos em nome do próprio autor, há que ser considerada a certidão juntada. É entendimento firmado neste Tribunal que as atividades desenvolvidas em regime de economia familiar, podem ser comprovadas através de documentos em nome do pai de família, que conta com a colaboração efetiva da esposa e filhos no trabalho rural. (...). (STJ, REsp 386.538/RS, Rel. Min. Jorge Scartezzini, 5ª T., DJ 7.4.2003)

◎ (...). Aposentadoria por tempo de serviço. Reconhecimento do exercício de atividade rurícola. Provas documentais. Afronta à LICC. Impossibilidade de conhecimento. Matéria constitucional. Conversão de tempo especial em comum. Possibilidade. Lei 8.213/91. Lei 9.032/95. Laudo pericial inexigível. Lei 9.528/97. Estando o tempo de serviço exercido em atividade rurícola devidamente amparado pelo início de prova documental determinado na legislação previdenciária, deve ser computado para fins de concessão de aposentadoria por tempo de serviço. Compulsando-se os autos constata-se a existência da Certidão de Registro de Imóveis que comprova a propriedade de área rural em nome do pai do autor, expedida pelo Registro de Imóveis da Comarca de Ibirama, Est de Santa Catarina (fls. 17), e ainda, a Declaração do exercício de atividade rural prestada pelo autor, expedida pela própria Autarquia (fls. 18/19), são documentos aptos a ensejar início de prova documental. No que tange à ofensa à LICC, não compete a esta Corte de Uniformização Infraconstitucional analisar suposta afronta ao direito adquirido, ao ato jurídico perfeito e à coisa julgada, com fundamento na Lei de Introdução ao Código Civil – LICC, porquanto, com a promulgação da Constituição Federal de 1988, estes institutos alçaram status constitucional (art. 5°, XXXVI), sendo nela expressamente previstos. Quanto à conversão do tempo especial em comum, no caso em exame, os períodos controvertidos foram compreendidos entre 1.4.1976 a 3.7.1976 e de 29.4.1977 a 7.1.1980, realizados como empregado de indústria de fundição, na condição de esmerilhador. A Lei n. 9.032/95 que deu nova redação ao art. 57 da Lei 8.213/91 acrescentando seu § 5°, permitiu a conversão do tempo de serviço especial em comum para efeito de aposentadoria especial. Em se tratando de atividade que expõe o obreiro a agentes agressivos, o tempo de serviço trabalhado pode ser convertido em tempo especial, para fins previdenciários. A necessidade de comprovação da atividade insalubre através de laudo pericial, foi exigida após o advento da Lei 9.528, de 10.12.97, que convalidando os atos praticados com base na Medida Provisória n. 1.523, de 11.10.96, alterou o § 1°, do art. 58, da Lei 8.213/91, passando a exigir a comprovação da efetiva exposição do segurado aos agentes nocivos, mediante formulário, na forma estabelecida pelo INSS, emitido pela empresa ou seu preposto, com base em laudo técnico das condições ambientais do trabalho, expedido por médico do trabalho ou engenheiro de segurança do trabalho. Tendo a mencionada lei caráter restritivo ao exercício do direito, não pode ser aplicada a situações pretéritas, portanto no caso em exame, como a atividade especial foi exercida anteriormente, não está sujeita à restrição legal. (...). (STJ, REsp 440.504/SC, Rel. Min. Jorge Scartezzini, 5ª T., DJ 17.3.2003)

◉ (...). Ação rescisória. Art. 485, VII, do CPC. Documento novo. Trabalhador rural. I. Certidão de casamento da autora onde se verifica estar o marido desta qualificado como lavrador, documentação apta à comprovação da condição de rurícola. II. Esta Seção, considerando as condições desiguais vivenciadas pelo trabalhador rural e adotando a solução "pro misero", entendeu que a prova, ainda que preexistente à propositura da ação, deve ser considerada para efeitos do art. 485, VII, do CPC. Precedentes. (...). (STJ, AR 1.418/SP, Rel. Min. Felix Fischer, 3ª S., DJ 5.8.2002)

Súmula 10. O tempo de serviço rural anterior à vigência da Lei n. 8.213/91 pode ser utilizado para fins de contagem recíproca, assim entendida aquela que soma tempo de atividade privada, rural ou urbana, ao de serviço público estatutário, desde que sejam recolhidas as respectivas contribuições previdenciárias.

● *Súmula aplicável.* ● DJ 3.12.2003. ● *Referência legislativa:* CF. Leis 8.212/91, 8.213/91 e 10.259/01. ● *Precedentes:* ADI 1664/DF. ROMS 11.583/SC. RE 220.821/RS. REsp 409.563/RS. REsp 202.580/RS. REsp 497.143/RS. REsp 416.995/RS. RMS 11.135/SC. PU/TNU 2002.60.84.000047-5/MS.

▶ *Celso Araújo Santos*

A súmula em questão aborda a questão da contagem recíproca de tempo de serviço entre o Regime Geral da Previdência Social (RGPS, aplicável sobretudo na atividade privada), e os regimes próprios de previdência social (RPPS's, voltados para aqueles com vínculo estatutário na Administração Pública). A contagem recíproca estava prevista originariamente no art. 201, § 2º da CF. Atualmente, em virtude das alterações promovidas pela Emenda Constitucional nº 20/98, a contagem recíproca é estabelecida pelo art. 201, § 9º da CF. De acordo com o dispositivo, o tempo de contribuição em atividade privada pode ser contado para efeito de aposentadoria nos regimes próprios da Administração Pública, e vice-versa; daí o nome "contagem recíproca". Desse modo, um empregado que possua, por exemplo, dez anos de contribuição no RGPS (o qual é operado pelo INSS), pode, ao assumir um cargo efetivo na administração pública, requerer que esse tempo de atividade privada possa ser contado para efeitos de aposentadoria no regime próprio que passou a integrar, de maneira que possa obter o direito à aposentadoria dez anos antes do inicialmente previsto.

Até a Constituição Federal de 1988 e a regulamentação da Previdência Social pela Lei 8.213/91, os trabalhadores rurais estavam excluídos da proteção previdenciária geral, com amparo garantido apenas por programas assistenciais. Desse modo, em regra não havia contribuição previdenciária por parte dos trabalhadores rurais (salvo no caso de empregado rural de empresa agroindustrial ou agrocomercial). Com o advento da Lei 8.213/91, todo o tempo de serviço rural anterior a essa lei pôde ser computado para fins de contagem de tempo para aposentadoria no RGPS, mesmo que não tenha havido contribuições para o período. É o que prevê o art. 55, § 2º da Lei 8.213/91.

Para exemplificar, suponha que um trabalhador possua 14 anos de atividade rural, sem contribuição alguma, de janeiro de 1980 a janeiro de 1994. Depois passou a exercer atividade urbana, tendo trabalhado por 20 anos como empregado em uma empresa, a qual sempre efetuou o desconto das contribuições previdenciárias desse trabalhador. Nesse caso, para fins de aposentadoria perante o INSS (que administra o RGPS), serão computados aproximadamente 11 anos de atividade rural (entre janeiro de 1980 e 25 de julho de 1991, início da vigência da Lei 8.213/91), mais os 20 anos na empresa, totalizando cerca de 31 anos de tempo de contribuição. Note que houve contribuição efetiva por apenas 20 anos, mas a legislação admite o tempo de atividade rural anterior à Lei 8.213/91, mesmo sem contribuição, apenas para não penalizar o trabalhador rural que estava excluído do regime previdenciário geral.

No exemplo acima, suponha agora que esse mesmo trabalhador assumiu um cargo efetivo na Administração Pública federal, poderia ele utilizar todo o tempo reconhecido pelo INSS (de aproximadamente 31 anos), para fins de aposentadoria no regime próprio de previdência social da União? Nos termos da interpretação consagrada pela Súmula 10 da TNU, isso não é possível. O tempo de serviço rural sem contribuição previdenciária, anterior à vigência da Lei 8.213/91 (ou seja, anterior a 25.7.91), não pode ser utilizado para fins de contagem recíproca entre regimes de previdência, embora possa ser computado para fins de aposentadoria por tempo de contribuição no RGPS (art. 55, § 2º da Lei 8.213/91).

Quando a CF permitiu a contagem recíproca entre os regimes de aposentadoria no art. 201, § 9º, o fez com base no tempo de contribuição entre os regimes. Não havendo contribuição efetiva do segurado, não é possível a contagem recíproca. Tal conclusão é coerente com outra regra constitucional, aquela do art. 40, § 10 da CF, que veda à lei o estabelecimento de qualquer forma de contagem de tempo de contribuição fictício nos regimes próprios de previdência da Administração Pública.

Desse modo, o tempo de atividade rural somente poderá ser computado para fins de aposentadoria no serviço público caso sejam recolhidas as respectivas contribuições previdenciárias, seja na época própria (quando prestou o serviço) ou posteriormente, de forma indenizada, como prevê o art. 45-A da Lei 8.212/91 e art. 96, IV da Lei 8.213/91. É também a interpretação dada pelo TCU em sua Súmula 268.

Voltando ao exemplo acima, para efeitos de contagem de tempo de aposentaria no regime próprio da União, o trabalhador em questão terá direito a ver computado os vinte anos de contribuição no RGPS. Quanto aos anos de exercício de atividade rural, só poderá computar tal período caso efetue o pagamento da indenização equivalente às contribuições de tal período.

A questão já foi apreciada pelo Plenário do Supremo Tribunal Federal em 1997, quando do julgamento da medida cautelar requerida na ação direta de inconstitucionalidade nº 1.664, que tinha por objeto alguns dispositivos da Medida Provisória nº 1.523-13/97. Dentre as normas impugnadas estava aquela que conferia uma nova redação ao art. 55, § 2º da Lei 8.213/91, de modo que passou a estar expressa a impossibilidade de contagem recíproca do tempo de atividade rural anterior a novembro de 1991. Ao examinar a matéria, o STF, por unanimidade de votos, entendeu pela constitucionalidade de tal restrição legal. Muito embora a MP nº 1.523-13/97 não tenha sido convertida em lei na parte que alterava o art. 55 da Lei 8.213/91, o fato é que ficou claro no julgamento que o STF posicionou-se pela impossibilidade de utilização de tempo de serviço sem contribuição para fins de contagem recíproca entre regimes previdenciários distintos, ainda que a legislação anterior à Lei 8.213/91 tenha dispensado o trabalhador rural do recolhimento de contribuições.

O entendimento expressado na Súmula é amplamente aceito nos Tribunais, sobretudo no Superior Tribunal de Justiça, corte que deu origem aos vários precedentes que ensejaram a edição da súmula da TNU.

Por fim, observe-se que, pela literalidade do art. 55, § 2º da Lei 8.213/91, o INSS deve computar, para fins de aposentadoria no RGPS, o tempo de serviço do segurado trabalhador rural "anterior à data de início de vigência" da Lei 8.213/91. Como a lei entrou em vigor na data de sua publicação (art. 155), ocorrida no Diário Oficial da União de 25.7.1991, esta é a data limite para cômputo do período rural – tanto que foi utilizada nos exemplos acima. Porém, como as contribuições previdenciárias do trabalhador rural, baseadas na Lei º 8.212/91 (Lei de Custeio da Previdência Social) só passaram a ser exigidas a partir de novembro de 1991 (era o que dizia o art. 161 do Decreto nº 356/91, hoje já revogado), o INSS conta como tempo de contribuição o tempo de serviço rural anterior a este mês, vale dizer, até 30.10.1991. É o que estabelece o Regulamento da Previdência Social (art. 60, inc. X do Dec. 3.048/99).

◉ Súmula TCU 268. O tempo de atividade rural somente poderá ser averbado para fins de aposentadoria no serviço público se recolhidas as respectivas contribuições previdenciárias na época própria ou, posteriormente, de forma indenizada.

◉ Previdência social. Relevância jurídica da impugnação, perante os artigos 194, parágrafo único, I, 201, caput e § 1º e 202, I, todos da Constituição, da proibição de acumular a aposentadoria por idade, do regime geral da previdência, com a de qualquer outro regime (redação dada, ao art. 48 da Lei n. 8.213-91, pela Medida Provisória n. 1.523-13/1997). Trabalhador rural. Plausibilidade da arguição de inconstitucionalidade da exigência de contribuições anteriores ao período em que passou ela a ser exigível, justificando-se ao primeiro, exame essa restrição apenas em relação à contagem recíproca de tempo de serviço público (artigos 194, parágrafo único, I e II, e 202, § 2º, da Constituição e redação dada aos artigos 55, § 2º, 96, IV e 107 da Lei n. 8213-91, pela Medida Provisória n. 1523-13-97). Medida cautelar parcialmente deferida. (STF, ADI 1664-MC, Rel. Min. Octavio Gallotti, Pleno, DJ 19.12.1997)

◉ (...). Aposentadoria por tempo de serviço. Trabalho exercido na atividade rural em período anterior à Lei 8.213/91. Expedição de certidão de tempo de serviço. (...). Nas hipóteses em que o servidor público busca a contagem de tempo de serviço prestado como trabalhador rural para fins de contagem recíproca, é preciso recolher as contribuições previdenciárias pertinentes que se buscam averbar, em razão do disposto nos arts. 94 e 96, IV, da Lei 8.213/91. (STJ, 2ª T., REsp 1.579.060/SP, Rel. Min. Herman Benjamin, DJe 30.5.2016)

◉ Aposentadoria. Tempo de serviço rural. Contagem recíproca. Recolhimento das contribuições previdenciárias. Necessidade. (...). Nos termos da jurisprudência pacífica do STJ, o cômputo, para fins de aposentadoria estatutária, do tempo de atividade rural anterior à Lei 8.213/91, somente é possível se houver a comprovação do recolhimento das contribuições previdenciárias referentes a tal período ou à respectiva indenização. (STJ, 2ª T., AgRg no REsp 1.511.130/SC, Rel. Min. Humberto Martins, DJe 2.9.2015)

◉ (...). Tempo de serviço rural. Período anterior à Lei. 8.213/91. Contagem recíproca. Contribuições. Recolhimento. Necessidade. Recurso não conhecido. 1. O Superior Tribunal de Justiça firmou sua jurisprudência no sentido de que o tempo de serviço rural anterior à Lei n. 8.213/91 pode ser utilizado para fins de contagem recíproca tão-somente quando recolhidas, à época da sua realização, as contribuições previdenciárias. (...). (STJ, REsp 497.143/RS, Rel. Min. Laurita Vaz, 5ª T., DJ 16.6.2003)

◉ (...). Certidão de tempo de serviço rural. Contagem recíproca. Contribuições. Necessidade. Art. 96, inciso IV da lei 8.213/91. Para a emissão de certidão de tempo de serviço, visando a contagem recíproca de tempo de serviço rural e urbano para fins de aposentadoria, necessário se torna o recolhimento da contribuição correspondente ao respectivo período, por expressa imposição legal, nos termos do art. 96, inciso IV, da Lei 8.213/91. (...). (STJ, REsp 416.995/RS, Rel. Min. Jorge Scartezzini, 5ª T., DJ 3.2.2003)

◉ (...). Certidão de tempo de serviço. Contagem recíproca. Tempo rural. Contribuições. Necessidade. Art. 96, IV da Lei 8.213/91. 1. Em se tratando de certidão de tempo de serviço rural para contagem recíproca, deve o interessado colacionar aos autos a prova pré-constituída das respectivas contribuições. (...). (STJ, 6ª T. REsp 409.563/RS, Rel. Min. Fernando Gonçalves, DJ 24.6.2002)

◉ (...). Ação declaratória. Tempo de serviço rural. Exaurimento da via administrativa. 1. O exaurimento da via administrativa não é pressuposto de ação previdenciária. 2. Cabível ação declaratória para declarar tempo de serviço para fins previdenciários. 3. O tempo de serviço rural, sem contribuição e anterior à Lei 8.213/91, não se presta para efeito de averbação com vistas a benefício pelo sistema público ou privado urbano. (STJ, 5ª T., REsp 202.580/RS, Rel. Min. Gilson Dipp, DJ 15.5.00).

◉ (...). Aposentadoria. Serviço público. Atividade rural. Contribuição. I. Segundo precedente do colendo Supremo Tribunal Federal, "a aposentadoria na atividade urbana mediante junção do tempo de serviço rural somente é devida a partir de 5 de abril de 1991, isto por força do disposto no artigo 145 da Lei 8.213/91, e na Lei 8.212/91, no que implicaram a modificação, estritamente legal, do quadro decorrente da Consolidação das Leis da Previdência Social - Decreto n. 89.312/84". II. Para fins de aposentadoria no serviço público, a contagem recíproca admitida é a do tempo de contribuição no âmbito da iniciativa privada com a do serviço público, não se podendo confundir, destarte, com a simples comprovação de tempo de serviço. III. Indispensáveis, portanto, as contribuições pertinentes ao tempo em que exercida a atividade privada. (...). (STJ, 5ª T., RMS 11.021/SC, Rel. Min. Felix Fischer, DJ 22.11.99).

◉ (...). Tempo de serviço prestado como trabalhador rural. Contagem recíproca. Exigência de recolhimento de contribuições previdenciárias. 1. O tempo de serviço rural anterior à Lei 8.213 pode ser utilizado, para fins de contagem recíproca, desde que sejam recolhidas as respectivas contribuições previdenciárias, de forma indenizada. 2. Pedido conhecido e acolhido. (TNU, Pedilef 2002.60.84.000047-5, Rel. Vivian Pantaleão Caminha, DJU 17.10.2003)

▶ **CF/88. Art. 40. (...). § 10** A lei não poderá estabelecer qualquer forma de contagem de tempo de contribuição fictício. ▶**Art. 201. (...). § 9º** Para efeito de aposentadoria, é assegurada a contagem recíproca do tempo de contribuição na administração pública e na atividade privada, rural e urbana, hipótese em que os diversos regimes de previdência social se compensarão financeiramente, segundo critérios estabelecidos em lei.

▶ **Lei 8.212/91. Art. 45-A.** O contribuinte individual que pretenda contar como tempo de contribuição, para fins de obtenção de benefício no Regime Geral de Previdência Social ou de contagem recíproca do tempo de contribuição, período de atividade remunerada alcançada pela decadência deverá indenizar o INSS.

▶ **Lei 8.213/91. Art. 55. (...). § 2º** O tempo de serviço do segurado trabalhador rural, anterior à data de início de vigência desta Lei, será computado independentemente do recolhimento das contribuições a ele correspondentes, exceto para efeito de carência, conforme dispuser o Regulamento. ▶**Art. 96.** O tempo de contribuição ou de serviço de que trata esta Seção será contado de acordo com a legislação pertinente, observadas as normas seguintes: (...). IV – o tempo de serviço anterior ou posterior à obrigatoriedade de filiação à Previdência Social só será contado mediante indenização da contribuição correspondente ao período respectivo, com acréscimo de juros moratórios de zero vírgula cinco por cento ao mês, capitalizados anualmente, e multa de dez por cento. ▶**Art. 155.** Esta Lei entra em vigor na data de sua publicação.

▶ **Dec. 3.048/99. Art. 60.** Até que lei específica discipline a matéria, são contados como tempo de contribuição, entre outros: (...). X - o tempo de serviço do segurado trabalhador rural anterior à competência novembro de 1991.

▶ **Dec. 356/91. Art. 161.** As contribuições devidas à Previdência Social que tenham sido criadas, majoradas ou estendidas pela Lei nº 8.212, de 24 de julho de 1991, serão exigíveis a partir da competência novembro de 1991. Parágrafo único. Às contribuições devidas à Seguridade Social até a competência outubro de 1991 são regidas pela legislação anterior à Lei nº 8.212, de 24 de julho de 1991. (Revogado p/Dec. 2.173/2007)

SÚMULA 14. PARA A CONCESSÃO DE APOSENTADORIA RURAL POR IDADE, NÃO SE EXIGE QUE O INÍCIO DE PROVA MATERIAL, CORRESPONDA A TODO O PERÍODO EQUIVALENTE À CARÊNCIA DO BENEFÍCIO.

● *Súmula aplicável.* ● *DJ 24.5.2004.* ● *Referência legislativa: Lei 8.213/91.* ● *Precedentes: AgREsp 496.686/SP. AgREsp 298.272/SP. REsp 335.300/RS. REsp 553.755/CE. PU/TNU 2003.84.13.000666-2/RN.*

▶ *Fábio Moreira Ramiro*

A exigência de prova material para comprovação de tempo de atividade para fins previdenciários é uma das poucas hipóteses remanescentes da tarifação de provas, sistema há muito ultrapassado pelo livre convencimento do magistrado. A norma em apreço, contudo, tem razão de existir, ante a possibilidade de deferimento indevido de aposentadorias ou outros benefícios previdenciários, em especial os que não exigem comprovação de recolhimento de contribuições, como ocorre com os segurados especiais – trabalhadores rurais e pescadores artesanais.

Assim, o disposto no art. 55, § 3º, da Lei 8.213/91 impõe a necessidade de comprovação de tempo de serviço mediante início de prova material, não sendo suficiente, para tal desiderato, unicamente a prova testemunhal.

Todavia, em nenhum momento a norma legal impôs que se apresentem elementos materiais referentes a todo o período de carência que se pretende provar, conferindo, assim, eficácia probatória temporal dilargada a documentos que se referem a um determinado período, mas que, consideradas as peculiaridades do caso analisado concretamente, atendem ao disposto no mandamento legal e regulamentar.

Assim, um documento antigo, *v.g.*, de parceria ou comodato rural, firmado em data que não deixe dúvidas de sua autenticidade, sem que concorram indicativos probatórios em sentido contrário, pode ser considerado suficiente para a comprovação do trabalho rural.

O enunciado sumular sob comento, restringindo sua aplicabilidade ao trabalhador rural, não se descura em reconhecer as dificuldades que têm esses segurados em produzir provas materiais, em especial quando não ostentam nenhum título de propriedade rural, a despeito de efetivamente exercerem a atividade que lhes garantiria a aposentadoria por idade, cujo prazo de carência é de 15 anos contados da data de entrada do requerimento administrativo.

A aplicação da súmula, todavia, deve ocorrer sem deixar de observar outro comando de idêntica natureza, que é o Enunciado 34 da mesma TNU, adiante transcrito.

Logo, a intersecção desses dois enunciados é fundamental na avaliação da exigência legal de início de prova material para reconhecimento de labor rural e concessão do respectivo benefício de aposentadoria, sendo viável a documentação produzida contemporaneamente ao período que se pretende comprovar, cuja eficácia probatória servirá para fundamentar outros períodos não contemplados na referida documentação.

> Súmula TNU 34. Para fins de comprovação do tempo de labor rural, o início de prova material deve ser contemporâneo à época dos fatos a provar.

> (...). Aposentadoria rural. Início de prova material. Período imediatamente anterior ao pedido. Desnecessidade de referência a todo o período. Corroboração por idônea prova testemunhal. Entendimento firmado pelo REsp 1.348.633/SP e ratificado pelo REsp 1.354.908/SP. 1. Este Superior Tribunal firmou entendimento de que os documentos colacionados como início de prova material não precisam se referir a todo o período de labor, podendo ser corroborado por idônea prova testemunhal (REsp 1.348.633). 2. Tal entendimento foi ratificado pelo Recurso Especial 1.354.908, no qual se firmou, pelo rito do recurso repetitivo, o entendimento de que o tempo de labor rural deve ser imediatamente anterior ao pedido de aposentadoria. 3. Decisão mantida. 4. Agravo regimental a que se nega provimento. (STJ, 2ª T., AgRg no REsp 1572242/PR, Rel. Des. Fed. Conv. Diva Malerbi, DJe 13.4.2016)

> (...). Previdenciário. Benefícios. Trabalhador rural. Início de prova material. I. A certidão de casamento, onde o marido aparece como lavrador, é início razoável de prova material, sendo apta à comprovação da condição de rurícola para efeitos previdenciários. II. A prova material não precisa necessariamente referir-se ao período equivalente à carência do benefício, desde que a prova testemunhal amplie a sua eficácia probatória. (...). (STJ, AgRg no REsp 496.686/SP, Rel. Min. Felix Fischer, 5ª T., DJ 28.10.2003)

> (...). Aposentadoria rural por idade. Valoração de prova. Início de prova material. Existência. Comprovação da atividade rural em número de meses equivalente à carência do benefício. Desnecessidade. 1. "A comprovação do tempo de serviço para os efeitos desta Lei, inclusive

mediante justificação administrativa ou judicial, conforme o disposto no artigo 108, só produzirá efeito quando baseada em início de prova material, não sendo admitida prova exclusivamente testemunhal, salvo na ocorrência de motivo de força maior ou caso fortuito, conforme disposto no Regulamento" (artigo 55, § 3º, da Lei 8.213/91). 2. O início de prova material, de acordo com a interpretação sistemática da lei, é aquele feito mediante documentos que comprovem o exercício da atividade nos períodos a serem contados, devendo ser contemporâneos dos fatos a comprovar, indicando, ainda, o período e a função exercida pelo trabalhador. 3. Para a obtenção da aposentadoria por idade, o trabalhador rural referido na alínea "a" dos incisos I e IV e nos incisos VI e VII do artigo 11 da Lei n. 8.213/91, além da idade mínima de 60 anos (homem) e 55 (mulher), deverá comprovar o efetivo exercício de atividade rural, ainda que de forma descontínua, no período imediatamente anterior ao requerimento do benefício, por tempo igual ao número de meses de contribuição correspondente à carência do benefício pretendido (artigo 48 da Lei n. 8.213/91), sendo prescindível que o início de prova material abranja necessariamente esse período, dês que a prova testemunhal amplie a sua eficácia probatória ao tempo da carência, vale dizer, desde que a prova oral permita a sua vinculação ao tempo de carência. 4. A certidão de casamento e o certificado de reservista, onde constam a profissão de lavrador do segurado, constituem-se em início razoável de prova documental. (...). (STJ, AgRg no REsp 298.272/SP, Rel. Min. Hamilton Carvalhido, 6ª T., DJ 19.12.2002)

◉ (...). Aposentadoria de trabalhador rural. Comprovação de atividade rurícola. Insuficiência da prova testemunhal. Súmula 149/STJ. Declaração sindical. Ausência de homologação e contemporaneidade com o período reclamado. Provimento negado. 1. Nos termos da Súmula n. 149 do STJ, "a prova exclusivamente testemunhal não basta à comprovação da atividade rurícola, para efeito da obtenção de benefício previdenciário". Orientação confirmada no julgamento do REsp n. 1.133.863/RN, submetido ao rito do art. 543-C do Código de Processo Civil. 2. Conquanto não se exija a contemporaneidade da prova material durante todo o período que se pretende comprovar o exercício de atividade rural, deve haver ao menos um início razoável de prova material contemporânea aos fatos alegados, admitida a complementação da prova mediante depoimentos de testemunhas. 3. Hipótese em que as declarações sindicais apresentadas pela ora agravante, além de se referirem ao seu cônjuge e não haverem sido homologadas pelo INSS e/ou pelo Ministério Público, não são contemporâneas ao tempo de atividade reclamado. Foram expedidas em 1997, poucos meses antes do ajuizamento da ação originária, visando ao reconhecimento do labor rural no período de 11.7.1969 a 31.12.1991. 4. Agravo regimental não provido. (STJ, 3ª. S., AgRg nos EDcl no AgRg na AR 2324, Rel. Min. Rogerio Schietti Cruz, DJe 1.7.2015)

◉ (...). Aposentadoria por idade. Rurícola. Comprovante de pagamento de ITR em nome do empregador da autora. Declarações do empregador e do sindicato dos trabalhadores rurais. Início de prova material configurado. 1. A comprovação da atividade laborativa do rurícola deve-se dar com o início de prova material, ainda que constituída por dados do registro civil, como a certidão de casamento e assentos de óbito, ou mesmo declarações de sindicatos de trabalhadores rurais ou de ex-patrões, corroboradas por provas testemunhais. 2. O comprovante de pagamento de ITR em nome do dono da propriedade onde a Autora exerceu a atividade rural constitui início razoável de prova material, corroborado pelas Declarações do Empregador e do Sindicato dos Trabalhadores Rurais, e comprovam a atividade da Autora como rurícola, para fins previdenciários, pelo período legalmente exigido. Precedentes do STJ. 3. A Lei não exige que o início de prova material se refira precisamente ao período de carência do art. 143 da Lei n. 8.213/91, servindo apenas para corroborar a prova testemunhal presente nos autos. (...). (STJ, REsp 553.755/CE, Rel. Min. Laurita Vaz, 5ª T., DJ 16.2.2004)

▶ **Lei 8.213/91. Art. 55.** (...). **§ 3º** A comprovação do tempo de serviço para os efeitos desta Lei, inclusive mediante justificação administrativa ou judicial, conforme o disposto no artigo 108, só produzirá efeito quando baseada em início de prova material, não sendo admitida prova exclusivamente testemunhal, salvo na ocorrência de motivo de força maior ou caso fortuito, conforme disposto no Regulamento.

Súmula 34. Para fins de comprovação do tempo de labor rural, o início de prova material deve ser contemporâneo à época dos fatos a provar.

●*Súmula aplicável.* ● *DJ 4.8.2006.* ● *Precedentes: REsp 434.015/CE. AgRg no EDcl no Ag 561.483/SP. AgRg no REsp 712.825/SP. AR 1808/SP. PU/TNU 2004.85.01.003420-0/SE.*

▸ Gláucio Maciel Gonçalves

A concessão da aposentadoria por idade ao trabalhador rural está condicionada ao preenchimento de três requisitos: (i) idade mínima de 60 anos, se homem, ou 55 anos, se mulher; (ii) cumprimento de carência equivalente ao número de meses efetivamente trabalhados correspondentes à carência da aposentadoria por idade (180 meses ou o número de meses previsto na tabela do art. 142 da Lei 8.213/91, se já era trabalhador em 24-7-91); (iii) comprovação do exercício de atividade rural, ainda que descontínua, no período imediatamente anterior ao requerimento do benefício, no prazo de carência.

A matéria, regulada pelos art. 39, I, 48, §§ 1º e 2º, 55, § 2º, 142 e 143 da Lei 8.213/91, também tem assento constitucional, já que a exceção que permite contar tempo ficto deve estar lá registrada. O art. 201, § 7º, II, da Constituição institui como diferencial e benesse para os trabalhadores rurais a redução em 5 anos do requisito idade, em relação aos segurados comuns, introduzindo uma presunção absoluta de desgaste do trabalho no meio rural, o que justificaria o prazo menor.

As Leis 11.368/06 e 11.718/08 determinaram, ainda, que o trabalhador rural enquadrado na categoria de contribuinte individual, que presta serviço de natureza rural, em caráter eventual, a uma ou mais empresas, sem relação de emprego, também tem direito à aposentadoria como se segurado especial fosse, ou seja, sem a prova das contribuições e com a idade reduzida, se não se tratar de aposentadoria por invalidez.

Prevê o § 3º do art. 55 da Lei 8.213/91 que a comprovação de tempo de serviço somente produz efeito se se basear em início de prova material, não sendo admitida prova exclusivamente testemunhal, a não ser na ocorrência de motivo de força maior ou caso fortuito, como, por exemplo, uma enchente ou um incêndio capazes de destruir documentos em agências do INSS. Depois de muito debate no âmbito do Superior Tribunal de Justiça e de decisões inicialmente divergentes, a matéria foi sedimentada pelo enunciado de n. 149 de sua súmula de jurisprudência, segundo a qual [A] prova exclusivamente testemunhal não basta à comprovação da atividade rurícola, para efeito da obtenção de benefício previdenciário.

É compreensível a razão de ser da intenção do legislador. Num país de dimensões continentais como o Brasil, com diferentes realidades econômicas e sociais e, infelizmente, com casos passados de fraudes milionárias envolvendo a Previdência Social, era necessário um rigor mínimo na demonstração de tempo de serviço trabalhado. E esse rigor se deu com a exigência de apresentação de documento do qual se extrai alguma ligação do segurado com o trabalho no campo.

A lei, no entanto, contenta-se com a prova indiciária documental, de forma que não é necessário ter um talão de produtor rural em nome do segurado; apenas algo documentado que, direta ou indiretamente, permita inferir a ocorrência de trabalho no meio rural e autorize o juiz a ouvir as testemunhas por ele apresentadas, as quais irão confirmar o fato.

Exigir prova material completa dessas relações jurídicas que se pretende demonstrar é o mesmo que fadar os pleitos dos trabalhadores rurais ao insucesso processual ou vedar-lhes a acessibilidade ao direito material protetivo à inativação por idade, independentemente de contribuição ao sistema previdenciário, tendo em vista que, via de regra, tratam-se de relações historicamente informais, às vezes sem nenhum documento.

É interessante consignar que o excesso de prova documental pode até mesmo ir contra o próprio segurado, a depender da região do país. No Sul, por exemplo, é comum a apresentação, nas demandas, de notas fiscais de compra de material agrícola ou de venda de leite, derivados e produtos da terra, além de comprovação de vínculo antigo com os sindicatos rurais, de documentos da terra e de financiamentos bancários para o pequeno produtor rural. No norte de Minas Gerais e na região Nordeste, a existência de muitos documentos pode levar à desqualificação do segurado especial, tendo em vista o analfabetismo da população antiga rural, a falta de organização dos sindicatos e a dificuldade de acesso a qualquer estrutura de Estado. Assim, se esses documentos vêm à tona, é possível que o segurado seja médio ou grande produtor rural, o que afasta a aposentadoria como segurado especial.

A Lei de Benefícios prevê alguns documentos que podem vir a ser considerados "prova plena" do efetivo exercício da atividade rural. De forma meramente exemplificativa (não taxativa), o art. 106 da Lei 8.213/91 enumera como documentos que dispensam a corroboração por prova testemunhal: o contrato individual de trabalho ou carteira de trabalho, o contrato de arrendamento, parceria ou comodato rural, a declaração fundamentada de sindicato que represente o trabalhador rural, quando for o caso, de sindicato e colônia de pescadores, desde que comprovada pelo INSS.

Essa norma é dirigida à administração, ou seja, aos servidores do INSS, que irão examinar os pedidos dos segurados especiais. Negado o pedido na esfera administrativa e transferida a questão ao Estado-juiz, salvo a necessidade de se ter prova documental indiciária, tem o juiz total liberdade de apreciar as provas produzidas e, desde que justifique suas razões, concluir pelo direito ao benefício sem os documentos indicados ou pelo indeferimento do benefício apesar da existência desses documentos.

Essa exigência do início de prova material para a comprovação do tempo de serviço de atividade rural no regime de economia familiar acaba por ser uma exceção ao princípio do livre convencimento motivado, informa o sistema probatório civil. O juiz, desde que apresente os motivos que o levaram a decidir, tem ampla liberdade na valoração das provas, já que todas elas têm valor relativo. Diante dos aspectos sutis e específicos das demandas relativas à aposentadoria de segurado especial, o juiz precisa estar preparado para ler as entrelinhas e observar as nuances, tais como registro de nascimento lavrado aos 40 anos de idade, procuração outorgada ao advogado por instrumento público, por se tratar de analfabeto, e ausência ou presença de vínculos empregatícios no cadastro eletrônico do INSS, entre outros elementos que possam indicar se aquele trabalhador dedicou-se, efetivamente, ao longo de sua vida, ao trabalho no campo.

Inviável a prova unicamente testemunhal na comprovação da atividade especial, é necessário que a prova documental seja contemporânea à época dos fatos que se pretende provar. Por contemporânea, entende-se a prova formada em qualquer instante, ou seja, no início, no meio ou no fim do intervalo de tempo de serviço rural investigado. É possível, portanto, que a eficácia do início de prova material seja estendida prospectivamente (para o futuro) ou retroativamente (para o passado), se conjugada com uma prova testemunhal complementar convincente e harmônica.

A prova documental não precisa abranger todo o período de carência, mas apenas parte dele. O início de prova material não é senão o ponto de partida indispensável à comprovação dos fatos, objetivo a ser atingido no transcorrer da demanda. Tanto a prova documental quanto a prova testemunhal laboram, por assim dizer, em conjunto, uma vez que a singeleza da primeira pode ter sua eficácia probatória ampliada pela robustez da segunda. O termo inicial do trabalho rural não será necessariamente coincidente com a data do início de prova material mais antigo e nem o termo final será o mais recente, podendo a prova testemunhal estender a eficácia temporal dos documentos juntados além ou aquém de suas datas.

Conquanto seja possível essa extensão, em alguns casos se constata a existência de períodos descontínuos de trabalho rural. Se há uma distância de mais de 120 dias entre eles (analogia ao inciso III do § 9º do art. 11 da Lei 8.213/91), por força de trabalho urbano, por exemplo, é razoável por parte do juiz exigir início de prova documental dos diversos períodos.

No caso do trabalhador rural, deve-se ter sempre em mente o relevante valor social da sua aposentadoria por idade, instituto que busca amparar o trabalhador campesino, que tira da terra o seu sustento e de sua família. Todavia, os requisitos para os benefícios do segurado especial precisam ser bem provados. A hipossuficiência do destinatário e a natureza praticamente assistencial do benefício não impõem um deferimento automático. As provas precisam estar bem demonstradas. Se, por um lado, aceita-se o mínimo arcabouço documental, por outro, exige-se o seu máximo comprometimento com a contemporaneidade do trabalho que se pretende demonstrar.

Por outro lado, é importante salientar que, nos termos do art. 48, § 2º, da Lei 8.213/91, segundo o qual a concessão da aposentadoria para esse trabalhador passa pela aferição da atividade exercida no período imediatamente anterior ao requerimento administrativo ou na data do implemento da idade mínima. Se o segurado continua trabalhando no meio rural, ele pode, a qualquer momento, requerer sua aposentadoria, desde que preenchidos os outros requisitos. No entanto, pode ser que o segurado que já esteja morando no meio urbano tenha direito à aposentadoria como rurícola. Isso porque se ele implementou os requisitos (idade e carência) trabalhando no meio rural, como segurado especial, tem ele direito à aposentadoria por idade como tal, ainda que posteriormente venha ele a residir na cidade para cuidar de sua saúde ou da sua família. Se ele satisfez os requisitos no passado e não há demonstração de trabalho no meio urbano, não se operou a descaracterização da qualidade de segurado especial.

Sendo assim, deve-se comprovar a qualidade de segurado especial no período em que se alega ter havido o exercício da atividade rural, em regime de economia familiar. A comprovação se dá sobretudo por meio de prova testemunhal, desde que se apresente documento que permita inferir o trabalho rural do segurado, documento este da época dos fatos a ser demonstrados.

> (...). Previdenciário. Averbação de tempo de serviço. Valoração de prova. Início de prova material corroborada por prova testemunhal. Inocorrência. 1. O conhecimento do recurso especial fundado na alínea "c" da Constituição da República requisita, em qualquer caso, a transcrição dos trechos dos acórdãos que configurem o dissídio, mencionando-se as circunstâncias que identifiquem ou assemelhem os casos confrontados, não se oferecendo, como bastante, a simples transcrição de ementas, votos ou notícias de julgamento. 2. "A comprovação do tempo de serviço para os efeitos desta Lei, inclusive mediante justificação administrativa ou judicial, conforme o disposto no art. 108, só produzirá efeito quando baseada em início de prova material, não sendo admitida prova exclusivamente testemunhal, salvo na ocorrência de motivo de força maior ou caso fortuito, conforme disposto no Regulamento" (art. 55, § 3º, da Lei 8.213/91). 3. O início de prova material, de acordo com a interpretação sistemática da lei, é aquele feito mediante documentos que comprovem o exercício da atividade nos períodos a serem contados, devendo ser contemporâneos dos fatos a comprovar, indicando, ainda, o período e a função exercida pelo trabalhador. 4. A jurisprudência desta Corte é firme no sentido de que para fins de concessão do benefício de aposentadoria por idade, o início de prova material deverá ser corroborado por idônea e robusta prova testemunhal. 5. Em havendo o acórdão recorrido afirmado que, a par de não bastante à demonstração do tempo de serviço a prova documental, a testemunhal era insuficiente à comprovação da atividade rural desempenhada pelo segurado, a preservação da improcedência do pedido de aposentadoria por idade é medida que se impõe. 6. Ademais, a 3ª Seção desta Corte tem firme entendimento no sentido de que a simples declaração prestada em favor do segurado, sem guardar contemporaneidade com o fato declarado, carece da condição de prova material, exteriorizando, apenas, simples testemunho escrito que, legalmente, não se mostra apto a comprovar a atividade laborativa para fins previdenciários (EREsp 205.885...). (STJ, REsp 434.015/CE, Rel. Min. Hamilton Carvalhido, 6ª T., DJ 17.3.2003)

> (...). Rurícola. Aposentadoria por idade. Início razoável de prova material. Ausência. Verbete sumular 149/STJ. Incidência. Agravo interno desprovido. I. O reconhecimento de tempo de serviço rurícola, para efeito de aposentadoria por idade, é tema pacificado pela Súmula 149 desta Egrégia Corte, no sentido de que a prova testemunhal deve estar apoiada em um início razoável de prova material, contemporâneo à época dos fatos alegados. II. Não havendo qualquer início de prova material contemporânea aos fatos que se pretende comprovar, ainda que fosse pela referência profissional de rurícola da parte, em atos do registro civil, que comprovem sua condição de trabalhador(a) rural, não há como conceder o benefício. Incide, à espécie, o óbice do verbete sumular 149/STJ. (...). (STJ, AgRg nos EDcl no Ag 561.483/SP, Rel. Min. Gilson Dipp, 5ª T., DJ 24.5.2004)

> (...). Previdenciário. Benefícios. Prova. Declaração contemporânea ao ajuizamento da ação. Impossibilidade. Prova exclusivamente testemunhal. Súmula 149/STJ. I – A declaração de sindicato rural contemporânea ao ajuizamento da ação não se presta a comprovação de exercício da atividade rural, não podendo ser considerada como início de prova material. II – Verifica-se, portanto, que o v. acórdão recorrido lastreou-se unicamente em depoimentos testemunhais, o que impossibilita a concessão da aposentadoria rural, conforme dispõe a Súmula 149/STJ. (...). (STJ, AgRg no REsp 712.825/SP, Rel. Min. Felix Fischer, 5ª T., DJ 16.5.2005)

◉ (...). Previdenciário. Rurícola. Aposentadoria por idade. Início de prova material. Inexistência. 1. "A comprovação do tempo de serviço para os efeitos desta Lei, inclusive mediante justificação administrativa ou judicial, conforme o disposto no artigo 108, só produzirá efeito quando baseada em início de prova material, não sendo admitida prova exclusivamente testemunhal, salvo na ocorrência de motivo de força maior ou caso fortuito, conforme disposto no Regulamento" (artigo 55, parágrafo 3°, da Lei N. 8.213/91). 2. O início de prova material, de acordo com a interpretação sistemática da lei, é aquele feito mediante documentos que comprovem o exercício da atividade nos períodos a serem contados, devendo ser contemporâneos dos fatos a comprovar, indicando, ainda, o período e a função exercida pelo trabalhador. 3. A jurisprudência desta Corte é firme no sentido de que as declarações prestadas pelos ex-empregadores somente podem ser consideradas como início de prova material quando contemporâneas à época dos fatos alegados. (...). (STJ, AR 1.808/SP, Rel. Min. Hamilton Carvalhido, 3ª S., DJ 24.4.2006)

SÚMULA 41. A CIRCUNSTÂNCIA DE UM DOS INTEGRANTES DO NÚCLEO FAMILIAR DESEMPENHAR ATIVIDADE URBANA NÃO IMPLICA, POR SI SÓ, A DESCARACTERIZAÇÃO DO TRABALHADOR RURAL COMO SEGURADO ESPECIAL, CONDIÇÃO QUE DEVE SER ANALISADA NO CASO CONCRETO.

Súmula comentada/anotada no item *Beneficiários – Segurado Especial*, adiante.

SÚMULA 46. O EXERCÍCIO DE ATIVIDADE URBANA INTERCALADA NÃO IMPEDE A CONCESSÃO DE BENEFÍCIO PREVIDENCIÁRIO DE TRABALHADOR RURAL, CONDIÇÃO QUE DEVE SER ANALISADA NO CASO CONCRETO.

● *Súmula aplicável.* ● *DJ 15.3.2012.* ● *Precedentes: Pedilef 2006.70.95.001723-5. Pedilef 2003.81.10.006421-5. Pedilef 0500000-29.2005.4.05.8103.*

▸ *Gláucio Maciel Gonçalves*

A Súmula consolidou o entendimento já firmado pela jurisprudência de que a atividade urbana intercalada não impede a concessão de aposentadoria rural, não elidindo o seu exercício, por si só, a condição de segurado especial.

O art. 48, § 1º, da Lei 8.213/91 prevê a aposentadoria por idade para o segurado especial que completar 60 anos, se homem, e 55 anos, se mulher, dispondo o § 2º que o trabalhador rural deve comprovar o efetivo exercício de atividade rural, ainda que de forma descontínua, no período imediatamente anterior ao requerimento do benefício, por tempo igual ao número de meses de contribuição correspondente à carência do benefício postulado. A descontinuidade do labor rural é ainda admitida no art. 143 desse mesmo diploma legal.

Em 2008, a Lei 11.718 incluiu um § 3º, dispondo que o trabalhador rural que não atender o disposto no referido § 2º, mas que satisfaça essa condição (de trabalhador rural), se forem considerados períodos de contribuição sob outras categorias de segurado, terá direito à aposentadoria por idade, porém aos 65 anos de idade, se homem, e aos 60, se mulher.

A lei deixou claro que, se se somar tempo urbano com rural para o segurado se aposentar por idade, sem que tenha completado a carência como trabalhador rural, usa-se a idade própria da aposentadoria por idade urbana. Trata-se da chamada aposentadoria rural híbrida. O novo texto legal também foi responsável por implementar o parâmetro do que se considera o exercício descontínuo da atividade rural, inserindo o inciso III no § 9º do art. 11 da Lei 8.213/91, para considerá-lo até 120 dias corridos ou intercalados por ano civil.

O problema surge então quanto ao alcance da descontinuidade a que se referem os art. 48, § 2º e 143 da Lei 8.213/91, para fins de caracterização da aposentadoria por idade de segurado especial. Se existia dúvida antes de 2008 sobre o alcance da descontinuidade a que se refere o § 2º do art. 48 da Lei 8.213/91, chegando a se sufragar o entendimento de que seria o prazo máximo do período de graça – 36 meses –, a Lei 11.718/08, de caráter interpretativo, foi esclarecedora. E é, nesse ponto, que tem relevância e aplicação a Súmula 46 da TNU.

Afinal, existe uma baliza temporal determinante para aferição da descontinuidade do labor rural? E, se existente, qual o período, a rigor, tolerado, para a manutenção da qualidade de segurado especial?

Não há um critério absoluto para a aferição da descontinuidade da atividade campesina, cuja análise dependerá da especificidade de cada caso concreto, a ser apreciada pelo julgador. Nesse sentido, ainda que a Lei 11.718/08 tenha implementado período não superior a 120 dias, corridos ou intercalados, como parâmetro de tempo admitido à interrupção do labor rural, na realidade, para fins de concessão da chamada aposentadoria rural "pura", a descontinuidade da atividade rural a ser considerada pela legislação é aquela que não representa uma ruptura definitiva do rurícola com a lavoura, situação essa que, repita-se, deve ser analisada caso a caso, conforme as particularidades de cada região.

Assim, o parâmetro de 120 dias por ano, estabelecido pela Lei 11.718/08, deve ser tomado como um norte a guiar o julgador, não sendo, portanto, preceito único, por não ser razoável em todos os casos, sobretudo porque o ano civil é uma ficção jurídica sem guardar correspondência com a época de plantio. Em alguns lugares, dentro do mesmo estado federativo, a ausência regular de chuvas faz com que o trabalhador rural procure emprego nas cidades e permaneça registrado como urbano por mais de 120 dias, sob pena de prejudicar a subsistência de sua família.

Conquanto a interpretação mais consentânea com o sistema da aposentadoria rural seja a de exigir o cumprimento de toda a carência no trabalho campesino, no período anterior ao requerimento administrativo ou ao implemento dos requisitos, não afasta a condição de segurado especial a intercalação do labor campesino com períodos curtos de trabalho não rural, não devendo ser exigido do rurícola cumprir nova carência ou mesmo um terço dela no meio campesino para ter direito ao benefício.

É de registrar-se, ainda, a não-exigência de desempenho exclusivo do labor rural. Se o segurado atua no campo e na cidade e o trabalho no meio rural é o que efetivamente proporciona a subsistência da sua família, ou seja, a atividade profissional mais importante, não há razão para desqualificá-lo como segurado especial. Dessa forma, não há incompatibilidade alguma entre a aposentadoria rural "pura" e o exercício concomitante de atividade rural e urbana, desde que a primeira, é claro, represente a fonte de renda principal para o sustento do próprio segurado e de seu núcleo familiar.

SÚMULA 54. PARA A CONCESSÃO DE APOSENTADORIA POR IDADE DE TRABALHADOR RURAL, O TEMPO DE EXERCÍCIO DE ATIVIDADE EQUIVALENTE À CARÊNCIA DEVE SER AFERIDO NO PERÍODO IMEDIATAMENTE ANTERIOR AO REQUERIMENTO ADMINISTRATIVO OU À DATA DO IMPLEMENTO DA IDADE MÍNIMA.

● *Súmula aplicável.* ● *DJ 7.5.2012.* ● *Precedentes: Pedilef 2007.72.51.003800-2. Pedilef 2007.38.00.738869-0. Pedilef 2006.70.51.000943-1. Pedilef 2005.71.95.012007-0. Pedilef 2006.71.95.008818-9. Pedilef 2007.38.00.716523-2.*

▶ *Daniel Machado da Rocha*

Aposentadoria por idade não contributiva dos trabalhadores rurais

No regime da Lei 8.213/91, encontra-se a previsão de três modalidades de aposentadoria por idade: a) uma modalidade de aposentadoria contributiva cujos destinatários são os trabalhadores urbanos; b) uma modalidade não contributiva, criada para amparar os trabalhadores rurais, que exercem atividades não reconhecidas como capazes de gerar a filiação no sistema anterior; e c) a aposentadoria híbrida, destinada aos trabalhadores rurais que não atendiam aos requisitos de nenhuma das modalidades anteriores, introduzida pela Lei 11.718/08, mas que permite a concessão do benefício se forem considerados períodos de contribuição laborados em outras categorias.

A súmula em comento versa sobre a aposentadoria por idade não contributiva. Levando em consideração a situação anterior de sub proteção conferida aos trabalhadores rurais – os quais estavam expressamente excluídos do regime da Lei 3.807/60 (inciso II do art. 3º da CLPS)[15], porquanto vinculados ao regime assistencial dos trabalhadores rurais, FUNRURAL, que não reclamava o recolhimento de contribuições, porém, em contrapartida, tinha contornos protetivos muito reduzidos – a Lei 8.213/91 franqueou o acesso ao benefício de aposentadoria por idade com requisitos mais favoráveis. Além da redução da idade, prevista expressamente na CF/88, aos trabalhadores rurais foi oferecido um benefício que dispensava a comprovação do recolhimento de contribuições, bastando a comprovação do exercício de atividade rural, no período imediatamente anterior ao requerimento, ainda que de forma descontínua, pelo número de meses correspondentes à carência exigida para a concessão do benefício (artigos 39, I, 48, § 2º, e 143 da Lei 8.213/91).

Ora, se não eram exigidas contribuições no momento em que a atividade econômica foi realizada, o legislador entendeu não ser adequado surpreender o segurado que permaneceu toda a sua vida produtiva no campo, dele exigindo carência para a concessão de benefícios. Nessa senda, a Lei 8.213/91 assegurou aos trabalhadores

---

15. Lei 3.807/60. Art. 3º São excluídos do regime desta lei: I – os servidores civis e militares da União, dos Estados, Municípios e dos Territórios bem como os das respectivas autarquias, que estiverem sujeitos a regimes próprios de previdência; II – os trabalhadores rurais assim entendidos, os que cultivam a terra e os empregados domésticos, salvo, quanto a estes, o disposto no art. 166.

rurais o direito à aposentadoria por idade independentemente de contribuição, nos termos do art. 143, caput. Com essa medida, acreditava-se ser possível integrar os trabalhadores rurais no novo sistema eminentemente contributivo. A redação original do art. 143 da Lei de Benefícios, oportuno recordar, consagrava uma regra transitória que deveria viger por quinze anos, destinada ao trabalhador rural (empregado, autônomo, avulso ou segurado especial), que garantia, independentemente de contribuições, a concessão da aposentadoria por idade de valor mínimo, sendo suficiente a comprovação do exercício de atividade rural nos últimos 5 anos anteriores ao requerimento do benefício, ainda que de forma descontínua.

Sobrevindo a Lei 10.666/03, decorrente da conversão da Medida Provisória 83/02, surgiu a tese de que a dissociação dos requisitos de carência e idade seria aplicável também para a aposentadoria não contributiva dos trabalhadores rurais, com apoio na isonomia. Efetivamente, a Lei 10.666/03 permitiu a dissociação temporal dos requisitos, legitimando a criação pretoriana, construída em razão da rigidez do sistema anterior, o qual não dispunha de uma regra de reaproveitamento das contribuições anteriores à perda da condição de segurado.

Indubitavelmente, o sistema protetivo idealizado pela Lei 8.213/91 já era mais favorável que o anterior, por admitir o reaproveitamento das contribuições no caso de perda da condição de segurado, contemplado no parágrafo único do artigo 24. Com o avanço propiciado pela Lei 10.666/03, a regra deixou de ser relevante para as aposentadorias voluntárias, conservando importância para os benefícios devidos em face da incapacidade laboral e para o salário maternidade porquanto tais benefícios demandam uma carência pequena (quando exigível a carência, pois há situações específicas em que a carência é dispensada).

Natural, portanto, que a matéria provocasse o ajuizamento de milhares de demandas no âmbito dos juizados especiais federais. Nestas ações, alegava-se, em síntese, ser descabida a exigência do exercício da atividade rural no período imediatamente anterior ao requerimento do benefício àquele que sempre desempenhou o labor rural, e que a perda da qualidade de segurado não poderia mais ser considerada, nos termos do § 1º do art. 3º da Lei 10.666/03 para a concessão de aposentadorias por idade rurais.

Nos precedentes citados – referidos no preâmbulo do presente comentário – entendeu a TNU que a motivação inspiradora do legislador, na redação dos artigos 39, inciso I; 48, § 2º; e 143, todos da Lei 8.213/91, residia em condicionar a outorga de aposentadoria àqueles que comprovem exercício de atividade rurícola no período imediatamente anterior ao requerimento. Este benefício foi concebido para amparar os trabalhadores situados à margem do mercado formal de trabalho e, mais especificamente, do mercado urbano. Diversamente, pode-se constatar que no artigo 3º, § 1º, da Lei 10.666/03 há expressa referência ao "tempo de contribuição", revelando que está sendo tratado das aposentadorias urbanas, eis que, nas rurais, inexistem contribuições por parte do segurado. Sobre a razoabilidade da distinção efetivada, incapaz de ferir o princípio da isonomia, restou assentado (TNU, Pedilef 2006.70.51.000943-1. Rel. Manoel Rolim Campbell Penna. DJ 5.5.2010):

12. A tanto acresço que, diversamente do que alega o Recorrente, no sentido de que seria razão de isonomia estender ao trabalhador rural o mesmo entendimento de desnecessidade de implemento simultâneo dos requisitos etário e de tempos de serviço ou contributivo, na realidade, razões de equidade determinam soluções diferenciadas para estes casos, eis as fundamentais distinções entre as situações de fato e os regramentos legais das aposentadorias urbanas e rurais, (...)

13. Com efeito, ao passo que, de um lado, as aposentadorias urbanas fundamentam-se em tempo mínimo de contribuições financeiras, efetivas, para a Previdência Social, aliadas ou não a tempo de serviço também minimamente cumprido, por outro lado o benefício da aposentadoria rural por idade é passível de concessão mediante comprovação unicamente de tempo de serviço rural; donde, inclusive, as pertinentes observações de como tal benefício, ainda que sob a capa de previdenciário, veste-se muito também de caráter assistencial.

Em outra ocasião, já houve manifestação no sentido de não ser cabível a analogia com o art. 142 da LBPS, quando se admite a dissociação dos requisitos, porquanto, no caso da carência prevista para as aposentadorias urbanas, está-se considerando períodos nos quais houve recolhimento de contribuições ou deveria ter havido consoante a presunção assentada no inciso I do art. 34 da LBPS. Entender o contrário desvirtuaria completamente o caráter da aposentadoria em tela, destinada ao amparo dos trabalhadores rurais que permaneceram nas lides agrícolas até momento próximo ao do implemento da idade ou do requerimento de aposentadoria[16].

A questão também foi levada ao Superior Tribunal de Justiça, em incidente de uniformização contra acórdão da Turma Nacional de Uniformização (art. 14, § 4º, da Lei 10.259/01). A alegação da parte autora era de que o entendimento do STJ se inclinava no sentido de não ser necessário, para a aposentadoria por idade, o implemento simultâneo dos requisitos. No julgamento da Petição nº 7.476, a Terceira Seção do STJ decidiu não ser possível conjugar a norma do § 1º do art. 3º da Lei 10.666/2003 – viabilizadora da dissociação dos requisitos para os benefícios que pressupõem contribuição – com a regra em comento relativa ao trabalhador rural que permaneceu no campo.

Como cristalização do seu entendimento sobre a dissociação dos requisitos na aposentadoria por idade rural, a TNU editou o presente Verbete.

Considero esta interpretação a mais adequada, a partir de uma visão sistemática, porquanto os requisitos mais benéficos para a percepção da aposentadoria por idade rural levam em consideração a situação daquele trabalhador que alcança a idade definida em lei, exercendo atividades rurais, demonstrando situação desfavorável para seu ingresso em regime previdenciário urbano. A lei não especifica o que deve ser entendido como "período imediatamente anterior ao do requerimento do benefício", de forma que também este requisito de acesso à proteção previdenciária deve ser compreendido desde uma perspectiva da razoabilidade. Aliás, isto já havia sido percebido pela TNU quando editou a Súmula 46.

---

16. ROCHA, Daniel Machado da; BALTAZAR Junior, José Paulo. **Comentários à Lei de Benefícios da Previdência Social.** São Paulo: Atlas, 2015, p. 672.

◯ Súmula TNU 46. O exercício de atividade urbana intercalada não impede a concessão de benefício previdenciário de trabalhador rural, condição que deve ser analisada no caso concreto.

◯ Previdenciário. Aposentadoria rural por idade. Requisitos: idade e comprovação da atividade agrícola no período imediatamente anterior ao requerimento. Arts. 26, I, 39, I, e 143, todos da Lei 8.213/1991. Dissociação prevista no § 1º do art. 3º da Lei 10.666/2003 dirigida aos trabalhadores urbanos. Precedente da Terceira Seção. 1. A Lei 8.213/1991, ao regulamentar o disposto no inc. I do art. 202 da redação original de nossa Carta Política, assegurou ao trabalhador rural denominado segurado especial o direito à aposentadoria quando atingida a idade de 60 anos, se homem, e 55 anos, se mulher (art. 48, § 1º). 2. Os rurícolas em atividade por ocasião da Lei de Benefícios, em 24 de julho de 1991, foram dispensados do recolhimento das contribuições relativas ao exercício do trabalho no campo, substituindo a carência pela comprovação do efetivo desempenho do labor agrícola (arts. 26, I e 39, I). 3. Se ao alcançar a faixa etária exigida no art. 48, § 1º, da Lei 8.213/91, o segurado especial deixar de exercer atividade como rurícola sem ter atendido a regra de carência, não fará jus à aposentação rural pelo descumprimento de um dos dois únicos critérios legalmente previstos para a aquisição do direito. 4. Caso os trabalhadores rurais não atendam à carência na forma especificada pelo art. 143, mas satisfaçam essa condição mediante o cômputo de períodos de contribuição em outras categorias, farão jus ao benefício ao completarem 65 anos de idade, se homem, e 60 anos, se mulher, conforme preceitua o § 3º do art. 48 da Lei de Benefícios, incluído pela Lei nº 11.718, de 2008. 5. Não se mostra possível conjugar de modo favorável ao trabalhador rural a norma do § 1º do art. 3º da Lei 10.666/2003, que permitiu a dissociação da comprovação dos requisitos para os benefícios que especificou: aposentadoria por contribuição, especial e por idade urbana, os quais pressupõem contribuição. 6. Incidente de uniformização desprovido. (STJ, 3ª S., Petição 7.476/PR. Rel. p/ ac. Jorge Mussi. DJe 25.4.2011)

SÚMULA 76. A AVERBAÇÃO DE TEMPO DE SERVIÇO RURAL NÃO CONTRIBUTIVO NÃO PERMITE MAJORAR O COEFICIENTE DE CÁLCULO DA RENDA MENSAL INICIAL DE APOSENTADORIA POR IDADE PREVISTO NO ART. 50 DA LEI N. 8.213/91.

● *Súmula aplicável.* ● *DJ 14.8.2013.* ● *Precedentes: Pedilef 5007085-45.2011.4.04.7201. Pedilef 5003839-38.2011.4.04.7202. Pedilef 5004548-54.2012.4.04.7003.*

▸ *Daniel Machado da Rocha*

1. O regime geral e o trabalho rural na Lei 8.213/91

O regime geral, inspirado pelo princípio da uniformidade e equivalência das prestações urbanas e rurais (inciso II do parágrafo único do art. 194 da CF/88), foi edificado para não efetuar distinções entre a natureza da atividade, salvo quando não fosse possível estender exatamente o mesmo tratamento previdenciário, como ocorreu com a figura do segurado especial, criação autorizada pelo § 8º do artigo 195 da CF/88. É nessa perspectiva de inclusão que a Lei 8.213/91 passou a contemplar também os trabalhadores outrora segregados.

O trabalhador rural somente passou a ser considerado segurado de um regime de previdência, no ordenamento jurídico brasileiro, a partir da Lei 4.214/63, o chamado Estatuto do Trabalhador Rural. Esse diploma legal pretendeu instituir uma previdência social assemelhada à urbana, conquanto não houvesse ainda contribuição dos trabalhadores rurais. Como se tratava de um sistema assistencial que concedia apenas um benefício substitutivo para cada unidade familiar – pensão por morte, aposentadoria por invalidez, auxílio-doença e aposentadoria por idade –, não havia qualquer disciplina do tempo de serviço do segurado do FUNRURAL, que se restringia ao arrimo de família, sendo os demais membros seus dependentes, como ficava absolutamente claro pelo disposto nos artigos 160 e 162 da Lei 4.214/63, bem como pelo artigos 4º e 5º da Lei Complementar 11/71. Somente com o advento da Lei Fundamental de 1988 é que os cônjuges do pequeno produtor rural, os quais trabalhavam em regime de economia familiar, passaram a ser considerados segurados, por força do § 8º do art. 195.

Com base no § 2º do art. 55 da LBPS – cujo enunciado permite o aproveitamento do tempo rural anterior à Lei 8.213/91 sem a necessidade do recolhimento de contribuições –, a jurisprudência reconheceu a vinculação à previdência social como segurados especiais de milhares de brasileiros.

A integração dos trabalhadores rurais – independentemente do aporte de contribuições – a um regime nacional de previdência não era uma tarefa juridicamente singela. Era imprescindível efetuar discriminações positivas, tais como: a) redução de cinco anos para o deferimento da aposentadoria por idade (§ 1º do art. 48 da LB); b) previsão de uma regra específica que chancelava a concessão de aposentadoria comprovando apenas a realização de tempo de serviço, no período imediatamente anterior ao requerimento (art. 143); c) aproveitamento do tempo rural laborado até o advento dos Planos de Benefício e de Custeio, sem o recolhimento de contribuições para todos os efeitos, menos para carência (§ 2º do art. 55 da LB), excetuando a regra geral do § 1º do art.55; d) aproveitamento do tempo rural para fins de contagem recíproca, sem o recolhimento de contribuições (inciso V do art. 96).

O entendimento sobre o uso do tempo rural não contributivo tem sofrido importante evolução. O Plano de Benefícios, veiculado pela Lei 8.213/91, incorporou todos os trabalhadores rurais ao RGPS, nas diversas categorias de segurados descritas no art. 11. Para os trabalhadores rurais, outrora expressamente excluídos do regime da CLPS (inciso II do art. 3º), com o intuito de evitar um hiato de proteção, foi ofertada a regra de transição do art. 143, permitia-se a concessão de aposentadoria por idade rural até a total implementação do novo modelo de proteção social[17].

No § 2º do art. 55, autoriza-se a utilização do tempo rural anterior ao advento da Lei 8.213/91 independentemente do recolhimento de contribuições (cf. STJ, REsp 554068). Nos termos do art. 107 da mesma Lei 8.213/91, esse tempo vale para qualquer benefício do regime geral. Entretanto, este tempo não pode ser contado como carência em uma aposentadoria por tempo de contribuição. Por relevante, registre-se que, depois de 25 de julho de 1991 não se acolhe a contagem de tempo de serviço rural sem que tenha havido o recolhimento de contribuições, salvo nos casos em que a lei atribui a obrigação do desconto e do recolhimento das contribuições para pessoa diversa do segurado (art. 30 da Lei de Custeio e art. 4º da Lei 10.666/03).

---

17. Sobre a regra do art. 143, são tecidas considerações nos comentários à Súmula 54/TNU.

2. Aposentadoria por idade e o coeficiente de cálculo

A renda mensal da aposentadoria por idade corresponde a uma parcela básica de 70% do salário-de-benefício, mais 1% por grupo de doze contribuições, até o máximo de 100% (art. 50 da LBPS). Em sincronismo com a alteração efetuada no art. 29 pela Lei 9.876/99, antes da aplicação dos coeficientes aqui apontados, o salário de benefício deveria sofrer as adaptações decorrentes da incidência do fator previdenciário. Tendo em conta que o objetivo da introdução do fator foi desestimular as aposentadorias para pessoas de idade reduzida, o art. 7º da Lei 9.876/99 assegura a opção pela não aplicação do fator previdenciário para quem requerer a aposentadoria por idade. Assim, ele somente é aplicável quando resultar em uma renda mais favorável para o segurado.

3. Emprego do tempo rural para aumento do coeficiente de cálculo

Inicialmente a TNU (Pedilef 2008.70.95.0034606, Rel. Rogério Moreira Alves, DOU 23.03.12) entendia ser possível a contagem de tempo de serviço rural prestado antes da vigência da Lei 8.213/91 para fins de aumento do coeficiente de cálculo de aposentadoria por idade urbana, independentemente de contribuição relativa àquele período, porquanto a única restrição estabelecida para o emprego do tempo rural era o seu emprego para fins de carência (§ 2º do art. 55 da LBPS). A argumentação era ancorada, ainda na Súmula 24/TNU:

> O tempo de serviço do segurado trabalhador rural anterior ao advento da Lei 8.213/91, sem o recolhimento de contribuições previdenciárias, pode ser considerado para a concessão de benefício previdenciário do Regime Geral de Previdência Social (RGPS), exceto para efeito de carência, conforme a regra do art. 55, § 2º, da Lei 8.213/91.

A partir da orientação adotada pelo STJ, a Turma Nacional de Uniformização considerou oportuno modificar o seu entendimento. A questão voltou a ser examinada nos incidentes de uniformização: 5007085-45.2011.4.04.7201, 5003839-38.2011.4.04.7202 e 5004548-54.2012.4.04.7003. Em síntese, a argumentação triunfante foi no sentido de que não se deve confundir as regras de cálculo da aposentadoria por idade urbana com as da aposentadoria por tempo de serviço. Nessa perspectiva, o tempo de atividade rural não pode ser utilizado para fins de definição do coeficiente a ser aplicado ao salário de benefício, no cálculo da RMI da aposentadoria por idade. Enquanto o acréscimo de 1%, na aposentadoria por idade, somente seria efetivado considerando-se os grupos de 12 contribuições, no benefício de aposentadoria por tempo de serviço, o acréscimo de 6%, no coeficiente básico de cálculo da renda mensal inicial, é devido por ano de atividade, independentemente de ter havido recolhimento de contribuições (art. 53 da LBPS). Ancorado nos precedentes citados, a Súmula ostenta a presente redação. Este entendimento encontra apoio, na jurisprudência atual do STJ (AgRg no REsp 1529617).

> ○ Previdenciário. Empregado rural. Atividade de filiação obrigatória. Lei n. 4.214/1963. Contribuição. Obrigação. Empregador. Expedição. Certidão. Contagem recíproca. Possibilidade. Art. 94 da Lei n. 8.213/91. 1. A partir da Lei n. 4.214, de 2 de março de 1963 (Estatuto do Trabalhador Rural), os empregados rurais passaram a ser considerados segurados obrigatórios da previdência social. 2. Nos casos em que o labor agrícola começou antes da edição da lei supra, há a retroação dos efeitos da filiação à data do início da atividade, por força do art. 79 do Decreto

n. 53.154, de 10 de dezembro de 1963. 3. Desde o advento do referido Estatuto, as contribuições previdenciárias, no caso dos empregados rurais, ganharam caráter impositivo e não facultativo, constituindo obrigação do empregador. Em casos de não recolhimento na época própria, não pode ser o trabalhador penalizado, uma vez que a autarquia possui meios próprios para receber seus créditos. (...) 5. Ocorrência de situação completamente distinta daquela referente aos trabalhadores rurais em regime de economia familiar, que vieram a ser enquadrados como segurados especiais tão somente com a edição da Lei n. 8.213/91, ocasião em que passaram a contribuir para o sistema previdenciário. (...). (STJ, 5ª T., REsp 554068/SP, Rel. Min. Laurita Vaz, DJ 17.11.2003).

Previdenciário. Análise de dispositivos constitucionais. Impossibilidade. Revisão da renda mensal inicial – RMI. Aposentadoria por idade urbana. Cômputo de tempo rural. Art. 50 da lei 8.213/91. Exigência de efetiva contribuição. Incidência da Súmula n. 83/STJ. (...) 2. A jurisprudência desta Corte Superior entende que, nos termos do art. 50 da Lei 8.213/91, se exige a efetiva contribuição para fins de majoração da renda mensal inicial – RMI, no caso de aposentadoria por idade urbana. (...). (STJ, 2ª T., AgRg no REsp 1529617/SP, Humberto Martins. DJe 19.6.2015).

▶ **Lei 8.213/91. Art. 50.** A aposentadoria por idade, observado o disposto na Seção III deste Capítulo, especialmente no art. 33, consistirá numa renda mensal de 70% (setenta por cento) do salário-de-benefício, mais 1% (um por cento) deste, por grupo de 12 (doze) contribuições, não podendo ultrapassar 100% (cem por cento) do salário-de-benefício.

▶ **Lei 4.214/63. Art. 160.** São obrigatoriamente, segurados: os trabalhadores rurais, os colonos ou parceiros, bem como os pequenos proprietários rurais, empreiteiros, tarefeiros e as pessoas físicas que explorem as atividades previstas no art. 30 desta lei, estes com menos de cinco empregados a seu serviço. ▶ **Art. 162.** São dependentes do segurado, para os fins desta lei: I – a esposa, o marido inválido, os filhos de qualquer condição quando inválidos ou menores de dezoito anos, as filhas solteiras de qualquer condição, quando inválidas ou menores de vinte e um anos; II – o pai inválido e a mãe; III – os irmãos inválidos ou menores de dezoito anos e as irmãs solteiras, quando inválidas ou menores de vinte e um anos. § 1º O segurado poderá designar para fins de percepção de prestações, qualquer pessoa que viva sob sua dependência econômica. § 2º A pessoa designada apenas fará jus à prestação na falta dos dependentes enumerados no item I deste artigo, e se, por motivo de idade, condição de saúde e encargos domésticos, não puder angariar os meios para seu sustento.

3. BENEFICIÁRIOS

3.1. Dependentes

SÚMULA 4. NÃO HÁ DIREITO ADQUIRIDO À CONDIÇÃO DE DEPENDENTE DE PESSOA DESIGNADA, QUANDO O FALECIMENTO DO SEGURADO DEU-SE APÓS O ADVENTO DA LEI 9.032/95.

● *Súmula aplicável.* ● *DJ 23.6.2003.* ● *Referência legislativa: Lei 9.032/95.* ● *Precedentes: REsp 189.187/RN. REsp 234.123/RN. PU/TNU 2002.84.13.000010-2/RN.*

▶ Ciro Benigno Porto

Quando da edição da Lei 8.213, de 24 de julho de 1991, pela qual se dispôs sobre os Planos de Benefícios da Previdência Social após a promulgação da Constituição da República de 1998, previa-se que entre os dependentes do segurado a pessoa designada, menor de 21 (vinte e um) anos ou maior de 60 (sessenta) anos ou inválida. Era o que constava da regrada contemplada no art. 16, inciso IV, da referida lei.

O dependente nessa condição à época do óbito do segurado falecido era beneficiário de pensão por morte, que cessaria apenas ao completar a idade de 21 (vinte e um) anos, independentemente do sexo, salvo se inválido fosse (art. 77, § 1º, alínea "b").

É, ainda, digno de nota que na norma contida no texto original do art. 16, § 4º, da Lei 8.213/91 exigia-se a prova de dependência econômica da pessoa designada em relação ao instituidor da pensão. A dependência econômica não era, obviamente, presumida por lei.

Em verdade, a então recém editada Lei 8.213/91 manteve a pessoa designada, com pequena variação conceitual, entre os dependentes do segurado, na esteira do que já dispunha o art. 10, inciso II, do Decreto 89.312, de 24 de janeiro de 1984 - Consolidação das Leis da Previdência Social.

Com o advento da Lei 9.032, em 28 de abril de 1995, operou-se expressamente a revogação dos originais art. 16, inciso IV, do art. art. 77, § 1º, alínea "b", ambos da Lei 8.213/91. Não há qualquer dúvida quanto à exclusão, a partir de então, da pessoa designada do quadro de dependentes do segurado.

A modificação legislativa deu ensejo à série de questionamentos administrativos e judiciais quanto aos efeitos que produziria sobre aqueles que à época da edição da Lei 9.032/95 já haviam sido inscritos na Previdência Social como dependentes, na condição de pessoa designada. Argumentava-se a existência de direito adquirido ao regime jurídico anterior mesmo diante de óbito ocorrido após a edição da nova lei.

Todavia, a tese não prevaleceu diante dos tribunais.

Firmou-se o entendimento de que o benefício de pensão por morte rege-se pelo princípio "tempus regit actum", segundo o qual ao exame de seus requisitos aplica-se a lei vigente na data do óbito. Deixou-se claro, ainda, que sob a vigência da original Lei 8.213/91 havia tão somente expectativa de direito de a pessoa designada vir a figurar como beneficiária de pensão por morte.

A Turma Nacional de Uniformização dos Juizados Especiais Federais pacificou a questão por meio do presente enunciado, publicado no 23.6.2003. Posteriormente, o e. Superior Tribunal de Justiça fixou entendimento idêntico pelo enunciado nº 340 de sua Súmula, DJ 13.8.2007.

◯ Súmula STJ 340. A lei aplicável à concessão de pensão previdenciária por morte é aquela vigente na data do óbito do segurado

◯ (...). Dependente designada pelo avô. Pensão. Evento morte ocorrido após revogação figura do dependente designado. Direito adquirido e expectativa. Lei de regência. Direito à pensão frustrado com a revogação da figura do dependente designado antes do evento morte do segurado. Ademais, o benefício é regido pela lei vigorante ao tempo da concessão. (...). (STJ, 5ª T. REsp 189.187/RN, Rel. Min. Gilson Dipp, DJ 4.10.1999)

◯ Recursos especiais. Previdenciário. Menor dependente designado pelo segurado. Morte após a revogação do art. 16, IV, da Lei 8.213/91. Direito adquirido. Expectativa de direito. Lei de regência. O menor designado como dependente pelo segurado, na forma do art. 16, IV, da Lei 8.213/91, não tem direito adquirido a perceber pensão por morte se o falecimento do segurado ocorre após a revogação daquele dispositivo (pela Lei 9.032/95). Em regra, os benefícios previdenciários são regidos pela lei vigente à época da concessão. (...). (STJ, 5ª T. REsp 234.123/RN, Rel. Min. Felix Fischer. DJ 21.2.2000)

◎ Incidente de uniformização de jurisprudência. Previdenciário. Servidor público. Pensão por morte. Existência de duas uniões estáveis simultâneas. Impossibilidade. Precedentes do STJ e desta Turma Nacional. Incidente de uniformização conhecido e provido. (...) 24. Ora, são inúmeros os casos de menores de idade ou idosos, ou ainda mesmo inválidos, que, sem parentesco direto com o segurado, são seus verdadeiros dependentes, vivendo às suas expensas, mas que, na hipótese de falecimento deste, não receberão pensão ante o fato de a lei não mais prevê-los como dependentes. Era a situação da pessoa designada, excluída desse rol a partir de 1995. Ou seja, mesmo diante de uma situação de comprovada dependência econômica, não se obtém automaticamente a qualidade de dependente para fins previdenciários. (TNU, Pedilef 05206642820124058300, Rel. Gerson Luiz Rocha. DOU 27.9.2016)

▶ **Lei 9.032/95. Art. 8º** Revogam-se o § 10 do art. 6º e o § 1º do art. 30 da Lei 8.212, de 24 de julho de 1991, e, ainda, o inciso IV do art. 16, a alínea a do inciso III do art. 18, os §§ 1º, 2º, 3º e 4º do art. 28, o art. 30, o § 3º do art. 43, o § 2º do art. 60, os arts. 64, 82, 83, 85, os §§ 4º e 5º do art. 86, o parágrafo único do art. 118, e os arts. 122 e 123 da Lei 8.213, de 24 de julho de 1991.

3.2. Requerente

SÚMULA 78. COMPROVADO QUE O REQUERENTE DE BENEFÍCIO É PORTADOR DO VÍRUS HIV, CABE AO JULGADOR VERIFICAR AS CONDIÇÕES PESSOAIS, SOCIAIS, ECONÔMICAS E CULTURAIS, DE FORMA A ANALISAR A INCAPACIDADE EM SENTIDO AMPLO, EM FACE DA ELEVADA ESTIGMATIZAÇÃO SOCIAL DA DOENÇA.

● *Súmula aplicável.* ● *DJ 17.9.2014.* ● *Precedentes TNU: Pedilef 5003198-07.2012.4.04.7108; Pedilef 0021275-80.2009.4.03.6301; Pedilef 0502848-60.2008.4.05.8401.*

▸ Frederico Augusto Leopoldino Koehler

A Súmula foi aprovada na sessão de julgamento de 11 de setembro de 2014 e embasa-se em diversos precedentes do colegiado da Turma Nacional de Uniformização, dentre os quais: Pedilef 5003198-07.2012.4.04.7108, Rel. Kyu Soon Lee, DOU 17.9.2014; Pedilef 0021275-80.2009.4.03.6301, Rel. Kyu Soon Lee, DOU 21.6.2013; Pedilef 0502848-60.2008.4.05.8401, Rel. Paulo Ernane Moreira Barros, DOU 28.10.2013.

O enunciado de súmula em comento surgiu para consolidar os critérios para concessão de benefícios previdenciários ou de prestação continuada aos portadores do vírus HIV[18].

A ideia é que, uma vez demonstrado que a parte autora é portadora do vírus HIV, não cabe ao magistrado – quando a perícia médica apontar a ausência de incapacidade laborativa – negar de imediato o benefício pleiteado. É necessário que o julgador

---

18. Para uma consulta da jurisprudência dos tribunais sobre o tema: BERNARDO, Leandro Ferreira e FRACALOSSI, Wiliam. **Direito previdenciário na visão dos tribunais: doutrina e jurisprudência.** 2. ed. São Paulo: Método, 2010, p. 179-182.

examine as condições pessoais, sociais, econômicas e culturais do requerente[19], tendo em vista o estigma social da doença, a fim de verificar se, no caso concreto, existem empecilhos ao seu ingresso no mercado de trabalho.

Importante fazermos um breve histórico da evolução jurisprudencial sobre o tema.

Inicialmente, a jurisprudência colocava em maior relevo os níveis de carga viral e de cédulas CD4 (células responsáveis pela imunidade) detectados pelos exames realizados no requerente. A concessão ou não do benefício pleiteado decorria, então, do maior ou menor índice de carga viral do HIV, conjugado com a maior ou menor presença das células CD4[20]. A título exemplificativo, observe-se o seguinte caso, em que a sentença negou o benefício de prestação continuada com base no nível alto de cédulas CD4 e na carga viral indetectável. Tal sentença foi mantida pela Turma Recursal e reformada apenas na TNU, com a aplicação da Súmula:

> "1. (...). Colhe-se do acórdão a fundamentação que segue: '(...). Como bem fundamentado na sentença: Concluiu o médico perito que: O exame físico na data de hoje não mostra sinais de incapacidade para patologias ortopédicas. O HIV está sob controle, mostrando último CD4 em 397 células/MM e carga viral indetectável. A quantidade de CD4 no sangue quando se mostra em torno de 200 cél/mm, podemos considerar que o sistema imunológico está bastante enfraquecido, com risco de sofrerem doenças oportunistas. As crises convulsivas estão sendo tratadas adequadamente, sendo o relato da autora a última crise em julho de 2011. Portanto, não restando demonstrada, diante das provas produzidas nos autos, a alegada incapacidade para o trabalho, e sendo esse requisito para a concessão tanto de benefício previdenciário por incapacidade quanto de benefício assistencial, a Autora não faz jus ao benefício postulado'. (...). 8. Desse modo, conheço e dou provimento ao pedido de uniformização interposto para reafirmar a tese de que as condições pessoais, sociais, econômicas e sociais devem ser analisadas para a aferição da incapacidade nos casos de portadores do vírus HIV e determinar o retorno dos autos à Turma Recursal de origem para adequação do julgado a partir das premissas de direito ora uniformizadas". (TNU, 5001497-26.2012.4.04.7200, Rel. Daniel Machado da Rocha, DOU 5.12.2014)

Por bastante tempo, na verdade, o principal critério utilizado pelo INSS na análise dos pedidos de benefícios por portadores de HIV era a aferição dos níveis de carga viral e de cédulas CD4. Entretanto, o passar do tempo demonstrou que nem sempre uma pessoa com um grande número de células CD4 e uma baixa carga viral está necessariamente saudável. Também se constatou que pacientes com alto índice de células CD4 podem, mesmo assim, desenvolver doenças oportunistas. Fez-se necessário, portanto, a evolução da jurisprudência em busca de outros critérios mais seguros.

Assim, a jurisprudência evoluiu para criar o critério da presença de sinais exteriores, os quais, uma vez presentes, permitiriam às pessoas que identificassem

---

19. Conforme Marina Duarte: "As condições pessoais do segurado devem ser avaliadas dentro de seu contexto social, devendo-se averiguar sua idade, aptidões, grau de instrução, limitações físicas que irão acompanhá-lo dali pra frente (...)". DUARTE, Marina Vasques. **Direito previdenciário**. 3. ed. Porto Alegre: Verbo Jurídico, 2004, p. 124.
20. Normalmente, há relação inversa entre o número de cédulas CD4 e carga viral. Ou seja, quando a contagem de células CD4 é baixa, a carga viral é normalmente alta, e vice-versa. Nesse sentido, consulte-se <http://www.aids.gov.br/congressoprev2006/Html/resumo758.html>, acessado em 26 jan. 2016.

facilmente o autor como portador do vírus HIV[21]. Assim, os sinais exteriores da doença (perda excessiva de peso, feridas no corpo e na boca, herpes, distrofia muscular, manchas na pele, suores excessivos etc.) atrairiam o estigma social para o autor, impedindo o exercício de atividade laborativa e impondo a concessão do benefício pelo INSS. Colhe-se, adiante, o precedente TNU, Pedilef 2007.83.00.505258-6, ilustrativo do período analisado.

A evolução jurisprudencial não cessou, chegando até o momento atual, em que se exige, nos termos da súmula em estudo, a análise das condições pessoais, sociais, econômicas e culturais peculiares da parte autora.

Essa evolução foi necessária porque o critério dos sinais exteriores, se usado de forma isolada, poderia excluir alguns indivíduos que fazem jus ao benefício. Em uma cidade muito pequena, por exemplo, mesmo que o requerente não possua sinais exteriores da doença, pode ser que haja o estigma social se algum componente da diminuta comunidade tiver ciência da doença. Colaciona-se, adiante, o recente precedente da TNU (Pedilef 05135003420114058013), que resume de forma objetiva como deve proceder o julgador ao apreciar pleito de portador de HIV.

Percebe-se claramente que o magistrado, ao apreciar uma demanda previdenciária de portador de HIV, deve analisar as peculiaridades do caso de forma esmiuçada, com o exame das condições pessoais, sociais, econômicas e culturais do requerente, sob pena de posterior anulação do acórdão.

Há que se evitar, contudo, a tentação de aplicar o que vem sendo conhecido como o "princípio do coitadismo", quando se quer conceder o benefício sempre que presente o vírus HIV, independente da análise das condições pessoais, sociais, econômicas e culturais peculiares da parte autora. A concessão de benefício no caso de portador da moléstia assintomático ou com leves sequelas geraria mais preconceito, não contribuindo para a solução da problemática. Demonstrando essa preocupação, colaciona-se o trecho de precedente da TNU (Pedilef 0021275-80.2009.4.03.6301), adiante.

De fato, a medicina avançou bastante nessa área, e hoje em dia já há remédios que permitem uma vida bem melhor para os portadores da doença. Assim, não se trata de presumir a incapacidade do portador de HIV, mas sim de entender que, mesmo nos casos em que a perícia médica concluir pela capacidade laborativa, impõe-se a análise das condições de vida peculiares da parte autora. Tal análise tem o objetivo primordial de determinar se, no caso concreto, há o estigma social que pode dificultar ou impedir o acesso do requerente ao mercado de trabalho. A análise, portanto, é essencialmente fática, e totalmente focada no caso concreto.

Outro perigo de aplicação do princípio do coitadismo é que a TNU termina, muitas vezes, por revolver matéria fática e probatória, ferindo a sua súmula 42 ("Não se

---

21. Sobre o ponto, vide: COSTA, Clarissa Albuquerque. Benefícios por incapacidade para o trabalho: auxílio-doença e aposentadoria por invalidez. *In*: SAVARIS, José Antônio (Coord.). **Direito Previdenciário: problemas e jurisprudência.** Curitiba: Alteridade, 2014, p. 166-170.

conhece de incidente de uniformização que implique reexame de matéria de fato"). Isso porque, em alguns casos, as instâncias ordinárias analisam esmiuçadamente as condições pessoais, sociais, econômicas e culturais da parte autora, concluindo que não há, no caso concreto, incapacidade decorrente da estigmatização social da doença. Nesse caso, não cabe à TNU querer sobrepor-se ao entendimento da Turma Recursal quanto à questão fático-probatória, sob pena de – não custa repetir – violar sua própria súmula 42.

Adentrando em outro aspecto, não se pode olvidar que a TNU tem aplicado a súmula sob exame tanto nos benefícios por incapacidade previstos no RGPS (auxílio-doença e aposentadoria por invalidez) quanto no benefício de prestação continuada da Lei 8.742/93[22].

Cabe registrar, ainda, que a súmula 78 cria exceção à súmula 77 da TNU, segundo a qual: "O julgador não é obrigado a analisar as condições pessoais e sociais quando não reconhecer a incapacidade do requerente para a sua atividade habitual". Isso porque, nos casos de HIV, mesmo quando a perícia médica se manifesta pela capacidade da parte autora para a sua atividade laborativa habitual, impõe-se a análise das suas condições pessoais, sociais, econômicas e culturais. Corroborando o afirmado, vide trecho de precedente da TNU (Pedilef 5003198-07.2012.4.04.7108).

Acrescente-se, por fim, na linha do precedente acima, que o raciocínio da súmula 78 não se limita ao HIV, abarcando outras doenças de grande estigma social, a exemplo da hanseníase, obesidade mórbida, doenças de pele graves, dentre outras.

◯ Fonajef 141. A Súmula 78 da TNU, que determina a análise das condições pessoais do segurado em caso de ser portador de HIV, é extensível a outras doenças igualmente estigmatizantes.

◯ A intolerância e o preconceito contra os portadores do HIV, que ainda persistem no seio da sociedade brasileira, impossibilitam sua inclusão no mercado de trabalho e, em consequência, a obtenção dos meios para a sua subsistência. 4. O princípio da dignidade humana é fundamento do Estado Democrático de Direito (art. 1º, III, CF) 4.1. O Poder Judiciário tem coibido a discriminação contra o portador do HIV, nos casos concretos e específicos que lhe são submetidos. 4.1.1. Quando o preconceito se manifesta de forma difusa, velada, disfarçada, o Estado-Juiz deve intervir, reconhecendo as diferenças, sob pena de, na sua omissão, compactuar com a intolerância com os portadores dessas mesmas diferenças. 5. Prova pericial incompleta, que não informa se há sinais exteriores da doença, que possam levar a identificação do segurado como portador do vírus HIV". (...). Por este motivo, entendo que há necessidade de se realizar uma nova prova pericial para que o autor seja examinado de forma ampla e minuciosa a fim de aferir se realmente encontra-se capacitado para o trabalho, não sendo razoável admitir que esteja saudável tão somente em face da deficiência da prova pericial realizada. Assim, a prova pericial deve averiguar não somente o quadro clínico geral, mas também aferir e relatar a presença de qualquer sintoma da doença e especialmente a existência de sinais exteriores desta. (TNU, Pedilef 2007.83.00.505258-6/PE, Rel. Maria Divina Vitória, DJU 2.2.2009)

---

22. No mesmo sentido, confira-se: SAVARIS, José Antônio. **Direito processual previdenciário**. 5. ed. Curitiba: Alteridade, 2014, p. 291-293.

◎ Quanto ao mérito, ainda que a questão do preconceito sofrido pelo portador de HIV seja praticamente notória, entendo que a segregação pura e simples do portador da moléstia, em todos os casos, alijando-o do mercado de trabalho, não contribui para a solução desse grave problema. Ao contrário, a segregação do portador da moléstia assintomático ou com leves sequelas do meio social acabaria por agravar o preconceito, uma vez que chancelaria estado de isolamento que em nada contribui, em primeira análise, para a diminuição desse preconceito. (TNU, Pedilef 0021275-80.2009.4.03.6301, Rel. Kyu Soon Lee, DOU 21.6.2013)

◎ A situação dos autos se enquadra na última hipótese excepcional acima referida, pois de acordo com a orientação Turma Nacional de Uniformização de jurisprudência, aplicada analogicamente ao caso em apreço, não basta a condição de portador de HIV para assegurar o direito aos benefícios da Seguridade Social, no caso citado tratava-se de benefício assistencial, sendo necessário que estejam presentes uma das seguintes situações: a) incapacidade para prover o próprio sustento, analisada à luz do estado clínico do requerente e de suas condições pessoais e circunstâncias socioeconômicas e culturais; b) no caso do portador de HIV assintomático, a presença de sinais exteriores da doença, que justifiquem o estigma social, tornando desfavorável o ingresso ou reingresso no mercado de trabalho (v. Pedilef 2006.34.00.700191-7/DF, DJ 11.3.2010); ou c) o fato do requerente residir em município pequeno, que caracterize a estigmatização decorrente da ciência por todos de sua enfermidade contagiosa, independentemente do aspecto visual e sintomático da doença (v. Pefilef 2008.72.95.000669-0/SC, DJ 15.12.2010). (TNU, Pedilef 05135003420114058013, Rel. Boaventura João Andrade, DOU 13.11.2015)

◎ Incidente de Uniformização de Jurisprudência conhecido e parcialmente provido para (i) reafirmar a tese de que a estigmatização da doença relacionada ao vírus HIV por si só não presume incapacidade laborativa; (ii) fixar a tese de que as condições pessoais, sociais, econômicas e culturais do segurado devem ser analisadas para a aferição da incapacidade nos casos de portadores do vírus HIV e outras doenças de grande estigma social, constituindo exceção à Súmula nº 77, da TNU (...). (TNU, Pedilef 5003198-07.2012.4.04.7108, DOU 17.9.2014)

3.3. Segurado Especial

SÚMULA 30. TRATANDO-SE DE DEMANDA PREVIDENCIÁRIA, O FATO DE O IMÓVEL SER SUPERIOR AO MÓDULO RURAL NÃO AFASTA, POR SI SÓ, A QUALIFICAÇÃO DE SEU PROPRIETÁRIO COMO SEGURADO ESPECIAL, DESDE QUE COMPROVADA, NOS AUTOS, A SUA EXPLORAÇÃO EM REGIME DE ECONOMIA FAMILIAR.

● *Súmula aplicável.* ● *DJ 13.2.2006.* ● *Referência legislativa: Lei 8.213/91.* ● *Precedentes: REsp 529.460/PR. Proc. 2002.34.00.703517-2/TO. PU/TNU 2002.71.02.008344-1/RS.*

▸ *Ciro Benigno Porto*

A Constituição da República Federativa do Brasil de 1988, ao delinear a Seguridade Social, contemplou especial proteção ao produtor, parceiro, meeiro e arrendatário rurais, que exerçam suas atividades em regime de economia familiar, nos termos da previsão contida no art. 195, § 8º, vigente, atualmente, com a redação conferida pela Emenda Constitucional nº 20, de 15 de dezembro de 1988.

A fim de densificar o preceito constitucional, a Lei 8.213/91, na redação original do seu art. 11, inciso VII, categorizou esses trabalhadores como segurados especiais, conceituando-os como:

O produtor, o parceiro, o meeiro e o arrendatário rurais, o garimpeiro, o pescador artesanal e o assemelhado, que exerçam suas atividades, individualmente ou em regime de economia familiar, ainda que com o auxílio eventual de terceiros, bem como seus respectivos cônjuges ou companheiros e filhos maiores de 14 (quatorze) anos ou a eles equiparados, desde que trabalhem, comprovadamente, com o grupo familiar respectivo.

Como bem se observa, a caracterização do segurado especial não perpassava, quando da inauguração dos Planos de Benefícios da Previdência Social pós CF/88, pelo exame da extensão da propriedade rural explorada. E assim se sucedeu até o advento da Lei 11.718/08, que modificou a redação do art. 11, inciso VII, da Lei 8.213/91 para a redação atualmente em vigor, e adiante transcrita.

A partir das alterações realizadas pela Lei 11.718/08, promoveu-se o entrelaçamento entre os conceitos de segurado especial e módulo fiscal. Importante observar que módulo fiscal não é instituto próprio de direito previdenciário, mas de direito agrário, delimitado expressamente no art. 4º, inciso III, da Lei 4.504, de 30 de novembro de 1964, que dispôs sobre o Estatuto da Terra. Cuida-se, na forma do art. 50 dessa lei, de unidade de medida, expressa em hectares, variável de município para município, para cuja obtenção são considerados o tipo de exploração predominante no Município, a renda obtida no tipo de exploração predominante, outras explorações existentes no Município que, embora não predominantes, sejam expressivas em função da renda ou da área utilizada e, finalmente, o conceito de "propriedade familiar" trazido no art. 4º, inciso II, do próprio Estatuto da Terra.

Discute-se, ainda, a validade atual do enunciado sumular em exame. Assim porque a Lei 11.718/2008 promoveu significativa alteração textual no dispositivo do qual extraída a premissa para a sua edição.

Em verdade, a Turma Nacional de Uniformização dos JEFs mantém válido o enunciado da sua Súmula. Assim porque a interpretação do novel art. 11, inciso VII, da Lei 8.213/91, alterado pela lei de 2008, requer comedimento. Reconheceu o colegiado, na esteira do que já havia se sucedido no âmbito do Superior Tribunal de Justiça (AgRg no REsp 1042401), que o fato de a propriedade ser superior a quatro módulos rurais não descaracteriza por si só o regime de economia familiar.

A manutenção do entendimento não significou a desconsideração de ignorar a extensão do imóvel rural para a caracterização do segurado especial, mas de tratá-la como mais um elemento fornecido pelo legislador ao julgado para, mediante o exame detido das particularidades de fato provadas e revolvidas pelo caso concreto, aferir a qualidade de segurado especial do interessado. Temperou-se a rigidez matemática da norma a fim de se eliminar graves e inaceitáveis distorções por ocasião de aplicação da sobredita norma. Por exemplo, afigurar-se-ia excessiva a desqualificação de segurado especial quando o imóvel rural fosse ligeiramente maior que quatro módulos fiscais ou, ainda, quando a área média explorada por cada membro da família fosse inferior a esse quantitativo (TRF4, 0015816-58.2014.4.04.9999).

◻ (....). Trabalhador rural. Extensão da propriedade. Arrendamento ao grupo familiar. Ausência de empregados. Plantio para subsistência. Regime de economia familiar caracterizado. 1. Não descaracteriza o regime de economia familiar o fato de o marido da autora possuir mais de uma propriedade rural e arrendar parte delas aos membros do grupo familiar, bem como a dimensão da propriedade agrícola, uma vez que não constitui requisito legal para a concessão do benefício previdenciário, consoante se depreende do artigo 11, inciso VII, da Lei 8.213/91. 2. Para a configuração do regime de economia familiar é exigência inexorável que o labor rurícola seja indispensável à subsistência do trabalhador, o que acontece na hipótese dos autos, conforme aferido pelo Tribunal de origem mediante o exame das provas. (...). (STJ, 5ª T., REsp 529.460/PR Rel. Min. Laurita Vaz, DJ 23.8.04)

○ (...). Trabalhador rural. Regime de economia familiar. Início de prova material corroborada por prova testemunhal. Dimensão da propriedade rural. Não-descaracterização do regime. Aposentadoria por idade. Agravo regimental improvido. 1. A Terceira Seção do Superior Tribunal de Justiça firmou entendimento de que o tamanho da propriedade rural não é capaz de descaracterizar o regime de economia familiar do segurado, se preenchidos os demais requisitos necessários a sua configuração, quais sejam: ausência de empregados e a mútua dependência e colaboração da família no campo. 2. "In casu", o tempo de serviço rural restou demonstrado, mediante início de prova material corroborada por prova testemunhal. (...). (STJ, 5ª T., AgRg no REsp 1042401/DF, Rel. Min. Arnaldo Esteves Lima, DJ 16.2.2009)

○ (...). Trabalho rural em regime de economia familiar. Reconhecimento. Mandato de vereador. Propriedade com área superior a quatro módulos fiscais. Aposentadoria por tempo de contribuição. Concessão. 1. Comprovado o labor rural em regime de economia familiar, mediante a produção de início de prova material, corroborada por prova testemunhal idônea, o segurado faz jus à averbação do respectivo tempo. 2. Conforme entendimento do STJ, o fato de a propriedade ser superior a quatro módulos rurais não descaracteriza por si só o regime de economia familiar. 3. Imóvel rural explorado em regime de condomínio familiar, cabendo a cada membro da família área inferior a quatro módulos fiscais da região do imóvel enquadra-se na previsão do art. 11, VII, a, 1, da Lei 8.213/91, e do art. 7º, § 5º, da Instrução Normativa INSS/PRES 45, 6.8.10.2004. Na vigência da legislação anterior (LOPS/60, RBPS/79, CLPS/84 e LBPS/91 na redação original), os vereadores, assim como os titulares de mandatos congêneres, não eram obrigatoriamente filiados ao Regime Geral de Previdência, sendo que o art. 55, III, da Lei 8.213/91 limitava-se a autorizar o cômputo do tempo de serviço exercido em dita qualidade para fins de obtenção de benefício, mediante o pagamento das contribuições respectivas ao período a ser somado (§ 1º do mesmo dispositivo). Inviável, portanto, presumir vínculo previdenciário em época em que o autor sequer era considerado segurado obrigatório da Previdência Social. 5. Não perde a condição de segurado especial o membro do grupo familiar que possui outra fonte de renda decorrente do exercício de mandato de vereador do Município em que desenvolve a atividade rural, porque expressamente excepcionado no art. 11, § 9º, V, da Lei de Benefícios. 6. Preenchidos os requisitos legais, tem o segurado direito à obtenção de aposentadoria por tempo de contribuição integral, desde a data do requerimento administrativo. (TRF4, 5ª T., AC 0015816-58.2014.4.04.9999/RS, Rel. Taís Schilling Ferraz, DJ 13.8.2015)

○ Acórdão recorrido em consonância com a Súmula 30 desta TNU. Regime de economia familiar. O tamanho da propriedade, por si só, não o afasta. Questão de ordem nº 13. Incidente de uniformização não conhecido. (...). O incidente, no entanto, não merece ser conhecido. Em que pese o entendimento consignado nas decisões transcritas pelo INSS, o acórdão recorrido encontra-se em consonância com a Súmula 30 desta TNU. (...). No julgamento do AgRg no REsp 1042401, Rel. Min. Arnaldo Esteves Lima, assim restou afirmado: "(...). Trabalhador rural. Regime de economia familiar. Início de prova material corroborada por prova testemunhal. Dimensão da propriedade rural. Não-descaracterização do regime. Aposentadoria por idade. Agravo regimental improvido. (...). Isso se explica porque as características da atividade rural são extremamente complexas. Seria preciso averiguar qual a área cultivada na propriedade, se na área existem terras improdutivas, florestas, morros, terrenos pedregosos, áreas de preservação (...). A própria natureza da cultura influencia o juízo, pois é notório que determinadas culturas exigem mais mão-de-obra que outras. Isso sem falar na possibilidade de a família dos autores ser numerosa

– fato comum no meio rural, em que filhos e cônjuges trabalham e moram juntos no meio rural. Embora o INSS alegue que a propriedade dos autores tenha 242 hectares, não houve maior aprofundamento no conjunto probatório para se determinar se as características de exploração do imóvel se aproximam do regime de economia familiar ou não. A descaracterização do produtor rural segurado especial para empregador rural equiparado a autônomo somente se legitima com a verificação de elementos de fato que aproximem a exploração da propriedade rural do conceito de empresa, cujo ônus da demonstração é do INSS. (TNU, Pedilef 200936007023486, Rel. José Eduardo do Nascimento, DOU 8.2.2011)

▶ **CF. Art. 195.** (...). **§ 8º** O produtor, o parceiro, o meeiro e o arrendatário rurais e o pescador artesanal, bem como os respectivos cônjuges, que exerçam suas atividades em regime de economia familiar, sem empregados permanentes, contribuirão para a seguridade social mediante a aplicação de uma alíquota sobre o resultado da comercialização da produção e farão jus aos benefícios nos termos da lei.

▶ **Lei 8.213/91. Art. 11.** São segurados obrigatórios da Previdência Social as seguintes pessoas físicas: (...). VII – como segurado especial: a pessoa física residente no imóvel rural ou em aglomerado urbano ou rural próximo a ele que, individualmente ou em regime de economia familiar, ainda que com o auxílio eventual de terceiros, na condição de: a) produtor, seja proprietário, usufrutuário, possuidor, assentado, parceiro ou meeiro outorgados, comodatário ou arrendatário rurais, que explore atividade: 1. agropecuária em área de até 4 (quatro) módulos fiscais; 2. de seringueiro ou extrativista vegetal que exerça suas atividades nos termos do inciso XII do caput do art. 2º da Lei 9.985, de 18 de julho de 2000, e faça dessas atividades o principal meio de vida; b) pescador artesanal ou a este assemelhado que faça da pesca profissão habitual ou principal meio de vida; e c) cônjuge ou companheiro, bem como filho maior de 16 (dezesseis) anos de idade ou a este equiparado, do segurado de que tratam as alíneas a e b deste inciso, que, comprovadamente, trabalhem com o grupo familiar respectivo.

▶ **Lei 4.504/64. Art. 50.** (...). **§ 2º** O módulo fiscal de cada Município, expresso em hectares, será determinado levando-se em conta os seguintes fatores: a) o tipo de exploração predominante no Município: I – hortifrutigranjeira;; II – cultura permanente; III – cultura temporária; IV – pecuária; V – florestal; b) a renda obtida no tipo de exploração predominante; c) outras explorações existentes no Município que, embora não predominantes, sejam expressivas em função da renda ou da área utilizada; d) o conceito de "propriedade familiar", definido no item II do artigo 4º desta Lei.

SÚMULA 41. A CIRCUNSTÂNCIA DE UM DOS INTEGRANTES DO NÚCLEO FAMILIAR DESEMPENHAR ATIVIDADE URBANA NÃO IMPLICA, POR SI SÓ, A DESCARACTERIZAÇÃO DO TRABALHADOR RURAL COMO SEGURADO ESPECIAL, CONDIÇÃO QUE DEVE SER ANALISADA NO CASO CONCRETO.

● *Súmula aplicável.* ● *DJ 3.3.2010.* ● *Referência legislativa: Lei 8.213/91, art. 11, VII.* ● *Precedentes: REsp 969.473/SP. AgRg no REsp 691.391/PR. PU/TNU 2004.81.10.002109-9/CE. PU/TNU 2007.72.52.002472-3/SC. PU/TNU 2008.72.62.000101-4/SC. PU/TNU 2008.70.54.001696-3/PR.*

▶ *Thiago Mesquita Teles de Carvalho*

O Enunciado retrata a interpretação da TNU no tocante à caracterização de um trabalhador rural, segurado especial, naquelas situações em que esse se insere em núcleo familiar integrado também por trabalhador urbano.

A importância da uniformização da interpretação nessa situação se deve ao fato de que, para o enquadramento de um agricultor como segurado especial, a análise do núcleo familiar tem grande relevo, já que seu trabalho rural é caracterizado

– ressalvada a hipótese de trabalho individual – pelo regime de economia familiar (art. 11, VII, Lei 8.213/91).

Tal regime ocorre quando "o trabalho dos membros da família é indispensável à própria subsistência e ao desenvolvimento socioeconômico do núcleo familiar e é exercido em condições de mútua dependência e colaboração, sem a utilização de empregados permanentes" (art. 11, § 1º, Lei 8.213/91).

Nos precedentes da TNU que deram ensejo à edição do enunciado, a discussão subjacente consistia em saber se a mera integração de trabalhador urbano em família de agricultores seria suficiente para impedir o enquadramento destes como segurados especiais.

O primeiro precedente, PU/TNU 2004.81.10.002109-9/CE, restou fundamentado nas seguintes premissas: I – o fato de um dos membros do grupo familiar ser trabalhador urbano ou titular de benefício previdenciário urbano não descaracteriza, por si só, o regime de economia familiar em relação aos demais membros do grupo familiar; II – o regime de economia familiar somente restará descaracterizado se a renda obtida com a atividade urbana ou com o benefício urbano for suficiente para a manutenção da família, de modo a tornar dispensável a atividade rural, ou, noutros termos, se o produto da atividade rural não for indispensável à manutenção da família.

Tais fundamentos também serviram de sustentação aos REsp 969.473/SP e AgRg no REsp 691.391/PR, do Superior Tribunal de Justiça. Nesses julgados, de 2007 e 2005, respectivamente, foi expressamente aduzido que somente estaria descaracterizado o regime de economia familiar se a renda obtida com a outra atividade fosse suficiente para a manutenção da família, de modo a tornar dispensável a atividade agrícola.

Assim, o critério para definir se, no caso concreto, teria havido a descaracterização do trabalhador rural como segurado especial seria a verificação da dispensabilidade da atividade rural à luz dos rendimentos auferidos pelo membro da família com o trabalho urbano.

Ocorre que, no segundo precedente que fundamentou a edição do enunciado 41, PU 2004.81.10.002109-9/CE, a TNU parece ter ido além, entendendo que a premissa "II," acima aludida, não seria necessária para o enquadramento do segurado especial. O mesmo entendimento foi seguido nos PU 2008.72.62.000101-4/SC e PU 2008.70.54.001696-3/PR.

Na linha da fundamentação dos julgados mencionados no parágrafo anterior, a Constituição da República assegurou aos trabalhadores rurais um regime singular de acesso à cobertura previdenciária, positivado no art. 195, § 8º. Esse regime traduz uma política de valorização do trabalhador rural, voltada a conter o êxodo rural visto nas décadas de 1960 e 1970 e seus malefícios.

Seguindo na fundamentação dos julgados, a Lei 8.213/91 criou a figura do segurado especial, categoria com regras diferenciadas de contribuição e de acesso aos benefícios previdenciários, e, já desde a redação originária, dispunha que o segurado especial seria aquele trabalhador rural que, atendidos os demais requisitos legais, exercesse o ofício rurícola individualmente ou em regime de economia familiar.

Logo, segundo os fundamentos dos precedentes aludidos, se a legislação autoriza a caracterização do segurado especial que trabalha individualmente, essa caracterização será devida ainda que os demais membros da família tenham outro enquadramento previdenciário. Nesse caso, o trabalhador rural seria enquadrado como segurado especial em regime individual, ao passo que os demais membros da família, urbanos, teriam sua proteção previdenciária à luz da correspondente qualidade de segurado na qual forem subsumidos, conforme os incisos do art. 11 da Lei de Benefícios.

Continua, abaixo, a fundamentação dos julgados.

Quando o segurado especial exerce suas atividades em regime individual, não apresenta importância a circunstância de outro membro de sua família exercer atividade remunerada (e se de natureza urbana ou rural). Como nesse caso não se trata de regime de economia familiar, o vínculo de cooperação do grupo familiar para subsistência pela via do trabalho rural é dispensável. Aliás, é de se reconhecer que a aproximação experimentada pelos universos rurais e urbanos, de que são testemunhas as décadas finais do Século XX, torna comum a pluriatividade dentro de um grupo familiar de vocação rural. Essa pluriatividade é considerada mesmo como uma estratégia de permanência da família no campo. Seu reconhecimento pelo universo político-jurídico é condição sem a qual não se eliminará a pobreza rural. O fechamento do direito a essa realidade implicaria o isolamento das populações de menores rendas.

O que importa – e é apenas o que importa – é se se está diante de um trabalhador rural que efetivamente exerce a atividade de produção rural com desiderato de comercialização, ainda que nem sempre esta seja possível. A atividade dos demais membros da família apenas tem significado se for para identificar no trabalho rural do produtor e de seus familiares um regime de economia familiar, de maneira a estender a caracterização de segurado especial para os familiares do produtor (parceiro, meeiro etc.).

Se a produção e o resultado da comercialização constituírem o meio exclusivo de subsistência da família, caracterizado estará o regime de economia familiar em relação aos trabalhadores que se dedicaram a tais tarefas. Se, de outra forma, o produto do labor rural significar parte da renda familiar, o que se dá na hipótese de um dos membros da família possuir outra fonte de rendimento, tanto melhor para a família e para o trabalhador rural que, só por essa razão, não será penalizado com a descaracterização de sua condição de segurado especial.

É nítido, portanto, que os precedentes da TNU caminharam no sentido de tornar desnecessária a investigação da indispensabilidade do trabalho rural para a subsistência da família com integrantes com rendimentos de labor urbano. O critério para a caracterização do segurado especial, segundo os julgados, consiste apenas no exercício efetivo da atividade rural, atendidos os critérios legais, como o tamanho da propriedade, a não utilização de empregados permanentes etc.

Não obstante o entendimento sedimentado nos precedentes da TNU acima aludidos, é forçoso reconhecer que o Superior Tribunal de Justiça, em recurso especial repetitivo (REsp 1304479), novamente trouxe a indispensabilidade do trabalho rural para a subsistência da família, como critério para a caracterização do segurado especial: "o trabalho urbano de um dos membros do grupo familiar não descaracteriza, por si só, os demais integrantes como segurados especiais, devendo ser averiguada a dispensabilidade do trabalho rural para a subsistência do grupo familiar".

A propósito do Enunciado em comento, algumas considerações adicionais são necessárias.

Primeira: a Súmula trata da possibilidade de enquadramento como segurado especial de um membro da família, mesmo quando outro exerce atividade urbana. Não trata da possibilidade de enquadramento como segurado especial do próprio trabalhador urbano, nas hipóteses em que este auxilie eventualmente na agricultura.

Não é raro que um dos membros na família tenha no trabalho urbano, ainda que informal, sua principal atividade, e, esporadicamente, ajude na atividade rural dos demais. Essa situação tem regulação própria, de modo que, salvo as exceções legais, tal trabalhador urbano, mesmo que informal, não poderá ser caracterizado como segurado especial. O art. 11, § 10, I, b, e II, b, é expresso ao descaracterizar da qualidade de segurado especial aquele que passa a ser segurado em outra categoria. Por óbvio, há hipóteses excepcionadas pela legislação. Os referidos dispositivos legais, aliás, apontam para as ressalvas, como a prevista no § 9º, III, do art. 11 da Lei de Benefícios.

Segunda consideração: o exercício da atividade rural em regime de economia familiar tem o condão de autorizar que o início de prova material de um membro da família seja estendido aos demais como subsídio para a comprovação do efetivo exercício do labor agrícola. Por óbvio, se a documentação rural é de titularidade justamente do membro da família trabalhador urbano, tal documentação não poderá ser utilizada por outros membros da família, dado que impassível de utilização pelo próprio titular. Esse, inclusive, é o entendimento do STJ, retratado no REsp 1304479.

Finalmente, fica o registro de que todas as considerações sobre a súmula no tocante ao segurado especial, trabalhador rural, são igualmente aplicáveis ao segurado especial, pescador artesanal.

◎ Súmula TNU 46. O exercício de atividade urbana intercalada não impede a concessão de benefício previdenciário de trabalhador rural, condição que deve ser analisada no caso concreto.

◎ (...). Recurso representativo de controvérsia. Trabalho rural. Arts. 11, vi, e 143 da lei 8.213/91. Segurado especial. Configuração jurídica. Trabalho urbano de integrante do grupo familiar. Repercussão. Necessidade de prova material em nome do mesmo membro. Extensibilidade prejudicada. 1. Trata-se de Recurso Especial do INSS com o escopo de desfazer a caracterização da qualidade de segurada especial da recorrida, em razão do trabalho urbano de seu cônjuge, e, com isso, indeferir a aposentadoria prevista no art. 143 da Lei 8.213/91. 2. A solução integral da controvérsia, com fundamento suficiente, não evidencia ofensa ao art. 535 do CPC. 3. O trabalho urbano de um dos membros do grupo familiar não descaracteriza, por si só, os demais integrantes como segurados especiais, devendo ser averiguada a dispensabilidade do trabalho rural para a subsistência do grupo familiar, incumbência esta das instâncias ordinárias (Súmula 7/STJ).

4. Em exceção à regra geral fixada no item anterior, a extensão de prova material em nome de um integrante do núcleo familiar a outro não é possível quando aquele passa a exercer trabalho incompatível com o labor rurícola, como o de natureza urbana. 5. No caso concreto, o Tribunal de origem considerou algumas provas em nome do marido da recorrida, que passou a exercer atividade urbana, mas estabeleceu que fora juntada prova material em nome desta em período imediatamente anterior ao implemento do requisito etário e em lapso suficiente ao cumprimento da carência, o que está em conformidade com os parâmetros estabelecidos na presente decisão. 6. Recurso Especial do INSS não provido. Acórdão submetido ao regime do art. 543-C do CPC e da Resolução 8/2008 do STJ. (STJ, 1ª S., REsp 1304479/SP, repetitivo, Rel. Min. Herman Benjamin, DJe 19.12.2012)

◎ (...). Recurso especial representativo da controvérsia. Aposentadoria por tempo de serviço. Art. 55, § 3º, da Lei 8.213/91. Tempo de serviço rural. Reconhecimento a partir do documento mais antigo. Desnecessidade. Início de prova material conjugado com prova testemunhal. Período de atividade rural coincidente com início de atividade urbana registrada em CTPS. Recurso parcialmente provido. 1. A controvérsia cinge-se em saber sobre a possibilidade, ou não, de reconhecimento do período de trabalho rural anterior ao documento mais antigo juntado como início de prova material. 2. De acordo com o art. 400 do Código de Processo Civil "a prova testemunhal é sempre admissível, não dispondo a lei de modo diverso". Por sua vez, a Lei de Benefícios, ao disciplinar a aposentadoria por tempo de serviço, expressamente estabelece no § 3º do art. 55 que a comprovação do tempo de serviço só produzirá efeito quando baseada em início de prova material, "não sendo admitida prova exclusivamente testemunhal, salvo na ocorrência de motivo de força maior ou caso fortuito, conforme disposto no Regulamento" (Súmula 149/STJ). 3. No âmbito desta Corte, é pacífico o entendimento de ser possível o reconhecimento do tempo de serviço mediante apresentação de um início de prova material, desde que corroborado por testemunhos idôneos. Precedentes. 4. A Lei de Benefícios, ao exigir um "início de prova material", teve por pressuposto assegurar o direito à contagem do tempo de atividade exercida por trabalhador rural em período anterior ao advento da Lei 8.213/91 levando em conta as dificuldades deste, notadamente hipossuficiente. 5. Ainda que inexista prova documental do período antecedente ao casamento do segurado, ocorrido em 1974, os testemunhos colhidos em juízo, conforme reconhecido pelas instâncias ordinárias, corroboraram a alegação da inicial e confirmaram o trabalho do autor desde 1967. 6. No caso concreto, mostra-se necessário decotar, dos períodos reconhecidos na sentença, alguns poucos meses em função de os autos evidenciarem os registros de contratos de trabalho urbano em datas que coincidem com o termo final dos interregnos de labor como rurícola, não impedindo, contudo, o reconhecimento do direito à aposentadoria por tempo de serviço, mormente por estar incontroversa a circunstância de que o autor cumpriu a carência devida no exercício de atividade urbana, conforme exige o inc. II do art. 25 da Lei 8.213/91. 7. Os juros de mora devem incidir em 1% ao mês, a partir da citação válida, nos termos da Súmula n. 204/STJ, por se tratar de matéria previdenciária. E, a partir do advento da Lei 11.960/09, no percentual estabelecido para caderneta de poupança. (...). (STJ, 1ª S., REsp 1348633/SP, repetitivo, Rel. Min. Arnaldo Esteves Lima, DJe 5.12.2014).

◎ (...). Aposentadoria rural por idade. Comprovação do requisito etário e do exercício da atividade rural pelo período de carência. O trabalho urbano de um dos membros do grupo familiar não descaracteriza, por si só, o trabalho rural dos demais integrantes. Agravo desprovido. 1. A Primeira Seção desta Corte no julgamento do Recurso Especial 1.304.479/SP, representativo da controvérsia, de relatoria do Ministro Herman Benjamin, firmou o entendimento de que os registros no CNIS em nome do cônjuge da parte autora não afastam, por si só, o direito ao benefício pleiteado, uma vez que a lei prevê a possibilidade de que o segurado especial exerça sua atividade individualmente e não apenas em regime de economia familiar (art. 11, VII da Lei 8.213/91). 2. "In casu", o Tribunal de origem consignou que os documentos juntados aos autos, acrescidos pela prova testemunhal, são suficientes para demonstrar o exercício de atividade rural. (...). (STJ, 1ª T., AgInt no REsp 1362615/SP, Rel. Min. Napoleão Nunes Maia Filho, DJe 26.8.2016)

◎ (...). Aposentadoria por idade rural. Segurado especial. Comprovação do regime de economia familiar. Súmula 7/STJ. Recurso especial repetitivo 1.304.479/SP. 1. A Primeira Seção desta Corte, no julgamento do Recurso Especial 1.304.479/SP, submetido ao rito previsto no art. 543-C do Código de Processo Civil, pacificou o entendimento de que "o fato de um dos membros do grupo exercer atividade incompatível com o regime de economia familiar não descaracteriza, por si só, a atividade agrícola dos demais componentes. Isso não exime as instâncias ordinárias (Súmula 7/STJ) de averiguar, de acordo com os elementos probatórios dos autos, a dispensabilidade do trabalho rural para a subsistência do grupo familiar". 2. No caso concreto, o Tribunal de origem entendeu que a atividade urbana exercida pelo ora agravado não afasta a necessidade do labor rural para a manutenção do núcleo familiar. Para infirmar dita conclusão seria necessária a reapreciação do contexto fático-probatório dos autos, o que encontra óbice na Súmula 7/STJ. (...). (STJ, 1ª T., AgRg no AREsp 302.659/SE, Rel. Min. Benedito Gonçalves, DJe 27.9.2013)

◎ Pedido de uniformização nacional. Previdenciário. Divergência entre turmas recursais. Jurisprudência da TNU no mesmo sentido da decisão recorrida. Questão de ordem n. 13 da TNU. Incidência. Pedido não conhecido. Atividade rural. Segurado especial. Trabalho urbano por membro do grupo familiar. Condição de segurado especial. Descaracterização. Inocorrência. 1. É cabível Pedido de Uniformização quando demonstrada divergência de interpretação da lei federal entre decisões de Turmas Recursais de diferentes regiões. 2. Não merece seguimento, porém, Pedido de Uniformização que busca reforma de decisão de Turma Recursal em consonância com firme jurisprudência da TNU. Incidência da Questão de Ordem n.13 da TNU ("Não cabe Pedido de Uniformização, quando a jurisprudência da Turma Nacional de Uniformização de Jurisprudência dos Juizados Especiais Federais se firmou no mesmo sentido do acórdão recorrido"). 3. A circunstância de um dos integrantes do núcleo familiar desempenhar atividade urbana não implica, por si só, a descaracterização do trabalhador rural como segurado especial. Se um dos membros da família se dedicar à produção rural ou à pesca artesanal sem a contratação de empregados, ele será considerado segurado especial que exerce suas atividades em regime individual. Os demais membros do grupo familiar, em exercendo atividade remunerada de outra natureza, terão sua categorização reconhecida também individualmente de acordo com os incisos I, II, V ou VI do artigo 11 da Lei 8.213/91. 3. Precedentes do STJ e da TNU. 4. Pedido de Uniformização não conhecido. (TNU, Pedilef 2004.81.10.002109-9/CE, Rel. José Antonio Savaris, DJU 5.3.2010)

▶ **CF/88. Art. 195.** (...). **§ 8°** O produtor, o parceiro, o meeiro e o arrendatário rurais e o pescador artesanal, bem como os respectivos cônjuges, que exerçam suas atividades em regime de economia familiar, sem empregados permanentes, contribuirão para a seguridade social mediante a aplicação de uma alíquota sobre o resultado da comercialização da produção e farão jus aos benefícios nos termos da lei.

▶ **Lei 8.213/91. Art. 11.** São segurados obrigatórios da Previdência Social as seguintes pessoas físicas: (...). VII – como segurado especial: a pessoa física residente no imóvel rural ou em aglomerado urbano ou rural próximo a ele que, individualmente ou em regime de economia familiar, ainda que com o auxílio eventual de terceiros, na condição de: (...). **§ 1°** Entende-se como regime de economia familiar a atividade em que o trabalho dos membros da família é indispensável à própria subsistência e ao desenvolvimento socioeconômico do núcleo familiar e é exercido em condições de mútua dependência e colaboração, sem a utilização de empregados permanentes. (...). **§ 6°** Para serem considerados segurados especiais, o cônjuge ou companheiro e os filhos maiores de 16 (dezesseis) anos ou os a estes equiparados deverão ter participação ativa nas atividades rurais do grupo familiar. (...). **§ 10** O segurado especial fica excluído dessa categoria: I – a contar do primeiro dia do mês em que: b) enquadrar-se em qualquer outra categoria de segurado obrigatório do Regime Geral de Previdência Social, ressalvado o disposto nos incisos III, V, VII e VIII do § 9° e no § 12, sem prejuízo do disposto no art. 15; II – a contar do primeiro dia do mês subsequente ao da ocorrência, quando o grupo familiar a que pertence exceder o limite de: b) dias em atividade remunerada estabelecidos no inciso III do § 9° deste artigo; e (...).

SÚMULA 62. O SEGURADO CONTRIBUINTE INDIVIDUAL PODE OBTER RECONHECIMENTO DE ATIVIDADE ESPECIAL PARA FINS PREVIDENCIÁRIOS, DESDE QUE CONSIGA COMPROVAR EXPOSIÇÃO A AGENTES NOCIVOS À SAÚDE OU À INTEGRIDADE FÍSICA.

● *Súmula aplicável.* ● *DJ 3.7.2012.* ● *Precedentes: Pedilef 2008.71.95.002186-9. Pedilef 2009.70.52.000439-0. Pedilef 2009.71.95.001907-7. Pedilef 2009.71.95.001753-6.*

▸ *Rogério Moreira Alves*

Desde a modificação da redação do § 3º do art. 57 da Lei 8.213/91 pela Lei 9.032/95, a caracterização de condição especial de trabalho passou a depender da comprovação de que a exposição a agentes nocivos à saúde ou à integridade física é permanente, não ocasional nem intermitente.

Diante da exigência legal de permanência na exposição aos agentes nocivos, atos normativos editados pelo INSS cogitaram a impossibilidade absoluta de que aquela condição pudesse ser alcançada por trabalhadores autônomos.

A Ordem de Serviço INSS/DSS 600/98, dispôs em seu item 6.7 que "A partir de 29.4.95, considerando que o trabalhador autônomo presta serviço em caráter eventual e sem relação de emprego, a sua atividade não poderá ser enquadrada como especial, uma vez que não existe forma de comprovar a exposição a agentes nocivos prejudiciais à saúde e à integridade física, de forma habitual e permanente, não ocasional nem intermitente".

Posteriormente, o art. 1º da Medida Provisória 83/02, convertida na Lei 10.666/03, expressamente dispôs que "as disposições legais sobre aposentadoria especial do segurado filiado ao Regime Geral de Previdência Social aplicam-se, também, ao cooperado filiado à cooperativa de trabalho e de produção que trabalha sujeito a condições especiais que prejudiquem a sua saúde ou a sua integridade física".

A legislação normativa infralegal passou, então, a ressalvar a possibilidade de concessão de aposentadoria especial apenas em favor dos contribuintes individuais integrantes de cooperativas de trabalho e de produção, excluindo peremptoriamente qualquer perspectiva de extensão do benefício aos demais segurados contribuintes individuais. Atualmente, o art. 247 da Instrução Normativa INSS/PRES 77/15, dispõe que a aposentadoria especial só é devida ao segurado contribuinte individual quando ele é cooperado filiado à cooperativa de trabalho ou de produção, e, mesmo assim, apenas se o requerimento tiver sido formulado a partir de 13 de dezembro de 2002, data da publicação da acima referida MP 83.

Desde o início a Turma Nacional de Uniformização considerou nula a interpretação acolhida nos atos normativos do INSS, uma vez que a Lei 8.213/91 não proibia a concessão da aposentadoria especial à categoria dos segurados contribuintes individuais. O precedente que definiu a orientação da TNU foi o Pedilef 2009.71.95.001907-7, adiante transcrito.

A TNU considerou que a alínea d do inciso I do art. 18 da Lei 8.213/91 previa a aposentadoria especial como um dos benefícios devidos a todos segurados do RGPS, sem estabelecer distinção entre as categorias de segurados. Com efeito, quando a lei quis vedar a concessão de determinadas espécies de benefícios a alguma categoria de segurados, ela foi explícita em prever a proibição. Exemplo disso consta nos §§ 1º e 3º do art. 18 da Lei 8.213/91.

A maior parte dos trabalhadores passíveis de enquadramento na categoria de segurados contribuinte individual são os trabalhadores autônomos e os empresários. É natural que as características habitualmente inerentes à atuação desses profissionais, fortemente marcadas pela ausência de subordinação a terceiros, dificulte muito a comprovação de que a eventual exposição a agentes nocivos ocorra de forma permanente durante a jornada de trabalho. Não obstante, a dificuldade de comprovação da condição especial de trabalho não significa que o reconhecimento da atividade especial pelo segurado contribuinte individual seja proibido.

Nos pedidos de uniformização dirigidos à TNU, o INSS também alegava que o reconhecimento de atividade especial em favor do contribuinte individual implicava ofensa ao art. 195, § 5º, da Constituição Federal, segundo o qual nenhum benefício ou serviço da Seguridade Social pode ser criado, majorado ou estendido sem que seja previamente estabelecida sua fonte de custeio. Argumentava o INSS que a Lei 9.732/98, criara contribuição para financiar a aposentadoria especial e que a contribuição só incide sobre as remunerações pagas ou creditadas aos segurados empregados e trabalhadores avulsos, não alcançando os segurados contribuintes individuais. A TNU, porém, considerou que já existia previsão de fonte de custeio de aposentadoria especial para todas as categorias de segurado desde antes da Lei 9.732 e que a superveniência da criação de fonte de custeio adicional e específica não eliminaria a anterior fonte de custeio. Ponderou que, se fosse admitida a hipótese de que antes da Lei 9.732 não havia fonte de custeio para a aposentadoria especial, não teria sido possível conceder esse benefício para qualquer categoria de segurado antes da vigência da referida lei.

As conclusões a que chegou a TNU estão bem compiladas no Pedilef 2008.71.95.002186-9, adiante transcrito.

◉ Previdenciário. Pedido de uniformização. Tempo especial. Contribuinte individual. Sócio-gerente. Existência de habitualidade e permanência da exposição deve ser presumida quando se tratar de agente nocivo ruído, devidamente comprovado por laudo técnico. Incidente conhecido e não provido. 1. Ao contribuinte individual é reconhecido o direito à aposentadoria especial, eis que não há na Lei 8.213/91 vedação à concessão do referido benefício a essa categoria de segurados. Atos administrativos do INSS não podem estabelecer restrições que não são previstas na legislação de regência. 2. Ao sócio-gerente de empresa, como categoria de contribuinte individual, também é estendido o direito à aposentadoria especial. 3. No caso de agente nocivo ruído, devidamente comprovado através de laudo técnico, pode ser presumida a existência habitualidade e permanência da exposição para o sócio-gerente. 4. Incidente conhecido e não provido. (TNU, Pedilef 2009.71.95.001907-7, Rel. Adel Olveira, DOU 9.3.2012)

◉ Previdenciário. Reconhecimento de atividade especial. Segurado contribuinte individual. (...). 2. A Lei 8.213/91, ao arrolar a aposentadoria especial na alínea d do inciso I do art. 18 como um dos benefícios devidos aos segurados do RGPS, não faz nenhuma distinção entre as categorias de segurados previstas no art. 11 do mesmo diploma. 3. A dificuldade para o segurado contribuinte individual comprovar exposição habitual e permanente a agente nocivo não justifica afastar de forma absoluta a possibilidade de reconhecimento de atividade especial. 4. O art. 234 da Instrução Normativa INSS n. 45/2010, ao considerar que a aposentadoria especial só pode ser devida ao segurado contribuinte individual quando filiado a uma cooperativa de trabalho ou de produção, cria restrição que extrapola os limites da lei. O regulamento deve se limitar a explicitar o conteúdo da lei, sem criar restrições nela não previstas. A regulação excessiva imposta por ato infralegal é nula por transgressão ao princípio da legalidade. 5. A falta de previsão legal de contribuição adicional para aposentadoria especial (alíquota suplementar de riscos ambientais do trabalho) sobre salário-de-contribuição de segurado contribuinte individual não impede o reconhecimento de tempo de serviço especial. Do contrário, não seria possível reconhecer condição especial de trabalho para nenhuma categoria de segurado antes da Lei 9.732/98, que criou a contribuição adicional. 6. Firmado o entendimento de que o segurado contribuinte individual pode, em tese, obter reconhecimento de atividade especial, desde que consiga comprovar exposição a agentes nocivos à saúde ou à integridade física. 7. Incidente improvido. (TNU, Pedilef 2008.71.95.002186-9, Rel. Rogerio Moreira Alves, DOU 27.4.2012)

4. BENEFÍCIOS

4.1. Coeficiente de Cálculo

Súmula 76. A averbação de tempo de serviço rural não contributivo não permite majorar o coeficiente de cálculo da renda mensal inicial de aposentadoria por idade previsto no art. 50 da Lei n. 8.213/91.

Súmula comentada/anotada no item *Beneficiários – Segurado Especial*, retro.

4.2. Índices de Reajuste

Súmula 1. A conversão dos benefícios previdenciários em URV, em março/94, obedece às disposições do art. 20, incisos I e II da Lei 8.880/94 (MP n. 434/94).

● *Súmula aplicável.* ● *DJ 8.10.2002.* ● *Referência legislativa: Leis 8.700/93, 8.542/92 e 8.880, art. 20, I e II, e § 5º.* ● *Precedentes: REsp 241.735/SC. REsp 280.580/SP. REsp 323.569/RS. REsp 421.832/SC. AgRg no REsp 373.544/RJ. AgRg no REsp 421.900/PE. RE 313.382, STF, j. 26.9.2002. PU/TNU 2002.70.00.005380-5/PR. PU/TNU 2002.70.00.005032-4/PR. PU/TNU 2002.70.00.005063-4/PR. PU/TNU 2002.70.00.005537-1/PR. PU/TNU 2002.70.00.005069-5/PR. PU/TNU 2002.70.00.005336-2/PR. PU/TNU 2002.70.00.005450-0/PR. PU/TNU 2002.70.00.005221-7/PR. PU/TNU 2002.70.00.005677-6/PR. PU/TNU 2002.70.00.005200-0/PR.*

▶ *Marco Bruno Miranda Clementino*

A súmula ratifica a aplicação da regra legal prevista no artigo 20, I e II, da Lei 8.880/94 (resultante da conversão da Medida Provisória 434/94), para conversão dos benefícios previdenciários em manutenção em unidade real de valor (URV), no contexto de implantação do Plano Real.

Os benefícios previdenciários – até então expressos na moeda anterior, o cruzeiro real –, desde a Lei 8.542/92 (com alterações introduzidas pela Lei 8.700/93), vinham sendo reajustados quadrimestralmente, com aplicação do fator de atualização salarial (FAS), obtido pela variação do índice de reajuste do salário mínimo (IRSM), bem como com a concessão de antecipações mensais com base no IRSM, quando este ultrapassasse 10% (dez por cento). Essas antecipações posteriormente seriam descontadas do índice a ser finalmente aplicado ao final do quadrimestre.

Na conversão dos benefícios previdenciários em URV, aplicou-se a regra do artigo 20 da Lei 8.880/94, tomando-se por base a média aritmética dos valores nominais dos benefícios em cruzeiros reais, vigentes nas competências de novembro e dezembro de 1993, e janeiro e fevereiro de 1994.

Os segurados, todavia, pediam em juízo a aplicação do IRSM integral nas competências de outubro, novembro e dezembro de 1993, assim como em fevereiro de 1994, além do FAS de janeiro de 1994, sob o argumento de que o princípio da preservação do valor real (artigo 201, § 4º, da Constituição Federal) assegura o reajustamento mensal dos benefícios.

A TNU editou a sua primeira súmula para reconhecer a validade da incidência da regra do artigo 20, I e II, da Lei 8.880/94 na conversão dos benefícios previdenciários em manutenção em URV, alinhando-se à jurisprudência do STF (RE nº 313.382-9/SC) e do STJ a respeito da matéria.

Assim, extraem-se como fundamentos dessa discussão: a) que a referência ao "valor nominal" não contrariava a Constituição; b) que o princípio da preservação do valor real não gera direito adquirido ao reajustamento mensal dos benefícios previdenciários; c) que o disposto no artigo 194, parágrafo único, IV, da Constituição assegura apenas a irredutibilidade nominal dos benefícios previdenciários.

- (...). Previdenciário. Leis 8542/92 e 8700/93. Conversão do benefício para URV. Constitucionalidade da palavra "nominal" contida no inciso I do artigo 20 da Lei 8.880/94. Alegação procedente. 1. O legislador ordinário, considerando que em janeiro de 1994 os benefícios previdenciários teriam os seus valores reajustados, e que no mês subsequente se daria a antecipação correspondente à parcela que excedesse a 10% (dez por cento) da variação da inflação do mês anterior, houve por bem determinar que na época da conversão da moeda para Unidade Real de Valor fosse observada a média aritmética das rendas nominais referentes às competências de novembro e dezembro de 1993 e janeiro e fevereiro de 1994, período que antecedeu a implantação do Plano Real, dado que a URV traduzia a inflação diária. 2. Conversão do benefício para URV. Observância das Leis 8542/92, 8700/93 e 8880/94. Inconstitucionalidade da palavra nominal contida no inciso I do artigo 20 da Lei 8880/94, por ofensa à garantia constitucional do direito adquirido (CF, artigo 5º, XXXVI). Improcedência. O referido vocábulo apenas traduz a vontade do legislador de que no cálculo da média aritmética do valor a ser convertido para a nova moeda fossem considerados os reajustes e antecipações efetivamente concedidos nos meses de novembro e dezembro de 1993 e janeiro e fevereiro de 1994. Recurso extraordinário conhecido e provido. (STF, Pleno. RE 313382, Rel. Min. Maurício Corrêa. DJ 8.11.02).

- Previdenciário. Revisional de benefícios. Conversão do valor nominal em URV. Resíduos de 10% do IRSM de janeiro/94. IRSM integral de fevereiro/94. Incorporação. Inexistência de direito adquirido. Inexiste direito adquirido à incorporação dos resíduos de 10% referente ao IRSM de janeiro/94 e do IRSM integral de fevereiro/94, em razão da revogação da Lei 8.700/93 que a previa, pela Lei 8.880/94, que instituiu novo critério de reajuste do benefício previdenciário, com vigência a partir de 1º de março de 1994, antes, portanto, da data-base do reajuste quadrimestral. A conversão dos benefícios previdenciários em URV, a partir de março de 1994, não implicou em redução do valor real do benefício, porquanto estes restaram preservados em relação à própria conversão (Lei 8.880/94, art. 20, § 3º) (...). (STJ. 5ª. T., REsp 241.735/SC, Rel. Min. Jorge Scartezzini, DJ 24.4.2000)

- (...). Benefício. IRSM. Conversão em URV. Valor real. Lei 8.880/94. (...). III. A Lei 8.880/94 revogou a Lei 8.700/93 e instituiu a URV a partir de 01.03.94, impedindo assim a antecipação de março/94, que daria causa à incorporação do IRSM de janeiro e de fevereiro/94. IV – Encontra-se assente o entendimento de que não ocorreu redução do valor real do benefício quando da sua conversão em URV (...). (STJ, 5ª. T., REsp 323.569/RS, Rel. Min. Felix Fischer, DJ 20.8.01).

◎ Processual civil e previdenciário revisional. Conversão em URV. Preservação do valor real e direito adquirido. Agravo regimental. I. Não há direito adquirido à conversão pelos IRSMs integrais dos meses de novembro/dezembro 93 e janeiro/fevereiro 94. II. Embora não se tratasse de reajustamento, mas de mudança de moeda, a conversão dos benefícios em URV segundo o art. 20, incisos I e II e § 3º, não resultou em prejuízo para o segurado (...). (STJ, AgRg no REsp 373.544/RS, Rel. Min. Gilson Dipp, 5ª T., DJ 22.4.2002)

◎ Processual e previdenciário. Auxílio-acidente. Laudo pericial. Salário-de-contribuição. Atualização monetária. IRSM 39,67% referente a fevereiro de 1994. (...).. Na atualização do salário-de-contribuição para fins de cálculos da renda mensal inicial do benefício, deve-se levar em consideração o IRSM de fevereiro de 1994 (39,67%) antes da conversão em URV, tomando-se esta pelo valor de Cr$ 637,64 de 28 de fevereiro de 1994 (§5o do art. 20 da Lei 8.880/94). Em tema de concessão de benefício previdenciário permanente, decorrente de acidente de trabalho, deve-se considerar como seu termo inicial o dia da juntada do laudo pericial em juízo. (...). (STJ, REsp 280.580/SP, Rel. Min. José Arnaldo da Fonseca, 5ª T., DJ 19.2.2001)

◎ Recurso especial. Agravo regimental. Previdenciário. Conversão para URV. Índices integrais do IRSM. Matéria estranha. Referindo a controvérsia sobre a legalidade do cálculo da renda mensal inicial de benefício previdenciário concedido após a Constituição Federal de 1988, aplicando-se o comando previsto na Súmula 260/TFR sucedido pelo artigo 58 do ADCT, incabível o agravo regimental que pugna pela aplicação dos índices integrais do IRSM, antes da conversão do benefício em URV, por ser matéria estranha à lide. (...). (STJ, AgRg no REsp 421.900/PB, Rel. Min. Vicente Leal, 6ª T., DJ 16.9.2002)

▶ **Lei 8.880/94. Art. 20.** Os benefícios mantidos pela Previdência Social são convertidos em URV em 1º de março de 1994, observado o seguinte: I – dividindo-se o valor nominal, vigente nos meses de novembro e dezembro de 1993 e janeiro e fevereiro de 1994, pelo valor em cruzeiros reais do equivalente em URV do último dia desses meses, respectivamente, de acordo com o Anexo I desta Lei; e II – extraindo-se a média aritmética dos valores resultantes do inciso anterior.

SÚMULA 2. OS BENEFÍCIOS PREVIDENCIÁRIOS, EM MAIO DE 1996, DEVERÃO SER REAJUSTADOS NA FORMA DA MEDIDA PROVISÓRIA 1.415, DE 29 DE ABRIL DE 1996, CONVERTIDA NA LEI 9.711, DE 20 DE NOVEMBRO DE 1998.

●*Súmula aplicável.* ● *DJ 13.3.2003.* ● *Referência legislativa: Lei 9.711/98. MPv's 1.415/96, 1.572-1/97, 1.824/99 e 2.022-17/00. Dec. 3.826/01.* ● *Precedentes: REsp 277230/SP. REsp 338180/SP. REsp 236841/RS. RE 231412/RS. PU/TNU 2002.72.00.050097-8/SC. PU/TNU 2002.72.00.050162-4/SC. PU/TNU 2002.72.00.050163-6/SC. PU/TNU 2002.72.04.000794-0/SC.*

▶ *Marco Bruno Miranda Clementino*

A Súmula assegura a aplicação do índice legal específico, previsto na Lei 9.711/98, resultante da conversão da Medida Provisória 1.415/96, no reajustamento dos benefícios previdenciários em manutenção.

O artigo 7º da Lei 9.711/98 fixou como índice de reajuste dos benefícios previdenciários o índice geral de preços - disponibilidade interna, cuja variação anual, considerados os doze meses anteriores, em maio de 1996, fora de 11,25%. Os segurados da previdência ingressaram em massa em juízo, sustentando direito subjetivo à aplicação do índice nacional de preços ao consumidor (INPC), no percentual de 20,05%, como forma de assegurar a preservação do valor real.

Apreciando a matéria, a TNU então sufragou a tese de que o índice de reajustamento dos benefícios previdenciários é aquele editado pelo legislador ordinário, bem como de não ter havido na hipótese irredutibilidade de benefícios.

◉ Previdenciário. Benefício. Revisão. Recurso especial. Aplicação de índices legais. Manutenção do valor real. INPC. IGP-DI. Reajuste no período de maio/95 a abril/96. (...). A adoção dos índices legais pelo INSS assegura a irredutibilidade do valor dos benefícios e preservam seu valor real. O critério de reajuste, aplicado no cálculo dos benefícios previdenciários em maio/96, instituiu o IGP-DI como índice revisor. (...). (STJ, REsp 277.230/SP, Rel. Min. Jorge Scartezzini, 5ª T., DJ 10.9.2001)

◉ Previdenciário. Benefício. Revisão. Recurso especial. Aplicação de índices legais. Manutenção do valor real. INPC. IGP-DI. Reajuste no período de maio/95 a abril/96. (...). A adoção dos índices legais pelo INSS assegura a irredutibilidade do valor dos benefícios e preservam seu valor real. Precedentes. A partir de janeiro/93, o IRSM substitui o INPC para todos os fins previstos nas Leis 8.213 e 8.212/91, nos termos dos artigos 2º, 9º, §§ 1º e 2º, da Lei 8.542/92. O critério de reajuste, aplicado no cálculo dos benefícios previdenciários em maio/96, instituiu o IGP-DI como índice revisor. (...). (STJ, REsp 338.180/SP, Rel. Min. Jorge Scartezzini, 5ª T., DJ 4.2.2002)

◉ Processual civil. Previdenciário. Recurso especial. Admissibilidade. Prequestionamento. (...). Reajuste de benefício. Manutenção do valor real. Índice a ser aplicado. IGP-DI. (...). III. No que tange ao v. acórdão vergastado ter incidido em violação ao art. 7º, VI e VII, da Lei n. 8.212/91, ao passo que teria olvidado de decisão do Conselho Nacional de Seguridade Social que tratava da matéria referente ao reajuste de benefício em maio/96, verifico que a matéria não foi ventilada no v. acórdão recorrido, o que impossibilita o seu conhecimento pelo presente recurso nobre, conforme dicção da Súmula 282/STF. IV. A legislação infraconstitucional criou mecanismo para a preservação dos valores dos benefícios, não podendo utilizar critérios outros que não previstos em Lei. V. Os critérios pertinentes à preservação do valor real dos benefícios previdenciários foram definidos com o advento da Lei n. 8.213/91, que dispôs sobre os Planos de Benefícios da Previdência Social. O critério de correção previstos no art. 41 da supracitada lei, qual seja, o INPC, foi sucedido pela Lei n. 8.542/92, que estabeleceu o IRSM, e pela Lei n. 8.880/94, que instituiu o IPC-r. Com o advento da Lei n. 9.711/98, o critério de reajuste a ser aplicado no cálculo dos benefícios foi novamente alterado, instituindo-se o IGP-DI, conforme dicção do art. 7º da Lei n. 9.711/98. (...). (STJ, REsp 236.841/RS, Rel. Min. Felix Fischer, 5ª T., DJ 29.5.2000)

▶ **Lei 9.711/98. Art. 7º** Os benefícios mantidos pela Previdência Social serão reajustados, em 1º de maio de 1996, pela variação acumulada do Índice Geral de Preços - Disponibilidade Interna - IGP-DI, apurado pela Fundação Getúlio Vargas, nos doze meses imediatamente anteriores. (Revogado p/MPv 2.187-13/2001)

SÚMULA 8. OS BENEFÍCIOS DE PRESTAÇÃO CONTINUADA, NO REGIME GERAL DA PREVIDÊNCIA SOCIAL, NÃO SERÃO REAJUSTADOS COM BASE NO IGP-DI NOS ANOS DE 1997, 1999, 2000 E 2001.

● *Súmula aplicável.* ● *DJ 5.11.2003.* ● *Precedentes: RE 376.846/SC. PU/TNU 2002.70.03.002872-2/PR.*

▶ *Luiz Régis Bonfim Filho*

A Constituição Federal, desde sua redação originária, assegura o reajustamento de benefícios do RGPS, objetivando preservar-lhes o valor real em caráter permanente, submetendo a critérios fixados em lei (artigo 201, § 2º, na redação originária, e

§ 4º, na redação atual, CF/88). Ocorre que o legislador ordinário, em sua liberdade conformação cotejada pelo contexto socioeconômico em dado momento, fixou diversos índices.

Observa-se a evolução legislativa sob a perspectiva dos princípios constitucionais da irredutibilidade (art. 194, IV, CF/88) e da preservação do valor real dos benefícios previdenciários (art. 201, § 4º, CF/88).

De início, a lei adotou o INPC (Índice Nacional de Preços ao Consumidor) como índice de reajuste do valor do benefício, nas mesmas épocas em que o salário-mínimo for alterado, pelo índice da cesta básica ou substituto eventual, nos termos da redação originária do artigo 41, inciso II, Lei 8.213/91. Já se alertava que tal índice poderia ser alterado por ocasião da revisão da política salarial, inclusive permitindo "reajuste extraordinário" para recompor eventual perda do poder aquisitivo em razão da aplicação do INPC, na forma do artigo 41, §§ 1º e 2º, Lei 8.213/91, redações originárias.

Com a vigência da Lei 8.542/92, a partir de maio de 1993, os benefícios teriam reajuste quadrimestral pela variação acumulada do Índice de Reajuste do Salário Mínimo - IRSM. A Lei 8.542/92 dispõe sobre a política nacional de salários, que tem por fundamento a livre negociação coletiva, revogando, por conseguinte, o artigo 41, II, em sua redação originária, Lei 8.213/91, mantendo os efeitos financeiros do reajuste até janeiro de 1993 pelo INPC.

Nada obstante, a partir de março de 1994, o artigo 20, Lei 8.880/94 determinou a conversão dos benefícios previdenciários em URV (Unidade Real de Valor), que corresponderia, à época, CR$ 647,50 (seiscentos e quarenta e sete cruzeiros reais e cinquenta centavos). Tratava-se de um programa de estabilização econômica com a intenção de adotar o Índice de Preços ao Consumidor do Real - IPC-r como índice de reajustamento do valor dos benefícios previdenciários, na forma do artigo 29, Lei 8.880/94.

Ocorre que a Medida Provisória 1.415/96, convertida posteriormente na Lei 9.711/98, instituiu o Índice Geral de Preços - Disponibilidade Interna - IGP-DI, que deveria ser adotado para o reajuste dos benefícios a partir de 01 de maio de 1996. O cerne da questão do presente estudo reside em averiguar se os índices aplicados aos reajustes dos benefícios dos anos de 1997, 1999, 2000 e 2001 atende ao princípio da preservação do valor real (art. 201, § 4º, CF/88). Analisa-se.

Cumpre registrar que, em 2001, editou-se a Medida Provisória 2.187-13/01, ainda em vigor por força do artigo 2º, EC 32/01, estabelecendo o reajustamento conforme índices desvinculados de pesquisas econômicas do IBGE, fixando para o ano de 2001 o reajuste de 5,80%. Pois bem.

A TNU em primeiro momento editou a Súmula 3. Nada obstante, o STF entendeu de modo diverso. Colaciona-se, adiante transcrita, parte do voto do Ministro Carlos Velloso no RE 376846, que esclarece a situação.

Em razão do aludido precedente do STF, a TNU, no Incidente de Uniformização - PU 2002.70.03.002872-2/PR - julgamento de 30.9.2003, publicado no DJU 17.10.03, julgou:

> Previdenciário. Benefício. Reajustes nos anos de 1997,1999, 2000 e 2001. Divergência entre Turmas. Julgamento do RE nº 376.846. Reajuste pelo INPC.I. Conquanto pacificada a matéria no âmbito da Turma de Uniformização dos Juizados Especiais Federais – Súmula nº 3 -, o Supremo Tribunal Federal, no julgamento do RE nº 376.846, entendeu não ser devido o reajuste dos benefícios previdenciários pelo IGP-DI. II. Incidente do INSS conhecido e provido.

Desta feita, a Súmula TNU 3 foi cancelada em 30.9.2003, editando, por conseguinte, o presente Verbete, em 5.11.2003, diametralmente oposto.

◯ Súmula TNU 3. Os benefícios de prestação continuada, no regime geral da Previdência Social, devem ser reajustados com base no IGP-DI nos anos de 1997, 1999, 2000 e 2001. (Cancelada).

◯ (...). Em suma, os índices adotados (nos referidos anos) para o reajuste dos benefícios foram superiores ao INPC - Índice Nacional dos Preços ao Consumidor. Apenas no reajuste de 2001, é que houve diferença para menor, da ordem de 0,07%, diferença, está-se a ver, desprezível. De outro lado, verifica-se que o índice mais adequado para correção dos benefícios é mesmo o INPC, dado que "a população-objetivo" deste "é referente a famílias com rendimentos mensais compreendidos entre 1 (um) e 8 (oito) salários-mínimos, cujo chefe é assalariado em sua ocupação principal...", entrando "na composição do INPC" "as variações sentidas no preço da alimentação e bebidas, habitação, artigos de residência, vestuário, transportes saúde e cuidados pessoais, despesas pessoais, educação e comunicação, em média ponderada. Trata-se de índice de preços ao consumidor, não abarcando, diretamente, as flutuações de preços típicos do setor empresarial". Já o IGP-DI "não retrata a realidade do beneficiário, mas, basicamente, a variação de preços do setor empresarial brasileiro". Não há falar, portanto, que o critério utilizado pelo legislador, para o fim de realizar o reajuste preconizado no art. 201, § 4º, da Constituição, teria se afastado da realidade. Assim posta a questão, vale invocar o decidido pelo Supremo Tribunal Federal, RREE 219.880/RN e 313.382/SC: a declaração de inconstitucionalidade do critério utilizado pelo legislador ordinário somente seria possível se se demonstrasse "que o índice estabelecido em lei ... é manifestamente inadequado", o que não ocorre no presente caso. Aqui, ao contrário, adotou-se índice superior ao índice mais adequado, que é o INPC, certo apenas no tocante ao último reajuste é que houve diferença para menor, desprezível, porque da ordem de 0,07%. (...). (STF, RE 376846, Rel. Min. Carlos Velloso, Pleno, voto, DJ 2.4.2004)

◯ (...). Benefícios. Reajuste: 1997, 1999, 2000 e 2001. Lei 9.711/98, arts. 12 e 13; Lei 9.971/2000, §§ 2º e 3º do art. 4º; Med. Prov. 2.187-13, de 24.8.01, art. 1º; Decreto 3.826, de 31.5.01, art. 1º. C.F., art. 201, § 4º. I. Índices adotados para reajustamento dos benefícios: Lei 9.711/98, artigos 12 e 13; Lei 9.971/2000, §§ 2º e 3º do art. 4º; Med. Prov. 2.187-13, de 24.8.01, art. 1º; Decreto 3.826/01, art. 1º: inocorrência de inconstitucionalidade. II. A presunção de constitucionalidade da legislação infraconstitucional realizadora do reajuste previsto no art. 201, § 4º, C.F., somente pode ser elidida mediante demonstração da impropriedade do percentual adotado para o reajuste. Os percentuais adotados excederam os índices do INPC ou destes ficaram abaixo, num dos exercícios, em percentual desprezível e explicável, certo que o INPC é o índice mais adequado para o reajuste dos benefícios, já que o IGP-DI melhor serve para preços no atacado, porque retrata, basicamente, a variação de preços do setor empresarial brasileiro. (...). (STF, RE 376846, Rel. Min. Carlos Velloso, Pleno, DJ 2.42004)

SÚMULA 19. PARA O CÁLCULO DA RENDA MENSAL INICIAL DO BENEFÍCIO PREVIDENCIÁRIO, DEVE SER CONSIDERADA, NA ATUALIZAÇÃO DOS SALÁRIOS DE CONTRIBUIÇÃO ANTERIORES A MARÇO DE 1994, A VARIAÇÃO INTEGRAL DO IRSM DE FEVEREIRO DE 1994, NA ORDEM DE 39,67% (ART. 21, § 1º, DA LEI N. 8.880/94).

● *Súmula aplicável.* ● *DJ 7.10.2004.* ● *Referência legislativa:* CF. Lei 8.213/91. Leis 8.542/92, 8.880/94, 9.528/97, 9.711/98 e 10.839/04. MPv's 434/94, 1.523-9/97, 1.596-14/97, 1.663-15/98 e 138/03. ● *Precedentes:* Súm. 85/STJ. REsp 304.227/SC. REsp 411.345/SC. REsp 413.187/RS. REsp 421.832/SC. REsp 445.671/SC. REsp 497.057/SP. REsp 523.680/SP. EREsp 226.777/SC. EDREsp 243.858/RS. EDREsp 305.492/SC. PU/TNU 2002.51.51.022396-0/RJ. PU/TNU 2002.51.51.022655-9/RJ. PU/TNU 2003.51.60.002294-7/RJ.

▶ *Ronaldo José da Silva*

A Lei 8.542, de 23 de dezembro de 1992 instituiu o IRSM como fator de correção monetária para todos os fins previstos na Lei 8.213/91: "A partir de maio de 1993, inclusive, os benefícios de prestação continuada da Previdência Social terão reajuste quadrimestral pela variação acumulada do IRSM, sempre nos meses de janeiro, maio e setembro".

Com a edição da MP 434, de 27 de fevereiro de 1994 – sendo de relevo anotar que a referida medida provisória foi editada no penúltimo dia do mês de fevereiro, fato importante para o deslinde da controvérsia – foi regulamentada a troca de moedas no país, com a instituição da URV como unidade básica de transição monetária para o que então é hoje o real.

Dispôs o art. 19 da citada MPv que todos os valores expressos em cruzeiros pela Lei 8.213/91 seriam convertidos em URV em 1 de março de 1994.

Já o artigo 20 da aludida MP 434/94 estabeleceu, de forma mais didática, que os benefícios concedidos a partir de 1º de março de 1994 haveriam de ser corrigidos nos termos do art. 29 da Lei 8.213/91, então vigente, ou seja, a média aritmética simples de todos os últimos salários-de-contribuição dos meses imediatamente anteriores ao do afastamento da atividade ou da data da entrada do requerimento, até o máximo de 36 (trinta e seis), apurados em período não superior a 48 (quarenta e oito) meses, tomando-se os salários de contribuição expressos em URV's.

Assim surgiu a celeuma, pois a engenharia econômico-monetária produzida pelo legislador no âmbito da Previdência Social importou no reconhecimento da aplicação do IRSM como fator de atualização até 27 de fevereiro de 1994.

A Medida Provisória 434/94 foi convertida na Lei 8.880, de 27 de maio de 1994 (Lei instituidora da URV), e, em seu § 1º do art. 21 dispôs que Para os fins do disposto neste artigo (art. 21), os salários-de- contribuição referentes às competências anteriores a março de 1994 serão corrigidos, monetariamente, até o mês de fevereiro de 1994, pelos índices previstos no art. 31 da Lei 8.213, de 1991, com as alterações da Lei 8.542, de 1992, e convertidos em URV, pelo valor em cruzeiros reais do equivalente em URV do dia 28 de fevereiro de 1994.

Assim, os salários de contribuição anteriores a março de 1994 deveriam ser corrigidos pelo IRSM e a sua conversão deveria se dar com base no valor da URV no dia 28 de fevereiro de 1994.

Todo esse arcabouço legislativo, deveras confuso, por sinal, rendeu ensejo a várias interpretações conflitantes.

Em síntese, a autarquia previdenciária Instituto Nacional do Seguro Social (INSS), se posicionou no sentido de que a dicção do § 1º do art. 21 da Lei 8.880/94 deveria ser compreendida como emanando comandos normativos determinantes de que a correção monetária de todos os salários de contribuição anteriores a março de 1994, tinha como data limite o dia 27 de fevereiro de 1994, onde todos os salários-de-contribuição teriam termo final de atualização e, no dia seguinte, vale dizer, em de 28 de fevereiro de 1994 o resultado desta atualização seria convertido pelo valor da URV deste dia.

Todavia, após o julgamento de uma verdadeira avalanche de processos judiciais, que, por sinal, ainda existem aos montes, o Poder Judiciário consolidou o entendimento de que a locução "competências anteriores a março de 1994", contida no § 1º do art. 21 da Lei 8.880/94 compreendia o salário de contribuição do mês de fevereiro de 1994 em sua integralidade, o que importava na atualização dos salários de contribuição pelo IRSM durante todo o mês de fevereiro de 1994 e, de conseguinte, a conversão do valor apurado pela URV de 1º de março de 1994.

Nesse sentido é o enunciado do presente Súmula, e também os numerosos precedentes jurisprudenciais do STJ, citando-se, como exemplos, os seguintes: EREsp 226777, REsp 523680, REsp 163754, REsp 413187, adiante transcritos.

No âmbito da C. TNU, entre tantos precedentes, citam-se PU 2002.51.51.022396-0/RJ, DJU 5.8.2004; PU 2002.51.51.022655-9/RJ, DJU 29.9.2004 e PU 2003.51.60.002294-7/RJ, DJU 24.9.2004.

Após muito recorrer, sobrecarregando em demasia o Poder Judiciário Federal, o Executivo editou, em 23 de julho de 2004 a Medida Provisória 201, autorizando a revisão administrativa dos benefícios previdenciários nos termos da consagrada jurisprudência firmada nos Tribunais pátrios.

Ocorre que, mesmo com a clareza do entendimento sumulado, ainda aportam no Poder Judiciário algumas ações pugnando pela incidência do IRSM integral referente ao mês de fevereiro de 1994, em situações onde é clara a não inclusão do referido salário-de-contribuição do mês de fevereiro de 1994 no chamado PBC – Período Básico de Cálculo.

Ao menos três situações são facilmente identificáveis.

A primeira diz respeito aos casos onde o benefício foi concedido em data anterior a fevereiro de 1994. Por óbvio, se o benefício foi concedido em data anterior o referido mês/ano da polêmica não se encontra no chamado PBC e, logo, a RMI calculada não utilizou o mês de fevereiro de 1994.

A segunda se reporta ao período que medeia fevereiro de 1997 até 26 de novembro de 1999, quando foi editada a Lei 9.876 que alterou substancialmente a sistemática de cálculo dos benefícios previdenciários em geral. Vale dizer, os benefícios previdenciários com termo a quo de início após fevereiro de 1997 não podem se beneficiar do IRSM referente ao mês de fevereiro de 1994. É que, neste caso, o mês de fevereiro de 1994 não estará inserido no PBC porque, segundo a sistemática legal então vigente, somente os trinta e seis últimos salários-de-contribuição é que poderiam ser utilizados no cálculo da média aritmética para a extração da denominada RMI.

Por fim, o terceiro caso, deve ser apurado com certo grau de cautela. Como já exposto, veio a lume no ano de 1999, mais precisamente no dia 26 de novembro de 1999, a Lei 9.876 que alterou a sistemática de cálculos dos benefícios previdenciários. Pela referida lei, para a formação do PBC deve ser extraída a média aritmética simples de todos os maiores salários-de-contribuição correspondentes a oitenta por cento de todo o período contributivo do segurado (art. 29, da Lei 8.213/91). Assim, deve o intérprete aferir se o salário-de-contribuição referente ao mês de fevereiro de 1.994 está entre os maiores salários-de-contribuição, limitado a oitenta por cento de todo o período contributivo, para constatar se ele deve ou não fazer parte do PBC.

◉ Processual e previdenciário. Benefício. Salários-de-contribuição. Atualização. Incidência do IRSM de fevereiro de 1994 (39,67%). Honorários. Súmula 111/STJ. I. Na atualização dos salários-de-contribuição informadores dos salários-de-benefício que servem de base de cálculo de benefícios concedidos a partir de 1º de março de 1994, deve incidir, antes da conversão em URV, o IRSM de fevereiro de 1994 (39,67%), consoante preconizado pelo art. 21, §1º, da Lei 8.880/94. Precedentes do STJ. II – Nas ações previdenciárias, os honorários advocatícios devem incidir sobre as prestações vencidas, entendidas estas como as ocorridas até a prolação da sentença. (...). (STJ, REsp 304.227/SC, Rel. Min. Gilson Dipp, 5ª T., DJ 27.8.2001)

◉ (...). Atualização dos 36 últimos salários-de-contribuição. Variação do ISRM de janeiro e fevereiro de 1994. 39,67%. Possibilidade. Honorários advocatícios. Termo final. 1. Na atualização dos 36 últimos salários-de-contribuição, para fins de apuração da renda mensal inicial dos benefícios previdenciários, é aplicável a variação integral do IRSM nos meses de janeiro e fevereiro de 1994, o percentual de 39,67% (artigo 21, § 1º, da Lei 8.880/94). 2. O enunciado da Súmula n. 111 deste Superior Tribunal de Justiça exclui, do valor da condenação, as prestações vincendas, para fins de cálculo dos honorários advocatícios nas ações previdenciárias. 3. As prestações vincendas excluídas não devem ser outras senão as que venham a vencer após o tempo da prolação da sentença. 4. Recurso conhecido e provido para determinar a incidência da verba honorária sobre as prestações vencidas até a prolação da sentença. (STJ, REsp 413.187/RS, Rel. Min. Hamilton Carvalhido, 6ª T., DJ 17.2.2003)

◉ (...). Reajuste. Proporcionalidade. Valor real. Salário de contribuição. Atualização monetária. IRSM de fevereiro/94 (39,67%). O primeiro reajustamento da renda mensal inicial de benefício de prestação continuada deve observar o critério da proporcionalidade, segundo a data de concessão do benefício, na forma estabelecida pelo art. 41, II, da Lei 8.213/91 e legislação subseqüente. (...). Na atualização monetária dos salários-de-contribuição, para fins de apuração da renda mensal inicial do benefício, deve ser aplicado o IRSM integral do mês de fevereiro/94, da ordem de 39,67%. (...). (STJ, REsp 523.680/SP, Rel. Min. Jorge Scartezzini, 5ª T., DJ 24.5.2004)

◉ (...). Atualização. Salário-de-contribuição. Variação do IRSM de janeiro e fevereiro de 1994. 36,67%. Possibilidade. 1. Na atualização dos salários-de-contribuição dos benefícios em manutenção é aplicável a variação integral do IRSM nos meses de janeiro e fevereiro de 1994, no percentual de 39,67% (artigo 21, § 1º, da Lei n. 8.880/94). (...). (STJ, Eresp 226.777/SC, Rel. Min. Hamilton Carvalhido, 3ª S., DJ 26.3.2001)

◉ Processual e previdenciário. Salário-de-contribuição. Atualização monetária. IRSM 39,67% referente a fevereiro de 1994. Na atualização do salário-de-contribuição para fins de cálculos da renda mensal inicial do benefício, deve-se levar em consideração o IRSM de fevereiro de 1994 (39,67%) antes da conversão em URV, tomando-se esta pelo valor de Cr$ 637,64 de 28 de fevereiro de 1994 (§ 5º do art. 20 da Lei 8.880/94). (...). (STJ, REsp 163.754/SP, Rel. Min. Gilson Dipp, 5ª T., DJ 31.5.1999)

▶ **Lei 8.880/94. Art. 21.** (...). **§ 1º** Para os fins do disposto neste artigo, os salários-de- contribuição referentes às competências anteriores a março de 1994 serão corrigidos, monetariamente, até o mês de fevereiro de 1994, pelos índices previstos no art. 31 da Lei n. 8.213, de 1991, com as alterações da Lei n. 8.542, de 1992, e convertidos em URV, pelo valor em cruzeiros reais do equivalente em URV do dia 28 de fevereiro de 1994.

▶ **MPv 434/1994. Art. 19.** Os benefícios mantidos pela Previdência Social serão convertidos em URV em 1º de março de 1994: I – dividindo-se o valor nominal, vigente em cada um dos quatro meses imediatamente anteriores à conversão, pelo valor em cruzeiros reais do equivalente em URV do último dia do mês de competência, de acordo com o Anexo I desta medida provisória; e II – extraindo-se a média aritmética dos valores resultantes do inciso anterior. **§ 1º** Os valores expressos em cruzeiros nas Leis 8.212 e 8.213, ambas de 24 de julho de 1991, com os reajustes posteriores, serão convertidos em URV, a partir de 1º de março, nos termos dos incisos I e II do caput deste artigo. **§ 2º** Os benefícios de que trata o caput deste artigo, com data de início posterior a 30 de novembro de 1993, serão convertidos em URV em 1º de março de 1994, mantendo-se constante a relação verificada entre o seu valor no mês de competência de fevereiro de 1994 e o teto do salário de contribuição, de que trata o art. 20 da Lei 8.212, de 1991, no mesmo mês. ▶**Art. 20.** Nos benefícios concedidos com base na Lei 8.213, de 1991, com data de início a partir de 1º de março de 1994, o salário de benefício será calculado nos termos do art. 29 da referida lei, tomando-se os salários de contribuição expressos em URV. Por outro lado, o parágrafo único do referido artigo 20 firmou que "Para os fins do disposto neste artigo, os salários de contribuição referentes às competências anteriores a março de 1994 serão corrigidos monetariamente até o mês de fevereiro de 1994 pelos índices previstos no art. 31 da Lei 8.213, de 1991, com as alterações da Lei 8.542, de 23 de dezembro de 1992, e convertidos em URV, pelo valor em cruzeiros reais do equivalente em URV no dia 28 de fevereiro de 1994.

SÚMULA 21. NÃO HÁ DIREITO ADQUIRIDO A REAJUSTE DE BENEFÍCIOS PREVIDENCIÁRIOS COM BASE NA VARIAÇÃO DO IPC (ÍNDICE DE PREÇO AO CONSUMIDOR), DE JANEIRO DE 1989 (42,72%) E ABRIL DE 1990 (44,80%).

● *Súmula aplicável.* ● *DJ 7.10.2004.* ● *Precedentes: REsp 178.733/SP. REsp 192.447/SP. EDREsp 156.165/SP. Súm. 36/TRF4. AC 9504337643/SC. AC 9704185910/RS. PU/TNU 2003.38.00.719260-5/MG.*

▶ *Aníbal Magalhães da Cruz Matos*

A orientação sumular em tela surgiu a partir da discussão jurídica a respeito da aplicação aos benefícios previdenciários de expurgos inflacionários (índices de correção monetária criados pela legislação a fim de diminuir a inflação em determinado período) decorrentes de normas jurídicas que fundamentaram planos econômicos executados pelo governo federal (Planos Verão – janeiro de 1989 e Collor I – abril de 1990), os quais objetivavam a redução da inflação e a estabilidade econômica interna.

O enunciado afasta a existência de direito adquirido ao reajuste de benefícios previdenciários com base na variação do IPC (Índice de Preços ao Consumidor) nos meses de janeiro de 1989 (42,72%) e abril de 1990 (44,80%) com base na Lei. 7.789, de 4 de julho de 1989, considerando que esse diploma normativo não estava mais em vigor nos referidos períodos.

Nos períodos citados, o art. 58 do ADCT determinava que o reajuste dos Benefícios previdenciários deveria ser efetuado de acordo com a variação do salário-mínimo e a Constituição Federal de 1988 já assegurava "o reajustamento dos benefícios para preservar-lhes, em caráter permanente, o valor real, conforme critérios definidos em lei" (art. 201, § 4º) e a " irredutibilidade do valor dos benefícios" (art. 194, IV), de forma que o reajuste deveria ser efetivado de acordo com a legislação infraconstitucional em vigor, e segundo entendimento do Supremo Tribunal Federal, "a presunção de constitucionalidade da legislação infraconstitucional realizadora do reajuste previsto no art. 201, § 4º, CF, somente pode ser elidida mediante demonstração da impropriedade do percentual adotado para o reajuste" (STF, Pleno, RE 376.846/SC, Rel. Min. Carlos Velloso, DJU 2.4.2004).

Entendeu-se que em janeiro de 1989 era aplicável o Decreto-Lei. 2.335/87, que previa como índice de reajuste a URP (Unidade de Referência de Preços, calculada pela média da variação do IPC), e em abril de 1990 o BTN (Bônus do Tesouro Nacional), por força da MP 154, de 15 de março de 1990 (convertida na Lei. 8.030, de 12 de abril de 1990) e Lei. 7.777, de 20 de junho de 1989, os quais revogaram a Lei. 7.789, de 4 de julho de 1989 (que estabelecia o IPC como fator de correção monetária), de modo que não há direito adquirido ao reajuste dos benefícios previdenciários nos termos desta última.

Fundamenta-se tal entendimento na teoria geral da aplicabilidade das normas jurídicas, considerando que só há direito adquirido se o evento fático subjacente ocorreu quando a norma jurídica que o regulava estava em vigor, condição para que o bem passe a pertencer ao patrimônio de alguém. Enquanto o fato previsto na norma em vigor não ocorrer, não há aquisição do direito.

Nessa seara, aplica-se a norma vigente ao tempo da ocorrência do fato (princípio "tempus regit actum"), já previsto na antiga Lei de Introdução ao Código Civil Brasileiro (Decreto-Lei. 4.657/42), atualmente denominada de Lei de Introdução às normas do Direito Brasileiro (por força de alteração legislativa), que em seu artigo 6º dispõe que a "lei em vigor terá efeito imediato e geral, respeitados o ato jurídico perfeito, o direito adquirido e a coisa julgada", definindo ato jurídico perfeito como "o já consumado segundo a lei vigente ao tempo em que se efetuou" (§ 1º) e direito adquirido aquele que o titular, ou alguém por ele, possa exercer, bem como aqueles cujo exercício esteja sujeito à condição ou termo inicial inalterável por vontade de terceiros (§ 2º).

A noção prática relativamente à ausência de direito adquirido à aplicação de índices de correção monetária foi claramente demonstrada inicialmente no âmbito do STF, quando do julgamento do MS 21.216-1/DF, em que servidores públicos pretendiam a aplicação aos seus vencimentos do índice de correção monetária no percentual de 84,32% (variação acumulada do IPC) por força da Lei. 7.830/89.

Naquela ocasião, a Corte Suprema decidiu que não havia direito adquirido ao referido reajuste, pois "antes de que se houvessem consumados os fatos idôneos à aquisição do direito" previsto na Lei. 7.830/89, foi publicada a MP 154/90, que revogou aquela.

Tal noção de direito adquirido é aplicada até hoje para a solução de controvérsias jurídicas a respeito de aplicação de índices de correção monetária sobre vencimentos, soldos, subsídios, proventos e pensões, ou valores depositados por força de fundos instituídos por lei em favor do trabalhador, como FGTS, PASEP e PIS, ou mesmo em contas bancárias que exigem correção monetária periodicamente por força de lei.

Registre-se, por final, que a aplicação do IPC de janeiro de 1989 (42,72%) e abril de 1990 (44,80%), assim como vários outros expurgos inflacionários, são aplicados em procedimentos de atualização monetária de contas de liquidação judiciais porque tais procedimentos estão sujeitos a regime jurídico diverso daqueles que regulamentam o reajuste dos benefícios previdenciários, conforme orientação jurisprudencial (STJ, AR 940/SP e AgRg no Ag 962.362/SP).

- Súmula TRF1 17. Não existe direito adquirido à incorporação aos salários, vencimentos, proventos, soldos e pensões, do índice de reajuste de 84,32% de março e resíduos de janeiro e fevereiro de 1990. (Medida Provisória 154/90 e Lei 8.030/90).

- Súmula TRF4 36. Inexiste direito adquirido a reajuste de benefícios previdenciários com base na variação do IPC – Índice de Preços ao Consumidor – de março e abril de 1990.

- Mandado de Segurança contra ato omissivo do Presidente do Supremo Tribunal, em virtude do qual ficaram privados os Impetrantes, funcionários da Secretaria da Corte, do reajuste de 84,32% sobre os seus vencimentos, a decorrer da aplicação da Lei. 7.830, de 28-9-89. Revogada esta pela Medida Provisória n. 154, de 16-3-90 (convertida na Lei. 8.030-90), antes de que se houvessem consumados os fatos idôneos à aquisição do direito ao reajuste previsto para 1º-4-91, não cabe, no caso, a invocação da garantia prevista no art. no art. 5º, XXXVI, da Constituição. Pedido indeferido, por maioria. (STF, MS 21.216-1/DF, Rel. Min. Octavio Gallotti, DJ 28.6.91).

- (...). Benefícios. Reajuste: 1997, 1999, 2000 e 2001. Lei 9.711/98, arts. 12 e 13; Lei 9.971/2000, §§ 2º. e 3º do art. 4º; Med. Prov. 2.187-13, de 24.8.2001, art. 1º; Decreto 3.826, de 31.5.2001, art. 1º. C.F., art. 201, § 4º. I – Índices adotados para reajustamento dos benefícios: Lei 9.711/98, artigos 12 e 13; Lei 9.971/2000, §§ 2º. e 3º do art. 4º; inocorrência de inconstitucionalidade. II – A presunção de constitucionalidade da legislação infraconstitucional realizadora do reajuste previsto no art. 201, § 4º, C.F., somente pode ser elidida mediante demonstração da impropriedade do percentual adotado para o reajuste. Os percentuais adotados excederam os índices do INPC ou destes ficaram abaixo, num dos exercícios, em percentual desprezível e explicável, certo que o INPC é o índice mais adequado para o reajuste dos benefícios, já que o IGP-DI melhor serve para preços no atacado, porque retrata, basicamente, a variação de preços do setor empresarial brasileiro. III – R.E conhecido e provido. (STF, RE 376.846-8/SC, Rel. Min. Carlos Velloso, DJ 2.4.2004).

- (...). Benefício. Reajustes. Índices. Incorporação. Correção monetária. 1. Indevida a incorporação aos benefícios do IPC de 06.87 (26,06%), IPC de 01.89 (70,28%), IPCs de 03 e 04.90 (84,32% e 44,80%) e do IGP de 02.91 (21,1%), consoante precedentes do STJ que excluem o direito adquirido a tais reajustes. 2. Aplicam-se os critérios da Lei 6.899/81 às prestações cobradas e devidas na sua vigência, inclusive às parcelas anteriores ao ajuizamento da ação, no entendimento da aplicação simultânea das Súmulas 148 e 43-STJ. (...). (STJ, 5ª T., REsp 192.112/SP, Rel. Min. Gilson Dipp, DJ 11.10.99).

- (...). Benefício previdenciário. Reajuste. IPC de março de 1990 (84,32%). "1. Os expurgos inflacionários (IPC), consoante iterativa jurisprudência da Corte, são devidos em liquidação de sentença, entretanto, não podem ser incorporados no cálculo de reajustamento de benefícios previdenciários, a exemplo do que já foi decidido pela Suprema Corte, em relação aos vencimentos dos servidores públicos". Ação julgada procedente. (STJ, 3ª. S. AR 940/SP, Rel. Min, José Arnaldo da Fonseca, DJ 4.12.00).

◎ previdenciário. Reajuste. IPC de março de 1990 (84,32%). 1. Nos termos da jurisprudência desta Corte, amparada em orientação do STF, em tema de reajuste de benefícios previdenciários, não há falar em aplicação do IPC de março de 1990 (84,32%). 2. Recurso especial conhecido e provido. (STJ, 6ª T., REsp 296.374/AL, Rel. Min. Fernando Gonçalves, DJ 4.6.2001)

◎ (...). Interpretação do comando do título executivo. Incidência dos expurgos inflacionários apenas para a correção monetária. (...). É incabível a utilização dos expurgos inflacionários para o reajuste dos benefícios previdenciários, que obedecem a critérios previstos na legislação específica, sendo certo que se aplicam os índices inflacionários apenas no cálculo da correção monetária das diferenças a serem apuradas. (...). (STJ, 5ª T., AgRg no Ag 962.362/SP, Rel. Min. Napoleão Nunes Maia Filho, DJe 4.10.2010)

◎ (...). V. "Não existe direito adquirido à incorporação aos salários, vencimentos, proventos, soldos e pensões, do índice de reajuste de 84,32% de março e resíduos de janeiro e fevereiro de 1990 (Medida Provisória n. 154/90 e Lei 8.030/90)" (Súmula n. 17 do TRF/1ª Região). VI. "Não existe direito adquirido à incorporação dos salários, vencimentos, proventos, soldos e pensões, do índice de reajuste de 26,05% de fevereiro de 1989 (Lei 7.730/89)" (Súmula n. 28 do TRF/1ª Região). VII. Os índices de variação do IPC, em janeiro de 1989, abril e maio de 1990 e fevereiro de 1991 têm sido acolhidos, pela jurisprudência do STJ, para cálculo de correção monetária, mas não para reajuste de vencimentos ou benefícios previdenciários. (...). (TRF1, 2ª T., AC 0027995-96.1995.4.01.0000/MG, Rel. Assusete Magalhães, DJ 31.5.2002)

◎ (...). Previdenciário. Revisão de benefícios. Aplicação de índices expurgados (junho/87, janeiro/89, abril/90 e fevereiro/91). (...). Entre abril de 1989 e dezembro de 1991, por força do artigo 58 do ADCT, os valores dos benefícios concedidos anteriormente à CF/88 ficaram atrelados à equivalência em número de salários mínimos, e, após o advento da Lei 8.213/91, os reajustamentos passaram a observar o disposto no artigo 41, inciso II, e alterações subsequentes, que definiram o INPC e outros índices que se seguiram como parâmetro de revisão, inaplicáveis, assim, os índices expurgados expressos em IPC. (...). (TRF3, 3ª. S., AR 0002449-09.2000.4.03.0000, Rel. Márcia Hoffmann, e-DJF3 14.1.2011)

◎ Previdenciário. Revisão. RMI. Expurgos inflacionários março e abril/90 e de fevereiro/91. Artigo 58/ADCT. 1. Inexiste direito adquirido ao reajuste de benefícios previdenciários com apoio na variação do IPC em março e abril de 1990. (Súmula n. 36 desta Corte), bem como em fevereiro/91. 2. Cuidando-se de benefício de prestação continuada, com sistema próprio de cálculo, não há se falar em outros indexadores para restauração dos proventos. 3. Não há fundamento legal ou constitucional para manter-se o reajuste dos benefícios vinculados ao número de salários mínimos quando da concessão, além do período em que vigente o art. 58 do ADCT, ou seja, 05-4-1989 a 09.12.1991, entendo ser aplicável o princípio da legalidade, no sentido de haver uma presunção de que a Administração Previdenciária agiu em conformidade com a Lei. (TRF4, 5ª T., AC 2007.71.10.001380-5, Rel. Fernando Quadros da Silva, DE 16.11.2009)

▶ **CF. Art. 194.** (...). **IV.** A seguridade social compreende um conjunto integrado de ações de iniciativa dos Poderes Públicos e da sociedade, destinadas a assegurar os direitos relativos à saúde, à previdência e à assistência social. Parágrafo único. Compete ao Poder Público, nos termos da lei, organizar a seguridade social, com base nos seguintes objetivos: IV- irredutibilidade do valor dos benefícios. ▶ **Art. 201.** (...). **§ 4º.** É assegurado o reajustamento dos benefícios para preservar-lhes, em caráter permanente, o valor real, conforme critérios definidos em lei.

▶ **ADCT. Art. 58.** Os benefícios de prestação continuada, mantidos pela previdência social na data da promulgação da Constituição, terão seus valores revistos, a fim de que seja restabelecido o poder aquisitivo, expresso em número de salários mínimos, que tinham na data de sua concessão, obedecendo-se a esse critério de atualização até a implantação do plano de custeio e benefícios referidos no artigo seguinte. Parágrafo único. As prestações mensais dos benefícios atualizadas de acordo com este artigo serão devidas e pagas a partir do sétimo mês a contar da promulgação da Constituição.

▶ **DL 2.335/87. Art. 3º.** (...). **§ 1º** Fica instituída a Unidade de Referência de Preços (URP) para fins de reajustes de preços e salários. § 1º A URP, de que trata este artigo, determinada pela média mensal da variação do IPC ocorrida no trimestre imediatamente anterior, será aplicada a cada mês do trimestre subsequente.

▶ **MPv 154/90. Art. 2º.** (...). O Ministro da Economia, Fazenda e Planejamento estabelecerá, em ato publicado no Diário Oficial: II – no primeiro dia útil após o dia 15 de cada mês, a partir do dia 15 de abril de 1990, o percentual de reajuste mínimo mensal para os salários em geral, bem assim para o salário-mínimo.

▶ **Lei 7.777/89. Art. 6º** Os contratos e as obrigações expressas em moeda nacional, poderão conter cláusula de referência monetária pactuada com base no valor dos BTN, respeitado o disposto no § 5º do art. 15 da Lei 7.730, de 1989.

SÚMULA 25. A REVISÃO DOS VALORES DOS BENEFÍCIOS PREVIDENCIÁRIOS, PREVISTA NO ART. 58 DO ADCT, DEVE SER FEITA COM BASE NO NÚMERO DE SALÁRIOS MÍNIMOS APURADO NA DATA DA CONCESSÃO, E NÃO NO MÊS DE RECOLHIMENTO DA ÚLTIMA CONTRIBUIÇÃO.

●*Súmula aplicável.* ● *DJ 22.6.2005.* ● *Referência legislativa: ADCT, art. 58.* ● *Precedentes: REsp 65.917/SP. REsp 275.896/DF. REsp 462.630/RJ. REsp 600.175/RJ. Edcl no REsp 193.545/SP. Edcl no AgRg no REsp 501.638/SP. PU/TNU 2004.34.00.702911-4/DF.*

▶ Leonardo Augusto de Almeida Aguiar

O art. 58 do ADCT, adiante transcrito, foi uma regra transitória a qual determinou que todos os benefícios previdenciários mantidos na data da promulgação da nova Constituição deveriam ter seu valor conservado no mesmo número de salários mínimos observados na data de início do benefício.

A regra disposta no art. 58 do ADCT teve aplicabilidade prática apenas no período compreendido entre abril de 1989 (correspondente ao sétimo mês posterior à promulgação da Constituição de 1988) e dezembro de 1991 (correspondente à edição do Decreto n. 357/1991, que primeiro regulamentou a Lei 8.213/91).

No período anterior, ou seja, até março de 1989, estava em vigor o Decreto-Lei. 2.351, de 7.8.1987, que determinava a revisão dos benefícios previdenciários pelo salário mínimo de referência, pois a este estavam vinculados as pensões e proventos de aposentadoria de qualquer natureza, nos termos do parágrafo 1º, do art. 2º, do citado regramento.

Foi neste panorama que se deu a edição da Súmula 260 do extinto TFR (Tribunal Federal de Recursos), a qual determinou o reajuste dos benefícios pelo índice integral do aumento verificado, independentemente do mês da concessão, considerando, nos reajustes subsequentes, o salário-mínimo então atualizado.

No ponto, vale citar a decisão proferida pelo STF por ocasião do julgamento do RE 157.628/SP (1ª T., Rel. Min. Moreira Alves, DJ 30.6.1995):

> Já se firmou a jurisprudência desta Corte no sentido de que o benefício do art. 58 do ADCT da atual Constituição foi estabelecido para o futuro, ou seja, a partir do sétimo mês da promulgação da Carta Magna, não comportando, assim, aplicação retroativa.

Já no período posterior, ou seja, a partir de dezembro de 1991, passou a ter aplicabilidade plena a Lei 8.213/91, regulamentada pelo Decreto 357/1991, que previa inicialmente, em seu art. 41, II, o reajustamento dos benefícios em manutenção, de acordo com suas respectivas datas de início, com base na variação integral do INPC, calculado pelo IBGE, nas mesmas épocas em que o salário-mínimo for alterado, pelo índice da cesta básica ou substituto eventual. Essa regra já sofreu diversas modificações, e atualmente a questão é tratada pelo art. 41-A da Lei 8.213/91, incluído pela Lei 11.430/2006, que contudo manteve o índice INPC.

De todo modo, nota-se que o art. 58 do ADCT teve então aplicabilidade apenas entre abril de 1989 (correspondente ao sétimo mês posterior à promulgação da Constituição de 1988) e dezembro de 1991 (correspondente à edição do Decreto n. 357/1991, que primeiro regulamentou a Lei 8.213/91).

A controvérsia que se estabeleceu em torno desse dispositivo constitucional gira em torno da definição do momento exato em que deve ser feita a conversão do benefício previdenciário em número de salários-mínimos, para fins de sua efetiva aplicação. Em termos concretos, a questão cinge-se a saber: a) se a atualização do benefício previdenciário com base no art. 58 do ADCT deve levar em consideração o valor do salário-mínimo vigente no mês da última contribuição, momento em que o segurado implementou as condições legais para obtenção do benefício; ou b) se o comando constitucional do art. 58 do ADCT determina a conversão com base no número de salários-mínimos que o benefício tinha na data da sua efetiva concessão.

A TNU, no julgamento do Pedilef 2004.34.00.702911-4 DF, Rel. Mauro Luís Rocha Lopes, fixou o entendimento de que a norma Constitucional, quando se refere textualmente à "data da concessão", inegavelmente, refere-se ao momento da expedição do ato administrativo que reconhece o direito ao benefício, não sendo aceitável a interpretação de que a conversão há de ser feita na data do recolhimento da última contribuição. Desse julgamento decorreu a edição da presente Súmula.

Em verdade, foram três os precedentes do STJ utilizados pela TNU como fundamento da posição adotada: EDREsp 193545 (6ª T., Rel. Min. Quaglia Barbosa, DJ 21.2.2005), Edcl no Ag Rg no REsp 501638 (5ª T., Rel. Min. Felix Fischer, DJ 22.11.2004) e REsp 600175(5ª T., Rel. Min. Jorge Scartezzini, DJ 2.8.2004).

O curioso é que em nenhum deles a questão jurídica tratada na Súmula 25/TNU foi analisada diretamente, mas apenas "obter dictum", ou seja, em todos estes acórdãos do STJ a fixação da data de concessão para fins de revisão dos valores dos benefícios previdenciários, prevista no art. 58 do ADCT, foi apenas referida de passagem, não sendo objeto de discussão ou controvérsia em seus respectivos julgamentos.

Pois bem, no EDREsp 193.545/SP tratou-se apenas de negar a existência de omissão por ocasião do julgamento do respectivo Recurso Especial, o qual – por sua vez – teve como questão jurídica debatida aquela atinente ao termo final de vigência do artigo 58 do ADCT. A controvérsia estava em saber se o dies ad quem seria o mês de agosto de 1991 ou o mês de dezembro de 1991, correspondentes, respectivamente, à Lei 8.213/91 e ao Decreto n. 357/1991, tendo o STJ optado por fixar o termo final em dezembro de 1991, nos seguintes termos: "O critério da equivalência salarial previsto no artigo 58 do ADCT tem como termo final a implementação do Plano de Custeio e Benefícios da Previdência Social surgido em dezembro de 1991 com a regulamentação da Lei 8.213/91 pelo Decreto 357/91". Assim sendo, constou da ementa do acórdão do julgamento do EDREsp 193.545/SP que "entre abril de 1989 e dezembro de 1991 os benefícios previdenciários devem corresponder, em números de salários mínimos, ao valor estipulado na época de sua concessão". Contudo, a fixação da data de concessão do benefício como parâmetro para a conversão em salários-mínimos foi apenas mencionada de passagem, não constituindo o ponto controvertido do julgamento.

Já no julgamento do Edcl no Ag Rg no REsp 501.638/SP, a questão jurídica controvertida versava, especificamente, a respeito da prescrição incidente em demanda que reclama a correta aplicação do contido na primeira parte da Súmula 260/TFR. Com efeito, a Súmula 260/TFR determinava o reajuste dos benefícios pelo índice integral do aumento verificado, independentemente do mês da concessão, considerando, nos reajustes subsequentes, o salário-mínimo então atualizado. Esse comando tinha o objetivo de corrigir distorções na sistemática de reajustamentos dos benefícios previdenciários que permitia a existência de injustiças geradas pela proximidade da data de início do benefício em relação à data do primeiro reajustamento. Quando da oportunidade de seu primeiro reajustamento os benefícios haveriam de ser corrigidos mediante a aplicação de um índice equivalente a uma fração, cujo denominador seria 12 e o numerador seria o número de meses transcorridos entre a data da concessão e a data do primeiro reajustamento. Assim, a interpretação literal da legislação previdenciária conduzia à conclusão no sentido de que um segurado aposentado em novembro de um dado ano deveria ter seu benefício reajustado pela primeira vez em um percentual igual a 6/12 do índice de atualização salarial (que ocorria em 1º. de maio de todo ano), ou seja: 50% do índice previsto para o reajustamento dos demais benefícios.

Entretanto, o Tribunal Federal de Recursos, ao interpretar a legislação previdenciária vigente no momento da edição do enunciado sumular, entendeu que seria necessária a aplicação do índice cheio na oportunidade da primeira correção do valor do benefício previdenciário, independentemente da data de sua concessão. Pois bem, como o art. 58 do ADCT modificou essa sistemática de reajustamento a partir de abril de 1989 (correspondente ao sétimo mês posterior à promulgação da Constituição de 1988), a última parcela de benefício previdenciário que se admite, em tese, possa ter sido paga em desacordo com a Súmula TFR n. 260 é a de março de 1989. Nesse sentido é que o STJ decidiu, no julgamento do Edcl no Ag Rg no REsp 501.638/SP, que se a última parcela paga a menor, por desobediência ao comando da Súmula n. 260 do TFR, refere-se a março de 1989, e não havendo reflexos desse erro na renda futura do benefício previdenciário, tem-se que, passados mais de cinco anos dessa data, prescreve o direito de pleitear as diferenças decorrentes da não-aplicação do referido verbete, por força do art. 1º do Decreto n. 20.910/32 e do art. 103 da Lei 8.213/91. Contudo, da ementa deste acórdão efetivamente constou que "a edição do art. 58 do ADCT representou uma ruptura na forma de reajuste dos benefícios previdenciários, uma vez que afastou o critério previsto na primeira parte da Súmula nº 260/TFR, tornando-a sem qualquer repercussão no reajustamento futuro dos benefícios previdenciários, e adotou como forma de restauração do poder aquisitivo do benefício a equivalência ao número de salários-mínimos quando da concessão". Fica evidente, pois, que também neste acórdão a fixação da data de concessão do benefício como parâmetro para a conversão em salários-mínimos foi apenas mencionada de passagem ("obter dictum"), não constituindo o ponto controvertido do julgamento.

Por fim, no julgamento do REsp 600.175/RJ o objeto da discussão recursal foi a definição atinente à utilização do SMR (Salário Mínimo de Referência) ou do PNS (Piso Nacional de Salários) como fator de reajuste dos benefícios previdenciários durante a vigência do Decreto-Lei 2.351/1987, isto é, no período imediatamente anterior ao início da aplicação da regra do art. 58 do ADCT. Nesse sentido, constou da ementa do respectivo acórdão que "durante a vigência do Decreto-Lei 2.351, de 07.8.87, até março de 1989 (em face do previsto no art. 58 do ADCT), os benefícios previdenciários devem, necessariamente, ser revistos pelo salário-mínimo de referência, pois a este estavam vinculados as pensões e proventos de aposentadoria de qualquer natureza, a teor do parágrafo 1º, do art. 2º, do citado Decreto-lei 2.351/87". Contudo, constou também que "a partir de abril/89, até a edição da Lei 8.213/91, os benefícios previdenciários são, então, reajustados com base no número de salários mínimos que tinham na data de sua concessão, a teor do art. 58 do ADCT", de modo que, também aqui, a fixação da data de concessão do benefício como parâmetro para a conversão em salários-mínimos foi apenas mencionada de passagem ("obter dictum"), não constituindo o ponto controvertido do julgamento.

É verdade que outros três julgados são ainda normalmente mencionados como precedentes da Súmula sob comento: REsp 65917 (Rel. Min. Luiz Vicente Cernicchiaro, DJ 6.5.1996), REsp 462630 (Rel. Min. Jorge Scartezzinni, DJ 31.3.2003), e REsp 275896 (Rel. Min. José Arnaldo da Fonseca, DJ 23.9.2002). Contudo, a menção a estes julgados decorre de um equívoco. Isto porque, embora o REsp 65.917/SP e o REsp 462.630/RJ tratem de alguns aspectos do art. 58 do ADCT, eles foram simplesmente utilizados pelo recorrente (no caso o INSS) como paradigmas para possibilitar o manejo do Pedido de Uniformização de Jurisprudência Nacional perante a TNU, especificamente do Pedilef 2004.34.00.702911-4 DF, Rel. Juiz Federal Mauro Luís Rocha Lopes, que resultou na edição da Súmula ora comentada. Contudo, embora tenham servido para caracterizar a divergência jurisprudencial entre a decisão então recorrida (proferida pela Turma Recursal do Distrito Federal) e a jurisprudência do STJ, estes dois julgados não foram utilizados na fundamentação do voto que redundou na edição da Súmula. Já quanto ao REsp 275.896/DF o equívoco é ainda maior, pois tal julgado sequer permeia a discussão atinente ao art. 58 do ADCT, versando sobre matéria inteiramente estranha à controvérsia (art. 38 da Lei 8.112/1990, que em verdade se relaciona com a Súmula 23/TNU).

De todo modo, dada a literalidade da própria norma constitucional, já que o art. 58 do ADCT expressamente determinou que "os benefícios de prestação continuada (...) terão seus valores revistos, (...) expresso em número de salários mínimos, que tinham na data de sua concessão", a orientação sumulada pela TNU não encontrou maiores objeções, mostrando-se acertada a decisão.

Então, a partir de abril de 1989 (sétimo mês posterior à promulgação da Constituição de 1988), até dezembro de 1991, com a edição do regulamento da Lei 8.213/91 (Decreto n. 357/1991), os benefícios previdenciários são reajustados com base no número de salários mínimos que tinham na data de sua concessão, a teor do art. 58 do ADCT.

Por fim, duas observações ainda devem ser feitas.

Em primeiro lugar, note-se que o art. 58 do ADCT é uma norma constitucional originária, e por isso não existe qualquer incompatibilidade dela com a regra geral de não vinculação do salário mínimo para qualquer fim (CF/1988, art. 7º, inciso IV), tratando-se, tão somente, de regra transitória de atualização, aplicável apenas no período de abril de 1989 até dezembro de 1991, e somente para benefícios concedidos até 5 de outubro de 1988, conforme a Súmula 687/STF.

Em segundo e último lugar, veja-se que a aplicação do art. 58 do ADCT afasta o entendimento anteriormente consolidado na Súmula 260/TFR260. Ou seja, a regra do ADCT é incompatível com o entendimento sumulado, que não deve, pois, ser aplicado após abril de 1989. Isto porque, a uma, com o art. 58 do ADCT os benefícios previdenciários mantidos na data da promulgação da nova Constituição passaram a ter seu valor conservado no mesmo número de salários mínimos observados na data de início do benefício, não sendo mais aplicável então a forma de reajustamento pela aplicação do índice de aumento do salário-mínimo (de que tratava a primeira parte da Súmula do TFR). E a duas, porque com o art. 58 do ADCT ficaram revogadas todas as regras que estabeleciam o antigo sistema de faixas salariais (de que tratava a segunda parte da Súmula do TFR).

◉ Súmula STF 687. A revisão de que trata o art. 58 do ADCT não se aplica aos benefícios previdenciários concedidos após a promulgação da Constituição de 1988.

◉ Súmula TFR 260. No primeiro reajuste do benefício previdenciário deve-se aplicar o índice integral do aumento verificado, independentemente do mês da concessão, considerado, nos reajustes subseqüentes, o salário-mínimo então atualizado.

◉ (...). Revisional de benefício. Art. 58 do ADCT. Decreto-lei n. 2.351/87, art. 2º, parágrafo 1º. Salário mínimo de referência. Piso nacional de salário. Durante a vigência do Decreto-Lei n. 2.351, de 7.8.1987, até março de 1989 (em face do previsto no art. 58 do ADCT), os benefícios previdenciários devem, necessariamente, ser revistos pelo salário-mínimo de referência, pois a este estavam vinculados as pensões e proventos de aposentadoria de qualquer natureza, a teor do § 1º, do art. 2º, do citado Decreto-lei 2.351/87. A partir de abril/89, até a edição da Lei 8.213/91, os benefícios previdenciários são, então, reajustados com base no número de salários mínimos que tinham na data de sua concessão, a teor do art. 58 do ADCT. (...). (STJ, REsp 600.175/RJ, Rel. Min. Jorge Scartezzini, 5ª T., DJ 2.8.2004)

◯ (...). Art. 58 do ADCT. Critério da equivalência salarial. Reajuste de setembro de 1991. Implementação do plano de custeio e benefícios. Termo final. Dezembro de 1991. Regulamentação da Lei 8.213/91. Decreto 357/91. Omissão ou contradição inexistente. 1. O critério da equivalência salarial previsto no artigo 58 do ADCT tem como termo final a implementação do Plano de Custeio e Benefícios da Previdência Social surgido em dezembro de 1991 com a regulamentação da Lei 8.213/91 pelo Decreto 357/91. 2. Entre abril de 1989 e dezembro de 1991 os benefícios previdenciários devem corresponder, em números de salários mínimos, ao valor estipulado na época de sua concessão. (...). (EDcl no REsp 193.545/SP, Rel. Min. HÉLIO QUAGLIA BARBOSA, 6ª T., DJ 21.2.2005)

◯ (...). Previdenciário. Benefício. Reajuste. Súmula n. 260/TFR. Prescrição quinquenal. I. A edição do art. 58 do ADCT representou uma ruptura na forma de reajuste dos benefícios previdenciários, uma vez que afastou o critério previsto na primeira parte da Súmula n. 260/TFR, tornando-a sem qualquer repercussão no reajustamento futuro dos benefícios previdenciários, e adotou como forma de restauração do poder aquisitivo do benefício a equivalência ao número de salários-mínimos quando da concessão. II. Se a quaestio versa a respeito da correta aplicação do contido na primeira parte da Súmula 260/TFR e se a última parcela paga a menor por falha no emprego do supracitado dispositivo refere-se a março de 1989, tem-se que, passados mais de cinco anos da data da última parcela, deve-se reconhecer a prescrição do direito do segurado em pleitear eventuais diferenças decorrentes de equívoco na aplicação da Súmula 260/TFR, nos termos do disposto nos artigos 1º do Decreto n. 20.910/32 e 103 da Lei n. 8.213/91. (...). (EDcl no AgRg no REsp 501.638/SP, Rel. Min. Felix Fischer, 5ª T., DJ 22.11.2004)

▶ **ADCT. Art. 58.** Os benefícios de prestação continuada, mantidos pela previdência social na data da promulgação da Constituição, terão seus valores revistos, a fim de que seja restabelecido o poder aquisitivo, expresso em número de salários mínimos, que tinham na data de sua concessão, obedecendo-se a esse critério de atualização até a implantação do plano de custeio e benefícios referidos no artigo seguinte.

▶ **Lei 8.213/91. Art. 41-A.** O valor dos benefícios em manutenção é reajustado, anualmente, na mesma data do reajuste do salário mínimo, pro rata, de acordo com suas respectivas datas de início ou do último reajustamento, com base no Índice Nacional de Preços ao Consumidor – INPC, apurado pela Fundação Instituto Brasileiro de Geografia e Estatística – IBGE.

▶ **DL 2.351/87. Art. 2º** O salário mínimo passa a denominar-se Salário Mínimo de Referência. § 1º Ficam vinculados ao Salário Mínimo de Referência todos os valores que, na data de publicação deste Decreto-Lei, estiverem fixados em função do valor do salário mínimo, (...). e, ainda, pensões e proventos de aposentadoria de qualquer natureza, penalidades estabelecidas em lei, contribuições e benefícios previdenciários e obrigações contratuais ou legais. (Revogado p/Lei 11.321/2006).

4.3. Prazo Prescricional

SÚMULA 28. ENCONTRA-SE PRESCRITA A PRETENSÃO DE RESSARCIMENTO DE PERDAS SOFRIDAS NA ATUALIZAÇÃO MONETÁRIA DA CONTA DO PLANO DE INTEGRAÇÃO SOCIAL – PIS, EM VIRTUDE DE EXPURGOS OCORRIDOS POR OCASIÃO DOS PLANOS ECONÔMICOS VERÃO E COLLOR I.

● *Súmula aplicável.* ● DJ 5.1.2006. ● *Referência legislativa: Dec. 20.910/32. DL 2.052/83.* ● *Precedentes: Enun. 40/TR-SJRJ. PU/TNU 2004.38.00.705469-2/MG. PU/TNU 2004.38.00.705374-5/MG. PU/TNU 2004.38.00.705537-9/MG.*

▸ Aníbal Magalhães da Cruz Matos

Originariamente, o PIS (Programa de Integração Social) foi instituído pela Lei Complementar 7/70 com a finalidade de "promover a integração do empregado na vida e no desenvolvimento das empresas" (art. 1º).

Sob a ótica econômico-financeira, é um fundo de participação constituído por contribuições das empresas para a consecução de seus objetivos, mediante depósitos na Caixa Econômica Federal, que até o advento da Constituição Federal de 1988 (04.10.1988) distribuía os valores depositados aos empregados na forma de quotas proporcionais aos salários e ao tempo de serviço em contas individuais abertas em nome dos empregados participantes.

A partir daí, a CF/88 em seu art. 239 estabeleceu que a arrecadação decorrente das contribuições para o PIS, criado pela LC 7/70 passaria a financiar o seguro-desemprego e o abono, este criado pelo parágrafo terceiro desse dispositivo no valor de um salário-mínimo anual para os empregados que percebam até dois salários mínimos de remuneração mensal de empresas participantes do programa (computado nesse valor o rendimento das contas individuais).

A Súmula ora analisada trata do prazo prescricional relativo às ações que objetivam o ressarcimento de perdas sofridas em razão da não aplicação pelo banco depositário de índices de expurgos inflacionários (atualização monetária para recuperação do valor da moeda) às contas individuais do PIS dos empregados, quando da execução dos Planos Econômicos Verão (janeiro de 1989) e Collor I (abril e maio de 1990) promovidos pelo governo federal.

Discutiu-se a possibilidade de aplicação ao caso do prazo prescricional de trinta anos à época previsto para a ação de cobrança dos valores devidos aos titulares de contas do FGTS com fundamento na aplicação de expurgos inflacionários, nos termos do art. 23, § 5º, da Lei. 8.036/90, mas como o PIS e o FGTS são fundos distintos, com regimes jurídicos e finalidades diversas, pacificou-se o entendimento de que o prazo trintenário não poderia ser aplicado aos casos de cobrança de diferenças decorrentes da não aplicação de índices de correção monetária às contas do PIS.

Logo, como não há previsão legal específica para a contagem do prazo prescricional das ações em que o trabalhador pretende recuperar as perdas inflacionárias ocorridas pela omissão do banco depositário em aplicar os índices corretos de atualização monetária sobre os valores depositados nas contas individuais do PIS nos períodos indicados, sedimentou-se na jurisprudência pátria que é aplicável nesses casos o prazo prescricional de cinco anos previsto no art. 1º do Decreto 20.910/32.

Apesar de o Supremo Tribunal Federal ter definido que as contribuições das empresas para o PIS têm natureza tributária quando do julgamento da Ação Civil Originária n. 580, por força do art. 239 da CF/88, observa-se que a relação jurídica subjacente às ações entre empregados e o PIS objetivando a recuperação de valores decorrentes da incorreta aplicação de índices de correção monetária em suas contas individuais tem natureza eminentemente civil, de forma que o prazo prescricional a ser aplicado é o descrito no Decreto 20.910/32 para ações em geral de natureza não fiscal contra a Fazenda Pública, e não o previsto no art. 10 do Decreto-Lei. 2.052/83, que estabelecia o prazo de dez anos para a ação de cobrança das contribuições devidas ao PIS (de natureza tributária).

Alguns acórdãos da TNU chegaram a decidir pela aplicação do prazo decenal, de acordo com o Decreto-Lei. 2.052/83, mas a jurisprudência acabou por fixar o entendimento no sentido de que o prazo prescricional em casos que tais é o de cinco anos previsto no Decreto 20.910/32, seguindo o raciocínio acima delineado, o que culminou no âmbito dos Juizados Especiais Federais com a edição da presente Súmula.

◉ Enunciado TR/RJ 40. Encontra-se prescrita a pretensão de ressarcimento de perdas sofridas na atualização monetária da conta de PIS, em virtude de expurgos ocorridos por ocasião dos planos econômicos Verão e Collor I.

◉ Ação cível originária. Vinculação do Estado de Minas Gerais ao Pasep. Inconstitucionalidade incidental do artigo 1° da Lei estadual 13.270, de 27 de julho de 1999. 1. A Lei Complementar 8/70, em seu artigo 8°, previa a faculdade de adesão ao Programa de Formação do Patrimônio do Servidor Público – Pasep, de natureza não tributária, instituído com o objetivo de distribuir a receita entre os servidores da União, Estados, Municípios e o Distrito Federal. 2. O advento da nova ordem constitucional transmudou a natureza da contribuição, que passou à categoria de tributo, tornando-se obrigatória. Arrecadação que, na atual destinação, tem por objeto o financiamento do seguro-desemprego e o abono devido aos empregados menos favorecidos (CF, artigo 239, § 3°). Precedente. 3. O Pasep, sendo contribuição instituída pela própria Carta da República, não se confunde com aquelas que a União pode criar na forma dos seus artigos 149 e 195, nem se lhe aplicam quaisquer dos princípios ou restrições constitucionais que regulam as contribuições em geral. (...). (STF, ACO 580/MG, Rel. Min. Maurício Corrêa, DJ 25.10.2008)

◉ (...). PIS. Pasep. Correção monetária. Relação não-tributária. Prazo prescricional quinquenal. Aplicação do Decreto n. 20.910/32. 1. A controvérsia essencial dos autos restringe-se ao direito de se pleitear montantes referentes à correção monetária dos saldos das contas vinculadas ao Programa de Formação do Patrimônio do Servidor Público – Pasep, sob a égide da prescrição trintenária. 2. Conforme reiterada jurisprudência do STJ, nas ações de cobrança dos expurgos inflacionários propostas por agentes públicos contra a Fazenda, o prazo prescricional é de cinco anos, nos termos do artigo 1° do Decreto n. 20.910/32. (...). (STJ, 2ª T., AgRg no REsp 748.369/SP, Rel. Min. Humberto Martins, DJ 15.5.2007)

◉ (...). Pasep. Correção monetária. Relação não-tributária. Prazo prescricional quinquenal. Aplicação do Decreto 20.910/32. Recurso desprovido. 1. A jurisprudência desta Corte Superior é pacífica quanto à não-aplicabilidade do prazo prescricional trintenário para as hipóteses em que se busca, com o ajuizamento da ação, a correção monetária dos saldos das contas do PIS/Pasep, haja vista a inexistência de semelhança entre esse programa e o FGTS. 2. Verificada divergência quanto ao prazo prescricional aplicável a hipóteses como a dos autos – decenal ou quinquenal – ou, ainda, acerca da legislação de regência – Código Tributário Nacional ou o Decreto 20.910/32. 3. Conforme orientação firmada no Supremo Tribunal Federal, a contribuição ao Pasep passou a ter natureza tributária com o advento da Constituição Federal de 1988, tornando-se obrigatório seu recolhimento pela União, Estados, Distrito Federal e Municípios (AgRg no RE 378.144/PR; AgRg no RE 376.082/PR; ACO 580/MG; AgRg na Pet 2.665/RS; ACO 471/PR). Assim, não há dúvidas de que a relação existente entre tais entes e o Fundo PIS/Pasep (seu credor) é de natureza tributária, sendo regida pelo Código Tributário Nacional quanto ao prazo decadencial ou prescricional, dentre outros assuntos. Entretanto, não se há de confundir a relação jurídica descrita com aquela existente entre o titular de conta individual do Pasep, que pretende a aplicação de expurgos inflacionários, e a União, pois, nesse caso, a relação jurídica tem natureza indenizatória, inexistindo a figura dos sujeitos ativo e passivo de uma obrigação tributária. 4. Em casos como o dos autos, portanto, haja vista a inexistência de norma específica tratando da matéria, o prazo prescricional a ser observado é quinquenal, tal como previsto no art. 1° do Decreto 20.910/32. (...). (STJ, 1ª T., REsp 745.498/SP, Rel. Min. Denise Arruda, DJ 30.6.2006)

○ PIS. Levantamento. Possibilidade. Prescrição quinquenal 1. Após a Constituição de 1988, a ação para recebimento de diferenças de correção monetária de depósitos do PIS/Pasep sujeita-se ao prazo prescricional de cinco anos, contados da data em que seriam devidas. 2. Tem direito ao levantamento do PIS o trabalhador que estiver fora do mercado formal de trabalho há mais de três anos, por aplicação analógica do art. 20, VIII da Lei 8.036/90. 3. Recurso conhecido e parcialmente provido. (TNU, Pedilef 200435007207277/GO, Rel. José Godinho Filho. j. 5.10.2004).

○ Ação ordinária de cobrança. Expurgos inflacionários. Contas PIS/Pasep. Prazo prescricional quinquenal. I. É firme a orientação jurisprudencial do Superior Tribunal de Justiça no sentido de que "O prazo prescricional a se observar em ação de cobrança de expurgos inflacionários de contas individuais do PIS/Pasep é o prazo quinquenal, nos termos do artigo 1º do Decreto-Lei 20.910/32. Precedentes. (...). (TRF1, 6ª T., AC 0000875-98.2011.4.01.3304/BA, Rel. Jirair Aram Meguerian, e-DJF1 24.9.2015)

○ (...). PIS/Pasep. Expurgos inflacionários. Citação válida da União Federal. Ausência de prejuízo. Prescrição quinquenal. Decreto n. 20.910/32. Ocorrência. (...). 5. O prazo prescricional para demandar eventuais expurgos inflacionários não aplicados em valores referentes ao PIS/Pasep, em razão da demanda ser dirigida contra a União Federal, é de cinco anos, a teor do Decreto n. 20.910/32. 6. Sendo proposta a ação após decorridos mais de dez anos do último índice aplicado, termo inicial da contagem do prazo, verifica-se que a pretensão se encontra afetada pela prescrição quinquenal, preconizada pelo art. 1º do Decreto n. 20.910/32, devendo ser o processo julgado extinto, com resolução do mérito, nos termos do art. 269, IV do CPC. (TRF2, 6ª T., AC 0000772-54.2001.4.02.5102, Rel. Guilherme Calmon Nogueira da Gama, DJe 21.6.2010)

○ (...). PIS/Pasep. Prescrição Quinquenal Consumada: Decreto n. 20.910/1932 (...). Com referência à afirmação de incidência de prescrição, imperiosa, em princípio, a observação de que não se está, na lide em tela, perquirindo a respeito do não-recolhimento de contribuição para o PIS/Pasep, como prestação principal inadimplida pelo responsável por seu pagamento, porém, sim, pretende-se a incidência de acréscimos sobre os saldos de depósitos efetuados em contas individualizadas, sob a rubrica de correção monetária, como pleito principal. À evidência, afastadas ficam, por isso, as teses de prazo pessoal ou trintenário, pertinentes à exigência do direito de depósito, em relação ao responsável pelo pagamento. Constata-se estarem sendo buscados acréscimos sobre um principal já depositado, ou seja, sejam repostos acessórios (correção monetária) sobre contribuição para o PIS/Pasep afirmada como já recolhida, plano ao qual se amolda a previsão de prazo de cinco anos para se cobrarem prestações acessórias pagáveis com periodicidade mensal, consoante art. 178, do C.C.B. então vigente, além de também corresponder a este tempo o prazo para acionamento da Fazenda Pública, conforme artigo 1º do Decreto 20.910/32. (...). (TRF3, 2ª T., AC 771646, Rel. Silva Neto, e-DJF3 17.12.2009)

○ (...). Correção monetária dos depósitos de PIS/Pasep. Planos Bresser, Verão e Collor I e II. Expurgos. Prescrição. Tratando-se de demanda onde se postula a cobrança de diferença relativa aos índices de correção monetária expurgados, em razão da instituição dos denominados Plano Bresser (1987), Verão (1989), Plano Collor I (1990) e Collor II (1991), deve ser observado o prazo prescricional previsto no artigo 1º do Decreto 20.910/32, na linha da jurisprudência do STJ e do TRF 4ª R. (TRF4, 3ª T., AC 0012346-59.2009.404.7100, Rel. João Pedro Gebran Neto, DE 7.4.2010).

○ PIS/Pasep. Pretensão de aplicação de correção monetária. Expurgos inflacionários. Prescrição quinquenal. I. Nas ações em que se pleiteia a incidência de correção monetária em valores do PIS, nas quais o sujeito passivo é a União, deve ser aplicado o prazo prescricional quinquenal previsto no Decreto n. 20.910/32. II. Afasta-se, por conseguinte, a aplicação da prescrição trintenária, que é própria do FGTS. (...). (TRF5, 4ª T., AC386146/PB, Rel. Francisco de Barros e Silva, DJ 2.8.2006)

▶ **LC 7/70. Art. 1º** É instituído, na forma prevista nesta Lei, o Programa de Integração Social, destinado a promover a integração do empregado na vida e no desenvolvimento das empresas.

▶ **CF. Art. 239.** A arrecadação decorrente das contribuições para o Programa de Integração Social, criado pela Lei Complementar nº 7, de 7 de setembro de 1970, e para o Programa de Formação do Patrimônio do Servidor Público, criado pela Lei Complementar nº 8, de 3 de dezembro de 1970, passa, a partir da promulgação desta Constituição, a financiar, nos termos que a lei dispuser, o programa do seguro-desemprego e o abono de que trata o § 3º deste artigo. (...)
§ 3º Aos empregados que percebam de empregadores que contribuem para o Programa de Integração Social ou para o Programa de Formação do Patrimônio do Servidor Público, até dois salários mínimos de remuneração mensal, é assegurado o pagamento de um salário mínimo anual, computado neste valor o rendimento das contas individuais, no caso daqueles que já participavam dos referidos programas, até a data da promulgação desta Constituição.

▶ **Dec. 20.910/32. Art. 1º** As dívidas passivas da União, dos Estados e dos Municípios, bem assim todo e qualquer direito ou ação contra a Fazenda federal, estadual ou municipal, seja qual for a sua natureza, prescrevem em cinco anos contados da data do ato ou fato do qual se originarem.

▶ **DL 2.052/83. Art. 10.** A ação para cobrança das contribuições devidas ao PIS e ao Pasep prescreverá no prazo de dez anos, contados a partir da data prevista para seu recolhimento.

▶ **Lei 8.036/90. Art. 23.** (...). **§ 5º** O processo de fiscalização, de autuação e de imposição de multas reger-se-á pelo disposto no Título VII da CLT, respeitado o privilégio do FGTS à prescrição trintenária.

SÚMULA 74. O PRAZO DE PRESCRIÇÃO FICA SUSPENSO PELA FORMULAÇÃO DE REQUERIMENTO ADMINISTRATIVO E VOLTA A CORRER PELO SALDO REMANESCENTE APÓS A CIÊNCIA DA DECISÃO ADMINISTRATIVA FINAL.

● *Súmula aplicável.* ● DJ 22.5.2013. ● Precedentes: Pedilef 5001257-32.2011.4.04.7213. Pedilef 2010.33.00.700255-8. Pedilef 0507999-94.2009.4.05.8102. Pedilef 0005838-11.2005.4.03.6310. Pedilef 0502234-79.2008.4.05.8102. Pedilef 2008.33.00.714131-5.

▶ *Edilson Pereira Nobre Júnior*

Aqui se tem a consolidação de entendimento que derivou do julgamento de seis pedidos de uniformização durante os anos de 2012 e 2013. Houve julgamentos por consenso e outros por maioria[23], sendo de se mencionar que versavam questionamento de decisão de Turma Recursal tanto com a jurisprudência do Superior Tribunal de Justiça quanto com o posicionamento de outras Turmas Recursais.

A discussão gravitou em torno de se saber se, em havendo requerimento administrativo do administrado perante a administração, vindicando utilidade suscetível

---

23. TNU: PU 2008.33.00714131-5, mv., Rel. Rogério Moreira Alves, DOU 23.4.2013; PU 2010.33.00.700255-8, v.u., Rel. Janilson Bezerra de Siqueira, DOU 27.4.2012; PU 0507999-94.2009.4.05.8102, v.u., Rel. Janilson Bezerra de Siqueira, DOU 25.5.2012; PU 5001257-32.2011.4.04.7213, v.u., Rel. Marisa Cláudia Gonçalves Cucio, DOU 8.3.2013; PU 0005838-11.2005.4.03.6310, v.u., Rel. Janilson Bezerra de Siqueira, DOU 26.4.2013; PU 0502234-79.2008.4.05.8102, mv., Rel. Adel Américo de Oliveira, DOU 23.4.2013.

de ser quitada em pecúnia, tal implicaria suspensão ou interrupção do lapso prescricional.

Isso porque, ao disciplinar especialmente a matéria nas lides que envolvam a Fazenda Pública, o art. 4º do Decreto 20.910/32 dispõe:

> Não corre a prescrição durante a demora que, no estudo, ao reconhecimento ou no pagamento da dívida, considerada líquida, tiverem as repartições ou funcionários encarregados de estudar e apurá-la.

Em todas as situações, compreendeu-se que a hipótese é de suspensão do prazo prescricional, o qual voltará a correr a partir do conhecimento, por parte do administrado, da prolação de decisão desfavorável, permanecendo válido o intervalo de tempo já transcorrido.

Para tanto, mostrou-se de relevo o entendimento prevalecente na exegese das disposições gerais sobre prescrição no Código Civil, mais precisamente os artigos 197 e 198. É que a expressão "não corre a prescrição", inserta no *caput* de tais preceitos, designa o instituto da suspensão da fluência do prazo prescricional[24], sendo de se notar que, quando quis cogitar de interrupção, a legislação civil se valeu do verbo "interromper", tal como o art. 172 do Código Civil anterior, ou do substantivo "interrupção", como se tem no art. 202 da codificação atual.

De outro lado, reforçou o entendimento a circunstância de que, eliminando qualquer margem de dúvida, o parágrafo único do art. 4º do Decreto 20.910/32 foi explícito, ao assinalar:

> A suspensão da prescrição, neste caso, verificar-se-á pela entrada do requerimento do titular do direito ou do credor nos livros ou protocolos das repartições públicas, com designação de dia, mês e ano.

A respeito do art. 4º do Decreto 20.910/32, interessante notar um aspecto que, nas duas últimas décadas, vem passando despercebido, principalmente pela jurisprudência.

É que o dispositivo legal em comento é responsável por conferir forma ao instituto da reclamação administrativa, para cuja formalização o art. 6º do Decreto 20.910/32 estatui o intervalo de tempo de um ano, salvo a existência de prazo especial.

Numa compreensão harmônica dos preceitos, a doutrina[25] vem entendendo que a suspensão da prescrição somente ocorre caso a reclamação tenha sido formulada no prazo do art. 6º do Decreto 20.910/32, entendimento que parece ter contado com

---

24. O mesmo constou dos artigos 169 e 179 do diploma de 1916.
25. Conferir a lição de Pontes de Miranda, ao se reportar à oportunidade para o oferecimento da reclamação administrativa: "O prazo mesmo é preclusivo. Findo ele não mais se pode reclamar administrativamente, mas subsiste a ação, contra a qual começou de correr o prazo prescricional e não se suspendeu com a reclamação administrativa, porque essa, 'ex hypothesi', não ocorreu" (**Tratado de direito privado**. Campinas: Bookseller, 2000. Tomo VI, p. 234). O autor, na mesma página, cogitava de suspensão com eficácia retroativa, com o efeito de atingir, desfazendo-o, o prazo já transcorrido. Também compreendendo que a reclamação somente é capaz de acarretar, mesmo sem efeitos passados, a suspensão da prescrição caso tenha sido protocolada nos termos do art. 6º do Decreto 20.910/32, é

o beneplácito da jurisprudência do Supremo Tribunal Federal antes da Constituição vigente[26].

Já o Superior Tribunal de Justiça aparenta dispensar a observância do prazo referido pelo art. 6º do Decreto 20.910/32, contentando-se com a mera formulação do requerimento do administrado dentro do lustro prescricional. É o que se pode extrair dos acórdãos sobre a matéria, os quais não cogitam dessa circunstância[27].

Penso que a matéria deve ser reexaminada, mas sem o desprezo da doutrina, fonte informativa bastante esquecida nas decisões judiciais dos dias que correm[28], a qual, para os fins do estudo da prescrição nas relações jurídicas entre os cidadãos e a Administração Pública, procurou descortinar um significado harmônico para os artigos 4º e 6º do Decreto 20.910/32.

4.4. Prazo Decadencial

SÚMULA 64. O DIREITO À REVISÃO DO ATO DE INDEFERIMENTO DE BENEFÍCIO PREVIDENCIÁRIO OU ASSISTENCIAL SUJEITA-SE AO PRAZO DECADENCIAL DE DEZ ANOS.

● *Súmula cancelada.* ● DJ 24.6.15 (cancelamento). ● Precedentes TNU: Pedilef 0508032-49.2007.4.05.8201; Pedilef 0506802-35.2008.4.05.8201; Pedilef 0502851-36.2008.4.05.8200.

▶ *Luiz Régis Bonfim Filho*

É cediço que lesionado determinado direito, surge a denominada pretensão, que deve ser exercitada em prazo prescricional. Os direitos potestativos e os postulados em ações constitutivas, registre-se, submetem-se a prazo decadencial. É a sucinta introdução ao tema, passa-se a abordar especificamente sobre a Súmula 64, TNU.

De início, o artigo 103, Lei 8.213/91, com redação dada pela Lei 10.839/04, enuncia o prazo decadencial de 10 anos para pretensão de "revisão do ato de concessão" de benefício, a contar do dia primeiro do mês seguinte ao do recebimento da primeira

---

a opinião de Maria Sylvia Zanella di Pietro (**Direito administrativo.** 19. ed. São Paulo; Atlas, 2006, p. 700).

26. É o que se percebe do julgado pela 2ª Turma no RE 51766/SP, cuja ementa reflete o seguinte: "Prescrição de ação contra a Fazenda Pública. Regra do art. 6º, do Dec. n. 20.910, de 1932. Reclamação administrativa. Não tem efeito suspensivo da prescrição, além do prazo de um ano. Decorrido esse prazo, não há que cogitar de prévia decisão administrativa sobre a intempestividade da reclamação. (...)". (STF, RE 51766, Rel. Min. Ribeiro da Costa, 2ª T., v.u., DJ 16.5.1963)
27. Ver, dentre outros, o decidido no REsp 11.121/MG (1ª Turma, mv, Rel. Min. Démocrito Reinaldo, DJU 16.3.99), no REsp 13.794/GO (2ª Turma, v.u., Rel. Hélio Mosimann, DJU 31.8.92) e no REsp 988.758/MA (2ª Turma, v.u., Rel. Carlos Fernando Matias, DJe 19.8.2008). Neste último decisório é de se observar invocação ao precedente constante do REsp 13.794/GO.
28. Nesse apelo, sobreleva em valor a leitura, principalmente durante a maturidade, dos clássicos, pois os seus ensinamentos se voltam ao perene, ajudando-nos na compreensão do presente e do futuro. Cativante o apelo de Ítalo Calvino em interessante livro (**Por que ler os clássicos.** Companhia das Letras: São Paulo, 2002, p. 9-16. Tradução do italiano por Nilson Moulin), alicerçado em quatorze razões. Destaca-se duas delas: "4. Toda releitura de um clássico é uma leitura de descoberta como a primeira. (...) 6. Um clássico é um livro que nunca terminou de dizer aquilo que tinha para dizer".

prestação ou, quando for o caso, do dia em que tomar conhecimento da "decisão indeferitória" definitiva no âmbito administrativo. Por oportuno, destaca-se que o aludido prazo de decadência foi instituído pela Medida Provisória 1.523-9/97, em sua nona edição, posteriormente convertida na Lei 9.528/97, devendo incidir no direito de revisão dos benefícios concedidos ou indeferidos anteriormente a esse preceito normativo, com termo a quo a contar da sua vigência (28.6.1997), conforme jurisprudência já consolidada (STJ, 1ª S., REsp. 1.303.988/PE, Rel. Min. Teori Albino Zavascki, DJ 21.3.2012)

O cerne da questão reside em analisar se o direito de reverter o ato indeferitório, negatório, do pleito administrativo a determinado benefício cometido INSS sujeita-se ao prazo decadencial previsto no artigo 103, Lei 8.213/91.

A TNU adotava o entendimento de que o artigo 103, Lei 8.213/91 possibilitava o reconhecimento de decadência do direito à revisão do ato denegatório do benefício, fazendo-se necessário que o requerente/segurado formulasse novo pleito administrativo. Para o então entendimento, caso o caput do art. 103 fosse aplicável somente aos benefícios deferidos, tornar-se-ia inócua a parte final do dispositivo: "do dia em que tomar conhecimento da decisão indeferitória definitiva no âmbito administrativo". Nesse momento, afirmava-se que tanto o ato de concessão positivo como o ato de concessão negativo estariam no âmbito de incidência da expressão revisão, devendo, por conseguinte, observar o prazo decadencial de 10 anos.

Nada obstante, houve viragem jurisprudencial. Analisa-se.

Em verdade, passou-se a entender que a decadência prevista na lei previdenciária mencionada emerge efeitos apenas na pretensão revisional, isto é, a que tem como objetivo majorar o "quantum" do benefício já auferido. O ato administrativo de negar o benefício não se sujeita a prazo decadencial. Esta é a tese vencedora. No ponto, colaciona-se, adiante, os precedentes do STF (RE 626489) e do STJ (REsp 1309529), julgado em sede da sistemática de recurso representativo de controvérsia, que alicerçam a tese.

Desta feita, julgando os Pedilefs 0503504-02.2012.4.05.8102 e 0507719-68.2010.4.05.8400, na sessão do dia 18.6.2015, a Turma Nacional de Uniformização (TNU), deliberou, por maioria, pelo cancelamento da Súmula 64. Editou-se, por outro lado, a Súmula 81/TNU.

Pelo exposto, a atual conjuntura legal e jurisprudencial não autoriza o reconhecimento de decadência diante de ato indeferitório e/ou negatório cometido pelo INSS bem como situação de fato ou de direito não apreciadas pela autarquia previdenciária no âmbito administrativo.

> Súmula TNU 81. Não incide o prazo decadencial previsto no art. 103, caput, da Lei 8.213/91, nos casos de indeferimento e cessação de benefícios, bem como em relação às questões não apreciadas pela Administração no ato da concessão.

> Recurso extraordinário. Direito previdenciário. Regime geral de previdência social (RGPS). Revisão do ato de concessão de benefício. Decadência. 1. O direito à previdência social constitui direito fundamental e, uma vez implementados os pressupostos de sua aquisição, não deve ser

afetado pelo decurso do tempo. Como consequência, inexiste prazo decadencial para a concessão inicial do benefício previdenciário. 2. É legítima, todavia, a instituição de prazo decadencial de dez anos para a revisão de benefício já concedido, com fundamento no princípio da segurança jurídica, no interesse em evitar a eternização dos litígios e na busca de equilíbrio financeiro e atuarial para o sistema previdenciário. 3. O prazo decadencial de dez anos, instituído pela Medida Provisória 1.523, de 28.6.1997, tem como termo inicial o dia 1º de agosto de 1997, por força de disposição nela expressamente prevista. Tal regra incide, inclusive, sobre benefícios concedidos anteriormente, sem que isso importe em retroatividade vedada pela Constituição. 4. Inexiste direito adquirido a regime jurídico não sujeito a decadência. 5. Recurso extraordinário conhecido e provido. (STF, Pleno, RE 626489, Rel. Min. Roberto Barroso, DJe 22.9.2014)

(...). Recursos representativos de controvérsia (REsp's 1.309.529/PR e 1.326.114/SC). Revisão do ato de concessão de benefício previdenciário pelo segurado. Decadência. Direito intertemporal. Aplicação do art. 103 da Lei 8.213/91, com a redação dada pela MP 1.523-9/1997, aos benefícios concedidos antes desta norma. Possibilidade. Termo "a quo". Publicação da alteração legal. Agravo regimental. Indeferimento de intervenção como "amicus curiae" e de sustentação oral. Agravo regimental da cfoab (...). O objeto do prazo decadencial 11. O suporte de incidência do prazo decadencial previsto no art. 103 da Lei 8.213/91 é o direito de revisão dos benefícios, e não o direito ao benefício previdenciário. 12. O direito ao benefício está incorporado ao patrimônio jurídico, e não é possível que lei posterior imponha sua modificação ou extinção. 13. Já o direito de revisão do benefício consiste na possibilidade de o segurado alterar a concessão inicial em proveito próprio, o que resulta em direito exercitável de natureza contínua sujeito à alteração de regime jurídico. 14. Por conseguinte, não viola o direito adquirido e o ato jurídico perfeito a aplicação do regime jurídico da citada norma sobre o exercício, na vigência desta, do direito de revisão das prestações previdenciárias concedidas antes da instituição do prazo decadencial. (...). (STJ, 1ª S., REsp 1309529/PR, Rel. Min. Herman Benjamin, DJe 4.6.2013)

SÚMULA 81. NÃO INCIDE O PRAZO DECADENCIAL PREVISTO NO ART. 103, CAPUT, DA LEI N. 8.213/91, NOS CASOS DE INDEFERIMENTO E CESSAÇÃO DE BENEFÍCIOS, BEM COMO EM RELAÇÃO ÀS QUESTÕES NÃO APRECIADAS PELA ADMINISTRAÇÃO NO ATO DA CONCESSÃO.

● *Súmula aplicável.* ● *DJ 24.6.2015.* ● *Precedentes: Pedilef 0503504-02.2012.4.05.8102. Pedilef 0507719-68.2010.4.05.8400.*

▸ *Marcelle Ragazoni Carvalho Ferreira*

A questão da decadência em matéria previdenciária já foi objeto de amplo debate na doutrina e jurisprudência.

Conceitualmente, decadência é "a perda de um direito, em decorrência da ausência do seu exercício"[29].

É sabido que, originalmente, a Lei 8.213/91 nada previa acerca da decadência, prevendo apenas que prescrevia em cinco anos o direito às prestações não pagas nem reclamadas na época própria (art. 103, Lei 8.213/91).

Entretanto, a Medida Provisória 1.523-9/97, convertida na Lei 9.528, de 10 de dezembro de 1997, promoveu sua alteração para a seguinte redação:

> Art. 103. É de dez anos o prazo de decadência de todo e qualquer direito ou ação do segurado ou beneficiário para a revisão do ato de concessão de benefício, a contar do dia primeiro do mês

---

29. TARTUCE, Flávio. **Direito civil: Lei de Introdução e Parte Geral.** São Paulo: Método, 2005, p. 322.

seguinte ao do recebimento da primeira prestação ou, quando for o caso, do dia em que tomar conhecimento da decisão indeferitória definitiva no âmbito administrativo.

Parágrafo único. Prescreve em cinco anos, a contar da data em que deveriam ter sido pagas, toda e qualquer ação para haver prestações vencidas ou quaisquer restituições ou diferenças devidas pela Previdência Social, salvo o direito dos menores, incapazes e ausentes, na forma do Código Civil.

Conquanto este prazo tenha sido reduzido para cinco anos pela Medida Provisória nº 1.663-15, 22.10.98, convertida na Lei 9.711/98, foi restabelecido pela Medida Provisória 138, de 19/03.

O termo inicial para contagem de referido prazo deveria ser o primeiro dia do mês seguinte ao do recebimento da primeira prestação ou, quando for o caso, do dia em que o segurado tomasse conhecimento da decisão indeferitória definitiva do benefício.

Conquanto a Medida Provisória 1.523-9 e posteriormente a Lei 9.528/97 trataram pela primeira vez da decadência em matéria previdenciária, logo instalou-se grande debate na doutrina e jurisprudência acerca da aplicabilidade da nova regra aos benefícios anteriores à sua vigência, sob o fundamento da impossibilidade de aplicação retroativa da lei.

Por fim, porém, pacificou-se o entendimento no sentido de que a aplicação do prazo decadencial também aos benefícios concedidos anteriormente à Medida Provisória 1.523-9/97 era possível, contando-se o prazo de dez anos, nesses casos, a partir da vigência da referida Medida Provisória.

Também o Supremo Tribunal Federal (RE 626489, adiante transcrito) consolidou a tese quanto à constitucionalidade de fixação do prazo decadencial.

Após a jurisprudência ter se pacificado nos termos acima expostos, a questão relativa à aplicação do prazo decadencial torna à baila com o enunciado da Súmula ora comentada.

A questão que se coloca é no sentido de que somente é aplicável o prazo decadencial quando se trata de pedido de revisão de benefício previdenciário, não naqueles casos em que houve cessação do benefício ou mesmo em que há indeferimento administrativo.

No mesmo recurso extraordinário acima citado, como se observa da ementa transcrita, o Plenário do Supremo Tribunal Federal decidiu que não se aplica o prazo decadencial para pleitear a concessão de benefício previdenciário, restando sedimentado que "o direito à previdência social constitui direito fundamental e, uma vez implementados os pressupostos de sua aquisição, não deve ser afetado pelo decurso do tempo. Como consequência, inexiste prazo decadencial para a concessão inicial do benefício previdenciário".

Da análise dos julgados que levaram à edição da referida súmula, observa-se que seu fundamento é a inatingibilidade do fundo de direito, relativamente ao direito de pleitear a concessão do benefício previdenciário.

Vale lembrar, nesse tocante, o teor da Súmula 85 do Superior Tribunal de Justiça.

Anteriormente, o entendimento da Turma Nacional de Uniformização era em sentido oposto ao que restou sedimentado quando da edição da referida súmula 81, tanto que foi editada a Súmula 64, com o seguinte teor: "o direito à revisão do ato de indeferimento de benefício previdenciário ou assistencial sujeita-se ao prazo decadencial de dez anos".

No entanto, mais recentemente, esse entendimento foi alterado para estabelecer que o prazo decadencial atinge apenas a pretensão de rever o benefício anteriormente concedido, mas não o chamado fundo de direito, que corresponde ao direito fundamental de concessão do benefício previdenciário (TNU, Pedilef 0503504-02.2012.4.05.8102. j. 18.6.2015; TNU. Pedilef 0507719-68.2010.4.05.8400, DOU 26.6.2015).

Em um dos julgados em questão (TNU, Pedilef 0503504-02.2012.4.05.8102. j. 18.6.2015), restou sedimentado que:

> Se o tempo de serviço configura um direito distinto da aposentadoria, a rejeição de um determinado período para fins de aposentação demanda manifestação expressa da administração. E se o segurado pretende incluir períodos sobre os quais não houve manifestação, ou não foi examinada, em cada situação, a correta qualificação previdenciária, não é adequado aplicar a prescrição administrativa. Não podemos olvidar que a Administração tinha o dever de orientar o segurado para que ele tivesse acesso ao benefício mais favorável.

Vale destacar que o próprio INSS (IN INSS/Pres 45/2010, art. 445 reconhece o direito do segurado de, a qualquer tempo, postular a revisão para inclusão de novos períodos ou para fracionamento de períodos de trabalho não utilizados no órgão de destino da CTC, estabelecendo que o prazo decadencial não se aplica nesses casos.

O artigo 103, *caput,* da Lei 8.213/91 fixa o prazo decadencial para as hipóteses de *revisão* do ato de concessão de benefício previdenciário, mas, com efeito, não estabelece nenhum prazo para o requerimento daquele.

De acordo com o texto da Súmula, portanto, três são as hipóteses em que não há incidência do prazo decadencial: a) nos casos de indeferimento de benefícios; b) quando o INSS determina sua cessação; c) em relação às questões não apreciadas pela Administração no ato da concessão.

Preserva-se, com o enunciado, o fundo de direito, podendo ser exercido a qualquer tempo o direito a se pleitear o benefício mais vantajoso.

Conforme explica Savaris[30], "se a legislação prevê que é de dez anos o prazo para revisão do ato de concessão do benefício, algumas circunstâncias não se encontram abrangidas por essa regra preclusiva de direito". Em outras palavras, explica que nem toda impugnação à concessão de benefício previdenciário está sujeita ao prazo decadencial, como estabelece a súmula.

---

30. SAVARIS, José Antonio. **Direito processual previdenciário.** Curitiba: Alteridade, 2016, p. 390.

Assim, por exemplo, os casos de circunstâncias supervenientes ao ato de concessão, ou seja, aquelas "ações revisionais que apresentam, como causa de pedir remota, circunstância de fato superveniente ao ato de concessão do benefício"[31] que não se confundiriam com pedido de revisão. Nesse contexto estariam incluídos os pedidos de revisão de reajustamentos que se deram a menor do que determina a lei, bem como os pedidos de desaposentação.

Uma outra hipótese englobada diretamente pela súmula 81 seriam as ações relacionadas a circunstâncias não analisadas expressamente quando do ato de concessão.

Em relação a esse ponto específico, alerta Savaris, pode surgir alguma controvérsia quanto ao alcance do julgado proferido pelo Plenário do STF, no RE 626489/SE, cuja ementa foi acima transcrita, se assentado ou não que a decadência alcança também questões de fato ou direito não expressamente rejeitadas pelo INSS. Conforme o entendimento do citado autor, a decisão do STF, aparentemente, não abriu exceções "à proposição geral que restou acolhida, no sentido da legitimidade da regra de decadência para as ações de revisão do ato de concessão do benefício"[32], o que englobaria também as questões não expressamente abordadas pela Administração. Para o autor, portanto, não seria correto afirmar que "os argumentos deduzidos pelo Supremo Tribunal Federal não alcançariam as ações revisionais que se amparam em questão de fato não analisado na via administrativa"[33].

A súmula 81, porém, vai em sentido contrário a esse entendimento, entendendo que poderia o segurado, em tese, pleitear a concessão do benefício previdenciário ou assistencial com as provas que detém e, caso posteriormente venha a obter nova prova, que lhe permita acrescer ao tempo de serviço/contribuição, pode pedir sua averbação a qualquer tempo, implicando alteração nos dados básicos de concessão.

A título de elucidação, pode-se recordar as situações em que há, posteriormente ao ato de concessão, reconhecimento do tempo de serviço por sentença trabalhista, sendo imprescindível, nesses casos, que o prazo decadencial comece a correr apenas a partir do trânsito em julgado da sentença trabalhista, uma vez que antes disso o segurado não podia pleitear a aposentadoria ou sua revisão. Nesse sentido, inclusive há precedentes (STJ, REsp 1440868/RS, Rel. Min. Mauro Campbell Marques).

A questão, porém, da prevalência do entendimento da TNU sobre a decisão do Supremo Tribunal Federal, ou mesmo sobre o alcance desta, se de acordo com contrário com o teor da Súmula ora comentada, pode ser ainda objeto de questionamentos judiciais, sendo questão crucial que deve ser debatida.

O Superior Tribunal de Justiça está também a debater a questão da decadência, quanto à "incidência ou não do prazo decadencial previsto no caput do artigo 103 da

---

31. *Ibid.*, p. 390.
32. *Ibid.*, p. 392.
33. *Ibid.*, p. 393.

Lei 8.213/91 para reconhecimento de direito adquirido ao benefício previdenciário mais vantajoso"[34], o que está atualmente afeto à sistemática dos recursos repetitivos.

A prevalecer o entendimento de que não incide o prazo decadencial nesses casos está-se diante da mesma hipótese prevista pela Súmula, ou seja, de que o fundo de direito nunca é atingido pela decadência, que se aplica apenas às hipóteses de revisão do benefício previdenciário, mas não quanto às questões não apreciadas pela Administração no ato da concessão.

Os defensores da tese fundam-se no fato de o direito ao benefício previdenciário tratar-se de direito adquirido, já incorporado ao patrimônio do titular, portanto o pedido para concessão de benefício mais vantajoso não se submeteria ao prazo decadencial.

Conforme constou do julgado que decidiu pela afetação da matéria à sistemática dos recursos repetitivos, existem milhares de segurados do INSS que antes mesmo da concessão do benefício original, já haviam adquirido o direito à uma melhor aposentadoria. As ações previdenciárias em questão não se titulam revisionais propriamente, mas de concessão de uma aposentadoria nova a partir de requisitos embasados em lei diversa ao do ato concessório. O quadro fático geral apresentado sugere o direito de opção por parte do segurado ao benefício mais vantajoso, cujos requisitos foram preenchidos de acordo com a respectiva lei de regência.

> O direito ao benefício está incorporado ao patrimônio jurídico, não sendo possível que lei posterior imponha sua modificação ou extinção. O tema proposto enfrenta o cabimento da incidência do prazo decadencial decenal para reconhecimento de um núcleo fundamental condizente com outro benefício, que se mostra mais vantajoso ao segurado. (STJ, 1ª S., 1612818/PR, Rel. Min. Mauro Campbell Marques, j. 23.11.2016).

Não se estaria, nesses casos, formulando pedido de revisão, mas a retroação da DER (data de entrada e consequentemente, no mais das vezes, de início do benefício), quando já havia o direito adquirido à sua concessão.

Não há, é certo, previsão na lei de qualquer prazo decadencial para obtenção de benefício previdenciário, podendo esse direito fundamental ser exercido a qualquer tempo. Dispõe a lei, expressamente, que a decadência se aplica aos casos de revisão de benefício previdenciário.

Esta, por seu turno, diz respeito a um importante valor, a segurança jurídica, não sendo desejável, em prol da segurança jurídica, que o ato administrativo de concessão de um benefício previdenciário possa ficar indefinidamente sujeito à revisão.

A jurisprudência de nossos tribunais, por sua vez, percebe-se, vem interpretando o art. 103 da Lei 8.213/91 restritivamente, de modo que a decadência jamais atingiria o fundo de direito, ou seja, mantém-se intacto o direito à percepção do benefício.

A questão principal trazida pela súmula em debate é a incidência da decadência quando não há manifestação anterior expressa da Administração.

---

34. STJ, 1ª S., REsp 1631021/PR, e REsp 1612818/PR, Rel. Min. Mauro Campbell Marques, Tema 966, 2.12.2016.

Embora assente que não incide o prazo decadencial para que o segurado formule o requerimento de concessão de benefício previdenciário, por se tratar de um direito fundamental, há que se distinguir se o pedido de revisão está ou não a se referir ao fundo de direito propriamente, casos em que, de acordo com o entendimento sumulado, o segurado não estaria sujeito ao prazo decadencial.

O prazo decadencial deve, sim, ser observado nos casos de pedido de revisão posterior à concessão, quando o pedido de revisão não traz fato novo, ou quando se refere meramente a aspectos econômicos. Assim, decorrido o prazo de dez anos, contado do primeiro dia do mês seguinte ao do recebimento da primeira prestação ou, do dia em que tomar conhecimento da decisão indeferitória definitiva, não é mais possível a revisão do ato de concessão.

> Súmula STJ 85. Nas relações de trato sucessivo, em que a Fazenda Pública figure como devedora, quando não tiver sido negado o próprio direito reclamado, a prescrição atinge apenas as prestações vencidas antes do quinquênio anterior à propositura da ação.

> (...). Direito previdenciário. Regime geral de previdência social (RGPS). Revisão do ato de concessão de benefício. Decadência. (...) 2. É legítima, todavia, a instituição de prazo decadencial de dez anos para a revisão de benefício já concedido, com fundamento no princípio da segurança jurídica, no interesse em evitar a eternização dos litígios e na busca de equilíbrio financeiro e atuarial para o sistema previdenciário. 3. O prazo decadencial de dez anos, instituído pela Medida Provisória 1.523, de 28.6.1997, tem como termo inicial o dia 1º de agosto de 1997, por força de disposição nela expressamente prevista. Tal regra incide, inclusive, sobre benefícios concedidos anteriormente, sem que isso importe em retroatividade vedada pela Constituição. 4. Inexiste direito adquirido a regime jurídico não sujeito a decadência. (...). (STF, RE 626489, Rel. Min. Roberto Barroso, DJe 23.9.2014)

▶ **Lei 8.213/91. Art. 103.** É de dez anos o prazo de decadência de todo e qualquer direito ou ação do segurado ou beneficiário para a revisão do ato de concessão de benefício, a contar do dia primeiro do mês seguinte ao do recebimento da primeira prestação ou, quando for o caso, do dia em que tomar conhecimento da decisão indeferitória definitiva no âmbito administrativo.

▶ **IN INSS/Pres 45/2010. Art. 445.** A revisão para inclusão de novos períodos ou para fracionamento de períodos de trabalho não utilizados no órgão de destino da CTC poderá ser processada, a qualquer tempo, não se aplicando o prazo decadencial de que trata o art. 441.

4.5. Termo Inicial de Concessão

SÚMULA 22. SE A PROVA PERICIAL REALIZADA EM JUÍZO DÁ CONTA DE QUE A INCAPACIDADE JÁ EXISTIA NA DATA DO REQUERIMENTO ADMINISTRATIVO, ESTA É O TERMO INICIAL DO BENEFÍCIO ASSISTENCIAL.

●*Súmula aplicável.*●*DJ 7.10.2004.*●*Precedentes: REsp 305.245/SC. REsp 475.388/ES. REsp 478.206/SP. Proc. 2002.34.00.70 4413-7/Turma Recursal do DF. Proc. 2003.36.00.700272-7/Turma Recursal do MT. PU/TNU 2002.70.04.007094-2/PR.*

▶ *Fábio Moreira Ramiro*

Uma das questões mais desafiadoras no julgamento dos benefícios por incapacidade é a fixação do termo inicial do benefício, em especial quando o requerimento administrativo foi absolutamente negativo, vale dizer, não se trata de restabelecimento, mas sim de conclusão de benefício previdenciário.

A dificuldade reside na frequente impossibilidade dos *experts* em afirmar que a incapacidade ora detectada no exame pericial é anterior àquela data e, assim, fixá-la com alguma precisão. E isso decorre, muitas vezes, por se tratar de doenças marcadamente caracterizadas por remissões e por agravamentos.

Não é demasiado dizer que doença não se confunde com incapacidade. Há doenças que não apresentam cura definitiva, são persistentes, tornam-se crônicas. Todavia, esse quadro não implica, necessariamente, em estado incapacitante, tal como se dá nas afecções da coluna vertebral, patologias muito comuns no cotidiano forense.

A súmula em apreço consagra o posicionamento de que a retroação do termo inicial à data de entrada do requerimento administrativo somente encontra justificativa quando a prova pericial realizada em juízo constata e afirma que a incapacidade já existia àquela época. "Contrario sensu", se a prova pericial não pode determinar a data de início da incapacidade, por não ter a parte autora carreado aos autos elementos de prova hábeis a permitir ao perito tal conclusão, a DIB (data de início do benefício) deverá corresponder à data de realização da perícia médica – e não à juntada do laudo em juízo, como se costuma ver na prática forense – porquanto somente a partir dessa data evidenciou-se, sem que subsistam dúvidas, a existência da incapacidade.

Malgrado o enunciado refira-se a benefício assistencial, é perfeita sua aplicabilidade também aos benefícios previdenciários por incapacidade, aposentadoria por invalidez e auxílio-doença, em razão de a eles se aplicarem os mesmos fundamentos de verificação de incapacidade, bem assim a fixação do termo inicial do benefício.

◉ (...). Benefício. Aposentadoria por invalidez. Termo inicial. O termo inicial do benefício de aposentadoria por invalidez, havendo negativa do pedido formulado pelo segurado na via administrativa, recai sobre a data desse requerimento. (...). (STJ, REsp 305.245/SC, Rel. Min. Felix Fischer, 5ª T., DJ 28.5.2001)

◉ (...). Aposentadoria por invalidez. Termo "a quo". Pedido administrativo. 1. O termo inicial para a concessão da aposentadoria por invalidez é a data da apresentação do laudo pericial em juízo, caso não tenha sido reconhecida a incapacidade na esfera administrativa. 2. "In casu", consoante asseverado no voto condutor do acórdão recorrido, houve requerimento administrativo, tendo o Instituto recorrente admitido a existência de incapacidade laborativa da segurada, pelo que o benefício se torna devido a partir daquela data. (...). (STJ, REsp 475.388/ES, Rel. Min. Fernando Gonçalves, 6ª T., DJ 7.4.2003)

◉ Previdenciário. Aposentadoria por invalidez. Termo inicial da concessão do benefício. Data da juntada do laudo médico-pericial em juízo. 1. É pacífica a jurisprudência desta Corte no sentido de que, em se tratando de benefício decorrente de incapacidade definitiva para o trabalho, ou seja, aposentadoria por invalidez, o marco inicial para a sua concessão, na ausência de requerimento administrativo, será a data da juntada do laudo médico-pericial em juízo. (...). (STJ, REsp 478.206/SP, Rel. Min. Laurita Vaz, 5ª T., DJ 16.6.2003)

SÚMULA 33. QUANDO O SEGURADO HOUVER PREENCHIDO OS REQUISITOS LEGAIS PARA CONCESSÃO DA APOSENTADORIA POR TEMPO DE SERVIÇO NA DATA DO REQUERIMENTO ADMINISTRATIVO, ESTA DATA SERÁ O TERMO INICIAL DA CONCESSÃO DO BENEFÍCIO.

● *Súmula aplicável.* ● DJ 4.8.2006. ● *Referência legislativa:* Lei 8.213/91. ● *Precedentes:* REsp 503.907/MG. REsp 598.954/SP. REsp 445.604/SC. EREsp 351.291/SP. EDcl no Resp 299.713/SP. PU/TNU 2004.72.95.001766-8/SC.

▸ *Carmen Elizangela Dias Moreira de Resende*

Uma leitura rápida do enunciado da Súmula pode passar a falsa impressão de redundância com o texto legal, o qual prevê expressamente os critérios para a fixação da data do início do benefício de aposentadoria por tempo de contribuição prevista na Lei 8.213/91.

Com efeito, para todas as espécies de segurados, com exceção dos empregados que requeiram o benefício até noventa dias após o desligamento do emprego, (inseridos na hipótese do inciso I, alínea "a" do art. 49 da Lei 8.213/91), a data do requerimento administrativo servirá como parâmetro para o termo inicial do benefício previdenciário.

Isto porque o artigo 54 da Lei de Benefícios prevê que "a data do início da aposentadoria por tempo de serviço será fixada da mesma forma que a da aposentadoria por idade, conforme o disposto no art. 49", sendo que, por seu turno, o referido dispositivo legal prevê textualmente o seguinte:

> Art. 49. A aposentadoria por idade será devida:
>
> I – ao segurado empregado, inclusive o doméstico, a partir:
>
> a) da data do desligamento do emprego, quando requerida até essa data ou até 90 (noventa) dias depois dela; ou
>
> b) da data do requerimento, quando não houver desligamento do emprego ou quando for requerida após o prazo previsto na alínea "a";
>
> II – para os demais segurados, da data da entrada do requerimento.

Antes de adentrar na questão propriamente dita, revela mencionar que embora a súmula 33 da TNU e a subseção III da Lei 8.213/91 façam menção à aposentadoria por tempo de serviço, a partir da promulgação da Emenda Constitucional 20/98, esta foi substituída pela aposentadoria por tempo de contribuição.

Entretanto, em que pese a alteração da nomenclatura, em verdade, até o momento, ainda se tem como base para a aposentadoria por tempo de contribuição o tempo de serviço do segurado, conforme previsto no art.55 da Lei 8.213/91 c/c art. 4º, da EC 20/98, "in verbis": "observado o disposto no art. 40, § 10, da Constituição Federal, o tempo de serviço considerado pela legislação vigente para efeito de aposentadoria, cumprido até que a lei discipline a matéria, será contado como tempo de contribuição".

Retomando ao tema, a aparência de redundância, que poderia levar à conclusão de inocuidade da súmula 33 da TNU, não resiste a um exame mais aprofundado das diversas correntes de pensamentos que compunham a vacilante jurisprudência acerca do tema na época em que foi editada, ou seja, em 26.6.2006.

Muitas discussões eram, e, passados mais de 10 (dez) anos da edição da Súmula 33 da TNU, ainda são travadas, nos feitos que tramitam nos Juizados Especiais Federais, em relação à fixação da data de início do benefício. Diga-se de passagem, não só em relação à aposentadoria por tempo de serviço/contribuição, que é expressamente abordada na súmula 33 da TNU, como em relação às demais espécies de benefícios.

A questão crucial exsurge quando a parte apresenta documentação incompleta na via administrativa, vindo a completá-la posteriormente, ainda em âmbito administrativo, com ou sem a necessidade de apresentação de novo requerimento, ou mesmo quando a documentação complementar apenas é apresentada em juízo.

Primeiramente é importante observar que o art. 105 da Lei 8.213/91 prevê que: "A apresentação de documentação incompleta não constitui motivo para recusa do requerimento de benefício".

Como se percebe, este dispositivo impede a recusa do órgão administrativo em protocolar o requerimento de benefício sob o argumento de que a documentação estaria incompleta. Até porque a recusa ao protocolo administrativo é inconstitucional, por contrariar a garantia contida no art. 5º, XXXIV, "a" da Constituição Federal.

Além disso, caso o segurado não tenha apresentado os documentos considerados necessários na esfera administrativa, caberá ao INSS informar acerca das pendências, instruindo-o a respeito de como proceder, ao invés de impedir que o mesmo protocole seu pedido.

Nada obstante, não são raros os relatos de segurados no sentido de que a norma em comento vem sendo descumprida pelo INSS, já que estes se veem impedidos de realizar o requerimento administrativo sob o ilegal argumento da falta de documentação, recebendo, quando muito, meras orientações verbais por parte dos servidores da Autarquia Previdenciária acerca dos documentos "faltantes".

Ainda que não haja má-fé ou desídia por parte do servidor do INSS ao recusar verbalmente o protocolo do requerimento, esta prática é altamente prejudicial aos segurados, pois, como é previsto em lei e na súmula 33 da TNU, a data da entrada do requerimento administrativo servirá de parâmetro para fixação do termo inicial para o benefício e consequente percepção das prestações.

Não raras vezes, após esta negativa verbal ao pretendido protocolo administrativo, o segurado demora meses em busca de novos documentos para realizar outro requerimento administrativo, os quais, muitas vezes, seriam prescindíveis ou descabidos para a análise do direito ao benefício vindicado. É que algumas exigências feitas pelo INSS fogem à razoabilidade e são consideradas desnecessárias em juízo. Veja-se sobre essa questão: AC 373242/PE, TRF5, adiante transcrito.

Note-se que é altamente improvável o segurado obter êxito em demonstrar em juízo que teve a negativa verbal ao protocolo, o que, além de prejudicar a fixação da data do início do benefício, como dito alhures, pode levar à extinção do processo, sem julgamento do mérito, por ausência de interesse de agir, posto que o STF, no julgamento do RE 631240 (Repercussão Geral), afirmou ser necessário o prévio requerimento administrativo para que se configure o interesse processual, afastando tal exigência apenas nas demandas intentadas em juizados itinerantes, bem como naquelas em que houve contestação do mérito. Consignou-se ainda que as ações em que se pleiteia revisão, restabelecimento ou manutenção de benefício tal requerimento é dispensável.

Há casos em que o direito é reconhecido apenas em juízo, em cuja instância são apresentadas novas provas, inclusive documentais, gerando ainda mais discussões, as quais a Súmula 33 se propôs a dirimir no âmbito dos Juizados Especiais Federais.

Ao aprovar o Verbete, a TNU rechaçou o argumento de que a data do início do benefício não poderia retroagir à data do requerimento administrativo.

Os defensores da irretroatividade afirmam que o INSS não foi o responsável pelo indeferimento do benefício, mas sim, a própria parte interessada, ao não diligenciar para apresentar toda a documentação necessária. A partir dessa premissa, ou seja, do entendimento de que a documentação incompleta impediria a retroação da data do início do benefício à data da entrada do requerimento, passou-se a discutir qual seria a data correta a ser fixada: citação, ajuizamento da ação, sentença, etc. Enfim, não havia concordância a respeito.

Em alguns julgados, inclusive, equipara-se a apresentação de documentação falha à própria ausência de requerimento administrativo, que apenas se aperfeiçoaria mediante a apresentação de toda a documentação necessária ao deferimento do benefício vindicado.

Entretanto, a mestria do Juiz Federal José Antônio Savaris[35] ao discorrer sobre a questão, nos convence do acerto e da necessidade da edição da Súmula 33/TNU, que veio dispor sobre questão tão importante e com consequências incontestes:

> Uma coisa é o cumprimento de todos os requisitos em lei para a obtenção do benefício. Outra coisa, bastante distinta, é o momento em que o titular de um direito existente logra demonstrar sua existência. Temos referido que é indevido condicionar-se o nascimento de um direito e seus efeitos (já incorporado ao patrimônio e à personalidade de seu titular) ao momento em que se tem por comprovado os fatos que lhe constituem. As razões que amparam este entendimento são elementares: – primeiro, não há qualquer norma jurídica, em qualquer seara de ordenamento posto sob às luzes de um Estado de direito, a condicionar os efeitos de um direito adquirido ao momento de sua comprovação; a regra contida no art. 41, § 6º, da Lei 8.213/91, por versar sobre a data de início do pagamento e não data de início do benefício, não guarda qualquer pertinência com a questão, concessa máxima vênia de quem entende em sentido contrário; – segundo, seria o caso de enriquecimento ilícito do devedor, que teria todo estímulo para embaraçar a comprovação do fato que lhe impõe o dever de pagar, possibilitando-se a violação de tradicional princípio do direito civil, segundo o qual ninguém pode valer-se da própria torpeza; – terceiro, restaria fulminado o instituto do direito adquirido, pois se somente nasce o direito com a comprovação cabal de sua existência, então nada se adquiriu (...); – quarto, inexiste raiz hermenêutica que permita a construção de um mecanismo de acertamento de relação jurídica que tenha por dado fundamental o momento em que o magistrado tem por comprovado determinado fato; – quinto, estaria criada uma penalização pela inércia na comprovação dos fatos constitutivos de um direito sem qualquer amparo legal.

Para exemplificar de forma prática o conteúdo da Súmula poder-se-ia imaginar um segurado que ingressa em juízo pretendendo o reconhecimento de um período com contagem de tempo especial, para fins de concessão de aposentadoria por tempo de serviço/contribuição. Em juízo, esse segurado apresenta Perfil Profissiográfico

---

35. SAVARIS, José Antônio. **Direito processual previdenciário**. 4. ed. Curitiba: Juruá, 2012, p. 285-286.

Previdenciário, documento elementar para a comprovação da exposição a agentes nocivos à saúde, que não havia sequer sido produzido à época do requerimento administrativo. Em outras palavras, o elemento de prova não passou pelo crivo do INSS, vindo a aportar apenas nos autos judiciais. Neste caso, ainda que a prova tenha sido produzida posteriormente ao requerimento administrativo, ela apenas materializou a existência de um direito adquirido ao tempo da prestação do serviço especial.

Neste sentido decidiu o STJ, no julgamento da Petição 9.582/RS, em incidente de uniformização de 6.8.2015, adiante colacionado. No inteiro teor do voto, o Ministro Relator aduziu, no item 5, que:

> No caso dos autos, ao tempo do requerimento administrativo o segurado já havia preenchido os requisitos para a concessão da aposentadoria, motivo pelo qual afigura-se injusto que somente venha a receber o benefício a partir da data da sentença, fundando apenas na ausência de comprovação do exercício de atividade especial naquele primeiro momento.

Conclui-se que não altera a determinação legal o fato de os elementos de convicção para o deferimento do benefício terem sido produzidos posteriormente. Em outras palavras: ainda que o feito administrativo não tenha sido instruído adequadamente, uma vez demonstrado que o direito já havia se incorporado ao patrimônio jurídico do segurado àquela época, deve-se retroagir a data do início do benefício à data de entrada do requerimento administrativo.

Acrescente-se, por fim, que a interposição de novo requerimento administrativo não pode ser equiparado à desistência tácita do primeiro, devendo a data do início do benefício retroagir à data do primeiro requerimento administrativo, se provado que à época já haviam sido preenchidos os requisitos legais.

Portanto, somente se não for comprovado o preenchimento dos requisitos necessários à concessão da aposentadoria por tempo de serviço/contribuição na data da entrada do requerimento, independentemente do momento em que produzida a prova, é que não será possível retroagir o início do benefício àquela data.

◉ Previdenciário. Incidente de uniformização de jurisprudência. Aposentadoria especial. Termo inicial: data do requerimento administrativo, quando já preenchidos os requisitos para a concessão do benefício. Incidente de uniformização de jurisprudência provido. 1. O art. 57, § 2º, da Lei 8.213/91 confere à aposentadoria especial o mesmo tratamento dado para a fixação do termo inicial da aposentadoria por idade, qual seja, a data de entrada do requerimento administrativo para todos os segurados, exceto o empregado. 2. A comprovação extemporânea da situação jurídica consolidada em momento anterior não tem o condão de afastar o direito adquirido do segurado, impondo-se o reconhecimento do direito ao benefício previdenciário no momento do requerimento administrativo, quando preenchidos os requisitos para a concessão da aposentadoria. 3. "In casu", merece reparos o acórdão recorrido que, a despeito de reconhecer que o segurado já havia implementado os requisitos para a concessão de aposentadoria especial na data do requerimento administrativo, determinou a data inicial do benefício em momento posterior, quando foram apresentados em juízo os documentos comprobatórios do tempo laborado em condições especiais. 4. Incidente de uniformização provido para fazer prevalecer a orientação ora firmada". (STJ, 1ª S., Pet 9.582/RS, Rel. Min. Napoleão Nunes Maia Filho, DJe 16.9.2015)

Capítulo II • Direito Previdenciário

◎ (...). Aposentadoria por idade. Trabalhador rural. Termo inicial da concessão do benefício. Requerimento administrativo. Art. 49, inciso II, Lei 8.213/91. Juros de mora. 1% ao mês. 1. Tendo em vista que a Recorrente sempre trabalhou em regime de economia familiar, em terras próprias, sem o auxílio de empregados, enquadra-se na condição constante do inciso II do art. 49 da Lei 8.213/91, razão pela qual o termo a quo do benefício é a data do requerimento administrativo. 2. A jurisprudência desta Corte é firme no sentido de que a incidência de juros de mora se dá à razão de 1% ao mês em se tratando de benefício previdenciário, em face de sua natureza alimentar, conforme o disposto no art. 3º do Decreto-Lei 2.322/87. 3. Recurso especial conhecido e provido para determinar que o pagamento do benefício tenha como termo inicial o requerimento administrativo e que os juros de mora incidam no quantum de 1% ao mês, mantendo o acórdão recorrido em seus demais termos. (STJ, 5ª T., REsp 503.907/MG, Rel. Min. Laurita Vaz, DJ 15.12.2003)

◎ Previdenciário. Segurado não-empregado. Auxílio-doença. Termo inicial. Data do requerimento administrativo. 1. Tratando-se de auxílio-doença requerido por segurado não empregado, o benefício será devido a partir do início da incapacidade laborativa, assim considerada, quando não houver requerimento administrativo, a data da juntada do laudo pericial em juízo. (...). (STJ, 6ª T., REsp 445.604/SC, Rel. Min. Hamilton Carvalhido, DJ 13.12.04)

◎ (...). Termo inicial do auxílio-acidente. Efeito infringente. Concessão. 1. A possibilidade de atribuição de efeitos infringentes ou modificativos aos embargos de declaração sobrevém como resultado da presença dos vícios que ensejam sua interposição. 2. Constata-se a existência de omissão no acórdão embargado, ao não considerar, para fixação do termo inicial do benefício previdenciário, a sua negativa no âmbito administrativo. 3. O entendimento dominante do Superior Tribunal de Justiça é de que a fixação do termo inicial do benefício quando da juntada do laudo pericial em Juízo, ou mesmo quando da citação, conforme entendimento pessoal, só ocorre na ausência de negação a prévio requerimento administrativo, conforme sustenta a embargante. (...). (STJ, EDcl no REsp 299.713/SP, Rel. Min. Arnaldo Esteves Lima, DJ 15.8.2005)

◎ Previdenciário. Pensão. Pagamento das parcelas atrasadas desde o 1º (primeiro) requerimento administrativo. Exigência pelo INSS de documentação descabida. Art. 74, II, da Lei 8.213/91. Honorários advocatícios. Súmula n. 111/STJ. 1. Na data do 1º requerimento administrativo (29.9.2000), a parte autora demonstrou perante o INSS o vínculo empregatício do seu falecido marido com a Prefeitura Municipal de Joaquim Nabuco, através da a apresentação da CTPS e da certidão de óbito, sendo descabida e prescindível a exigência de certidão de vínculo empregatício com a supracitada Prefeitura. 2. Pagamento das parcelas atrasadas da pensão, relativas somente ao período de 29.9.2000 (data do 1º requerimento administrativo) a 29.11.2001 (data anterior à concessão do benefício), haja vista o que preceitua o art. 74, II, da Lei. 8.213/91. 3. Os honorários advocatícios devem ser fixados, obedecendo aos termos da Súmula nº 111/STJ. 4. Apelação provida em parte" (TRF5, 1ª T., AC 373242/PE, Rel. Francisco Wildo, DJ. 15.2.2006).

▶ **Lei 8.213/91. Art. 49.** A aposentadoria por idade será devida: I – ao segurado empregado, inclusive o doméstico, a partir: a) da data do desligamento do emprego, quando requerida até essa data ou até 90 (noventa) dias depois dela; ou b) da data do requerimento, quando não houver desligamento do emprego ou quando for requerida após o prazo previsto na alínea "a"; II – para os demais segurados, da data da entrada do requerimento.

5. BENEFÍCIOS EM ESPÉCIE

5.1. Aposentadoria Especial

Súmulas comentadas/anotadas no item *Atividade especial*, retro.

5.2. Aposentadoria por Idade

SÚMULA 14. PARA A CONCESSÃO DE APOSENTADORIA RURAL POR IDADE, NÃO SE EXIGE QUE O INÍCIO DE PROVA MATERIAL, CORRESPONDA A TODO O PERÍODO EQUIVALENTE À CARÊNCIA DO BENEFÍCIO.

Súmula comentada/anotada no item *Atividade rural*, retro.

SÚMULA 44. PARA EFEITO DE APOSENTADORIA URBANA POR IDADE, A TABELA PROGRESSIVA DE CARÊNCIA PREVISTA NO ART. 142 DA LEI N. 8.213/91 DEVE SER APLICADA EM FUNÇÃO DO ANO EM QUE O SEGURADO COMPLETA A IDADE MÍNIMA PARA CONCESSÃO DO BENEFÍCIO, AINDA QUE O PERÍODO DE CARÊNCIA SÓ SEJA PREENCHIDO POSTERIORMENTE.

● *Súmula aplicável.* ● DJ *14.12.2011.* ● *Referência legislativa: Lei 8.213/91. ART: 142.* ● *Precedentes: Pedilef 2008.72.59.001951-4. Pedilef 2008.72.64.002046-4. Pedilef 0022551-92.2008.4.01.3600.*

▶ *Hugo Leonardo Abas Frazão*

Para obtenção do benefício de aposentadoria por idade urbana, a parte requerente deve preencher, além da condição de segurado da previdência, dois requisitos legais previstos no art. 48 da Lei 8.213/91: o período de carência e a idade mínima de 65 anos, se homem, e de 60 anos, se mulher. Vale observar que as idades mínimas fixadas reduzem-se para 60 e 55 anos, respectivamente, no caso de trabalhadores rurais.

Segundo o art. 25, II, da lei, o período de carência para a concessão de aposentadoria por idade é de 180 contribuições mensais. No entanto, para proteger a situação jurídica dos cobertos na previdência social (urbana ou rural) até 24 de julho de 1991, data de vigência do atual plano de previdência social, o legislador criou pelo art. 142 da lei previsão de que a carência da aposentadoria seguiria tabela de transição, "levando-se em conta o ano em que o segurado implementou todas as condições necessárias à obtenção do benefício".

O espírito da norma do art. 142 foi evitar que segurados prestes a adquirir a qualidade de idoso fossem surpreendidos com o dever de preencher o tempo total da carência introduzido pela Lei 8.213/91, adiando a aquisição do seu direito à aposentadoria irrazoavelmente.

Ocorre que dúvida surgiu sobre se a aplicação da tabela de transição do art. 142 dar-se-ia de acordo com o ano do alcance da idade mínima para a aposentadoria (independentemente de já haver ou não o preenchimento da carência) ou de acordo com o ano em todos os requisitos do benefício forem preenchidos. Nessa segunda hipótese, se fossem computadas contribuições posteriores ao ano do cumprimento do requisito etário, a tabela de transição seria aplicada conforme a carência exigida no ano a que se refere a última contribuição computada.

Entendeu a TNU (Pedilef 225519220084013600, DJ 24.10.2011) pela primeira opção, no sentido de que a carência deve ser definida exclusivamente em função do ano em que o segurado completou a idade para se aposentar, sem prejuízo de serem contadas contribuições posteriores ao ano do cumprimento do requisito etário. Com efeito, se o segurado obtém o risco social da idade avançada, a qual reclama a cobertura da aposentadoria por idade, iria de encontro ao que se busca proteger com a norma do art. 142 demandar-lhe o recolhimento das contribuições conforme a carência prevista para o ano em que cumprisse todas as condições à aquisição do benefício. Além disso, para a aposentadoria por idade urbana não tem exigido a jurisprudência que o preenchimento dos requisitos etário e de carência dê-se simultaneamente (cf. TRF4, Apelreex 0022461-36.2013.404.9999).

Pelo mesmo motivo, a TNU (Pedilef 2007.72.55.00.5927-2) consignou que o momento em que se efetua o requerimento administrativo de aposentadoria não interfere no critério de definição do tempo de carência. Interfere apenas no termo inicial de exercício do benefício e na sua forma de cálculo mais vantajosa, consideradas todas as datas em que o direito poderia ter sido exercido, desde quando preenchidos os requisitos para a aposentadoria (cf. STF, RE 630501).

○ (...). Ocorre que este recurso extraordinário cuida de outra questão: saber se, sob a vigência da mesma lei, teria o segurado direito adquirido que lhe possibilite escolher o benefício mais vantajoso, consideradas as diversas datas em que o direito poderia ter sido exercido (...). Aposentadoria. Proventos. Cálculo. Cumpre observar o quadro mais favorável ao beneficiário, pouco importando o decesso remuneratório ocorrido em data posterior ao implemento das condições legais. Considerações sobre o instituto do direito adquirido, na voz abalizada da relatora – ministra Ellen Gracie –, subscritas pela maioria. (STF, Pleno, RE 630501, DJ 21.2.2013)

○ (...). 2. É irrelevante, para aferição do período de carência exigido para a concessão de aposentadoria por idade, que o segurado não conte, quando do cumprimento do requisito etário, com todas as contribuições mensais exigidas por lei. 3. É dado ao segurado contribuir ao Regime Geral da Previdência Social RGPS em tempo posterior ao cumprimento da idade legal até que reúna o número de contribuições previdenciárias exigidos pela carência, que é medida, sempre, pelo ano do implemento do requisito etário. 4. Se o segurado já se encontra em uma contingência que reclama cobertura previdenciária (idade avançada), seguiria na contramão da lógica demandar-lhe o recolhimento de contribuições até que complete a carência exigida para o ano em que cumprisse todas as condições para a concessão do benefício – carência, inclusive. (...). (TNU, Pedilef 2008.70.53.001663-2, Rel. José Antonio Savaris, DJ 25.5.2010)

○ (...). 1. O prazo de carência a ser observado para fins de concessão de aposentadoria por idade de trabalhador urbano deve ser aferido em função do ano em que o segurado completa a idade mínima exigível, sendo que na hipótese de enterrar com o requerimento administrativo em anos posteriores, aquele prazo continua a ser observado. 2. Pedido de Uniformização a que se dá provimento, com anulação do acórdão recorrido e restauração da sentença de procedência do pedido. Condenação em honorários advocatícios (TNU, Questão de Ordem n. 2)". (TNU, Pedilef 2008.72.59.001951-4, Rel. Simone dos Santos Lemos Fernandes, DOU 17.6.2011)

○ (...). 4. Análise do período de carência cumprido pela parte autora em dois momentos distintos: a) ocasião em que completou a idade necessária para a concessão do benefício e; b) momento em que efetuou o requerimento administrativo. 5. Uniformização do tema referente à possibilidade de concessão de benefício de aposentadoria por idade no momento em que o segurado completar o requisito etário. 6. Produção de prova nos autos hábil a demonstrar o direito do segurado. 7. Conhecimento e provimento do incidente de uniformização de jurisprudência. 8. Reconhecimento do direito ao benefício de aposentadoria por idade com termo inicial na data em que a segurada apresentou o requerimento administrativo. " (TNU, Pedilef 2008. 72.64.002046-4, Rel. Vanessa Vieira de Mello, DOU 30.8.2011)

◯ (...). Se, na data do implemento da idade, o segurado – que tencionar a obtenção de aposentadoria por idade – não preencher a carência exigida, o período de carência a ser considerado será sempre o da referida data (de acordo com a tabela do artigo 142 da Lei 8.213/91), e não aquele exigido na data do requerimento administrativo posterior. (...). (TNU, Pedilef 2007.70.53.002828-9, Rel. Joana Carolina Lins Pereira, DOU 8.2.2011)

◯ (...). 1. Para a concessão de aposentadoria por idade urbana devem ser preenchidos dois requisitos: a) idade mínima (65 anos para o homem e 60 anos para a mulher) e b) carência – recolhimento mínimo de contribuições (sessenta na vigência da CLPS/84 ou no regime da LBPS, de acordo com a tabela do art. 142 da Lei 8.213/91). 2. Não se exige o preenchimento simultâneo dos requisitos etário e de carência para a concessão da aposentadoria, visto que a condição essencial para tanto é o suporte contributivo correspondente. Precedentes do Egrégio STJ, devendo a carência observar, como regra, a data em que completada a idade mínima. 3. Preenchidos os requisitos, é devida a aposentadoria por idade ao autor. (TRF4, 6ª T., Apelreex 0022461-36.2013.404.9999, Rel. Vânia Hack de Almeida. DE 6.4.2015)

▶ **Lei 8.213/91. Art. 48.** A aposentadoria por idade será devida ao segurado que, cumprida a carência exigida nesta Lei, completar 65 (sessenta e cinco) anos de idade, se homem, e 60 (sessenta), se mulher. § 1º Os limites fixados no caput são reduzidos para sessenta e cinquenta e cinco anos no caso de trabalhadores rurais, respectivamente homens e mulheres, referidos na alínea a do inciso I, na alínea g do inciso V e nos incisos VI e VII do art. 11. ▶ **Art. 25.** A concessão das prestações pecuniárias do Regime Geral de Previdência Social depende dos seguintes períodos de carência, ressalvado o disposto no art. 26: II – aposentadoria por idade, aposentadoria por tempo de serviço e aposentadoria especial: 180 contribuições mensais. ▶ **Art. 142.** Para o segurado inscrito na Previdência Social Urbana até 24 de julho de 1991, bem como para o trabalhador e o empregador rural cobertos pela Previdência Social Rural, a carência das aposentadorias por idade, por tempo de serviço e especial obedecerá à seguinte tabela, levando-se em conta o ano em que o segurado implementou todas as condições necessárias à obtenção do benefício: Ano de implementação das condições/Meses de contribuição exigidos: 1991/60 meses; 1992/60 meses; 1993/66 meses; 1994/72 meses; 1995/78 meses; 1996/90 meses; 1997/96 meses; 1998/102 meses; 1999/108 meses; 2000/114 meses; 2001/120 meses; 2002/126 meses; 2003/132 meses; 2004/138 meses; 2005/144 meses; 2006/150 meses; 2007/156 meses; 2008/162 meses; 2009/168 meses; 2010/174 meses; 2011/180 meses.

SÚMULA 54. PARA A CONCESSÃO DE APOSENTADORIA POR IDADE DE TRABALHADOR RURAL, O TEMPO DE EXERCÍCIO DE ATIVIDADE EQUIVALENTE À CARÊNCIA DEVE SER AFERIDO NO PERÍODO IMEDIATAMENTE ANTERIOR AO REQUERIMENTO ADMINISTRATIVO OU À DATA DO IMPLEMENTO DA IDADE MÍNIMA.

Súmula comentada/anotada no item *Atividade rural*, retro.

SÚMULA 76. A AVERBAÇÃO DE TEMPO DE SERVIÇO RURAL NÃO CONTRIBUTIVO NÃO PERMITE MAJORAR O COEFICIENTE DE CÁLCULO DA RENDA MENSAL INICIAL DE APOSENTADORIA POR IDADE PREVISTO NO ART. 50 DA LEI N. 8.213/91.

Súmula comentada/anotada no item *Beneficiários – Segurado Especial*, retro.

5.3. Aposentadoria por Invalidez

SÚMULA 36. NÃO HÁ VEDAÇÃO LEGAL À CUMULAÇÃO DA PENSÃO POR MORTE DE TRABALHADOR RURAL COM O BENEFÍCIO DA APOSENTADORIA POR INVALIDEZ, POR APRESENTAREM PRESSUPOSTOS FÁTICOS E FATOS GERADORES DISTINTOS.

Súmula comentada/anotada no item *Benefícios em espécie – Pensão por morte*, adiante.

SÚMULA 47. UMA VEZ RECONHECIDA A INCAPACIDADE PARCIAL PARA O TRABALHO, O JUIZ DEVE ANALISAR AS CONDIÇÕES PESSOAIS E SOCIAIS DO SEGURADO PARA A CONCESSÃO DE APOSENTADORIA POR INVALIDEZ.

● *Súmula aplicável.* ● DJ 15.3.2012. ● Precedentes: Pedilef 2007.83.00.505258-6. Pedilef 2005.34.00.756217-6. Pedilef 2006.63.02.012989-7. Pedilef 2007.71.95.027855-4. Pedilef 0023291-16.2009.4.01.3600.

▶ *Frederico Augusto Leopoldino Koehler*

A súmula foi aprovada na sessão de julgamento de 29 de fevereiro de 2012 e embasa-se em diversos precedentes do colegiado, dentre os quais: Pedilef 2007.83.00.505258-6, DJ 2.2.2009, Rel. Maria Divina Vitória; Pedilef 2005.34.00.756217-6, DJ 15.3.2010, Rel. Manoel Rolim Campbell Penna; Pedilef 2006.63.02.012989-7, DJ 9.12.2011, Rel. Simone Lemos Fernandes; Pedilef 2007.71.95.027855-4, DJ 9.12.2011, Rel. Paulo Ricardo Arena Filho; Pedilef 0023291-16.2009.4.01.3600, DOU 9.3.2012, Rel. Alcides Saldanha Lima.

O enunciado em comento espelha o entendimento cristalizado na TNU, no sentido de que, quando o magistrado reconhecer que há incapacidade parcial para o trabalho, deve analisar as condições pessoais e sociais do segurado[36], a fim de averiguar se é o caso de concessão de aposentadoria por invalidez em vez do auxílio-doença, que seria o caminho normal nesses casos[37].

O INSS sempre sustentou a tese de que não se poderia conceder a aposentadoria por invalidez quando a perícia médica houvesse indicado que a incapacidade laborativa da parte autora fosse apenas parcial.

O STJ, aliás, dava guarida à tese do INSS, como se vê nos precedentes REsp 358983 e AgRg no REsp 501859, adiante colacionados.

Na verdade, algumas condições pessoais e sociais, tais como idade, época em que se vive, grau de instrução, oferta de empregos na região, dentre outros, podem tornar uma incapacidade que – se aplicada uma lógica meramente médica – seria apenas

---

36. Conforme Marina Duarte: "As condições pessoais do segurado devem ser avaliadas dentro de seu contexto social, devendo-se averiguar sua idade, aptidões, grau de instrução, limitações físicas que irão acompanhá-lo dali pra frente (...)". DUARTE, Marina Vasques. **Direito previdenciário**. 3. ed. Porto Alegre: Verbo Jurídico, 2004, p. 124.
37. Sobre o ponto, confira-se: BERNARDO, Leandro Ferreira e FRACALOSSI, Wiliam. **Direito previdenciário na visão dos tribunais: doutrina e jurisprudência**. 2. ed. São Paulo: Método, 2010, p. 56-62.

parcial, em incapacidade total, a exigir a concessão da aposentadoria por invalidez[38] (nesse sentido, vide, adiante, trecho do inteiro teor do Pedilef 2007.83.00.505258-6, acima referido).

Conforme prescreve o artigo 42 da Lei 8.213/91, a aposentadoria por invalidez é devida ao segurado que, havendo cumprido o período de carência – quando esta for exigida -, seja considerado incapaz e insuscetível de reabilitação para o exercício de atividade que lhe garanta a subsistência.

Assim é que o juiz deve, para verificar a capacidade laborativa, analisar a questão posta não apenas do ponto de vista médico, mas, sobretudo, da perspectiva quanto à real e efetiva possibilidade de inserção do requerente no mercado de trabalho, levando em consideração as suas condições pessoais e sociais peculiares, acima mencionadas.

José Antônio Savaris[39] ressalta a importância de que todas as condições sociais do segurado sejam avaliadas, argumentando que, de nada adiantaria a um trabalhador a existência de capacidade residual para o exercício de atividades que não dependam de esforço físico, se ele sempre trabalhou em atividades que demandam esforço físico acentuado, além de possuir idade avançada e reduzido nível de escolaridade. Nesse caso, a real possibilidade de vir a exercer outra atividade é inexistente.

Por oportuno, não se pode olvidar que a TNU tem aplicado a súmula sob exame tanto na aposentadoria por invalidez quanto no benefício de prestação continuada da Lei 8.742/93[40], como se lê no seguinte trecho de voto:

> Esta Turma Nacional tem estabelecido entendimento no sentido de que a incapacidade tanto no âmbito do Benefício por Incapacidade como no de Prestação Continuada não necessita decorrer, exclusivamente, de alguma patologia, mas pode ser assim reconhecida (incapacidade) com lastro em análise mais ampla, atinente às condições socioeconômicas, profissionais, culturais e locais do interessado, a inviabilizar a vida laboral e independente. (TNU, Pedilef 2007.71.95.027855-4, Rel. Paulo Ricardo Arena Filho, DJ 9.12.2011)

Importante notar que o STJ alterou seu entendimento jurisprudencial sobre a matéria, passando a sustentar que: "Para a concessão de aposentadoria por invalidez, na hipótese em que o laudo pericial tenha concluído pela incapacidade parcial para o trabalho, devem ser considerados, além dos elementos previstos no art. 42 da Lei

---

38. Corroborando o afirmado, leia-se: ROCHA, Daniel Machado da; BALTAZAR JÚNIOR, José Paulo. **Comentários à Lei de Benefícios da Previdência Social.** 11. ed. Porto Alegre: Livraria do Advogado Editora e ESMAFE, 2012, p. 199; AMADO, Frederico. **Direito e processo previdenciário sistematizado.** 3. ed. Salvador: Juspodivm, 2012, p. 53; COSTA, Clarissa Albuquerque. Benefícios por incapacidade para o trabalho: auxílio-doença e aposentadoria por invalidez. *In:* SAVARIS, José Antônio (coord.). **Direito Previdenciário: problemas e jurisprudência.** Curitiba: Alteridade, 2014, p. 158-159.
39. SAVARIS, José Antônio. **Direito processual previdenciário.** 5. ed. Curitiba: Alteridade, 2014, p. 285-287 e 563.
40. No mesmo sentido, confira-se: SAVARIS, José Antônio. *Op. cit.*, p. 291-293.

8.213/91, os aspectos socioeconômicos, profissionais e culturais do segurado", conforme se lê no Informativo 520, de 12 de junho de 2013[41].

Registre-se que, se for reconhecido ser a parte autora portadora de doença que a incapacita parcialmente, mas que não seja incapacitante para a sua atividade laborativa habitual, a súmula em questão não se aplica. Explica-se. Embora, na hipótese, esteja presente a incapacidade parcial para o trabalho, tal incapacidade não gera o direito sequer ao auxílio-doença, tendo em vista que a parte autora tem condições de prosseguir trabalhando normalmente, sem a necessidade de apoio da Previdência Social. Em virtude disso é que, posteriormente, foi elaborada a Súmula 77/TNU – a ser comentada no momento oportuno.

Em resumo, podem ocorrer na prática as seguintes situações: 1) a doença da parte autora não gera incapacidade; conclusão: não lhe é devido qualquer benefício; 2) a doença da parte autora gera incapacidade parcial, porém esta não abrange seu trabalho habitual; conclusão: não lhe é devido qualquer benefício, incidindo a súmula 77 da TNU; 3) a doença da parte autora gera incapacidade parcial, que abrange seu trabalho habitual; conclusão: aplica-se o presente Verbete, devendo as instâncias ordinárias procederem à análise das condições pessoais e sociais do segurado, a fim de averiguar se é possível cogitar-se de sua reabilitação funcional e de seu retorno ao mercado de trabalho. Caso isso não seja possível, configura-se a hipótese de concessão de aposentadoria por invalidez em vez do auxílio-doença. Não custa lembrar que toda a matéria fática e probatória será fixada nos JEFs e nas Turmas Recursais, não cabendo à TNU (e nem às TRUs) adentrar em tal seara, consoante disposto na Súmula 42/TNU.

Por fim, note-se que, quando a TNU decide pela incidência do presente Enunciado, por verificar que as instâncias ordinárias não analisaram as condições pessoais e sociais do segurado para aferir se é o caso de concessão de aposentadoria por invalidez, não poderá adentrar no exame dos fatos e provas, sob pena de violação ao teor da sua já referida Súmula 42. Deverá, nesse caso, aplicar a sua Questão de Ordem n. 20.

◉ Súmula TNU 42. Não se conhece de incidente de uniformização que implique reexame de matéria de fato.

◉ Súmula TNU 77. O julgador não é obrigado a analisar as condições pessoais e sociais quando não reconhecer a incapacidade do requerente para a sua atividade habitual.

◉ TNU. Questão de Ordem n. 20. Se a Turma Nacional decidir que o incidente de uniformização deva ser conhecido e provido no que toca a matéria de direito e se tal conclusão importar na necessidade de exame de provas sobre matéria de fato, que foram requeridas e não produzidas, ou foram produzidas e não apreciadas pelas instâncias inferiores, a sentença ou acórdão da Turma Recursal deverá ser anulado para que tais provas sejam produzidas ou apreciadas, ficando o juiz de 1º grau e a respectiva Turma Recursal vinculados ao entendimento da Turma Nacional sobre a matéria de direito.

---

41. Precedentes do STJ citados no Informativo nº 520 seguindo a mesma trilha: AgRg no Ag 1.425.084-MG, 5ª T., DJe 23.4.12; AgRg no AREsp 81.329-PR, 5ª T., DJe 1.3.12, e AgRg no Ag 1.420.849-PB, 6ª T., DJe 28.11.11. AgRg no AREsp 283.029-SP, Rel. Min. Humberto Martins, j. 9.4.2013.

○ Previdenciário. Aposentadoria por invalidez. Incapacidade parcial. I. Estando a Autora incapacitada apenas parcialmente para o trabalho, não faz jus à aposentadoria por invalidez. II. O argumento da dificuldade de obtenção de outro emprego, em face da idade avançada, baixo nível intelectual, não pode ser utilizado para a concessão do benefício, por falta de previsão legal. (...). (STJ, 5ª T., REsp 358.983/SP, Rel. Min. Gilson Dipp, DJ 24.6.2002)

○ (...). Previdenciário. Aposentadoria por invalidez. Artigo 42 da Lei 8.213/91. Ausência de incapacidade total para o trabalho reconhecida pelo tribunal "a quo". Impossibilidade de concessão do benefício. 1. Para a concessão da aposentadoria por invalidez, é de mister que o segurado comprove a incapacidade total e definitiva para o exercício de atividade que lhe garanta a subsistência. 2. Tal incapacidade deve ser observada do ponto de vista físico-funcional, sendo irrelevante, assim, na concessão do benefício, os aspectos sócio-econômicos do segurado e de seu meio, à ausência de previsão legal e porque o benefício previdenciário tem natureza diversa daqueloutros de natureza assistencial. (...). (STJ, 6ª T., AgRg no REsp 501.859/SP, Rel. Min. Hamilton Carvalhido, DJ 9.5.2005)

○ Em que pese esta última disposição legal, numa interpretação sistemática da legislação, conclui-se que a incapacidade para o trabalho não pode ser avaliada tão-somente do ponto de vista médico. Os fatores ambientais, sociais e pessoais também devem ser levados em conta. Há que se perquirir sobre a real possibilidade de reinserção do trabalhador no mercado de trabalho. Para tanto, deve ser considerado o mercado de trabalho efetivamente disponível para o autor, levando-se em conta, além da doença que lhe acometeu, a idade, o grau de instrução, bem como a época e local em que vive. (TNU, Pedilef 2007.83.00.505258-6, Rel. Maria Divina Vitória, DJ 2.2.2009)

SÚMULA 53. NÃO HÁ DIREITO A AUXÍLIO-DOENÇA OU A APOSENTADORIA POR INVALIDEZ QUANDO A INCAPACIDADE PARA O TRABALHO É PREEXISTENTE AO REINGRESSO DO SEGURADO NO REGIME GERAL DE PREVIDÊNCIA SOCIAL.

Súmula comentada/anotada no item *Benefícios em espécie – Auxílio-doença*, adiante.

SÚMULA 57. O AUXÍLIO-DOENÇA E A APOSENTADORIA POR INVALIDEZ NÃO PRECEDIDA DE AUXÍLIO-DOENÇA, QUANDO CONCEDIDOS NA VIGÊNCIA DA LEI N. 9.876/1999, DEVEM TER O SALÁRIO DE BENEFÍCIO APURADO COM BASE NA MÉDIA ARITMÉTICA SIMPLES DOS MAIORES SALÁRIOS DE CONTRIBUIÇÃO CORRESPONDENTES A 80% DO PERÍODO CONTRIBUTIVO, INDEPENDENTEMENTE DA DATA DE FILIAÇÃO DO SEGURADO OU DO NÚMERO DE CONTRIBUIÇÕES MENSAIS NO PERÍODO CONTRIBUTIVO.

Súmula comentada/anotada no item *Benefícios em espécie – Auxílio-doença*, adiante.

SÚMULA 65. OS BENEFÍCIOS DE AUXÍLIO-DOENÇA, AUXÍLIO-ACIDENTE E APOSENTADORIA POR INVALIDEZ CONCEDIDOS NO PERÍODO DE 28.3.2005 A 20.7.2005 DEVEM SER CALCULADOS NOS TERMOS DA LEI N. 8.213/1991, EM SUA REDAÇÃO ANTERIOR À VIGÊNCIA DA MEDIDA PROVISÓRIA N. 242/2005.

Súmula comentada/anotada no item *Auxílio-acidente*, adiante.

Súmula 73. O TEMPO DE GOZO DE AUXÍLIO-DOENÇA OU DE APOSENTADORIA POR INVALIDEZ NÃO DECORRENTES DE ACIDENTE DE TRABALHO SÓ PODE SER COMPUTADO COMO TEMPO DE CONTRIBUIÇÃO OU PARA FINS DE CARÊNCIA QUANDO INTERCALADO ENTRE PERÍODOS NOS QUAIS HOUVE RECOLHIMENTO DE CONTRIBUIÇÕES PARA A PREVIDÊNCIA SOCIAL.

Súmula comentada/anotada no item *Benefícios em espécie – Auxílio-doença*, adiante.

5.4. Aposentadoria por Tempo de Serviço

Súmula 9. O USO DE EQUIPAMENTO DE PROTEÇÃO INDIVIDUAL (EPI), AINDA QUE ELIMINE A INSALUBRIDADE, NO CASO DE EXPOSIÇÃO A RUÍDO, NÃO DESCARACTERIZA O TEMPO DE SERVIÇO ESPECIAL PRESTADO.

● *Súmula aplicável.* ● *DJ 5.11.2003.* ● *Referência legislativa: CLT.* ● *Precedentes: AC 2000.38.00.032729-1/MG. AMS 2001.38.00.069-3/MG. AC 1999.03.99076863-0/SP. Rec 2003.38.00.703890-0, 2ª TR/JEF/MG. PU/TNU 2002.50.50.001890-3/ES.*

▶ *João Batista Lazzari*

A súmula refere-se ao uso de Equipamentos de Proteção Individual (EPIs) no desempenho de atividades que sujeitam o trabalhador à ação do agente físico ruído, os quais não têm o condão de descaracterizar a especialidade da atividade.

A TNU firmou o entendimento de que a exposição à níveis de ruído acima dos limites de tolerância estabelecidos pela legislação de regência caracteriza a atividade como especial, sendo irrelevante a questão acerca da utilização ou não de EPI, bem como de haver indicação no laudo pericial sobre a eventual neutralização de seus efeitos nocivos.

"O ruído pode ser conceituado como a mistura de tons cujas frequências diferem entre si por um valor inferior ao poder de discriminação do ouvido; mistura aleatória de tons"[42]. Para fins previdenciários, esse agente físico, quando presente no ambiente de trabalho acima dos limites de tolerância previstos na legislação, enseja a contagem especial do tempo de serviço. Os efeitos nocivos à saúde do trabalhador em decorrência do ruído dependem, sobretudo, do nível de intensidade e do tempo de exposição[43].

O Comitê Nacional de Ruído e Conservação Auditiva[44] definiu e caracterizou a perda auditiva induzida pelo ruído relacionada ao trabalho como uma "diminuição

---

42. CANCELIER, Ricardo C. L. Considerações acerca do agente ruído para fins de aposentadoria especial. In: VAZ, Paulo A. B; SAVARIS, José A. (Orgs.). **Curso modular de direito previdenciário.** v. 2. Florianópolis: Conceito Editorial; Porto Alegre: EMAGIS, 2010. p. 538.
43. As atividades e operações insalubres, inclusive quanto aos limites de tolerância para ruído contínuo, intermitente ou de impacto são reguladas pela NR-15, norma regulamentadora aprovada pela Portaria n. 3.214/1978, do Ministério do Trabalho.
44. Órgão interdisciplinar composto por membros indicados pela Associação Nacional de Medicina do Trabalho (ANAMT) e pelas Sociedades Brasileiras de Acústica (SOBRAC), Fonoaudiologia (SBFa) e Otorrinolaringologia (SBORL).

gradual da acuidade auditiva, decorrente da exposição continuada a níveis elevados de ruído"[45].

Quanto ao Equipamento de Proteção Individual, pode ser definido como "o instrumento colocado à disposição do trabalhador visando evitar ou atenuar o risco de lesões provocadas por agentes físicos, químicos, mecânicos ou biológicos presentes no ambiente de trabalho"[46].

Estudos comprovam, entretanto, que mesmo que o uso de protetores auriculares acarrete a redução dos limites de tolerância previstos na legislação aplicável à matéria, o equipamento não é capaz de eliminar os efeitos nocivos à saúde do trabalhador, porquanto a proteção não neutraliza as vibrações transmitidas para o esqueleto craniano e, por consequência, para o ouvido interno[47].

Com efeito, ainda quando utilizados corretamente, os EPIs não são suficientes para neutralizar os efeitos nocivos causados pela ação do ruído, porquanto "o EPI somente protege o ouvido dos sons que percorrem a via aérea. O ruído origina-se das vibrações transmitidas para o esqueleto craniano e através dessa via óssea atingem o ouvido interno, a cóclea e o órgão de corti"[48].

O Supremo Tribunal Federal apreciou, no ARE 664335, repercussão geral, o assunto tratado nesta Súmula (Tema n. 555. Fornecimento de Equipamento de Proteção Individual – EPI como fator de descaracterização do tempo de serviço especial) e decidiu que:

> (...). Tratando-se especificamente do agente nocivo ruído, desde que em limites acima do limite legal, constata-se que, apesar do uso de Equipamento de Proteção Individual (protetor auricular) reduzir a agressividade do ruído a um nível tolerável, até no mesmo patamar da normalidade, a potência do som em tais ambientes causa danos ao organismo que vão muito além daqueles relacionados à perda das funções auditivas.

(...). Aposentadoria especial. Art. 201, § 1º, da constituição da república. Requisitos de caracterização. Tempo de serviço prestado sob condições nocivas. Fornecimento de equipamento de proteção individual - EPI. Tema com repercussão geral reconhecida pelo plenário virtual. Efetiva exposição a agentes nocivos à saúde. Neutralização da relação nociva entre o agente insalubre e o trabalhador. Comprovação no perfil profissiográfico previdenciário PPP ou similar. Não caracterização dos pressupostos hábeis à concessão de aposentadoria especial. Caso concreto. Agente nocivo ruído. Utilização de EPI. Eficácia. Redução da nocividade. Cenário atual. Impossibilidade de neutralização. Não descaracterização das condições prejudiciais. Benefício previdenciário devido. Agravo conhecido para negar provimento ao recurso extraordinário. 1. Conduz à admissibilidade do Recurso Extraordinário a densidade constitucional, no aresto recorrido, do direito fundamental à previdência social (art. 201, CF/88), com reflexos mediatos nos cânones constitucionais do direito à vida (art. 5º, caput, CF/88), à saúde (arts. 3º, 5º e 196, CF/88), à dignidade da pessoa humana (art. 1º, III, CF/88) e ao meio ambiente de trabalho equilibrado (arts.

---

45. COMITÊ NACIONAL DE RUÍDO E CONSERVAÇÃO AUDITIVA. Perda auditiva induzida pelo ruído relacionada ao trabalho. **Revista de Previdência Social.** São Paulo, v. 18, n. 165, p. 621.
46. CANCELIER, p. 547.
47. PEDROTTI, Irineu Antônio. **Doenças Profissionais ou do Trabalho.** 2. ed., São Paulo: Leud, 1998, p. 538.
48. CANCELIER, p. 548.

193 e 225, CF/88). 2. A eliminação das atividades laborais nocivas deve ser a meta maior da Sociedade - Estado, empresariado, trabalhadores e representantes sindicais -, que devem voltar--se incessantemente para com a defesa da saúde dos trabalhadores, como enuncia a Constituição da República, ao erigir como pilares do Estado Democrático de Direito a dignidade humana (art. 1º, III, CF/88), a valorização social do trabalho, a preservação da vida e da saúde (art. 3º, 5º, e 196, CF/88), e o meio ambiente de trabalho equilibrado (art. 193, e 225, CF/88). 3. A aposentadoria especial prevista no artigo 201, § 1º, da Constituição da República, significa que poderão ser adotados, para concessão de aposentadorias aos beneficiários do regime geral de previdência social, requisitos e critérios diferenciados nos "casos de atividades exercidas sob condições especiais que prejudiquem a saúde ou a integridade física, e quando se tratar de segurados portadores de deficiência, nos termos definidos em lei complementar". 4. A aposentadoria especial possui nítido caráter preventivo e impõe-se para aqueles trabalhadores que laboram expostos a agentes prejudiciais à saúde e a fortiori possuem um desgaste naturalmente maior, por que não se lhes pode exigir o cumprimento do mesmo tempo de contribuição que aqueles empregados que não se encontram expostos a nenhum agente nocivo. 5. A norma inscrita no art. 195, § 5º, CF/88, veda a criação, majoração ou extensão de benefício sem a correspondente fonte de custeio, disposição dirigida ao legislador ordinário, sendo inexigível quando se tratar de benefício criado diretamente pela Constituição. Deveras, o direito à aposentadoria especial foi outorgado aos seus destinatários por norma constitucional (em sua origem o art. 202, e atualmente o art. 201, § 1º, CF/88). (...). 6. Existência de fonte de custeio para o direito à aposentadoria especial antes, através dos instrumentos tradicionais de financiamento da previdência social mencionados no art. 195, da CF/88, e depois da Medida Provisória n. 1.729/98, posteriormente convertida na Lei n. 9.732, de 11 de dezembro de 1998. Legislação que, ao reformular o seu modelo de financiamento, inseriu os §§ 6º e 7º no art. 57 da Lei n.º 8.213/91, e estabeleceu que este benefício será financiado com recursos provenientes da contribuição de que trata o inciso II do art. 22 da Lei n. 8.212/91, cujas alíquotas serão acrescidas de doze, nove ou seis pontos percentuais, conforme a atividade exercida pelo segurado a serviço da empresa permita a concessão de aposentadoria especial após quinze, vinte ou vinte e cinco anos de contribuição, respectivamente. 7. Por outro lado, o art. 10 da Lei n. 10.666/2003, ao criar o Fator Acidentário de Prevenção-FAP, concedeu redução de até 50% do valor desta contribuição em favor das empresas que disponibilizem aos seus empregados equipamentos de proteção declarados eficazes nos formulários previstos na legislação, o qual funciona como incentivo para que as empresas continuem a cumprir a sua função social, proporcionando um ambiente de trabalho hígido a seus trabalhadores. 8. O risco social aplicável ao benefício previdenciário da aposentadoria especial é o exercício de atividade em condições prejudiciais à saúde ou à integridade física (CF/88, art. 201, § 1º), de forma que torna indispensável que o indivíduo trabalhe exposto a uma nocividade notadamente capaz de ensejar o referido dano, porquanto a tutela legal considera a exposição do segurado pelo risco presumido presente na relação entre agente nocivo e o trabalhador. 9. A interpretação do instituto da aposentadoria especial mais consentânea com o texto constitucional é aquela que conduz a uma proteção efetiva do trabalhador, considerando o benefício da aposentadoria especial excepcional, destinado ao segurado que efetivamente exerceu suas atividades laborativas em "condições especiais que prejudiquem a saúde ou a integridade física". 10. Consectariamente, a primeira tese objetiva que se firma é: o direito à aposentadoria especial pressupõe a efetiva exposição do trabalhador a agente nocivo à sua saúde, de modo que, se o EPI for realmente capaz de neutralizar a nocividade não haverá respaldo constitucional à aposentadoria especial. 11. A Administração poderá, no exercício da fiscalização, aferir as informações prestadas pela empresa, sem prejuízo do inafastável judicial review. Em caso de divergência ou dúvida sobre a real eficácia do Equipamento de Proteção Individual, a premissa a nortear a Administração e o Judiciário é pelo reconhecimento do direito ao benefício da aposentadoria especial. Isto porque o uso de EPI, no caso concreto, pode não se afigurar suficiente para descaracterizar completamente a relação nociva a que o empregado se submete. 12. "In casu", tratando-se especificamente do agente nocivo ruído, desde que em limites acima do limite legal, constata-se que, apesar do uso de Equipamento de Proteção Individual (protetor auricular) reduzir a agressividade do ruído a um nível tolerável, até no mesmo patamar da

normalidade, a potência do som em tais ambientes causa danos ao organismo que vão muito além daqueles relacionados à perda das funções auditivas. O benefício previsto neste artigo será financiado com os recursos provenientes da contribuição de que trata o inciso II do art. 22 da Lei n. 8.212, de 24 de julho de 1991, cujas alíquotas serão acrescidas de doze, nove ou seis pontos percentuais, conforme a atividade exercida pelo segurado a serviço da empresa permita a concessão de aposentadoria especial após quinze, vinte ou vinte e cinco anos de contribuição, respectivamente. O benefício previsto neste artigo será financiado com os recursos provenientes da contribuição de que trata o inciso II do art. 22 da Lei n. 8.212, de 24 de julho de 1991, cujas alíquotas serão acrescidas de doze, nove ou seis pontos percentuais, conforme a atividade exercida pelo segurado a serviço da empresa permita a concessão de aposentadoria especial após quinze, vinte ou vinte e cinco anos de contribuição, respectivamente. 13. Ainda que se pudesse aceitar que o problema causado pela exposição ao ruído relacionasse apenas à perda das funções auditivas, o que indubitavelmente não é o caso, é certo que não se pode garantir uma eficácia real na eliminação dos efeitos do agente nocivo ruído com a simples utilização de EPI, pois são inúmeros os fatores que influenciam na sua efetividade, dentro dos quais muitos são impassíveis de um controle efetivo, tanto pelas empresas, quanto pelos trabalhadores. 14. Desse modo, a segunda tese fixada neste Recurso Extraordinário é a seguinte: na hipótese de exposição do trabalhador a ruído acima dos limites legais de tolerância, a declaração do empregador, no âmbito do Perfil Profissiográfico Previdenciário (PPP), no sentido da eficácia do Equipamento de Proteção Individual - EPI, não descaracteriza o tempo de serviço especial para aposentadoria. (...). (STF, ARE 664335, Rel. Min. Luiz Fux, Pleno, repercussão geral – mérito, DJe 12.2.2015)

SÚMULA 16. A CONVERSÃO EM TEMPO DE SERVIÇO COMUM, DO PERÍODO TRABALHADO EM CONDIÇÕES ESPECIAIS, SOMENTE É POSSÍVEL RELATIVAMENTE À ATIVIDADE EXERCIDA ATÉ 28 DE MAIO DE 1998 (ART. 28 DA LEI 9.711/98).

●*Súmula cancelada.*●*DJ 24.5.2004 (edição).*●*Precedentes: REsp 956110-SP, REsp 1010028-RN, PU/TNU 200461842523437, PU/TNU 200763060019190, PU/TNU 200461840057125, PU/TNU 200770950118032.*

▶ *André Wasilewski Duszczak*

Esta súmula tinha como fundamento o art. 28 da Lei 9.711/98, adiante transcrito.

Com base neste verbete, não se podia converter do tempo de serviço comum em especial, para o trabalhador que tivesse exercido atividade insalubre em período posterior a 28 de maio de 1998, data da edição da Medida Provisória 1.663-10, que posteriormente foi convertida na Lei 9.711/98.

No entanto, a Súmula foi cancelada em decorrência do entendimento de que as regras de conversão de tempo de atividade sob condições especiais em tempo de atividade comum dele constantes são aplicáveis "ao trabalho prestado em qualquer período" (TNU, 2004.61.84.005712-5, Rel. Joana Carolina Lins Pereira, DJU 22.5.2009). Vide comentários à Súmula 50/TNU.

Assim, poderá haver a conversão de tempo especial de período prestado posteriormente à MP 1663-10, desde que comprovada a efetiva exposição a agentes agressivos (TRF5, Apelreex 5149, Rel. Geraldo Apoliano, DJe 1.9.2009).

▶ **Lei 9.711/98. Art. 28.** O Poder Executivo estabelecerá critérios para a conversão do tempo de trabalho exercido até 28 de maio de 1998, sob condições especiais que sejam prejudiciais à saúde ou à integridade física, nos termos dos arts. 57 e 58 da Lei 8.213, de 1991, na redação dada pelas Leis nos 9.032, de 28 de abril de 1995, e 9.528, de 10 de dezembro de 1997, e de seu regulamento, em tempo de trabalho exercido em atividade comum, desde que o segurado tenha implementado percentual do tempo necessário para a obtenção da respectiva aposentadoria especial, conforme estabelecido em regulamento.

SÚMULA 18. PROVADO QUE O ALUNO APRENDIZ DE ESCOLA TÉCNICA FEDERAL RECEBIA REMUNERAÇÃO, MESMO QUE INDIRETA, À CONTA DO ORÇAMENTO DA UNIÃO, O RESPECTIVO TEMPO DE SERVIÇO PODE SER COMPUTADO PARA FINS DE APOSENTADORIA PREVIDENCIÁRIA.

● *Súmula aplicável.* ● *DJ 7.10.2004.* ● *Precedentes: REsp 413.400/RN. REsp 441.828/PE. REsp 496.250/SE. RMS 15.522/RS. PU/TNU 2003.35.00.713222-0/GO.*

▶ *Ronaldo José da Silva*

A jurisprudência pátria consolidou entendimento de que conta-se como tempo de serviço, para fins previdenciários, o período de trabalho prestado na qualidade de aluno-aprendiz em Escola Técnica Federal, desde que comprovada a retribuição pecuniária à conta do Orçamento da União, seja esta retribuição direta, por exemplo, com o pagamento em espécie de uma bolsa-estudos ou indireta quando a Escola Técnica Federal fornece ao aluno-aprendiz, alimentação, fardamento, material escolar, dentre outras formas de custeio do ensino técnico.

Este entendimento já estava consagrado, no âmbito do serviço público federal, pela Súmula 96/TCU.

A aprendizagem para serviços técnicos foi disciplinada pelo Decreto-Lei 4.073 de 30 de janeiro de 1942, tendo sido alterada pelo Decreto-Lei 8.680/42. Seu objetivo era estabelecer "as bases de organização e de regime do ensino industrial, que é o ramo de ensino, de segundo grau, destinado à preparação profissional dos trabalhadores da indústria e das atividades artesanais, e ainda dos trabalhadores dos transportes, das comunicações e da pesca" (art. 1º).

As disposições deste Decreto-Lei são aplicáveis tanto às empresas da iniciativa privada quanto às pessoas jurídicas de direito público (art. 68).

Este Decreto-Lei disciplinou o regime jurídico de aprendizagem tanto das escolas industrias quanto das escolas técnicas federais, mantidas e administradas sob a responsabilidade da União, autorizando, igualmente a criação de outras duas modalidades de escolas com cursos profissionalizantes as quais denominou de equiparadas e reconhecidas (art. 59).

O ensino ministrado em todas estas categorias de escolas (industriais, técnicas federais, equiparadas e reconhecidas), teve seu tempo de serviço, vale dizer, as aulas práticas, reconhecido para todos os efeitos previdenciários, consoante disposto no art. 58, XXI, do Decreto n. 611/92.

Assim, considerando que o tempo de aprendizado profissional era considerado tempo de serviço para fins previdenciários nas escolas industriais, com maior razão deveria também sê-lo nas escolas técnicas federais, por força do disposto no art. 68, caput, do Decreto-Lei 4.073/42, no que dispôs: "aos poderes públicos cabem, com relação à aprendizagem nos estabelecimentos industriais oficiais, os mesmos deveres por esta lei atribuídos aos empregadores".

Essa disciplina jurídica das escolas técnicas foi parcialmente alterada pela Lei 3.552, de 16 de fevereiro de 1.959, mas, em substância, nada de significativo, em especial, para discernir nas escolas federais três modalidades de cursos, a saber, o de aprendizagem, o básico e o técnico.

Com relação ao curso técnico dispôs o artigo 5º que "os cursos técnicos, de quatro ou mais séries, têm por objetivo assegurar a formação de técnicos para o desempenho de funções de imediata assistência a engenheiros ou a administradores, ou para o exercício de profissões em que as aplicações tecnológicas exijam um profissional dessa graduação técnica".

Com efeito, se além das aulas formais, da grade regular de ensino, o aluno-aprendiz tinha aulas técnicas, abrangendo aulas teóricas e práticas, de qualquer ofício ou profissão com 'aplicações tecnológicas', para usar a expressão legal, e, agregado ao curso, percebia remuneração direta ou indireta, é reconhecido o vínculo laboral para fins previdenciários.

Deste entendimento não destoa a jurisprudência do C. STJ, desde os primeiros precedentes, a título ilustrativo: 6ª T., REsp 192.244/SE, Rel. Min. Vicente Leal, DJ 4.10.1999; e 5ª T., REsp 202.525/PR, Rel. Min. Felix Fischer, DJ 2.8.1999.

Mais recentemente na Quinta Turma do STJ, confira-se o que restou decidido nos REsp 413.400/RN, Rel. Min. Laurita Vaz, DJ 7.4.2003; REsp 441.828/PE, Rel. Min. Jorge Scartezzini, DJ 17.3.2003, e REsp 496.250/SE, Rel. Min. Jorge Scartezzini, DJ 15.9.2003.

Nesta senda, na TNU o "leading case" onde este entendimento restou cristalizado na súmula, ora sob comento, foi produzido no julgamento do PU n. 2003.35.00.713222-0/GO, DJU 17.9.2004.

Para o C. STF (RE 672377, Rel. Min. Roberto Barroso, DJe 7.8.2015), "o recurso extraordinário é inadmissível, tendo em vista que a solução da controvérsia demanda a análise de legislação infraconstitucional e o reexame do conjunto fático-probatório dos autos".

Enfim, o aluno-aprendiz, diferentemente do que ocorre com o menor-aprendiz onde o tempo de serviço é sempre computado para fins previdenciários, tem direito ao cômputo do tempo de aprendizagem em escola técnica federal desde que comprove que recebeu contraprestação direta ou indireta da instituição de ensino.

- Súmula AGU 24. É permitida a contagem, como tempo de contribuição, do tempo exercido na condição de aluno-aprendiz referente ao período de aprendizado profissional realizado em escolas técnicas, desde que comprovada a remuneração, mesmo que indireta, à conta do orçamento público e o vínculo empregatício.

◎ Súmula TCU 96. Conta-se para todos os efeitos, como tempo de serviço público, o período de trabalho prestado, na qualidade de aluno-aprendiz, em Escola Pública Profissional, desde que comprovada a retribuição pecuniária à conta do Orçamento, admitindo-se, como tal, o recebimento de alimentação, fardamento, material escolar e parcela de renda auferida com a execução de encomendas para terceiros.

◎ Triênios. Tempo de serviço. Para efeito de percepção de triênios não se conta o tempo de serviço prestado antes da vigência da Lei N. 3.780, de 1960. (STF, RMS 15522, Rel. Min. Hermes Lima, Terceira Turma, DJ 14.9.1966)

◎ (...). Aluno-aprendiz. Escola técnica federal. Contagem. Tempo de serviço. Possibilidade. Remuneração. Existência. Súmula n. 96 do TCU. Precedentes desta corte. (...). 1. Restando caracterizado que o aluno-aprendiz de Escola Técnica Federal recebia remuneração, mesmo que indireta, à conta do orçamento da União, há direito ao aproveitamento do período como tempo de serviço estatutário federal, o qual deverá ser computado na aposentadoria previdenciária pela via da contagem recíproca, a teor do disposto na Lei n. 6.226/1975. Precedentes. 2. Para alçar a admissibilidade do recurso especial pela alínea c, do art. 105, inciso III, da Constituição Federal, o Recorrente deveria ter realizado o cotejo analítico nos termos previstos no artigo 255 do RISTJ, com a transcrição de trechos dos acórdãos recorrido e paradigma, mencionando as circunstâncias que identifiquem ou assemelhem os casos confrontados. Ausente a demonstração do dissenso nos moldes regimentais, incide o óbice da Súmula n. 284 do STF. (...). (STJ, REsp 413.400/RN, Rel. Min. Laurita Vaz, 5ª T., DJ 7.4.2003)

◎ Previdenciário. Averbação de tempo de serviço. Aluno-aprendiz. Escola profissionalizante. Decreto-lei n. 4.073/42, art. 1º. Art. 58, inciso XXI do Decreto 611/92. Juros de mora. Súmula 204/STJ. Divergência jurisprudencial comprovada. Inteligência do art. 255 e §§, do Regimento Interno desta Corte. O período trabalhado como aluno-aprendiz em escola técnica federal, com retribuição pecuniária na forma de auxílio-educação à conta do orçamento da União, pode ser computado para fins de complementação de tempo de serviço, objetivando fins previdenciários. Inteligência do artigo 58, inciso XXI do Decreto 611/92. (...). Os juros moratórios, nas ações relativas a benefícios previdenciários incidem a partir de citação válida, no percentual de 1% (um por cento) ao mês. Aplicação da Súmula 204/STJ. Precedentes. (...). (STJ, REsp 441.828/PE, Rel. Min. Jorge Scartezzini, 5ª T., DJ 17.3.2003)

◎ Previdenciário. Averbação de tempo de serviço. Aluno-aprendiz. Escola Agrotécnica Federal de São Cristovão/SE. Decreto-lei n. 4.073/42. Art. 58, inciso XXI do Decreto 611/92. O período trabalhado como aluno-aprendiz em escola técnica federal, pode ser computado para fins de complementação de tempo de serviço, objetivando fins previdenciários, em face da remuneração recebida. O artigo 58 do Decreto n. 611/92, em seu inciso XXI, admitiu a contagem do tempo de aprendizado prestado nas escolas técnicas, para fins previdenciários, com base no Decreto Lei n. 4.073/42. (...). (STJ, REsp 496.250/SE, Rel. Min. Jorge Scartezzini, 5ª T., DJ 15.9.2003)

◎ Particularmente, entendo que o fator relevante para comprovação da condição de aluno-aprendiz e, posterior cômputo deste tempo, se juridicamente viável, é a demonstração do vínculo existente entre a escola profissionalizante e o aluno. A simples alegação de que a escola efetuava despesas com o aluno não é suficiente para caracterizar o vínculo de emprego ou a realização de trabalho, condição "sine qua non" para o cômputo do tempo de serviço. Evidente que todas as escolas, sejam públicas ou particulares, efetuam despesas para o desenvolvimento da atividade docente e amparo ao corpo discente. O que caracteriza o tempo de serviço do aluno-aprendiz não é o recebimento de alimentação, fardamento, material escolar ou mesmo de um auxílio financeiro, mas sim a execução de atividades com vistas a atender encomendas de terceiros. O pagamento por esses serviços, executados pelo aluno-aprendiz pode ser feito por meio de 'salário' em espécie – ou parcela da renda auferida com esses serviços, nos termos utilizados pela legislação da época – e salário "in natura" – alimentação, fardamento, alojamento e material escolar, dentre outras possibilidades. O traço que distingue o aluno-aprendiz dos demais alunos não é a percepção de auxílio para a conclusão do respectivo curso, mas a percepção de remuneração como contraprestação a serviços executados na confecção de encomendas vendidas a terceiros. (...) Dessarte, proponho seja expedida determinação à Secretaria Federal de Controle Interno para orientar as escolas federais profissionalizantes no sentido de que as certidões de tempo de serviço de aluno-aprendiz devem expressamente mencionar os dias nos quais os interessados efetivamente laboraram na confecção de encomendas ou na prestação de serviços, bem assim o valor das remunerações auferidas. Os períodos das férias escolares devem ser desconsiderados. De igual forma, deve ser esclarecido a essas entidades que a simples concessão de auxílio financeiro ou de bens não caracteriza a situação de aluno-aprendiz, que decorre do trabalho despendido no atendimento de encomendas recebidas pela respectiva escola. (TCU, Ac. 2024/2005, Plenário, Rel. Min. Lincoln Magalhães da Rocha, voto do Revisor, Benjamin Zymler, DOU 1.12.2005).

▶ **Dec. 611/92. Art. 58.** São contados como tempo de serviço, entre outros: (...). XXI – durante o tempo de aprendizado profissional prestado nas escolas técnicas com base no Decreto-Lei 4.073, de 30 de janeiro de 1942: a) os períodos de frequência a escolas técnicas ou industriais mantidas por empresas de iniciativa privada, desde que reconhecidas e dirigidas a seus empregados aprendizes, bem como o realizado com base no Decreto n. 31.546, de 06 de fevereiro de 1952, em curso do Serviço Nacional da Indústria – SENAI ou Serviço Nacional do Comércio – SENAC, por estes reconhecido, para nação profissional metódica de ofício ou ocupação do trabalhador menor; b) os períodos de frequência aos cursos de aprendizagem ministrados pelos empregadores a seus empregados, em escolas próprias para esta finalidade, ou em qualquer estabelecimento de ensino industrial. (Revogado p/Dec. 2.172/1997).

SÚMULA 24. O TEMPO DE SERVIÇO DO SEGURADO TRABALHADOR RURAL ANTERIOR AO ADVENTO DA LEI N. 8.213/91, SEM O RECOLHIMENTO DE CONTRIBUIÇÕES PREVIDENCIÁRIAS, PODE SER CONSIDERADO PARA A CONCESSÃO DE BENEFÍCIO PREVIDENCIÁRIO DO REGIME GERAL DE PREVIDÊNCIA SOCIAL (RGPS), EXCETO PARA EFEITO DE CARÊNCIA, CONFORME A REGRA DO ART. 55, § 2º, DA LEI N. 8.213/91.

● *Súmula aplicável.* ● DJ 10.3.2005. ● *Referência legislativa:* Lei 8.213/91. ● *Precedentes:* REsp 506.988/RS. REsp 529.386/SC. REsp 538.618/RS. REsp 573.977/RS. REsp 627.471/RS. PU/TNU 2003.72.02.050326-6/SC.

▶ *Lucílio Linhares Perdigão de Morais*

A temática da condição de trabalhador rural para fins previdenciários é assunto recorrente na Justiça Federal, ocupando, em especial, a rotina diária dos Juizados Especiais Federais.

Sobre o assunto, o Superior Tribunal de Justiça, conforme os precedentes indicados, reiteradamente destacou o entendimento segundo o qual o tempo de serviço do segurado trabalhador rural (sem contribuição) poderia ser considerado para a concessão de benefício previdenciário, exceto para efeito de carência.

Ademais, aplica-se a literalidade da regra do art. 55, § 2º, da Lei 8213/91.

Chamada a se manifestar quanto à matéria por ocasião do incidente de uniformização 2003.72.02.050326-SC, a TNU conheceu e deu provimento ao requerido pelo INSS, reafirmando o texto legal e julgando improcedente o pedido de concessão do benefício de aposentadoria por idade (urbana) cuja carência decorreu da consideração de tempo de serviço exercido como trabalhador rural antes do advento da Lei 8.213/91.

No caso analisado pela TNU, a autora da ação teve reconhecido pelo acórdão atacado o tempo de trabalho rural entre os anos de 1961 e 1991 para fins de carência, ou seja, antes do advento da Lei 8.213/91, não se observando a literalidade do art. 55, § 2º, da Lei 8.213/91 e os precedentes do STJ também já indicados.

O incidente de uniformização, destacando a proibição legal expressa de se contar tempo de serviço como trabalhador rural anteriormente ao advento da Lei 8.213/91 para fins de carência, recebeu a seguinte ementa:

> Previdenciário. Aposentadoria por idade urbana. Carência. Tempo de serviço como trabalhador rural antes do advento da Lei 8.213/91. Impossibilidade. Art. 55, § 2º, da Lei 8213/91. I. O Superior Tribunal de Justiça (STJ) firmou jurisprudência pela qual não se considera, para efeito de carência, o tempo de serviço exercido como segurado trabalhador rural antes do advento da Lei 8213/91. II – Há proibição legal expressa à contagem do tempo de serviço rural, anterior à Lei 8213/91, para efeito de carência (art. 55, § 2º, da Lei 8213/91). III. Incidente conhecido e provido.

◉ Súmula AGU 27. Para concessão de aposentadoria no RGPS, é permitido o cômputo do tempo de serviço rural exercido anteriormente à Lei n. 8.213, de 24 de julho de 1991, independente do recolhimento das contribuições sociais respectivas, exceto para efeito de carência.

◉ (...). Previdenciário. Aposentadoria por tempo de serviço. Valoração de prova. Início de prova material. Existência. Averbação de tempo de serviço prestado em atividade rural para fins de aposentadoria urbana por tempo de serviço no mesmo regime de previdência. Contribuição durante o período de atividade rural. Desnecessidade. Não incidência de hipótese de contagem recíproca. 1. Os documentos em nome do pai do recorrido, que exerce atividade rural em regime familiar, contemporâneos à época dos fatos alegados, se inserem no conceito de início razoável de prova material. 2. "O tempo de serviço do segurado trabalhador rural, anterior à data de início de vigência desta Lei, será computado independentemente do recolhimento das contribuições a ele correspondentes, exceto para efeito de carência, conforme dispuser o Regulamento". (§ 2º do artigo 55 da Lei n. 8.213/91). 3. Em se cuidando de hipótese em que o segurado pretende averbar o tempo em que exerceu atividade rural, para fins de concessão de aposentadoria urbana por tempo de serviço, no mesmo regime de previdência a que sempre foi vinculado, não é exigível a prestação das contribuições relativamente ao tempo de serviço rural exercido anteriormente à vigência da Lei n. 8.213/91, desde que cumprida a carência, exigida no artigo 52 da Lei n. 8.213/91. 4. Contagem recíproca é o direito à contagem de tempo de serviço prestado na atividade privada, rural ou urbana, para fins de concessão de aposentadoria no serviço público ou, vice-versa, em face da mudança de regimes de previdência – geral e estatutário -, mediante prova da efetiva contribuição no regime previdenciário anterior (artigo 202, § 2º, da Constituição da República, na sua redação anterior à Emenda Constitucional n. 20/98). 5. A soma do tempo de atividade rural, para fins de concessão de aposentadoria urbana por tempo de serviço, no mesmo regime de previdência, não constitui hipótese de contagem recíproca, o que afasta a exigência do recolhimento de contribuições relativamente ao período, inserta no artigo 96, inciso IV, da Lei n. 8.213/91. (...). (STJ, REsp 506.988/RS, Rel. Min. Hamilton Carvalhido, 6ª T., DJ 28.6.2004)

◉ (...). Tempo de serviço. Trabalhador rural. Contribuições. Contagem recíproca. Menor de 14 anos. Contagem. Recurso do obreiro. Provimento. Lei 8.213/91. O tempo de atividade rural anterior a 1991 dos segurados de que tratam a alínea "a" do inciso I ou do inciso IV do art. 11 da Lei 8.213/91, bem como o tempo de atividade rural a que se refere o inciso VII do art. 11, serão computados exclusivamente para fins de concessão do benefício previsto no art. 143 desta Lei e dos benefícios de valor mínimo, vedada a sua utilização para efeito de carência, de contagem recíproca e de averbação de tempo de serviço de que tratam os artigos 94 e 95 desta Lei, salvo se o segurado comprovar recolhimento das contribuições relativas ao respectivo período feito em época própria.? Comprovado o exercício da atividade empregatícia rurícola, abrangida pela previdência social, por menor de 12 anos (doze) anos, impõe-se o cômputo, para efeitos securitários, desse tempo de serviço. (...). (STJ, REsp 529.386/SC, Rel. Min. José Arnaldo da Fonseca, 5ª T., DJ 22.3.2004)

◉ (...). Aposentadoria por idade urbana. Carência. Utilização. Regra de transição. Art. 142 da Lei n. 8.213/91. Impossibilidade. 1. O exercício de labor rural em regime de economia familiar antes da Lei n. 8.213/91 não autoriza a aplicação da regra de transição do art. 142 da referida lei. 2. Atividade que passou a ser de filiação obrigatória tão-somente após a edição da legislação hoje vigente. 3. Aproveitamento para fins de carência vedado pelo art. 55, § 2º, da Lei n. 8.213/91. (...). (STJ, REsp 538.618/RS, Rel. Min. Laurita Vaz, 5ª T., DJ 15.12.2003)

◉ (...). Tempo de serviço. Trabalhador rural. Contribuições. Contagem recíproca. Lei 8.213/91. O tempo de atividade rural anterior a 1991 dos segurados de que tratam a alínea "a" do inciso I ou do inciso IV do art. 11 da Lei 8.213/91, bem como o tempo de atividade rural a que se refere o inciso VII do art. 11, serão computados exclusivamente para fins de concessão do benefício previsto no art. 143 desta Lei e dos benefícios de valor mínimo, vedada a sua utilização para efeito de carência, de contagem recíproca e de averbação de tempo de serviço de que tratam os artigos 94 e 95 desta Lei, salvo se o segurado comprovar recolhimento das contribuições relativas ao respectivo período feito em época própria. (...). (STJ, REsp 627.471/RS, Rel. Min. José Arnaldo da Fonseca, 5ª T., DJ 28.6.2004)

▶ **Lei 8.213/91. Art. 55.** (...). **§ 2º** O tempo de serviço do segurado trabalhador rural, anterior à data de início de vigência desta Lei, será computado independentemente do recolhimento das contribuições a ele correspondentes, exceto para efeito de carência, conforme dispuser o Regulamento.

SÚMULA 34. PARA FINS DE COMPROVAÇÃO DO TEMPO DE LABOR RURAL, O INÍCIO DE PROVA MATERIAL DEVE SER CONTEMPORÂNEO À ÉPOCA DOS FATOS A PROVAR.

Súmula comentada/anotada no item *Atividade rural*, retro.

SÚMULA 50. É POSSÍVEL A CONVERSÃO DO TEMPO DE SERVIÇO ESPECIAL EM COMUM DO TRABALHO PRESTADO EM QUALQUER PERÍODO.

● *Súmula aplicável.* ● *DJ 15.3.2012.* ● *Precedentes: Pedilef 2004.61.84.062244-8. Pedilef 2006.83.00.508976-3. Pedilef 2005.71.95.020660-1. Pedilef 0002950-15.2008.4.04.7158.*

▶ *André Wasilewski Duszczak*

A previsão de possibilidade de conversão de tempo de serviço foi prevista pela primeira vez no Decreto 63.230/68, arts. 3º, §§ 1º e 2º, e posteriormente no Decreto 72.771/73, art. 71, § 2º e no Decreto 83.080/79, art. 60, § 2º.

No entanto, estes apenas autorizavam a conversão entre "duas ou mais atividades perigosas, insalubres ou penosas", e não a conversão da atividade especial em comum, o que somente foi previsto com a Lei 6.887, de 10 de dezembro de 1980, cujo art. 2º estabelece que:

> Art. 2º A Lei 5.890, de 8 de junho de 1973, com as modificações introduzidas posteriormente, passa a vigorar com as seguintes alterações: (...)
>
> Art. 9º. (...). § 4º O tempo de serviço exercido alternadamente em atividades comuns e em atividades que, na vigência desta Lei, sejam ou venham a ser consideradas penosas, insalubres ou perigosas, será somado, após a respectiva conversão, segundo critérios de equivalência a serem fixados pelo Ministério da Previdência Social, para efeito de aposentadoria de qualquer espécie. (...).

Posteriormente o Decreto 89.312/84 regulamentou a aposentadoria especial e reafirmou a possibilidade de conversão:

> Art. 35. A aposentadoria especial é devida ao segurado que, contando no mínimo 60 (sessenta) contribuições mensais, trabalhou durante 15 (quinze), 20 (vinte) ou 25 (vinte e cinco) anos pelo menos, conforma atividade profissional, em serviço para esse efeito considerado perigoso, insalubre ou penoso em decreto do Poder Executivo. (...)
>
> § 2º O tempo de serviço exercido alternadamente em atividade comum e em atividade que seja ou venha a ser considerada perigosa, insalubre ou penosa é somado, após a respectiva conversão, segundo critérios de equivalência fixados pelo MPAS, para efeito de qualquer espécie de aposentadoria.

Após a edição da Constituição Federal de 1988, a Lei 8.213/91 veio regulamentar os Planos de Benefícios da Previdência Social de acordo com a nova ordem constitucional e no seu art. 57, § 3º, manteve a possibilidade de conversão de atividade especial em comum nos seguintes termos:

> Art. 57. A aposentadoria especial será devida, uma vez cumprida a carência exigida nesta lei, ao segurado que tiver trabalhado durante 15 (quinze), 20 (vinte) ou 25 (vinte e cinco) anos, conforme a atividade profissional, sujeito a condições especiais que prejudiquem a saúde ou a integridade física. (...)
>
> § 3º O tempo de serviço exercido alternadamente em atividade comum e em atividade profissional sob condições especiais que sejam ou venham a ser consideradas prejudiciais à saúde ou à integridade física será somado, após a respectiva conversão, segundo critérios de equivalência estabelecidos pelo Ministério do Trabalho e da Previdência Social, para efeito de qualquer benefício.

E regulamentando esta vieram os Decretos 357/91 e 611/92, cujo art. 64, de idêntico teor em ambos diplomas, acresceu uma "tabela de conversão".

Posteriormente, a Lei 9.032/95 introduziu diversas alterações na redação do art. 57 e parágrafos da Lei 8.213/91, deslocando a norma do § 3º para o § 5º, mantendo-se, no mais, a essência da norma:

> Art. 57. A aposentadoria especial será devida, uma vez cumprida a carência exigida nesta Lei, ao segurado que tiver trabalhado sujeito a condições especiais que prejudiquem a saúde ou integridade física, durante 15 (quinze), 20 (vinte) ou 25 (vinte e cinco) anos, conforme dispuser a lei. (...)
>
> § 5º O tempo de trabalho exercido sob condições especiais que sejam ou venham a ser consideradas prejudiciais à saúde ou à integridade física será somado, após a respectiva conversão ao tempo de trabalho exercido em atividade comum, segundo critérios estabelecidos pelo Ministério da Previdência e Assistência Social, para efeito de concessão de qualquer benefício.

Mas, em data de 28.5.98, a Medida Provisória n. 1.663-10, em seu art. 28, revogou o § 5º do art. 57 da Lei 8.213, de 1991, impedindo a conversão do tempo especial em comum:

> Art. 28. Revogam-se a alínea c do § 8º do art. 28 e o art. 79 da Lei 8.212, de 24 de julho de 1991, o § 5º do art. 57 da Lei 8.213, de 24 de julho de 1991, o art. 29 da Lei 8.880, de 27 de maio de 1994, e a Medida Provisória nº 1.586-9, de 21 de maio de 1998.

Esta Medida Provisória foi reeditada várias vezes até ser convertida na Lei 9.711/98, mas quando de sua conversão em lei, o Congresso Nacional excluiu do texto legal a norma que determinava a revogação expressa do § 5º do art. 57. No entanto, em seu art. 28, foi estabelecido que a possibilidade de conversão do tempo de trabalho especial em comum somente seria possível até a data de 28 de maio de 1998:

> Art. 28. O Poder Executivo estabelecerá critérios para a conversão do tempo de trabalho exercido até 28 de maio de 1998, sob condições especiais que sejam prejudiciais à saúde ou à integridade física, nos termos dos arts. 57 e 58 da Lei 8.213, de 1991, na redação dada pelas Leis n.s 9.032, de 28 de abril de 1995, e 9.528, de 10 de dezembro de 1997, e de seu regulamento, em tempo de trabalho exercido em atividade comum, desde que o segurado tenha implementado percentual do tempo necessário para a obtenção da respectiva aposentadoria especial, conforme estabelecido em regulamento.

Assim, diante desta limitação legal, a Turma Nacional de Uniformização Jurisprudencial dos Juizados Especiais Federais, entendeu que a possibilidade de conversão de tempo comum em especial apenas poderia ser feita até 28.5.1998, tendo inclusive editado a Súmula 16, hoje cancelada.

Mas mesmo esta limitação não extinguiu a possibilidade de reconhecimento do exercício de atividade especial, ela apenas impedia a conversão do tempo de serviço especial em comum, ou seja, não era possível aproveitar o tempo especial prestado após 28.5.1998 para fins de obtenção do benefício de aposentadoria por tempo de contribuição, ou seja, apenas não era possível a sua conversão para somá-lo ao tempo comum, mas ainda podia ser utilizado para obtenção de aposentadoria especial caso atingisse o tempo de 15, 20 ou 25 anos de contribuição em condições especiais.

Ocorre que, com o tempo, diversos julgados passaram a entender que, como na conversão da Medida Provisória n. 1.663-10 na Lei. 9.711/98 foi suprimida a revogação do § 5º do artigo 57, o qual permitia a conversão do tempo de atividade especial, então é porque se pretendeu manter essa possibilidade de conversão.

Em outras palavras:

> "o artigo 28, da Medida Provisória n. 1.663-10, publicada no DOU de 28.5.1998, veiculava regra de transição em razão da revogação que a mesma MP fazia do artigo 57, § 5º, da Lei 8.213/91, acabando com a possibilidade de conversão de tempo especial em comum. Na conversão da Medida Provisória n. 1.663 na Lei 9.711/1998, o Congresso Nacional claramente rejeitou o fim do direito à mencionada conversão ao não mais revogar referido § 5º Por evidente esquecimento, a regra de transição permaneceu no texto de lei. Ou seja, o acessório ficou, mas sem o principal. O artigo 28, por si só, não acaba com a conversão do tempo posterior a 28.5.1998, mas apenas estabelece que 'o Poder Executivo estabelecerá critérios para a conversão do tempo de trabalho exercido até 28 de maio de 1998'. Pretender extrair dessa regra de transição a regra principal – que não foi convertida em lei – é inadmissível. Fico, pois, com a mens legis". (Turma Recursal de SP. 5ª T., 1 00000731020064036315, Rel. Claudio Roberto Canata, DJF3 17.11.2011)

Além disso, em 3.9.2003, foi editado o Decreto nº 4.827, que alterou o § 2º do art. 70 do Decreto n. 3.048, de 6.5.1999, prevendo expressamente a possibilidade de conversão:

> Art. 70. (...). § 2º As regras de conversão de tempo de atividade sob condições especiais em tempo de atividade comum constantes deste artigo aplicam-se ao trabalho prestado em qualquer período.

Não bastasse isto, com o advento da Emenda Constitucional 20, em 15.12.98, ficou estabelecido que, enquanto não fosse editada uma lei complementar que dispusesse sobre o tratamento a ser dado aos segurados sujeitos a condições especiais, prevaleceria o estabelecido nos artigos 57 e 58 da Lei 8.213:

> Art. 15. Até que a lei complementar a que se refere o art. 201, § 1º, da Constituição Federal, seja publicada, permanece em vigor nos arts. 57 e 58 da Lei 8.213, de 24 de julho de 1991, na redação vigente à data da publicação desta Emenda.

Portanto, esta emenda manteve a possibilidade de conversão do tempo de serviço nos termos do que era permitido pela Lei 8.213/91, ou seja, desde que comprovada a efetiva exposição ao agente nocivo por meio de laudo técnico ou perfil profissiográfico.

Além disso, referida emenda ainda deu a seguinte redação ao artigo 201, § 1º da Constituição Federal: "é vedada a adoção de requisitos e critérios diferenciados para a concessão de aposentadoria aos beneficiários do regime geral de previdência social, ressalvados os casos de atividades exercidas sob condições especiais que prejudiquem a saúde ou a integridade física, nos termos definidos em lei complementar" (redação alterada pela Emenda Constitucional 47/05, DOU 6.7.2005, para incluir também aos segurados "portadores de deficiência").

Ou seja, por disposição constitucional, se ressalvou a possibilidade de adoção de critérios diferenciados para aqueles que exercem atividades sob condições especiais.

> "De modo que, em relação aos trabalhadores que continuem a exercer atividades hostis à saúde ou à integridade física, a Constituição Federal garantiu a manutenção da adoção de requisitos e critérios diferenciados, dos quais é espécie a conversão preconizada na lei previdenciária e no respectivo regulamento. Entender diferentemente seria frustrar os desígnios constitucionais. Não se deve perder de vista o caráter de proteção social que emana das normas de direito previdenciário, a recomendar a conversão pretendida". (Turma Recursal de SP. 5ª T., 1 00000731020064036315, Rel. Claudio Roberto Canata. DJF3 17.11.2011)

Diante desses fundamentos, a Turma Nacional a Turma Nacional de Uniformização resolveu cancelar a Súmula 16, o que o fez com base no Pedilef 2004.61.84.005712-5, adiante colacionado.

No precedente 2004.61.84.06.2244-8-SP, no voto da Relatora Rosana Noya Alves Weibel Kaufmann, restou asseverado que:

> "De outro lado, a interpretação pela ausência de limitação temporal buscada na conversão do tempo deve ser conduzida pelo quanto estabelece o art. 201, § 1º, da Constituição Federal, que situa a disciplina previdenciária diferenciada nas atividades exercidas sob condições especiais como instrumento de sua garantia".

Assim, diante dos precedentes, inclusive do STJ, a Turma Nacional a Turma Nacional de Uniformização, ao cancelar a Súmula 16, resolveu editar, em seu lugar, o presente Verbete, que expressa o entendimento hoje pacífico acerca da possibilidade de conversão de tempo especial em comum.

◉ Súmula TNU 16. A conversão em tempo de serviço comum, do período trabalhado em condições especiais, somente é possível relativamente à atividade exercida até 28 de maio de 1998 (art. 28 da Lei 9.711/98). (Cancelada).

◉ Constitucional e previdenciário. Conversão de tempo de serviço especial em comum. Possibilidade. Limitação a 28 de maio de 1998. Inexistência de arrimo legal. 1. Conquanto tenha a Medida Provisória nº 1.663-10, de 28.5.1998, em seu artigo 28, determinado, de maneira expressa, a revogação do § 5º do artigo 57 da Lei 8.213, de 1991, não se manteve tal determinação na lei de conversão respectiva (a Lei 9.711, de 20.11.1998). 2. O fato de o Decreto nº 3.048, de 1999, na redação original de seu artigo 70, haver regulamentado a conversão do tempo de serviço exercido até 28.5.1998, não desautoriza tal conclusão, eis que não poderia dispor diferentemente da lei em sentido formal. Ademais, a própria redação de tal artigo 70 do Decreto veio a ser alterada (através do Decreto nº 4.827, de 2003), de modo que, atualmente, estatui serem as regras de conversão de tempo de atividade sob condições especiais em tempo de atividade comum dele constantes aplicáveis "ao trabalho prestado em qualquer período". 3. Não prospera o argumento de que, a despeito de haver suprimido a revogação expressa do artigo 57, § 5º, da Lei 8.213/91, teria a Lei 9.711/1998, através de seu artigo 28 (o qual, como visto, estatui que "O Poder Executivo estabelecerá critérios para a conversão do tempo de trabalho exercido até 28 de maio de 1998"), mantido a vedação à conversão de tempo de serviço especial em comum. Não se poderia supor que o legislador, deliberadamente, tenha suprimido um dispositivo de dicção clara e direta – "Revogam-se (...). o § 5º do art. 57 da Lei 8.213, de 24 de julho de 1991", tal como estatuía a redação original da MP, antes da conversão em lei –, para proibir a conversão do tempo de serviço de maneira subliminar e indireta, através do citado artigo 28. 4. Pedido de uniformização conhecido e improvido". (TNU, Pedilef 2004.61.84.005712-5, Rel. Joana Carolina Lins Pereira. j. 29.3.2009).

◉ Previdenciário. Tempo especial. Possibilidade de conversão de contagem de tempo especial em comum após 28.5.1998. Ausência de limitação temporal da conversão do período trabalhado. Exposição habitual e permanente. Prova da exposição aos agentes nocivos na legislação. 1. "É possível a conversão do tempo de serviço especial em comum do trabalho prestado em qualquer período, inclusive após 28 de maio de 1998. Precedentes da própria TNU que cancelou a Súmula 16". (Pedilef 200461840622448, Rel. Juíza Federal Rosana Noya Alves Weibel Kaufmann, Data da Decisão 16.11.2009, Fonte/Data da Publicação DJ 13.5.2010). 2. A efetiva exposição aos agentes nocivos de forma permanente, não ocasional nem intermitente, somente passou a ser exigida a partir da Lei 9.032/95, não sendo possível exigir essa comprovação para períodos anteriores. 3. "Trata-se de entendimento igualmente consolidado nesta Turma Nacional de Uniformização de Jurisprudência que a exigibilidade de laudo técnico para comprovação de insalubridade apontada nos formulários DSS-8030 somente se impõe a partir da promulgação da Lei 9.528, de 10.12.1997, que convalidou os atos praticados com base na MP n. 1.523, de 11.10.1996, alterando o § 1º do art. 58 da Lei 8.213/91. A exigência é inaplicável à espécie, que se refere a período anterior". (Pedilef 200571950189548, Rel. Juíza Federal Simone dos Santos Lemos Fernandes, DOU 24.5.2011). 4. Pedido conhecido e provido, determinando-se o retorno dos autos à TR de origem para adequação do julgado ao entendimento da TNU, bem como devolução dos recursos com mesmo objeto às Turmas de origem para que, nos termos do art. 7º, do Regimento Interno da TNU, mantenham ou promovam a adequação da decisão recorrida. (TNU, Pedilef 0002950.15.2008.4.04.7195, Rel. Antonio Fernando Schenkel do Amaral e Silva, DOU 9.3.2012)

CAPÍTULO II • DIREITO PREVIDENCIÁRIO

○ Previdenciário e processual civil. Aposentadoria por tempo de serviço/contribuição. Conversão de tempo especial em comum. Lei 9.032/95, Lei 9.528/97 e Decreto n. 3.048/99. Atividade especial demonstrada. Possibilidade. Honorários advocatícios. Juros de mora (lei 11.960/2009). 1. A Turma Nacional de Uniformização já decidiu acerca da questão ora apreciada, tendo revogado a Súmula 16 da TNU, a qual previa que "a conversão em tempo de serviço comum, do período trabalhado em condições especiais, somente é possível relativamente à atividade exercida até 28 de maio de 1998 (art. 28 da Lei 9.711/98)"; admitindo serem as regras de conversão de tempo de atividade sob condições especiais em tempo de atividade comum dele constantes aplicáveis "ao trabalho prestado em qualquer período" (TNU, Processo n. 2004.61.84.005712-5, Rel. Juíza Federal Joana Carolina Lins Pereira, DJU 22.5.2009). (TRF5, 2ª T., Apelreex 200982000069372, Rel. Francisco Barros Dias, DJe 1.12.2011)

○ Agravo regimental em recurso especial. Previdenciário. Tempo de serviço especial. Conversão. Tempo de serviço comum. Fator. Aplicação. Limite temporal. Inexistência. "A partir de 3.9.2003, com a alteração dada pelo Decreto n. 4.827 ao Decreto n. 3.048, a Previdência Social, na via administrativa, passou a converter os períodos de tempo especial desenvolvidos em qualquer época pelas novas regras da tabela definida no artigo 70, que, para o tempo de serviço especial correspondente a 25 anos, utiliza como fator de conversão, para homens, o multiplicador 1,40 (art. 173 da Instrução Normativa n. 20/2007)" (REsp 1.096.450/MG, 5ª Turma, Rel. Min. Jorge Mussi, DJe 14.9.2009). II. "O Trabalhador que tenha exercido atividades em condições especiais, mesmo que posteriores a maio de 1998, tem direito adquirido, protegido constitucionalmente, à conversão do tempo de serviço, de forma majorada, para fins de aposentadoria comum" (REsp 956.110/SP, 5ª Turma, Rel. Min. Napoleão Nunes Maia Filho, DJ 22.10.2007). Agravo regimental desprovido". (STJ, 5ª T., AgRgREsp 1150069, Rel. Min. Felix Fischer, DJe 7.6.2010)

○ Previdenciário. Agravo regimental no recurso especial. Conversão de tempo de serviço especial em comum. Ausência de limitação ao período trabalhado. Decisão mantida pelos seus próprios fundamentos. 1. É possível a conversão do tempo de serviço especial em comum do trabalho prestado em qualquer período, inclusive após 28 de maio de 1998. Precedentes desta 5.ª Turma. 2. Inexistindo qualquer fundamento apto a afastar as razões consideradas no julgado ora agravado, deve ser a decisão mantida por seus próprios fundamentos. 3. Agravo desprovido". (STJ, 5ª T., AgRg no REsp 1087805/RN.Rel. Min. Laurita Vaz, DJe 23.3.2009)

SÚMULA 54. PARA A CONCESSÃO DE APOSENTADORIA POR IDADE DE TRABALHADOR RURAL, O TEMPO DE EXERCÍCIO DE ATIVIDADE EQUIVALENTE À CARÊNCIA DEVE SER AFERIDO NO PERÍODO IMEDIATAMENTE ANTERIOR AO REQUERIMENTO ADMINISTRATIVO OU À DATA DO IMPLEMENTO DA IDADE MÍNIMA.

Súmula comentada/anotada no item *Aposentadoria por idade*, retro.

SÚMULA 55. A CONVERSÃO DO TEMPO DE ATIVIDADE ESPECIAL EM COMUM DEVE OCORRER COM APLICAÇÃO DO FATOR MULTIPLICATIVO EM VIGOR NA DATA DA CONCESSÃO DA APOSENTADORIA.

Súmula comentada/anotada no item *Atividade especial*, retro.

SÚMULA 69. O TEMPO DE SERVIÇO PRESTADO EM EMPRESA PÚBLICA OU EM SOCIEDADE DE ECONOMIA MISTA POR SERVIDOR PÚBLICO FEDERAL SOMENTE PODE SER CONTADO PARA EFEITOS DE APOSENTADORIA E DISPONIBILIDADE.

Súmula comentada/anotada no item *Previdência dos servidores públicos*, adiante.

5.5. Auxílio-acidente

Súmula 65. Os benefícios de auxílio-doença, auxílio-acidente e aposentadoria por invalidez concedidos no período de 28.3.2005 a 20.7.2005 devem ser calculados nos termos da Lei n. 8.213/1991, em sua redação anterior à vigência da Medida Provisória n. 242/2005.

● *Súmula aplicável.* ● DJ 24.9.2012. ● *Precedentes: Pedilef 2007.70.66.000523-0. Pedilef 2007.33.00.707474-2. Pedilef 2006.70.50.003333-3.*

▶ *Celso Araújo Santos*

Em 28.3.2005, foi publicada no Diário Oficial da União a Medida Provisória 242, com o objetivo de reduzir o déficit da previdência. Para tanto alterou dispositivos da Lei 8.213/91 que afetaram a forma de cálculo da aposentadoria por invalidez, do auxílio-doença e do auxílio-acidente, além de realizar outras mudanças.

Até então, esses três benefícios eram calculados pela média aritmética simples dos 80% maiores salários de contribuição de todo o período contributivo (o que abrange as contribuições realizadas desde julho/1994), conforme previa o art. 29, II da Lei 8.213/91 e art. 3º *caput* da Lei 9.876/99. O que a MP fez, dentre outras mudanças, foi determinar que a aposentadoria por invalidez (quando concedida sem cumprimento de carência), o auxílio-doença e o auxílio-acidente passariam a ser calculados de outra forma, com base na média aritmética simples dos 36 últimos salários de contribuição. Além disso, tais benefícios não poderiam exceder o último salário de contribuição. De acordo com o Ministro da Previdência Social na época, Romero Jucá, o cálculo anterior era injusto, pois estimulava o trabalhador a ficar em casa, já que em muitas vezes o benefício era até 30% maior que o salário da ativa[49].

A MP 242/05 passou a ser criticada por entidades sindicais[50]. Além disso, foi alvo de ações diretas de inconstitucionalidade ajuizadas por partidos políticos no Supremo Tribunal Federal (STF). Trata-se das ADIs 3467 (proposta por PSDB, PFL e PPS), 3473 (PFL) e 3505 (PPS, novamente). Reunidas tais ações por conexão, em nelas foi proferida, em 1.7.2005, decisão liminar do Ministro Marco Aurélio suspendendo a eficácia da MP (por razões de inconstitucionalidade formal). A Presidência foi comunicada da decisão em 4.7.2005.

Alguns dias depois, a MP 242/05 foi rejeitada pelo Congresso Nacional, em sessão ocorrida em 20.7.2005, em virtude da ausência dos pressupostos constitucionais de relevância e urgência (art. 62 da CF). Em razão disso, as ADIs perderam objeto e foram arquivadas.

Tendo em vista que as medidas provisórias possuem força de lei (art. 62 da CF) e que a MP 242/05 entrou em vigor na data de sua publicação, em 28.3.2005, tal norma passou a produzir efeitos a partir dessa data. Os benefícios por ela tratados

---

49. RIBEIRO, Ana Paula. **Cálculo de benefícios previdenciários volta à regra antiga.** Folha Online, Brasília, 2.jun.2005.
50. FUTEMA, Fabiana. **CUT e Força vão pedir a Jucá mudanças na MP do auxílio-doença.** Folha Online, Brasília, 18.abr.2005.

(auxílio-doença, auxílio-acidente e aposentadoria por invalidez) passaram a ser calculados e concedidos pelas novas regras trazidas pela MP. Só com a decisão do STF em 1.7.2005 e com a rejeição da MP pelo Congresso Nacional em 20.7.2005, é que esses benefícios passaram a ser calculados conforme as regras anteriores, previstas na Lei 8.213/91.

Nos termos da Súmula 65 da TNU, os benefícios concedidos no período de 28.3.05 a 20.7.05 devem ser calculados nos termos da Lei 8.213/91, em sua redação anterior à vigência da MP 242/05. A princípio, esse entendimento confronta-se com o princípio "tempus regit actum" (o tempo rege o ato), no sentido de que os atos jurídicos se regem pela lei da época em que ocorreram. Essa é a regra de direito intertemporal quando se trata de benefício previdenciário, como já decidido pela jurisprudência. Nesse sentido: "o Supremo Tribunal Federal entende que a concessão de pensão por morte deve observar as leis vigentes à época do óbito do segurado ('tempus regit actum')" (STF, 1ª T., RE 773752 AgR, Rel. Min. Roberto Barroso, DJU 1.12.2016).

Além disso, o próprio regramento constitucional prevê que, rejeitada uma MP, deverá o Congresso Nacional disciplinar, por decreto legislativo, as relações jurídicas delas decorrentes (art. 62, § 3º da CF). Não havendo esse decreto, as relações jurídicas constituídas e decorrentes de atos praticados durante a vigência da MP conservar-se-ão por ela regidas (§ 11 do mesmo artigo). Ou seja, a Constituição determina que os atos praticados durante a vigência de uma MP rejeitada continuarão regidos por tal medida, a não ser que o Congresso discipline a questão de forma diferente.

No caso da MP 242/05, não houve a edição do decreto legislativo mencionado pelo art. 62, § 11 da CF. Por isso, o INSS entende que são válidos os benefícios calculados conforme as regras da MP 242/05, desde que concedidos no período de 28.3.2005 (início da vigência da MP) a 3.7.2005 (véspera da ciência da decisão liminar no STF que suspende a vigência da MP).

No entanto, a TNU, efetuando um verdadeiro controle difuso de constitucionalidade, reputa a MP 242/05 inconstitucional. Acolhendo os argumentos do Min. Marco Aurélio, a TNU entende que a MP 242/05 viola a Constituição Federal na medida em que (a) não há urgência na edição de MP sobre essa questão, configurando abuso por parte da Presidência (art. 62 da CF) e (b) MP não pode regulamentar cálculo de salário de benefício previdenciário, matéria que era originalmente disciplinada pelo art. 202 *caput* da CF, mas foi alterado pela Emenda Constitucional 20/98 – pois o art. 246 da CF veda a adoção de medida provisória para regulamentar artigos da Constituição modificados pelas ECs 5 a 32.

Além disso, a TNU, no Pedilef 2007.38.00.740109-3, concluiu que a MP 242/05 viola o art. 201, § 11 da CF, o qual determina que, para efeitos de contribuição e cálculo de benefício, devem ser incorporados os ganhos habituais do empregado, a qualquer título.

Invocando ainda o princípio da isonomia (art. 5º *caput* da CF), a TNU então concluiu que, mesmo durante a vigência da MP 242/05, os benefícios de auxílio-doença, auxílio-acidente e aposentadoria por invalidez deveriam ter sido calculados nos termos da Lei 8.213/91, devendo ser totalmente afastadas as regras previstas na MP. O mesmo fundamento foi utilizado em julgamento do TRF da 3ª Região que adotou entendimento idêntico ao da Súmula.

Por fim, destaque-se que a questão ainda não definitivamente resolvida. Isso porque o partido Democratas (DEM) propôs ADPF para que o STF declare inconstitucional a MP nº 242/05, e assim impeça que a MP produza efeitos sobre os benefícios concedidos durante a vigência de tal norma. Essa ADPF 84 recebeu parecer contrário da PGR e, até o momento, ainda não foi julgada.

○ Previdenciário. Agravo. Revisão. Sistemática de cálculo. Medida Provisória n. 242/2005. Eficácia suspensa. Inaplicabilidade. I. Com relação à aplicação da Medida Provisória n. 242/2005, verifica-se que o referido diploma legislativo teve sua eficácia suspensa em 1º de julho de 2005 devido à concessão de liminares nas Ações Diretas de Inconstitucionalidade n. 3.473-DF e 3.505-DF, sendo, por fim, rejeitada por força de Ato Declaratório proferido pela Presidência do Senado. II. Não obstante, o INSS editou ato normativo denominado Memorando-Circular Conjunto n. 13 PFEINSS/DIRBEN, com o objetivo de regulamentar os procedimentos adotados em relação à concessão e revisão de benefícios das espécies alcançadas pela aludida MP n. 242/2005, de tal modo que todos os requerimentos destes benefícios pendentes de análise ou concedidos a partir de 4.7.2005 foram revisados para adequação às regras originariamente fixadas na Lei 8.213/91. III. Assim sendo, a autarquia não pode aplicar as normas concernentes a uma Medida Provisória que não tem mais validade, descumprindo a legislação em vigor, causando enorme prejuízo aos segurados, deixando de fora os benefícios requeridos e efetivamente concedidos no período de sua vigência, sob pena de evidente violação ao princípio da isonomia. IV. Com efeito, os benefícios por incapacidade concedidos durante a vigência da Medida Provisória n. 242/05 devem ser revistos, nos termos da Lei 9.876/99, a partir de 1.7.2005, quando a MP teve sua eficácia suspensa (ADI n. 3.467/DF), a fim de evitar que seus efeitos se perpetuem no tempo. V. Agravo a que se nega provimento. (TRF3, Apelreex 00239495320134039999, Rel. Walter do Amaral, DJ 4.12.2013)

○ Previdenciário. Revisão de benefício. Auxílio doença. RMI. Critério de cálculo. Medida Provisória 242/2005. CF, art. 62, § 11º. ADIN's 3467, 3473 e 3505. 1. A Medida Provisória n. 242 perdeu sua eficácia desde a publicação oficial de sua rejeição pelo Senado (DOU de 21.7.2005, Ato Declaratório n.1, de 20.7.2005, do Presidente do Senado), mas, como não foi editado decreto legislativo regulando o período em que esteve vigente, permanecem as consequências jurídicas concretas ali constituídas (CF, ART. 62, § 11º) 2. O preceito insculpido no aludido § 11º do art. 62 da CF/88, determinando que, rejeitada a medida provisória, "as relações jurídicas constituídas e decorrentes de atos praticados durante sua vigência conservar-se-ão por ela regidas", abrange não apenas os atos decorrentes da aplicação direta da MP, como é o caso do cálculo da renda mensal inicial do auxílio-doença do autor, mas também os efeitos decorrentes da prática de tais atos, incluídos aí os atos judiciais que levaram à suspensão da eficácia da medida provisória por força das ADIN's 3467, 3473 e 3505 ("relações jurídicas constituídas e decorrentes de atos praticados durante sua vigência"). 3. Se é certo que, mesmo rejeitada a medida provisória e extirpada do ordenamento jurídico, seus efeitos permanecem (se decorrentes de atos praticados durante sua vigência), não é menos certo que os efeitos da liminar que suspendeu sua eficácia "ex tunc" também devem permanecer, ainda que, formalmente, as respectivas ADIN's tenham sido extintas sem julgamento de mérito por perda de objeto. Entendimento diverso levaria à esdrúxula situação em que os efeitos da medida tornada inexistente deveriam persistir, enquanto a decisão da Corte Maior (que detém o controle da constitucionalidade das leis e o exerceu para declarar inconstitucional a referida MP) seria simplesmente desconsiderada. 4. Hipótese em que o benefício de auxílio-doença do autor deve ser calculado nos moldes da legislação que precedeu a edição da citada MP n. 242/2005, haja vista a suspensão "ex tunc" de sua eficácia por decisão do STF. (TRF4, AC 200571120035998, Rel. Loraci Flores de Lima, DJ 5.8.2010)

○ Previdenciário. Auxílio-doença. MP 242/05. Rejeição pelo Senado Federal. Revogação. Inconstitucionalidade. Violação do princípio da isonomia – recálculo da RMI dos benefícios concedidos no período de 28.3.2005 a 20.7.2005 – incidente conhecido e não provido. Processo representativo de controvérsia. (...). 4. A Medida Provisória n. 242/05, através da inclusão do § 10 no artigo 29 da Lei 8.213, determinava que a renda mensal do auxílio-doença e aposentadoria por invalidez, calculada de acordo com o inciso III do mesmo artigo, não poderia exceder a remuneração do trabalhador, considerada em seu valor mensal, ou seu último salário de contribuição, no caso de remuneração variável, violando, desta forma, diversos preceitos constitucionais, especialmente o § 11 do artigo 201 da Carta Magna. 5. Esta Turma Nacional de Uniformização já possui entendimento firmado em relação à questão, no sentido de que é devida a revisão do benefício de auxílio-doença concedido pela sistemática da Medida Provisória n. 242/2005, aplicando-se a Lei 8213/91, em sua redação anterior ao advento da referida medida provisória. (...). (TNU, Pedilef 2007.38.00.740109-3, Rel. Ana Beatriz Vieira da Luz Palumbo, DJU 28.3.2014)

○ Previdenciário e processual civil. Pedido de uniformização. Auxílio-doença. Revisão da RMI. Sentença deferitória mantida pela Turma Recursal da Bahia. Similitude fático-jurídica entre acórdão recorrido e paradigmas. Divergência jurisprudencial demonstrada. Inaplicabilidade da Medida Provisória n. 242/05 aos atos praticados durante a sua vigência. Abuso dos pressupostos de relevância e urgência, violação aos arts. 62 e 246 da Constituição. Inconstitucionalidade declarada em sede cautelar pelo STF (ADIs n. 3467 3473 e 3505). Violação ao princípio da isonomia. Incidente desprovido. (...). No mérito, esta TNU uniformizou recentemente a tese de que os benefícios concedidos na vigência da Medida Provisória n. 242/05 (de 28 mar. 2005 a 20 jul. 2005) devem ser calculados nos termos da Lei 8.213/91, em sua redação anterior à referida MP (TNU, Pedilef 200770660005230, Rel. Juiz Ronivon de Aragão, j. 29.2.2012). Na ocasião, consignou-se que, considerando a posterior rejeição da mencionada MP pelo Congresso, "não haveria razão para deixar ao largo os benefícios requeridos e efetivamente concedidos entre 28.3.2005 a 3.7.2005, sob pena de evidente violação ao princípio da isonomia. Não é hipótese de aplicação do princípio tempus regit actum (de aplicação da lei vigente no momento em que estejam reunidos os requisitos para a concessão do benefício), pois que, dependendo da maior ou menor agilidade no tempo de tramitação dos procedimentos administrativos, segurados em idênticas situações, receberiam tratamento distinto, sem qualquer razoabilidade no critério adotado". Entendeu-se, ainda, pela inconstitucionalidade da Medida Provisória durante a sua vigência, conforme reconhecido pelo Senado Federal, por não obedecer aos critérios constitucionais de relevância e urgência (Ato Declaratório do Presidente do Senado Federal n. 1 de 2005). E nada obstante não tenha sido aprovado o Decreto Legislativo n. 403/05, pelo que, aparentemente, as relações jurídicas constituídas e decorrentes de atos praticados durante a vigência da Medida Provisória n. 242/2005, conservar-se-iam por ela regidas (Constituição, art. 62, § 11), durante a vigência da MP o Supremo Tribunal Federal, nas oportunidades em que teve de analisar o pedido de liminar nas ADIs n. 3467 3473 e 3505, Rel. Min. Marco Aurélio considerou a referida MP inconstitucional, conforme antes transcrito. Pedido de Uniformização desprovido. (TNU, Pedilef 2007.33.00.707474-2, Rel. Janilson Bezerra de Siqueira, DJU 1.6.2012)

○ Previdenciário. Auxílio-doença. MP 242/05. Rejeição pelo Senado Federal nacional. Não aprovação do projeto de Decreto Legislativo 403/2005. Irrelevância. Liminares do STF nas ADIs 3.467, 3.473, 3.505. Perda da eficácia da Medida Provisória 242/05 no período por inconstitucionalidade material e formal. Memorando-Circular Conjunto n. 13 PFEINSS/DIRBEN. Violação do princípio da isonomia. Recálculo da RMI dos benefícios concedidos no período de 28.3.2005 a 20.7.2005. (...). Os benefícios concedidos no período de 28.3.2005 a 20.7.2005 devem ser calculados nos termos da Lei 8.213/91 em sua redação anterior a Medida Provisória 242/2005. (TNU, Pedilef 2007.70.66.000523-0, Rel. p/acórdão Vladimir Santos Vitovsky, DOU 4.5.2012)

▶ **CF. Art. 62.** Em caso de relevância e urgência, o Presidente da República poderá adotar medidas provisórias, com força de lei, devendo submetê-las de imediato ao Congresso Nacional. (...). **§ 3º** As medidas provisórias, ressalvado o disposto nos §§ 11 e 12 perderão eficácia, desde a edição, se não forem convertidas em lei no prazo de sessenta dias, prorrogável, nos termos do § 7º, uma vez por igual período, devendo o Congresso Nacional disciplinar, por decreto legislativo, as relações jurídicas delas decorrentes. (...). **§ 11.** Não editado o decreto legislativo a que se refere o § 3º até sessenta dias após a rejeição ou perda de eficácia de medida provisória, as relações jurídicas constituídas e decorrentes de atos praticados durante sua vigência conservar-se-ão por ela regidas. ▶**Art. 201.** (...). **§ 11.** Os ganhos habituais do empregado, a qualquer título, serão incorporados ao salário para efeito de contribuição previdenciária e consequente repercussão em benefícios, nos casos e na forma da lei. ▶**Art. 202.** É assegurada aposentadoria, nos termos da lei, calculando-se o benefício sobre a média dos trinta e seis últimos salários de contribuição, corrigidos monetariamente mês a mês, e comprovada a regularidade dos reajustes dos salários de contribuição de modo a preservar seus valores reais e obedecidas as seguintes condições: (...). ▶**Art. 246.** É vedada a adoção de medida provisória na regulamentação de artigo da Constituição cuja redação tenha sido alterada por meio de emenda promulgada entre 1º de janeiro de 1995 até a promulgação desta emenda, inclusive.

▶ **MP 242/05. Art. 1º** Os arts. 29, 59 e 103-A da Lei 8.213, de 24 de julho de 1991, passam a vigorar com as seguintes alterações: (...). ▶**Art. 2º** Esta Medida Provisória entra em vigor da data de sua publicação. (MPv rejeitada)

▶ **Lei 8.213/91. Art. 29.** O salário-de-benefício consiste: (...). II – para os benefícios de que tratam as alíneas a, d, e e h do inciso I do art. 18, na média aritmética simples dos maiores salários--de-contribuição correspondentes a oitenta por cento de todo o período contributivo (Redação atual, vigente desde a alteração realizada pela Lei 9.876, de 26.11.99).

▶ **Lei 8.213/91. Art. 29.** O salário-de-benefício consiste: (...). II – para os benefícios de que tratam as alíneas "a" e "d" do inciso I do art. 18, na média aritmética simples dos maiores salários-de-contribuição correspondente a oitenta por cento de todo o período contributivo; III – para os benefícios de que tratam as alíneas "e" e "h" do inciso I do art. 18, e na hipótese prevista no inciso II do art. 26, na média aritmética simples dos trinta e seis últimos salários--de-contribuição ou, não alcançando esse limite, na média aritmética simples dos salários--de-contribuição existentes. (...). § 10. A renda mensal do auxílio-doença e aposentadoria por invalidez, calculada de acordo com o inciso III, não poderá exceder a remuneração do trabalhador, considerada em seu valor mensal, ou seu último salário-de-contribuição no caso de remuneração variável.

5.6. Auxílio-alimentação

SÚMULA 67. O AUXÍLIO-ALIMENTAÇÃO RECEBIDO EM PECÚNIA POR SEGURADO FILIADO AO REGIME GERAL DA PREVIDÊNCIA SOCIAL INTEGRA O SALÁRIO DE CONTRIBUIÇÃO E SUJEITA-SE À INCIDÊNCIA DE CONTRIBUIÇÃO PREVIDENCIÁRIA.

Súmula comentada/anotada no item *Contribuições previdenciárias – Salário de contribuição*, retro.

5.7. Auxílio-doença

Súmula 53. Não há direito a auxílio-doença ou a aposentadoria por invalidez quando a incapacidade para o trabalho é preexistente ao reingresso do segurado no Regime Geral de Previdência Social.

● *Súmula aplicável.* ● *DJ 7.5.2012.* ● *Precedentes: Pedilef 2008.72.55.005224-5. Pedilef 2007.70.51.004608-0. Pedilef 2008.70.51.004022-7. Pedilef 2009.33.00.705098-0.*

▶ *Daniel Machado da Rocha*

1. Proteção previdenciária e requisitos genéricos (qualidade de segurado e carência)

Em um sistema de seguridade social laborista, não obstante a previdência social seja inspirada pelo princípio da universalidade, para que um risco social possa ser coberto – além de sua previsão expressa como causa deflagradora de amparo –, no regime geral de previdência social, via de regra, será necessário o atendimento de requisitos genéricos (carência e qualidade de segurado), cuja verificação antecede e, eventualmente, pode obstar o exame da situação de necessidade específica[51]. Em uma síntese apertada, pode-se compreender a qualidade de segurado e carência como filtros previdenciários – ou seja, mecanismos de seleção – que definirão, aprioristicamente, se a situação de necessidade social levada ao conhecimento da administração poderá ou não ser atendida.

Partindo da ideia que a previdência é um gigantesco seguro social compulsório, pode-se compreender que é ínsito a qualquer sistema de seguro a limitação do seu campo subjetivo àqueles que mantenham ativo o vínculo de pertencimento ao regime protetor à época do fato que cria uma situação de necessidade, real ou presumida, capaz de atribuir determinada prestação. Em princípio, portanto, somente está coberto pelo plano de benefícios da Previdência Social, contido na Lei 8.213/91, aquele que detém a condição de beneficiário em momento anterior a materialização do risco social, porquanto a noção de risco reclama que esse deve ser futuro e incerto. Vale dizer, os riscos sociais tutelados somente são aqueles cuja eclosão vier ocorrer após ter sido

---

51. No caso brasileiro, a proteção social foi construída tomando como paradigma o modelo laborista, sistema no qual a seguridade social é regida fundamentalmente pela incorporação de elementos jurídicos do seguro (risco, evento e dano) os quais são redefinidos e adaptados para a proteção do trabalhador e de seus dependentes. Neste modelo, o âmbito subjetivo abarca, principalmente, os trabalhadores por conta de outrem (empregados), pois em razão da subordinação econômica e jurídica são os mais sujeitos às consequências dos riscos sociais. Em um sistema lastreado na forma econômica do seguro, a situação de necessidade social, para receber cobertura, deve ser posterior ao ingresso do trabalhador no sistema. As prestações substitutivas privilegiam a função comutativa, isto é, tendem a ser proporcionais aos rendimentos auferidos com o trabalho. Avulta aqui uma solidariedade entre gerações, porquanto os grupos terão benefícios diferentes. Em resumo, as peculiaridades do nosso modelo de seguridade social, ao contrário do modelo universalista, não permitem que todas as situações de necessidade social sejam amparadas. Se o nosso sistema de seguridade social quisesse se tornar um sistema universalista, então os requisitos genéricos de qualidade de segurado e carência deveriam ser eliminados.

desencadeada a relação jurídica protetiva – e enquanto a conexão do segurado com o sistema previdenciário permanecer atuante.

Se a aquisição da qualidade de segurado configura a admissão do trabalhador no regime previdenciário, por si só, não tem o condão de acarretar o direito a nenhuma prestação previdenciária. Evidentemente, o direito às prestações somente surgirá após a materialização da filiação, mas reclamará, além disso, conforme o tipo de prestação, a ocorrência de outros fatos relevantes no desenvolvimento dessa relação, tais como: um determinado número de contribuições e as situações de necessidade social específicas previstas na lei (implementação de certa idade, incapacidade temporária para as ocupações habituais, invalidez, morte, prisão, dentre outras).

O seguro social, dentro de uma visão ideal, deveria propiciar uma proteção abrangente do berço ao túmulo, na medida em que o liame protetivo estabelecido quando o indivíduo ingressasse no mercado de trabalho permaneceria ativo até que o segurado implementasse os requisitos para a concessão de um benefício substitutivo (aposentadoria por idade, tempo de contribuição ou especial). Entretanto, as dificuldades inerentes à economia de um país subdesenvolvido, muitas vezes privam o segurado de oportunidades efetivas no mercado formal de trabalho, situação que evidentemente produzirá seus reflexos no vínculo previdenciário.

Cessando o exercício de atividade abrangida pelo regime (a qual deve provocar o recolhimento das contribuições), ou, no caso do segurado facultativo a interrupção do seu pagamento, a tendência é de que o segurado venha a perder esta condição. A perda da qualidade de segurado é um fato grave na vida do segurado, porquanto acarreta a suspensão da proteção previdenciária disponibilizada pelo regime.

A falta do recolhimento das contribuições terá consequências diversas conforme a espécie de segurado, cabendo relembrar que os segurados empregado, doméstico e avulso não são responsáveis diretamente pelo recolhimento da contribuição, em conformidade com o enunciado normativo insculpido no artigo 27 da LBPS[52]. Não pode ser olvidado, consoante se extrai do artigo 15 da LBPS, que a manutenção da qualidade de segurado sem a realização de trabalho ou o pagamento de contribuições é uma situação excepcional.

Para o momento, importa fixar que, materializado o risco social, no período no qual o vínculo está suspenso, o regime está dispensado de fornecer a prestação previdenciária respectiva. Nesse sentido dispõe o caput do artigo 102 da Lei de Benefícios: "Art. 102. A perda da qualidade de segurado importa em caducidade dos direitos inerentes a essa qualidade"[53].

---

52. O empregado doméstico, mesmo antes da alteração efetuada pela Lei Complementar nº 150, já recebia por parte da jurisprudência o mesmo tratamento conferido ao empregado e ao avulso. Neste sentido vide: STJ. 6ª T., AgRg no REsp 1243163/RS. Rel. Min. Og Fernandes. DJe 27.2.13.
53. O entendimento é ratificado pelo Enunciado nº 416 do STJ: "É devida a pensão por morte aos dependentes do segurado que, apesar de ter perdido essa qualidade, preencheu os requisitos legais para a obtenção de aposentadoria até a data do seu óbito".

No que tange aos benefícios substitutivos previstos para a incapacidade laboral, a carência, como regra, é exigida[54]. Ou seja, além de ostentar a qualidade de segurado, o trabalhador deve permanecer no sistema por um período mínimo de 12 meses. A doença ou lesão que preexista à filiação do segurado não confere direito ao benefício, nos termos do § 2º do art. 42 ou do parágrafo único do art. 59. Evidentemente, se o segurado filia-se já incapacitado, fica frustrada a ideia de seguro, de modo que a lei presume a fraude. Assim não será, porém, quando a doença for preexistente à filiação, mas não à incapacidade. Com efeito, é possível que o segurado já estivesse acometido da doença por ocasião de sua filiação, mas que a incapacidade sobrevenha em virtude do seu agravamento, depois de um considerável período de contribuição. Por isso, a jurisprudência considera relevante o procedimento do segurado, isto é, se a filiação ocorreu ou não de boa-fé.

Em princípio, a preexistência ou não da incapacidade é questão a ser dirimida pela realização de perícia médica, amparada por documentos que esclareçam a evolução do quadro clínico do segurado (prontuário médico, ecografias, tomografias, etc.). Todavia, sempre que o exercício do trabalho, especialmente na condição de empregado, for comprovado, deve-se presumir que a incapacidade atual decorreu do agravamento da doença.

Havendo perda da qualidade de segurado, para habilitar-se novamente aos benefícios por incapacidade substitutivos, o segurado não necessitará cumprir a carência de mais doze contribuições. Os efeitos da perda da qualidade de segurado são severos, mas felizmente reversíveis, desde que o risco social indesejado (morte, invalidez) não tenha ocorrido no período em que vigeu a suspensão da proteção previdenciária. Assim, a reaquisição da qualidade de segurado não configura uma nova filiação, mas o restabelecimento da proteção previdenciária, pois não seria adequado desconsiderar as contribuições vertidas pelo segurado, ao longo de toda a sua vida profissional, para todos os efeitos o que inclusive é reconhecido pelo regime previdenciário no parágrafo único do artigo 24 da Lei 8.213/91: "Parágrafo único. Havendo perda da qualidade de segurado, as contribuições anteriores a essa data só serão computadas para efeito de carência depois que o segurado contar, a partir da nova filiação à Previdência Social, com, no mínimo, 1/3 (um terço) do número de contribuições exigidas para o cumprimento da carência definida para o benefício a ser requerido".

2. Retorno do segurado ao sistema já vitimado pela incapacidade

Não é incomum que por razões variadas, mais ou menos justificáveis, o trabalhador, depois de completar a carência de doze meses, permaneça fora do sistema por longos períodos (cinco, dez ou mais anos). Então, efetua o pagamento de quatro ou seis contribuições e formula pedido de auxílio-doença ou aposentadoria por invalidez na esfera administrativa. Em tese, ele poderá fazer jus ao benefício por incapacidade substitutiva, desde que a perícia comprove que a incapacidade afetou o segurado depois de ele ter cumprido um terço da carência prevista, no caso quatro meses.

---

54. No que tange aos benefícios de auxílio-doença e aposentadoria por invalidez, as hipóteses de dispensa de carência estão previstas no inciso II do art. 26 da LBPS.

Alguns magistrados acolhiam a tese de que a vedação da concessão do benefício ao segurado que padece de moléstia incapacitante, em momento anterior ao ingresso do segurado no sistema, estaria limitada a hipótese em que a incapacidade era anterior à primeira filiação, não se estendendo esta proibição nos casos de reaquisição da qualidade de segurado. O entendimento da TNU consolidou-se em sentido contrário. Cabe destacar, por exemplo, a decisão proferida no Pedilef 200870510040227 (Rel. Alcides Saldanha, DOU 22.7.2011), no qual restou consagrado que o reingresso do segurado no RGPS deveria ser revestido das mesmas exigências, pois a norma perderia o sentido se vedasse a concessão do benefício por incapacidade preexistente a primeira filiação e não o fizesse nos casos de reingresso. Aduziu-se, ainda, que entendimento diverso atentaria contra o caráter contributivo do sistema e ao equilíbrio financeiro, o qual também é resguardado pelo Texto Constitucional.

Em suma, nos casos em que o trabalhador recupera a qualidade segurado, após a materialização do risco social incapacitante, assim como na hipótese de ingresso inicial do trabalhador já vitimado pela incapacidade, não será devido benefício previdenciário substitutivo para a tutela da incapacidade laboral.

Súmula 57. O auxílio-doença e a aposentadoria por invalidez não precedida de auxílio-doença, quando concedidos na vigência da Lei n. 9.876/1999, devem ter o salário de benefício apurado com base na média aritmética simples dos maiores salários de contribuição correspondentes a 80% do período contributivo, independentemente da data de filiação do segurado ou do número de contribuições mensais no período contributivo.

● *Súmula aplicável.* ● *DJ 24.5.2012.* ● *Precedentes: Pedilef 2009.51.51.066212-3. Pedilef 2009.51.51.018405-5. Pedilef 0026098-09-2009.4.01.3600. Pedilef 2009.51.51.009014-0.*

▶ *Hugo Leonardo Abas Frazão*

O enunciado nasce após intenso questionamento a respeito da forma de cálculo dos benefícios de auxílio-doença e aposentadoria por invalidez, bem como de pensão por morte destes derivada, concedidos durante a vigência da Lei 9.876, de 29.11.1999.

A Lei 9.876/99 deu nova forma de cálculo aos benefícios concedidos a partir da sua vigência, alterando o art. 29, I e II, da Lei 8.213/91, nestes termos:

> Art. 29. O salário-de-benefício consiste:
>
> I – para os benefícios de que tratam as alíneas b e c do inciso I do art. 18, na média aritmética simples dos maiores salários-de-contribuição correspondentes a oitenta por cento de todo o período contributivo, multiplicada pelo fator previdenciário;
>
> II – para os benefícios de que tratam as alíneas a, d, e e h do inciso I do art. 18, na média aritmética simples dos maiores salários-de-contribuição correspondentes a oitenta por cento de todo o período contributivo.

Dessa forma, essa disposição legal criou regra permanente que, segundo a Juíza Federal Daniella Mota, contempla "os que se filiaram ao RGPS após seu advento, a partir 29.11.99, sendo-lhes aplicável a redação que conferiu ao art. 29, I e II da Lei

8.213/91 (80% de todo o período contributivo, sendo multiplicada pelo fator previdenciário nos casos de aposentadorias por tempo de contribuição, idade e especial)"[55].

Já para os segurados anteriormente inscritos, ou seja, filiados até 28.11.99, o art. 3º da Lei 9.876/99 criou a seguinte regra de transição, que considera a apuração de, no mínimo, 80% de todo o período decorrido desde a competência de julho de 1994:

> Art. 3º Para o segurado filiado à Previdência Social até o dia anterior à data de publicação desta Lei, que vier a cumprir as condições exigidas para a concessão dos benefícios do Regime Geral de Previdência Social, no cálculo do salário-de-benefício será considerada a média aritmética simples dos maiores salários-de-contribuição, correspondentes a, no mínimo, oitenta por cento de todo o período contributivo decorrido desde a competência julho de 1994, observado o disposto nos incisos I e II do *caput* do art. 29 da Lei n. 8.213, de 1991, com a redação dada por esta Lei.

Ocorre que os segurados beneficiários de auxílio-doença e aposentadoria por invalidez sentiram-se prejudicados com a regulamentação dada à lei pelo Decreto 3.048/99 e pugnaram judicialmente pelo reconhecimento da sua ilegalidade, a fim de que o INSS adotasse tão somente o art. 29, II, da lei.

Isso porque, primeiramente, os segurados enquadrados na *regra permanente* (filiados a partir de 28.11.99) alegaram prejuízo em relação ao § 2 do art. 32, pois este estabelecia que, se não houvesse um mínimo de 36 contribuições no período contributivo, seriam usados 100% dos salários de contribuição para o cálculo do salário de benefício. Esse número mínimo de contribuições mensais não fora autorizado ou previsto em lei, fato que suscitou a argumentação de que esse ato normativo havia ultrapassado seu poder de regulamentar o art. 29, II, da lei.

A suposta ilegalidade manteve-se com o Decreto 3.265/99, que alterou a redação do § 2º do art. 32, mas manteve número mínimo de contribuições mensais (que mudou de 36 a 144 contribuições) para que o segurado fizesse jus à aplicação do art. 29, II, da lei, da seguinte forma: "nos caos de auxílio-doença e de aposentadoria por invalidez, contando o segurado com menos de cento e quarenta e quatro contribuições mensais no período contributivo, o salário-de-benefício corresponderá à soma dos salários-de-contribuição dividido pelo número de contribuições apurado", não sendo possível descartar os 20 piores"[56]. Essa redação chegou a sofrer revogação com a vigência do Decreto nº 5.399, de 24.3.2005, mas foi restaurada com a edição do Decreto nº 5.545, de 22.9.05, que a incluiu no conteúdo do então novo § 20 do art. 32.

Por sua vez, os segurados enquadrados na regra de transição (filiados até 28.11.99) aduziram que o § 4º do art. 188-A seria ilegal, já que, "se o segurado tivesse salários-de-contribuição em número inferior a 60% do número de meses decorridos entre julho de 1994 e a data do início do benefício, também seriam usados 100% dos

---

55. TNU, Pedilef 2009.51.51.066212-3, Rel. Vladimir Santos Vitovsky, j. 2.8.2011. Explicação dada pela Juíza Federal Daniela Motta da 2ª Turma Recursal da Seção do Rio de Janeiro, utilizada nas razões do voto do precedente.
56. TNU, Pedilef 2009.51.51.066212-3, Rel. Vladimir Santos Vitovsky, j. 2.8.2011.

salários de contribuição na média e não somente o mínimo de 80%"[57], lógica de cálculo também incompatível com a prevista na lei.

A discussão entre segurados e INSS perdurava, quando adveio o Decreto 6.939/09, procedendo à revogação do § 20 do art. 32 e alteração da redação do § 4º do art. 188-A, ambos do Decreto 3.048/99. Fez incidir aos segurados da *regra permanente* o uso dos 80% maiores salários de contribuição, independentemente da data de filiação do segurado ou do número de contribuições mensais no período contributivo. Aos segurados da *regra transitória*, a nova redação do § 4º do art. 188-A levou em conta a média dos 80% maiores salários de contribuição desde julho de 1994.

Ainda que tenha entrado em vigor em 20.8.2009, o Decreto 6.939 recebeu da TNU (já no Pedilef 2008.51.51.043197-2) eficácia retroativa desde o advento da Lei 9.876/99, ante a sua função de interpretar a redação que essa lei deu ao art. 29, II, da Lei 8.213/91.

Após isso, o INSS reconheceu a pretensão dos segurados, orientando os Superintendentes Regionais, Gerentes Executivos e Gerentes de Agências da Previdência Social a proceder à "revisão dos benefícios por incapacidade e pensões derivadas destes, assim como as não precedidas, com DIB a partir de 29.11.99, em que, no Período Básico de Cálculo-PBC, foram considerados 100% (cem por cento) dos salários-de-contribuição, cabendo revisá-los para que sejam considerados somente os 80% (oitenta por cento) maiores salários-de-contribuição", por meio Memorando-Circular Conjunto 21/DIRBEN/PFEINSS, de 2010.

A questão, portanto, restou pacificada no âmbito da Súmula. Ficou consignado que o INSS possui o dever de revisar o benefício de auxílio-doença e aposentadoria por invalidez não precedida de auxílio-doença (incluída, por analogia, a pensão por morte decorrente da concessão destes) concedido após a vigência da Lei 9.876/1999, considerando-se apenas os 80% maiores salários de contribuição de todo período contributivo, desconsiderando-se os 20% menores, independentemente da data de filiação do segurado ou do número de contribuições mensais no período contributivo.

Vale ressaltar que, àqueles que já se encontravam inscritos na Previdência Social quando da publicação da Lei 9.876/99, o uso dos 80% (oitenta por cento) dos maiores salários de contribuição devem ser atualizados monetariamente desde julho de 1994.

> ◎ Enunciado TR/RJ 103. Considerando que o INSS vem implantando administrativamente a revisão da RMI dos benefícios de auxílio-doença, aposentadoria por invalidez, pensão por morte (concessão originária) e auxílio-reclusão (concessão originária), na forma do art. 29, II da Lei 8.213/91, falece ao segurado interesse de agir na ação judicial que postula tal revisão, ajuizada após a publicação deste enunciado, sem prévio requerimento administrativo ou inércia da Administração Pública por período superior a 45 dias, se requerido administrativamente. (Fundamentos: Atos administrativos Memorandos-Circulares n. 21/DIRBEN/PFEINSS e 28/INSS/DIRBEN).

---

57. *Idem.*

◎ A revisão pretendida vem sendo efetuada administrativamente pela autarquia nos termos dos Atos administrativos Memorandos-Circulares 21/DIRBEN/PFEINSS e 28/INSS/DIRBEN. Com efeito, é da jurisprudência desta Turma Nacional de Uniformização que para a aposentadoria por invalidez e para o auxílio-doença concedido sob a vigência da Lei 9.876/99, a partir de 29.11.1999, bem como para as pensões por morte decorrente destes ou calculadas na forma do art. 75 da Lei 8.213/91, o salário-de-benefício deve ser apurado com base na média aritmética simples dos maiores salários-de-contribuição correspondentes a 80% do período contributivo, independentemente da data de filiação do segurado e do número de contribuições mensais no período contributivo. 2. Incidente de Uniformização Conhecido e Provido para firmar a tese de que para a aposentadoria por invalidez e para o auxílio-doença concedido sob a vigência da Lei 9.876/99, a partir de 29.11.1999, bem como para as pensões por morte decorrentes destes ou calculadas na forma do art. 75 da Lei 8.213/91, o salário-de-benefício deve ser apurado com base na média aritmética simples dos maiores salários-de-contribuição correspondentes a 80% do período contributivo, independentemente da data de filiação do segurado e do número de contribuições mensais no período contributivo. (TNU, Pedilef 2009.51.51.066212-3, Rel. Vladimir Santos Vitovsky. j. 3.8.2011)

◎ (...). A jurisprudência desta Corte possui o entendimento de que o Decreto n. 3.048/99 extrapolou os limites da lei ao ampliar a hipótese de incidência do § 2º do art. 3º da Lei 9.876/99, de modo a abarcar também o auxílio-doença. 3. Em que pese o salário de benefício do auxílio-doença ser concedido na vigência da Lei 9.876/99, o cálculo deve ser baseado na média aritmética simples dos maiores salários de contribuição correspondentes a oitenta por cento de todo o período contributivo, tendo em vista disposição expressa no art. 29, inciso II, da Lei 8.213/91. 4. Embargos de declaração acolhidos, com efeitos infringentes, para dar provimento ao presente Recurso Especial. (STJ, 6ª T., REsp 1.250.783, Rel. Min. Néfi Cordeiro, DJe 19.12.2014)

◎ (...). Para o auxílio-doença, aposentadoria por invalidez e pensão por morte concedidos após a edição da Lei 9.876, de 26.11.1999, a renda mensal inicial deve ser apurada conforme o art. 29, II, da Lei 8.213/91, na redação dada pela Lei 9.876/99. Isto é, o salário-de-benefício deve ser calculado tomando-se por base os 80% (oitenta por cento) dos maiores salários-de-contribuição atualizados monetariamente desde jul/94 para aqueles que já se encontravam inscritos na Previdência Social quando da publicação da Lei 9.876/99, ou então, 80% (oitenta por cento) de todo o período contributivo para aqueles que se inscreveram na Previdência Social a partir da publicação da Lei 9.876/99. (TNU, Pedilef 2008.51.51.043197-2, Rel. José Antonio Savaris, DJ 17.6.2011)

SÚMULA 65. OS BENEFÍCIOS DE AUXÍLIO-DOENÇA, AUXÍLIO-ACIDENTE E APOSENTADORIA POR INVALIDEZ CONCEDIDOS NO PERÍODO DE 28.3.2005 A 20.7.2005 DEVEM SER CALCULADOS NOS TERMOS DA LEI N. 8.213/1991, EM SUA REDAÇÃO ANTERIOR À VIGÊNCIA DA MEDIDA PROVISÓRIA N. 242/2005.

Súmula comentada/anotada no item *Auxílio-acidente*, retro.

SÚMULA 73. O TEMPO DE GOZO DE AUXÍLIO-DOENÇA OU DE APOSENTADORIA POR INVALIDEZ NÃO DECORRENTES DE ACIDENTE DE TRABALHO SÓ PODE SER COMPUTADO COMO TEMPO DE CONTRIBUIÇÃO OU PARA FINS DE CARÊNCIA QUANDO INTERCALADO ENTRE PERÍODOS NOS QUAIS HOUVE RECOLHIMENTO DE CONTRIBUIÇÕES PARA A PREVIDÊNCIA SOCIAL.

● *Súmula aplicável.* ● DJ 13.3.2013. ● Precedentes: Pedilef 2009.72.57.000614-2. Pedilef 2009.72.54.004400-1. Pedilef 2009.72.54.006369-0. Pedilef 2008.72.54.007396-3. Pedilef 2008.72.54.001356-5.

▸ *Rogério Moreira Alves*

O inciso II do art. 55 da Lei 8.213/91 prevê que o tempo intercalado em que o segurado esteve em gozo de auxílio-doença ou aposentadoria por invalidez é contado como tempo de serviço.

A todo tempo de serviço ou de contribuição corresponde um salário-de-contribuição. E o salário-de-contribuição, nesse caso, equivale ao salário-de-benefício que serviu de base para o cálculo da renda mensal, conforme previsto no art. 29, § 5º, da Lei 8.213/91.

Estando a renda mensal do auxílio-doença legalmente equiparada ao salário-de--contribuição, é admissível por ficção pressupor que o gozo do benefício previdenciário envolve recolhimento de contribuições para a previdência social, podendo, por conseguinte, ser computado para fins de carência.

Desde as primeiras vezes que foi provocada a se manifestar sobre o tema, a Turma Nacional de Uniformização seguiu essa orientação, conforme julgamento do Pedilef 2007.63.06001016-2, Rel. Sebastião Ogê Muniz, DJU 7.7.2008.

Em 2013, a TNU rediscutiu amplamente a questão, tendo consagrado o entendimento no precedente adiante transcrito (Pedilef 0047837-63.2008.4.03.6301), que veio a motivar a edição da súmula ora comentada.

O entendimento consagrado na súmula ora comentada alinhou-se com a jurisprudência do Superior Tribunal de Justiça (REsp 1334467), conforme aresto adiante transcrito.

A orientação jurisprudencial consolidada na TNU estabeleceu, portanto, que o tempo de gozo de auxílio-doença e aposentadoria por invalidez pode ser contado para fins de tempo de contribuição e de carência, mas nem sempre. Há uma condição: a fruição do benefício por incapacidade precisa ser intercalada com períodos de atividade. O tempo de gozo de auxílio-doença só pode ser computado para fins de carência se, após a cessação do benefício, o segurado tiver voltado a contribuir para a previdência social. "A contrario sensu", o tempo de gozo de benefício por incapacidade posterior ao afastamento definitivo da atividade não pode ser contabilizado.

Outro detalhe importante: o enunciado da súmula faz menção apenas ao tempo de gozo de auxílio-doença ou de aposentadoria por invalidez "não decorrentes de acidente de trabalho". Essa ressalva na súmula se explica pelo fato de que nunca foi suscitada dúvida com relação à contagem de tempo de serviço no período em que o segurado recebe auxílio-doença por acidente do trabalho, intercalado ou não. Esse direito está expressamente reconhecido no art. 60, IX, do Decreto nº 3.048/99. Se pode ser contado como tempo de serviço, também pode para fins de carência.

> Previdenciário e processual civil. Pedido de uniformização. Aposentadoria por idade. Sentença de improcedência mantida pela Turma Recursal de São Paulo. Alegação de dissídio com a jurisprudência dominante da Turma Nacional de Uniformização. Fruição de benefício por incapacidade. Contagem para fins de carência. Divergência demonstrada. Direito à contagem. Retorno à turma recursal. Questões de ordem nº 20 da TNU. Conhecimento e parcial provimento. (...). Vigora nesta TNU o entendimento de que "a contagem do tempo de gozo de benefício por incapacidade só é admissível se entremeado com período de contribuição, a teor do artigo 55, inciso II, da Lei 8.213/91. Nesse caso, pode-se calcular o benefício de aposentadoria com a incidência do artigo 29, § 5º, da aludida Lei" (STJ – AgRg no Ag nº 1076508 RS, Rel. Min. Jorge Mussi, DJ6 abr. 2009). A jurisprudência atual da TNU não diverge do precedente do STJ (AgRg no Ag nº 1076508 RS, Rel. Min. Jorge Mussi, DJ 6.4.2009), tampouco

coincide com o acórdão reproduzido no voto do Relator, que reproduz antigo entendimento do Colegiado, adotado no Pedilef 200763060010162, Rel. Juiz Federal Sebastião Ogê Muniz, DJU 7.7.2008). Situação em que a TNU evoluiu em sua posição, afastando a contagem do tempo de gozo de benefício por incapacidade quando não intercalado o período com atividade laboral (Pedilef 200972540044001, Rel. Juiz Federal Adel Américo de Oliveira, DOU 25.5.2012; Pedilef 200872540073963, Rel. Juiz Federal Janilson Bezerra de Siqueira, DOU 27.4.2012). Tomando como base, primeiramente, a Constituição e a Lei de Benefícios da Previdência Social; e depois, a negativa injusta do INSS de amparar trabalhador idoso, após certo período de incapacidade e redução das chances de retorno ao mercado de trabalho, quando já preenchidos os requisitos para a aposentadoria por idade, à luz do art. 29, § 5º, da LBPS, não há como desconsiderar toda uma construção jurisprudencial afinada com a lógica e com a realidade própria do regime previdenciário público. Como bem registrado pelo acórdão recorrido, "estando a renda mensal do auxílio-doença legalmente equiparada ao salário-de-contribuição, um dos reflexos disto é o cômputo do período de fruição do benefício como período de carência, para fins de concessão da aposentadoria por idade". Por último, tem-se ainda a impossibilidade de o segurado contribuir para a Previdência durante o gozo do auxílio-doença, não por cálculo ou negligência, mas por absoluta inviabilidade em face da incapacidade lógica e material de fazê-lo. Situação em que o acórdão recorrido, ao negar provimento ao recurso inominado do autor sob o fundamento de inadmissão linear da contagem do período de gozo de benefício por incapacidade, sem examinar eventuais períodos intercalados, afrontou a jurisprudência desta TNU e violou direito da parte recorrente, não se ajustando com a Constituição e com a legislação previdenciária. Há, portanto, necessidade de verificar-se a existência de eventuais períodos de intercalação para fins de aplicação da tese uniformizada. (...). (TNU, Pedilef 0047837-63.2008.4.03.6301, Rel. Janilson Siqueira, DOU 10.5.2013)

Previdenciário. Aposentadoria por idade. Período de gozo de auxílio-doença. Cômputo para fins de carência. Cabimento. 1. É possível a contagem, para fins de carência, do período no qual o segurado esteve em gozo de benefício por incapacidade, desde que intercalado com períodos contributivos (art. 55, II, da Lei 8.213/91). Precedentes do STJ e da TNU. 2. Se o tempo em que o segurado recebe auxílio-doença é contado como tempo de contribuição (art. 29, § 5º, da Lei 8.213/91), consequentemente, deve ser computado para fins de carência. É a própria norma regulamentadora que permite esse cômputo, como se vê do disposto no art. 60, III, do Decreto 3.048/99. (...). (STJ, 2ª T., REsp 1.334.467, Rel. Min. Castro Meira, DJe 5.6.2013)

▶ **Lei 8.213/91. Art. 29.** (...). **§ 5º** Se, no período básico de cálculo, o segurado tiver recebido benefícios por incapacidade, sua duração será contada, considerando-se como salário-de-contribuição, no período, o salário-de-benefício que serviu de base para o cálculo da renda mensal, reajustado nas mesmas épocas e bases dos benefícios em geral, não podendo ser inferior ao valor de 1 (um) salário mínimo.

5.8. Benefício Assistencial de Prestação Continuada

SÚMULA 3. OS BENEFÍCIOS DE PRESTAÇÃO CONTINUADA, NO REGIME GERAL DE PREVIDÊNCIA SOCIAL, DEVEM SER REAJUSTADOS COM BASE NO IGP-DI NOS ANOS DE 1997, 1999, 2000 E 2001.

● *Súmula cancelada.* ● DJ 9.5.2003 (edição). ● *Precedente: RE 376.846/SC.*

▶ Marco Bruno Miranda Clementino

Embora a súmula tenha sido cancelada após julgamento, pelo STF, do RE 376.846, há um aspecto curioso que merece ser ressaltado. É que existe uma contradição no posicionamento jurisprudencial consolidado quando se confronta a prevalência da súmula 02 com o cancelamento da súmula 03. É que, naquela, houve o reconhecimento da validade do índice legal aplicado, conforme previsto na Lei 9.711/98. Entretanto, neste caso, muito por conta da jurisprudência de até então no sentido da aplicação do critério legal, estava sendo reconhecida a incidência justamente deste, diante de aplicação administrativa, pelo INSS, de percentual diverso. Por isso, a TNU, coerente com o posicionamento anterior, assegurava a pretensão dos segurados de incidência do IGP-DI, nos termos da Lei 9.711/98.

O STF, contudo, entendeu diversamente, sustentando que o índice mais adequado para correção dos benefícios previdenciários era o INPC, e que os índices aplicados administrativamente pelo INSS dele se aproximavam, pelo que estaria preservado o valor real dos benefícios.

> Constitucional. Previdenciário. Benefícios: Reajuste: 1997, 1999, 2000 e 2001. Lei 9.711/98, arts. 12 e 13; Lei 9.971/2000, §§ 2º e 3º do art. 4º; Med. Prov. 2.187-13, de 24.8.01, art. 1º; Decreto 3.826, de 31.5.01, art. 1º. C.F., art. 201, § 4º. I.- Índices adotados para reajustamento dos benefícios: Lei 9.711/98, artigos 12 e 13; Lei 9.971/2000, §§ 2º e 3º do art. 4º; Med. Prov. 2.187-13, de 24.8.01, art. 1º; Decreto 3.826/01, art. 1º: inocorrência de inconstitucionalidade. II.- A presunção de constitucionalidade da legislação infraconstitucional realizadora do reajuste previsto no art. 201, § 4º, C.F., somente pode ser elidida mediante demonstração da impropriedade do percentual adotado para o reajuste. Os percentuais adotados excederam os índices do INPC ou destes ficaram abaixo, num dos exercícios, em percentual desprezível e explicável, certo que o INPC é o índice mais adequado para o reajuste dos benefícios, já que o IGP-DI melhor serve para preços no atacado, porque retrata, basicamente, a variação de preços do setor empresarial brasileiro. III.- R.E. conhecido e provido (STF, RE 376846, Rel. Min. Carlos Velloso, Pleno, DJ 2.4.04).

SÚMULA 11. A RENDA MENSAL, "PER CAPITA", FAMILIAR, SUPERIOR A 1/4 (UM QUARTO) DO SALÁRIO MÍNIMO NÃO IMPEDE A CONCESSÃO DO BENEFÍCIO ASSISTENCIAL PREVISTO NO ART. 20, § 3º DA LEI. 8.742 DE 1993, DESDE QUE COMPROVADA, POR OUTROS MEIOS, A MISERABILIDADE DO POSTULANTE.

● *Súmula cancelada.* ● DJ 14.4.2004 (edição); DJ 12.5.2006 (cancelamento). ● Referência legislativa: CF/88. Lei 8.742/93. Decreto-Lei 4.657/42. ● Precedentes: REsp 222.764/SP. REsp 222.777/SP. REsp 222.778/SP. REsp 288.742/SP. REsp 397.943/SP. REsp 327.836/SP. REsp 435.871/SP. AgRg no Ag 311. 369/SP. AgRg no Ag 419.145/SP.

▶ *Thiago Mesquita Teles de Carvalho*

A Turma Nacional de Uniformização decidiu, na sessão realizada em 24 de abril de 2006, por cancelar a Súmula.

A questão subjacente ao cancelamento do enunciado envolvia o descumprimento de decisão do Supremo Tribunal Federal. É que, no bojo da ADI n. 1.231/DF, o STF decidiu pela constitucionalidade do dispositivo legal que previa a renda "per capita" de 1/4 do salário-mínimo como critério para aferição da miserabilidade (art. 20, § 3º, Lei 8.742/93).

É certo que, não obstante a ADI citada, julgada em 1998, TNU e STJ (REsp 397943) vinham mantendo seu entendimento no sentido de que a renda familiar "per capita" inferior a 1/4 do salário-mínimo deve ser considerada como "um limite mínimo, um quantum objetivamente considerado insuficiente à subsistência do portador de deficiência e do idoso, o que não impede que o julgador faça uso de outros fatores que tenham o condão de comprovar a condição de miserabilidade da família".

Ocorre que, ante tal estado da jurisprudência, o STF passou a julgar procedentes reclamações ajuizadas pelo Instituto Nacional do Seguro Social contra decisões que não observavam o critério da renda familiar "per capita" para aferição da miserabilidade. Um exemplo disso pode ser visto na Rcl 4427 MC-AgR, relatada pelo Ministro Cezar Peluso, e julgada em junho de 2007.

Embora tenha se dado o cancelamento da súmula, em 2006, o sensível descompasso do decidido na ADI n. 1.232 com a realidade fez com que não tardasse para que, novamente, surgissem julgados autorizando a utilização de outras provas para aferir a miserabilidade, para além da renda "per capita". Nesse sentido, já no ano seguinte ao do cancelamento da Súmula, a TNU decidiu o Pedilef 200251510229469, DJU 28.5.2007. Por sua vez, em 2009, o STJ fixou, em sede de recurso repetitivo, a mesma tese (REsp 1112557).

Diante desse quadro, em 18 de abril de 2013, o STF reviu o entendimento consubstanciado na ADI 1232, no julgamento dos RE 580963 (com repercussão geral), RE 567985 e Rcl 4374. Segundo os fundamentos de tais julgados, o critério objetivo do art. 20, § 3º, da Lei 8.742/93, passou por um processo de inconstitucionalização, decorrente de mudanças fáticas (políticas, econômicas e sociais) e jurídicas (sucessivas modificações legislativas dos patamares econômicos utilizados como critérios de concessão de outros benefícios assistenciais por parte do Estado brasileiro).

Com efeito, como retratam os julgados em comento, tornou-se patente que a jurisprudência, a fim de avaliar o real estado de miserabilidade social das famílias com entes idosos ou deficientes, elaborou maneiras de contornar o critério objetivo e único estipulado pela LOAS. E, paralelamente, o Poder Público editou leis que estabeleceram critérios mais elásticos de análise da miserabilidade para concessão de outros benefícios assistenciais, a exemplo das Leis 10.836/04, que criou o Bolsa Família, e 10.689/03, que instituiu o Programa Nacional de Acesso à Alimentação.

Diante desses fundamentos, o STF declarou a inconstitucionalidade parcial, sem pronúncia de nulidade, do art. 20, § 3º, da Lei 8.742/93. Com isso, embora o dispositivo legal não tenha sido extirpado do ordenamento jurídico, restou autorizada a utilização de outras provas para aferir a condição de miserabilidade, para além da renda "per capita".

Na linha dessa ampliação sobre os meios de aferição da miserabilidade, o § 11 foi incluído no art. 20 da LOAS, pela Lei 13.146/15, passando a admitir a utilização de outros elementos probatórios da condição de miserabilidade e da situação de vulnerabilidade, conforme regulamento.

No RE 580963, o STF ainda declarou a inconstitucionalidade por omissão parcial, sem pronúncia de nulidade, do art. 34, parágrafo único, da Lei 10.741/03 (Estatuto do Idoso). Trata-se do dispositivo que impõe a exclusão do benefício de prestação continuada recebido por idoso para os fins do cálculo da renda familiar "per capita" a que se refere a LOAS.

Segundo o STF, a inconstitucionalidade por omissão parcial do dispositivo ocorre porque não há justificativa plausível para discriminação dos portadores de deficiência em relação aos idosos, bem como dos idosos beneficiários da assistência social em relação aos idosos titulares de benefícios previdenciários no valor de até um salário mínimo. Assim, o dispositivo trata de maneira anti-isonômica situações equivalentes, devendo também ser autorizada a exclusão, nos mesmos moldes do previsto no parágrafo único do art. 34, dos benefícios assistenciais recebidos por deficientes e dos previdenciários, no valor de até um salário mínimo, percebidos por idosos.

O que se nota, portanto, é que, embora cancelada, a razão jurídica que inspirou a Súmula encontra-se em pleno vigor.

◉ Benefício assistencial de prestação continuada ao idoso e ao deficiente. Art. 203, V, da Constituição. A Lei de Organização da Assistência Social (LOAS), ao regulamentar o art. 203, V, da Constituição da República, estabeleceu os critérios para que o benefício mensal de um salário mínimo seja concedido aos portadores de deficiência e aos idosos que comprovem não possuir meios de prover a própria manutenção ou de tê-la provida por sua família. 2. Art. 20, § 3º, da Lei 8.742/1993 e a declaração de constitucionalidade da norma pelo Supremo Tribunal Federal na ADI 1.232. Dispõe o art. 20, § 3º, da Lei 8.742/93 que: "considera-se incapaz de prover a manutenção da pessoa portadora de deficiência ou idosa a família cuja renda mensal "per capita" seja inferior a 1/4 (um quarto) do salário mínimo". O requisito financeiro estabelecido pela Lei teve sua constitucionalidade contestada, ao fundamento de que permitiria que situações de patente miserabilidade social fossem consideradas fora do alcance do benefício assistencial previsto constitucionalmente. Ao apreciar a Ação Direta de Inconstitucionalidade 1.232-1/DF, o Supremo Tribunal Federal declarou a constitucionalidade do art. 20, § 3º, da LOAS. 3. Decisões judiciais contrárias aos critérios objetivos preestabelecidos e processo de inconstitucionalização dos critérios definidos pela Lei 8.742/1993. A decisão do Supremo Tribunal Federal, entretanto, não pôs termo à controvérsia quanto à aplicação em concreto do critério da renda familiar "per capita" estabelecido pela LOAS. Como a Lei permaneceu inalterada, elaboraram-se maneiras de contornar o critério objetivo e único estipulado pela LOAS e de avaliar o real estado de miserabilidade social das famílias com entes idosos ou deficientes. Paralelamente, foram editadas leis que estabeleceram critérios mais elásticos para concessão de outros benefícios assistenciais, tais como: a Lei 10.836/2004, que criou o Bolsa Família; a Lei 10.689/2003, que instituiu o Programa Nacional de Acesso à Alimentação; a Lei 10.219/01, que criou o Bolsa Escola; a Lei 9.533/97, que autoriza o Poder Executivo a conceder apoio financeiro a municípios que instituírem programas de garantia de renda mínima associados a ações socioeducativas. O Supremo Tribunal Federal, em decisões monocráticas, passou a rever anteriores posicionamentos acerca da intransponibilidade dos critérios objetivos. Verificou-se a ocorrência do processo de inconstitucionalização decorrente de notórias mudanças fáticas (políticas, econômicas e sociais) e jurídicas (sucessivas modificações legislativas dos patamares econômicos utilizados como critérios de concessão de outros benefícios assistenciais por parte do Estado brasileiro). 4. A inconstitucionalidade por omissão parcial do art. 34, parágrafo único, da Lei 10.741/2003. O Estatuto do Idoso dispõe, no art. 34, parágrafo único, que o benefício assistencial já concedido a qualquer membro da família não será computado para fins do cálculo da renda familiar "per capita" a que se refere a LOAS. Não exclusão dos benefícios assistenciais recebidos por deficientes e de previdenciários, no valor de até um salário mínimo, percebido por idosos. Inexistência de justificativa plausível para discriminação dos portadores de deficiência em relação aos idosos, bem como dos idosos beneficiários da assistência social em relação aos idosos titulares de benefícios previdenciários no valor de até um salário mínimo. Omissão parcial inconstitucional. 5. Declaração de inconstitucionalidade parcial, sem pronúncia de nulidade, do art. 34, parágrafo único, da Lei 10.741/2003. (...). (STF, RE 580963, Rel. Min. Gilmar Mendes, repercussão geral – mérito, Pleno, DJe 13.11.2013)

◉ (...). Benefício assistencial. Possibilidade de demonstração da condição de miserabilidade do beneficiário por outros meios de prova, quando a renda "per capita" do núcleo familiar for superior a 1/4 do salário mínimo. (...). 1. A CF/88 prevê em seu art. 203, caput e inciso V a garantia de um salário mínimo de benefício mensal, independente de contribuição à Seguridade Social, à pessoa portadora de deficiência e ao idoso que comprovem não possuir meios de prover à própria manutenção ou de tê-la provida por sua família, conforme dispuser a lei. 2. Regulamentando o comando constitucional, a Lei 8.742/93, alterada pela Lei 9.720/98, dispõe que será devida a concessão de benefício assistencial aos idosos e às pessoas portadoras de deficiência que não possuam meios de prover à própria manutenção, ou cuja família possua renda mensal "per capita" inferior a 1/4 (um quarto) do salário mínimo. 3. O egrégio Supremo Tribunal Federal, já declarou, por maioria de votos, a constitucionalidade dessa limitação legal relativa ao requisito econômico, no julgamento da ADI 1232 (...). 4. Entretanto, diante do compromisso constitucional com a dignidade da pessoa humana, especialmente no que se refere à garantia das condições básicas de subsistência física, esse dispositivo deve ser interpretado de modo a amparar irrestritamente a o cidadão social e economicamente vulnerável. 5. A limitação do valor da renda "per capita" familiar não deve ser considerada a única forma de se comprovar que a pessoa não possui outros meios para prover a própria manutenção ou de tê-la provida por sua família, pois é apenas um elemento objetivo para se aferir a necessidade, ou seja, presume-se absolutamente a miserabilidade quando comprovada a renda "per capita" inferior a 1/4 do salário mínimo. 6. Além disso, em âmbito judicial vige o princípio do livre convencimento motivado do Juiz (art. 131 do CPC) e não o sistema de tarifação legal de provas, motivo pelo qual essa delimitação do valor da renda familiar "per capita" não deve ser tida como único meio de prova da condição de miserabilidade do beneficiado. De fato, não se pode admitir a vinculação do Magistrado a determinado elemento probatório, sob pena de cercear o seu direito de julgar. (...). (STJ, REsp 1112557/MG, repetitivo, Rel. Min. Napoleão Nunes Maia Filho, 3ª S., DJe 20.11.2009)

◉ Constitucional. Impugna dispositivo de lei federal que estabelece o critério para receber o benefício do inciso V do art. 203, da CF. Inexiste a restrição alegada em face ao próprio dispositivo constitucional que reporta à lei para fixar os critérios de garantia do benefício de salário mínimo à pessoa portadora de deficiência física e ao idoso. Esta lei traz hipótese objetiva de prestação assistencial do estado. Ação julgada improcedente. (STF, Pleno, ADI 1232, Rel. Min. Ilmar Galvão, Rel. p/ac. Min. Nelson Jobim, DJ 1.6.2001).

◉ Benefício assistencial de prestação continuada ao idoso e ao deficiente. Art. 203, V, da Constituição. A Lei de Organização da Assistência Social (LOAS), ao regulamentar o art. 203, V. da Constituição da República, estabeleceu critérios para que o benefício mensal de um salário mínimo fosse concedido aos portadores de deficiência e aos idosos que comprovassem não possuir meios de prover a própria manutenção ou de tê-la provida por sua família. 2. Art. 20, § 3º da Lei 8.742/1993 e a declaração de constitucionalidade da norma pelo Supremo Tribunal Federal na ADI 1232. Dispõe o art. 20, § 3º, da Lei 8.742/93 que "considera-se incapaz de prover a manutenção da pessoa portadora de deficiência ou idosa a família cuja renda mensal "per capita" seja inferior a 1/4 (um quarto) do salário mínimo". O requisito financeiro estabelecido pela lei teve sua constitucionalidade contestada, ao fundamento de que permitiria que situações de patente miserabilidade social fossem consideradas fora do alcance do benefício assistencial previsto constitucionalmente. Ao apreciar a Ação Direta de Inconstitucionalidade 1.232-1/DF, o Supremo Tribunal Federal declarou a constitucionalidade do art. 20, § 3º, da LOAS. 3. Reclamação como instrumento de (re)interpretação da decisão proferida em controle de constitucionalidade abstrato. Preliminarmente, arguido o prejuízo da reclamação, em virtude do prévio julgamento dos recursos extraordinários 580.963 e 567.985, o Tribunal, por maioria de votos, conheceu da reclamação. O STF, no exercício da competência geral de fiscalizar a compatibilidade formal e material de qualquer ato normativo com a Constituição, pode declarar a inconstitucionalidade, incidentalmente, de normas tidas como fundamento da decisão ou do ato que é impugnado na reclamação. Isso decorre da própria competência atribuída ao STF para exercer o denominado controle difuso da constitucionalidade das leis e dos atos normativos. A oportunidade de reapreciação das decisões tomadas em sede de controle abstrato de normas tende a surgir com mais naturalidade e de forma mais recorrente no âmbito das reclamações. É no juízo hermenêutico típico da reclamação – no "balançar de olhos" entre objeto e parâmetro da reclamação – que surgirá com maior nitidez a oportunidade para evolução interpretativa no controle de constitucionalidade. Com base na alegação de afronta a determinada decisão do STF, o Tribunal poderá reapreciar e redefinir o conteúdo e o alcance de sua própria decisão. E, inclusive, poderá ir além, superando total ou parcialmente a decisão-parâmetro da reclamação, se entender que, em virtude de evolução hermenêutica, tal decisão não se coaduna mais com a interpretação atual da Constituição. 4. Decisões judiciais contrárias aos critérios objetivos preestabelecidos e Processo de inconstitucionalização dos critérios definidos pela Lei 8.742/1993. A decisão do Supremo Tribunal Federal, entretanto, não pôs termo à controvérsia quanto à aplicação em concreto do critério da renda familiar "per capita" estabelecido pela LOAS. Como a lei permaneceu inalterada, elaboraram-se maneiras de contornar o critério objetivo e único estipulado pela LOAS e avaliar o real estado de miserabilidade social das famílias com entes idosos ou deficientes. Paralelamente, foram editadas leis que estabeleceram critérios mais elásticos para concessão de outros benefícios assistenciais, tais como: a Lei 10.836/2004, que criou o Bolsa Família; a Lei 10.689/2003, que instituiu o Programa Nacional de Acesso à Alimentação; a Lei 10.219/01, que criou o Bolsa Escola; a Lei 9.533/97, que autoriza o Poder Executivo a conceder apoio financeiro a municípios que instituírem programas de garantia de renda mínima associados a ações socioeducativas. O Supremo Tribunal Federal, em decisões monocráticas, passou a rever anteriores posicionamentos acerca da intransponibilidade dos critérios objetivos. Verificou-se a ocorrência do processo de inconstitucionalização decorrente de notórias mudanças fáticas (políticas, econômicas e sociais) e jurídicas (sucessivas modificações legislativas dos patamares econômicos utilizados como critérios de concessão de outros benefícios assistenciais por parte do Estado brasileiro). 5. Declaração de inconstitucionalidade parcial, sem pronúncia de nulidade, do art. 20, § 3°, da Lei 8.742/1993. 6. Reclamação constitucional julgada improcedente. (STF, Pleno, Rcl 4374, Rel. Min. Gilmar Mendes, DJe 3.9.2013)

◉ Benefício assistencial de prestação continuada ao idoso e ao deficiente. Art. 203, V, da Constituição. A Lei de Organização da Assistência Social (LOAS), ao regulamentar o art. 203, V, da Constituição da República, estabeleceu os critérios para que o benefício mensal de um salário mínimo seja concedido aos portadores de deficiência e aos idosos que comprovem não possuir meios de prover a própria manutenção ou de tê-la provida por sua família. 2. Art. 20, § 3°, da Lei 8.742/1993 e a declaração de constitucionalidade da norma pelo Supremo Tribunal Federal na ADI 1.232. Dispõe o art. 20, § 3°, da Lei 8.742/93 que "considera-se incapaz de prover a manutenção da pessoa portadora de deficiência ou idosa a família cuja renda mensal "per capita" seja inferior a 1/4 (um quarto) do salário mínimo". O requisito financeiro estabelecido pela lei teve sua constitucionalidade contestada, ao fundamento de que permitiria que situações de patente miserabilidade social fossem consideradas fora do alcance do benefício assistencial previsto constitucionalmente. Ao apreciar a Ação Direta de Inconstitucionalidade 1.232-1/DF, o Supremo Tribunal Federal declarou a constitucionalidade do art. 20, § 3°, da LOAS. 3. Decisões judiciais contrárias aos critérios objetivos preestabelecidos e Processo de inconstitucionalização dos critérios definidos pela Lei 8.742/1993. A decisão do Supremo Tribunal Federal, entretanto, não pôs termo à controvérsia quanto à aplicação em concreto do critério da renda familiar "per capita" estabelecido pela LOAS. Como a lei permaneceu inalterada, elaboraram-se maneiras de se contornar o critério objetivo e único estipulado pela LOAS e de se avaliar o real estado de miserabilidade social das famílias com entes idosos ou deficientes. Paralelamente, foram editadas leis que estabeleceram critérios mais elásticos para a concessão de outros benefícios assistenciais, tais como: a Lei 10.836/2004, que criou o Bolsa Família; a Lei 10.689/2003, que instituiu o Programa Nacional de Acesso à Alimentação; a Lei 10.219/01, que criou o Bolsa Escola; a Lei

9.533/97, que autoriza o Poder Executivo a conceder apoio financeiro a Municípios que instituírem programas de garantia de renda mínima associados a ações socioeducativas. O Supremo Tribunal Federal, em decisões monocráticas, passou a rever anteriores posicionamentos acerca da intransponibilidade dos critérios objetivos. Verificou-se a ocorrência do processo de inconstitucionalização decorrente de notórias mudanças fáticas (políticas, econômicas e sociais) e jurídicas (sucessivas modificações legislativas dos patamares econômicos utilizados como critérios de concessão de outros benefícios assistenciais por parte do Estado brasileiro). 4. Declaração de inconstitucionalidade parcial, sem pronúncia de nulidade, do art. 20, § 3º, da Lei 8.742/1993. (...). (STF, Pleno, RE 567985, Rel. p/ac. Min. Gilmar Mendes, DJe 2.10.2013)

(...). Assistência social. Benefício da prestação continuada. Requisitos legais. Art. 203 da CF. Art. 20, § 3º, da Lei n. 8.742/93. (...). II. A assistência social foi criada com o intuito de beneficiar os miseráveis, pessoas incapazes de sobreviver sem a ação da Previdência. III. O preceito contido no art. 20, § 3º, da Lei n. 8.742/93 não é o único critério válido para comprovar a condição de miserabilidade preceituada no artigo 203, V, da Constituição Federal. A renda familiar per capita inferior a 1/4 do salário-mínimo deve ser considerada como um limite mínimo, um quantum objetivamente considerado insuficiente à subsistência do portador de deficiência e do idoso, o que não impede que o julgador faça uso de outros fatores que tenham o condão de comprovar a condição de miserabilidade da família do autor. (...). (STJ, REsp 397.943/SP, Rel. Min. Felix Fischer, 5ª T., DJ 18.3.2002)

▶ **CF. Art. 203.** A assistência social será prestada a quem dela necessitar, independentemente de contribuição à seguridade social, e tem por objetivos: V – a garantia de um salário mínimo de benefício mensal à pessoa portadora de deficiência e ao idoso que comprovem não possuir meios de prover à própria manutenção ou de tê-la provida por sua família, conforme dispuser a lei.

▶ **Lei 8.742/93. Art. 20.** O benefício de prestação continuada é a garantia de um salário-mínimo mensal à pessoa com deficiência e ao idoso com 65 (sessenta e cinco) anos ou mais que comprovem não possuir meios de prover a própria manutenção nem de tê-la provida por sua família. (...). **§ 3º** Considera-se incapaz de prover a manutenção da pessoa com deficiência ou idosa a família cuja renda mensal "per capita" seja inferior a 1/4 (um quarto) do salário-mínimo. (...). **§ 11.** Para concessão do benefício de que trata o caput deste artigo, poderão ser utilizados outros elementos probatórios da condição de miserabilidade do grupo familiar e da situação de vulnerabilidade, conforme regulamento.

▶ **Lei 10.741/03. Art. 34.** Aos idosos, a partir de 65 (sessenta e cinco) anos, que não possuam meios para prover sua subsistência, nem de tê-la provida por sua família, é assegurado o benefício mensal de 1 (um) salário-mínimo, nos termos da Lei Orgânica da Assistência Social – LOAS. Parágrafo único. O benefício já concedido a qualquer membro da família nos termos do caput não será computado para os fins do cálculo da renda familiar "per capita" a que se refere a LOAS.

SÚMULA 29. PARA OS EFEITOS DO ART. 20, § 2º, DA LEI N. 8.742, DE 1993, INCAPACIDADE PARA A VIDA INDEPENDENTE NÃO É SÓ AQUELA QUE IMPEDE AS ATIVIDADES MAIS ELEMENTARES DA PESSOA, MAS TAMBÉM A IMPOSSIBILITA DE PROVER AO PRÓPRIO SUSTENTO.

● *Súmula aplicável.* ● *DJ 13.2.2006.* ● *Referência legislativa: CF. Lei 8.742/93. Dec. 1.744/95.* ● *Precedentes: REsp 360.202/AL. PU/TNU 2004.30.00.702129-0/AC.*

▶ Paulo Sergio Ribeiro

A divergência que se fez presente na interpretação da Lei 8.742/93 e deu ensejo à súmula tem como cerne a questão da extensão da limitação na vida cotidiana em razão da deficiência presente.

A decisão proferida pela Turma Nacional de Uniformização que deu origem à súmula em análise, PU 2004.30.00.702129-0/AC, reconheceu como deficiência para fins de reconhecimento do benefício assistencial a limitação decorrente de sua condição especial que o impossibilita de ingressar no mercado de trabalho, não exigindo para tal finalidade que a pessoa esteja impossibilitada de desenvolver atos básico da vida cotidiana, como higiene e locomoção própria. Importante destacar do inteiro teor do julgado:

> A propósito da divergência, tenho que deva prevalecer a interpretação dada pela Turma Recursal do Acre, vez que o conceito de vida independente da Lei 8.742/93 não se confunde com o de vida vegetativa, ou, ainda, com o de vida dependente do auxílio de terceiros para a realização de atos próprios do cotidiano.
>
> O conceito de incapacidade para a vida independente, portanto, deve considerar todas as condições peculiares do indivíduo, sejam elas de natureza cultural, psíquica, etária – em face da reinserção no mercado do trabalho – e todas aquelas que venham a demonstrar, in concreto, que o pretendente ao benefício efetivamente tenha comprometida sua capacidade produtiva "lato sensu".
>
> Por certo que a interpretação não pode ser restritiva a ponto de limitar o conceito dessa incapacidade à impossibilidade de desenvolvimento das atividades cotidianas.

Em sentido semelhante têm decidido os Tribunais Regionais Federais: TRF1 (AC 00120732820164019199) e TRF4 (AC 200172030013159), adiante colacionados.

O entendimento consagrado na Súmula 29 estabeleceu que o conceito de vida independente não se limita à questão motora ou intelectual que imponha limitação para a vida cotidiana, trata-se de reconhecer como deficiente aquele que, em razão de sua peculiar condição, tem restrição para a vida independente, não possuindo liberdade plena para acessar o mercado de trabalho tendo em vista o comprometimento da capacidade produtiva.

É importante fixar como premissa da norma estabelecida, Súmula 29/TNU, que a capacidade produtiva da pessoa humana, em uma sociedade eminentemente capitalista em que o trabalho é importante moeda de troca das relações cotidianas, integra o patrimônio imaterial do indivíduo (dignidade) e sua restrição/limitação pode impor sua exclusão do mercado de trabalho e, por consequência, da sociedade, considerando a peculiar condição de não integrante do mercado.

A Constituição Federal, no artigo 203, estabeleceu com objetivo da Assistência Social assegurar benefício mensal à pessoa portadora de deficiência e ao idoso que comprovem não possuir meios de prover à própria manutenção ou de tê-la provida por sua família, de forma que, como destaca a Desembargadora Federal Marisa Santos[58] "a Constituição quis dar proteção às pessoas com deficiência física e psíquica em razão da dificuldade de colocação no mercado de trabalho e da interação na vida da comunidade".

O benefício assistencial destinado ao deficiente tem como escopo assegura-lhe o mínimo essencial para viver e integrar a sociedade capitalista de massa de forma

---

58. SANTOS, Marisa F. **Direito previdenciário esquematizado**. 5. ed. São Paulo: Saraiva, 2015. p. 135.

que sua limitação laboral seja mitigada assegura-lhe oportunidade de participar do mercado, provendo seu sustento dignamente.

Não há que se confundir o conceito de pessoa com deficiência, aquele cuja limitação psíquica ou mora lhe impõe obstáculo de acesso ao mercado de trabalho e integração social, com a pessoa incapacitada para o trabalho, a qual ingressou ou teve a oportunidade de ingressar no mercado formal como contribuinte do regime geral da previdência e não o fez por opção deliberada.

Em visão diversa afastada da concepção econômica/laboral, o Tribunal Regional Federal da 4ª Região, estabeleceu como deficiente aquele que não possui condições de autodeterminar-se, dependendo do auxílio de terceiros para viver (AC 00115990620134049999, adiante transcrito).

Fixadas essas premissas acerca da origem e da interpretação da súmula a luz dos diplomas normativos que subsidiária sua edição, é fundamental pontuar que a norma (Súmula 29) foi construída em momento anterior a modificação promovida pelas Leis 12.435/11 e 12.470/01 que alteram o artigo 2º e 20 da Lei 8.742/93 que regulamenta benefício assistencial – LOAS.

Por sua vez a Lei 13.146/2015, alterando o § 2º da Lei 8.742/1993, introduziu o conceito de pessoa com deficiência para fins de concessão do benefício.

O novo conceito de deficiência estabelecido a partir das inovações legislativas supera a confusão estabelecida entre os conceitos de incapacidade, requisito para benefício de auxílio-doença, e deficiência, requisito essencial para a concessão do benefício de prestação continuada – LOAS, fixando como essencial para a caracterização da deficiência que "as limitações físicas, mental, intelectual e sensorial agora devem ser conjugadas com fatores sociais, como o contexto em que vive a pessoa com deficiência, devendo ficar comprovado que suas limitações a impedem de se integrar plenamente na vida em sociedade, dificultando sua convivência com os demais"[59].

O impedimento para caracterização da pessoa deficiente, para fins da concessão do LOAS, deve ser de longo prazo, o qual restou fixado, conforme disposto pela Lei 12.470/11, aquele que produz efeitos pelo prazo mínimo de dois anos, nos termos do parágrafo 10 do artigo 20 da Lei 8.742/93, Lei da Assistência Social.

O conceito de deficiência proposto introduzido na Lei de Assistência Social, Lei 8.472/93, reconhece o conceito de pessoa com deficiência estabelecido na Convenção sobre os Direitos das Pessoas com Deficiência (adiante transcrito).

O conceito de deficiência a ser considerado para fins de concessão de benefício assistencial não pode restar limitado àqueles que tenham mobilidade reduzida, a qual dificulte as atividades elementares da vida cotidiana.

---

59. Idem. p. 136.

O reconhecimento como deficiente, consoante o escopo das legislações destinadas à inclusão das pessoas vulneráveis, deve levar em conta sua peculiar condição em relação à sociedade, ou seja, se a restrição impõe à pessoa dificuldade de participar na vida cotidiana em condições semelhante a seus pares.

Desse modo, considerando que a Súmula comentada, norma de decisão fixada pela Turma Nacional de Uniformização, foi construída com fundamento no conceito de deficiência estabelecido na redação original da Lei 8.742/93, sua manutenção não se sustenta hodiernamente, porquanto o atual conceito de conceito de deficiência não restringe em analisar a incapacidade laborativa ou para a vida independente, porquanto a situação peculiar da pessoa em razão da deficiência deve ser ponderada em função do grau de obstrução que esta impõe para sua participação plena e efetiva na sociedade em igualdade de condições com as demais pessoas.

Alternativamente, visando compatibilizar a redação do Verbete com o novo conceito de deficiente, é possível reconhecer aplicabilidade ao enunciado da Turma Nacional de Uniformização reconhecendo que o acesso ao mercado de trabalho, é direito fundamental de todos, artigo 6º da Constituição Federal, de modo que a participação plena e efetiva em sociedade somente será integral quanto a pessoa como deficiência possa ingressa em condições igualitárias no mercado de trabalho, de modo que possa auferir seu próprio sustento.

◉ Súmula AGU 30. A incapacidade para prover a própria subsistência por meio do trabalho é suficiente para a caracterização da incapacidade para a vida independente, conforme estabelecido no art. 203, V, da Constituição Federal, e art. 20, II, da Lei n. 8.742, de 7 de dezembro de 1993.

◉ (...). Benefício de prestação continuada. Art. 20, § 2º da Lei 8.742/93. Portador do vírus HIV. Incapacidade para o trabalho e para prover o próprio sustento ou de tê-lo provido pela família. Laudo pericial que atesta a capacidade para a vida independente baseado apenas nas atividades rotineiras do ser humano. Impropriedade do óbice à percepção do benefício. Recurso desprovido. I. A pessoa portadora do vírus HIV, que necessita de cuidados frequentes de médico e psicólogo e que se encontra incapacitada, tanto para o trabalho, quanto de prover o seu próprio sustento ou de tê-lo provido por sua família – tem direito à percepção do benefício de prestação continuada previsto no art. 20 da Lei 8.742/93, ainda que haja laudo médico-pericial atestando a capacidade para a vida independente. II. O laudo pericial que atesta a incapacidade para a vida laboral e a capacidade para a vida independente, pelo simples fato da pessoa não necessitar da ajuda de outros para se alimentar, fazer sua higiene ou se vestir, não pode obstar a percepção do benefício, pois, se esta fosse a conceituação de vida independente, o benefício de prestação continuada só seria devido aos portadores de deficiência tal, que suprimisse a capacidade de locomoção do indivíduo – o que não parece ser o intuito do legislador. (...). (STJ, REsp 360.202/AL, Rel. Min. Gilson Dipp, 5ª T., DJ 1.7.2002)

◉ (...). Benefício assistencial. LOAS. Art. 203, V, da CF/88. Lei 8.742/93. Pessoa portadora de deficiência física e/ou mental. Perícia médica. Incapacidade para o trabalho e vida independente. Hipossuficiência. Preenchimento dos requisitos legais. Sentença de procedência mantida. (...) 6. Considera-se deficiente aquela pessoa que apresenta impedimentos (físico, mental, intelectual ou sensorial) de longo prazo (mínimo de 2 anos) que podem obstruir sua participação plena e efetiva na sociedade em igualdade de condições com as demais pessoas. Tal deficiência e o grau de impedimento devem ser aferidos mediante avaliação médica e avaliação social, consoante o § 6º do art. 20 da Lei Orgânica da Assistência Social. 7. A incapacidade para a vida laborativa deve ser entendida como incapacidade para vida independente, para efeitos de concessão de benefício de prestação continuada. 8. Na hipótese, a incapacidade da parte autora ao trabalho e à vida independente restou comprovada pelo laudo médico de fls. 66, que comprova que o requerente é portador de lesão em membro inferior direito, decorrente de poliomielite, apresentando dificuldade de locomoção e marcha claudicante. Considerando-se as condições individuais do autor, bem como sua pouca capacitação profissional, vez que sempre residiu em área rural, forçoso reconhecer que dificilmente conseguirá sua reinserção no mercado de trabalho, apresentando desmaios em decorrência da limitação física. (...). (TRF1, 2ª T., AC 00120732820164019199, Rel. João Luiz de Sousa, e-DJF1 14.11.2016)

◉ (...). Benefício assistencial. Remessa oficial. Legitimidade "ad causam" do Ministério Público Federal. Ilegitimidade passiva da União. Honorários advocatícios. Legitimidade passiva do INSS. Sentença "extra petita". Inocorrência. Condição de deficiente e situação de risco social (art. 20, §§ 2º e 3º da lei 8.742/93). (...). 6. Em relação à condição de deficiente, é de se considerar que, estando os autores, substituídos na presente ação, incapacitados para o trabalho, também o estão para a vida independente, independentemente do fato de eventual necessidade de auxílio de terceiros para alimentar-se ou mesmo vestir-se, pelo que resta atendido o requisito estabelecido no § 2º do art. 20 da Lei 8.742/93, para o deferimento do benefício. (...). (TRF4, 5ª T.. AC 200172030013159, Rel. Loraci Flores de Lima, DE. 17.11.2008)

◉ Assistência social. Benefício de prestação continuada. Art. 203, inciso V, da Constituição Federal. Lei 8.742/93 (LOAS). Requisitos. Orientação do STF. (...). 2. O requisito incapacidade para a vida independente (a) não exige que a pessoa possua uma vida vegetativa ou que seja incapaz de locomover-se; (b) não significa incapacidade para as atividades básicas do ser humano, tais como alimentar-se, fazer a higiene e vestir-se sozinho; (c) não impõe a incapacidade de expressar-se ou de comunicar-se; (d) não pressupõe dependência total de terceiros; (e) apenas indica que a pessoa deficiente não possui condições de autodeterminar-se completamente ou depende de algum auxílio, acompanhamento, vigilância ou atenção de outra pessoa, para viver com dignidade. (...). (TRF4, 5ª T., AC 00115990620134049999, Rel. Ricardo Teixeira do Valle Pereira. DE. 24.9.2013)

▶ **CDPD. Artigo 1.** Propósito. O propósito da presente Convenção é promover, proteger e assegurar o exercício pleno e equitativo de todos os direitos humanos e liberdades fundamentais por todas as pessoas com deficiência e promover o respeito pela sua dignidade inerente. Pessoas com deficiência são aquelas que têm impedimentos de longo prazo de natureza física, mental, intelectual ou sensorial, os quais, em interação com diversas barreiras, podem obstruir sua participação plena e efetiva na sociedade em igualdades de condições com as demais pessoas.

▶ **CF. Art. 203.** A assistência social será prestada a quem dela necessitar, independentemente de contribuição à seguridade social, e tem por objetivos: (...) V – a garantia de um salário mínimo de benefício mensal à pessoa portadora de deficiência e ao idoso que comprovem não possuir meios de prover à própria manutenção ou de tê-la provida por sua família, conforme dispuser a lei.

▶ **Lei 8.742/93. Art. 2º** A assistência social tem por objetivos: I – a proteção social, que visa à garantia da vida, à redução de danos e à prevenção da incidência de riscos, especialmente: (...). e) a garantia de 1 (um) salário-mínimo de benefício mensal à pessoa com deficiência e ao idoso que comprovem não possuir meios de prover a própria manutenção ou de tê-la provida por sua família; (...). ▶ **Art. 20.** O benefício de prestação continuada é a garantia de um salário-mínimo mensal à pessoa com deficiência e ao idoso com 65 (sessenta e cinco) anos ou mais que comprovem não possuir meios de prover a própria manutenção nem de tê-la provida por sua família. (...). § 2º Para efeito de concessão do benefício de prestação continuada, considera-se pessoa com deficiência aquela que tem impedimento de longo prazo de natureza física, mental, intelectual ou sensorial, o qual, em interação com uma ou mais barreiras, pode obstruir sua participação plena e efetiva na sociedade em igualdade de condições com as demais pessoas.

SÚMULA 48. A INCAPACIDADE NÃO PRECISA SER PERMANENTE PARA FINS DE CONCESSÃO DO BENEFÍCIO ASSISTENCIAL DE PRESTAÇÃO CONTINUADA.

● *Súmula aplicável.* ● *DJ 18.4.2012.* ● *Precedentes: Pedilef 2007.70.50.010865-9. Pedilef 2007.70.53.002847-2. Pedilef 0013826-53.2008.4.01.3200.*

▶ *Marcelle Ragazoni Carvalho Ferreira*

A seguridade social abrange os benefícios previdenciários e assistenciais, como é sabido.

No âmbito da assistência social, destaque se dá ao benefício assistencial de prestação continuada, instituído pela Lei 8.742/93, que veio regulamentar o disposto no art. 203, inciso V, da Constituição Federal.

Tal benefício corresponde à garantia de um salário mínimo mensal, devido à pessoa portadora de deficiência e ao idoso com 65 anos ou mais, que comprovem não possuir meios de prover a própria manutenção, e esta também não possa ser provida por sua família.

Para a análise em concreto, interessa a definição do que seja pessoa portadora de deficiência.

Tal definição vem expressa no § 2º do art. 20 da Lei 8.742/93, segundo o qual "para efeito de concessão do benefício de prestação continuada, considera-se pessoa com deficiência aquela que tem impedimento de longo prazo de natureza física, mental, intelectual ou sensorial, o qual, em interação com uma ou mais barreiras, pode obstruir sua participação plena e efetiva na sociedade em igualdade de condições com as demais pessoas.

Trata-se do mesmo conceito trazido no art. 1º da Convenção Internacional sobre os Direitos das Pessoas com Deficiência, internalizado no ordenamento jurídico pátrio com status de norma constitucional.

Mais adiante, o parágrafo 10 do dispositivo legal considera impedimento de longo prazo aquele que produza efeitos pelo prazo mínimo de dois anos.

A lei, portanto, trata do prazo mínimo para definição do que seja considerado impedimento de longo prazo, mas nada fala acerca da necessidade de que tal impedimento tenha caráter definitivo.

Anteriormente, o Decreto 3.298/99, que regulamentou a Lei 7.853/99, a qual anteriormente dispunha sobre a política nacional para a integração da pessoa portadora de deficiência, distinguia deficiência, deficiência permanente e incapacidade. Porém, com a incorporação ao ordenamento interno da referida convenção internacional, que já traz em seu bojo o conceito de pessoa com deficiência, é de se concluir pela revogação do referido decreto.

Cabe ressaltar ainda que, com base na redação anterior da Lei 8.742/93, que considerava pessoa com deficiência aquela incapaz para o trabalho e para a vida independente, a Turma Nacional de Uniformização de jurisprudência (TNU) editou a súmula 29, a qual dispõe: "para os efeitos do art. 20, § 2º, da Lei 8.742, de 1993, incapacidade para a vida independente não é só aquela que impede as atividades mais elementares da pessoa, mas também a impossibilita de prover ao próprio sustento".

A questão quanto à dispensa do requisito de definitividade restou decidida na forma: do julgamento TNU, Pedilef 0013826-53.2008.4.01.3200, adiante colacionado.

Não se trata simplesmente de conceder o benefício assistencial nas hipóteses de mera incapacidade temporária, mas há que se atentar ao dispositivo legal que considera a existência de um impedimento de longo prazo de natureza física, mental, intelectual ou sensorial, o qual pode impedir ou dificultar a participação do indivíduo de forma plena e efetiva na sociedade em igualdade de condições com os demais, exigindo a lei apenas que tal impedimento produza efeitos pelo prazo mínimo de dois anos.

Vale ressaltar que o regulamento do benefício assistencial atualmente vigente prevê que a concessão daquele ficará sujeito à avaliação da deficiência e do grau de impedimento, com base nos princípios da Classificação Internacional de Funcionalidades, Incapacidade e Saúde (CIF), estabelecida pela resolução da Organização Mundial da Saúde nº 54.21, de 2001[60].

No parágrafo quinto do art. 16, o decreto que regulamenta a concessão do benefício assistencial estabelece que a avaliação da deficiência tem como objetivo comprovar "a existência de impedimentos de longo prazo".

Ou seja, em nenhum momento se impôs a exigência de que o impedimento tenha caráter definitivo.

Qualquer análise relativa à assistência social deve passar pelo estudo dos princípios que regem tal atividade estatal. Segundo estabeleceu a Lei 8.742/93, são princípios que regem a assistência social: a supremacia do atendimento às necessidades sociais sobre as exigências de rentabilidade econômica; a universalização dos direitos sociais; o respeito à dignidade do cidadão, à sua autonomia e ao seu direito a benefícios e serviços de qualidade, bem como à convivência familiar e comunitária; a igualdade de direitos no acesso ao atendimento; e a divulgação ampla dos benefícios, serviços, programas e projetos assistenciais, bem como dos recursos oferecidos pelo Poder Público e dos critérios para sua concessão.

Para o caso em questão, dois princípios se destacam, a supremacia do atendimento às necessidades sociais sobre as exigências de rentabilidade econômica e o respeito à dignidade do cidadão.

A interpretação da norma, portanto, deve atender a tais princípios, de modo a que a assistência social seja efetiva, voltada àqueles que dela necessitam, ainda que por período transitório, não podendo o intérprete restringir onde a lei não o fez.

Como ressaltado no julgamento do Pedilef 0013826-53.2008.4.01.3200, pela TNU, a lei não faz qualquer restrição quanto a que a deficiência tenha caráter permanente, especialmente porque a própria lei prevê a possibilidade de revisão pelo INSS,

---

60. Art. 16, Decreto 7.617, de 17.11.2011.

acerca da manutenção das condições que levaram à concessão do benefício assistencial.

Verificado no caso concreto que o requerente da assistência social se enquadra no conceito de deficiente, apresentando limitação de longo prazo, ou seja, superior a dois anos, uma vez preenchidas as demais condições, fará jus ao benefício assistencial.

Não se pode olvidar, por fim, da finalidade da assistência social, que é conferir proteção aos necessitados, através do pagamento de um rendimento mensal mínimo.

◉ Ementa-voto previdenciário. LOAS. Incapacidade parcial e temporária. Avaliação das condições pessoais. Precedentes da tnu. 1. "O art. 20 da Lei n° 8.742/93 não impõe que somente a incapacidade permanente, mas não a temporária, permitiria a concessão do benefício assistencial, não cabendo ao intérprete restringir onde a lei não o faz, mormente quando em prejuízo do necessitado do benefício e na contramão da sua ratio essendi, que visa a assegurar o mínimo existencial e de dignidade da pessoa". (TNU, Pedilef 200770530028472, Rel. Juiz Federal Manoel Rolim Campbell Penna, DOU 8.2.2011). 2. Esta Eg. TNU também já assentou que "a transitoriedade da incapacidade não é óbice à concessão do benefício assistencial, visto que o critério de definitividade da incapacidade não está previsto no aludido diploma legal. Ao revés, o artigo 21 da referida lei corrobora o caráter temporário do benefício em questão, ao estatuir que o benefício 'deve ser revisto a cada 2 (dois) anos para avaliação da continuidade das condições que lhe deram origem'". (Pedilef 200770500108659, Rel. Juiz Federal Otávio Henrique Martins Port, DJ 11.3.2010). 3. "Resta assente que este conceito de capacidade para a vida independente não está adstrito apenas às atividades do dia-a-dia, vez que não se exige que o(a) interessado(a) esteja em estado vegetativo para obter o Benefício Assistencial. Dele resulta uma exigência de se fazer uma análise mais ampla das suas condições pessoais, familiares, profissionais e culturais do meio em que vive para melhor avaliar a existência ou não dessa capacidade". (Pedilef 200932007033423, Rel. Juiz Federal Paulo Ricardo Arena Filho, DOU 30.8.2011). 4. Outrossim, sugere-se ao Presidente deste Colegiado que, com base no entendimento já consolidado nesta Turma, promova a devolução de todos os processos que tenham por objeto esta mesma questão, nos termos do artigo 7° do Regimento Interno desta Turma. 5. Pedido conhecido e improvido. (TNU, Pedilef 0013826-53.2008.4.01.3200, Rel. Antonio Fernando Schenkel do Amaral e Silva, DOU 9.3.2012)

SÚMULA 72. É POSSÍVEL O RECEBIMENTO DE BENEFÍCIO POR INCAPACIDADE DURANTE PERÍODO EM QUE HOUVE EXERCÍCIO DE ATIVIDADE REMUNERADA QUANDO COMPROVADO QUE O SEGURADO ESTAVA INCAPAZ PARA AS ATIVIDADES HABITUAIS NA ÉPOCA EM QUE TRABALHOU.

● *Súmula aplicável.* ● DJ 13.3.2013. ● Precedentes: Pedilef 2008.72.52.004136-1. Pedilef 2009.72.54.006451-6. Pedilef 0001994-65.2009.4.04.7254. Pedilef 2008.70.59.001110-9. Pedilef 2009.33.00.700562-5.

▸ Sérgio Murilo Wanderley Queiroga

A Previdência Social tem como fundamento primeiro de sua existência a cobertura de riscos sociais aos quais estão sujeitos os segurados. Nessa esteira, a maior parte dos benefícios previdenciários possui natureza de substituição da renda, de modo que, se sujeito a uma situação de risco social que o impeça de obter sustento para si e para a família (idade avançada, por exemplo), o segurado se encontra amparado por uma prestação pecuniária que substitui a renda normalmente por ele recebida, de modo a garantir a mantença própria e da família.

Os benefícios por incapacidade, tendo em vista a situação de risco social por eles coberta, não fogem a essa natureza. Essas prestações são responsáveis por amparar o segurado acometido de incapacidade temporária ou permanente para a atividade laboral habitualmente exercida (incapacidade parcial) ou para o exercício de qualquer trabalho (incapacidade total), de modo que lhe fornecem a renda necessária à subsistência quando doença ou acidente o impeçam de obtê-la por meio do exercício de atividade laboral.

Assim, notório está o caráter substitutivo de renda dos benefícios por incapacidade, sendo até certo ponto natural a conclusão de que não se pode perceber benefício por incapacidade em período durante o qual se exerceu trabalho remunerado. Se o segurado exerce atividade laboral por determinado período de tempo, é de se supor que se encontre capaz para a obtenção de renda por meio do trabalho, não se tendo, portanto, em primeira análise, justificativa plausível para o recebimento de auxílio-doença ou aposentadoria por invalidez.

Todavia, esse raciocínio deve ser relativizado em ao menos uma situação: aquela em que o segurado tem pedido de benefício por incapacidade indevidamente negado pelo INSS, ou benefício dessa natureza cessado, também de forma indevida, pela autarquia previdenciária.

Em casos como esses, o segurado, uma vez não amparado pela Previdência Social, põe-se em situação de verdadeiro estado de necessidade, visto que, por um lado, não possui condições de prover o sustento por meio do exercício de atividade remunerada, e, por outro, encontra-se impedido, por negativa da administração, de obter renda substitutiva, temporária ou permanente, que supra tal situação de incapacidade.

Ante tal quadro, têm-se duas situações frequentemente verificadas: recorrer-se ao Poder Judiciário para apreciação do pedido de benefício, requerendo-se, judicialmente, a concessão ou o restabelecimento do benefício pleiteado; e, enquanto não se obtém o provimento jurisdicional demandado, resta a busca pelo sustento por meio do exercício de atividade laboral, mesmo se estando em condição de incapacidade, e ainda que sob risco de agravamento do quadro debilitante.

Nesse sentido, as precisas razões de um dos julgados que serviram de base à edição da súmula ora em comento (TNU, Pedilef 00019946520094047254, adiante transcrito).

Assim, se restar comprovado, no âmbito judicial, ante as provas dos autos, que a incapacidade já existia quando da negativa do requerimento, ou ainda subsistia quando da cessação do benefício, o exercício de atividade laboral não pode constituir óbice ao reconhecimento do direito ao benefício, pois, do contrário, estar-se-ia punindo duplamente o segurado: nega-se o benefício requerido, obrigando-o a buscar fonte de renda que lhe permita sobreviver; posteriormente, usa-se o exercício de atividade laboral como argumento para se negar o benefício, sendo que esse exercício somente se deu em decorrência da própria negativa estatal à prestação previdenciária.

Dessa forma, utilizar-se, em determinados casos concretos, de tal raciocínio contribui à formação de um círculo vicioso, no sentido mais exato do termo, que impele o segurado a um sacrifício da sua condição de saúde em razão da ineficiência do Estado em reconhecer sua real situação de incapacidade, e, posteriormente, usa-se o mesmo sacrifício como argumento para a ratificação da negativa anteriormente imposta.

Proceder dessa maneira seria impor ao segurado um ônus excessivo e indevido, e simultaneamente premiar a administração pública pela sua ineficiência, situação explicitada em outro precedente à Súmula ora analisada, Pedilef 200872520041361, adiante transcrito.

Conclui-se, portanto, que, ao se analisar demanda judicial visando à concessão ou restabelecimento de benefício por incapacidade, a verificação de que o demandante exerceu atividade laboral no período de alegada incapacidade não deve resultar em presunção absoluta ou conclusão imediata de ser indevida a concessão pelo lapso temporal requerido; antes de se aplicar tal raciocínio, deve-se analisar, perante as condições concretas da lide e as provas carreadas aos autos, a data de início da incapacidade, a natureza da doença que acomete o requerente e se houve ou não cessação dessa incapacidade ao longo do período alegado. Comprovado que o demandante exerceu atividade remunerada a despeito de seu estado de incapacidade, como única forma de obter sustento (ou por outras razões de mesma monta, como o medo da perda da qualidade de segurado, por exemplo), esse proceder não pode servir de base para se negar o direito à percepção do benefício.

Em tais casos, deve-se conceder o benefício desde a data devida, inclusive com o recebimento dos valores retroativos, mesmo aqueles que coincidam com o período em que foi exercida atividade remunerada sob condição de incapacidade – essa determinação não implica acumulação indevida de renda e benefício, tampouco enriquecimento sem causa do segurado; tem-se, em verdade, verdadeira reparação pelo sacrifício a que ele foi compelido por falta de eficiência da administração, e uma punição ao poder público por essa mesma ineficiência.

◉ O segurado precisa se manter durante o longo período em que é obrigado a aguardar a implantação do benefício, situação em que se vê compelido a retornar ao trabalho, mesmo sem ter a sua saúde restabelecida, em verdadeiro estado de necessidade. (TNU, Pedilef 00019946520094047254, Rel. Vanessa Vieira de Mello, DOU 3.8.2012)

◉ O trabalho exercido pelo segurado no período em que estava incapaz decorre da necessidade de sobrevivência, com inegável sacrifício da saúde do obreiro e possibilidade de agravamento do estado mórbido. (...). O benefício por incapacidade deve ser concedido desde o indevido cancelamento, sob pena de o Judiciário recompensar a falta de eficiência do INSS na hipótese dos autos, pois, inegavelmente, o benefício foi negado erroneamente pela perícia médica da Autarquia" (Pedilef 200872520041361, Rel. Juiz Federal Antônio Fernando Schenkel do Amaral e Silva, DOU 13.5.2011).

Súmula 79. Nas ações em que se postula benefício assistencial, é necessária a comprovação das condições socioeconômicas do autor por laudo de assistente social, por auto de constatação lavrado por oficial de justiça ou, sendo inviabilizados os referidos meios, por prova testemunhal.

● *Súmula aplicável.* ● *DJ 24.4.2015.* ● *Precedente: Pedilef 0528310-94.2009.4.05.8300.*

▸ *Paulo Sergio Ribeiro*

Para a concessão do benefício assistencial é essencial a comprovação da idade ou a deficiência, bem como a condição de miserabilidade, considerada as condições socioeconômicas do solicitante do benefício.

A comprovação dos requisitos essenciais à concessão do benefício de prestação continuada deve ser formulada em juízo seguindo as regras processuais, portanto qualquer meio de prova legítimo e idôneo, nos termos do artigo 369 do Código de Processo Civil, pode ser utilizado para demonstrar os requisitos necessários à concessão do benefício.

Nesse sentido, a verificação das condições econômicas e sociais da família e a integração social do suplicante deve ser aferida por qualquer meio probatório admitido em processo, não restando imprescindível a realização de laudo por assistente social (neste sentido: TRF1, AC 00254887820164019199).

A questão essencial a ser ponderada é a possibilidade de aferir a miserabilidade considerando as condições sociais, econômicas, familiares etc., de modo que as peculiaridades da situação do suplicante sejam sopesadas na análise dos requisitos legais para o deferimento do benefício.

A análise da condição social e econômica essencial para a concessão do LOAS transcende o mero cálculo aritmético para a fixação da renda "per capita", é essencial ponderar as condições sociais (grau de estudo, integração na sociedade, acesso aos serviços públicos etc.) e econômicas (renda auferida) da unidade familiar visando fixar a condição de miserabilidade e a inserção do suplicante na sociedade.

A simples análise da renda familiar não é suficiente para aferir a miserabilidade, pois as condições peculiares do suplicante e da unidade familiar que integra são fundamentais para a categorização deste como hipossuficiente/miserável, segundo os critérios fixados para a concessão do benefício assistencial.

Como destacou a Juíza Federal Kyu Soon Lee no Pedilef 05042624620104058200:

> A miserabilidade da parte, para fins de concessão do LOAS, deverá levar em consideração todo o quadro probatório apresentado pela parte e não unicamente o critério legal constante do § 3º do art. 20 da Lei 8.742/93, repita-se, agora havido por inconstitucional pela Augusta Corte pátria, mercê da progressão social e legislativa. (TNU, Pedilef 05042624620104058200 Rel. Kyu Soon Lee, DOU 10.01.2014)

Outrossim, é fundamental destacar que no Direito Processo Civil pátrio vige o princípio da livre persuasão racional de modo que o juiz não fica atrelado a qualquer espécie probatória ou tarifação de prova, nos termos do artigo 371 do Código de Processo Civil, competindo ao magistrado ponderar o conjunto probatório e firmar livremente seu convencimento acerca da questão em discussão, indicando na sentença/decisão as razões da formação de seu convencimento.

O magistrado não está condicionado a determinada prova ou a conclusão apresentada na perícia, podendo afastar as conclusões do laudo com fundamento em outros elementos colacionados no processo. Neste sentido estabelece a Turma Nacional de Uniformização, Pedilef 0528310-94.2009.4.05.8300, decisão que deu origem ao verbete sumular analisado.

O Superior Tribunal de Justiça (REsp 1112557), em decisão submetida ao regime da Repercussão Geral, tema 185, fixou entendimento de que a renda familiar "per capita" não deve ser o único meio para definição da condição de miserabilidade do beneficiado, bem como assentou que o Magistrado não está vinculado a determinado elemento probatório para julgar a questão.

A Súmula, não obstante deixe a entender que há tarifação dos meios de prova, estabelecendo que a testemunhal somente poderia ser admitida se inviabilizada os demais meios probatórios sugeridos, reconhece a necessidade de realização de prova ampla acerca da condição socioeconômica do suplicante, deixando evidente que a prova pericial – laudo assistencial – é prescindível, incumbindo ao magistrado construir seu convencimento a partir de todas as provas produzidas na tramitação processual, pontuando na decisão as razões e as provas que o levaram ao convencimento.

○ (...). Direito previdenciário. Benefício assistencial. Possibilidade de demonstração da condição de miserabilidade do beneficiário por outros meios de prova, quando a renda "per capita" do núcleo familiar for superior a 1/4 do salário mínimo. Recurso especial provido. (...). 5. A limitação do valor da renda "per capita" familiar não deve ser considerada a única forma de se comprovar que a pessoa não possui outros meios para prover a própria manutenção ou de tê-la provida por sua família, pois é apenas um elemento objetivo para se aferir a necessidade, ou seja, presume-se absolutamente a miserabilidade quando comprovada a renda "per capita" inferior a 1/4 do salário mínimo. 6. Além disso, em âmbito judicial vige o princípio do livre convencimento motivado do Juiz (art. 131 do CPC) e não o sistema de tarifação legal de provas, motivo pelo qual essa delimitação do valor da renda familiar "per capita" não deve ser tida como único meio de prova da condição de miserabilidade do beneficiado. De fato, não se pode admitir a vinculação do Magistrado a determinado elemento probatório, sob pena de cercear o seu direito de julgar. (...). (STJ, 3ª S., REsp 1.112.557/MG, repetitivo, Rel. Min. Napoleão Nunes Maia Filho, DJ 20.11.2009)

○ Previdenciário e processual civil. Benefício de amparo social à pessoa portadora de deficiência e ao idoso. Art. 203, V, CF/88. Lei 8.742/93. Implantação do benefício. (...). 4. No que diz respeito a aferição do requisito da miserabilidade para assegurar o direito ao benefício assistencial, esta pode ser feita pelos diversos meios de prova existentes, não sendo imprescindível a realização da perícia socioeconômica. (...). (TRF1, 2ª T., AC 00254887820164019199, Rel. Francisco Neves da Cunha, e-DJF1 19.8.2016)

○ Incidente de uniformização. Previdenciário. Assistência social. Concessão de benefício de prestação continuada (loas). Portador de neoplasia maligna de pulmão. Cômputo da renda mensal per capita. Exclusão de benefícios previdenciários de um salário-mínimo percebidos por outros membros da família. Possibilidade de demonstração da miserabilidade por outras provas. (...). (TNU, Pedilef 0528310-94.2009.4.05.8300, Rel. Juiz Federal Wilson José Witzel, j. 14.4.2015)

▶ **Lei 12.470/11. Art. 3º** A Lei 8.742, de 7 de dezembro de 1993, passa a vigorar com as seguintes alterações: "Art. 20. (...). § 2º Para efeito de concessão deste benefício, considera-se pessoa com deficiência aquela que tem impedimentos de longo prazo de natureza física, mental, intelectual ou sensorial, os quais, em interação com diversas barreiras, podem obstruir sua participação plena e efetiva na sociedade em igualdade de condições com as demais pessoas. (...). § 6º A concessão do benefício ficará sujeita à avaliação da deficiência e do grau de impedimento de que trata o § 2º, composta por avaliação médica e avaliação social realizadas por médicos peritos e por assistentes sociais do Instituto Nacional de Seguro Social – INSS. (...). § 9º A remuneração da pessoa com deficiência na condição de aprendiz não será considerada para fins do cálculo a que se refere o § 3º deste artigo. § 10. Considera-se impedimento de longo prazo, para os fins do § 2º deste artigo, aquele que produza efeitos pelo prazo mínimo de 2 (dois) anos. (...). Art. 21. (...). § 4º A cessação do benefício de prestação continuada concedido à pessoa com deficiência não impede nova concessão do benefício, desde que atendidos os requisitos definidos em regulamento. (...). Art. 21-A. O benefício de prestação continuada será suspenso pelo órgão concedente quando a pessoa com deficiência exercer atividade remunerada, inclusive na condição de microempreendedor individual. § 1º Extinta a relação trabalhista ou a atividade empreendedora de que trata o caput deste artigo e, quando for o caso, encerrado o prazo de pagamento do seguro-desemprego e não tendo o beneficiário adquirido direito a qualquer benefício previdenciário, poderá ser requerida a continuidade do pagamento do benefício suspenso, sem necessidade de realização de perícia médica ou reavaliação da deficiência e do grau de incapacidade para esse fim, respeitado o período de revisão previsto no caput do art. 21. § 2º A contratação de pessoa com deficiência como aprendiz não acarreta a suspensão do benefício de prestação continuada, limitado a 2 (dois) anos o recebimento concomitante da remuneração e do benefício".

SÚMULA 80. NOS PEDIDOS DE BENEFÍCIO DE PRESTAÇÃO CONTINUADA (LOAS), TENDO EM VISTA O ADVENTO DA LEI 12.470/11, PARA ADEQUADA VALORAÇÃO DOS FATORES AMBIENTAIS, SOCIAIS, ECONÔMICOS E PESSOAIS QUE IMPACTAM NA PARTICIPAÇÃO DA PESSOA COM DEFICIÊNCIA NA SOCIEDADE, É NECESSÁRIA A REALIZAÇÃO DE AVALIAÇÃO SOCIAL POR ASSISTENTE SOCIAL OU OUTRAS PROVIDÊNCIAS APTAS A REVELAR A EFETIVA CONDIÇÃO VIVIDA NO MEIO SOCIAL PELO REQUERENTE.

● *Súmula aplicável.* ● DJ 24.4.2015. ● *Precedente: Pedilef 0528310-94.2009.4.05.8300.*

▶ *Paulo Sergio Ribeiro*

Para a concessão do benefício assistencial é essencial ponderar a peculiar situação do suplicante e sua efetiva participação na sociedade em que está inserido, de modo a verificar se a deficiência impede-o de participar com igualdade de condições no mercado de trabalho e na vivência em sociedade.

A Lei 12.470/11 estabeleceu no artigo 20 da Lei 8.742/93, parágrafo 6º, a necessidade de realização de avaliação multidisciplinar, avaliação médica e social, destinada a aferir a deficiência e em que grau esta impede o portador de participar plena e efetiva na sociedade em igualdade de condições com as demais pessoas.

O parágrafo 6º do artigo 20, da Lei 8.742/93 estabelece condição para o deferimento do benefício estabelecendo à autoridade administrativa competente que efetive laudo pericial multidisciplinar, avaliação médica e social, para analisar a situação do solicitante, aferindo, em particular, sua condição médica, social e econômica, bem como as limitações que a deficiência o impõe para participar em sociedade.

Com a alteração legislativa introduzida pelas Leis 12.470/11 e 13.146/15, a análise da condição de deficiência do suplicante/beneficiário deve ser ponderada de forma diversa da praxe outrora praticada, pois a análise das condições peculiares e a realidade socioeconômica do suplicante deve pautar-se em conformidade com o novo conceito de deficiência, fixado no § 2º do artigo 20 da Lei 8.742/93.

Como destaca a Desembargadora Federal Marisa Santos[61], ao comentar sobre a forma de realização da perícia social:

> Também o assistente deverá ir além de informações sobre a composição de renda familiar do interessado e da descrição de suas condições de vida. Deverá avaliar, também, o grau de dificuldade de sua integração à vida social, considerando a comunidade em que estiver inserido.

De igual forma, a avaliação médica a ser efetivada para a concessão do benefício deve ponderar o grau de limitação imposta à pessoa portadora de necessidades especiais, o período da restrição e como esse impedimento obstruir a participação plena e efetiva do solicitante em igualdade de condições na sociedade.

Desse modo, a avaliação efetivada pelo "expert" não pode se limitar à questão da deficiência somente considerando as variáveis médicas, é essencial que faça o cotejo da peculiar situação médica do suplicante, decorrente da limitação imposta pela deficiência, e sua posição na sociedade, bem como o modo e o grau que sua condição de igualdade de oportunidades é afetada pela deficiência.

Portanto, para a concessão do benefício deve ser realizada tanto a avaliação médica, cujo escopo é analisar a deficiência nas funções e nas estruturas do corpo, quanto a avaliação social, a qual visa analisar os fatores ambientais, sociais e pessoais, ambas devem ponderar a limitação do desempenho de atividades e a restrição da participação social do pretenso beneficiário[62].

A Súmula em análise, partindo do estabelecido no artigo 20, § 6º da Lei 8.742/93, fixa norma essencial para guiar a atividade da autoridade administrativa quando da análise dos pedidos de concessão do benefício assistencial, fixando como obrigatória à realização de laudo multidisciplinar para avaliar a situação peculiar do solicitante, visando verificar sua posição na sociedade e ponderar os fatores ambientais, sociais, econômicos e pessoais que impactam na sua participação em igualdade de condições na sociedade.

Com efeito, a realização de investigação acerca da condição do suplicante por meio de provas idôneas, análise médica e socioeconômica, é condição para a concessão do benefício, conforme proposto no artigo 20, § 6º da Lei 8.742/93, de modo que a omissão na realização de análise multidisciplinar enseja a nulidade do ato administrativo proferido pela Autarquia Previdenciária.

Por fim, como destacado no comentário referente a Súmula 79/TNU, o processo civil pátrio tem como baldrame o princípio do livre convencimento motivado, assim, o parágrafo § 6º do artigo 20 da Lei 8.742/93 não tem o condão de restringir ou condicionar a atividade probatória efetivada em juízo, restando aos sujeitos processuais instruir o feito como todos os meios processuais admitidos, nos termos do artigo 369 do Código de Processo Civil.

---

61. SANTOS, Marisa F. **Direito previdenciário esquematizado.** 5. ed. São Paulo: Saraiva, 2015. p. 137.
62. *Ibid.*, p. 137.

No entanto, para uma acurada análise acerca da deficiência do postulante, seguindo o novo conceito introduzido, a realização de perícia multidisciplinar como auxiliares do juízo (médico e assistente social) é media recomendável e salutar. Nesta hipótese é imprescindível que as partes formulem quesitos abordando as variáveis necessárias à análise da condição de deficiência (condição médica, condição social, integração na sociedade, limitação decorrente da deficiência etc) os quais deverão ser devidamente respondidos pelo médico perito e pela assistente social nomeada pelo juízo, considerando o conceito de deficiência estabelecido no artigo 20, § 2º da Lei 8.742/93.

> **Lei 12.470/11. Art. 3º** A Lei 8.742, de 7 de dezembro de 1993, passa a vigorar com as seguintes alterações: "Art. 20. (...). § 2º Para efeito de concessão deste benefício, considera-se pessoa com deficiência aquela que tem impedimentos de longo prazo de natureza física, mental, intelectual ou sensorial, os quais, em interação com diversas barreiras, podem obstruir sua participação plena e efetiva na sociedade em igualdade de condições com as demais pessoas. (...). § 6º A concessão do benefício ficará sujeita à avaliação da deficiência e do grau de impedimento de que trata o § 2º, composta por avaliação médica e avaliação social realizadas por médicos peritos e por assistentes sociais do Instituto Nacional de Seguro Social – INSS. (...). § 9º A remuneração da pessoa com deficiência na condição de aprendiz não será considerada para fins do cálculo a que se refere o § 3º deste artigo. § 10. Considera-se impedimento de longo prazo, para os fins do § 2º deste artigo, aquele que produza efeitos pelo prazo mínimo de 2 (dois) anos. (...). Art. 21. (...). § 4º A cessação do benefício de prestação continuada concedido à pessoa com deficiência não impede nova concessão do benefício, desde que atendidos os requisitos definidos em regulamento. (...). Art. 21-A. O benefício de prestação continuada será suspenso pelo órgão concedente quando a pessoa com deficiência exercer atividade remunerada, inclusive na condição de microempreendedor individual. § 1º Extinta a relação trabalhista ou a atividade empreendedora de que trata o caput deste artigo e, quando for o caso, encerrado o prazo de pagamento do seguro-desemprego e não tendo o beneficiário adquirido direito a qualquer benefício previdenciário, poderá ser requerida a continuidade do pagamento do benefício suspenso, sem necessidade de realização de perícia médica ou reavaliação da deficiência e do grau de incapacidade para esse fim, respeitado o período de revisão previsto no caput do art. 21. § 2º A contratação de pessoa com deficiência como aprendiz não acarreta a suspensão do benefício de prestação continuada, limitado a 2 (dois) anos o recebimento concomitante da remuneração e do benefício".

> **Lei 8.742/93. Art. 20.** O benefício de prestação continuada é a garantia de um salário-mínimo mensal à pessoa com deficiência e ao idoso com 65 (sessenta e cinco) anos ou mais que comprovem não possuir meios de prover a própria manutenção nem de tê-la provida por sua família. (...). § 2º Para efeito de concessão do benefício de prestação continuada, considera-se pessoa com deficiência aquela que tem impedimento de longo prazo de natureza física, mental, intelectual ou sensorial, o qual, em interação com uma ou mais barreiras, pode obstruir sua participação plena e efetiva na sociedade em igualdade de condições com as demais pessoas. (...). § 6º A concessão do benefício ficará sujeita à avaliação da deficiência e do grau de impedimento de que trata o § 2º, composta por avaliação médica e avaliação social realizadas por médicos peritos e por assistentes sociais do Instituto Nacional de Seguro Social – INSS.

5.9. Pensão por Morte

SÚMULA 15. O VALOR MENSAL DA PENSÃO POR MORTE CONCEDIDA ANTES DA LEI 9.032, DE 28 DE ABRIL DE 1995, DEVE SER REVIDO DE ACORDO COM A NOVA REDAÇÃO DADA AO ART. 75 DA LEI 8.213, DE 24 DE JULHO DE 1991.

● *Súmula cancelada.* ● *DJ 24.5.2004 (edição).* ● *Precedentes: ADIn 493/DF; REsp 359.370/RN; REsp 513.239/RJ; REsp 514.004/PB; REsp 441.526/RN; REsp 456.754/AL; AgREsp 354.513/SP; AgRg 492.483/SP; EDREsp 297.274/AL; EDREsp 311.725/AL; PU/TNU 2002.61.84.000880-4/SP.*

▶ *Carmen Elizangela Dias Moreira de Resende*

A Súmula foi aprovada na sessão de julgamento de 10.4.2004, e cancelada na sessão de julgamento de 26.3.2007. Contudo, sua análise ainda se mostra de extrema relevância, haja vista que envolve a questão da retroatividade da lei nova mais benéfica, no tocante às normas de Direito Previdenciário.

Ao aprovar o Verbete, embasou-se a Turma Nacional de Uniformização em diversos precedentes, dentre os quais podem ser citados: ADIn 493/DF, REsp 359.370/RN, REsp 513.239/RJ, REsp 514.004/PB, REsp 441.526/RN, REsp 456.754/AL, AgREsp 354.513/SP, AgRg 492.483/SP, EDREsp 297.274/AL, EDREsp 311.725/AL, PU n. 2002.61.84.000880-4/SP – Turma de Uniformização.

A questão enfrentada pela Súmula em debate consistia no fato de que as pensões por morte iniciadas no regime anterior à Lei 9.032, de 28 de abril de 1995, eram calculadas levando-se em conta o número de dependentes habilitados à pensão.

O Decreto 89.312/84 assim disciplinava:

> Art. 48. O valor da pensão devida ao conjunto dos dependentes é constituído de uma parcela familiar de 50% (cinquenta por cento) do valor da aposentadoria que ele recebia ou a que teria direito se na data do seu falecimento estivesse aposentado, mais tantas parcelas de 10% (dez por cento) do valor da mesma aposentadoria quantos forem os seus dependentes, até o máximo de 5 (cinco).

A partir da entrada em vigor da Lei 8.213/91, mais precisamente no seu artigo 75, o valor mensal da pensão por morte passou a ser "constituído de uma parcela, relativa à família, de 80% (oitenta por cento) da aposentadoria que o segurado recebia ou a que teria direito, se estivesse aposentado na data do seu falecimento, mais tantas parcelas de 10% (dez por cento) do valor da mesma aposentadoria quantos forem os seus dependentes, até o máximo de 2 (duas)".

Posteriormente, veio a lume a citada Lei 9.032/95, que trouxe nova redação ao artigo 75, prevendo que o valor da pensão por morte seria de 100% do salário-de-benefício, a saber:

> Art. 75. O valor mensal da pensão por morte, inclusive a decorrente de acidente do trabalho, consistirá numa renda mensal correspondente a 100% (cem por cento) do salário-de-benefício, observado o disposto na Seção III, especialmente no art. 33 desta Lei.

Finalmente, nova alteração ocorreu a partir da Medida Provisória 1.523-9, de 27.6.97, convertida na Lei 9.528/97, na qual se dispôs que a renda mensal inicial corresponde a 100% da aposentadoria que recebia o segurado ou daquela a que teria direito se estivesse aposentado por invalidez na data de seu falecimento.

Vê-se, pois, que no cálculo das rendas mensais iniciais das pensões deferidas antes da Lei 9.032/95, levava-se em conta o número de dependentes habilitados, excetuando-se apenas as pensões derivadas de óbitos ocorridos como consequência de acidentes de trabalho, hipóteses em que estas corresponderiam a 100% (cem por cento) do salário-de-benefício ou do salário-de-contribuição vigente no dia do acidente, o que fosse mais vantajoso.

Somente com a entrada em vigor da Lei 9.032/95, em 28.4.1995, foram igualadas as hipóteses de pensões derivadas de acidente do trabalho com as demais.

Portanto, nota-se que a lei nova trouxe uma metodologia de cálculo mais benéfica aos pensionistas, não mais utilizando como parâmetro de definição do valor da renda mensal inicial o número de dependentes. Equivale a dizer, em qualquer hipótese, aplicar-se-ia o percentual de 100%, independentemente de existirem apenas um ou mais pensionistas habilitados à percepção da pensão.

Em razão disto, inúmeros pensionistas, cujos benefícios eram derivados de óbitos de instituidores ocorridos antes da edição da Lei 9.032/95, ingressaram com ações em juízo pleiteando a revisão das respectivas rendas mensais iniciais dos benefícios, intencionando a adoção da lei nova mais vantajosa.

O enunciado da Súmula buscou dirimir a questão, afastando a corrente jurisprudencial que defendia que a revisão da pensão por morte com base na lei nova seria contrária ao art. 5º, inciso XXXVI, da Constituição Federal. Os defensores da impossibilidade de revisão das pensões afirmavam que seu deferimento representaria agressão ao direito adquirido e ao ato jurídico perfeito, já que, segundo sustentavam, a concessão da aposentadoria não se trata de um ato continuado, mas sim de ato único, pelo que as Leis 8.213/91 (redação original) e 9.032/95 teriam efeitos somente sobre as pensões que fossem concedidas durante as respectivas vigências.

Com efeito, em sentido oposto ao que foi abalizado pela súmula 15 da TNU, a corrente jurisprudencial contrária afirmava a impossibilidade de adoção da nova forma de cálculo da pensão aos benefícios concedidos anteriormente, já que a lei tem vigência para o futuro, não atingindo atos que se concretizaram sob a égide de legislação anterior, a fim de manter a segurança das relações sociais.

Nota-se que tanto as pensões iniciadas antes da Lei 8.213/91, quando aquelas iniciadas no interregno entre a edição da referida Lei de Benefícios e a Lei 9.032/95 teriam, em tese, o direito a pleitearem a revisão da renda mensal inicial, razão que corrobora o número de ações previdenciárias ajuizadas com este intuito terem sido tão expressivo.

Acresça-se que na época em que se multiplicaram essas ações ainda não havia previsão legal de decadência do direito à revisão da renda mensal inicial, posto que a instituição deste prazo foi uma inovação introduzida na nona reedição da MP 1.523, de 27 de junho de 1997, convertida na Lei 9.528/97.

Ainda que posteriormente o Plenário do Supremo Tribunal Federal, em 16.10.2013, tenha dado provimento, por unanimidade, ao Recurso Extraordinário (RE 626489), interposto pelo Instituto Nacional do Seguro Social (INSS), para estabelecer que o prazo de dez anos para pedidos de revisão da renda mensal inicial passaria a contar a partir da vigência da Medida Provisória 1.523-9, operando efeitos a partir de 1.8.2007, a grande maioria dos segurados que já haviam ingressado com processos judiciais estariam à salvo da decadência.

Desta forma, milhares de pensionistas estariam em condições de pleitear a revisão de seus benefícios segundo a sistemática adotada pela Súmula, com forte impacto sobre as contas públicas. Como será visto adiante, a questão da prévia fonte de custeio foi enfocada como uma das determinantes para o julgamento levado a efeito perante o Supremo Tribunal Federal.

Ocorre que, não somente a TNU, mas também o STJ, já havia pacificado entendimento no sentido favorável à tese defendida pelos pensionistas, com reflexos em milhares de julgamentos nas instâncias inferiores que seguiam a jurisprudência até então consolidada.

A questão principal discutida nos diversos precedentes que originaram a Súmula envolvia a aplicação da lei no tempo, posto que, o que se buscava, era a adoção de uma lei nova a fatos ocorridos anteriormente, consubstanciados no evento morte.

A propósito do tema, Daniel Machado da Rocha e José Paulo Baltazar Junior, ao discorrerem sobre o pretendido recálculo do valor da renda mensal inicial da pensão por morte em decorrência de lei nova mais benéfica, pronunciaram-se da seguinte forma[63]:

> A questão é de aplicação de lei no tempo. A pensão se rege pela lei vigente ao tempo do óbito do segurado, que é o fato necessário e suficiente para a incidência da norma, vale dizer, o suporte fático. Não se aplicam as regras posteriores que aumentam o valor da renda mensal, uma vez que a lei somente se aplica aos fatos ocorridos após sua entrada em vigor, a não ser que seja expressamente retroativa.

Nada obstante, ainda que fosse considerada a impossibilidade de adoção da retroatividade na norma previdenciária mais benéfica, o fundamento utilizado no âmbito do STJ para deferir a revisão da pensão por morte é o de que:

> (...). Não há falar em retroação da lei, mas de aplicação imediata, uma vez que os efeitos financeiros projetam tão somente para o futuro (STJ, REsp 413.331/RS, Rel. Ministra Laurita Vaz, 5ª T., DJ 4.8.2003),
>
> (...). O dispositivo legal que majorar o percentual relativo às cotas familiares de pensão por morte deve ser aplicado a todos os benefícios previdenciários, independentemente da lei vigente na data do fato gerador do benefício. Destarte, tal entendimento não autoriza, de forma alguma, a retroatividade da lei, mas sim a sua incidência imediata, alcançando todos os casos. Eventuais aumentos no percentual dos benefícios, portanto, só valerão a partir da vigência da lei nova,

---

63. ROCHA, Daniel M.; BALTAZAR JR., José P. **Comentários à Lei de Benefícios da Previdência Social.** 11. ed. Porto Alegre: Livraria do Advogado, 2012. p. 289.

não se podendo admitir possa abranger período anterior. (...). (STJ, REsp 359.370/RN, Rel. Min. Felix Fischer, 5ª T., DJ 1.7.2002)

Aliás, a questão atinente à adoção da lei nova mais benéfica ao segurado também foi enfrentada pelo STJ em outras ocasiões, como por exemplo, ao garantir a aplicação da majoração determinada pela Lei 8.213/91 na porcentagem do auxílio-acidente de 40% para 60% em benefício concedido em 1990 (AgRg no REsp 742686).

No caso acima mencionado, a Turma seguiu o entendimento do ministro Nilson Naves, relator do recurso especial, para quem não ocorre, no caso, retroação alguma, mas a aplicação da norma de forma igualitária, pois o aumento do percentual só passa a valer a partir da entrada em vigor da nova lei, ou seja, adotou posição correspondente àquela que havia sido adotada em relação à majoração das pensões.

Contudo, diferente se revelou o entendimento do STF, em cuja jurisprudência a teoria da retroatividade da lei nova mais benéfica, mesmo em matéria previdenciária, há muito vinha sendo rechaçada, conforme ilustram as ementas dos julgados RE 108410 e RE 135692, adiante transcritas.

Vindo à lume o julgamento do Supremo Tribunal Federal (STF) nos Recursos Extraordinários (RE 416827 e RE 415454, este último, adiante transcrito), interpostos pelo Instituto Nacional do Seguro Social (INSS), o plenário, por maioria, manteve a mesma linha de entendimento dos precedentes citados acima. Interessante observar que na mesma sessão plenária de 8.2.2007, ao realizar o julgamento desses recursos extraordinários, que discutiam a constitucionalidade do pagamento integral das pensões por morte concedidas antes de 1995, o STF, em ação inédita até então, resolveu adotar o mesmo entendimento a 4.909 processos idênticos.

Portanto, diante do julgamento da matéria pelo STF em 8.2.2007, na sessão de 26.3.2007, a TNU cancelou o enunciado da Súmula, para amoldar sua jurisprudência à do Pretório Excelso, o mesmo fazendo o STJ em relação aos julgamentos dos recursos especiais que versavam sobre a matéria.

Como adiantado, o forte impacto que estas revisões poderiam trazer aos cofres públicos não passou despercebido no julgamento do Supremo Tribunal Federal, que abordou a questão das bases contributivas e da necessidade de prévia fonte de custeio como um dos fundamentos para decidir contrariamente à pretensão dos pensionistas.

Atualmente, prevalece de forma unânime a impossibilidade de se aplicar a forma de cálculo das pensões mais benéfica aos dependentes dos segurados, introduzida com a Lei 9.032/95, consagrando-se a aplicação do princípio "tempus regit actum", devendo ser observado o momento do óbito do segurado para definição da legislação aplicável.

> Recurso extraordinário. Interposto pelo Instituto Nacional do Seguro Social (INSS), com fundamento no art. 102, III, "a", da Constituição Federal, em face de acórdão de turma recursal dos juizados especiais federais. Benefício previdenciário: pensão por morte (Lei 9.032, de 28 de abril de 1995). 1. No caso concreto, a recorrida é pensionista do INSS desde 04.10.1994, recebendo através do benefício nº 055.419.615-8, aproximadamente o valor de R$ 948,68. Acórdão

recorrido que determinou a revisão do benefício de pensão por morte, com efeitos financeiros correspondentes à integralidade do salário de benefícios da previdência geral, a partir da vigência da Lei n. 9.032/1995. 2. Concessão do referido benefício ocorrida em momento anterior à edição da Lei n. 9.032/1995. No caso concreto, ao momento da concessão, incidia a Lei n. 8.213, de 24 de julho de 1991. 3. Pedido de intervenção anômala formulado pela União Federal nos termos do art. 5°, caput e parágrafo único da Lei 9.469/1997. Pleito deferido monocraticamente por ocorrência, na espécie, de potencial efeito econômico para a peticionária (DJ 2.9.2005). 4. O recorrente (INSS) alegou: i) suposta violação ao art. 5o, XXXVI, da CF (ofensa ao ato jurídico perfeito e ao direito adquirido); e ii) desrespeito ao disposto no art. 195, § 5o, da CF (impossibilidade de majoração de benefício da seguridade social sem a correspondente indicação legislativa da fonte de custeio total). 5. Análise do prequestionamento do recurso: os dispositivos tidos por violados foram objeto de adequado prequestionamento. Recurso Extraordinário conhecido. 6. Referência a acórdãos e decisões monocráticas proferidos quanto ao tema perante o STF: (...). 7. Evolução do tratamento legislativo do benefício da pensão por morte desde a promulgação da CF/1988: arts. 201 e 202 na redação original da Constituição, edição da Lei n. 8.213/91 (art. 75), alteração da redação do art. 75 pela Lei n. 9.032/1995, alteração redacional realizada pela Emenda Constitucional no 20, de 15 de dezembro de 1998. 8. Levantamento da jurisprudência do STF quanto à aplicação da lei previdenciária no tempo. Consagração da aplicação do princípio "tempus regit actum" quanto ao momento de referência para a concessão de benefícios nas relações previdenciárias. (...). 9. Na espécie, ao reconhecer a configuração de direito adquirido, o acórdão recorrido violou frontalmente a Constituição, fazendo má aplicação dessa garantia (CF, art. 5°, XXXVI), conforme consolidado por esta Corte em diversos julgados: (...). 10. De igual modo, ao estender a aplicação dos novos critérios de cálculo a todos os beneficiários sob o regime das leis anteriores, o acórdão recorrido negligenciou a imposição constitucional de que lei que majora benefício previdenciário deve, necessariamente e de modo expresso, indicar a fonte de custeio total (CF, art. 195, § 5°). (...). 11. Na espécie, o benefício da pensão por morte configura-se como direito previdenciário de perfil institucional cuja garantia corresponde à manutenção do valor real do benefício, conforme os critérios definidos em lei (CF, art. 201, § 4o). 12. Ausência de violação ao princípio da isonomia (CF, art. 5o, caput) porque, na espécie, a exigência constitucional de prévia estipulação da fonte de custeio total consiste em exigência operacional do sistema previdenciário que, dada a realidade atuarial disponível, não pode ser simplesmente ignorada. 13. O cumprimento das políticas públicas previdenciárias, exatamente por estar calcado no princípio da solidariedade (CF, art. 3o, I), deve ter como fundamento o fato de que não é possível dissociar as bases contributivas de arrecadação da prévia indicação legislativa da dotação orçamentária exigida (CF, art. 195, § 5o). (...). 14. Considerada a atuação da autarquia recorrente, aplica-se também o princípio da preservação do equilíbrio financeiro e atuarial (CF, art. 201, caput), o qual se demonstra em consonância com os princípios norteadores da Administração Pública (CF, art. 37). 15. Salvo disposição legislativa expressa e que atenda à prévia indicação da fonte de custeio total, o benefício previdenciário deve ser calculado na forma prevista na legislação vigente à data da sua concessão. A Lei n. 9.032/1995 somente pode ser aplicada às concessões ocorridas a partir de sua entrada em vigor. 16. No caso em apreço, aplica-se o teor do art. 75 da Lei 8.213/91 em sua redação ao momento da concessão do benefício à recorrida. (...). (STF, Pleno. RE 415454, Rel. Min. Gilmar Mendes, DJ 26.10.2007).

○ Aposentadoria. Ato jurídico perfeito. Irretroatividade da lei nova. Art. 153, § 3°, da Constituição Federal. Súmula 339. Aplicar benefício da lei nova aos que se inativaram antes de sua vigência, sem disposição legal expressa sobre efeito retroativo, importa em contrariar a garantia do ato jurídico perfeito (art. 153, § 3° da CF) e substituir-se ao legislador, a pretexto de isonomia (Súmula 339). (...). (STF, 1ª T., RE 108410, Rel. Min. Rafael Mayer, DJ 16.5.1986).

○ (...). Previdência social. Aposentadoria especial. Lei 6.887/80. Inaplicação de lei nova as situações pretéritas. Conversão de aposentadoria por tempo de serviço em aposentadoria especial. Impossibilidade, por afrontar a garantia constitucional do ato jurídico perfeito. (...). (STF, 2ª T., RE 135692, Rel. Min. Maurício Corrêa, DJ 22.9.1995).

CAPÍTULO II ● DIREITO PREVIDENCIÁRIO

◎ Previdenciário. Auxílio-acidente. Aumento de percentual. Aplicação de lei nova mais benéfica. Possibilidade. (...). (STJ, 6ª T., AgRg no REsp 742.686/SP, Rel. Min. Nilson Naves, DJ 6.2.2006)

SÚMULA 36. NÃO HÁ VEDAÇÃO LEGAL À CUMULAÇÃO DA PENSÃO POR MORTE DE TRABALHADOR RURAL COM O BENEFÍCIO DA APOSENTADORIA POR INVALIDEZ, POR APRESENTAREM PRESSUPOSTOS FÁTICOS E FATOS GERADORES DISTINTOS.

● *Súmula aplicável.* ● *DJ 6.3.2007.* ● *Referência legislativa: Lei 8.213/91, art. 124.* ● *Precedentes: EREsp 168522/RS. PU/ TNU 2005.72.95.018192-8/SC.*

▶ Ciro Benigno Porto

Anteriormente à Lei 8.213/91, os benefícios devidos aos trabalhadores rurais eram previstos no Programa de Assistência ao Trabalhador Rural – PRORURAL, estatuído pela Lei Complementar 11, de 25 de maio de 1971. Os benefícios de aposentadoria por invalidez e de pensão por morte eram expressamente contemplados no programa por meio das previsões contidas no art. 2º, inciso II e III, da sobredita lei complementar.

Sucede que posteriormente foi editada a Lei Complementar 16, de 30 de outubro de 1973, em cujo art. 6º, § 2º, proscreveu-se a cumulação, pelo segurado trabalhador rural, de aposentadoria por velhice ou por invalidez com pensão por morte.

Após a LC 16/73 e enquanto vigeu a Constituição de 1967, com as substanciais alterações promovidas pela Emenda Constitucional 1, de 17 de outubro de 1969, que não impedia expressamente tratamento discriminatório desfavorável aos segurados trabalhadores rurais, não se permitiu a cumulação entre os referidos benefícios.

Todavia, com a promulgação da Constituição da República Federativa do Brasil, de 5 de outubro de 1988, positivou-se na disciplina da Seguridade Social, especificamente no art. 194, parágrafo único, inciso II, o princípio da uniformidade e equivalência dos benefícios e serviços às populações urbanas e rurais. Desse modo e a partir de então, esquadrinhou-se a não recepção da norma distintiva veiculada no art. 6º, § 2º, da LC 16/73. Dito de outro modo, desde 5.10.1988 restabeleceu-se a possibilidade de cumulação pelo segurado trabalhador rural dos benefícios de aposentadoria por invalidez com pensão por morte, ainda que relativos a fatos geradores operados anteriormente a esta data.

A Lei 8.213/91, pela qual se constituiu a disciplina dos Planos de Benefícios da Previdência Social pós CF/88, além de não promover, como não poderia ser do contrário, diferenciação entre os benefícios devidos a segurados urbanos e rurais, não enumerou em seu art. 124 o recebimento simultâneo de aposentaria por invalidez e de pensão por morte entre as combinações de cumulação indevidas de benefícios.

A questão foi pacificada no Superior Tribunal de Justiça quando do julgamento dos Embargos de Divergência no Recurso Especial 168.522/RS, cuja relatoria coube ao Ministro José Arnaldo da Fonseca. Na ocasião, além de examinada a sucessão de leis no tempo, definiu-se que a natureza dos benefícios permite, de igual modo, a cumulação reclamada. Com efeito, a aposentadoria por invalidez é devida diretamente ao segurado e tem por fato gerador a incapacidade total e permanente para qualquer trabalho, ao passo que a pensão por morte cabe ao dependente em razão da morte do segurado. As titularidades e os fatos geradores dos benefícios têm fundamentos autônomos, o que, combinado à ausência de vedação legal, permite a cumulação.

A Turma Nacional de Uniformização dos JEFs, no julgamento do Pedido de Uniformização 2005.72.95.018192-8/SC, paradigma que ensejou a edição do presente Enunciado de sua Súmula, seguiu expressamente o entendimento fixado pelo Superior Tribunal de Justiça no EREsp 168.522/RS, adotando-o como principal razão de decidir.

◉ Embargos de divergência no recurso especial. Previdenciário. Aposentadoria. Cumulação. Pensão por morte de rural. Óbito ocorrido antes da LC 16/73. Lei 8.213/91. Cumulação. Legalidade da percepção cumulativa dos benefícios de que se trata, tendo em vista decorrerem de fatos geradores distintos e derivarem de situações diversas. (...). (STJ, 3ª S., EREsp 168.522/RS, Rel. Min. José Arnaldo da Fonseca, DJ 18.6.2001)

◉ Previdenciário. Pedido de uniformização de jurisprudência. Divergência da Turma Recursal/SC com a jurisprudência dominante do STJ e com a TR/RS. Cumulação. Pensão por morte e aposentadoria por invalidez, rurais. 1. Trata-se de Pedido de Uniformização (...) apontando suposta divergência entre a Turma Recursal/SC, com a jurisprudência dominante do STJ e a TR/RS, nos termos do art. 14, § 2º, da Lei 10.259/01, sobre a possibilidade de cumulação da aposentadoria por invalidez rural com a pensão por morte de trabalhador rural. 2. A Sentença do Exmo. Dr. Narciso Leandro Xavier, deferiu a pensão por morte de ex-trabalhador rural ao argumento de que: a) foi provada, por documentos e testemunho, a união conjugal entre a autora e o de cujus; b) o óbito ocorreu em 14.2.84, sob a égide do Decreto 83.080/79, abrangida a LC 11/71; c) a análise da acumulabilidade dos benefícios ultrapassa os limites da demanda, que se refere somente à pensão por morte. 3. O Acórdão impugnado da TR/SC, relatado pela Exma. Dra. Marina Vasques Duarte, deu provimento ao recurso do INSS, concluindo que a aposentadoria percebida pela Autora, desde 1973, bem assim a aposentadoria percebida por seu companheiro, até o seu óbito em 1984, tinham por fundamento a LC 11/71, sendo vedada pelo § 2º do art. 6º1 da Lei Complementar n. 16/73 a acumulação dos benefícios previstos no FUNRURAL. 4. Os Acórdãos/paradigmas, do STJ, e da TR/RS dizem, em suma, que é possível a percepção cumulativa de aposentadoria por invalidez rurícola com a pensão por morte de rural, por decorrerem de fatos geradores distintos e situações diversas (Emb. Div. no REsp168522, 3ª S., Min. José Arnaldo da Fonseca, DJ 18.6.2001; Proc. 20027104012985-9, Rel. Vivian Josete Pantaleão Caminha, 4.9.2004). 5. Divergência demonstrada, pois, ao contrário da decisão da TR/SC, impugnada, a jurisprudência dominante no âmbito da 3ª Seção do STJ é no sentido da possibilidade da cumulação da pensão por morte de trabalhador rural com a aposentadoria por invalidez, por apresentarem pressupostos fáticos e fatos geradores distintos, já que a pensão por morte está diretamente relacionada ao óbito do marido rurícola, enquanto que a aposentadoria por invalidez é inerente à incapacidade laborativa do trabalhador. (...). (TNU, PU 2005.72.95.018192-8/SC, Rel. Hélio Ourem, DJ 26.2.2007)

▶ **CF. Art. 194.** A seguridade social compreende um conjunto integrado de ações de iniciativa dos Poderes Públicos e da sociedade, destinadas a assegurar os direitos relativos à saúde, à previdência e à assistência social. **Parágrafo único.** Compete ao Poder Público, nos termos da lei, organizar a seguridade social, com base nos seguintes objetivos: (...). II – uniformidade e equivalência dos benefícios e serviços às populações urbanas e rurais.

▶ **LC 11/71. Art. 2º** O Programa de Assistência ao Trabalhador Rural consistirá na prestação dos seguintes benefícios: I – aposentadoria por velhice; (...); III – pensão;

▶ **LC 16/73. Art. 6º.** (...). **§ 2º** Fica vedada a acumulação do benefício da pensão com o da aposentadoria por velhice ou por invalidez de que tratam os artigos 4º e 5º da Lei Complementar nº 11, de 25 de maio de 1971, ressalvado ao novo chefe ou arrimo da unidade familiar o direito de optar pela aposentadoria quando a ela fizer jus, sem prejuízo do disposto no parágrafo anterior.

▶ **Lei 8.213/91. Art. 124.** Salvo no caso de direito adquirido, não é permitido o recebimento conjunto dos seguintes benefícios da Previdência Social: I – aposentadoria e auxílio-doença; II – duas ou mais aposentadorias; II – mais de uma aposentadoria;; III – aposentadoria e abono de permanência em serviço; IV – salário-maternidade e auxílio-doença; V – mais de um auxílio-acidente; VI – mais de uma pensão deixada por cônjuge ou companheiro, ressalvado o direito de opção pela mais vantajosa. **Parágrafo único.** É vedado o recebimento conjunto do seguro-desemprego com qualquer benefício de prestação continuada da Previdência Social, exceto pensão por morte ou auxílio-acidente.

SÚMULA 37. A PENSÃO POR MORTE, DEVIDA AO FILHO ATÉ OS 21 ANOS DE IDADE, NÃO SE PRORROGA PELA PENDÊNCIA DO CURSO UNIVERSITÁRIO.

●*Súmula aplicável*.● *DJ 20.6.2007*.● *Referência legislativa: Lei 8.213/91, arts. 16 e 77, § 2º, II*.● *Precedentes: REsp 639487/RS. PU/TNU 2003.40.00.700991-3/PI. PU/TNU 2005.70.95.001135-6/PR. PU/TNU 2004.70.95.012546-1/PR.*

▸ *Fábio Moreira Ramiro*

O art. 16 da Lei 8.213/91 enumera os beneficiários da Previdência Social, estabelecendo, no seu inciso I, que se enquadram nessa condição o filho não emancipado, de qualquer condição, menor de vinte e um anos ou inválido ou que tenha deficiência intelectual ou mental ou deficiência grave.

A norma não ostenta caráter exemplificativo, mas "numerus clausus" das hipóteses em que o filho maior de 21 anos poderia continuar como beneficiário de pensão por morte de seus genitores. E ser estudante universitário não encontra respaldo nessas hipóteses.

Assim, incabível conferir interpretação extensiva, sob o argumento de que a norma previdenciária disse menos do que efetivamente queria dizer, nem valer-se de analogia com legislações concernentes à previdência de servidores públicos estaduais ou municipais – uma vez que o Estatuto dos Funcionários Públicos Civis da União contempla norma semelhante à do Regime Geral da Previdência Social (art. 222, IV, da Lei 8112/90) – pois não há lacuna a ser preenchida, já que o legislador enumerou as hipóteses em que seria cabível a concessão ou manutenção da pensão aos filhos.

O que se consagra na súmula da jurisprudência da TNU é a proibição de atuar o Judiciário como legislador positivo, criando hipótese não prevista na lei para deferimento ou extensão de gozo de benefício previdenciário. Assim, não é a condição de estudante universitário fundamento para conceder pensão a filho maior de 21 e menor de 24 anos, ou estender a sua qualidade de beneficiário, quando já em gozo do referido benefício.

◉ (...). Pensão por morte. Lei em vigor por ocasião do fato gerador. Observância. Súmula 340/STJ. Manutenção a filho maior de 21 anos e não inválido. Vedação legal. (...). 2. A concessão de benefício previdenciário rege-se pela norma vigente ao tempo em que o beneficiário preencha as condições exigidas para tanto. Inteligência da Súm. 340/STJ, segundo a qual "A lei aplicável à concessão de pensão previdenciária por morte é aquela vigente na data do óbito do segurado". 3. Caso em que o óbito dos instituidores da pensão ocorreu, respectivamente, em 23.12.94 e 5.10.01, durante a vigência do inc. I do art. 16 da Lei 8.213/91, o qual, desde a sua redação original, admite, como dependentes, além do cônjuge ou companheiro (a), os filhos menores de 21 anos, os inválidos ou aqueles que tenham deficiência mental ou intelectual. 4. Não há falar em restabelecimento da pensão por morte ao beneficiário, maior de 21 anos e não inválido, diante da taxatividade da lei previdenciária, porquanto não é dado ao Poder Judiciário legislar positivamente, usurpando função do Poder Legislativo. (...). (STJ, 1ª S., REsp 1369832, Rel. Min. Arnaldo Esteves Lima, DJe 7.8.2013)

◉ (...). Previdenciário. Pensão por morte. Lei 8.213/91. Idade limite. 21 anos. Estudante. Curso universitário. A pensão pela morte do pai será devida até o limite de vinte e um anos de idade, salvo se inválido, não se podendo estender até os 24 anos para os estudantes universitários, pois não há amparo legal para tanto. (...). (STJ, 5ª T., REsp 639.487/RS, Rel. Min. José Arnaldo da Fonseca, DJ 1.2.2006)

◉ (...). Servidor público federal. Pensão por morte. Maior de 21 anos. Estudante universitário. Ausência de previsão legal na lei 8.112/90. Redação da lei 13.345/2015. Inexistência de mudança no panorama legal. Jurisprudência pacífica. Ausência de direito líquido e certo. 1. Mandado de segurança impetrado por filho de servidor público federal falecido e que percebia pensão por morte; ao alcançar a idade de 21 (vinte e um) anos, o impetrante indica que perderá o benefício em questão e postula a ordem para afastar a aplicação dos artigos 217, IV, "a", e 222, IV, ambos da Lei 8112/90 e, assim, defender o seu direito à percepção da pensão até os 24 (vinte e quatro) anos. 2. A Lei 8.112/90 é clara ao definir que a pensão por morte do servidor público federal somente será devida até os 21 (vinte e um) anos de idade, nos termos dos artigos. 217, IV, "a", e 222, IV, com o advento da Lei 13.135/2015; mesmo na redação anterior, tal benefício previdenciário não era devido aos maiores de 21 (vinte e um) anos: "(...). a Lei 8.112/90 prevê, de forma taxativa, quem são os beneficiários da pensão temporária por morte de servidor público civil, não reconhecendo o benefício a dependente maior de 21 anos, salvo no caso de invalidez; assim, a ausência de previsão normativa, aliada à jurisprudência em sentido contrário, levam à ausência de direito líquido e certo a amparar a pretensão do impetrante, estudante universitário, de estender a concessão do benefício até 24 anos (...)". (MS 12982...). Segurança denegada. (STJ, 1ª S., MS 22.160/DF, Rel. Min. Humberto Martins, DJe 19.4.2016)

▶ **Lei 8.213/91. Art. 16.** São beneficiários do Regime Geral de Previdência Social, na condição de dependentes do segurado: I – o cônjuge, a companheira, o companheiro e o filho não emancipado, de qualquer condição, menor de 21 (vinte e um) anos ou inválido ou que tenha deficiência intelectual ou mental ou deficiência grave.

▶ **Lei 8.112/90. Art. 222.** Acarreta a perda da qualidade de beneficiário: (...). IV – o implemento da idade de 21 (vinte e um) anos, pelo filho ou irmão.

Súmula 52. Para fins de concessão de pensão por morte, é incabível a regularização do recolhimento de contribuições de segurado contribuinte individual posteriormente a seu óbito, exceto quando as contribuições devam ser arrecadadas por empresa tomadora de serviços.

● *Súmula aplicável.* ● *DJ 18.4.2012.* ● *Precedentes: Pedilef 2005.72.95.013310-7. Pedilef 2005.70.95.015039-3. Pedilef 2007.83.00.526892-3. Pedilef 2006.72.95.007937-3. Pedilef 2008.70.51.001971-8. Pedilef 2008.70.95.002515-0. Pedilef 2005.63.02.013290-9. Pedilef 2006.33.00.714476-2.*

▶ *Alexandre Ferreira Infante Vieira*

O art. 201 da Constituição de 1988, em sua redação original, estabelecia que "os planos de previdência social, mediante contribuição, atenderão..." e que "qualquer pessoa poderá participar dos benefícios da previdência social, mediante contribuição na forma dos planos previdenciários".

Com a redação dada pela Emenda Constitucional 20/98, o art. 201 passou a dispor que "a previdência social será organizada sob a forma de regime geral, de caráter contributivo e de filiação obrigatória, observados critérios que preservem o equilíbrio financeiro e atuarial".

Portanto, o regime geral da previdência social (RGPS) estabelecido pela Constituição de 1988 sempre teve caráter contributivo, o que significa que o pagamento de contribuições é pressuposto à filiação ao regime.

De modo coerente com o texto constitucional, o *caput* do art. 20 do Regulamento da Previdência Social – RPS, aprovado pelo Decreto 3.048/99, define que "filiação é o vínculo que se estabelece entre pessoas [naturais] que contribuem para a Previdência Social e esta, do qual decorrem direitos e obrigações".

A pessoa filiada à Previdência Social é denominada "segurada".

Em determinadas hipóteses, a lei atribui a outra pessoa o dever de arrecadar e recolher as contribuições previdenciárias devidas pelo segurado. Por exemplo, a contribuição devida pelo empregado é descontada de seu salário (na fonte) pelo empregador, que tem o dever de arrecadá-la e recolhê-la ao Fisco (art. 30, I, da Lei 8.212/91). Nessas hipóteses, a lei presume de modo absoluto o recolhimento das contribuições previdenciárias devidas pelo segurado.

Em outras hipóteses, a lei atribui ao próprio segurado o dever de recolher as contribuições previdenciárias por ele devidas, como ocorre no caso do contribuinte individual que trabalha por conta própria prestando serviço a pessoas naturais (art. 30, II, da Lei 8.212/91). Nessas hipóteses, ainda que a pessoa exerça uma atividade remunerada de filiação obrigatória à Previdência Social, a filiação somente ocorrerá a partir do momento em que ele recolher suas contribuições.

O contribuinte individual é segurado obrigatório da Previdência Social (art. 12, V, da Lei 8.212/91 e art. 11, V, da Lei 8.213/91), mas é obrigado a recolher sua contribuição previdenciária por iniciativa própria, até o dia quinze do mês seguinte ao da competência (art. 30, II, da Lei 8.212/91), exceto quando as contribuições devam ser arrecadadas pela empresa tomadora do serviço por ele prestado (art. 4º da Lei 10.666/03).

Quando o próprio contribuinte individual é o responsável tributário pelo recolhimento de sua contribuição previdenciária, a falta de recolhimento faz com que ele não esteja filiado à Previdência Social.

Se alguém morre sem estar filiado à Previdência Social, seus dependentes não terão direito à pensão por morte, a menos que o falecido tenha preenchido, ainda em vida, os requisitos para a concessão de uma das espécies de aposentadoria (Súmula 416 do STJ).

Após a ocorrência da morte, não se admite que os dependentes recolham em atraso as contribuições previdenciárias que o falecido deixou de recolher.

Já quando o contribuinte individual presta serviço a pessoa jurídica, sua contribuição previdenciária deverá ser arrecadada e recolhida pela empresa tomadora do serviço (a partir da competência abril/2003, por força do art. 4º da Medida Provisória 83/02, convertida na Lei 10.666/03), caso em que haverá presunção absoluta de recolhimento das contribuições previdenciárias devidas pelo segurado, tal como ocorre com o segurado empregado e com o trabalhador avulso. Nessa hipótese, a falta de recolhimento da contribuição devida pela empresa tomadora do serviço não prejudicará a filiação do contribuinte individual à Previdência Social.

Ao julgar o Pedilef 2005.63.02.013290-9 (Rel. Simone dos Santos Lemos Fernandes, DO 9.12.2011), representativo da controvérsia, a TNU firmou a seguinte tese:

> Tema 26. Descabida a pretensão de regularização "post mortem" do recolhimento das contribuições previdenciárias devidas pelo segurado contribuinte individual exercente de atividade informal, salvo quando devam ser arrecadadas por empresa tomadora de serviços.

◯ Súmula STJ 416. É devida a pensão por morte aos dependentes do segurado que, apesar de ter perdido essa qualidade, preencheu os requisitos legais para a obtenção de aposentadoria até a data do seu óbito.

◯ (...). Pensão por morte. Perda pelo de cujus da condição de segurado. Requisito indispensável ao deferimento do benefício. Exceção. Preenchimento em vida dos requisitos necessários à aposentação. Inocorrência. Recurso provido. I. A condição de segurado do de cujus é requisito necessário ao deferimento do benefício de pensão por morte ao(s) seu(s) dependente(s). Excepciona-se essa regra, porém, na hipótese de o falecido ter preenchido, ainda em vida, os requisitos necessários à concessão de uma das espécies de aposentadoria do Regime Geral de Previdência Social – RGPS. Precedentes. II. "In casu", não detendo a de cujus, quando do evento morte, a condição de segurada, nem tendo preenchido em vida os requisitos necessários à sua aposentação, incabível o deferimento do benefício de pensão por morte aos seus dependentes. (...). (STJ, 3ª S., REsp 1.110.565/SE, repetitivo, Rel. Min. Felix Fischer, DJe 3.8.2009)

◯ (...). Pensão por morte. Contribuinte individual. Reconhecimento da qualidade de segurado pelo simples exercício de atividade informal. Regularização "post mortem" do recolhimento das contribuições. Impossibilidade. Incidente provido. 1. Este Colegiado possui entendimento consolidado no sentido de que a qualidade de segurado do contribuinte individual não decorre do simples exercício de atividade remunerada, mas do concomitante recolhimento das contribuições exigíveis. Assim, revela-se incabível, para fins de obtenção de pensão por morte, a regularização do recolhimento das contribuições posteriormente ao óbito (...). (TNU, Pedilef 2005.63.02.013290-9, Rel. Simone dos Santos Lemos Fernandes. DO 9.12.2011)

◯ Previdenciário. Pensão por morte. Contribuinte individual. Contribuição "post mortem". Impossibilidade. (...). 1. Esta Corte possui entendimento no sentido de que, para fins de obtenção de pensão por morte, não é possível o recolhimento post mortem, a fim de regularizar a situação previdenciária, das contribuições não recolhidas em vida pelo de cujus. (...). (STJ, 1ª T., AgRg no REsp 1.558.900/SP, Rel. Min. Sérgio Kukina, DJe 5.9.2016)

◯ Previdenciário. Pensão por morte. Segurado obrigatório. Contribuinte individual. Contribuições previdenciárias. Recolhimento post mortem. Impossibilidade. Súmula 83/STJ. 1. Para a concessão do benefício de pensão por morte, faz-se necessária a comprovação da condição de dependente de quem o requer, bem como da qualidade de segurado do instituidor ao tempo do óbito, sendo, na hipótese de contribuinte individual, imprescindível o recolhimento das contribuições previdenciárias respectivas pelo próprio segurado. Não há, por conseguinte, espaço para inscrição ou recolhimento das referidas contribuições post mortem. (...). (STJ, 2ª T., AgRg no AREsp 636.048/PR, Rel. Min. Humberto Martins, DJe 26.5.2015)

◎ Previdenciário e processual civil. (...). Pensão por morte. Contribuinte individual. Regularização de inscrição e/ou contribuições post mortem. Impossibilidade. Precedentes do STJ. (...). III. No caso, a questão a ser dirimida é exclusivamente de direito, a saber, se o fato – incontroverso nos autos – de o instituidor do benefício ser segurado obrigatório, na condição de contribuinte individual, sem recolhimentos das contribuições previdenciárias, durante o período de 2004 a 17.2.2009 (data do óbito), é suficiente para assegurar, às suas dependentes, a concessão de pensão por morte, com regularização da inscrição e/ou do recolhimento das contribuições post mortem. (...). VI. Tendo o de cujus falecido em 17.2.2009, sem recolher contribuições desde 2004, e sem ter preenchido, em vida, os requisitos necessários à aposentação, impossível deferir pensão por morte aos seus dependentes, mediante recolhimento das contribuições post mortem. (STJ, 2ª T., AgRg no REsp 1.512.732/RJ, Rel. Min. Assusete Magalhães, DJe 25.6.2015)

◎ (...). Pensão por morte. Perda qualidade de segurado. Contribuinte individual. Recolhimento "post mortem". Impossibilidade. Súmula 83/STJ. Agravo regimental não provido. 1. Conforme jurisprudência do STJ, não é possível a concessão de pensão por morte aos dependentes do segurado falecido, contribuinte individual, que não efetuou o recolhimento das contribuições previdenciárias quando em vida, não havendo amparo legal para que seus dependentes efetuem o recolhimento após a morte do segurado. (...). (STJ, 2ª T., AgRg no AREsp 537.437/PR, Rel. Min. Mauro Campbell Marques, DJe 8.10.2014)

◎ (...). Previdenciário. Pensão por morte. Recolhimento das contribuições pelos dependentes após o óbito. Impossibilidade. Perda da qualidade de segurado. 1. Consoante o entendimento firmado pelo Superior Tribunal de Justiça, impossível o recolhimento das contribuições previdenciárias pelos dependentes após o óbito do segurado, contribuinte individual, com o objetivo de possibilitar a concessão do benefício de pensão por morte. Precedentes. (...). (STJ, 2ª T., AgRg no AREsp 532.417/PR, Rel. Min. Og Fernandes, DJe 18.9.2014)

◎ (...). Pensão por morte. Requisitos do benefício. Condição de segurado. Contribuições "post mortem". Impossibilidade. Entendimento firmado no julgamento do REsp 1.110.565/se, sob o rito do art. 543-C do CPC. Agravo regimental improvido. 1. Conforme consignado na decisão agravada, a Terceira Seção, no julgamento do REsp n. 1.110.565/SE, submetido ao rito do art. 543-C do CPC, fixou o entendimento de que o deferimento do benefício de pensão por morte está condicionado ao cumprimento da condição de segurado do falecido, salvo na hipótese prevista no verbete sumular n. 416/STJ: "É devida a pensão por morte aos dependentes do segurado que, apesar de ter perdido essa qualidade, preencheu os requisitos legais para a obtenção de aposentadoria até a data do seu óbito". 2. O texto do art. 282 da Instrução Normativa n. 118/2005 do INSS, autoriza o recolhimento post mortem das contribuições devidas pelo contribuinte individual, para fins de pensão, desde que comprovada a manutenção da qualidade de segurado do falecido, situação não verificada nos autos. (...). (STJ, 5ª T., AgRg no REsp 1.284.217/PR, Rel. Min. Marco Aurélio Bellizze, DJe 4.6.2014)

▶ **Lei 8.212/91. Art. 12.** São segurados obrigatórios da Previdência Social as seguintes pessoas físicas: (...). V – como contribuinte individual: a) a pessoa física, proprietária ou não, que explora atividade agropecuária, a qualquer título, em caráter permanente ou temporário, em área superior a 4 (quatro) módulos fiscais; ou, quando em área igual ou inferior a 4 (quatro) módulos fiscais ou atividade pesqueira, com auxílio de empregados ou por intermédio de prepostos; ou ainda nas hipóteses dos §§ 10 e 11 deste artigo; b) a pessoa física, proprietária ou não, que explora atividade de extração mineral – garimpo, em caráter permanente ou temporário, diretamente ou por intermédio de prepostos, com ou sem o auxílio de empregados, utilizados a qualquer título, ainda que de forma não contínua; c) o ministro de confissão religiosa e o membro de instituto de vida consagrada, de congregação ou de ordem religiosa; d) revogada; e) o brasileiro civil que trabalha no exterior para organismo oficial internacional do qual o Brasil é membro efetivo, ainda que lá domiciliado e contratado, salvo quando coberto por regime próprio de previdência social; f) o titular de firma individual urbana ou rural, o diretor não empregado e o membro de conselho de administração de sociedade anônima, o sócio solidário, o sócio de indústria, o sócio gerente e o sócio cotista que recebam remuneração decorrente de seu trabalho em empresa urbana ou rural, e o associado eleito para cargo de direção em cooperativa, associação ou entidade de qualquer natureza ou finalidade, bem como o síndico ou administrador eleito para exercer atividade de direção condominial, desde que recebam remuneração; g) quem presta serviço de natureza urbana ou rural, em caráter eventual, a uma ou mais empresas, sem relação de emprego; h) a pessoa física que exerce, por conta própria, atividade econômica de natureza urbana, com fins lucrativos ou não. (...). ▶ **Art. 30.** A arrecadação e o recolhimento das contribuições ou de outras importâncias devidas à Seguridade Social obedecem às seguintes normas: (...). II – os segurados contribuintes individuais e facultativos estão obrigados a recolher sua contribuição por iniciativa própria, até o dia quinze do mês seguinte ao da competência; (...).

▶ **Lei 10.666/03. Art. 4º** Fica a empresa obrigada a arrecadar a contribuição do segurado contribuinte individual a seu serviço, descontando-a da respectiva remuneração, e a recolher o valor arrecadado juntamente com a contribuição a seu cargo até o dia 20 (vinte) do mês seguinte ao da competência, ou até o dia útil imediatamente anterior se não houver expediente bancário naquele dia. § 1º As cooperativas de trabalho arrecadarão a contribuição social dos seus associados como contribuinte individual e recolherão o valor arrecadado até o dia 20 (vinte) do mês subsequente ao de competência a que se referir, ou até o dia útil imediatamente anterior se não houver expediente bancário naquele dia. § 2º A cooperativa de trabalho e a pessoa jurídica são obrigadas a efetuar a inscrição no Instituto Nacional do Seguro Social – INSS dos seus cooperados e contratados, respectivamente, como contribuintes individuais, se ainda não inscritos; § 3º O disposto neste artigo não se aplica ao contribuinte individual, quando contratado por outro contribuinte individual equiparado a empresa ou por produtor rural pessoa física ou por missão diplomática e repartição consular de carreira estrangeiras, e nem ao brasileiro civil que trabalha no exterior para organismo oficial internacional do qual o Brasil é membro efetivo. ▶ **Art. 5º** O contribuinte individual a que se refere o art. 4º é obrigado a complementar, diretamente, a contribuição até o valor mínimo mensal do salário-de-contribuição, quando as remunerações recebidas no mês, por serviços prestados a pessoas jurídicas, forem inferiores a este.

SÚMULA 63. A COMPROVAÇÃO DE UNIÃO ESTÁVEL PARA EFEITO DE CONCESSÃO DE PENSÃO POR MORTE PRESCINDE DE INÍCIO DE PROVA MATERIAL.

● *Súmula aplicável.* ● *DJ 23.8.2012.* ● *Precedentes: Pedilef 2003.51.01.500053-8. Pedilef 2004.70.95.007478-7. Pedilef 2007.72.95.002652-0. Pedilef 2008.39.00.701267-8. Pedilef 0010108-12.2009.4.01.4300.*

▶ *Sérgio Murilo Wanderley Queiroga*

A noção de prova permeia diversos âmbitos da vida em sociedade. No que concerne à esfera jurisdicional, o direito à prova, garantido pela dimensão material do princípio do contraditório, constitui-se verdadeiro direito fundamental, seja em sua dimensão objetiva – relativa à atividade de provar e os meios de prova a serem utilizados -, seja na dimensão subjetiva – ligada ao resultado da produção de prova, à influência por ela exercida na decisão a ser proferida pelo Estado.

Ante tal cenário, a súmula 63 da Turma Nacional de Uniformização de Jurisprudência dos juizados especiais federais (TNU) assume aspectos relevantes para o ordenamento processual e previdenciário brasileiros, à medida que disciplina a comprovação de uma espécie de dependência para efeitos previdenciários – a dependência derivada da relação de união estável entre o segurado e o possível beneficiário da prestação previdenciária requerida.

Os dependentes dos segurados são também beneficiários do Regime Geral de Previdência Social, e, por esse motivo, ainda que não tenham contribuído ao citado regime, têm direito à percepção de alguns benefícios previdenciários – notadamente Pensão por Morte (subseção VIII da lei 8.213/91, que compreende os artigos 74 a 79 da referida lei) e Auxílio-reclusão, previsto pelo art. 80 (subseção IX) da lei de benefícios do RGPS. A disciplina normativa de caracterização dos dependentes do segurado se encontra no artigo 16 da lei 8.213/91, em artigo de igual número do Decreto 3.048/99 (Regulamento da Previdência Social), no art. 17 e seguintes da Instrução Normativa INSS/PRESS 45/10, e no art. 121 e seguintes da Instrução Normativa INSS/PRESS 77/15.

Tal moldura de normas classifica os dependentes em três classes (classificação taxativa, não cabendo ao segurado a livre indicação dos dependentes), cuja ordem indica prioridade na inscrição e, consequentemente, na percepção de benefícios: a primeira classe é constituída por cônjuge, companheiro, companheira e filho não emancipado, menor de 21 anos ou inválido/com deficiência grave; a segunda é formada pelos pais do segurado; e a terceira é composta pelo irmão menor de 21 anos ou inválido/com deficiência.

É válido destacar, ainda, que a dependência econômica necessita de comprovação somente em relação aos dependentes de segunda e terceira classes, sendo legalmente presumida quanto aos dependentes da primeira. Assim, comprovado que a relação entre o requerente e o segurado se enquadra dentre aquelas elencadas pelo inciso I do art. 16 da lei 8.213/91, não se pode exigir que esse requerente comprove a dependência econômica, dado que tal situação é presumida pela própria lei.

Dito em outras palavras, a controvérsia relativa aos dependentes da primeira classe somente se restringe à comprovação da existência da relação alegada, sendo despiciendo exigir-se comprovação da existência de dependência econômica do requerente para com o segurado.

Nesse contexto, emerge a controvérsia que deu origem à súmula 63 da TNU. Casamento e filiação são institutos pouco controversos e bastante sedimentados no ordenamento jurídico brasileiro, além de serem de existência tradicional na sociedade pátria. Tal cenário implica que a sua comprovação não demanda maiores controvérsias, dado que existem documentos oficiais de uso e acesso quase universais aptos a atestar sua existência.

Todavia, o mesmo não se verifica quando se trata do instituto da União Estável, que, embora de longa existência fática na sociedade, possui recente reconhecimento normativo pelo Direito brasileiro. Não se tem, via de regra, previsão de documentos oficiais para comprovação desse instituto – como ocorre com as certidões de casamento e de nascimento, emitidas por ofícios notariais e de registro – resultando na dependência maior em relação a elementos casuísticos, inerentes à situação concreta vivenciada, para que se tenha essa comprovação.

Nesse contexto, é comum se exigir, administrativamente, prova documental que ateste a existência de união estável. Há, inclusive, doutrinadores da disciplina Direito Previdenciário que defendem serem necessários, para comprovação da existência desse vínculo, os mesmos requisitos exigidos para comprovação da dependência econômica dos dependentes integrantes das segunda e terceira classes (ao menos três dos documentos elencados pelo art. 46 da Instrução Normativa INSS/PRESS 45/10 – conta bancária conjunta, prova de mesmo domicílio, entre outros).

Entretanto, um ponto merece esclarecimento, para que se tenha a plena compreensão da situação em tela: a diferença de tratamento dado à prova, nas esferas administrativa e judicial.

Na esfera administrativa, fortemente submetida aos princípios da estrita legalidade e da eficiência, é comum se estabelecer, perante o administrado, um rol prévio de elementos probatórios aptos a gerar alguma prestação estatal pretendida. Isso se dá sobretudo em face da impossibilidade de, perante cada solicitação que lhe é enviada, o Estado se dispor a realizar um longo procedimento para apuração de elementos probatórios para então decidir se oferece ou não a prestação pleiteada.

Entretanto, no âmbito judicial o raciocínio deve se dar de maneira diversa. A jurisdição pressupõe prerrogativa de se ditar soluções de caráter definitivo a determinados conflitos expostos à sua cognição, de modo que os órgãos jurisdicionais devem se cercar de todos os elementos necessários a uma ampla e justa cognição do fato, assegurando o exaurimento das garantias do contraditório e da ampla defesa. Isso inclui a ideia da liberdade de produção das provas, exposta no artigo 332 do Código de Processo Civil de 1973 e no artigo 369 do CPC de 2015.

Dessa forma, no âmbito judicial, a exigência do chamado "início de prova material" constitui exceção, e não a regra, tendo em vista a liberdade de produção de provas. Sendo exceção, a necessidade de um acervo mínimo de prova documental para a garantia de um direito pela via jurisdicional deve estar expressamente prevista na legislação.

Acontece que a legislação previdenciária somente prevê a exigência de início de prova material no que se refere à comprovação de tempo de serviço, caso no qual, conforme expressamente disposto em lei, não se admite, em regra, prova unicamente testemunhal. É o que diz o art. 55, § 3º, da Lei 8.213/91.

Ressalte-se que tal situação constitui exceção, dado que a regra é a liberdade de produção de provas. Uma vez que a exceção não se presume, é vedado se estender a exigência de início de prova material para a comprovação de outros fatos ou situações que não o tempo de serviço, devido ao silêncio legislativo quanto a essa extensão. Assim, conclui-se que o art. 46 da Instrução Normativa INSS/PRESS 45/10, portador da exigência de mínima prova documental para comprovação da existência de união estável entre o segurado e o pretenso beneficiário, somente é aplicável ao âmbito administrativo.

Na esfera jurisdicional, entretanto, vale a supracitada liberdade probatória, sendo válida a comprovação de união estável por quaisquer meios de prova em direito admitidos – até mesmo a prova exclusivamente testemunhal – nos termos da súmula 63 da Turma Nacional de Uniformização de jurisprudência.

▶ **Lei 8.213/91. Art. 55.** (...). § 3º A comprovação do tempo de serviço para os efeitos desta Lei, inclusive mediante justificação administrativa ou judicial, conforme o disposto no art. 108, só produzirá efeito quando baseada em início de prova material, não sendo admitida prova exclusivamente testemunhal, salvo na ocorrência de motivo de força maior ou caso fortuito, conforme disposto no Regulamento.

5.10. Salário-maternidade

SÚMULA 45. INCIDE CORREÇÃO MONETÁRIA SOBRE O SALÁRIO-MATERNIDADE DESDE A ÉPOCA DO PARTO, INDEPENDENTEMENTE DA DATA DO REQUERIMENTO ADMINISTRATIVO.

● *Súmula aplicável.* ● DJ 14.12.2011. ● Precedentes: Pedilef 2007.83.00.537101-1. Pedilef 2007.83.00.534892-0. Pedilef 0011597-23.2008.4.01.3200.

▸ *Hugo Leonardo Abas Frazão*

O Enunciado trata do benefício previdenciário do salário-maternidade, que é devido às seguradas da previdência social que se tornam mães, possibilitando que se dediquem, integralmente, à atenção e aos cuidados com a criança durante os meses imediatamente posteriores ao seu nascimento ou da adoção[64]. O benefício funciona em substituição à remuneração integralmente anteriormente recebida pela segurada e é pago, em regra, pelo período de 120 dias, com data de início no 28º dia que antecede o parto e vai até 91 dias após o nascimento da criança (art. 71 da Lei 8.213/91). Em caso de adoção, os 120 dias contam da data da adoção ou da obtenção da guarda para fins de adoção e será pago diretamente pela própria previdência (art. 71-A, *caput* e § 1º da lei).

A questão pacificada na Súmula decorre de um debate a respeito de qual o termo inicial para a correção monetária do valor do salário-maternidade de que trata o art. 71 (proveniente do nascimento), se a data do parto ou do requerimento administrativo. Para o primeiro entendimento, se o benefício nasce da proteção contra o risco denominado "maternidade, especialmente à gestante", previsto no art. 201, II, da CF/88, a data do seu pagamento à segurada não pode ser outro que não o previsto expressamente no caput do art. 71: "com início no período entre 28 (vinte e oito) dias antes do parto e a data de ocorrência deste". Diferentemente do que ocorre, em regra, com o benefício de aposentadoria, não há, em favor da parte beneficiária, a discricionariedade de estabelecer o início do benefício conforme a data do requerimento

---

64. ROCHA, Daniel M.; BALTAZAR JR., José P. **Comentários à Lei de Benefícios da Previdência Social.** 11. ed. Porto Alegre: Livraria do Advogado, 2012. p. 341.

administrativo. É que a função do benefício do salário-maternidade é estabelecer o vínculo limiar e mais essencial da relação entre mãe e filho.

Por sua vez, o segundo entendimento parte da alegação de que só haveria dever de correção monetária na hipótese de mora causada, pelo INSS, em razão da não efetuação do pagamento devido, sendo que o tempo da mora apenas teria início com formulação de requerimento administrativo pela parte interessada.

Como solução para o problema, a TNU seguiu o primeiro entendimento. Levou em consideração o firme posicionamento jurisprudencial do STJ (EmbExeMS 11710) de que a "correção monetária se destina à recomposição do valor histórico da dívida, em razão da desvalorização da moeda advinda da questão inflacionária". Portanto, diferentemente da aplicação do instituto do juro de mora, a correção monetária deve incidir desde o momento em que a parcela passou a ser devida (contemporâneo ao parto), e não a contar do atraso em atender provocação administrativa ou judicial formulada pela parte.

Ainda, a TNU (. Pedilef 2007.83.00.537037-7) consignou a "ausência de afronta ao art. 41-A, § 3º da lei, uma vez que a discussão do presente caso não envolve reajuste de benefício, mas sim mera incidência de correção monetária dos valores devidos".

Esse que esse mesmo raciocínio pode ser aplicado, analogicamente, ao salário-maternidade decorrente de adoção (art. 71-A), cujo início da parcela devida é adoção ou a guarda para esse fim, momento que deve coincidir com o da aplicação da correção monetária.

Já no tocante à espécie de salário-maternidade de que trata o art. 71-B, pago, total ou parcialmente, quando houver o falecimento de segurado (a) que faria jus ao direito, ao cônjuge ou companheiro que tenha a qualidade de segurado, o início da parcela coincide com a data do requerimento administrativo, ante a expressão previsão legal nesse sentido.

- Súmula TFR 71. A correção monetária incide sobre as prestações de benefícios previdenciários em atraso.

- Enunciado 1ªTR/MA 7. O valor do salário-maternidade requerido após o parto deve ser corrigido monetariamente, desde o momento em que se tornou devido, por se tratar de mera recomposição do poder aquisitivo, não importando tal correção em sanção por eventual inadimplemento de obrigação legal.

- Enunciado TR/RN 9. O salário-maternidade devido à segurada especial toma por base o salário-mínimo da época do nascimento do filho, atualizado monetariamente até o momento do efetivo pagamento, sendo irrelevante para esse fim a demora da parte autora em formular o requerimento administrativo.

- Enunciado TR/BA 8. O valor da renda mensal do salário-maternidade requerido depois do nascimento da criança pela trabalhadora rural (segurada especial, corresponde a um salário mínimo vigente na data do parto, devendo ser corrigidas monetariamente as diferenças apuradas, com incidência de juros moratórios desde a citação da autarquia previdenciária.

◎ (...). I. Nesta c. Corte Superior, é firme o entendimento de que a correção monetária se destina à recomposição do valor histórico da dívida, em razão da desvalorização da moeda advinda da questão inflacionária. Por isso, deve incidir desde o momento em que a parcela passou a ser devida. Precedentes. II. "In casu", o direito à prestação mensal deferido ao embargado retroagiu a 14.7.1999, data do reconhecimento da sua condição de anistiado político, a partir da cual deve incidir a correção monetária. Embargos à execução improcedentes. (...). (STJ, 3ª S., EmpExeMS 11.710/DF, Rel. Min. Felix Fischer, DJe 2.2.2009)

◎ (...). 1. A correção monetária incidente sobre os valores pagos a título de salário-maternidade cujo requerimento administrativo se deu meses após o nascimento do filho do segurado não implica acréscimo patrimonial a este, mas apenas protege os valores devidos da corrosão inflacionária. Deve, portanto, incidir a referida correção, a partir da data do início de vigência do benefício, o qual coincidirá com o fato gerador do mesmo (nascimento do filho) 2. Mesmo ausente a mora por parte do Órgão Previdenciário, não é lícito submeter o segurado a receber seu benefício com base em valor histórico do salário mínimo vigente à época do fato gerador (nascimento do filho), mesmo que requerido tempos depois. (...). (TNU, Pedilef 2007.83.00.537037-7, Rel. Ricarlos Almagro Vitoriano Cunha. DJ. 7.7.2009)

▶ **Lei 8213/91. Art. 41-A.** O valor dos benefícios em manutenção será reajustado, anualmente, na mesma data do reajuste do salário mínimo, pro rata, de acordo com suas respectivas datas de início ou do último reajustamento, com base no Índice Nacional de Preços ao Consumidor – INPC, apurado pela Fundação Instituto Brasileiro de Geografia e Estatística – IBGE. (...). § 3º Os benefícios com renda mensal no valor de até um salário mínimo serão pagos no período compreendido entre o quinto dia útil que anteceder o final do mês de sua competência e o quinto dia útil do mês subsequente, observada a distribuição proporcional dos beneficiários por dia de pagamento. ▶ **Art. 71.** O salário-maternidade é devido à segurada da Previdência Social, durante 120 (cento e vinte) dias, com início no período entre 28 (vinte e oito) dias antes do parto e a data de ocorrência deste, observadas as situações e condições previstas na legislação no que concerne à proteção à maternidade. ▶ **Art. 71-A.** Ao segurado ou segurada da Previdência Social que adotar ou obtiver guarda judicial para fins de adoção de criança é devido salário-maternidade pelo período de 120 (cento e vinte) dias. ▶ **Art. 71-B.** No caso de falecimento da segurada ou segurado que fizer jus ao recebimento do salário-maternidade, o benefício será pago, por todo o período ou pelo tempo restante a que teria direito, ao cônjuge ou companheiro sobrevivente que tenha a qualidade de segurado, exceto no caso do falecimento do filho ou de seu abandono, observadas as normas aplicáveis ao salário-maternidade.

▶ **CC. Art. 389.** Não cumprida a obrigação, responde o devedor por perdas e danos, mais juros e atualização monetária segundo índices oficiais regularmente estabelecidos, e honorários de advogado.

6. CONTRIBUIÇÕES PREVIDENCIÁRIAS

6.1. Incidência da Taxa Selic

SÚMULA 35. A TAXA SELIC, COMPOSTA POR JUROS DE MORA E CORREÇÃO MONETÁRIA, INCIDE NAS REPETIÇÕES DE INDÉBITO TRIBUTÁRIO.

● *Súmula aplicável.* ● DJ 9.1.2007. ● *Referência legislativa:* Lei 9.250/95, art. 39, § 4º. Lei 9.532/97, art. 73. ● *Precedentes:* REsp 159.442/PR. REsp 197.641/PR. REsp 396.047/PR. REsp 514.872/SC. REsp 623.911/PB. REsp 835.657/MG. REsp 856.868/SP. AgRg no Ag 602146/MG. PU/TNU 2005.83.20.011111-3/PE.

▶ *Lucílio Linhares Perdigão de Morais*

A fixação do adequado índice a ser aplicado para a correção de valores decorrentes da sentença é assunto recorrente nas instâncias recursais, e fruto de rotineira controvérsia doutrinária e jurisprudencial.

Não raro verifica-se a inexistência de recursos quanto ao mérito propriamente dito, mas o questionamento quanto ao índice adotado para a atualização dos valores. Assim, acaba-se percebendo que o critério de correção transforma-se, em muitas ocasiões, no objeto principal da lide.

Especificamente no que toca à repetição de indébitos tributários, a utilização da Taxa Selic decorre do comando legal insculpido no art. 39, § 4º, da Lei 9.250, de 1995, adiante transcrito.

Não obstante a literalidade da norma, necessária se fez a edição de súmula pela TNU, reforçando a necessidade de observância desta disposição legal no âmbito dos Juizados Especiais Federais.

Dessa forma, indicou-se a especialidade da regra referente à compensação ou à restituição de tributos, contribuições federais, inclusive previdenciárias, e receitas patrimoniais face às demais condenação dirigidas aos entes federais.

Ainda sobre o tema, e merecendo especial atenção da TNU para a edição da súmula, o Superior Tribunal de Justiça, no REsp 856.868/SP, adiante colacionado, elucidou que a aplicação da SELIC a essas hipóteses afasta a acumulação com qualquer outro índice de atualização, pois inclui, a um só tempo, a inflação e a taxa de juros real.

◉ Súmula AGU 14. Aplica-se apenas a taxa Selic, em substituição à correção monetária e juros, a partir de 1º de janeiro de 1996, nas compensações ou restituições de contribuições previdenciárias.

◉ (...). 2. Nos casos de repetição de indébito tributário, a orientação prevalente no âmbito da 1ª Seção quanto aos juros pode ser sintetizada da seguinte forma: (a) antes do advento da Lei 9.250/95, incidia a correção monetária desde o pagamento indevido até a restituição ou compensação (Súmula 162/STJ), acrescida de juros de mora a partir do trânsito em julgado (Súmula 188/STJ), nos termos do art. 167, parágrafo único, do CTN; (b) após a edição da Lei 9.250/95, aplica-se a taxa SELIC desde o recolhimento indevido, ou, se for o caso, a partir de 1º.01.1996, não podendo ser cumulada, porém, com qualquer outro índice, seja de atualização monetária, seja de juros, porque a SELIC inclui, a um só tempo, o índice de inflação do período e a taxa de juros real. (...). (STJ, REsp 856.868/SP, Rel. Min. Teori Albino Zavascki, 1ª T., DJ 25.9.2006)

◉ (...) . Repetição de indébito. Juros de mora pela taxa Selic. Art. 39, § 4º, da Lei 9.250/95. (...). 2. Aplica-se a taxa Selic, a partir de 1º.1.96, na atualização monetária do indébito tributário, não podendo ser cumulada, porém, com qualquer outro índice, seja de juros ou atualização monetária. 3. Se os pagamentos foram efetuados após 1º.1.96, o termo inicial para a incidência do acréscimo será o do pagamento indevido; no entanto, havendo pagamentos indevidos anteriores à data de vigência da Lei 9.250/95, a incidência da taxa Selic terá como termo "a quo" a data de vigência do diploma legal em tela, ou seja, jan./96. Esse entendimento prevaleceu na 1ª Seção desta Corte por ocasião do julgamento dos EREsps 291257, 399497 e 425709. (...). (STJ, REsp 1111175, repetitivo, Rel. Min. Denise Arruda, 1ª Seção, DJe 1.7.2009)

◉ Tributário. Repetição de indébito. Juros de mora. Selic. Lei 9.250/95. Inaplicação. Reexame necessário. Súmula n. 45 do STJ. O artigo 39, § 4º da Lei 9.250/95, fixando critério de taxa de juros pelo denominado SELIC, não tem aplicação no caso de repetição de indébito tributário. Incidência de juros de mora que implicaria no agravamento da situação da fazenda pública, em reexame necessário. (Súmula 45 do STJ). (STJ, REsp 159.442/PR, Rel. Min. Humberto Gomes de Barros, 1ª T., DJ 18.12.1998)

◎ Tributário. Repetição de indébito. Taxa selic. Lei n. 9.250/96. Incidência a partir de 1.1.1996. Impossibilidade de retroação. Não cumulatividade com a correção monetária. I. A taxa SELIC, instituída pelo art. 39, § 4º, da Lei n. 9.250/95, se aplica aos casos de repetição de indébito tributário, a contar de 1.1.1996, com o que restou equiparado o tratamento legislativo dado aos contribuintes e à Fazenda Pública, quando devedores. II. Composta a Taxa SELIC não apenas de juros, mas, de percentual equivalente à desvalorização da moeda nacional no período de sua apuração, ela não é cumulável com a correção monetária, sob pena de ocorrer bis in idem. III. Destarte, determinado pelo acórdão regional a incidência concomitante do reajuste monetário e da Taxa referenciada, dá-se provimento em parte ao recurso para excluir tal concomitância, pelo que a SELIC, a partir de 1.1.1996, é aplicável escoteiramente. (STJ, REsp 197.641/PR, Rel. Min. Aldir Passarinho Jr., 2ª T., DJ 18.9.2000)

◎ Tributário e processual civil. Finsocial. Repetição de indébito. Impossibilidade de aplicação cumulativa da taxa SELIC e UFIR. Juros compensatórios. Não incidência. Honorários advocatícios. Fixação. Valor da condenação. Art. 20, § 3º do cpc. I. A taxa de juros equivalente à SELIC se decompõe em taxa de juros reais e taxa de inflação do período considerado, pelo que não pode ser aplicada, cumulativamente, com outro índice de correção monetária. II. Os juros compensatórios não são devidos na repetição de indébito tributário. III. Na fixação da verba honorária, considera-se, de regra, o valor da condenação por determinação do artigo 20, § 3º do Estatuto Processual Civil. (...). (STJ, REsp 396.047/PR, Rel. Min. Garcia Vieira, 1ª T., DJ 29.4.2002)

◎ Tributário. Funrural. Contribuição para o Incra. LC 11/71. Prorural. Lei 7.787/89. Extinção do valor incidente. Lei 8.212/91. IGP-M (julho e agosto/94). Juros remuneratórios. Inaplicabilidade. Taxa SELIC. Incidência. 1. A contribuição devida nos termos do DL n. 1.146, de 31 de dezembro de 1970 e majorada pelo art. 15, inciso II, da LC 11/71, incidente sobre a folha de salários, foi extinta pelo art. 3º, § 1º, da Lei 7.787/89. 2. A segunda contribuição, prevista no inciso I, do mesmo art. 15, da LC 11/71, incidente sobre a venda dos produtos rurais permanece em vigor até o advento da Lei 8.213/91. 3. Ilegalidade na cobrança de contribuição extinta – art. 15, § 1º, inciso II, da LC 11/71. 4. Inaplicabilidade do IGP-M de julho e agosto/94 para fins de correção monetária. Não admissão de juros compensatórios em repetição de indébito tributário. Incidência da taxa SELIC, a título de juros de mora. Precedentes. 5. A compensação deve observar o limite imposto no art. 89, § 3º da Lei 8.212/91 (com a redação dada pela Lei 9.129/95). (...). (STJ, REsp 514.872/SC, Rel. Min. Eliana Calmon, 2ª T., DJ 22.8.2005)

▶ **Lei 9.250/95. Art. 39.** A compensação de que trata o art. 66 da Lei 8.383, de 30 de dezembro de 1991, com a redação dada pelo art. 58 da Lei 9.069, de 29 de junho de 1995, somente poderá ser efetuada com o recolhimento de importância correspondente a imposto, taxa, contribuição federal ou receitas patrimoniais de mesma espécie e destinação constitucional, apurado em períodos subsequentes. (...) **§ 4º** A partir de 1º de janeiro de 1996, a compensação ou restituição será acrescida de juros equivalentes à taxa referencial do Sistema Especial de Liquidação e de Custódia – Selic para títulos federais, acumulada mensalmente, calculados a partir da data do pagamento indevido ou a maior até o mês anterior ao da compensação ou restituição e de 1% relativamente ao mês em que estiver sendo efetuada.

▶ **Lei 8.212/91. Art. 89.** As contribuições sociais previstas nas alíneas a, b e c do parágrafo único do art. 11 desta Lei, as contribuições instituídas a título de substituição e as contribuições devidas a terceiros somente poderão ser restituídas ou compensadas nas hipóteses de pagamento ou recolhimento indevido ou maior que o devido, nos termos e condições estabelecidos pela Secretaria da Receita Federal do Brasil. (...) **§ 4º** O valor a ser restituído ou compensado será acrescido de juros obtidos pela aplicação da taxa referencial do Sistema Especial de Liquidação e de Custódia – Selic para títulos federais, acumulada mensalmente, a partir do mês subsequente ao do

> pagamento indevido ou a maior que o devido até o mês anterior ao da compensação ou restituição e de 1% (um por cento) relativamente ao mês em que estiver sendo efetuada.

6.2. Recolhimentos

SÚMULA 52. PARA FINS DE CONCESSÃO DE PENSÃO POR MORTE, É INCABÍVEL A REGULARIZAÇÃO DO RECOLHIMENTO DE CONTRIBUIÇÕES DE SEGURADO CONTRIBUINTE INDIVIDUAL POSTERIORMENTE A SEU ÓBITO, EXCETO QUANDO AS CONTRIBUIÇÕES DEVAM SER ARRECADADAS POR EMPRESA TOMADORA DE SERVIÇOS.

Súmula comentada/anotada no item *Direito Previdenciário – Benefícios em espécie – Pensão por morte*, retro.

6.3. Salário de Contribuição

SÚMULA 38. APLICA-SE SUBSIDIARIAMENTE A TABELA DE CÁLCULOS DE SANTA CATARINA AOS PEDIDOS DE REVISÃO DE RMI – OTN/ORTN, NA ATUALIZAÇÃO DOS SALÁRIOS DE CONTRIBUIÇÃO.

● *Súmula aplicável.* ● DJ 20.6.2007. ● *Precedentes:* PU/TNU 2004.51.51.061671-1/RJ. PU/TNU 2003.51.51.082642-7/RJ. PU/TNU 2003.51.51.088231-5/RJ. PU/TNU 2004.51.51.012070-5/RJ.

▸ *Carlos Adriano Miranda Bandeira*

Atualmente, o art. 201, § 3º, da Constituição determina que, no cálculo de Renda Mensal Inicial (RMI) de benefício previdenciário, todos os salários de contribuição sejam monetariamente corrigidos. Na ordem constitucional anterior, entretanto, não existia norma similar e não se exigia a correção dos últimos 12 salários de contribuição utilizados.

Segundo o art. 3º da Lei 5.890/73, havia duas sistemáticas de cálculo de RMI. No caso de auxílio-doença, de aposentadoria por invalidez, de pensão e de auxílio-reclusão, o salário de benefício equivalia a um doze avos da soma dos até 12 últimos salários de contribuição, sem correção monetária. No caso das aposentadorias por idade, por tempo de serviço ou por tempo de contribuição, o salário de benefício equivalia ao resultado da divisão por 36 da soma dos até 36 últimos salários de contribuição, apurados nos 48 meses anteriores ao requerimento do benefício previdenciário, aplicando-se correção monetária apenas aos até 24 salários de contribuição anteriores aos 12 últimos. Nesse caso, de acordo com o art. 3º, § 1º, da lei, a correção monetária devia ser feita por índices estabelecidos pelo próprio Ministério do Trabalho e Previdência Social.

Com o advento da Lei 6.423/77, a correção monetária legal ou convencionalmente exigida sobre valor em obrigação pecuniária deveria equivaler à variação das Obrigações Reajustáveis do Tesouro Nacional (ORTN). Posteriormente, a unidade passou a ser denominada Obrigação do Tesouro Nacional (OTN), por força do art. 6º do Decreto-Lei 2.284/86.

Desenvolveu-se um debate sobre se a atualização monetária dos salários de contribuição consistia em obrigação pecuniária. A interpretação da Lei 6.423/77 gerou polêmica sobre se o art. 3º, § 1º, da Lei 5.890/73 havia sido revogado. Em todo caso, continuaram a ser editadas portarias ministeriais com os coeficientes de atualização.

Nessas portarias, era previsto um coeficiente de atualização, aplicável, indistintamente, sobre os valores de todas as competências do ano. Tal sistemática divergia da que veio a vigorar com a utilização da ORTN/OTN, pois esta implicava a utilização de um índice diferente para cada valor de competência. Isso, aliado à disparidade de percentuais, levava a que nem sempre um segurado com benefício concedido entre junho de 1977 e outubro de 1988 se beneficiasse economicamente de um recálculo utilizando a ORTN.

No caso dos benefícios previdenciários com período básico de cálculo de até 36 meses, o STJ desenvolveu jurisprudência tradicional e favorável à observância da Lei 6.423/77 no cálculo de RMI. Entretanto, como nem todo segurado obtinha vantagem com a utilização dos índices da ORTN, o interesse de agir podia ser afastado, a depender do resultado dos cálculos promovidos. Apenas com estes, se podia constatar as consequências da revisão de RMI pela ORTN/OTN no caso concreto.

Na prática forense, essa atividade frequentemente se revelava árdua. Para o cálculo exato, era necessário apresentar a carta de concessão (que informava data de início de benefício, renda mensal inicial apurada e coeficiente aplicado sobre o salário de benefício) e também a relação de salários de contribuição. No caso de aposentadorias mais antigas, tais dados eram de difícil obtenção, pois a autarquia previdenciária muitas vezes não localizava o processo concessório e os dados não eram confirmáveis em documentos que ainda fossem mantidos pelo segurado ou por sua última empresa empregadora.

Para permitir a liquidação por arbitramento, Terushi Kawano e Evandro Ávila, servidores do Núcleo de Cálculos Judiciais de Santa Catarina, procederam a levantamento que resultou na Tabela de Santa Catarina. Utilizaram os valores mínimos de contribuição nas escalas salariais das tabelas de contribuição da Previdência, atualizaram esses valores aplicando a ORTN/OTN e apuraram um salário de benefício médio. Repetiram o procedimento, mas utilizando os índices e sistemática administrativos e, ao fim, compararam os dois resultados e recomendaram a não alteração de RMI para as aposentadorias concedidas nas competências em que se verificava na simulação que os índices administrativos se apresentavam mais favoráveis que a ORTN/OTN.

O grande avanço da Súmula 38 está em conceber a solução por presunção nas lides que versavam sobre a revisão da ORTN/OTN. Em 2007, no julgamento de um dos precedentes que deu ensejo à súmula (PU 2003.51.51.082642-7), a Turma Nacional interpretou o art. 7º da Lei 6.309/75 e definiu que o dispositivo não criou prazo decadencial de direito do segurado a revisão, nem tornou a destruição dos processos concessórios obrigatória para o INSS. Considerou que o INSS possivelmente inutilizou documentos relativos a benefício que sabia ou deveria saber não estar sujeito a prazo decadencial de revisão e que o segurado, por outro lado, não raro era hipossuficiente. Concluiu que a improcedência fundada na não produção de provas pelo segurado e a extinção sem resolução de mérito equivaleriam à negativa de jurisdição, em violação ao art. 5º, XXXV, da Constituição. Diante dessas peculiaridades, determinou a adoção da Tabela de Santa Catarina quando ausentes os documentos necessários para a revisão real.

O próprio INSS incorporou a Tabela de Santa Catarina à Orientação Interna Conjunta 97 DIRBEN/PFE, de 14.1.2005, que definiu critérios e procedimentos para sua utilização. Também esse fato foi tomado em consideração pela TNU ao julgar o Pedido de Uniformização 2003.51.51.088231-5.

O âmbito de aplicação da Súmula é restrito, pois a revisão da Renda Mensal Inicial de benefícios previdenciários pela ORTN/OTN somente é cabível com relação às aposentadorias voluntárias e aos abonos de permanência em serviço concedidos entre 17 de junho de 1977 e o advento da Constituição, em 5 de outubro de 1988, ou, ainda, com relação às pensões por morte derivadas desses benefícios, quando não revisados.

No caso de benefícios previdenciários concedidos antes do advento da Lei 6.423/77, a atualização dos até 24 salários de contribuição anteriores aos 12 últimos é feita de acordo com os índices publicados pela Coordenação dos Serviços Atuariais do Ministério do Trabalho e Previdência Social. Por outro lado, os benefícios concedidos logo após a Constituição de 1988 devem ter todos os salários de contribuição do período básico de cálculo atualizados monetariamente pelo INPC, na forma do art. 144 da Lei 8.213/91.

Uma hipótese de não aplicação da súmula 38 da TNU diz respeito aos benefícios previdenciários que, embora concedidos no período acima indicado, têm período básico de cálculo de 12 meses. Em sede de recursos repetitivos, o STJ fixou a tese de que a revisão pela ORTN/OTN é incabível com relação ao auxílio-doença, à aposentadoria por invalidez, à pensão e ao auxílio-reclusão (REsp 1.113.983/RN), orientação que também foi consolidada na súmula 456 dessa corte.

Atualmente, os efeitos que a Súmula 38 podem produzir são limitados, pois já não é cabível o ajuizamento de novas ações sobre o tema, tendo em conta que, em 1.8.2007, se operou a decadência do direito de revisão da RMI dos segurados titulares de benefícios concedidos antes do advento da MP 1.523-9/97, nos termos do decidido pelo STF em sede de repercussão geral (RE 626.489/SE).

> Súmula 456. É incabível a correção monetária dos salários de contribuição considerados no cálculo do salário de benefício de auxílio-doença, aposentadoria por invalidez, pensão ou auxílio-reclusão concedidos antes da vigência da CF/1988.

> Súmula TRF4 2. Para o cálculo da aposentadoria por idade ou por tempo de serviço, no regime precedente à Lei 8.213/91, corrigem-se os salários-de-contribuição, anteriores aos doze últimos meses, pela variação nominal da ORTN/OTN.

> Súmula TRF3 7. Para a apuração da renda mensal inicial dos benefícios previdenciários concedidos antes da Constituição Federal de 1988, a correção dos 24 (vinte e quatro) salários-de-contribuição, anteriores aos últimos 12 (doze), deve ser feita em conformidade com o que prevê o artigo 1º da Lei 6.423/77.

> Súmula TR/AL 5. Para a apuração da renda mensal inicial dos benefícios previdenciários concedidos antes da Constituição Federal de 1988, a correção dos 24 (vinte e quatro) salários-de-

contribuição, anteriores aos últimos 12 (doze), deve ser feita pela variação nominal da ORTN/ OTN, em conformidade com o que prevê o artigo 1º da Lei. 6.423/77.

◎ Súmula TR/ES 28. Os benefícios de aposentadoria por idade, tempo de serviço e especial, concedidos entre a data de entrada em vigor da Lei 6.423/77 e a data de promulgação da Constituição Federal de 1988, devem ser atualizados com base na média dos 24 salários-de-contribuição, anteriores aos 12 últimos, pela variação da ORTN/OTN.

◎ Súmula TR/RJ 37. É devida a revisão de renda mensal inicial das aposentadorias por idade, por tempo de serviço e especial, concedidas entre a entrada em vigor da Lei 6.423, de 17 de junho de 1977, e a CF/88, bem como dos benefícios decorrentes, para corrigir os primeiros vinte e quatro salários-de-contribuição do período básico de cálculo pela variação da ORTN/ OTN, sendo necessária a intimação das partes para apresentação da memória dos elementos integrantes do cálculo do salário-de-benefício e a verificação da existência de eventual crédito do demandante pelo Setor de Cálculos.

◎ Súmula TR/SP 9. A correção dos 24 primeiros salários-de-contribuição pela ORTN/OTN nos termos da Súmula n. 7 do Egrégio Tribunal Regional Federal da 3ª Região não alcança os benefícios de auxílio-doença, aposentadoria por invalidez, pensão por morte e auxílio-reclusão (Art. 21, I, da Consolidação das Leis da Previdência Social aprovada pelo Decreto n. 89.312/84).

◎ (...). Direito previdenciário. Regime geral de previdência social (rgps). Revisão do ato de concessão de benefício. Decadência. 1. O direito à previdência social constitui direito fundamental e, uma vez implementados os pressupostos de sua aquisição, não deve ser afetado pelo decurso do tempo. Como consequência, inexiste prazo decadencial para a concessão inicial do benefício previdenciário. 2. É legítima, todavia, a instituição de prazo decadencial de dez anos para a revisão de benefício já concedido, com fundamento no princípio da segurança jurídica, no interesse em evitar a eternização dos litígios e na busca de equilíbrio financeiro e atuarial para o sistema previdenciário. 3. O prazo decadencial de dez anos, instituído pela Medida Provisória 1.523, de 28.6.1997, tem como termo inicial o dia 1º de agosto de 1997, por força de disposição nela expressamente prevista. Tal regra incide, inclusive, sobre benefícios concedidos anteriormente, sem que isso importe em retroatividade vedada pela Constituição. 4. Inexiste direito adquirido a regime jurídico não sujeito a decadência. (...). (STF, RE 626489/SE, repercussão geral – mérito, Rel. Min. Roberto Barroso, DJe 22.9.2014)

◎ Previdenciário. Recurso especial representativo da controvérsia. (...). Aposentadoria por invalidez concedida antes da promulgação da Constituição Federal de 1988. Correção monetária dos 24 (vinte e quatro) salários-de-contribuição anteriores aos 12 (doze) últimos, pela variação da ORTN/OTN. Legislação aplicável. Atualização indevida. 1. A Constituição Federal de 1988, em dispositivo não dotado de autoaplicabilidade, inovou no ordenamento jurídico ao assegurar, para os benefícios concedidos após a sua vigência, a correção monetária de todos os salários-de-contribuição considerados no cálculo da renda mensal inicial. 2. Quanto aos benefícios concedidos antes da promulgação da atual Carta Magna, aplica-se a legislação previdenciária então vigente, a saber, Decreto-Lei 710/69, Lei 5.890/73, Decreto n. 83.080/79, CLPS/76 (Decreto n. 77.077/76) e CLPS/84 (Decreto n. 89.312/84), que determinava atualização monetária apenas para os salários-de-contribuição anteriores aos 12 (doze) últimos meses, de acordo com os coeficientes de reajustamento estabelecidos pelo MPAS, e, a partir da Lei 6.423/77, pela variação da ORTN/OTN. 3. Conforme previsto nessa legislação, a correção monetária alcançava a aposentadoria por idade, a aposentadoria por tempo de serviço, a aposentadoria especial e o abono de permanência em serviço, cujos salários-de-benefício eram apurados pela média dos 36 (trinta e seis) últimos salários-de-contribuição, o que resultava na correção dos 24 (vinte e quatro) salários-de-contribuição anteriores aos 12 (doze) últimos. 4. Contudo, não havia amparo legal para correção dos salários-de-contribuição considerados no cálculo do auxílio-doença, da aposentadoria por invalidez, da pensão e do auxílio-reclusão, cujas rendas mensais iniciais eram apuradas com base na média apenas dos últimos 12 (doze) salários-de-contribuição. 5. Assim, esta Corte

Superior de Justiça, interpretando os diplomas legais acima mencionados, firmou diretriz jurisprudencial – que ora se reafirma – no sentido de ser incabível a correção dos 24 (vinte e quatro) salários-de-contribuição anteriores aos 12 (doze) últimos, quando o pedido de revisão se referir ao auxílio-doença, à aposentadoria por invalidez, à pensão e ao auxílio-reclusão, concedidos antes da vigente Lei Maior. (...). (STJ, REsp 1113983/RN, repetitivo, Rel. Min. Laurita Vaz, 3ª S., DJe 5.5.2010)

◉ Previdenciário. Benefício. Salario-de-contribuição. Correção monetária. Aplicação da ORTN/OTN/BTN: possibilidade. Débitos previdenciários vencidos na vigência da Lei 6.889/81. Aplicação do enunciado n. 71 da Súmula do extinto TFR: impossibilidade. Precedentes da corte. Recurso especial parcialmente conhecido. I. A Corte já estabeleceu que, no regime anterior a Lei 8.213/91, os salários-de-contribuição anteriores aos 12 últimos meses do afastamento devem ser corrigidos com base no índice de variação da ORTN/OTN/BTN. Precedente da 5ª Turma: REsp 57.715/SP. II. A correção monetária dos débitos previdenciários vencidos na vigência da Lei 6.889/81 não pode ser feita com base no critério consubstanciado no verbete n. 71 da sumula do extinto TFR. Precedente da 3ª Seção: EREsp 52.343/SP. (...). (STJ, 6ª T., REsp 69.267/RS, Rel. Min. Adhemar Maciel, DJ 12.2.1996)

◉ Previdenciário. Renda mensal inicial. Critério de correção. Benefício concedido antes da constituição. ORTN/OTN. Aplicação. Possibilidade. 1. Esta Corte tem entendimento firmado no sentido de que, para os benefícios concedidos antes da Constituição Federal de 1988, aplica-se a variação da ORTN/OTN na correção dos 24 (vinte e quatro) salários de contribuição anteriores aos 12 (doze) últimos. (...). (STJ, 6ª T., REsp 480.376/RJ, Rel. Min. Fernando Gonçalves, DJ 7.4.2003)

◉ (...). Para os benefícios concedidos antes de 21 de junho de 1977, data de vigência da Lei 6.423, os salários-de-contribuição anteriores aos doze últimos meses devem ser corrigidos de acordo com os coeficientes de reajustamento a serem periodicamente estabelecidos pela Coordenação dos Serviços Atuariais do Ministério do Trabalho e Previdência Social e, não, pela variação da ORTN/OTN, que só deve ser aplicada aos benefícios concedidos após à entrada em vigor da Lei 6.423/77. (STJ, 6ª T., EDcl no REsp 138.263/SP, Rel. Min. Hamilton Carvalhido, DJ 4.8.2003)

◉ Previdenciário. Revisão de RMI. OTN/ORTN. Não apresentação de salários-de-contribuição. Liquidação mediante aplicação da tabela de Santa Catarina. I. A Constituição Federal, no inciso XXXV do seu art. 5º, consagrou o princípio da inafastabilidade da jurisdição, ao passo que o art. 126 do CPC dispõe que o juiz não se exime de sentenciar ou despachar alegando lacuna ou obscuridade da lei. A improcedência do pedido mediante atribuição do ônus da prova ao Autor, ou mesmo a extinção do processo sem julgamento de mérito equivalem a uma negativa de jurisdição, principalmente se levado em consideração, por um lado, que a matéria de direito é pacífica no âmbito do STJ e, por outro lado, que o INSS não dispõe de elementos que permitam a liquidação de pedido de revisão de benefício não alcançado por prazo decadencial. (...). (TNU, Pedilef 2003.51.51.082642-7, Rel. Renato César Pessanha de Souza, DJ 24.4.2007)

◉ Revisão da renda mensal inicial pela aplicação da ORTN/OTN/BTN. Ausência dos salários de contribuição que integraram a RMI do benefício aplicação da tabela elaborada pela contadoria judicial da seção judiciária de Santa Catarina. Ausência dos salários de contribuição que integraram a RMI do benefício previdenciário em pedido de revisão de benefício previdenciário mediante a aplicação da variação da OTRN/OTN. Impossibilidade de obtenção do processo concessório e de sua reconstituição pela inexistência da empresa correspondente aos vínculos do PBC, bem como da impossibilidade de apresentação dos documentos pelo requerente. Aplicável tabela elaborada pela Contadoria Judicial da Seção Judiciária de Santa Catarina, reproduzida pela Orientação Interna Conjunta n. 97 DIRBEN/PFE, de 14 de janeiro de 2005. Incidente conhecido e provido. (TNU, Pedilef 2003.51.51.088231-5, Rel. Renata Andrade Lotufo, DJ 24.4.2007)

◉ Pedido de uniformização. Revisão RMI. Correção do salário-de-benefício pela variação da ortn. Juntada da relação dos salários-de-contribuição. Desnecessidade. Provimento. 1. É de ser conhecido pleito de uniformização de jurisprudência ante a contrariedade da decisão recorrida com deliberação, acerca da mesma matéria, proferida pela turma recursal de região diversa. 2. A não possibilidade de juntada da relação dos salários-de-contribuição, para fins da revisão em tela, não justifica a solução pelo non liquet, através de sentença de improcedência, quando há meios de se obter, com aproximação, a apuração das diferenças devidas mediante aplicação de tabela elaborada no âmbito da Seção Judiciária de Santa Catarina, a qual vem sendo aplicada pelo recorrido em sede administrativa. 3. Conhecimento e provimento do recurso, para o fim de restaurar a sentença. (TNU, Pedilef 2004.51.51.012070-5, Rel. Edilson Pereira Nobre Júnior, DJ 28.5.2007)

SÚMULA 60. O DÉCIMO TERCEIRO SALÁRIO NÃO INTEGRA O SALÁRIO DE CONTRIBUIÇÃO PARA FINS DE CÁLCULO DO SALÁRIO DE BENEFÍCIO, INDEPENDENTE DA DATA DA CONCESSÃO DO BENEFÍCIO PREVIDENCIÁRIO.

● *Súmula cancelada.* ● *DJ 21.3.2016 (cancelamento).* ● *Precedentes TNU: Pedilef 2008.72.53.000258-3; Pedilef 2009.72.51.008649-2; Pedilef 2010.72.58.002398-9; Pedilef 0007788-29.2008.4.03.6317.*

▶ Luiz Régis Bonfim Filho

Em sucinta explicação introdutória, cumpre esclarecer que salário de contribuição é base de cálculo para incidência tributária e parâmetro de cálculo do salário de benefício. Este, por sua vez, é base de cálculo da renda mensal inicial, na forma do artigo 29, Lei 8.213/91.

A CF/88, em seu artigo 201, § 11º, estipula que os ganhos habituais do empregado, a qualquer título, serão incorporados ao salário para efeito de contribuição previdenciária e consequente repercussão em benefícios, utilizando-se da expressão "nos casos e na forma da lei". De início, em sua redação originária, o artigo 29, § 3º, Lei 8.213/91 declarava que os ganhos habituais do segurado empregado, a qualquer título, sob forma de moeda corrente ou de utilidades, sobre os quais tenha incidido contribuição previdenciária seriam considerados para o cálculo do salário-de-benefício. A Lei 8.212/91, por sua vez, expressava, em seu artigo 28, § 7º, redação originária, que o décimo terceiro salário (gratificação natalina) integraria o salário-de-contribuição.

Ocorre que, com a vigência da Lei 8.870/94, o artigo 29, § 3º, Lei 8.213/91 teve sua redação alterada para ressalvar expressamente o décimo terceiro salário do cálculo do salário-de-benefício. E o artigo 28, § 7º, Lei 8.212/91, passou a declarar que o décimo terceiro salário (gratificação natalina) integra o salário-de-contribuição, exceto para o cálculo de benefício.

Desta feita, com as alterações promovidas pela Lei 8.870/84, a TNU passou a adotar a tese de que em nenhum momento o décimo terceiro salário poderia ingressar no cálculo do salário-de-benefício. Editou-se, por conseguinte, a Súmula ora comentada.

Ocorre que o STJ adotou tese diversa da TNU em diversos precedentes, o que ensejou verdadeira viragem jurisprudencial. A título ilustrativo, analisa-se o precedente que bem esclarece o posicionamento do STJ, REsp 1179432, adiante colacionado.

Desta feita, a TNU, no julgamento do Pedilef 0055090-29.2013.4.03.6301, em sessão do dia 16.3.16, deliberou, por maioria, pelo cancelamento da súmula 60. O aludido incidente de uniformização tem origem na divergência entre a jurisprudência do STJ e acórdão de Turma Recursal que negou provimento a recurso inominado, em sede de demanda visando à revisão de renda mensal inicial (RMI) de aposentadoria e rejeitou a inclusão do décimo terceiro salário no período básico de cálculo da renda mensal de benefício.

No caso posto em julgamento na oportunidade, a aposentadoria da parte autora tinha data de início de benefício (DIB) em 29.8.95, razão pela qual não haveria como incluir o décimo terceiro salário no PBC pois se fixou a tese que somente é cabível o cômputo dos décimos terceiros salários para fins de cálculo da renda mensal inicial de benefício previdenciário até a entrada em vigor da Lei 8.870/94, em 12.5.94, data de sua publicação. Diante deste quadro jurisprudencial, a TNU editou a Súmula 83.

Por fim, em incidente de uniformização, o STJ realizou correção relevante. Observa-se o precedente, Pet 9598, adiante transcrito.

O cancelamento da Súmula e a conseguinte edição da Súmula 83/TNU ensejam a uniformização de entendimento entre o STJ e a TNU, contribuindo para estabilidade, integridade e coerência da jurisprudência, conforme propugna o Código de Processo de Civil.

◉ Súmula TNU 83. A partir da entrada em vigor da Lei 8.870/94, o décimo terceiro salário não integra o salário de contribuição para fins de cálculo do salário de benefício.

◉ Agravo regimental no recurso especial. Previdenciário. Revisão de RMI. Cômputo do 13º salário. Redação do art. 28, § 7º, da Lei 8.212/1991. DIB anterior à alteração dada pela Lei 8.870/1994. 1. O art. 28, § 7º, da Lei 8.212/1991 (Lei de Custeio) dispunha que a gratificação natalina integrava o salário de contribuição para fins de apuração do salário de benefício, de sorte que a utilização da referida verba para fins de cálculo de benefício foi vedada apenas a partir da vigência da Lei 8.870/1994, que alterou a redação da citada norma e do § 3º do art. 29 da Lei 8.213/91 (Lei de Benefícios), dispondo expressamente que a parcela relativa ao décimo terceiro salário integra o salário de contribuição, exceto para efeito de cálculo dos proventos. 2. Do acurado exame da legislação pertinente, esta Corte firmou o entendimento segundo o qual, o cômputo dos décimos terceiros salários para fins de cálculo da renda mensal inicial de benefício previdenciário foi autorizado pela legislação previdenciária, até a edição da Lei 8.870, de 15 de abril de 1994, que alterou a redação dos arts. 28, § 7º da Lei de nº 8.212/1991 (Lei de Custeio) e 29, § 3º, da Lei 8.213/91 (Lei de Benefícios). 3. Agravo regimental a que se nega provimento. (STJ, 5ª T., AgRg no REsp 1179432/RS, Rel. Min. Marco Aurélio Bellizze, DJe 28.9.2012)

◉ Previdenciário e processual civil. Incidente de uniformização. Décimo terceiro. Cálculo do salário de benefício. Benefício anterior à publicação da MP 446/1994, convertida na Lei 8.870/1994. Inclusão. 1. Trata-se de Incidente de Uniformização de Interpretação de Lei Federal, embasado no art. 14, § 4º, da Lei 10.259/01, com escopo de atacar a decisão da Turma Nacional de Uniformização dos Juizados Especiais Federais (TNU) no sentido de que "é indevida a inclusão da gratificação natalina no período básico de cálculo, para fins de cálculo da renda mensal inicial de benefício previdenciário, seja a DIB do benefício anterior ou posterior à vigência da Lei 8.8870/94". 2. O STJ possui jurisprudência sedimentada em sentido contrário ao da TNU, na hipótese, compreendendo que o cômputo do décimo terceiro salário no período básico de cálculo para apuração de salário de benefício é possível para os benefícios em que reunidos os requisitos para concessão em data anterior à Lei 8.870/1994. (...). 3. A compreensão fixada pelo STJ merece pequeno reparo, pois a Lei 8.870/1994 é oriunda da Medida Provisória 446/1994 (D.O.U de 10.3.1994), e esta já previa a vedação do cômputo do décimo terceiro salário no cálculo de benefício (redação dada ao § 7º do art. 28 da Lei 8.212/1991), de forma que tal vedação deve ocorrer a partir da publicação da MP 446/1994. 4. Na hipótese, a data em que se inicia o benefício foi fixada em 10.1.1993, anterior, portanto, a 10.3.1994 (publicação da MP 446/1994, convertida na Lei 8.880/1994), razão por que deve ser restabelecida a sentença para que a recorrente tenha direito à inclusão do décimo terceiro na base de cálculo do salário de benefício. 5. Incidente de Uniformização provido. (STJ, 1ª S., Pet 9.598/SP, Rel. Min. Hermar Benjamin, DJe 29.11.2016)

SÚMULA 67. O AUXÍLIO-ALIMENTAÇÃO RECEBIDO EM PECÚNIA POR SEGURADO FILIADO AO REGIME GERAL DA PREVIDÊNCIA SOCIAL INTEGRA O SALÁRIO DE CONTRIBUIÇÃO E SUJEITA-SE À INCIDÊNCIA DE CONTRIBUIÇÃO PREVIDENCIÁRIA.

● *Súmula aplicável.* ● *DJ 24.9.2012.* ● *Precedentes: Pedilef 2009.72.50.013134-8. Pedilef 2009.72.54.005939-9. Pedilef 2009.72.50.009965-9.*

▶ *Gerson Luiz Rocha*

Inicialmente cumpre registrar que se mostra de fundamental importância delimitar as circunstâncias fáticas que ensejaram a edição da súmula em comento.

Os precedentes que resultaram no verbete sumulado cuidaram de ações ajuizadas por servidores públicos do Estado de Santa Catarina, que exercem exclusivamente cargos comissionados de livre nomeação e exoneração, ou seja, servidores sujeitos ao Regime Geral da Previdência Social (RGPS), por força do disposto no art. 40, § 13, da Constituição Federal, visando a repetição das contribuições previdenciárias descontadas sobre o auxílio-alimentação recebido em pecúnia.

Tal distinção mostra-se relevante na medida em que a tais servidores não se aplica o regime próprio dos servidores públicos do Estado de Santa Catarina (Lei Estadual 11.467/00) e tampouco a Lei 10.887/04, que regula a forma de cálculo dos proventos de aposentadoria dos servidores titulares de cargos efetivos de qualquer dos Poderes da União, dos Estados, do Distrito Federal e dos Municípios, incluídas suas autarquias e fundações, e cujo inciso V, do § 1º, do art. 4º, exclui da base de cálculo da contribuição previdenciária respectiva o auxílio-alimentação.

Uma vez contextualizada a questão nos termos acima delineados, e submetidos os autores ao RGPS, a base de cálculo da contribuição previdenciária devida há de ser aferida a partir do art. 28, I, da Lei 8.212/91, de modo que deve abranger a totalidade dos rendimentos pagos, devidos ou creditados a qualquer título, durante o mês, destinados a retribuir o trabalho, qualquer que seja a sua forma, inclusive as gorjetas, os ganhos habituais sob a forma de utilidades e os adiantamentos decorrentes de reajuste salarial, quer pelos serviços efetivamente prestados, quer pelo tempo à disposição do empregador ou tomador de serviços nos termos da lei ou do contrato ou, ainda, de convenção ou acordo coletivo de trabalho ou sentença normativa.

Ou seja, além da remuneração paga como retribuição direta pelo trabalho prestado, incluem-se na base de cálculo da contribuição outros ganhos habituais sob a forma de utilidades, dentre os quais insere-se o auxílio-alimentação.

De outro lado, prescreve o art. 97, VI, do Código Tributário Nacional que somente a lei pode estabelecer as hipóteses de exclusão do crédito tributário e que as respectivas normas devem ser interpretadas literalmente (art. 111, I), de sorte que apenas as parcelas remuneratórias expressamente excluídas por lei da base de cálculo da contribuição previdenciária não serão alcançadas pela tributação.

Portanto, somente as rubricas que se encontram indicadas no § 9º, do art. 28, da citada Lei 8.212/91, não sofrerão a incidência da contribuição discutida. No que tange ao auxílio-alimentação, a referida norma exclui da tributação apenas "a parcela 'in natura' recebida de acordo com os programas de alimentação aprovados pelo Ministério do Trabalho e da Previdência Social, nos termos da Lei 6.321/76", de modo que o auxílio-alimentação percebido com habitualidade e em pecúnia compõe a base de cálculo da contribuição.

Essa posição vem sendo reiteradamente sufragada pelo Superior Tribunal de Justiça (AgRg no REsp 1562484), tendo aquela Corte Superior assentado que quanto "ao auxílio alimentação, não há falar na incidência de contribuição previdenciária quando pago 'in natura', esteja ou não a empresa inscrita no PAT. No entanto, pago habitualmente e em pecúnia, há a incidência da contribuição".

Por conseguinte, conclui-se que o auxílio-alimentação pago com habitualidade e em pecúnia ao segurado do Regime Geral da Previdência Social integra a base de cálculo da respectiva contribuição previdenciária, entendimento refletido na Súmula ora comentada.

◯ (...). Contribuição previdenciária a cargo da empresa. Regime geral da previdência social. Incidência sobre: férias gozadas, trabalho realizado aos domingos e feriados (natureza de horas extras), adicional de insalubridade, descanso semanal remunerado, faltas justificadas, quebra de caixa e vale alimentação. (...). 3. Com relação ao trabalho realizado aos domingos e feriados, nos moldes preconizados no §1º, do artigo 249 da CLT, será considerado extraordinário. A Primeira Seção/STJ, ao apreciar o REsp 1.358.281/SP (...), aplicando a sistemática prevista no art. 543-C do CPC, pacificou orientação no sentido de que incide contribuição previdenciária (RGPS) sobre as horas extras (Informativo 540/STJ). 4. A orientação desta Corte é firme no sentido de que o adicional de insalubridade integra o conceito de remuneração e se sujeita à incidência de contribuição previdenciária (...). 5. No que concerne ao descanso semanal remunerado, a Segunda Turma/STJ, ao apreciar o REsp 1.444.203/SC (...), firmou entendimento no sentido de que tal verba sujeita-se à incidência de contribuição previdenciária. 6. Quanto à incidência sobre as faltas justificadas, é de se notar que a contribuição previdenciária, em regra, não incide sobre as verbas de caráter indenizatório, pagas em decorrência da reparação de ato ilícito ou ressarcimento de algum prejuízo sofrido pelo empregado. Contudo, insuscetível classificar como indenizatória a falta abonada, pois a remuneração continua sendo paga, independentemente da efetiva prestação laboral no período, porquanto mantido o vínculo de trabalho, o que atrai a incidência tributária sobre a verba. 7. No que concerne ao auxílio alimentação, não há falar na incidência de contribuição previdenciária quando pago in natura, esteja ou não a empresa inscrita no PAT. No entanto, pago habitualmente e em pecúnia, há a incidência da contribuição. (...). 8. "Quanto ao auxílio 'quebra de caixa', consubstanciado no pagamento efetuado mês a mês ao empregado em razão da função de caixa que desempenha, por liberalidade do empregador, a Primeira Seção do STJ assentou a natureza não indenizatória das gratificações feitas por liberalidade do empregador" (...). (STJ, AgRg no REsp 1562484/PR, Rel. Min. Mauro Campbell Marques, 2ª T., DJe 18.12.2015)

▶ **CF. Art. 40. (...). § 13.** Ao servidor ocupante, exclusivamente, de cargo em comissão declarado em lei de livre nomeação e exoneração bem como de outro cargo temporário ou de emprego público, aplica-se o regime geral de previdência social".

SÚMULA 83. A PARTIR DA ENTRADA EM VIGOR DA LEI N. 8.870/94, O DÉCIMO TERCEIRO SALÁRIO NÃO INTEGRA O SALÁRIO DE CONTRIBUIÇÃO PARA FINS DE CÁLCULO DO SALÁRIO DE BENEFÍCIO.

● *Súmula aplicável.* ● *DJ 21.3.2016.* ● *Precedentes: Pedilef 0055090-29.2013.4.03.6301.*

▶ *Alexandre Ferreira Infante Vieira*

Para se compreender a Súmula, é preciso traçar um histórico da legislação que trata da matéria. O § 3º do art. 29 da Lei 8.213/91, em sua redação original, dispunha que "serão considerados para cálculo do salário-de-benefício os ganhos habituais do segurado empregado, a qualquer título, sob forma de moeda corrente ou de utilidades, sobre os quais tenha incidido contribuição previdenciária". Já o § 7º do art. 28 da Lei 8.212/91, também em sua redação original, estabelecia que "o 13º (décimo terceiro) salário (gratificação natalina) integra o salário-de-contribuição, na forma estabelecida em regulamento".

O regulamento da Lei 8.212/91, aprovado pelo Decreto 612/92, assim dispunha no art. 37:

> Art. 37. Entende-se por salário-de-contribuição: (...). § 6º A gratificação natalina – décimo-terceiro salário – integra o salário-de-contribuição, sendo devida a contribuição quando do pagamento ou crédito da última parcela, ou da rescisão do contrato de trabalho. § 7º A contribuição de que trata o § 6º incidirá sobre o valor bruto da gratificação, sem compensação dos adiantamentos pagos, mediante aplicação, em separado, da tabela de que trata o art. 22 e observadas as normas estabelecidas pelo INSS. (...)

Por sua vez, o regulamento da Lei 8.213/91, aprovado pelo Decreto 611/92, previa os critérios a serem considerados para o cálculo do salário-de-benefício:

> Art. 30. O salário-de-benefício consiste na média aritmética simples de todos os últimos salários de contribuição relativos aos meses imediatamente anteriores ao do afastamento da atividade ou da data da entrada do requerimento, até o máximo de 36 (trinta e seis), apurados em período não superior a 48 (quarenta e oito) meses. (...). § 4º Serão considerados para cálculo do salário-de-benefício os ganhos habituais do segurado empregado, a qualquer título, sob forma de moeda corrente ou de utilidades, sobre os quais tenha incidido contribuição previdenciária. (...). § 6º A remuneração anual (13º salário) somente será considerada no cálculo do salário-de-benefício quando corresponder a 1 (um) ano completo de atividade.

Diante desse contexto normativo, havia divergência de interpretação quanto ao cálculo da contribuição previdenciária incidente sobre o 13º salário.

Com base no mencionado parágrafo 7º do art. 37 do regulamento aprovado pelo Decreto 612/92, o INSS entendia que o cálculo deveria ser feito em separado: a contribuição previdenciária deveria incidir sobre a remuneração normal de dezembro, limitada ao teto do salário-de-contribuição, e, separadamente, sobre a gratificação natalina, também limitada ao teto do salário-de-contribuição.

Já os contribuintes entendiam que a contribuição previdenciária deveria incidir sobre o somatório das duas verbas, no limite do teto do salário-de-contribuição naquela competência.

O STJ pacificou a questão declarando que o parágrafo 7º do art. 37 do regulamento aprovado pelo Decreto 612/92 violava a norma do parágrafo 7º do art. 28 da Lei

8.212/91, pois criava dois salários-de-contribuição na competência dezembro, alterando ilegalmente a base de cálculo da contribuição previdenciária.

Segundo a interpretação dada pelo STJ, a base de cálculo para a incidência da contribuição previdenciária relativa a dezembro deveria ser a soma da remuneração normal daquela competência com a gratificação natalina, devendo essa soma ser limitada ao teto do salário-de-contribuição vigente.

A ilegalidade do regulamento foi corrigida pela Lei 8.260/93, que assim dispôs:

> Art. 7º O recolhimento da contribuição correspondente ao décimo-terceiro salário deve ser efetuado até o dia 20 de dezembro ou no dia imediatamente anterior em que haja expediente bancário. (...). § 2º A contribuição de que trata este artigo incide sobre o valor bruto do décimo--terceiro salário, mediante aplicação, em separado, das alíquotas estabelecidas nos arts. 20 e 22 da Lei 8.212, de 24 de julho de 1991.

Como se pode constatar, a mesma norma contida no ilegal § 7º do art. 37 do regulamento aprovado pelo Decreto 612/92 foi veiculada pelo § 2º do art. 7º da Lei 8.260/93.

Esse entendimento restou consolidado pelo STJ no julgamento de Recurso Especial representativo da controvérsia em que foram firmadas duas teses:

> 1)Sob a égide da Lei 8.212/91 [antes da edição da Lei 8.620/93], é ilegal o cálculo, em separado, da contribuição previdenciária sobre a gratificação natalina em relação ao salário do mês de dezembro (Tema 215); e 2) A Lei 8.620/93, em seu art. 7º, § 2º autorizou expressamente a incidência da contribuição previdenciária sobre o valor bruto do 13º salário, cuja base de cálculo deve ser calculada em separado do salário-de-remuneração do respectivo mês de dezembro (Tema 216). (STJ, 1ª S., REsp 1.066.682/SP, repetitivo, Rel. Min. Luiz Fux, DJe 1.2.2010)

Portanto, não há dúvida de que, no período anterior à Lei 8.260/93, em que a contribuição previdenciária da competência dezembro deveria incidir sobre a soma da remuneração do mês com a gratificação natalina (limitada a soma ao teto do salário-de-contribuição), o 13º salário deveria ser considerado no cálculo do salário-de--benefício, não como um 13º salário de contribuição, mas integrando o salário-de--contribuição da competência dezembro, nos termos da redação original do § 3º do art. 29 da Lei 8.213/91.

Mas com a alteração no cálculo da contribuição previdenciária incidente sobre a gratificação natalina feita pela Lei 8.620/93, houve a necessidade de compatibilizar a legislação relativa à concessão de benefícios com a referente ao custeio da seguridade social.

Assim, a Lei 8.870/94, alterou a redação do § 7º do art. 28 da Lei 8.212/91 e do § 3º do art. 29 da Lei 8.213/91 para proibir a utilização da gratificação natalina no cálculo dos benefícios previdenciários:

> Art. 28 (...). § 7º O décimo-terceiro salário (gratificação natalina) integra o salário-de-contribuição, exceto para o cálculo de benefício, na forma estabelecida em regulamento.

> Art. 29 (...). § 3º Serão considerados para o cálculo do salário-de-benefício os ganhos habituais do segurado empregado, a qualquer título, sob forma de moeda corrente ou de utilidades, sobre os quais tenha incidido contribuições previdenciárias, exceto o décimo-terceiro salário (gratificação natalina).

Portanto, para os benefícios cujos requisitos foram preenchidos a partir da entrada em vigor da Lei 8.870/94, o décimo terceiro salário não mais integra o salário-de-contribuição para fins de cálculo do salário-de-benefício. Essa é interpretação a ser dada à Súmula 83 da TNU.

Dúvida poderia surgir quanto ao salário-de-contribuição referente à competência dezembro de 1993 a ser considerado para o cálculo do salário-de-benefício, pois, no intervalo entre a Lei 8.620, de 5.1.1993, e a Lei 8.870, de 15.4.1994, o § 3º do art. 29 da Lei 8.213/91 ainda determinava que o cálculo do salário-de-benefício deveria levar em conta as parcelas remuneratórias sobre as quais tivesse incidido contribuição previdenciária (sem excepcionar o 13º salário), enquanto a Lei 8.620/93 passou a determinar a incidência em separado da contribuição previdenciária sobre a gratificação natalina.

Considerando que ainda havia expressa previsão legal para a consideração da gratificação natalina no cálculo do salário-de-benefício, conclui-se que, para os benefícios cujos requisitos tenham sido preenchidos antes da Lei 8.870/94, o 13º salário de 1993 também deve ser considerado no cálculo do salário-de-benefício, não como mais um salário-de-contribuição, mas somado à remuneração de dezembro daquele ano, devendo a soma respeitar o teto do salário-de-contribuição então vigente. A parte da soma que ultrapassar o teto, embora tenha sofrido a incidência de contribuição previdenciária, não poderá ser aproveitada para o cálculo do salário-de-benefício.

Tudo o que foi dito pode ser sintetizado neste quadro:

	Contribuição previdenciária na competência dezembro	Consideração da gratificação natalina no cálculo do salário-de-benefício
ANTES DA LEI 8.620/93	Incide sobre a soma da remuneração de dezembro com a gratificação natalina, devendo essa soma ser limitada ao teto do salário-de-contribuição vigente	Sim, somada à remuneração de dezembro, respeitado o teto do salário-de-contribuição vigente, desde que os requisitos para a obtenção do benefício tenham sido preenchidos antes da Lei 8.870/94
ENTRE A LEI 8.620/93 E A LEI 8.870/94	Incide, em separado, sobre a remuneração de dezembro, limitada ao teto do salário-de-contribuição, e sobre a gratificação natalina, também limitada ao teto do salário-de-contribuição	
APÓS A LEI 8.870/94		Não

○ (...). Revisão de RMI. Cômputo do 13º salário. Redação do art. 28, § 7º, da Lei n. 8.212/1991 e do art. 29, § 3º, da Lei n. 8.213/1991. Alteração legislativa. Data de início do benefício (DIB) posterior à modificação processada pela Lei n. 8.870/1994. (...). 2. O art. 28, § 7º, da Lei n. 8.212/1991 (Lei de Custeio) dispunha que a gratificação natalina integrava o salário de contribuição para fins de apuração do salário de benefício, de sorte que a utilização da referida verba para fins de cálculo de benefício foi vedada apenas a partir da vigência da Lei n. 8.870/1994, que alterou a redação da citada norma e do § 3º do art. 29 da Lei n. 8.213/1991 (Lei de Benefícios), dispondo expressamente que a parcela relativa ao décimo terceiro salário integra o salário de contribuição, exceto para efeito de cálculo salário de benefício. 3. "Do acurado exame da legislação pertinente, esta Corte firmou o entendimento segundo o qual, o cômputo dos décimos terceiros salários para fins de cálculo da renda mensal inicial de benefício previdenciário foi autorizado pela legislação previdenciária, até a edição da Lei n. 8.870, de 15 de abril de 1994, que alterou a redação dos arts. 28, § 7°, da Lei de n. 8.212/1991 (Lei de Custeio) e 29, § 3°, da Lei n. 8.213/1991 (Lei de Benefícios)". (...). 4. Tanto no Supremo Tribunal Federal quanto nesta Corte Superior de Justiça, encontra-se pacificado o entendimento segundo o qual, em homenagem ao princípio tempus regit actum, o cálculo do valor dos benefícios previdenciários deve ser realizado com base na legislação vigente à época em que foram cumpridas as exigências legais para a concessão do benefício. 5. No caso em exame, os requisitos para concessão do benefício do segurado instituidor somente foram atendidos após a vigência da Lei n. 8.870/1994, razão pela qual incidem suas disposições, na íntegra. 6. Dessa forma, não é possível a aplicação conjugada das regras previstas pela redação originária do § 7° do art. 28 da Lei n. 8.212/1991 e do § 3° do art. 29 da Lei n. 8.213/1991 com as da Lei n. 8.870/1994, sob pena de tal mister "implicar a aplicação conjunta de ordenamentos jurídicos diversos, criando-se, dessa maneira, um regime misto de aplicação da lei". (...). 7. Tese jurídica firmada: O décimo terceiro salário (gratificação natalina) somente integra o cálculo do salário de benefício, nos termos da redação original do § 7° do art. 28 da Lei 8.212/1991 e § 3° do art. 29 da Lei n. 8.213/1991, quando os requisitos para a concessão do benefício forem preenchidos em data anterior à publicação da Lei n. 8.870/1994, que expressamente excluiu o décimo terceiro salário do cálculo da Renda Mensal Inicial (RMI), independentemente de o Período Básico de Cálculo (PBC) do benefício estar, parcialmente, dentro do período de vigência da legislação revogada. 8. Recurso julgado sob a sistemática do art. 1.036 e seguintes do CPC/2015 e art. 256-N e seguintes do Regimento Interno do Superior Tribunal de Justiça. (...). (STJ, 1ª S., REsp 1.546.680/RS, repetitivo, Rel. Min. Og Fernandes, DJe 17.5.2017)

◎ (...). Contribuição previdenciária sobre o décimo-terceiro salário. Decreto n. 612/92. Lei federal n. 8.212/91. Cálculo em separado. Legalidade após edição da Lei federal n. 8.620/93. 1. A Lei 8.620/93, em seu art. 7°, § 2° autorizou expressamente a incidência da contribuição previdenciária sobre o valor bruto do 13° salário, cuja base de cálculo deve ser calculada em separado do salário-de-remuneração do respectivo mês de dezembro (...). 2. Sob a égide da Lei 8.212/91, o E. STJ firmou o entendimento de ser ilegal o cálculo, em separado, da contribuição previdenciária sobre a gratificação natalina em relação ao salário do mês de dezembro, tese que restou superada com a edição da Lei 8.620/93, que estabeleceu expressamente essa forma de cálculo em separado. 3. "In casu", a discussão cinge-se à pretensão da repetição do indébito dos valores pagos separadamente a partir de 1994, quando vigente norma legal a respaldar a tributação em separado da gratificação natalina. 4. Recurso especial provido. Acórdão submetido ao regime do art. 543-C do CPC e da Resolução STJ 8/2008. (STJ, REsp 1.066.682/SP, Rel. Min. Luiz Fux, repetitivo, DJe 1.2.2010)

◎ (...). Décimo terceiro. Cálculo do salário de benefício. Período anterior à Lei 8.870/94. Inclusão. 1. A inclusão do décimo terceiro salário no cálculo do salário de benefício é possível até a vigência da Lei 8.870/94. (...). (STJ, 2ª T., AgRg no Resp 1.352.723/SP, Rel. Min. Og Fernandes, DJe 12.3.2014)

◎ (...). Revisão de benefícios. (...). Aposentadoria. Cálculo da renda mensal inicial – RMI. Legislação vigente à época da implementação dos requisitos para a obtenção do benefício. Precedentes. Aposentadoria concedida antes da vigência da Lei 8.870/94. Integração do décimo terceiro salário (gratificação natalina) no cálculo do salário-de-benefício. Possibilidade. (...). Concedido o benefício antes da entrada em vigor da alteração perpetrada pela Lei 8.870/94, é de direito que o décimo terceiro salário (gratificação natalina) componha o cálculo do salário-de-benefício para a fixação da Renda Mensal Inicial – RMI. (...). (STJ, 5ª T., AgRg no Resp 1.267.582/SC, Rel. Min. Laurita Vaz, DJe 13.3.2013)

◎ (...) Revisão de RMI. Inclusão do décimo terceiro salário no período básico de cálculo. Possibilidade desde que o benefício tenha sido concedido antes da entrada em vigor da Lei 8.870/94. Precedentes do STJ. Adequação da jurisprudência da TNU. Revisão da súmula n. 60 da TNU. Pedilef conhecido e provido. 1. Pedido de uniformização de interpretação de lei federal – Pedilef apresentado contra acórdão de Turma Recursal que negou provimento a recurso inominado, em sede de demanda visando à revisão de renda mensal inicial (RMI) de aposentadoria e rejeitou a inclusão do décimo terceiro salário no período básico de cálculo da renda mensal de benefício. 2. O Pedilef deve ser conhecido, pois há divergência entre a decisão recorrida e o que decidiu o Superior Tribunal de Justiça – STJ no REsp 1.352.723 (...), no REsp 1.272.242 (...) e no REsp 1.267.582 (...), nos termos do art. 14, § 2º, da Lei 10.259/01. 3. Confiram-se os precedentes mencionados: (...). 4. Em relação a tal tema, o Supremo Tribunal Federal – STF já negou a existência de repercussão geral e de matéria constitucional a ser decidida: (...). 5. Em razão dos precedentes do STJ, a jurisprudência desta TNU (Pedilef 05556831620044036301) deve ser revista e adequada à daquela Corte Superior, inclusive revisando-se o enunciado da súmula n. 60 desta TNU de modo que ele passe a ser o seguinte "A partir da entrada em vigor da Lei 8.870/94, o décimo terceiro salário não integra o salário de contribuição para fins de cálculo do salário de benefício" (art. 38, § 1º, do RI da TNU – Resolução n. 345/2015 – CJF). 6. No caso concreto, a aposentadoria da parte autora tem data de início de benefício (DIB) em 29.8.1995, razão pela qual não há como incluir o décimo terceiro salário no PBC, motivo pelo qual deve-se aplicar a Questão de Ordem n. 38 desta TNU e julgar, desde logo, o mérito da pretensão em si. 7. Por isso, voto por conhecer do Pedilef, dar-lhe provimento, adequar a jurisprudência da TNU à do STJ, estabelecer a tese de que é cabível o cômputo dos décimos terceiros salários para fins de cálculo da renda mensal inicial de benefício previdenciário até a entrada em vigor da Lei 8.870/94, em 12.5.94, e: 7.1. propor a revisão do enunciado da súmula n. 60 desta TNU para que ele passe a ser o seguinte: "A partir da entrada em vigor da Lei 8.870/94, o décimo terceiro salário não integra o salário de contribuição para fins de cálculo do salário de benefício"; 7.2. mas, em relação ao mérito da demanda, rejeitar a pretensão, pois a DIB do benefício que se pretende revisar é posterior a 12.5.1994. A Turma, por unanimidade, conheceu do incidente de uniformização e lhe deu provimento nos termos do voto (TNU, Pedilef 0055090-29.2013.4.03.6301, Rel. Marcos Antônio Garapa de Carvalho, DOU 1.4.2016)

▶ **Lei 8.213/91. Art. 29.** (...). **§ 3º** Serão considerados para o cálculo do salário-de-benefício os ganhos habituais do segurado empregado, a qualquer título, sob forma de moeda corrente ou de utilidades, sobre os quais tenha incidido contribuições previdenciárias, exceto o décimo-terceiro salário (gratificação natalina).

▶ **Lei 8.212/91. Art. 28.** (...). **§ 7º** O décimo-terceiro salário (gratificação natalina) integra o salário-de-contribuição, exceto para o cálculo de benefício, na forma estabelecida em regulamento.

▶ **Dec. 3.048/99. Art. 214.** (...). **§ 6º** A gratificação natalina – décimo terceiro salário – integra o salário-de-contribuição, exceto para o cálculo do salário-de-benefício, sendo devida a contribuição quando do pagamento ou crédito da última parcela ou na rescisão do contrato de trabalho. (...). **§ 7º** A contribuição de que trata o § 6º incidirá sobre o valor bruto da gratificação, sem compensação dos adiantamentos pagos, mediante aplicação, em separado, da tabela de que trata o art. 198 e observadas as normas estabelecidas pelo Instituto Nacional do Seguro Social.

7. FGTS

SÚMULA 12. OS JUROS MORATÓRIOS SÃO DEVIDOS PELO GESTOR DO FGTS E INCIDEM A PARTIR DA CITAÇÃO NAS AÇÕES EM QUE SE RECLAMAM DIFERENÇAS DE CORREÇÃO MONETÁRIA, TENHA HAVIDO OU NÃO LEVANTAMENTO DO SALDO, PARCIAL OU INTEGRALMENTE.

● *Súmula aplicável.* ● DJ 14.4.2004. ● *Referência legislativa: Lei 9.756/98.* ● *Precedentes: Súm. 163/STF. Súm. 252/STJ. REsp 307.204/RN. REsp 394.088/RS. REsp 428.985/RS. REsp 432.040/PR. REsp 437.223/PR. REsp 428.002/PR. REsp 515.975/MA. EDREsp 428.985/RS. PU/TNU 2002.50.50.000226-9/ES. PU/TNU 2002.50.50.001280-9/ES.*

▶ *Frederico Augusto Leopoldino Koehler*

A Súmula 12 da TNU foi aprovada na sessão de julgamento de 05 de abril de 2004 e embasa-se em diversos precedentes do colegiado, dentre os quais: TNU, Pedilef 2002.50.50.000226-9/ES, Rel. Mauro Luís Rocha Lopes, DJU 27.2.2004; TNU, Pedilef 2002.50.50.001280-9/ES, Rel. Mônica Sifuentes, DJU 27.2.2004.

O enunciado de súmula em comento surgiu para afastar a corrente jurisprudencial que, nas ações objetivando a incidência de índices de correção monetária expurgados por planos econômicos sobre saldos de contas de FGTS, sustentava que os juros moratórios sobre o montante do débito somente deveriam incidir na hipótese em que o titular não tivesse efetuado saque.

Os defensores da corrente citada argumentavam que, nessas hipóteses, em se tratando de obrigação de fazer, o titular da conta de FGTS ainda não teria adquirido direito à disponibilidade do montante, não tendo o devedor obrigação de repor prejuízos que sequer chegaram a existir.

Inicialmente, não custa lembrar o teor da súmula 252 do STJ, que assim dispõe sobre os índices de correção monetária que devem incidir sobre os saldos de contas de FGTS: "Os saldos das contas do FGTS, pela legislação infraconstitucional, são corrigidos em 42,72% (IPC) quanto às perdas de janeiro de 1989 e 44,80% (IPC) quanto às de abril de 1990, acolhidos pelo STJ os índices de 18,02% (LBC) quanto as perdas de junho de 1987, de 5,38% (BTN) para maio de 1990 e 7,00% (TR) para fevereiro de 1991, de acordo com o entendimento do STF (RE 226.855-7-RS)".

A questão aqui não é saber quais são os índices de correção devidos ou mesmo quais são as taxas de juros naturalmente agregados ao fundo e que são devidos pelo administrador, mas sim se devem incidir ou não juros de mora sobre essas verbas. Como dito acima, parte da jurisprudência sustentava que os juros moratórios somente deveriam incidir na hipótese em que o titular não tivesse sacado os valores contidos no fundo.

A jurisprudência da TNU, embasada no posicionamento pacificado no âmbito do STJ, consolidou-se no sentido de que os juros moratórios são devidos pelo administrador e incidem a partir da citação, independentemente de ter havido ou não o levantamento ou a disponibilização dos saldos.

Tal posição se justifica pelo fato de que, mesmo sem ter ocorrido o saque, houve a demora da instituição administradora do fundo em realizar os créditos utilizando os índices corretos de correção monetária. Assim, tal conduta impõe a condenação em juros moratórios, a fim de reparar os prejuízos sofridos pela parte autora.

Corroborando o afirmado, colacionam-se os seguintes precedentes da TNU (os quais referem vários acórdãos do STJ no mesmo sentido): Pedilef 2002.50.50.000226-9/ES e Pedilef 2002.50.50.001280-9/ES, adiante transcritos.

○ Súmula STF 163. Salvo contra a Fazenda Pública, sendo a obrigação ilíquida, contam-se os juros moratórios desde a citação inicial para a ação.

○ Súmula STJ 252. Os saldos das contas do FGTS, pela legislação infraconstitucional, são corrigidos em 42,72% (IPC) quanto às perdas de janeiro de 1989 e 44,80% (IPC) quanto às de abril de 1990, acolhidos pelo STJ os índices de 18,02% (LBC) quanto às perdas de junho de 1987, de 5,38% (BTN) para maio de 1990 e 7,00% (TR) para fevereiro de 1991, de acordo com o entendimento do STF (RE 226.855-7/RS).

○ FGTS. Recurso especial. Contas vinculadas. Correção monetária. Expurgos inflacionários. Legitimidade passiva da CEF. Ilegitimidade da União e dos bancos depositários. Prescrição trintenária. Direito adquirido. Percentuais devidos. Súmula 252/STJ. Creditamento do percentual de 84,32% (IPC), referente a março/90. Reexame de prova. Súmula n. 7/STJ. Índice aplicável em março/91: 8,5% (TR). Incidência da Lei n. 8.177/91. Juros moratórios. Cabimento. Sucumbência recíproca. Recurso da cef parcialmente provido. 1. A teor da Súmula 249/STJ, a CEF é parte legítima para figurar no pólo passivo em ação onde se discute correção monetária do FGTS, com a exclusão da união e dos bancos depositários. 2. A prescrição nas ações de cobrança das diferenças de correção do FGTS é trintenária (Súmula 210/STJ). 3. A tese de reconhecimento do direito adquirido restou vencida no STF (RE 226.855/RS). 4. Aplicam-se na correção dos depósitos do FGTS os índices constantes da Súmula 252/STJ, observados os limites do pedido inicial. 5. Tendo o Tribunal a quo rejeitado a tese da CEF, referente à ausência de interesse processual concernente ao IPC de março/90, com base na insuficiência de provas da efetivação do creditamento dos 84,32% nas contas dos autores, incide, com propriedade, a Súmula n. 7 desta Corte, já que, tal análise, ensejaria reexame de prova. 6. Ratificando o entendimento sufragado na Súmula 252/STJ, que indicou a TR como índice de atualização do saldo do FGTS aplicável em fevereiro/91, convalida-se o mesmo critério para o mês subseqüente, nos termos da Lei n. 8.177/91. 7. Os juros de mora são devidos no percentual de 0,5% ao mês, a partir da citação, pouco importando se houve ou não levantamento da quantia depositada. 8. Honorários advocatícios fixados em 10% do valor da condenação, a serem recíproca e proporcionalmente distribuídos e compensados entre as partes, em face da sucumbência recíproca. (...). (STJ, REsp 307.204/RN, Rel. Min. Laurita Vaz, 2ª T., DJ 16.9.2002)

○ FGTS. Honorários advocatícios. Juros de mora. Termo inicial. Sucumbência recíproca. Inocorrência. Precedentes. 1. Esta Corte já pacificou o entendimento sobre a incidência dos juros moratórios na atualização monetária dos depósitos das contas vinculadas ao FGTS, independentemente de estarem encerradas ou ativas. 2. Incorrendo o acórdão em equívoco quanto à sucumbência recíproca, impõe-se a avaliação, no juízo de execução, da sucumbência mínima que presumivelmente eximirá os autores dos ônus. (CPC, art. 21). (...). (STJ, REsp 394.088/RS, Rel. Min. Francisco Peçanha Martins, 2ª T., DJ 24.11.2003)

○ FGTS. Embargos à execução. Liquidação. Juros moratórios. Termo inicial. Citação. Correção monetária. Súmula 252/STJ. Índices não discutidos pela sentença exeqüenda. Inclusão. Nas demandas de correção monetária dos saldos de contas vinculadas do FGTS, os juros moratórios são devidos a partir da citação, sendo irrelevante a disponibilização ou não da quantia depositada. (...). Incorporada a diferença da correção monetária às contas vinculadas do FGTS, considerando a data em que o crédito deveria ter sido feito e não foi, sobre ele incidirá a correção monetária, nos termos da Súmula n. 252/STJ. Inexistindo na sentença exeqüenda fixação de determinado índice inflacionário e não havendo homologação de cálculos de liquidação, pode ser pleiteado, na execução, a incidência do IPC para corrigir o débito. (...). (STJ, REsp 432.040/PR, Rel. Min. Garcia Vieira, 1ª T., DJ 18.11.2002)

◎ (...). Embargos à execução. Fgts. Correção monetária. Inclusão de índices que não foram objeto da lide. Excesso. Impossibilidade. Juros moratórios. Incidência. Precedentes. 1. Impossibilidade de se incluir, em sede de execução, índices diversos dos que foram objeto da lide, haja vista constar do título judicial, tão-somente, a incidência do percentual de 42,72% de janeiro de 1989. Admitir hipótese contrária, com a inclusão de outros percentuais, se não apenas o previsto na condenação, resultaria em flagrante ofensa à coisa julgada. 2. Entendimento jurisprudencial deste Superior Tribunal de Justiça pacífico quanto à incidência de juros de mora nas contas vinculadas do FGTS, à base de 0,5% (meio por cento) ao mês, a partir da citação, independentemente do levantamento ou da disponibilização dos saldos. (...). (STJ, REsp 437.223/PR, Rel. Min. José Delgado, 1ª T., DJ 7.10.2002)

◎ (...). FGTS. Expurgos inflacionários. Embargos de declaração decididos por maioria. Aplicação de multa (art. 538, § 1º do CPC). Embargos infringentes. Descabimento. 1. Se a resposta a embargos declaratórios não complementa o acórdão da apelação, não cabem embargos infringentes, mesmo quando tomada por maioria. 2. Não se expõe a embargos infringentes acórdão que, no julgamento de embargos declaratórios impõe a multa cominada pelo art. 538, § 1º do CPC. 3. A propósito dos índices de atualização, adota-se o IPC, salvo em relação aos Planos Bresser (junho/87); Collor I (maio/90) e Collor II (fevereiro/91) (RE 226.855-7 e Súmula 252/STJ). A redução do IPC de janeiro de 1989 (42,72%), implica em automática ampliação do IPC de fevereiro do mesmo ano para 10,14%, conforme decisão da Corte Especial no REsp 43.055/Sálvio. 4. Os juros moratórios, diferenciados daqueles naturalmente agregados ao Fundo, são devidos pelo administrador, na taxa de 6% ao ano, e, contam-se, a partir da citação inicial para a ação, independentemente do levantamento ou da disponibilização dos saldos (...). (STJ, REsp 515.975/MA, Rel. Min. Humberto Gomes de Barros, 1ª T., DJ 17.11.2003)

◎ (...). Decisão monocrática. Embargos declaratórios. Princípio da fungibilidade. Agravo regimental. Recurso especial adesivo. Omissão. FGTS. Juros. Art. 13, Lei n. 8.036/90. Ausência de interesse processual. Honorários advocatícios. 1. Admite-se como agravo regimental os embargos de declaração opostos contra decisão monocrática proferida pelo relator do feito no Tribunal, em nome dos princípios da economia processual e da fungibilidade. 2. Os juros de mora devem incidir à base de 0,5% (meio por cento) ao mês, a partir da citação, independentemente da ocorrência do levantamento ou da disponibilização dos saldos antes do cumprimento da decisão. 3. Honorários advocatícios fixados em 10% (dez por cento) sobre o valor da condenação. (...). (EDcl no REsp 428.985/RS, Rel. Min. João Otávio de Noronha, 2ª T., DJ 13.10.2003,)

◎ A decisão recorrida contraria frontalmente a jurisprudência dominante do Superior Tribunal de Justiça, a qual indica serem devidos juros de mora a contar da citação sobre o montante do débito referente ao FGTS em casos de incidência de índices de atualização indevidamente expurgados, independentemente do levantamento ou da disponibilização dos saldos antes da decisão. Há, nesse sentido, acórdãos da 2ª Turma do STJ, como o apresentado pela requerente à guisa de paradigma (Resp 307204/RN, Rel. Min. Laurita Vaz), e vários outros da 1ª Turma, sendo um dos mais recentes o proferido no Resp 515.975/MA, Rel. Min Humberto Gomes de Barros, publicado no DJ 17.11.2003, p. 215, de cuja ementa extrai-se o seguinte excerto: Os juros moratórios, diferenciados daqueles naturalmente agregados ao Fundo, são devidos pelo administrador, na taxa de 6% ao ano, e, contam-se, a partir da citação inicial para a ação, independentemente do levantamento ou da disponibilização dos saldos (REsp's 179.136/Milton; 176.300/Garcia; 176.507/Pargendler; 245.896/Garcia; 281.785/Delgado; 315.440/Eliana e Súmula 163 do STF). Sendo uníssona no Superior Tribunal de Justiça a tese de que os juros de mora são de natureza civil e diferenciados daqueles agregados como rendimentos do próprio FGTS, por expressarem o estado de mora do devedor, afigurando-se irrelevante para fins de incidência dos mesmos o levantamento ou a disponibilização do saldo antes do cumprimento da decisão, voto no sentido de prover o incidente e reformar a decisão atacada, restabelecendo a condenação contida na sentença, que determinou a aplicação dos juros de mora a contar da citação. (TNU, Pedilef 2002.50.50.000226-9/ES, Rel. Mauro Luís Rocha Lopes, DJU 27.2.2004).

CAPÍTULO II • DIREITO PREVIDENCIÁRIO

◉ Comprovada ainda se encontra a divergência entre a decisão do relator e a jurisprudência dominante no STJ, como se vê dos seguintes acórdãos, entre outros, que retratam tese diversa da adotada pelo juiz relator da Turma Recursal/ES: 1) REsp 432.040/PR, 1ª Turma, Rel. Min. Garcia Vieira, decisão de 27.8.2002, DJ 18.11.2002, pg.: 00165; 2) REsp 437.223/PR, 1ª Turma, Rel. Min. José Delgado, decisão de 17.9.2002, DJ 07.10.2002, pg.: 00202; 3) REsp 394.088/RS, 2ª Turma, Rel. Min. Francisco Peçanha Martins, decisão de 02.10.2003, DJ 24.11.2003, pg.: 00248; 4) EDFEsp 428.985/RS, Rel. Min. João Otávio de Noronha, decisão de 04.9.2003, DJ 13.10.2003, pg.: 00326; 5) REsp 490.002/PR, 2ª Turma, Rel. Min. Eliana Calmon, decisão de 24.6.2003, DJ 25.8.2003, pg.: 00289. (...). Esta Corte já pacificou o entendimento sobre a incidência dos juros moratórios na atualização monetária dos depósitos das contas vinculadas ao FGTS, independentemente de estarem encerradas ou ativas" (REsp 394.088/RS, 2ª Turma, Rel. Min. Francisco Peçanha Martins, DJ 24.11.2003). (TNU, Pedilef 2002.50.50.001280-9/ES, Rel. Mônica Sifuentes, DJU 27.2.2004)

SÚMULA 40. NENHUMA DIFERENÇA É DEVIDA A TÍTULO DE CORREÇÃO MONETÁRIA DOS DEPÓSITOS DO FGTS RELATIVOS AO MÊS DE FEVEREIRO DE 1989.

● *Súmula aplicável.* ● DJ 26.9.2007. ● *Referência legislativa: Lei 7.730/89, art.17, I. Lei 7.738/89, art. 6º.* ● *Precedentes:* REsp 911871/PB. PU/TNU 2006.72.95.001981-9/SC. PU/TNU 2006.72.95.001353-2/SC. PU/TNU 2006.72.95.001826-8/SC. PU/TNU 2006.72.95.000841-0/SC.

▶ *Carlos Adriano Miranda Bandeira*

O Fundo de Garantia por Tempo de Serviço – FGTS, criado pela Lei 5.107/66 e atualmente regido pela Lei 8.036/90, é constituído por depósitos mensais realizados por empregadores em conta vinculada dos trabalhadores fundistas, somente podendo ser levantados nas hipóteses previstas no art. 20 da mencionada lei. O fundo atende não apenas os trabalhadores, mas toda a sociedade, pois as quantias ali reunidas são parcialmente aplicadas em programas de interesse público, nomeadamente nas áreas de habitação, saneamento básico e infraestrutura.

No princípio de 1989, as contas de FGTS tinham seu saldo atualizado em periodicidade trimestral. Consoante registrado pelo STF no julgamento do RE 226855-7, o Agente Gestor do Fundo aplicou, em 1.3.1989, índice de atualização relativo aos rendimentos de dezembro de 1988, janeiro e fevereiro de 1989, composto, de 28,79% da OTN de dezembro, de 22,35% referente a janeiro e de 18,35% da LFT de fevereiro. A súmula 40 da TNU supera polêmica deflagrada a respeito do índice aplicável no mês de fevereiro, na sequência do Plano Verão.

A Medida Provisória 32/89, posteriormente convertida na Lei 7.730/89, estruturou o Plano Verão em 15.1.89. Esse diploma criou o cruzado novo, determinou o congelamento de preços e extinguiu a OTN (Obrigação do Tesouro Nacional), cuja variação era utilizada para correção monetária. Também modificou a forma de cálculo do IPC (Índice de Preços ao Consumidor), previsto no Decreto-Lei 2284/86 para aferir as oscilações de nível geral de preços, conforme apuração do IBGE. Por fim, embora omissa quanto ao FGTS, determinou que os saldos de cadernetas de poupança fossem atualizados em fevereiro de 1989 pela variação da LFT (Letra Financeira do Tesouro Nacional).

Apenas em 19.6.89, veio a ser criado outro papel em substituição à OTN: o Bônus do Tesouro Nacional (BTN). Nesse momento, a Lei 7.777/89 determinou a apuração retroativa do BTN desde fevereiro de 1989, com base na evolução do IPC, que continuará sendo aferido ao longo de todo o período. A lacuna legal existente com relação ao mês de janeiro de 1989, entretanto, levou ao ajuizamento de ações diversas, relativas ao percentual aplicável ao FGTS nesse mês, o que desaguou na pacífica orientação do STJ fixando expurgos inflacionários de 42,72%, posição que foi consolidada na súmula 252 da Corte.

A jurisprudência se inclinava à adoção do IPC no mês de janeiro como forma de concretizar a correção monetária devida no período. Todavia, a aptidão desse índice para exprimir a inflação ocorrida era contestada, tendo em conta que o IBGE apurou, para janeiro de 1989, IPC de 70,28%, percentual muito superior às aferições de inflação feitas por outros órgãos (por exemplo, IGP/FGV 36,56%; DIEESE 33,76%; FIPE/USP 31,11%).

Diante disso, a Corte Especial do STJ decidiu pela aplicação do IPC, mas corrigiu a taxa fixada pelo IBGE usando a regra de três simples. O voto do relator no julgamento do REsp 43.055-0/SP explicou que o percentual do IBGE padecia de dois vícios. Em primeiro lugar, a nova metodologia preconizada no art. 9º, I, da Lei 7.730/89 implicou *bis in idem*, pois determinou que o IPC de janeiro levasse em conta variação de preços entre 30 de novembro de 1988 e 15 de dezembro de 1988, período que já havia sido considerado para fins de apuração do IPC de dezembro, fato admitido pelo IBGE em nota técnica publicada na época. Em segundo lugar, os preços em janeiro foram apurados de forma a indicar o preço médio no dia 20, e não no dia 15. À conta dessas duas circunstâncias, o STJ considerou que o período de apuração de variação de preços fora de 51 dias, e não de 30. Desse modo, o índice de 70,28%, mereceu ser decotado na mesma proporção, aplicando-se, portanto, o percentual de 42,72% em janeiro.

Embora esse julgado debatesse apenas a correção devida em janeiro, o relator ilustrou o seu raciocínio aplicando-o ao IPC de fevereiro. Ele consignou que, após apurar um IPC de 70,28% em janeiro, o IBGE computou uma inflação de 3,6% no mês seguinte. Ponderou-se que o período de apuração da inflação de fevereiro fora de meros 11 dias, e não de 31. Também por aplicação de regra de três simples, o relator promoveu a elevação proporcional do percentual. Os expurgos inflacionários do FGTS devidos em fevereiro, com base no IPC, deviam, portanto, ser de 10,14%, posicionamento que foi consagrado pelo STJ, em 2010, em julgamento de repetitivos (REsp 1111201/PE).

Deve ser registrada, entretanto, uma peculiaridade quanto ao tema de que cuida a súmula 40 da TNU: inexistia propriamente lacuna legal relativa ao índice aplicável ao FGTS com relação ao mês de fevereiro de 1989. Com efeito, em 3.2.1989, foi editada a Medida Provisória 38/89, posteriormente convertida na Lei 7738/89. Seu art. 6º, I, definiu que os saldos de contas de FGTS manteriam a periodicidade trimestral de atualização e passariam a ser corrigidos pelos índices aplicáveis à atualização dos saldos dos depósitos de poupança. A sistemática exigida então pelo art. 17 da Lei 7.730/89 para atualização de saldos das cadernetas de poupança estabelecia, em fevereiro, o rendimento acumulado da LFT em janeiro de 1989 deduzido do percentual fixo de

0,5%. Como a LFT foi de 18,85%, o Agente Gestor computou, em 1.3.1989, a variação de 18,35% para o mês de fevereiro.

De toda sorte, a jurisprudência do STJ tomou em consideração a trimestralidade da atualização monetária do FGTS e, determinando a aplicação do índice de 10,14%, admitiu que eventuais valores pagos a maior ao correntista em fevereiro pudessem ser compensados com diferenças a menor registradas nos meses de dezembro e janeiro. Essa compensação, nada obstante, nem sempre era alegada ou, ainda que verificada, podia não ser conhecida. Ao relatar o REsp 911.871, por exemplo, o Min. Teori Zavascki aludiu ao princípio da *non reformatio in pejus*: tendo o recurso sido interposto pelo titular da conta, o julgamento deixava de avaliar a destinação dos valores recebidos a mais, sob pena de prejudicar quem dera causa ao recurso buscando situação mais benéfica.

Na maioria dos precedentes julgados pela TNU e que originaram a súmula 40, os pedidos de uniformização suscitados por titulares de contas fundiárias perseguiam a cumulação do IPC com a LFT. A TNU citava precedentes do STJ no sentido de que nenhuma diferença era devida ao demandante fundista com relação ao mês de fevereiro de 1989, isoladamente. A pretensão era afastada também com fundamento na falta de previsão legal para a cumulação pretendida.

◯ Súmula STJ 252. Os saldos das contas do FGTS, pela legislação infraconstitucional, são corrigidos em 42,72% (IPC) quanto às perdas de janeiro de 1989 e 44,80% (IPC) quanto às de abril de 1990, acolhidos pelo STJ os índices de 18,02% (LBC) quanto às perdas de junho de 1987, de 5,38% (BTN) para maio de 1990 e 7,00% (TR) para fevereiro de 1991, de acordo com o entendimento do STF (RE 226.855-7-RS).

◯ (...). Recurso representativo de controvérsia, submetido ao regime previsto no artigo 543-C do CPC e na resolução do STJ n. 8/2008. FGTS. Correção monetária. Diferenças. Expurgos inflacionários. Índices de fevereiro/89, junho/90, julho/90, janeiro/91 e março/91. (...). 2. No tocante à correção monetária incidente no mês de fevereiro de 1989, o Superior Tribunal de Justiça firmou entendimento de que deve ser calculada com base na variação do IPC, ou seja, no percentual de 10,14%, como decorrência lógica da redução do índice de 72,28% para 42,72% do IPC do mês anterior (janeiro/89), interpretação essa conferida à Lei 7.730/89 pela Corte Especial, por ocasião do julgamento do REsp 43.055/SP (...). (STJ, 1ª S., REsp 1111201/PE, repetitivo, Rel. Min. Benedito Gonçalves, DJe 4.3.2010)

◯ Fundo de Garantia por Tempo de Serviço – FGTS. Natureza jurídica e direito adquirido. Correções monetárias decorrentes dos planos econômicos conhecidos pela denominação Bresser, Verão, Collor I (no concernente aos meses de abril e de maio de 1990) e Collor II. O Fundo de Garantia por Tempo de Serviço (FGTS), ao contrário do que sucede com as cadernetas de poupança, não tem natureza contratual, mas, sim, estatutária, por decorrer da Lei e por ela ser disciplinado. Assim, é de aplicar-se a ele a firme jurisprudência desta Corte no sentido de que não há direito adquirido a regime jurídico. Quanto à atualização dos saldos do FGTS relativos aos Planos Verão e Collor I (este no que diz respeito ao mês de abril de 1990), não há questão de direito adquirido a ser examinada, situando-se a matéria exclusivamente no terreno legal infraconstitucional. No tocante, porém, aos Planos Bresser, Collor I (quanto ao mês de maio de 1990) e Collor II, em que a decisão recorrida se fundou na existência de direito adquirido aos índices de correção que mandou observar, é de aplicar-se o princípio de que não há direito adquirido a regime jurídico. Recurso extraordinário conhecido em parte, e nela provido, para afastar da condenação as atualizações dos saldos do FGTS no tocante aos Planos Bresser, Collor

I (apenas quanto à atualização no mês de maio de 1990) e Collor II. (STF, Pleno. RE 226855, Rel. Min. Moreira Alves, DJ 13.10.00).

◎ FGTS. Correção monetária. Índices aplicáveis. Precedentes do STF e STJ. Súmula 252/STJ. (...). A aplicação do índice de 10,14% no mês de fevereiro/89 (IPC) é um reflexo lógico e necessário, em consequência da redução do índice incidente no mês de janeiro/89, por isso que aplicado o critério "pro rata die", a partir da decisão majoritária da eg. Corte Especial deste STJ (REsp 43055/SP...). (STJ, 2ª T., REsp 783.121/RJ, Rel. Min. Francisco Peçanha Martins, DJ 13.2.2006)

◎ (...). 1. A jurisprudência predominante no STJ é no sentido de que a correção monetária de fevereiro de 1989 nas contas vinculadas ao FGTS deve ser calculada com base na variação do IPC (10,14%). Considerando que o crédito efetuado pela CEF foi de 18,35%, apurado com base na LFT (art. 6º da Lei 7.789/89; art. 17, I da Lei 7.730/89), o valor creditado a maior deve, segundo a jurisprudência do STJ, ser abatido das diferenças devidas nos outros meses do trimestre (...). Todavia, considerando isoladamente o mês de fevereiro de 1989, nenhuma diferença é devida a tal título. 2. A Primeira Seção desta Corte firmou entendimento de que a correção dos saldos deve ser de: 84,32% em março/90 (IPC), 9,61% em junho/90 (BTN), 10,79% em julho/90 (BTN), 13,69% em janeiro/91 (IPC) e 8,5% em março/91 (TR). (...). (STJ, 1ª T., REsp 911.871/PB, Rel. Min. Teori Albino Zavascki, DJ 29.6.2007)

◎ (...). FGTS. Expurgos inflacionários. Fevereiro de 1989. Divergência entre a decisão proferida pela Turma Recursal de Santa Catarina e a jurisprudência dominante do STJ. Correção das contas vinculadas no período mediante percentual superior ao IPC. LFT de 18,35%. Incidente de uniformização conhecido e improvido. 1. Os julgados apontados como paradigma, oriundos do Superior Tribunal de Justiça, apresentam entendimento dominante acerca da matéria, tendo a jurisprudência da C. Corte se posicionado no sentido de que, para o índice de correção monetária das contas vinculadas de FGTS relativo ao mês de fevereiro de 1989, deve ser aplicado o percentual de 10,14% (dez vírgula quatorze por cento) referente ao IPC do período. 2. Conquanto a jurisprudência do STJ seja praticamente uníssona no sentido de que o IPC é o índice aplicável nas correções das contas vinculadas de FGTS no mês de fevereiro de 1989, mas tendo a CEF calculado no referido mês a correção monetária com base na Letra Financeira do Tesouro nacional (LFT) e creditado o índice de 18,35% (dezoito vírgula trinta e cinco por cento) que é superior ao requerido pela parte autora na presente demanda (IPC de 10,14%), nenhuma diferença é devida aos recorrentes a título de correção monetária das contas de FGTS no caso. 3. O próprio Superior Tribunal de Justiça, em outros julgados semelhantes ao presente, tem manifestado entendimento no sentido de que "Considerando que o crédito efetuado pela CEF foi de 18,35%, apurado com base na LFT (art. 6º da Lei 7.789/89; art. 17, I da Lei 7.730/89), o valor creditado a maior deve, segundo a jurisprudência do STJ, ser abatido das diferenças devidas nos outros meses do trimestre". 4. Pedido de Uniformização de Jurisprudência conhecido e improvido. (TNU, Pedilef 200672950013532, Rel. Alexandre Miguel, DJU 31.8.2007)

◎ (...). FGTS. Correção monetária. Honorários. Art. 29-C da Lei 8.036/90, com redação dada pela Medida Provisória 2.164-40/01. Ações ajuizadas após 27.7.2001. Aplicabilidade. 1. A jurisprudência predominante no STJ é no sentido de que a correção monetária de fevereiro de 1989 nas contas vinculadas ao FGTS deve ser calculada com base na variação do IPC (10,14%). Considerando que o crédito efetuado pela CEF foi de 18,35%, apurado com base na LFT (art. 6º da Lei 7.789/89; art. 17, I da Lei 7.730/89), o valor creditado a maior deve, segundo a jurisprudência do STJ, ser abatido das diferenças devidas nos outros meses do trimestre (...). Todavia, considerando isoladamente o mês de fevereiro de 1989, nenhuma diferença é devida a tal título. (...). (STJ, 1ª T., REsp 982.850, Rel. Min. Teori Albino Zavascki, DJ 3.12.07)

◎ (...). 1. Esta Corte tem se posicionado no sentido de aplicar às contas vinculadas do FGTS tão somente os índices contidos no enunciado do Verbete n. 252 da Súmula/STJ. 2. Nos meses de junho/1990, julho/1990 e março/1991, não é aplicável o índice do IPC, mas os determinados na lei vigente e aplicados pela Caixa Econômica Federal. 3. Seguindo orientação do STF, o STJ, a partir do julgamento do REsp 282201/AL, vem decidindo pela aplicação do BTNf em junho e julho/1990 e da TR em março/1991. 4. Em relação ao mês de fevereiro/1989, é pacífica a jurisprudência das 1ª e 2ª Turmas quanto à aplicação do índice de 10,14% (...). (STJ, 2ª T., REsp 983963/PB, Rel. Carlos Fernando Mathias, DJ 23.6.2008)

◉ (...). Pacificou-se no STJ o entendimento de que a correção monetária de fevereiro de 1989 nas contas vinculadas do FGTS deve ser calculada com base na variação do IPC (10,14%). Considerando que o crédito efetuado pela CEF foi de 18,35%, apurado com base na LFT (art. 6º da Lei 7.789/89; art. 17, I, da Lei 7.730/89), o valor creditado a maior deve, segundo a jurisprudência do STJ, ser abatido das diferenças devidas nos outros meses do trimestre. Todavia, levando-se em conta isoladamente o mês de fevereiro de 1989, nenhuma diferença é devida a tal título. (STJ, 2ª T., AgRg no Ag 1.184.006/RJ, Rel. Min. Herman Benjamin, DJe 20.4.2010)

▶ **Lei 7.730/89. Art. 9º** A taxa de variação do IPC será calculada comparando-se: I – no mês de janeiro de 1989, os preços vigentes no dia 15 do mesmo mês, ou, em sua impossibilidade, os valores resultantes da melhor aproximação estatística possível, com a média dos preços constatados no período de 15 de novembro a 15 de dezembro de 1988; II – no mês de fevereiro de 1989, a média dos preços observados de 16 de janeiro a 15 de fevereiro de 1989, com os vigentes em 15 de janeiro de 1989, apurados consoante o disposto neste artigo. ▶**Art. 17.** Os saldos das cadernetas de poupança serão atualizados: I – no mês de fevereiro de 1989, com base no rendimento acumulado da Letra Financeira do Tesouro Nacional – LFT, verificado no mês de janeiro de 1989, deduzido o percentual fixo de 0,5% (meio por cento).

▶ **Lei 7.738/89 Art. 6º** A partir de fevereiro de 1989, serão atualizados monetariamente pelos mesmos índices que forem utilizados para atualização dos saldos dos depósitos de poupança: I – os saldos das contas de Fundo de Garantia do Tempo de Serviço – FGTS, mantida a periodicidade trimestral;

SÚMULA 56. O PRAZO DE TRINTA ANOS PARA PRESCRIÇÃO DA PRETENSÃO À COBRANÇA DE JUROS PROGRESSIVOS SOBRE SALDO DE CONTA VINCULADA AO FGTS TEM INÍCIO NA DATA EM QUE DEIXOU DE SER FEITO O CRÉDITO E INCIDE SOBRE CADA PRESTAÇÃO MENSAL.

● *Súmula aplicável.* ● *DJ 7.5.2012.* ● *Precedentes: Pedilef 2008.83.00.500409-2. Pedilef 2006.83.00.520199-0. Pedilef 2006.83.02.501286-3. Pedilef 2006.63.04.006485-9. Pedilef 2005.63.03.017154-7.*

▸ *Gerson Luiz Rocha*

A questão relativa à indenização devida aos trabalhadores demitidos que gozavam de estabilidade no emprego vinha regulada nos Capítulos V e VII, do Título IV, da Consolidação das Leis do Trabalho (CLT), até a edição da Lei 5.107, de 13.9.1966, que instituiu o Fundo de Garantia do Tempo de Serviço (FGTS). A partir daí, conferiu-se aos trabalhadores o direito de optar entre a citada sistemática protetiva do tempo de serviço até então prevista na CLT e a nova sistemática inaugurada pela lei referida.

Para a capitalização do fundo então criado e das respectivas contas individuais instituiu-se aos empregadores a obrigação de efetuar depósitos mensais junto à rede bancária autorizada, correspondentes a 8% (oito por cento) da remuneração dos empregados, optantes ou não, que ficariam sujeitos à incidência de correção monetária e juros anuais capitalizados, estes calculados progressivamente, em conformidade com o tempo de permanência do trabalhador na mesma empresa, de modo que corresponderiam a 3% (três por cento) durante os dois primeiros anos, 4% (quatro por cento) do terceiro ao quinto ano, 5% (cinco por cento) do sexto ao décimo ano e 6% (seis por cento) do décimo-primeiro ano em diante, de acordo com o disposto no art. 4º da lei acima citada.

Ocorre que a Lei 5.705, de 21.9.1971, pôs fim ao regime de juros capitalizados progressivos, ao alterar o art. 4º da Lei 5.107, de 13.9.1966, determinando que a capitalização dos juros dos depósitos do FGTS passaria a ser feita unicamente à taxa de 3% (três por cento) ao ano, ressalvadas, entretanto, as contas vinculadas dos empregados optantes existentes na data de publicação da lei modificadora, que continuariam a receber juros capitalizados progressivamente.

Posteriormente, a Lei 5.958, de 10.12.1973, permitiu que os trabalhadores que não tivessem optado pelo regime do FGTS previsto na Lei 5.107, de 13.9.1966, o fizessem, estabelecendo, ainda, que os efeitos desta opção tardia retroagiriam a 1.1.1967 ou à data da admissão no emprego caso posterior àquela, tudo dependendo da anuência do empregador.

Com isso, iniciou-se o debate acerca do regime dos juros capitalizados a incidir sobre os depósitos dos empregados que viessem a exercer a mencionada opção retroativa, ou seja, se sujeitar-se-iam ao regime de juros progressivos vigente até a Lei 5.705, de 21.9.1971, ou se receberiam unicamente a taxa de 3% (três por cento) ao ano prevista nessa lei.

A questão foi solucionada pelo Superior Tribunal de Justiça, fixando-se o entendimento de que a opção retroativa prevista na Lei 5.958, de 10.12.1973, somente se aplica aos trabalhadores que encontravam-se empregados quando da edição da Lei 5.705, de 21.9.1971, e que a esses trabalhadores, que tenham exercido a opção retroativa referida, deve ser assegurado o mesmo regime de juros progressivos estabelecido para os trabalhadores que exerceram a opção pelo FGTS antes da extinção do regime de progressividade.

Tal entendimento resultou na Súmula 154 daquela Corte Superior.

Todavia, não obstante reconhecido o direito dos trabalhadores aos juros progressivos nos termos acima delineados, ainda remanescia a controvérsia acerca do prazo de prescrição da ação de cobrança relativa às diferenças entre os juros capitalizados creditados pelos bancos depositários das contas do FGTS e o devido nos termos do entendimento sufragado pela Corte Superior.

Sustentavam os devedores que a prescrição teria seu termo a quo com a publicação da Lei 5.958, de 10.12.1973, e fulminaria o próprio direito de pleitear as diferenças mencionadas, enquanto os credores sustentavam que a prescrição não alcançaria o direito propriamente, uma vez que se tratando de verbas creditadas periodicamente, portanto, de trato sucessivo, o prazo prescricional somente alcançaria aquelas prestações cujo crédito tivesse ocorrido em período superior a trinta anos contados do ajuizamento da demanda.

Nesse aspecto, prevaleceu a tese sustentada pelos trabalhadores, uma vez que exercida a opção retroativa prevista na Lei 5.958, de 10.12.1973, não há mais que se falar em prescrição do fundo de direito, na mediada em que o crédito dos juros capitalizados é periódico, de modo que, a cada período em que há crédito a menor, verifica-se nova violação do direito do trabalhador optante e, consequentemente, a renovação do prazo prescricional relativamente à respectiva parcela.

Portanto, o prazo de prescrição deve ser aferido em relação a cada uma das parcelas creditadas a menor.

O entendimento mencionado restou então consolidado na Súmula 398, do Superior Tribunal de Justiça. A Turma Nacional de Uniformização alinhando-se a tal entendimento, por sua vez, editou a Súmula ora sob exame.

De se observar, entretanto, que quando da edição da súmula referida, era firme a jurisprudência do Superior Tribunal de Justiça (Súmula 210) e do próprio Supremo Tribunal Federal (AI 782236 AgR-ED) no sentido de que o prazo de prescrição para a cobrança de diferenças relativas a depósitos do FGTS era de trinta anos, em conformidade com o art. 20, da Lei 5.107, de 13.9.1966, combinado com o art. 144, da Lei 3.807, de 26.8.1960, e art. 23, § 5º, da Lei 8.036, de 11.5.1990.

Todavia, recentemente, o Supremo Tribunal Federal reviu essa questão, sufragando, com repercussão geral, no julgamento do ARE 709212, o entendimento de que a norma que prevê o prazo trintenário para a cobrança de diferenças de depósitos do FGTS colide com o disposto no art. 7º, XXIX, da Constituição Federal, de sorte que deve ser considerado o prazo de cinco anos para a prescrição das ações referidas. De se observar, entretanto, que a Corte Suprema modulou os efeitos da referida decisão, atribuindo-lhe efeitos "ex nunc".

Portanto, a Súmula da Turma Nacional de Uniformização permanece válida, todavia, deve ser lida considerando-se a mencionada decisão do Supremo Tribunal Federal, conforme a data de ajuizamento da demanda seja anterior ou posterior a tal julgamento.

◎ Súmula STF 443. A prescrição das prestações anteriores ao período previsto em lei não ocorre, quando não tiver sido negado, antes daquele prazo, o próprio direito reclamado, ou a situação jurídica de que ele resulta.

◎ Súmula STJ 85. Nas relações jurídicas de trato sucessivo em que a Fazenda Pública figure como devedora, quando não tiver sido negado o próprio direito reclamado, a prescrição atinge apenas as prestações vencidas antes do quinquênio anterior a propositura da ação.

◎ Súmula STJ 154. Os optantes pelo FGTS, nos termos da Lei n. 5.958, de 1973, tem direito à taxa progressiva dos juros, na forma do art. 4º da Lei n. 5.107, de 1966.

◎ Súmula STJ 210. A ação de cobrança das contribuições para o FGTS prescreve em trinta (30) anos.

◎ Súmula STJ 353. As disposições do Código Tributário Nacional não se aplicam às contribuições para o FGTS.

◎ Súmula STJ 398. A prescrição da ação para pleitear os juros progressivos sobre os saldos de conta vinculada do FGTS não atinge o fundo de direito, limitando-se às parcelas vencidas.

◎ (...). Direito do Trabalho. Fundo de Garantia por Tempo de Serviço (FGTS). Cobrança de valores não pagos. Prazo prescricional. Prescrição quinquenal. Art. 7°, XXIX, da Constituição. Superação de entendimento anterior sobre prescrição trintenária. Inconstitucionalidade dos arts. 23, § 5°, da Lei 8.036/1990 e 55 do Regulamento do FGTS aprovado pelo Decreto 99.684/1990. Segurança jurídica. Necessidade de modulação dos efeitos da decisão. Art. 27 da Lei 9.868/1999. Declaração de inconstitucionalidade com efeitos "ex nunc". (...). (ARE 709212, Rel. Min. Gilmar Mendes, Pleno, repercussão geral – mérito, DJe 19.2.2015)

◎ (...). Não há prescrição do fundo de direito de pleitear a aplicação dos juros progressivos nos saldos das contas vinculadas ao Fundo de Garantia por Tempo de Serviço – FGTS, mas tão só das parcelas vencidas antes dos trinta anos que antecederam à propositura da ação, porquanto o prejuízo do empregado renova-se mês a mês, ante a não-incidência da taxa de forma escalonada. (...). (STJ, REsp 1110547/PE. Rel.: Min. Castro Meira. 1ª Seção. 22.4.2009, DJ 4.5.2009)

◎ (...) . 2. No que tange à prescrição dos juros progressivos, firmou-se jurisprudência, no Supremo Tribunal Federal e nesta Corte Superior, no sentido de que os depósitos para o Fundo de Garantia do Tempo de Serviço possuem caráter de contribuição social, sendo trintenário o prazo prescricional das ações respectivas, nos termos do disposto na Súmula 210/STJ. 3. Cuidando- se de obrigação de trato sucessivo, como é o caso dos juros progressivos, renovável mês a mês, a prescrição incide tão-só sobre os créditos constituídos antes dos trinta anos antecedentes à propositura da ação. (...). (STJ, REsp 984121/PE, Rel. Min. Carlos Fernando Mathias. 2ª Turma. DJe 29.5.2008)

◎ (...) . 1. Os titulares das contas vinculadas ao FGTS que fizeram opção pelo regime, sem qualquer ressalva, nos termos da Lei n. 5.107/66, têm direito à aplicação da taxa progressiva de juros fixada pela Lei n. 5.958/73. (...). 3. A prescrição pressupõe lesão e inércia do titular na propositura da ação, e se inaugura com o inadimplemento da obrigação. Tratando-se de obrigação de trato sucessivo, a violação do direito ocorre de forma contínua. Dessa forma, o prazo prescricional é renovado em cada prestação periódica não-cumprida, podendo cada parcela ser fulminada isoladamente pelo decurso do tempo, sem, contudo, prejudicar as posteriores. Entendimento das súmulas 85 do STJ e 443 do STF. (...). (STJ, REsp 852743/PE. Rel.: Min. Luiz Fux. 1ª Turma. DJ 12.11.2007)

▶ **Lei 7.839/89. Art. 30.** Esta Lei entra em vigor na data de sua publicação, revogadas a Lei nº 5.107, de 13 de setembro de 1966, e as demais disposições em contrário.

▶ **Lei 5.958/73. Art. 1°** Aos atuais empregados, que não tenham optado pelo regime instituído pela Lei nº 5.107, de 13 de setembro de 1966, é assegurado o direito de fazê-lo com efeitos retroativos a 1º de janeiro de 1967 ou à data da admissão ao emprego se posterior àquela, desde que haja concordância por parte do empregador.

8. JUROS DE MORA

SÚMULA 12. OS JUROS MORATÓRIOS SÃO DEVIDOS PELO GESTOR DO FGTS E INCIDEM A PARTIR DA CITAÇÃO NAS AÇÕES EM QUE SE RECLAMAM DIFERENÇAS DE CORREÇÃO MONETÁRIA, TENHA HAVIDO OU NÃO LEVANTAMENTO DO SALDO, PARCIAL OU INTEGRALMENTE.

Súmula comentada/anotada no item *FGTS*, retro.

Capítulo II • Direito Previdenciário

Súmula 56. O prazo de trinta anos para prescrição da pretensão à cobrança de juros progressivos sobre saldo de conta vinculada ao FGTS tem início na data em que deixou de ser feito o crédito e incide sobre cada prestação mensal.

Súmula comentada/anotada no item *FGTS*, retro.

Súmula 61. As alterações promovidas pela Lei 11.960/2009 têm aplicação imediata na regulação dos juros de mora em condenações contra a Fazenda Pública, inclusive em matéria previdenciária, independentemente da data do ajuizamento da ação ou do trânsito em julgado.

● *Súmula cancelada.* ● DJ: 11.10.13 (cancelamento) ● *Referência legislativa: Lei 11.960/09.* ● Precedentes TNU: Pedilef 0500149-22.2010.4.05.8500; Pedilef 2007.72.95.005642-0; Pedilef 0504001-88.2009.4.05.8500.

▶ *Lucílio Linhares Perdigão de Morais*

A Turma Nacional de Uniformização, na Oitava sessão ordinária de 9 de outubro de 2013, aprovou, por unanimidade, o cancelamento da súmula 61 (Precedente: 0003060-22.2006.4.03.6314, de relatoria do Juiz Federal João Batista Lazzari).

Outrossim, o entendimento acerca da correção dos valores decorrentes de sentenças condenatórias é matéria que necessita, na atuação prática, especial atenção dos operadores do direito. Não raro esse tema acaba se tornando o foco central das ações ajuizadas.

Sendo assim, chama-se especial atenção para a compreensão das regras de atualização, assim como para as razões da revogação desta súmula.

A Súmula tinha como fundamento a aplicação literal da Lei 11.960/09, que assim atualizou o art. 1º-F da Lei 9.494/97:

> Art. 1º-F. Nas condenações impostas à Fazenda Pública, independentemente de sua natureza e para fins de atualização monetária, remuneração do capital e compensação da mora, haverá a incidência uma única vez, até o efetivo pagamento, dos índices oficiais de remuneração básica e juros aplicados à caderneta de poupança.

Tal regra, de caráter geral, estipula a aplicação dos índices oficiais de remuneração básica e juros aplicados à caderneta de poupança para as condenações impostas à Fazenda Pública, razão pela qual se entendeu pela edição de súmula da TNU afirmando a aplicabilidade deste dispositivo legal inclusive à matéria previdenciária.

Ocorre que, posteriormente, o colegiado resolveu cancelar o verbete sumular, determinando que a sistemática a ser adotada é a de juros de mora de 1% ao mês e atualização monetária pelo INPC, conforme se verifica no precedente já indicado (0003060-22.2006.4.03.6314).

Ao cancelar a Súmula, a TNU entendeu que:

> O Plenário do STF, quando do julgamento das ADI's 4.357/DF e 4.425/DF, ao apreciar o artigo 100 da Constituição Federal, com redação que lhe foi conferida pela Emenda Constitucional 62/2006, declarou a inconstitucionalidade de determinadas expressões constantes dos parágrafos do citado dispositivo constitucional, além de, por arrastamento, declarar inconstitucional o artigo 1º-F da Lei 9.494/1997, com redação dada pela Lei 11.960/2009.

Dito isso, o relator propôs "o cancelamento da Súmula TNU 61 e, consequentemente, o restabelecimento da sistemática vigente anteriormente ao advento da Lei 11.960/2009, no que concerne a juros e correção monetária, qual seja, juros de mora de 1% (um por cento) ao mês e atualização monetária pelo INPC".

Nesse ponto, dois aspectos merecem atenção especial do leitor, já se recomendando, para a melhor compreensão do tema a leitura atenta do RE 870.947 (em julgamento) e das ADI's 4357 e 4425.

O primeiro é que o entendimento firmado quando do cancelamento da Súmula não é atualmente o seguido pela TNU, que, em novo pedido de uniformização, entendeu pela aplicação literal do contido no Manual de Cálculos da Justiça Federal (Pedilef 50011140220134047204).

O segundo ponto de destaque é que, não obstante os doutos entendimentos já fixados pela TNU e pelo STF, a questão ainda não se encontra encerrada. Como bem demonstrou o Ministro Fux quando do reconhecimento da repercussão geral do RE 870947, adiante colacionado.

Ou seja, a constitucionalidade da Lei 11.960/2009 não foi integralmente afastada pelo Supremo até o presente momento, limitando-se apenas à fase de precatórios, razão pela qual o entendimento atualmente firmado pela TNU pode ser afastado pelo STF.

Recomenda-se, portanto, especial atenção ao leitor para o julgamento definitivo do RE 870.947, quando a questão tende a ser definitivamente pacificada.

○ "(...). Quando o STF considerou inconstitucional o uso da taxa de remuneração básica da caderneta de poupança (TR) para fim de correção de débitos do Poder Público, no julgamento das Ações Diretas de Inconstitucionalidade (ADIs) 4425 e 4357, o fez apenas com relação aos precatórios, não se manifestando quanto ao período entre o dano efetivo (ou o ajuizamento da demanda) e a imputação da responsabilidade da Administração Pública (fase de conhecimento do processo). Uma vez constituído o precatório, então seria aplicado o entendimento fixado pelo STF, com a utilização do Índice de Preços ao Consumidor Amplo Especial (IPCA-E) para fins de correção monetária". (STF, RE 870947 RG, Rel. Min. Luiz Fux, voto, DJe 27.4.2015)

○ Benefício previdenciário. Correção monetária. Juros na forma do Manual de Cálculos da Justiça Federal a partir da citação válida. Aplicação da Lei 11.960/09. Pedido de uniformização conhecido e provido. (...) 3. Ante o exposto conheço do presente incidente de uniformização, e dou-lhe provimento para o fim de determinar que sobre o valor da condenação incidam juros de mora, calculados na forma do Manual de Cálculos da Justiça Federal, com termo inicial de incidência a partir da citação válida do réu no processo. É como voto. Acordam os membros da TNU – Turma Nacional de Uniformização conhecer e prover o Incidente de uniformização de Jurisprudência interposto, nos termos do voto-ementa do Juiz Federal Relator. (TNU, Pedilef 50011140220134047204, Rel. Ronaldo José da Silva, DOU 10.6.2016)

9. PREVIDÊNCIA DOS SERVIDORES PÚBLICOS

Súmula 20. A Lei n. 8.112, de 11 de dezembro de 1990, não modificou a situação do servidor celetista anteriormente aposentado pela Previdência Social Urbana.

● *Súmula aplicável.* ● *DJ 7.10.2004.* ● *Referência legislativa:* CF. Lei 1.711/52. Lei 8.112/90. DL 5.452/43. ● *Precedentes:* REsp 96.090/PE. REsp 259.660/RN. REsp 461.440/PR. REsp 556.756/RS. PU/TNU 2003.38.00.715423-5/MG.

▶ *Ronaldo José da Silva*

Inicialmente, convém destacar que todo o imbróglio fático-jurídico e que ensejou a edição desta respeitável súmula, a qual, aliás, está em estrita consonância com a jurisprudência majoritária, inclusive do STF, decorreu da patente inconstitucionalidade cometida pelo legislador ordinário com a edição da Lei 8.112/90, onde, no art. 243 e § 1º, do referido estatuto, ao fito de interpretar e dar concretude ao que estabelecido no art. 19, do ADCT, da CF/88 – lembrando que esta norma transitória da nossa carta magna procedeu à estabilização tão-somente dos empregados celetistas que contavam com mais de cinco anos de serviço público prestados – , simplesmente transformou os antigos empregos públicos celetistas em cargos públicos de provimento efetivo, contrariando a vontade constituinte que era somente dar estabilidade a uma classe de empregados públicos que estavam laborando, até então, sob o regime da CLT.

Esta manobra legislativa foi objeto de críticas ásperas e contundentes de boa parte da doutrina, valendo mencionar, por todos, o que escreveu o mestre Ivan Barbosa Rigolin em sua festejada obra Comentários Regime Único dos Servidores Públicos Civis[65]:

> Chega-se enfim ao artigo mais monstruoso, inacreditável, inadmissível e estapafúrdio de que se tem notícia, nos últimos tempos, no panorama do direito público brasileiro. (...)

> Que fez a Lei 8.112, então, para resolver o problema da União? Se precisava ter um regime jurídico único, tratou de obtê-lo com a velocidade do raio, com a rapidez do trovão. Simplesmente ignorou as limitações impostas pelo mesmo inc. XXXVI do art. 5º constitucional para a hipótese, e transmutou, num passe de mágica, contratos de trabalho, ocupados por servidores nele estabilizados junto à União, em atos administrativos unilaterais de admissão de servidores estatutários. (...)

> Mas não para aí a inconstitucionalidade do artigo, pois ele também afrontou, ao transformar emprego em cargo efetivo, o disposto no art. 19, § 1º, do ADCT da Constituição Federal, que exigia, como exige, concurso, seja ele público, seja ele interno, para o fim de efetivação de servidores estabilizados em empregos pela CLT, quando de eventual passagem para o regime jurídico estatutário. A União os passou sem concurso, por simples determinação de lei, em aberta afronta à exigência constitucional.

Por sinal, esta orientação não passou despercebida pela C. STF, quando sinalizou que "a norma do art. 19 do ADCT encerra simples estabilidade, ficando afastada a transposição de servidores considerados cargos públicos integrados a carreiras distintas, pouco importando encontrarem-se prestando serviços em cargo e órgão

---

65. RIGOLIN, Ivan Barbosa. **Comentários ao Regime Único dos Servidores Públicos Civis**. 5. ed., São Paulo: Saraiva, 2007.

diversos da administração pública" (ADI 351, Rel. Min. Marco Aurélio, Pleno, DJe 5.8.2014).

Não obstante, o art. 243 da Lei 8.112/90 não teve a sua inconstitucionalidade material proclamada em sede de controle abstrato pela Corte Suprema, tampouco apareceram interessados em questionar-lhe a validade constitucional na medida em que a norma encerrava privilégios e benefícios infinitamente superiores aos auferidos pelos empregados então regidos pela CLT, embora estabilizados por força da Constituição.

Desta feita, os então empregados públicos submetidos ao regime da CLT foram automaticamente transportados para a disciplina normativa do regime único dos servidores públicos e, assim, adquiriram o direito à paridade de proventos da aposentadoria com a remuneração dos servidores ativos, então prevista no art. 40, § 4º, da CF/88 em sua redação original.

E este direito à paridade dos servidores públicos celetistas estabilizados, desde que a aposentação se desse já sob a égide da CF/88 foi reconhecido pelo C. STF em várias ocasiões, do que são exemplos os seguintes precedentes: 2ª T., AI 324666-AgR, Rel. Min. Maurício Corrêa, DJ 14.12.2001; 2ª T., RE 240380 AgR, Rel. Min. Néri da Silveira, DJ 6.8.1999; e 1ª T., RE 241372, Rel. Min. Ilmar Galvão, DJ 5.10.2001.

Por outro lado, ao servidor submetido ao regime da Consolidação das Leis do Trabalho, segurado da Previdência Social, que se aposentou antes do advento da Lei 8.112, de 11 de dezembro de 1990, não se aplica a norma do art. 40, § 4º, da Carta da República, na redação anterior à EC 20/98, que é destinada apenas ao servidor público estatutário, assegurando-lhe a revisão dos proventos na mesma proporção e na mesma data em que se modificar a remuneração dos servidores em atividade.

Trata-se de entendimento consolidado no âmbito da Suprema Corte (STF, 2ª T., RE 338454 AgR-ED, Rel. Min. Eros Grau, DJe 31.1.2008), para quem:

> Os preceitos dos §§ 4º e 5º do artigo 40 da Constituição do Brasil, em sua redação originária, não se aplicam ao servidor submetido ao regime da CLT, que se aposentou ou faleceu antes do advento da Lei 8.112/90.

Este é o espírito normativo-concreto da súmula em comento, o qual encontra total ressonância na jurisprudência tanto do C. STF quanto do C. STJ.

A título ilustrativo, no STF encontram os seguintes precedentes: RE 328.367-AgR, Rel. Min. Sepúlveda Pertence, 1ª T., DJ 2.9.2005; RE 325.588-AgR, Rel. Min. Gilmar Mendes, 2ª T., DJ 13.9.2002; RE 241.372, Rel. Min. Ilmar Galvão, 1ª T., DJ 5.10.2001 e RE 221.069-AgR, Rel. Min. Gilmar Mendes, 2ª T., DJ 8.11.2002.

No âmbito do STJ colhem-se os seguintes julgados ilustrativos da jurisprudência predominante: 5ª T., REsp 572.437/RS, Rel. Min. Arnaldo Esteves Lima, DJ 4.12.2006; 6ª T., AgRg no REsp 386.765/RS, Rel. Min. Hélio Quaglia Barbosa, DJ 3.4.2006; 5ª T., REsp 450.099/RS, Rel. Min. Arnaldo Esteves Lima, DJ 30.10.2006; e 6ª T., AgRg no REsp 491.851/RS, Rel. Min. Hamilton Carvalhido, DJ 13.3.2006.

No âmbito da TNU confira-se o que foi julgado no PU 2003.38.00.715423-5/MG, DJU 29.9.2004.

De modo que, relevadas as discussões sobre aspectos atinentes à isonomia material entre servidores públicos celetistas que se aposentaram ou faleceram em data anterior à da edição da Lei 8.112/90 e aqueloutros cujo fato gerador se verificou em data posterior à da edição da referida Lei, especialmente tendo em mira a redação, de duvidosa constitucionalidade, do art. 243 e § 1º, do Estatuto dos Servidores Públicos Civis, a questão jurídica crucial a saber, e que norteou a edição da súmula n. 20 da TNU, é que a jurisprudência pátria consolidou entendimento no sentido de se garantir o direito à paridade somente aos servidores públicos celetistas aposentados que se encontravam na ativa quando da edição da Lei 8.112/90.

◯ (...). Funcionário público aposentado por invalidez pelo regime celetista. Pedido de reversão. Coisa julgada. Aposentadoria previdenciária. Direito à equiparação com os vencimentos dos servidores em atividade. Inexistência. Nos termos da nossa lei instrumental civil, reputam-se idênticas duas ações quando houver identidade entre as partes, a causa de pedir e o pedido (arts. 301, § 2º, CPC). Em consonância com tal conceito, ocorre a coisa julgada na hipótese em que funcionário público, aposentado por invalidez pelo regime celetista, postula a reversão ao serviço público, não influindo na causa de pedir e no pedido, "in casu", a questão da anulação do ato de aposentadoria. O ato de aposentadoria do funcionário público regido pelas normas celetistas implica no encerramento das relações de trabalho e do vínculo contratual com a Administração Pública. Aposentando-se o autor sob vínculo celetista e obtendo sua inatividade remunerada perante o sistema previdenciário, não lhe aproveitam as vantagens percebidas pelos servidores estatutários em atividade. (...). (STJ, REsp 96.090/PE, Rel. Min. Vicente Leal, 6ª T., DJ 22.2.1999)

◯ (...). Servidor público aposentado sob o regime celetista. Aposentadoria previdenciária. Direito à equiparação com os vencimentos dos servidores em atividade. Inexistência. O ato de aposentadoria do funcionário público regido pelas normas celetistas implica no encerramento das relações de trabalho e do vínculo contratual com a Administração Pública. Aposentado-se o servidor sob vínculo celetista e obtendo sua inatividade remunerada perante o sistema previdenciário, não lhe aproveitam as vantagens percebidas pelos servidores estatutários em atividade. (...). (STJ, REsp 259.660/RN, Rel. Min. Vicente Leal, 6ª T., DJ 25.9.2000)

◯ (...). Servidor público. Aposentadoria. CLT. Estatutário. Lei nº 8.112/90. Aos servidores aposentados sob o regime celetista antes do advento da Lei 8.112/90 não se aplica o disposto no art. 243 desta Lei, tendo em vista que com o ato da aposentação perderam o vínculo com a Administração Pública, passando a ser regidos pelas regras do sistema previdenciário. (...). (STJ, REsp 461.440/PR, Rel. Min. Felix Fischer, 5ª T., DJ 24.2.2003)

▶ **Lei 8.112/91. Art. 243.** Ficam submetidos ao regime jurídico instituído por esta Lei, na qualidade de servidores públicos, os servidores dos Poderes da União, dos ex-Territórios, das autarquias, inclusive as em regime especial, e das fundações públicas, regidos pela Lei 1.711, de 28 de outubro de 1952 – Estatuto dos Funcionários Públicos Civis da União, ou pela Consolidação das Leis do Trabalho, aprovada pelo Decreto-Lei 5.452, de 1º de maio de 1943, exceto os contratados por prazo determinado, cujos contratos não poderão ser prorrogados após o vencimento do prazo de prorrogação. § 1º Os empregos ocupados pelos servidores incluídos no regime instituído por esta Lei ficam transformados em cargos, na data de sua publicação.

SÚMULA 66. O SERVIDOR PÚBLICO EX-CELETISTA QUE TRABALHAVA SOB CONDIÇÕES ESPECIAIS ANTES DE MIGRAR PARA O REGIME ESTATUTÁRIO TEM DIREITO ADQUIRIDO À CONVERSÃO DO TEMPO DE ATIVIDADE ESPECIAL EM TEMPO COMUM COM O DEVIDO ACRÉSCIMO LEGAL, PARA EFEITO DE CONTAGEM RECÍPROCA NO REGIME PREVIDENCIÁRIO PRÓPRIO DOS SERVIDORES PÚBLICOS.

Súmula comentada/anotada no item *Atividade Especial*, retro.

SÚMULA 69. O TEMPO DE SERVIÇO PRESTADO EM EMPRESA PÚBLICA OU EM SOCIEDADE DE ECONOMIA MISTA POR SERVIDOR PÚBLICO FEDERAL SOMENTE PODE SER CONTADO PARA EFEITOS DE APOSENTADORIA E DISPONIBILIDADE.

● *Súmula aplicável.* ● DJ 13.3.2013. ● *Precedentes:* Pedilef 2008.85.00.500062-5. Pedilef 2008.85.00.502487-3. Pedilef 0513636-23.2009.4.05.8200.

▸ Celso Araújo Santos

O art. 100 da Lei 8.112/90 assegura que, para os servidores públicos federais, "é contado para todos os efeitos o tempo de serviço público federal, inclusive o prestado às Forças Armadas". Exemplo: um servidor público do Banco Central do Brasil (BC) possui cinco anos de serviço público, prestados nessa autarquia federal. Ocorre que, após aprovação em concurso público, ele foi nomeado e tomou posse em um cargo público no Ministério da Fazenda (órgão da União), tendo se exonerado do cargo anterior no BC. De acordo com a norma citada, será possível contar no novo cargo, "para todos os efeitos", o serviço público que ele havia prestado na autarquia. A contagem desse tempo é importante, pois pode refletir em diversas vantagens para o servidor, como o tempo necessário para obtenção de adicionais de remuneração, licenças, remoção, promoção e aposentadoria, dentre outras repercussões possíveis, conforme o caso.

Já o artigo 103 da Lei 8.112/90 traz diversas situações em que o servidor público não poderá usar o tempo de serviço anterior para todos os fins, mas "apenas para efeito de aposentadoria e disponibilidade". Está nessa situação, por exemplo, o tempo de serviço em atividade privada, vinculada à Previdência Social (operado pelo INSS).

Para exemplificar, suponha alguém que possua cinco anos de serviços prestados ao Banco Bradesco, como gerente bancário. Ao tomar posse em um cargo efetivo no Ministério da Fazenda (órgão da União), o período trabalhado no banco privado poderá ser contado efeito de aposentadoria e disponibilidade, e apenas para isso.

A questão que surge é se o tempo de serviço prestado em empresa pública ou em sociedade de economia mista pode ser contado para todos os efeitos (como prevê o art. 100) ou se somente pode ser contado para efeitos de aposentadoria e disponibilidade (como prevê o art. 103, V). Isso pode ocorrer, por exemplo, quando um ex-funcionário da Caixa Econômica Federal (empresa pública federal) ou do Banco do Brasil (sociedade de economia mista federal) torna-se servidor público federal.

De acordo com o entendimento da Súmula, "o tempo de serviço prestado em empresa pública ou em sociedade de economia mista por servidor público federal somente pode ser contado para efeitos de aposentadoria e disponibilidade" – ou seja, não pode ser contado para todos os fins.

Isso porque a Lei 8.112/90 utiliza um conceito restrito de "servidor público", que inclui apenas os ocupantes de cargos públicos (arts. 2º e 3º). Os funcionários de sociedades de economia mista e empresas públicas são, a rigor, empregados, e não servidores públicos. Não possuem cargo público definido em lei, trabalham sob o regime jurídico da Consolidação das Leis do Trabalho (CLT), e estão vinculados à Previdência Social (INSS). Logo, só pode ser contado para todos os efeitos o tempo de "serviço público federal", assim compreendido o serviço prestado por servidor público, ocupante de cargo público, em âmbito federal. Em reforço, argumenta-se ainda que, nos termos do art. 173, 1º, II da CF, as empresas públicas e as sociedades de economia mista submetem-se ao regime jurídico próprio das empresas privadas, inclusive quanto aos direitos e obrigações trabalhistas. Logo, o serviço nelas prestado por seus empregados deve ser entendido como tempo de serviço em atividade privada, conforme art. 103, V da Lei 8.112/90.

O entendimento expresso na Súmula 69 da TNU segue a jurisprudência formada no âmbito do STJ desde longa data (vide jurisprudência complementar abaixo).

○ Administrativo. Agravo interno no recurso especial. Servidor público. Tempo de serviço. Sociedade de economia mista. Contagem do tempo de serviço para fins de anuênio. Impossibilidade. 1. Não se mostra possível a contagem de tempo de serviço prestado perante empresas públicas e sociedades de economia mista para fins de percepção do adicional por tempo de serviço (anuênio). 2. Diante da literalidade do artigo 103, V, da Lei 8.112/90, o tempo de serviço prestado em referidas entidades da Administração Pública Indireta pode ser considerado apenas para efeitos de aposentadoria e disponibilidade. 3. Agravo interno a que se nega provimento. (STJ, 1ª T., AgInt no REsp 1.238.883/RS, Rel. Min. Sérgio Kukina, DJe 9.11.2016)

○ Recurso em mandado de segurança. Servidor público estadual. Contagem do tempo de serviço celetista para todos os efeitos. Empresas públicas estaduais. Prodasul. Impossibilidade. Precedentes. 1. Pleiteia a impetrante a concessão da segurança para que seja reconhecida judicialmente a existência de saldo de tempo de serviço prestado sob regime celetista na extinta Prodasul, para que tal tempo seja computado na carreira, e no cargo público estatutário de Técnico Fazendário na Sefaz (Secretaria de Estado de Fazenda de MS) para fins promocionais. 2. A jurisprudência do Superior Tribunal de Justiça é no sentido de que "o tempo de serviço prestado às empresas públicas e sociedades de economia mistas, integrantes da Administração Pública Indireta, somente pode ser computado para efeitos de aposentadoria e disponibilidade" (AgRg no RMS 45157...). (STJ, 2ª T., AgInt no RMS 46.897/MS, Rel. Min. Humberto Martins, DJe 18.8.2016)

○ (...). Tempo de serviço prestado perante sociedade de economia mista. Banco do brasil. Administração pública indireta. Contagem para fins de incidência de adicional de tempo de serviço. Impossibilidade. Precedentes. (...). 2. A jurisprudência do STJ entende que, submetendo-se as empresas públicas e as sociedades de economia mista ao regime próprio das empresas privadas, o tempo prestado pelo recorrido no Banco do Brasil S/A somente pode ser computado na forma prevista no art. 103, inc. V, da Lei 8.112/90, isto é, conta-se apenas para efeitos de aposentadoria e disponibilidade. 3. Tratando-se de servidor público federal que prestou serviços ao Banco do Brasil, ou seja, sociedade de economia mista, mostra-se incabível o cômputo do período trabalhado para fins de percepção de adicional de tempo de serviço. 4. Recurso especial parcialmente provido. (STJ, 2ª T., REsp 1.220.104/PR, Rel. Min. Mauro Campbell Marques, DJe 10.3.2011)

◎ Direito administrativo. Recurso especial. Servidor público federal. Tempo de serviço prestado em empresas estatais. Averbação para todos os fins. Impossibilidade. Recurso conhecido e improvido. 1. O tempo de serviço prestado por servidor público federal em empresas públicas e sociedades de economia mista somente é contado para efeitos de aposentadoria e disponibilidade. Inteligência dos arts. 103, V, da Lei 8.112/90 e 173, § 1º, II, da Constituição Federal. 2. Recurso especial conhecido e improvido. (STJ, 5ª T., REsp 960.200/RS, Rel. Min. Arnaldo Esteves Lima, DJe 18.5.2009)

◎ Incidente de uniformização de jurisprudência. Inadmissibilidade. Divergência entre decisões de turmas recursais de diferentes regiões. Acórdão paradigma sem comprovação de autenticidade. Falta de similitude fático-jurídica. Convergência entre acórdão recorrido e jurisprudência da TNU. Servidor público federal. Tempo de serviço em sociedade de economia mista. Cômputo somente para aposentadoria e disponibilidade. 1.A ação visa à averbação, perante o Departamento de Polícia Federal no Estado da Paraíba, do tempo de serviço prestado pelo requerente no Banco do Nordeste do Brasil S/A, no período de 5.6.1978 à 15.6.2003. Em especial, o requerente pretende que o período seja computado como tempo de serviço público para todos os efeitos legais, inclusive para fins de adicional por tempo de serviço. 2.O acórdão recorrido considerou que o tempo de serviço prestado sob o regime celetista a sociedade de economia mista só pode ser contada, no âmbito do serviço público federal, para fins de aposentadoria e disponibilidade. (...). 6. Como se não bastasse, o acórdão recorrido está em consonância com a jurisprudência da TNU, exemplificada pela decisão tomada no Pedilef 2008.85.00.500062-5 (...). (TNU, Pedilef 0513636-23.2009.4.05.8200, Rel. Rogério Moreira Alves, DOU 1.3.2013)

◎ Pedido de uniformização nacional. Civil e administrativo. Servidor público. Reconhecimento de tempo de serviço trabalhado em sociedade de economia mista e empresa pública federal. Tempo de serviço privado. Artigo 103, v, da Lei n. 8.112/90. Incidente conhecido e provido. 1. Trata-se de ação em que se objetiva o reconhecimento do tempo de serviço trabalhado junto à Petrobrás S/A, sociedade de economia mista, como tempo de serviço público. 2. A sentença julgou parcialmente procedente o pedido, para determinar que "seja considerado no concurso de promoção na carreira de Advogado da União em curso, como critério de desempate, quando houver empate na categoria e no padrão, o tempo de serviço público da autora na Administração Indireta". (...). 7. No mérito, dou provimento ao incidente, tendo em vista o entendimento predominante no c. STJ e já adotado nesta Turma Nacional, no sentido de que "o tempo de serviço prestado por servidor público federal em empresas públicas e sociedades de economia mista somente é contado para efeitos de aposentadoria e disponibilidade", conforme artigo 103, V. da Lei n. 8.112/90. Precedentes: REsp 1220104/PR, REsp 960200/RS e Pedilef 200435007202860. 8. Pedido de Uniformização conhecido e provido. (TNU, Pedilef 2008.85.00.502487-3, Rel. Paulo Ricardo Arena Filho, DOU 1.6.2012)

◎ Pedido de uniformização. Contrariedade à jurisprudência dominante do Superior Tribunal de Justiça demonstrada. Inviabilidade do cômputo, exceto para fins de aposentadoria e disponibilidade, como tempo de serviço público, do tempo de serviço prestado, sob o regime celetista, a sociedade de economia mista. Tendo ficado demonstrada a contrariedade do acórdão da Turma Recursal de origem – que determina o cômputo, para todos os efeitos, como tempo de serviço federal, do tempo de serviço prestado a sociedade de economia mista -, e a jurisprudência dominante do Superior Tribunal de Justiça, que não conforta essa tese, impõe-se seja o pedido de uniformização conhecido. A Lei 8.112/90 adota (artigos 2º e 3º) um conceito restrito da categoria "servidor público", por ela regida. Essa categoria inclui apenas os ocupantes de cargos públicos – que são criados por lei -, o que não ocorre com as sociedades de economia mista, as quais são criadas por lei, mas cujos cargos não o são. Portanto, quando a Lei 8.112/90 estabelece, em seu artigo 100, que "é contado para todos os efeitos o tempo de serviço público federal, inclusive o prestado às Forças Armadas", deve-se entender, na linha do conceito estrito de servidor público, por ela adotado, que isso só se aplica ao servidor público em sentido estrito. Em face disso, o tempo de serviço prestado sob a égide do regime da Consolidação das Leis do Trabalho, a uma sociedade de economia mista, só pode ser contado, no âmbito do serviço público federal, para fins de aposentadoria e disponibilidade (artigo 103, inciso V, da Lei 8.112/90). Nada impede, porém, que a lei disponha de forma diversa, mas não é esse o caso dos autos. Pedido de uniformização provido. (TNU, Pedilef 2008.85.00.500062-5, Rel. Sebastião Ogê Muniz, DOU 7.7.2009)

▶ **CF. Art. 173.** Ressalvados os casos previstos nesta Constituição, a exploração direta de atividade econômica pelo Estado só será permitida quando necessária aos imperativos da segurança nacional ou a relevante interesse coletivo, conforme definidos em lei. **§ 1º** A lei estabelecerá o estatuto jurídico da empresa pública, da sociedade de economia mista e de suas subsidiárias que explorem atividade econômica de produção ou comercialização de bens ou de prestação de serviços, dispondo sobre: (...). II – a sujeição ao regime jurídico próprio das empresas privadas, inclusive quanto aos direitos e obrigações civis, comerciais, trabalhistas e tributários.

▶ **Lei 8.112/90. Art. 2º** Para os efeitos desta Lei, servidor é a pessoa legalmente investida em cargo público. ▶**Art. 3º** Cargo público é o conjunto de atribuições e responsabilidades previstas na estrutura organizacional que devem ser cometidas a um servidor. ▶**Art. 100.** É contado para todos os efeitos o tempo de serviço público federal, inclusive o prestado às Forças Armadas. ▶**Art. 103.** Contar-se-á apenas para efeito de aposentadoria e disponibilidade: (...). V – o tempo de serviço em atividade privada, vinculada à Previdência Social.

10. PIS

SÚMULA 84. COMPROVADA A SITUAÇÃO DE DESEMPREGO POR MAIS DE 3 ANOS, O TRABALHADOR TEM DIREITO AO SAQUE DOS VALORES DEPOSITADOS EM SUA CONTA INDIVIDUAL DO PIS.

● *Súmula aplicável.* ● *DJ 25.5.17.* ● *Precedentes TNU: Pedilef 2010.51.51.023807-8; Pedilef 2002.35.00.701172-7; Pedilef 2004.40.00.700232-1; Pedilef 05070241-72.01.04058400; e Pedilef 2009.51.51.050473-6.*

▶ Frederico Augusto Leopoldino Koehler

A súmula em comento embasa-se em tese já há muito pacificada na Turma Nacional de Uniformização no bojo de reiterados julgamentos, a exemplo de: Pedilef 200235007011727, Rel. Maria Divina Vitoria, j. 20.8.2002; Pedilef 200440007002321, Rel. Antonio Schenkel. j. 17.3.2011; Pedilef 05070241720104058400, Rel. Vanessa Vieira de Mello. j. 27.6.2012 e Pedilef 20095151050473-6, Rel. Ana Beatriz Vieira da Luz Palumbo, j. 12.6.2013.

O entendimento da TNU foi solidificado no sentido de que o rol de hipóteses previsto no art. 4º, § 1º, da Lei Complementar nº 26/75 para levantamento do PIS não é "numerus clausus", ou seja, as situações descritas não são taxativas.

Assim, comprovada a situação de desemprego do trabalhador por mais de três anos, justifica-se a aplicação analógica da legislação que regula o FGTS (Lei 8.036/90), para permitir o saque dos valores depositados em sua conta. Isso em virtude do que consta no art. 20, inc. VIII, da Lei 8.036/90.

De fato, o art. 4º, § 1º, da Lei Complementar 26/75, deixa claro que o levantamento dos depósitos do PIS visa prioritariamente à proteção do trabalhador contra os riscos inerentes ao desempenho de sua atividade, sendo que a situação de desemprego cai como uma luva na teleologia do dispositivo legal, razão pela qual essa hipótese de levantamento de saldo da conta vinculada do FGTS pode ser estendida por analogia para o saque de conta do PIS. Nesse sentido, colhe-se o seguinte trecho do voto do relator Juiz Federal Fábio Cesar dos Santos Oliveira no bojo do Pedilef 2010.51.51.023807-8, adiante transcrito.

> (...). 7. O PIS – Programa de Integração Social, tal como instituído pela Lei Complementar n. 7/70, tem como finalidade promover a "integração do empregado na vida e no desenvolvimento das empresas" (art. 1º). As hipóteses legais para levantamento de saldo de conta individual do participante do PIS, previstas no art. 4º, § 1º, da Lei Complementar n. 26/75 (casamento, aposentadoria, transferência para a reserva remunerada, reforma por invalidez e morte do titular da conta) correlacionam-se, de forma preponderante, a situações de incapacidade para o trabalho por critério cronológico ou físico. Este fundamento indica que o intuito dos depósitos está embasado na proteção do trabalhador contra os riscos inerentes ao desempenho de sua atividade. A situação de desemprego espelha as consequências negativas desses riscos, ante a impossibilidade de a pessoa prover sua subsistência, razão por que tal hipótese de levantamento de saldo da conta vinculada do FGTS pode ser estendida para o saque de conta individual de participante do PIS. (TNU, Pedilef 2010.51.51.023807-8, Rel. Juiz Federal Fábio Cesar dos Santos Oliveira, voto, j. 25.5.2017).
>
> **LC 26/75. Art. 4º** As importâncias creditadas nas contas individuais dos participantes do PIS-Pasep são inalienáveis, impenhoráveis e, ressalvado o disposto nos parágrafos deste artigo, indisponíveis por seus titulares. § 1º Ocorrendo casamento, aposentadoria, transferência para a reserva remunerada, reforma ou invalidez do titular da conta individual, poderá ele receber o respectivo saldo, o qual, no caso de morte, será pago a seus dependentes, de acordo com a legislação da Previdência Social e com a legislação específica de servidores civis e militares ou, na falta daqueles, aos sucessores do titular, nos termos da lei civil.
>
> **Lei 8.036/90. Art. 20.** A conta vinculada do trabalhador no FGTS poderá ser movimentada nas seguintes situações: (...). VIII – quando o trabalhador permanecer três anos ininterruptos, a partir de 1º de junho de 1990, fora do regime do FGTS, podendo o saque, neste caso, ser efetuado a partir do mês de aniversário do titular da conta.

11. QUADRO SINÓPTICO

DIREITO PREVIDENCIÁRIO	
1. ATIVIDADE ESPECIAL	
Súm. 26. A atividade de vigilante enquadra-se como especial, equiparando-se à de guarda, elencada no item 2.5.7 do Anexo III do Decreto n. 53.831/64.	aplicável
Súm. 32. O tempo de trabalho laborado com exposição a ruído é considerado especial, para fins de conversão em comum, nos seguintes níveis: superior a 80 decibéis, na vigência do Decreto n. 53.831/64 e, a contar de 5 de março de 1997, superior a 85 decibéis, por força da edição do Decreto n. 4.882, de 18 de novembro de 2003, quando a Administração Pública reconheceu e declarou a nocividade à saúde de tal índice de ruído.	cancelada
Súm. 49. Para reconhecimento de condição especial de trabalho antes de 29.4.1995, a exposição a agentes nocivos à saúde ou à integridade física não precisa ocorrer de forma permanente.	aplicável
Súm. 55. A conversão do tempo de atividade especial em comum deve ocorrer com aplicação do fator multiplicativo em vigor na data da concessão da aposentadoria.	aplicável

Súm. 62. O segurado contribuinte individual pode obter reconhecimento de atividade especial para fins previdenciários, desde que consiga comprovar exposição a agentes nocivos à saúde ou à integridade física.	aplicável
Súm. 66. O servidor público ex-celetista que trabalhava sob condições especiais antes de migrar para o regime estatutário tem direito adquirido à conversão do tempo de atividade especial em tempo comum com o devido acréscimo legal, para efeito de contagem recíproca no regime previdenciário próprio dos servidores públicos.	aplicável
Súm. 70. A atividade de tratorista pode ser equiparada à de motorista de caminhão para fins de reconhecimento de atividade especial mediante enquadramento por categoria profissional.	aplicável
Súm. 71. O mero contato do pedreiro com o cimento não caracteriza condição especial de trabalho para fins previdenciários.	aplicável
Súm. 82. O código 1.3.2 do quadro anexo ao Decreto n. 53.831/64, além dos profissionais da área da saúde, contempla os trabalhadores que exercem atividades de serviços gerais em limpeza e higienização de ambientes hospitalares.	aplicável
2. ATIVIDADE RURAL	
Súm. 5. A prestação de serviço rural por menor de 12 a 14 anos, até o advento da Lei 8.213, de 24 de julho de 1991, devidamente comprovada, pode ser reconhecida para fins previdenciários.	aplicável
Súm. 6. A certidão de casamento ou outro documento idôneo que evidencie a condição de trabalhador rural do cônjuge constitui início razoável de prova material da atividade rurícola.	aplicável
Súm. 10. O tempo de serviço rural anterior à vigência da Lei n. 8.213/91 pode ser utilizado para fins de contagem recíproca, assim entendida aquela que soma tempo de atividade privada, rural ou urbana, ao de serviço público estatutário, desde que sejam recolhidas as respectivas contribuições previdenciárias.	aplicável
Súm. 14. Para a concessão de aposentadoria rural por idade, não se exige que o início de prova material, corresponda a todo o período equivalente à carência do benefício.	aplicável
Súm. 34. Para fins de comprovação do tempo de labor rural, o início de prova material deve ser contemporâneo à época dos fatos a provar.	aplicável
Súm. 41. A circunstância de um dos integrantes do núcleo familiar desempenhar atividade urbana não implica, por si só, a descaracterização do trabalhador rural como segurado especial, condição que deve ser analisada no caso concreto.	aplicável
Súm. 46. O exercício de atividade urbana intercalada não impede a concessão de benefício previdenciário de trabalhador rural, condição que deve ser analisada no caso concreto.	aplicável
Súm. 54. Para a concessão de aposentadoria por idade de trabalhador rural, o tempo de exercício de atividade equivalente à carência deve ser aferido no período imediatamente anterior ao requerimento administrativo ou à data do implemento da idade mínima.	aplicável
Súm. 76. A averbação de tempo de serviço rural não contributivo não permite majorar o coeficiente de cálculo da renda mensal inicial de aposentadoria por idade previsto no art. 50 da Lei n. 8.213/91.	aplicável

3. BENEFICIÁRIOS

3.1. DEPENDENTES

Súm. 4. Não há direito adquirido à condição de dependente de pessoa designada, quando o falecimento do segurado deu-se após o advento da Lei 9.032/95.	aplicável

3.2. REQUERENTE

Súm. 78. Comprovado que o requerente de benefício é portador do vírus HIV, cabe ao julgador verificar as condições pessoais, sociais, econômicas e culturais, de forma a analisar a incapacidade em sentido amplo, em face da elevada estigmatização social da doença.	aplicável

3.3. SEGURADO ESPECIAL

Súm. 30. Tratando-se de demanda previdenciária, o fato de o imóvel ser superior ao módulo rural não afasta, por si só, a qualificação de seu proprietário como segurado especial, desde que comprovada, nos autos, a sua exploração em regime de economia familiar.	aplicável
Súm. 41. A circunstância de um dos integrantes do núcleo familiar desempenhar atividade urbana não implica, por si só, a descaracterização do trabalhador rural como segurado especial, condição que deve ser analisada no caso concreto.	aplicável
Súm. 62. O segurado contribuinte individual pode obter reconhecimento de atividade especial para fins previdenciários, desde que consiga comprovar exposição a agentes nocivos à saúde ou à integridade física.	aplicável

4. BENEFÍCIOS

4.1. COEFICIENTE DE CÁLCULO

Súm. 76. A averbação de tempo de serviço rural não contributivo não permite majorar o coeficiente de cálculo da renda mensal inicial de aposentadoria por idade previsto no art. 50 da Lei n. 8.213/91.	aplicável

4.2. ÍNDICES DE REAJUSTE

Súm. 1. A conversão dos benefícios previdenciários em URV, em março/94, obedece às disposições do art. 20, incisos I e II da Lei 8.880/94 (MP n. 434/94).	aplicável
Súm. 2. Os benefícios previdenciários, em maio de 1996, deverão ser reajustados na forma da Medida Provisória 1.415, de 29 de abril de 1996, convertida na Lei 9.711, de 20 de novembro de 1998.	aplicável
Súm. 8. Os benefícios de prestação continuada, no Regime Geral da Previdência Social, não serão reajustados com base no IGP-DI nos anos de 1997, 1999, 2000 e 2001.	aplicável
Súm. 19. Para o cálculo da renda mensal inicial do benefício previdenciário, deve ser considerada, na atualização dos salários de contribuição anteriores a março de 1994, a variação integral do IRSM de fevereiro de 1994, na ordem de 39,67% (art. 21, § 1º, da Lei n. 8.880/94).	aplicável
Súm. 21. Não há direito adquirido a reajuste de benefícios previdenciários com base na variação do IPC (Índice de Preço ao Consumidor), de janeiro de 1989 (42,72%) e abril de 1990 (44,80%).	aplicável
Súm. 25. A revisão dos valores dos benefícios previdenciários, prevista no art. 58 do ADCT, deve ser feita com base no número de salários mínimos apurado na data da concessão, e não no mês de recolhimento da última contribuição.	aplicável

4.3. PRAZO PRESCRICIONAL	
Súm. 28. Encontra-se prescrita a pretensão de ressarcimento de perdas sofridas na atualização monetária da conta do Plano de Integração Social – PIS, em virtude de expurgos ocorridos por ocasião dos planos econômicos Verão e Collor I.	aplicável
Súm. 74. O prazo de prescrição fica suspenso pela formulação de requerimento administrativo e volta a correr pelo saldo remanescente após a ciência da decisão administrativa final.	aplicável

4.4. PRAZO DECADENCIAL	
Súm. 64. O direito à revisão do ato de indeferimento de benefício previdenciário ou assistencial sujeita-se ao prazo decadencial de dez anos.	cancelada
Súm. 81. Não incide o prazo decadencial previsto no art. 103, caput, da Lei n. 8.213/91, nos casos de indeferimento e cessação de benefícios, bem como em relação às questões não apreciadas pela Administração no ato da concessão.	aplicável

4.5. TERMO INICIAL DE CONCESSÃO	
Súm. 22. Se a prova pericial realizada em juízo dá conta de que a incapacidade já existia na data do requerimento administrativo, esta é o termo inicial do benefício assistencial.	aplicável
Súm. 33. Quando o segurado houver preenchido os requisitos legais para concessão da aposentadoria por tempo de serviço na data do requerimento administrativo, esta data será o termo inicial da concessão do benefício.	aplicável

5. BENEFÍCIOS EM ESPÉCIE	

5.1. APOSENTADORIA ESPECIAL	
Súm. 26. A atividade de vigilante enquadra-se como especial, equiparando-se à de guarda, elencada no item 2.5.7 do Anexo III do Decreto n. 53.831/64.	aplicável
Súm. 32. O tempo de trabalho laborado com exposição a ruído é considerado especial, para fins de conversão em comum, nos seguintes níveis: superior a 80 decibéis, na vigência do Decreto n. 53.831/64 e, a contar de 5 de março de 1997, superior a 85 decibéis, por força da edição do Decreto n. 4.882, de 18 de novembro de 2003, quando a Administração Pública reconheceu e declarou a nocividade à saúde de tal índice de ruído.	cancelada
Súm. 49. Para reconhecimento de condição especial de trabalho antes de 29.4.1995, a exposição a agentes nocivos à saúde ou à integridade física não precisa ocorrer de forma permanente.	aplicável
Súm. 55. A conversão do tempo de atividade especial em comum deve ocorrer com aplicação do fator multiplicativo em vigor na data da concessão da aposentadoria.	aplicável
Súm. 62. O segurado contribuinte individual pode obter reconhecimento de atividade especial para fins previdenciários, desde que consiga comprovar exposição a agentes nocivos à saúde ou à integridade física.	aplicável
Súm. 66. O servidor público ex-celetista que trabalhava sob condições especiais antes de migrar para o regime estatutário tem direito adquirido à conversão do tempo de atividade especial em tempo comum com o devido acréscimo legal, para efeito de contagem recíproca no regime previdenciário próprio dos servidores públicos.	aplicável

Súm. 70. A atividade de tratorista pode ser equiparada à de motorista de caminhão para fins de reconhecimento de atividade especial mediante enquadramento por categoria profissional.	aplicável
Súm. 71. O mero contato do pedreiro com o cimento não caracteriza condição especial de trabalho para fins previdenciários.	aplicável
Súm. 82. O código 1.3.2 do quadro anexo ao Decreto n. 53.831/64, além dos profissionais da área da saúde, contempla os trabalhadores que exercem atividades de serviços gerais em limpeza e higienização de ambientes hospitalares.	aplicável

5.2. APOSENTADORIA POR IDADE

Súm. 14. Para a concessão de aposentadoria rural por idade, não se exige que o início de prova material, corresponda a todo o período equivalente à carência do benefício.	aplicável
Súm. 44. Para efeito de aposentadoria urbana por idade, a tabela progressiva de carência prevista no art. 142 da Lei n. 8.213/91 deve ser aplicada em função do ano em que o segurado completa a idade mínima para concessão do benefício, ainda que o período de carência só seja preenchido posteriormente.	aplicável
Súm. 54. Para a concessão de aposentadoria por idade de trabalhador rural, o tempo de exercício de atividade equivalente à carência deve ser aferido no período imediatamente anterior ao requerimento administrativo ou à data do implemento da idade mínima.	aplicável
Súm. 76. A averbação de tempo de serviço rural não contributivo não permite majorar o coeficiente de cálculo da renda mensal inicial de aposentadoria por idade previsto no art. 50 da Lei n. 8.213/91.	aplicável

5.3. APOSENTADORIA POR INVALIDEZ

Súm. 36. Não há vedação legal à cumulação da pensão por morte de trabalhador rural com o benefício da aposentadoria por invalidez, por apresentarem pressupostos fáticos e fatos geradores distintos.	aplicável
Súm. 47. Uma vez reconhecida a incapacidade parcial para o trabalho, o juiz deve analisar as condições pessoais e sociais do segurado para a concessão de aposentadoria por invalidez.	aplicável
Súm. 53. Não há direito a auxílio-doença ou a aposentadoria por invalidez quando a incapacidade para o trabalho é preexistente ao reingresso do segurado no Regime Geral de Previdência Social.	aplicável
Súm. 57. O auxílio-doença e a aposentadoria por invalidez não precedida de auxílio-doença, quando concedidos na vigência da Lei n. 9.876/1999, devem ter o salário de benefício apurado com base na média aritmética simples dos maiores salários de contribuição correspondentes a 80% do período contributivo, independentemente da data de filiação do segurado ou do número de contribuições mensais no período contributivo.	aplicável
Súm. 65. Os benefícios de auxílio-doença, auxílio-acidente e aposentadoria por invalidez concedidos no período de 28.3.2005 a 20.7.2005 devem ser calculados nos termos da Lei n. 8.213/1991, em sua redação anterior à vigência da Medida Provisória n. 242/2005.	aplicável
Súm. 73. O tempo de gozo de auxílio-doença ou de aposentadoria por invalidez não decorrentes de acidente de trabalho só pode ser computado como tempo de contribuição ou para fins de carência quando intercalado entre períodos nos quais houve recolhimento de contribuições para a previdência social.	aplicável

5.4. APOSENTADORIA POR TEMPO DE SERVIÇO

Súm. 9. O uso de Equipamento de Proteção Individual (EPI), ainda que elimine a insalubridade, no caso de exposição a ruído, não descaracteriza o tempo de serviço especial prestado.	aplicável
Súm. 16. A conversão em tempo de serviço comum, do período trabalhado em condições especiais, somente é possível relativamente à atividade exercida até 28 de maio de 1998 (art. 28 da Lei 9.711/98).	cancelada
Súm. 18. Provado que o aluno aprendiz de escola técnica federal recebia remuneração, mesmo que indireta, à conta do orçamento da União, o respectivo tempo de serviço pode ser computado para fins de aposentadoria previdenciária.	aplicável
Súm. 24. O tempo de serviço do segurado trabalhador rural anterior ao advento da Lei n. 8.213/91, sem o recolhimento de contribuições previdenciárias, pode ser considerado para a concessão de benefício previdenciário do Regime Geral de Previdência Social (RGPS), exceto para efeito de carência, conforme a regra do art. 55, § 2º, da Lei n. 8.213/91.	aplicável
Súm. 34. Para fins de comprovação do tempo de labor rural, o início de prova material deve ser contemporâneo à época dos fatos a provar.	aplicável
Súm. 50. É possível a conversão do tempo de serviço especial em comum do trabalho prestado em qualquer período.	aplicável
Súm. 54. Para a concessão de aposentadoria por idade de trabalhador rural, o tempo de exercício de atividade equivalente à carência deve ser aferido no período imediatamente anterior ao requerimento administrativo ou à data do implemento da idade mínima.	aplicável
Súm. 55. A conversão do tempo de atividade especial em comum deve ocorrer com aplicação do fator multiplicativo em vigor na data da concessão da aposentadoria.	aplicável
Súm. 69. O tempo de serviço prestado em empresa pública ou em sociedade de economia mista por servidor público federal somente pode ser contado para efeitos de aposentadoria e disponibilidade.	aplicável
5.5. AUXÍLIO-ACIDENTE	
Súm. 65. Os benefícios de auxílio-doença, auxílio-acidente e aposentadoria por invalidez concedidos no período de 28.3.2005 a 20.7.2005 devem ser calculados nos termos da Lei n. 8.213/1991, em sua redação anterior à vigência da Medida Provisória n. 242/2005.	aplicável
5.6. AUXÍLIO-ALIMENTAÇÃO	
Súm. 67. O auxílio-alimentação recebido em pecúnia por segurado filiado ao Regime Geral da Previdência Social integra o salário de contribuição e sujeita-se à incidência de contribuição previdenciária.	aplicável
5.7. AUXÍLIO-DOENÇA	
Súm. 53. Não há direito a auxílio-doença ou a aposentadoria por invalidez quando a incapacidade para o trabalho é preexistente ao reingresso do segurado no Regime Geral de Previdência Social.	aplicável
Súm. 57. O auxílio-doença e a aposentadoria por invalidez não precedida de auxílio-doença, quando concedidos na vigência da Lei n. 9.876/1999, devem ter o salário de benefício apurado com base na média aritmética simples dos maiores salários de contribuição correspondentes a 80% do período contributivo, independentemente da data de filiação do segurado ou do número de contribuições mensais no período contributivo.	aplicável

Súm. 65. Os benefícios de auxílio-doença, auxílio-acidente e aposentadoria por invalidez concedidos no período de 28.3.2005 a 20.7.2005 devem ser calculados nos termos da Lei n. 8.213/1991, em sua redação anterior à vigência da Medida Provisória n. 242/2005.	aplicável
Súm. 73. O tempo de gozo de auxílio-doença ou de aposentadoria por invalidez não decorrentes de acidente de trabalho só pode ser computado como tempo de contribuição ou para fins de carência quando intercalado entre períodos nos quais houve recolhimento de contribuições para a previdência social.	aplicável

5.8. BENEFÍCIO ASSISTENCIAL DE PRESTAÇÃO CONTINUADA

Súm. 3. Os benefícios de prestação continuada, no Regime Geral de Previdência Social, devem ser reajustados com base no IGP-DI nos anos de 1997, 1999, 2000 e 2001.	cancelada
Súm. 11. A renda mensal, "per capita", familiar, superior a 1/4 (um quarto) do salário mínimo não impede a concessão do benefício assistencial previsto no art. 20, § 3º da Lei. 8.742 de 1993, desde que comprovada, por outros meios, a miserabilidade do postulante.	cancelada
Súm. 29. Para os efeitos do art. 20, § 2º, da Lei n. 8.742, de 1993, incapacidade para a vida independente não é só aquela que impede as atividades mais elementares da pessoa, mas também a impossibilita de prover ao próprio sustento.	aplicável
Súm. 48. A incapacidade não precisa ser permanente para fins de concessão do benefício assistencial de prestação continuada.	aplicável
Súm. 72. É possível o recebimento de benefício por incapacidade durante período em que houve exercício de atividade remunerada quando comprovado que o segurado estava incapaz para as atividades habituais na época em que trabalhou.	aplicável
Súm. 79. Nas ações em que se postula benefício assistencial, é necessária a comprovação das condições socioeconômicas do autor por laudo de assistente social, por auto de constatação lavrado por oficial de justiça ou, sendo inviabilizados os referidos meios, por prova testemunhal.	aplicável
Súm. 80. Nos pedidos de benefício de prestação continuada (LOAS), tendo em vista o advento da Lei 12.470/11, para adequada valoração dos fatores ambientais, sociais, econômicos e pessoais que impactam na participação da pessoa com deficiência na sociedade, é necessária a realização de avaliação social por assistente social ou outras providências aptas a revelar a efetiva condição vivida no meio social pelo requerente.	aplicável

5.9. PENSÃO POR MORTE

Súm. 15. O valor mensal da pensão por morte concedida antes da Lei 9.032, de 28 de abril de 1995, deve ser revido de acordo com a nova redação dada ao art. 75 da Lei 8.213, de 24 de julho de 1991.	cancelada
Súm. 36. Não há vedação legal à cumulação da pensão por morte de trabalhador rural com o benefício da aposentadoria por invalidez, por apresentarem pressupostos fáticos e fatos geradores distintos.	aplicável
Súm. 37. A pensão por morte, devida ao filho até os 21 anos de idade, não se prorroga pela pendência do curso universitário.	aplicável
Súm. 52. Para fins de concessão de pensão por morte, é incabível a regularização do recolhimento de contribuições de segurado contribuinte individual posteriormente a seu óbito, exceto quando as contribuições devam ser arrecadadas por empresa tomadora de serviços.	aplicável

Súm. 63. A comprovação de união estável para efeito de concessão de pensão por morte prescinde de início de prova material.	aplicável

5.10. SALÁRIO-MATERNIDADE

Súm. 45. Incide correção monetária sobre o salário-maternidade desde a época do parto, independentemente da data do requerimento administrativo.	aplicável

6. CONTRIBUIÇÕES PREVIDENCIÁRIAS

6.1. INCIDÊNCIA DA TAXA SELIC

Súm. 35. A Taxa Selic, composta por juros de mora e correção monetária, incide nas repetições de indébito tributário.	aplicável

6.2. RECOLHIMENTOS

Súm. 52. Para fins de concessão de pensão por morte, é incabível a regularização do recolhimento de contribuições de segurado contribuinte individual posteriormente a seu óbito, exceto quando as contribuições devam ser arrecadadas por empresa tomadora de serviços.	aplicável

6.3. SALÁRIO DE CONTRIBUIÇÃO

Súm. 38. Aplica-se subsidiariamente a Tabela de Cálculos de Santa Catarina aos pedidos de revisão de RMI – OTN/ORTN, na atualização dos salários de contribuição.	aplicável
Súm. 60. O décimo terceiro salário não integra o salário de contribuição para fins de cálculo do salário de benefício, independente da data da concessão do benefício previdenciário.	cancelada
Súm. 67. O auxílio-alimentação recebido em pecúnia por segurado filiado ao Regime Geral da Previdência Social integra o salário de contribuição e sujeita-se à incidência de contribuição previdenciária.	aplicável
Súm. 83. A partir da entrada em vigor da Lei n. 8.870/94, o décimo terceiro salário não integra o salário de contribuição para fins de cálculo do salário de benefício.	aplicável

7. FGTS

Súm. 12. Os juros moratórios são devidos pelo gestor do FGTS e incidem a partir da citação nas ações em que se reclamam diferenças de correção monetária, tenha havido ou não levantamento do saldo, parcial ou integralmente.	aplicável
Súm. 40. Nenhuma diferença é devida a título de correção monetária dos depósitos do FGTS relativos ao mês de fevereiro de 1989.	aplicável
Súm. 56. O prazo de trinta anos para prescrição da pretensão à cobrança de juros progressivos sobre saldo de conta vinculada ao FGTS tem início na data em que deixou de ser feito o crédito e incide sobre cada prestação mensal.	aplicável

8. JUROS DE MORA

Súm. 12. Os juros moratórios são devidos pelo gestor do FGTS e incidem a partir da citação nas ações em que se reclamam diferenças de correção monetária, tenha havido ou não levantamento do saldo, parcial ou integralmente.	aplicável
Súm. 56. O prazo de trinta anos para prescrição da pretensão à cobrança de juros progressivos sobre saldo de conta vinculada ao FGTS tem início na data em que deixou de ser feito o crédito e incide sobre cada prestação mensal.	aplicável

Súm. 61. As alterações promovidas pela Lei 11.960/2009 têm aplicação imediata na regulação dos juros de mora em condenações contra a Fazenda Pública, inclusive em matéria previdenciária, independentemente da data do ajuizamento da ação ou do trânsito em julgado.	cancelada
9. PREVIDÊNCIA DOS SERVIDORES PÚBLICOS	
Súm. 20. A Lei n. 8.112, de 11 de dezembro de 1990, não modificou a situação do servidor celetista anteriormente aposentado pela Previdência Social Urbana.	aplicável
Súm. 66. O servidor público ex-celetista que trabalhava sob condições especiais antes de migrar para o regime estatutário tem direito adquirido à conversão do tempo de atividade especial em tempo comum com o devido acréscimo legal, para efeito de contagem recíproca no regime previdenciário próprio dos servidores públicos.	aplicável
Súm. 69. O tempo de serviço prestado em empresa pública ou em sociedade de economia mista por servidor público federal somente pode ser contado para efeitos de aposentadoria e disponibilidade.	aplicável
10. PIS	
Súm. 84. Comprovada a situação de desemprego por mais de 3 anos, o trabalhador tem direito ao saque dos valores depositados em sua conta individual do PIS.	aplicável

CAPÍTULO III
DIREITO PROCESSUAL CIVIL

SUMÁRIO

1. Antecipação de Tutela
2. Competência
3. Incidente de Uniformização de Jurisprudência
4. Provas
5. Quadro Sinóptico

1. ANTECIPAÇÃO DE TUTELA

SÚMULA 51. OS VALORES RECEBIDOS POR FORÇA DE ANTECIPAÇÃO DOS EFEITOS DE TUTELA, POSTERIORMENTE REVOGADA EM DEMANDA PREVIDENCIÁRIA, SÃO IRREPETÍVEIS EM RAZÃO DA NATUREZA ALIMENTAR E DA BOA-FÉ NO SEU RECEBIMENTO.

● *Súmula aplicável.* ● *DJ 15.3.2012.* ● *Precedentes: Pedilef 2008.83.20.000010-9. Pedilef 2008.83.20.000013-4. Pedilef 2009.71.95.000971-0.*

▸ *Marcelle Ragazoni Carvalho Ferreira*

Sob o prisma da vedação ao enriquecimento ilícito e indisponibilidade do direito público *versus* irrepetibilidade de valores de natureza alimentar, corolário da dignidade humana, coloca-se o debate em torno da súmula 51 da Turma Nacional de Uniformização de Jurisprudência dos Juizados Especiais Federais.

Primeiramente, importante transcrever os dispositivos legais sobre o tema, no âmbito previdenciário. Assim, estabelece o art. 115, inciso II, da Lei 8.213/91, que "podem ser descontados dos benefícios o pagamento de benefício além do devido". Mais adiante, o § 1º prevê que, nesse caso, o desconto será feito em parcelas, conforme dispuser o regulamento, salvo má-fé.

A lei, portanto, não faz nenhuma distinção quanto a se tratarem de parcelas de natureza alimentar, mesmo porque todas as prestações previdenciárias possuem essa natureza. Apenas ressalta os casos em que os recebimentos ocorreram de boa-fé pelo segurado, quando se admite que a cobrança seja feita de forma mais benéfica, parceladamente, para não prejudicar o seu sustento.

O fundamento da norma legal, conforme explicam Rocha e Baltazar Junior, é "evitar o enriquecimento sem causa, sendo dever da autarquia a cobrança do valor pago a maior, ainda que por erro exclusivamente seu"[1]. Corroborando o texto da lei, tem-se a Súmula 473/STF.

Ao contrário do que dispunha a lei, porém, a jurisprudência do Superior Tribunal de Justiça era, até recentemente, pacífica no sentido da irrepetibilidade das parcelas recebidas de boa-fé, incluindo-se aí valores pagos em sede de antecipação de tutela.

---

1. ROCHA, Daniel Machado da. BALTAZAR JUNIOR, José Paulo. **Comentários à lei de benefícios da previdência social: Lei 8.213, de 24 de julho de 1991.** 13.ed. São Paulo: Atlas, 2015, p. 534.

No entanto, posteriormente, houve uma mudança no entendimento daquela corte superior, quando do julgamento do REsp 1384418, entendendo que, além do caráter alimentar da prestação, essencial era a demonstração da boa-fé, evidenciada pela "legítima confiança ou justificada expectativa, que o beneficiário adquire, de que valores recebidos são legais e de que integraram em definitivo o seu patrimônio".

A questão já havia sido submetida à sistemática dos recursos repetitivos (REsp 1244182), no que se referia às verbas pagas aos servidores públicos em geral, quando a Administração tivesse pago erroneamente determinada verba.

Importante rememorar o que entendeu na oportunidade a Primeira Seção do STJ: vide itens 7 a 11 da ementa do REsp1384418, adiante colacionado.

Diante da controvérsia que se instalou, o Superior Tribunal de Justiça também submeteu a questão da (ir)repetibilidade dos benefícios previdenciários pagos em sede de tutela antecipada à sistemática dos recursos repetitivos, conforme o mesmo entendimento firmado no REsp 1244182/PB, que se refere aos servidores públicos, acima citado.

Assim, restou decidido no julgamento do REsp 1401560 (adiante trancsrito) que a reforma da decisão que antecipa a tutela obriga o autor da ação a devolver os benefícios previdenciários indevidamente recebidos.

Verifica-se, pois, que a Súmula segue orientação diversa daquela fixada pelo E. STJ, que decidiu a questão sob a sistemática dos recursos repetitivos.

Savaris, no entanto, questiona a correção do posicionamento adotado pela Primeira Seção do Superior Tribunal de Justiça, afirmando que[2]:

> A irrepetibilidade dos valores previdenciários recebidos indevidamente decorre de um dado objetivo importantíssimo, qual seja, a natureza existencial-alimentar do benefício destinado a prover meios indispensáveis de manutenção aos segurados e dependentes da Previdência Social. (...). Indaga-se, pois: em que medida seria adequado cogitar-se em devolução de recursos que, concedidos pelo Estado-juiz, se presumem exauridos para a proteção da vida humana contra o estado de necessidade? Isto é, em que sentido há falar-se de devolução de quantias transferidas para se assegurar o mínimo existencial?

Assim, enquanto o julgado do E. STJ funda-se na provisoriedade da tutela concedida, ainda que de boa-fé, a súmula ora em comento firma-se na situação peculiar do titular do benefício previdenciário, na sua hipossuficiência e no caráter alimentar das parcelas pagas.

A questão fundamental é a irrepetibilidade de valores de natureza alimentar, presumindo que são consumidos para a subsistência do segurado.

Com efeito, é inquestionável a natureza alimentar dos benefícios previdenciários, que constituem, no mais das vezes, a única fonte de renda do segurado ou assistido[3].

---

2. SAVARIS, José Antonio. **Direito processual previdenciário**. Curitiba: Alteridade, 2016, p. 402.
3. SOUZA, Adriano. A revogação de antecipação de tutela concessiva de benefício previdenciário e o ressarcimento ao erário público, in RIBEIRO, Rodrigo Araújo; MORAIS, Dalton Santos; BATISTA, Flávio

Tal natureza alimentar de certa forma abranda a afirmação de que a não devolução desses valores pagos antecipadamente implicariam enriquecimento ilícito do segurado, uma vez que aquilo que é pago meramente para o sustento e subsistência não traz qualquer tipo de enriquecimento.

Há, porém, posicionamentos relevantes em sentido contrário, como o de Silvio Venosa que restringe o conceito de enriquecimento ao sentido técnico, em oposição "à noção de empobrecimento da outra parte (...) da vantagem de um patrimônio deverá resultar a desvantagem de outro. Deve ser entendido como 'sem causa' o ato jurídico desprovido de razão albergada pela ordem jurídica"[4].

A súmula, porém, mantém a ressalva de que devem ser valores recebidos de boa-fé, sendo obrigatória a sua devolução, independente da natureza da verba, caso haja má-fé do segurado no seu recebimento, a exemplo de valores recebidos e utilizados por terceiro que não o próprio beneficiário.

Há, é certo, outras hipóteses de pagamento indevido e que podem ensejar a mesma discussão ora em comento, como por exemplo os casos de erro administrativo, má aplicação da norma ou interpretação equivocada da lei, assim como os de pagamento de benefício em que posteriormente ao ato de concessão há desdobro em favor de outro segurado.

A (ir)repetibilidade dos valores pagos a esses títulos também se encontra pendente de apreciação judicial definitiva, a qual também deverá analisar os mesmos valores – vedação ao enriquecimento ilícito e natureza das prestações alimentícias.

É certo que se deve prezar pela sustentabilidade do sistema previdenciário, uma vez que os benefícios devem ter a fonte de custeio respectiva e, quando se faz pagamento indevido, esse valor pago não conta com o respectivo lastro.

Por outro lado, os pagamentos são em regra feitos a pessoas que não têm outra fonte de renda, sendo sabido que os benefícios previdenciários muitas vezes são em valores inferiores às necessidades básicas de seus beneficiários, de modo que qualquer desconto compromete substancialmente a renda do segurado.

Uma alternativa proposta por Rocha e Baltazar seria manter o pagamento do valor correspondente ao salário mínimo, pelo menos, ou seja, a se admitir o desconto, este não poderia reduzir o benefício a valor inferior àquele, afirmando que "descontos que reduzam os proventos do segurado à quantia inferior ao salário mínimo ferem a garantia constitucional de remuneração mínima e atentam contra o princípio do respeito à dignidade da pessoa humana"[5], nos termos do que restou decidido no julgamento da apelação cível AC 5009731-71.2011.404.7122, 5ª T., Rel. p/ ac. Rogério Favretto, DE 28.11.2012.

Roberto; MACIEL, Fernando. Orgs. A seguridade social em questão: da normatividade à jurisprudência. Belo Horizonte: Editora D'plácido, 2016, p. 545.

4. RIBEIRO, Rodrigo Araújo. et al. Orgs., *Ibid.*, p. 552, *Apud* VENOSA, Silvio de Salvo. Enriquecimento sem causa. Universo jurídico, Juiz de Fora, Ano XI, 29.01.2004.

5. ROCHA, Daniel Machado da. BALTAZAR JUNIOR, José Paulo. **Comentários à lei de benefícios da previdência social: Lei 8.213, de 24 de julho de 1991**. 13. ed. São Paulo: Atlas, 2015, p. 536.

Logicamente, a se aplicar efetivamente esse entendimento, como em todo processo administrativo, há que se respeitar o contraditório e a ampla defesa, dando ao segurado que recebeu valores a maior defender-se da autuação, para somente após tornar-se exigível o débito.

◎ Súmula STF 473. A administração pode anular seus próprios atos, quando eivados de vícios que os tornam ilegais, porque deles não se originam direitos; ou revogá-los, por motivo de conveniência ou oportunidade, respeitados os direitos adquiridos, e ressalvada, em todos os casos, a apreciação judicial.

◎ Súmula TCU 249. É dispensada a reposição de importâncias indevidamente percebidas, de boa-fé, por servidores ativos e inativos, e pensionistas, em virtude de erro escusável de interpretação de lei por parte do órgão/entidade, ou por parte de autoridade legalmente investida em função de orientação e supervisão, à vista da presunção de legalidade do ato administrativo e do caráter alimentar das parcelas salariais.

◎ Processual civil e previdenciário. Regime geral de previdência social. Benefício previdenciário. Recebimento via antecipação de tutela posteriormente revogada. Devolução. Realinhamento jurisprudencial. Hipótese análoga. Servidor público. Critérios. Caráter alimentar e boa-fé objetiva. Natureza precária da decisão. Ressarcimento devido. Desconto em folha. Parâmetros. 1. Trata-se, na hipótese, de constatar se há o dever de o segurado da Previdência Social devolver valores de benefício previdenciário recebidos por força de antecipação de tutela (art. 273 do CPC) posteriormente revogada. 2. Historicamente, a jurisprudência do STJ fundamenta-se no princípio da irrepetibilidade dos alimentos para isentar os segurados do RGPS de restituir valores obtidos por antecipação de tutela que posteriormente é revogada. 3. Essa construção derivou da aplicação do citado princípio em Ações Rescisórias julgadas procedentes para cassar decisão rescindenda que concedeu benefício previdenciário, que, por conseguinte, adveio da construção pretoriana acerca da prestação alimentícia do direito de família. (...) 4. Já a jurisprudência que cuida da devolução de valores percebidos indevidamente por servidores públicos evoluiu para considerar não apenas o caráter alimentar da verba, mas também a boa-fé objetiva envolvida in casu. 5. O elemento que evidencia a boa-fé objetiva no caso é a "legítima confiança ou justificada expectativa, que o beneficiário adquire, de que valores recebidos são legais e de que integraram em definitivo o seu patrimônio" (AgRg no REsp 1263480...). Na mesma linha quanto à imposição de devolução de valores relativos a servidor público: (...) 6. Tal compreensão foi validada pela Primeira Seção em julgado sob o rito do art. 543-C do CPC, em situação na qual se debateu a devolução de valores pagos por erro administrativo: "quando a Administração Pública interpreta erroneamente uma lei, resultando em pagamento indevido ao servidor, cria-se uma falsa expectativa de que os valores recebidos são legais e definitivos, impedindo, assim, que ocorra desconto dos mesmos, ante a boa-fé do servidor público." (REsp 1244182...). 7. Não há dúvida de que os provimentos oriundos de antecipação de tutela (art. 273 do CPC) preenchem o requisito da boa-fé subjetiva, isto é, enquanto o segurado os obteve existia legitimidade jurídica, apesar de precária. 8. Do ponto de vista objetivo, por sua vez, inviável falar na percepção, pelo segurado, da definitividade do pagamento recebido via tutela antecipatória, não havendo o titular do direito precário como pressupor a incorporação irreversível da verba ao seu patrimônio. 9. Segundo o art. 3º da LINDB, "ninguém se escusa de cumprir a lei, alegando que não a conhece", o que induz à premissa de que o caráter precário das decisões judiciais liminares é de conhecimento inescusável (art. 273 do CPC). 10. Dentro de uma escala axiológica, mostra-se desproporcional o Poder Judiciário desautorizar a reposição do principal ao Erário em situações como a dos autos, enquanto se permite que o próprio segurado tome empréstimos e consigne descontos em folha pagando, além do principal, juros remuneratórios a instituições financeiras. 11. À luz do princípio da dignidade da pessoa humana (art. 1º, III, da CF) e considerando o dever do segurado de devolver os valores obtidos por força de antecipação de tutela posteriormente revogada, devem ser observados os seguintes parâmetros para o ressarcimento: a) a execução de sentença declaratória do direito deverá ser promovida; b) liquidado e incontroverso o crédito executado, o INSS poderá fazer o desconto em folha de até 10% da remuneração dos benefícios previdenciários em manutenção até a satisfação do crédito, adotado por simetria com o percentual aplicado aos servidores públicos (art. 46, § 1°, da Lei 8.213/1991. (...). (STJ, REsp 1384418/SC, Rel. Min. Herman Benjamin, 1ª S., DJe 30.8.2013)

◎ Previdência social. Benefício previdenciário. Antecipação de tutela. Reversibilidade da decisão. O grande número de ações, e a demora que disso resultou para a prestação jurisdicional, levou o legislador a antecipar a tutela judicial naqueles casos em que, desde logo, houvesse, a partir dos fatos conhecidos, uma grande verossimilhança no direito alegado pelo autor. O pressuposto básico do instituto é a reversibilidade da decisão judicial. Havendo perigo de irreversibilidade, não há tutela antecipada (CPC, art. 273, § 2°). Por isso, quando o juiz antecipa a tutela, está anunciando que seu decisum não é irreversível. Malsucedida a demanda, o autor da ação responde pelo que recebeu indevidamente. O argumento de que ele confiou no juiz ignora o fato de que a parte, no processo, está representada por advogado, o qual sabe que a antecipação de tutela tem natureza precária. Para essa solução, há ainda o reforço do direito material. Um dos princípios gerais do direito é o de que não pode haver enriquecimento sem causa. Sendo um princípio geral, ele se aplica ao direito público, e com maior razão neste caso porque o lesado é o patrimônio público. O art. 115, II, da Lei 8.213, de 1991, é expresso no sentido de que os benefícios previdenciários pagos indevidamente estão sujeitos à repetição. Uma decisão do Superior Tribunal de Justiça que viesse a desconsiderá-lo estaria, por via transversa, deixando de aplicar norma legal que, a contrário sensu, o Supremo Tribunal Federal declarou constitucional. Com efeito, o art. 115, II, da Lei 8.213, de 1991, exige o que o art. 130, parágrafo único na redação originária (declarado inconstitucional pelo Supremo Tribunal Federal – ADI 675) dispensava. Orientação a ser seguida nos termos do art. 543-C do Código de Processo Civil: a reforma da decisão que antecipa a tutela obriga o autor da ação a devolver os benefícios previdenciários indevidamente recebidos. Recurso especial conhecido e provido. (STJ, REsp 1401560/MT, 1ª S., Rel. p/ac. Min. Ari Pargendler, DJe 13.10.2015)

◎ (...). Servidor público. Art. 46, caput, da Lei n. 8.112/90 valores recebidos indevidamente por interpretação errônea de lei. Impossibilidade de restituição. Boa-fé do administrado. Recurso submetido ao regime previsto no artigo 543-c do CPC. 1. A discussão dos autos visa definir a possibilidade de devolução ao erário dos valores recebidos de boa-fé pelo servidor público, quando pagos indevidamente pela Administração Pública, em função de interpretação equivocada de lei. 2. O art. 46, caput, da Lei n. 8.112/90 deve ser interpretado com alguns temperamentos, mormente em decorrência de princípios gerais do direito, como a boa-fé. 3. Com base nisso, quando a Administração Pública interpreta erroneamente uma lei, resultando em pagamento indevido ao servidor, cria-se uma falsa expectativa de que os valores recebidos são legais e definitivos, impedindo, assim, que ocorra desconto dos mesmos, ante a boa-fé do servidor público. (...).. (STJ, REsp 1244182/PB, Rel. Min. Benedito Gonçalves, 1ª S., DJe 19.10.2012)

2. COMPETÊNCIA

SÚMULA 17. NÃO HÁ RENUNCIA TÁCITA NO JUIZADO ESPECIAL FEDERAL, PARA FINS DE COMPETÊNCIA.

● *Súmula aplicável.* ● DJ 24.5.2004. ● *Referência legislativa: Lei 10.259/01. Lei 9.099/95. CPC.* ● *Precedentes: Enun. 10/TR- -SJRJ. CC 2002.01.00.031948-0/BA. CC 2002.02.01.049660-2/RJ. CC 2002.02.01.037266-4/RJ. CC 2002.04.01.038182-7/SC. Ag 2002.04.01.053033-0/RS. PU/TNU 2002.85.10.000594-0/SE.*

▸ *Carmen Elizangela Dias Moreira de Resende*

A súmula ora abordada foi aprovada na sessão de julgamento de 10.5.2004 e embasou-se em diversos precedentes, dentre os quais: Enunciado 10 da Turma Recursal do Rio de Janeiro, CC 2002.01.00.031948-0/BA, CC 2002.02.01.049660-2/RJ, CC

2002.02.01.037266-4/RJ, CC 2002.04.01.038182-7/SC, Ag 002.04.01.053033-0/RS, PU/TNU 2002.85.10.000594-0/SE.

Em boa hora, procurou a TNU uniformizar o entendimento no âmbito dos Juizados Especiais Federais acerca da necessidade de renúncia expressa para fins de fixação da competência, desautorizando a renúncia tácita.

Em outras palavras, concluiu que a renúncia aos valores excedentes ao limite previsto para fixação da competência dos Juizados Especiais Federais não se presume apenas pelo fato da parte ter optado por ingressar com a ação perante uma das varas dos referidos Juizados.

Com efeito, ao editar o Verbete, a TNU subsidiou os juízes integrantes do JEF acerca de importante questão que vinha sendo reiteradamente suscitada em juízo, apontando a forma de renúncia a ser exigida.

De fato, a discussão sobre o valor da causa e a possibilidade de renúncia revela-se de extrema importância, pois, além de configurar, em tese, o espelho da pretensão de direito material vindicado, posiciona-se, igualmente, a sedimentar a competência do juízo.

Anote-se que desde a implantação dos Juizados Especiais Federais, com a edição da Lei 10.259/01, muito se discutiu acerca da abrangência do parágrafo 3º do artigo 3º do referido diploma legal, não só no bojo dos processos judiciais, mas, também, no campo acadêmico.

Por ocasião do Fórum Nacional dos Juizados Especiais Federais (FONAJEF) foi aprovado o Enunciado nº 16 com os seguintes dizeres: "Não há renúncia tácita nos Juizados Especiais Federais para fins de fixação de competência", bem como o Enunciado nº 17: "Não cabe renúncia sobre parcelas vincendas para fins de fixação de competência nos Juizados Especiais Federais".

Sabe-se que por determinação do artigo 3º da Lei 10.259/01, cabe aos Juizados Especiais Federais Cíveis conciliar e julgar causas de competência da Justiça Federal até o valor de sessenta salários mínimos, bem como executar as suas sentenças, sendo que no foro onde instalada vara do JEF, a sua competência é absoluta.

Exclui-se da competência dos Juizados Especiais Federais, independentemente do valor, acorde com o § 1º do artigo 3º acima citado, as causas referidas no art. 109, incisos II, III e XI, da Constituição Federal, as ações de mandado de segurança, de desapropriação, de divisão e demarcação, populares, execuções fiscais e por improbidade administrativa e as demandas sobre direitos ou interesses difusos, coletivos ou individuais homogêneos; sobre bens imóveis da União, autarquias e fundações públicas federais; para a anulação ou cancelamento de ato administrativo federal, salvo o de natureza previdenciária e o de lançamento fiscal; bem como as que tenham como objeto a impugnação da pena de demissão imposta a servidores públicos civis ou de sanções disciplinares aplicadas a militares.

Importante frisar que o § 2º do mesmo artigo 3º estabelece que "quando a pretensão versar sobre obrigações vincendas, para fins de competência do Juizado Especial, a soma de doze parcelas não poderá exceder o valor referido no art. 3º, caput", ou seja, não poderá exceder sessenta salários mínimos.

Quanto ao cálculo do valor da causa, consolidou-se o entendimento de que devem ser consideradas as prestações vencidas e vincendas, não podendo o interessado renunciar às doze parcelas vincendas.

Quando a pretensão versar sobre obrigações vincendas, para fins de competência do Juizado Especial, a soma de doze parcelas não poderá exceder o valor referido no art. 3º, caput. Com efeito, o principal critério de competência estabelecido na Lei 10.259/01 é o valor da causa, fixado em até sessenta salários mínimos, que tem natureza absoluta, assim considerado o valor do salário mínimo em vigor na data da propositura da ação.

Ademais, é orientação jurisprudencial do Superior Tribunal de Justiça (CC 91470) que, para a fixação do conteúdo econômico da demanda e determinação da competência do juizado especial federal, nas ações em que há pedido englobando prestações vencidas e vincendas, como no caso dos autos, incide a regra do art. 260 do Código de Processo Civil c/c o art. 3º, § 2º, da Lei 10.259/01:

Portanto, diferentemente do disposto no artigo 63 do novo CPC, que trata como relativa à competência em razão do valor da causa, no âmbito dos Juizados Especiais Federais é pacífica a orientação de que se trata de competência absoluta.

Também em sentido contrário, o § 3º do artigo 3º da Lei 9.099/95, que dispõe sobre os Juizados Especiais Cíveis e Criminais, prevê que "a opção pelo procedimento previsto nesta Lei importará em renúncia ao crédito excedente ao limite estabelecido neste artigo, excetuada a hipótese de conciliação", enquanto o artigo 39 da mesma Lei preceitua ser "ineficaz a sentença condenatória na parte que exceder a alçada estabelecida nesta Lei".

Em que pese as disposições da Lei 9.099/95 sejam aplicáveis subsidiariamente aos Juizados Especiais Federais, naquilo que não conflitar com a Lei 10.259/01, verifica-se que em relação à renúncia ao crédito excedente ao limite estabelecido em cada uma das referidas leis, quarenta salários-mínimos ou sessenta salários mínimos, respectivamente, há dispositivos em sentidos diametralmente opostos.

Verifica-se, portanto, que a escolha para propor ação junto ao Juizado Especial Cível Estadual é optativa, porque sua competência, por força de lei, é relativa e concorrente. Diferentemente, no Juizado Especial Cível Federal a competência é absoluta, também por forca de dispositivo legal expresso.

Não se olvida que a redação do artigo 1º da Lei 9.099/95 não diz expressamente que a propositura de uma ação no Juizado Especial Cível Estadual se trata de opção do autor, ao contrário da regra contida no artigo 1º da Lei 7.244/84. Contudo, ainda que inicialmente essa questão tenha gerado controvérsias, o entendimento majoritário que prevaleceu sobre o tema foi no sentido de que a utilização dos referidos juizados estaduais fica a critério do autor, de modo que se pode optar pelos juizados especiais ou pela vara cível comum.

Diga-se de passagem, a Comissão Nacional de Interpretação da Lei 9.099/95, coordenada pela Escola Nacional da Magistratura, composta por renomados doutrinadores, por maioria, concluiu que "o acesso ao Juizado Especial Cível é por opção do autor" (quinta conclusão).

Enfim, enquanto na Lei 9.099/95 admite-se a renúncia tácita, diferentemente, na Lei 10.259/01 se prevê a competência absoluta da Vara do Juizado Especial Federal onde estiver instalada, de modo que esta não deixa margem ao autor para optar entre o ajuizamento da ação no rito comum ou dos juizados.

Cabe salientar a distinção entre valor da causa e valor da condenação. O primeiro é fixado pelo artigo 292 do NCPC e não pode ultrapassar sessenta salários mínimos no momento do ajuizamento, servindo apenas para aferição da competência.

A TNU (Pedilef 00188647020134013200, Rel. Min. Fábio Cesar dos Santos Oliveira, DOU 27.1.2017), recentemente, fixou a tese de que:

> A renúncia apresentada para definição de competência dos Juizados Especiais Federais, ressalvada manifestação expressa da parte autora, somente abrange as parcelas vencidas somadas a doze parcelas vincendas na data do ajuizamento da ação.

Caso o valor da causa ultrapasse sessenta salários-mínimos, resta ainda a alternativa da renúncia expressa da parte autora. Na prática, significa que o juiz irá intimar o autor da ação para que ele se manifeste quanto à sua intenção de renunciar ao excedente. Se ele não renunciar, o juiz deve reconhecer sua incompetência, o que significa que o processo será de competência de uma Vara Federal Comum da Justiça Federal. Neste ponto, é interessante citar o Enunciado 49/FONAJEF, adiante transcrito.

Já o valor da condenação, que não deve ser confundido com valor da causa, pode perfeitamente ultrapassar o valor de alçada do Juizado Especial Federal, conforme previsto no artigo 17, § 4º da Lei 10.259/01.

De fato, o artigo 17 da Lei 10.259/01 prevê o pagamento de valores acima de sessenta salários-mínimos através da expedição de Precatório e para valores inferiores a esse patamar, através de Requisição de Pequeno Valor, sendo que proíbe o fracionamento, a repartição ou a quebra do valor da condenação para receber o limite de sessenta salários mínimos através da Requisição de Pequeno Valor e o restante através de Precatório.

Entretanto, o parágrafo 4º do mesmo artigo prevê a alternativa de renúncia ao excedente a sessenta salários-mínimos, possibilitando o recebimento, em menor espaço de tempo, através da Requisição de Pequeno Valor.

Aqui, ao contrário do que ocorre no ajuizamento, a renúncia tem caráter facultativo, uma vez que o jurisdicionado poderá exercer ou não essa faculdade, refletindo apenas no valor a ser recebido e a forma de pagamento. Sobre essa questão, vide Enunciado 71/FONAJEF, adiante transcrito

Também a TNU (Pedilef 200951510669087, Rel. Kyu Soon Lee, DO 17.10.2014) reafirmou a tese de que:

> Valor da causa (questão de competência), que pode ser limitada a 60 (sessenta) salários mínimos, nos termos do artigo 260, do CPC, não se confunde com valor da condenação, que a partir da data do ajuizamento da ação, pode superar esse limite; (ii) reafirmar a tese de que o ingresso ao Juizado Especial não acarreta renúncia aos valores da condenação que ultrapassam os 60 (sessenta) salários mínimos (Súmula nº 17 da TNU); (iii) anular a decisão referendada da Turma de Origem, nos termos da Questão de Ordem nº 20, determinando a realização de novo julgamento à luz do entendimento desta Turma Nacional. 15. Julgamento nos termos do artigo 7º, inciso VII, alínea a, do RITNU, servindo como representativo de controvérsia.

Assevera-se, entretanto, que a Súmula não permite à parte omitir-se quanto à renúncia ao excedente ao limite dos Juizados Especiais Federais e, ao cabo, arguir a ausência de sua renúncia expressa para tudo receber, sem qualquer desconto, até mesmo porque se trata de questão de competência absoluta.

Verificada a hipótese de incompetência, se a decisão judicial ainda não transitou em julgado, sendo caso de possibilidade de renúncia, deve esta ser apresentada expressamente, sob pena de se tornar ineficaz pela incompetência absoluta. A esse título transcreve-se interessante decisão oriunda da TNU (2007.33.00.70.7657), adiante.

Portanto, conclui-se que a incompetência em razão do valor da causa nos Juizados Especiais Federais é absoluta e só é permitida a renúncia aos valores das parcelas vencidas, de forma a que a soma das parcelas vencidas e vincendas não ultrapasse sessenta salários-mínimos. Além disso, a questão pode ser conhecida a qualquer tempo, somente precluindo com o trânsito em julgado, quando a parte ré da demanda não a arguiu em tempo.

- Enunciado FONAJEF 16. Não há renúncia tácita nos Juizados Especiais Federais para fins de fixação de competência.
- Enunciado FONAJEF 17. Não cabe renúncia sobre parcelas vincendas para fins de fixação de competência nos Juizados Especiais Federais.
- Enunciado FONAJEF 49. O controle do valor da causa, para fins de competência do Juizado Especial Federal, pode ser feito pelo juiz a qualquer tempo.
- Enunciado FONAJEF 71. A parte-autora deverá ser instada, na fase da execução, a renunciar ao excedente à alçada do Juizado Especial Federal, para fins de pagamento por Requisições de Pequeno Valor, não se aproveitando, para tanto, a renúncia inicial, de definição de competência.
- Enunciado TR/RJ 10. Não há renúncia tácita no JEF, para fins de competência.
- (...). Conflito negativo de competência. Juízo federal comum e juizado especial federal. Previdenciário. Concessão de aposentadoria por tempo de serviço. Pedido de condenação ao pagamento de prestações vencidas e vincendas. Aplicação do art. 260 do CPC c/c o art. 3º, § 2º, da

Lei 10.259/01 para a fixação do valor da causa e, consequentemente, da competência. Precedentes. Competência do juízo comum federal. Anulação de sentença de mérito proferida pelo juízo tido por incompetente. Art. 122, caput, e parágrafo único do CPC. 1. O art. 3º, caput, da Lei 10.259/01 define a competência dos juizados especiais federais para toda demanda cujo valor da ação não ultrapasse 60 (sessenta) salários-mínimos. De acordo com § 2º do dispositivo mencionado, quando a demanda tratar de prestações vincendas, o valor de doze prestações não poderá ser superior ao limite fixado no caput. 2. Todavia, na hipótese de o pedido englobar prestações vencidas e vincendas, há neste Superior Tribunal entendimento segundo o qual incide a regra do art. 260 do Código de Processo Civil, que interpretado conjuntamente com o mencionado art. 3º, § 2º, da Lei 10.259/01, estabelece a soma das prestações vencidas mais doze parcelas vincendas, para a fixação do conteúdo econômico da demanda e, consequentemente, a determinação da competência do juizado especial federal. 3. De se ressaltar que a 2ª Turma Recursal do Juizado Especial Federal Cível da Seção Judiciária do Estado de São Paulo, no julgamento da apelação, suscitou o presente conflito de competência, sem antes anular a sentença de mérito proferida pelo juízo de primeira instância, o que, nos termos da jurisprudência desta Corte, impede o seu conhecimento. 4. Todavia, a questão posta em debate no presente conflito de competência encontra-se pacificada no âmbito Superior Tribunal de Justiça. Dessa forma, esta Casa, em respeito ao princípio da celeridade da prestação jurisdicional, tem admitido a anulação, desde logo, dos atos decisórios proferidos pelo juízo considerado incompetente, remetendo-se os autos ao juízo declarado competente, nos termos do art. 122, caput, e parágrafo único, do Código de Processo Civil. 5. Conflito conhecido para declarar a competência do Juízo Federal da 2ª Vara Previdenciária da Seção Judiciária de São Paulo, ora suscitado, anulando-se a sentença de mérito proferida pelo juízo especial federal de primeira instância. (STJ, 3ª. S. CC 91.470/SP, Rel. Min. Maria Thereza de Assis Moura, DJe 26.8.2008)

○ Pedido de uniformização nacional. Renúncia tácita ao limite de competência dos juizados. Súmula n. 17 da Turma Nacional. Garantia constitucional da coisa julgada. Mandado de segurança impetrado pelo INSS. 1. Após o trânsito em julgado, a limitação do valor do título executivo ao limite de 60 (sessenta) salários mínimos no momento do ajuizamento da ação por via transversa não apenas reconhece a possibilidade de renúncia tácita no Juizado Especial Federal como também impõe ao beneficiário de título executivo judicial a própria obrigatoriedade de renúncia ao excedente ao limite de competência, independentemente de qualquer renúncia expressa nesse sentido, o que é incabível, por afrontar o enunciado da Súmula nº 17 desta Turma Nacional e a garantia constitucional da coisa julgada. 2. Pela via do mandado de segurança contra ato de juiz praticado no curso da fase executiva não pode o INSS pretender rever o valor da condenação já transitada em julgado a pretexto de limitá-lo ao limite de competência da época do ajuizamento da ação, não havendo ineficácia da sentença naquilo que exceder ao limite de competência no microssistema dos Juizados Federais. 3. Pedido de uniformização apresentado pelo INSS improvido. (TNU, 2007.33.00.70.7657, Rel. Jacqueline Michels Bilhalva, DE 12.2.2009)

▶ **LJE. Art. 3º** O Juizado Especial Cível tem competência para conciliação, processo e julgamento das causas cíveis de menor complexidade, assim consideradas: I – as causas cujo valor não exceda a quarenta vezes o salário mínimo; II – as enumeradas no art. 275, inciso II, do Código de Processo Civil; III – a ação de despejo para uso próprio; IV – as ações possessórias sobre bens imóveis de valor não excedente ao fixado no inciso I deste artigo. (...). **§ 3º** A opção pelo procedimento previsto nesta Lei importará em renúncia ao crédito excedente ao limite estabelecido neste artigo, excetuada a hipótese de conciliação.

▶ **LJEF. Art. 3º** Compete ao Juizado Especial Federal Cível processar, conciliar e julgar causas de competência da Justiça Federal até o valor de sessenta salários mínimos, bem como executar as suas sentenças. (...). **§ 2º** Quando a pretensão versar sobre obrigações vincendas, para fins de competência do Juizado Especial, a soma de doze parcelas não poderá exceder o valor referido no art. 3º, caput.

3. INCIDENTE DE UNIFORMIZAÇÃO DE JURISPRUDÊNCIA

Súmula 7. Descabe incidente de uniformização versando sobre honorários advocatícios por se tratar de questão de direito processual.

● *Súmula aplicável.* ● DJ 25.9.2003. ● *Referência legislativa: Lei 10.259/01, art. 14, caput.* ● *Precedentes: PU/TNU 2002.50.50.090196-3/ES. PU/TNU 2002.50.50.090241-4/ES. PU/TNU 2002.50.50.090231-1/ES.*

▶ *Edilson Pereira Nobre Júnior*

A circunstância de que os litígios oriundos da edição de atos administrativos praticados pela Administração Pública Federal são capazes de ensejar uma litigiosidade em massa, disseminada pelos diversos juízos federais sediados no vasto território nacional, fez com que a Lei 12.257/01 previsse, como modalidade recursal, o pedido de uniformização de lei federal, a ser julgado por uma Turma Nacional de Uniformização, integrada por Juízes de Turmas Recursais, sob a presidência do Ministro Coordenador-Geral da Justiça Federal, contanto que, nos termos do art. 14, § 2º, do diploma mencionado, tal inconformismo se fundasse em divergência jurisprudencial entre decisões de Turmas Recursais de diferentes regiões ou em contrariedade a súmula ou a jurisprudência dominante no Superior Tribunal de Justiça.

De outro lado, a necessidade de se preservar os princípios gerais que informam o processo nos sistemas dos Juizados Especiais (oralidade, simplicidade, informalidade, economia processual e celeridade)[6], porventura fez com que o legislador, ao traçar o cabimento do pedido de uniformização, lançasse limitação às questões que envolvam a discussão de direito material, conforme explicitado pelo art. 14, caput, da Lei 10.259/01.

Daí a relevância, na apreciação do cabimento de tal recurso, de se delimitar a natureza do questionamento submetido à Turma Nacional de Uniformização, pois, em se cuidando de tema de ordem processual, não há como se ativar a instância excepcional.

Essa foi exatamente a indagação em torno da qual adveio a edição da súmula em comento. Compulsando-se um dos seus precedentes, mais precisamente o PU 2002.50.50.090231-1 (TNU, v.u., Rel. Leomar Amorim. j. 29.4.2003), tinha-se postulação recursal da Caixa Econômica Federal, mediante a qual se impugnava decisão da Turma Recursal dos Juizados Especiais Federais da Seção Judiciária do Espírito Santo que condenou a recorrente ao pagamento de honorários de advogado, a despeito da vedação constante do art. 29-C da Lei 8.036/90, acrescentado pela Medida Provisória 2.164/01.

O voto-condutor, a despeito de constatar a existência de decisões divergentes, concluiu pela inadmissibilidade do recurso, uma vez que a matéria discutida, versando sobre a possibilidade ou não de condenação em honorários advocatícios,

---

6. Sobre o tema, digno de leitura artigo de Luciana de Medeiros Fernandes (Princípio de direito processual: uma abordagem especial quanto aos princípios inspiradores dos juizados especiais e à questão da solidariedade. **Revista Esmafe**, n. 8, p. 243-313, dez. 2004).

ostentava natureza processual e, portanto, estaria subtraída do âmbito do art. 14 da Lei 10.259/01.

Para tanto, houve a invocação de precedentes do Supremo Tribunal Federal. Nestes, merece destaque o RE 93.116/RJ (adiante transcrito), no qual se discutia a aplicação aos casos julgados nas instâncias ordinárias, mas não transitados em julgados, da regra do § 5º do art. 20 do CPC de 1973, acrescentado pela Lei 6.745/79.

Relator para o aresto, o Min. Moreira Alves enfatizou que, em se cuidando de honorários de sucumbência, a natureza processual do instituto atrai, no plano do direito intertemporal, o critério da aplicabilidade imediata[7].

Essa orientação restou observada pela Turma Nacional noutros julgados[8].

A razão de ser do entendimento reside, assim, na circunstância de que, em se tratando de condenação em honorários advocatícios, aplicada em juízo, e tendo como causa a sucumbência, a sua disciplina é da alçada da lei processual, nos termos do então art. 20 do CPC de 1973, o que é objeto de igual previsão no CPC de 2015 (art. 85).

É preciso não esquecer que essa orientação tem sua aplicação circunscrita ao campo da sucumbência em juízo. Não abrange as hipóteses nas quais, mediante contrato, o credor insere a previsão de honorários advocatícios, para o fim de exigibilidade extrajudicial da dívida, o que tem sido prática frequente nos mútuos celebrados pela Caixa Econômica Federal. Igualmente não abrange os casos em que, havendo dispêndio com a contratação de advogado, a parte discute em juízo eventual reparação integral de dano decorrente de atraso no cumprimento ou descumprimento de obrigação contratual.

É que, em tais situações, o cabimento da verba advocatícia se encontra disciplinada pelos artigos 389, 395 e 404, do Código Civil vigente, e, portanto, a questão será transposta para a província da interpretação de direito material.

○ Honorários de advogado. Incidência imediata de lei relativa a honorários advocatícios. Interpretação do § 5º do artigo 20 do Código de Processo Civil, introduzido pela Lei 6.745, de 5 de dezembro de 1979. Em se tratando de sucumbência - inclusive no que diz respeito a honorários de advogado - os novos critérios legais de sua fixação se aplicam aos processos em curso, inclusive em grau de recurso extraordinário, quando este, por ter sido conhecido, da margem a que

---

7. Do voto do relator, apresenta-se digna de transcrição a seguinte e decisiva passagem: "Portanto, em matéria de sucumbência - e isso porque se trata de sanção processual -, sua fixação se fez, segundo a lei do momento em que, inclusive em grau de recurso, está ela sendo julgada, e não pela lei do tempo em que foi prolatada a decisão recorrida. Esse princípio de direito intertemporal se aplica tanto às instâncias ordinárias (a Súmula 509 se limita a estas, pois as decisões que lhe serviram de base se adstringiram a examinar a questão da aplicação imediata do novo princípio sobre sucumbência nas instâncias ordinárias) quanto ao recurso extraordinário, quando este, por ter sido conhecido, dá margem a que se julgue a causa, e, portanto, se aplique a lei que esteja em vigor na época desse julgamento. É curial que o princípio de direito intertemporal seja o mesmo - o da aplicação imediata, no caso, da lei nova - quer se trate de recurso na instância extraordinária no qual, por ter ultrapassado o obstáculo do conhecimento, se esteja julgando a causa" (RTJ 100/803).
8. TNU: PU 2002.50.50.090241-4, v.u., Rel. Renato Toniasso, j. 29.4.2003; PU 2002.50.50.090196-3, v.u., Rel. Guilherme Calmon Nogueira da Gama, j. 29.4.2003.

se julgue a causa, e, portanto, se aplique a lei que esteja em vigor na época desse julgamento. Distinção entre ato ilícito (ilícito absoluto) e inadimplemento contratual decorrente de culpa (ilícito relativo). Ato ilícito contra pessoa somente ocorre quando há ilícito absoluto, e não quando existe inadimplemento contratual, hipótese em que apenas se verifica ato contra o conteúdo do contrato. O § 5º do artigo 20 do Código de Processo Civil, sendo texto de natureza excepcional e devendo, portanto, ser interpretado estritamente, só se aplica aos casos de ilícito absoluto (a denominada responsabilidade extra contratual), não abarcando as hipóteses de inadimplemento contratual (a chamada responsabilidade contratual), para as quais persiste a jurisprudência do STF no sentido de que a base de cálculo sobre a qual incidem os honorários de advogado é o resultado da soma do valor das prestações vencidas e de doze das vincendas. (...). (STF, RE 93116, Rel. p/ac. Min. Moreira Alves, Pleno, mv, DJ 3.7.1981)

▶ **LJEF. Art. 14.** Caberá pedido de uniformização de interpretação de lei federal quando houver divergência entre decisões sobre questões de direito material proferidas por Turmas Recursais na interpretação da lei.

SÚMULA 42. NÃO SE CONHECE DE INCIDENTE DE UNIFORMIZAÇÃO QUE IMPLIQUE REEXAME DE MATÉRIA DE FATO.

●*Súmula aplicável.* ● *DJ 3.11.2011.* ●*Precedentes: Pedilef 0020224-77.2008.4.01.3600. Pedilef 2007.70.95.007668-2. Pedilef 2007.71.95.015083-5. Pedilef 2009.36.00.702010-3. Pedilef 2009.36.00.702049-4.*

▶ *Francisco Glauber Pessoa Alves*

Vigente o CPC anterior (Lei 5.869, de 11 de janeiro de 1973), a experiência de órgãos judiciários específicos para causas de menor complexidade, já existente pioneiramente nos antigos Juizados de Pequenas Causas instituídos pela Lei 7.244/84, tornou-se vitoriosa com a Lei 9.099/95, que sucedeu àquela, criando os Juizados Especiais Cíveis e Criminais, responsáveis pelo julgamento de causas cíveis de menor complexidade e causas criminais de menor potencial ofensivo. Naquela metade da década de 1980, quando só existiam os Juizados de Pequenas Causas, não havia o assoberbamento do Judiciário que se originou pelas novas disposições constitucionais que passaram a vigorar no ano de 1988.

A Constituição Federal de 1988 (CF) conferiu prestígio a tal espécie de tutela jurisdicional. As "pequenas causas" passaram a ser terminologicamente nominadas e tratadas (registradas as existências das expressões juizados de pequenas causas e juizados especiais no corpo da Lei Maior – art. 24, X, e 98, I, respectivamente) como "causas de menor complexidade", por força do art. 3º da Lei 9.099/95.

Romperam-se nortes processuais clássicos. A inspiração passou a ser o obséquio aos princípios da oralidade, simplicidade, informalidade, economia processual e celeridade, buscando-se, sempre que possível, a conciliação ou a transação (art. 2º da Lei 9.099/95). A norma foi um sucesso. Um novo microssistema normativo, tendente a furtar-se aos gargalos do processo comum (ordinário ou sumário) então existente, rapidamente se solidificou.

Em 2001, a Lei 10.259 tratou dos Juizados Especiais Cíveis e Criminais no âmbito da Justiça Federal, apresentando rupturas também no aspecto processual específico da litigância contra os legitimados sujeitos à sua competência, essencialmente nas causas em que a União, entidade autárquica ou empresa pública federal forem interessadas na condição de rés, assistentes ou oponentes, exceto as de falência, as de acidentes de trabalho e as sujeitas à Justiça Eleitoral e à Justiça do Trabalho e as empresas públicas federais e causas correlatas. A Lei 12.153/09, por fim, regrou os Juizados Especiais da Fazenda Pública no âmbito dos Estados, do Distrito Federal, dos Territórios e dos Municípios.

O art. 1º da Lei 10.259/01 claramente declarou que lhe incide, subsidiariamente, a Lei 9.099/95. O parágrafo único do art. 1º da Lei 12.153/09 estabeleceu que o sistema dos Juizados Especiais dos Estados e do Distrito Federal é formado pelos Juizados Especiais Cíveis, Juizados Especiais Criminais e Juizados Especiais da Fazenda Pública. O art. 27 da Lei 12.153/09 determinou que ser-lhe-iam subsidiariamente aplicáveis o CPC anterior, a Lei 9.099/95 e a Lei 10.259/01. Não havia mais dúvidas da transcendência do microssistema geral dos Juizados sobre o CPC anterior. Deu-se uma ambiência (micros)sistêmica específica. Razoável dizer-se que um completo sistema processual e procedimental dos Juizados Especiais restou criado.

O CPC anterior possuía um embrionário sistema de homogeneização da jurisprudência, por exemplo, ao regular: a) o Incidente de Uniformização de Jurisprudência (art. 476) e a edição de súmulas (art. 476); b) os embargos infringentes (art. 530); c) a repercussão geral quanto ao recurso extraordinário e o recurso especial representativo de controvérsia (art. 541 a 546). A CF reforçou a importância da uniformização da interpretação do direito federal pelo STJ na via do recurso especial (art. 105, III, "c").

Influenciado pela experiência do recurso especial, a Lei 10.259/01 também previu formas de uniformização da jurisprudência na via dos Juizados Especiais Federais. Certamente, essa preocupação ressaiu em importância dado o caráter federativo e de dimensões continentais do nosso país, a ensejar uma disparidade de interpretações sobre o mesmo direito federal aplicável. Assim, a Lei 10.259/01 cuidou de instituir e regular: a) o pedido de uniformização de interpretação de lei federal, quando houver divergência entre Turmas da mesma Região, a ser julgado em reunião conjunta das Turmas em conflito, sob a presidência do Juiz Coordenador (art. 14, § 1º); b) o pedido de uniformização de interpretação de lei federal, quando houver divergência entre turmas de diferentes regiões ou entre a proferida pela Turma em contrariedade a súmula ou jurisprudência dominante do STJ, a ser julgado por Turma Nacional de Uniformização, integrada por juízes de Turmas Recursais, sob a presidência do Coordenador da Justiça Federal (art. 14, § 2º); c) o pedido de uniformização de interpretação de lei federal, quando houver divergência entre a orientação acolhida pela Turma de Uniformização, em questões de direito material, e súmula ou jurisprudência dominante no STJ (art. 14, § 4º).

A praxe forense atribuiu também o nome de Incidente de Uniformização (Regional, Nacional e ao STJ), Pedido de Uniformização de Jurisprudência ou, ainda, Pedilef. A regulamentação dá-se, atualmente, pela Resolução n. 345, de 2 de junho de 2015, do Conselho da Justiça Federal (CJF). O modelo de órgãos jurisdicionais adotado, como regra, são as Turmas Recursais (TRs, podendo haver mais de uma por Seção Judiciária, a depender do volume processual, composta por cargos efetivos de Juízes Federais, criados pela Lei 12.665/2012), as Turmas Regionais de Uniformização (TRUs, sendo uma para cada uma das cinco regiões da Justiça Federal, compostas pelos Presidentes das TRs da região e presidida pelo Coordenador Regional dos Juizados) e a Turma Nacional de Uniformização (TNU, composta por dez juízes distribuídos igualmente entre as cinco regiões da Justiça Federal, presidida pelo Corregedor-Geral da Justiça Federal, função exercida por um Ministro do STJ).

Também adotou a Lei 10.259/01 a técnica da escolha de um Pedido de Uniformização representativo de outros (art. 14, § 6º) com subsequente devolução dos sobrestados juízo de retratação ou prejudicialidade após julgamento do representativo (art. 14, § 9º). De fato, anotam Savaris e Xavier[9]:

> O modelo de uniformização dos Juizados Especiais Federais reserva um especial mister racionalizador aos respectivos colegiados uniformizadores. Essa importante atribuição consiste em oferecer, não apenas aos jurisdicionados, mas às instâncias ordinárias dos Juizados Especiais, mínima orientação quanto à interpretação de lei federal de natureza material. Um mínimo de orientação com estabilidade.

Seguiu-se o advento do atual CPC que trouxe, dentre outros, um claro objetivo, indicado em sua exposição de motivos: imprimir maior grau de organicidade ao sistema, dando-lhe, assim, mais coesão. Há uma forte inspiração do princípio da segurança jurídica[10], seja sob uma ótica vertical, de submissão aos precedentes firmados por Cortes superiores, seja sob uma ótica horizontal, de decisões iguais a situações fático-jurídicas iguais por parte das próprias Cortes formadoras dos precedentes[11].

O CPC detalhou um contexto de obrigatoriedade de os tribunais uniformizarem sua jurisprudência e mantê-la estável, íntegra e coerente (art. 926). Também se definiu um padrão (art. 927) segundo o qual devem os juízes observar (I) as decisões do STF em controle concentrado de constitucionalidade, (II) os enunciados de súmulas vinculantes, (III) os acórdãos em incidente de assunção de competência ou de resolução de demandas repetitivas ou em julgamento de recursos extraordinário e especial repetitivos, (IV) os enunciados das súmulas do STF e do STJ e (V) a orientação do plenário ou do órgão especial aos quais estiverem vinculados.

A par dos anteriores instrumentos de uniformização jurisprudencial, confirmados pelo CPC no geral, outros foram criados. Globalmente, o quadro restou assim elencado: i) o incidente de assunção de competência, quando o julgamento de recurso, de remessa necessária ou de processo de competência originária envolver relevante questão de direito, com grande repercussão social, sem repetição em múltiplos processos (art. 947); ii) o incidente de resolução de demandas repetitivas quando houver, simultaneamente, efetiva repetição de processos que contenham controvérsia sobre

---

9. SAVARIS, José Antonio; XAVIER, Flavia da Silva. **Manual dos recursos nos Juizados Especiais Federais.** 5. ed., Curitiba: Alteridade, 2015. p. 205.
10. "Ressalte-se, a propósito, que, nestes últimos anos, os nossos tribunais superiores passaram a desempenhar papel relevantíssimo, por duas diferentes razões. Em primeiro lugar, pela necessidade de uniformizar a jurisprudência, diante das incertezas e divergências de julgados, que conspiram contra a segurança jurídica. São mais de 50 tribunais de segundo grau, espalhados nos diversos Estados brasileiros" (TUCCI, José Rogério Cruz e. O regime do procedente judicial no novo CPC. **Revista do Advogado.** São Paulo: AASP, v. XXXV, n. 126, p. 143-151, maio/2015. p. 144).
11. MARINONI, Luiz G.; ARENHART, Sérgio C.; MITIDIERO, Daniel. **Novo Código de Processo Civil comentado.** São Paulo: RT, 2015. p. 868-872.

a mesma questão unicamente de direito e risco de ofensa à isonomia e à segurança jurídica (art. 976, I e II); iii) o julgamento sob a sistemática de recursos repetitivos para os recursos extraordinário e especial (art. 1.036).

Houve, também, o reforço da importância dos enunciados das Súmulas do STF (inclusive as vinculantes), do STJ e do próprio tribunal, nos termos dos regimentos internos (§ 1º, art. 926). Embora deveras elogiado pela doutrina, há algum dissenso acerca da constitucionalidade da norma infraconstitucional instituir a obrigatoriedade de precedentes quanto aos incisos III, IV e V do art. 927[12-13]. Diz-se isso porque já existiam decisões de observância obrigatória, como aquelas proferidas em controle abstrato de constitucionalidade (art. 102, § 2º da CF) e os entendimentos constantes nas súmulas vinculantes (art. 103-A da CF). De certa forma vinculante, pelo seu caráter uniformizador, os recursos repetitivos (art. 543-B e 543-C do CPC).

Assim, hoje, tanto na Lei 10.259/01 quanto no CPC, uma clara exigência de jurisprudência íntegra, estável e coerente. Isso porque razões maiores de segurança jurídica, igualdade e previsibilidade evidenciam a necessidade que todos com identidade de litígios tenham a mesma solução jurídica. Isso evita litígios e tende à pacificação social. A doutrina é farta acerca da imperiosidade de decisões que sirvam de precedentes vinculantes ou meramente persuasivos (ALVIM *et al*, 2016, p. 1060-1064; AMARAL, 2015, p. 945-949; ARRUDA ALVIM WAMBIER, Teresa *et al*, 2015, p. 2072-2081; NERY JR e NERY, 2015, p. 1832-1835; THEODORO JR. *et al*, 2015, p. 323-361).

O recurso especial com fundamento na uniformização de jurisprudência (art. 105, III, "c" da CF) é inegavelmente quem inspira o Pedido de Uniformização da Lei 10.259/01. Não parece haver dúvida razoável quanto à natureza de recurso do Pedido de Uniformização da Lei 10.259/01 (CARDOSO, 2014, p. 103; CUNHA, 2010, p. 162-165; NOBRE JR., 2013, p. 20; RODRIGUES, 2011, p. 302-304; SARAIVA, 2016, p. 168; SAVARIS e XAVIER, 2015, p. 202), inclusive, no próprio direito jurisprudencial, havendo a TNU emitido a Questão de Ordem n. 1, adiante colacionada.

Uma primeira afirmação, chocante e que sempre causa espécie ao menos atento, é a de que os recursos de direito em sentido estrito (como o são o recurso extraordinário, o recurso especial e o pedido de uniformização) não têm ampla cognição. Isto é, diferentemente dos recursos ordinários, como a apelação no processo cível comum e o recurso inominado contra sentença dos Juizados Especiais, eles possuem fundamentação vinculada às hipóteses de cabimento expressamente previstas no direito positivo, constitucional ou infraconstitucional.

Dessa forma, não cabem recursos extraordinário ou especial fora das hipóteses constitucionalmente previstas (art. 102, III, e 105, III) bem como incidente de uniformização fora do que rege a Lei 10.259/01 (art. 14). Assim, o conteúdo alegável e cognoscível é bem mais restrito, donde não serem os órgãos jurisdicionais competentes

---

12. NERY JUNIOR, Nelson; NERY, Rosa Maria de Andrade. **Comentários ao Código de Processo Civil.** São Paulo: RT, 2016. p. 1837.
13. TUCCI, José Rogério Cruz e. O regime do procedente judicial no novo CPC. **Revista do Advogado.** São Paulo: AASP, v. XXXV, n. 126, maio/2015. p. 150.

para apreciar os recursos de direito em sentido estrito (STF, STJ, Turma Nacional de Uniformização e Turmas Regionais de Uniformização) o equivalente a 3ª ou 4ª instâncias de julgamento[14]. Bem verdade que há vozes estabelecendo uma distinção sutil quanto ao incidente de uniformização, no sentido de que, eventualmente, poderiam se constituir numa 3ª ou mesmo 4ª instâncias[15]. Não nos parece, porém, que haja certo nessa defesa sem que a natureza e finalidade do instituto seja desvirtuada.

E aqui se chega à segunda afirmação, derivada da anterior, os recursos de estrito direito não possuem a função de avaliação da justiça da decisão no caso concreto, a não ser que o fluido conceito de justiça seja um consectário da ocorrência concreta da hipótese de cabimento prevista normativamente. Assim, o STJ e a TNU, ao uniformizarem a jurisprudência, dentro de suas respectivas competências, só mediatamente fazem justiça no caso concreto, dizendo o direito estrito aplicável. Não podem (ou ao menos, não devem) rejulgar a causa por entenderem, subjetivamente, que o melhor direito não foi aplicado e que, portanto, injusta a decisão do órgão recorrido.

Já agora na terceira afirmação, qual seja, a de que os recursos de estrito direito não possuem a função de reanálise da prova. De longa data esse entendimento foi assentado, ainda quando tocava ao STF (na ordem constitucional anterior, quando inexistente o STJ) a garantia do direito federal, cristalizando-se na Súmula n. 279 (Para simples reexame de prova não cabe recurso extraordinário), incorporada à exegese do STJ quando este foi criado, ao editar a Súmula n. 7 (A pretensão de simples reexame de prova não enseja recurso especial). Igualmente seguiu a Turma Nacional de Uniformização tal entendimento, como é o caso do Enunciado sob comento.

A questão mais sutil, porém, sempre foi não tanto a da impossibilidade da reanálise da prova (assente na jurisprudência), mas da possibilidade de revaloração (ou requalificação) jurídica da prova quando o órgão "a quo" haja lhe conferido um valor distinto daquele constante em lei. Tratando a respeito, Alvim (1997, p. 24) destacou

> (...) que o tema do recurso extraordinário era exclusivamente de direito e, por isso mesmo, o ato de avaliação da prova refugia do espectro definidor de uma questão federal, pois de matéria de fato se trata. Isto não se confunde e não se confundia, com o valor da prova, pois esse "valor" é estabelecido em lei federal. Aqui existe uma questão federal; vale dizer, o que se fará, nesta hipótese, é interpretar uma lei federal, onde tenha sido previsto o valor de uma dada prova. Consequentemente, a mera ou simples avaliação da prova era extrínseca ao âmbito do recurso, o que já não ocorre com identificação do valor jurídico de uma dada prova, que é questão federal; mais ainda, essa questão de direito havia de ser federal, o que explicava o teor da Súm. 280.

Na escorreita linha da lente bandeirante, representativo da doutrina que se dedicou ao assunto, seria o caso de prover um recurso de direito estrito desde que a decisão recorrida valorasse "contra legem" alguma prova. Exemplos mais claros que trazermos para ilustrar são: a) a exigência de prova quanto a fatos notórios, afirmados por uma parte e confessados pela parte adversa, admitidos no processo como

---

14. WAMBIER, Teresa A. Alvim. **Controle das decisões judiciais por meio de recursos de estrito direito e de ação rescisória.** São Paulo: RT, 2002. p. 166-167.
15. SAVARIS, José Antonio; XAVIER, Flavia da Silva. **Manual dos recursos nos Juizados Especiais Federais.** 5. ed., Curitiba: Alteridade, 2015. p. 233.

incontroversos ou em cujo favor milita presunção legal de existência ou de veracidade (art. 374 e incisos do CPC); b) a desconsideração da existência e do modo de existir de algum fato, atestado ou documento por ata lavrada por tabelião (art. 384 do CPC); c) a não aplicação da confissão quanto à parte que foi regularmente intimada para tanto e não compareceu ou, comparecendo, recusou-se a falar (art. 385 do CPC); d) a desconsideração da confissão judicial ou extrajudicial (art. 389 do CPC); e) a não aceitação do valor probatório do documento público na forma como definido (art. 405 do CPC); f) o afastamento da validade do instrumento público exigido por lei como da substância do ato (prova da propriedade imobiliária, filiação, casamento etc.) como prova não suprível por outra (art. 406 do CPC).

Porém, ainda que de longa data a doutrina já discuta o assunto, não há uma solução mais sistematizada. A razão é simples: a jurisprudência do STJ e da TNU, por vezes, abre pontos fora da curva para efetivamente reanalisar provas, ora assumidamente fazendo-o, ora valendo-se do eufemismo da "revaloração das premissas fáticas fixadas pela decisão recorrida" (e redações quejandas), movidos pelo intento de paradigmatizar determinados assuntos[16]. Dentro das linhas jurisprudenciais assentadas nas Súmulas do STF (279) e do STJ (7), bem como do Enunciado ora em discussão e, finalmente, das lições doutrinárias, isso não é possível.

Nada obstante, em mais de uma situação, a TNU já reanalisou provas sob o argumento de *erro evidente* na apreciação da prova (referir o acórdão recorrido conclusão inexistente do laudo pericial), restituindo os autos ao juízo de origem para rejulgamento com base na premissa fática que estabeleceu (Pedilef 2007.63.06.00.5171-1, Rel. p/Acórdão Juíza Federal Jacqueline Michels Bilhalva, DOU 5.11.2010). Esse entendimento foi seguido em pelo menos outros dois precedentes: a) Pedilef 00295919620064013600, Rel. Juiz Federal José Antonio Savaris, DOU 8.4.2011 e Pedilef 05200822820124058300, Rel. Juiz Federal João Batista Lazzari, DOU 9.10.2015, p. 117/255, entendendo "nulo o processo quando, em segundo grau, nega-se à parte o direito de produzir prova de fato e conclui-se sobre determinada circunstância fática (incontroversa, até então) sem amparo em qualquer elemento de prova"; b) Pedilef 50056690820124047104, Rel. Juiz Federal João Batista Lazzari, DOU 31.7.2015, considerando que "o acórdão recorrido incorreu em um erro evidente, aferível à primeira vista, porque considerou que o autor manteria a qualidade de segurado da Previdência Social somente até 7/2011, quando a última contribuição previdenciária foi recolhida em 5/2011".

Essa linha decisória não se confirmou na jurisprudência recente do Colegiado que parece haver resgatado a pureza do recurso, com sua função uniformizadora e, portanto, de direito estrito, *v.g.*: a) Pedilef 00033867820124013807, Rel. Juíza Federal Ângela Cristina Monteiro, DOU 24.11.2016, consignando que "se a improcedência do pedido ocorreu a partir do convencimento pessoal de que a requerente não demonstrou o exercício de atividade na condição de segurada especial pelo período

---

16. WAMBIER, Teresa A. Alvim. **Controle das decisões judiciais por meio de recursos de estrito direito e de ação rescisória.** São Paulo: RT, 2002. p. 207.

exigido pela legislação previdenciária, o reconhecimento de tal circunstância, por este Colegiado, pressuporia nova avaliação do conjunto probatório, o que não encontraria apoio nas hipóteses de cabimento do incidente de uniformização"; b) Pedilef 201351510191816, Rel. Juiz Federal Rui Costa Gonçalves, DOU 27.9.2016, registrando que "não cabe a esta Turma Nacional de Uniformização, reexaminar as provas apresentadas no curso da instrução para o fim de verificar se confirmam ou não a alegação formulada no pedido de uniformização jurisprudencial interposto, no sentido de que a moléstia apontada na Perícia Médica já inviabilizava o exercício de atividades laborativas à época da suspensão questionada nos autos, ao contrário do que concluiu o Perito designado pelo Juízo competente, aplicando-se, no caso, a Súmula n. 42 deste Colegiado"; c) Pedilef 50583238120124047100, Rel. Juíza Federal Itália Maria Zimardi Arêas Poppe Bertozzi, DOU 5.8.2016, destacando que "fazer análise do tempo de serviço, bem como dos períodos de licença-prêmio não gozadas e nem utilizados de aposentadoria e/ou abono de permanência a toda evidência, implica reexame de matéria de fato, matéria esta que não se insere no âmbito do incidente de uniformização nacional, conforme o Enunciado da Súmula nº 42 desta Turma Nacional".

De fato, a análise do que seria erro evidente é algo de jaez profundamente subjetiva e pode se estender a diversos pontos da inteligibilidade humana. O que é evidente para um não o é para outro, questão hermenêutica que põe em xeque o caráter paradigmático das decisões de uniformização de jurisprudência da TNU. O retorno à função uniformizadora e de estrito direito, afastando-se a reanálise de prova (ainda que com eufemismos), é salutar e tende a atender justamente os fins maiores do incidente de uniformização de jurisprudência: segurança jurídica, igualdade e previsibilidade.

> TNU. Questão de Ordem n. 1. I. Os Juizados Especiais orientam-se pela simplicidade e celeridade processual nas vertentes da lógica e da política judiciária de abreviar os procedimentos e reduzir os custos. II. Diante da divergência entre decisões de Turma Recursais de regiões diferentes, o pedido de uniformização tem a natureza jurídica de recurso, cujo julgado, portanto, modificando ou reformando, substitui a decisão ensejadora do pedido. III. A decisão constituída pela Turma de Uniformização servirá para fundamentar o juízo de retratação das ações com o processamento sobrestado ou para ser declarada a prejudicialidade dos recursos interpostos.

Súmula 43. Não cabe incidente de uniformização que verse sobre matéria processual.

●*Súmula aplicável.* ● *DJ 3.11.2011.* ● *Referência legislativa: Lei 10.259/01, art. 14.* ● *Precedentes: Pedilef 2007.84.00.507445-6. Pedilef 2009.72.95.000321-7. Pedilef 2007.70.50.001328-4. Pedilef 0011212-30.2007.4.01.3000.*

▶ *Francisco Glauber Pessoa Alves*

O estudo desse Enunciado da TNU é, na sua estrutura jurídica, próximo ao do Enunciado 42/TNU (Não se conhece de incidente de uniformização que implique reexame de matéria de fato), a que se remete. Será resgatado, aqui, apenas o que é mais importante.

O CPC anterior (Lei 5.869, de 11 de janeiro de 1973) possuía um embrionário sistema de homogeneização da jurisprudência, por exemplo, ao regular: a) o Incidente de Uniformização de Jurisprudência (art. 476) e a edição de súmulas (art. 476); b) os embargos infringentes (art. 530); c) a repercussão geral quanto ao recurso extraordinário e o recurso especial representativo de controvérsia (art. 541 a 546). A CF reforçou a importância da uniformização da interpretação do direito federal pelo STJ na via do recurso especial (art. 105, III, "c").

Influenciado pela experiência do recurso especial, a Lei 10.259/01 também previu formas de uniformização da jurisprudência na via dos Juizados Especiais Federais. Certamente, essa preocupação ressaiu em importância dado o caráter federativo e de dimensões continentais do nosso país, a ensejar uma disparidade de interpretações sobre o mesmo direito federal aplicável. Assim, a Lei 10.259/01 cuidou de instituir e regular: a) o pedido de uniformização de interpretação de lei federal, quando houver divergência entre Turmas da mesma Região, a ser julgado em reunião conjunta das Turmas em conflito, sob a presidência do Juiz Coordenador (art. 14, § 1º); b) o pedido de uniformização de interpretação de lei federal, quando houver divergência entre turmas de diferentes regiões ou entre a proferida pela Turma em contrariedade a súmula ou jurisprudência dominante do STJ, a ser julgado por Turma Nacional de Uniformização, integrada por juízes de Turmas Recursais, sob a presidência do Coordenador da Justiça Federal (art. 14, § 2º); c) o pedido de uniformização de interpretação de lei federal, quando houver divergência entre a orientação acolhida pela Turma de Uniformização, em questões de direito material, e súmula ou jurisprudência dominante no STJ (art. 14, § 4º).

A praxe forense atribuiu também o nome de Incidente de Uniformização (Regional, Nacional e ao STJ), Pedido de Uniformização de Jurisprudência ou, ainda, Pedilef. A regulamentação dá-se, atualmente, pela Resolução n. 345, de 2 de junho de 2015, do Conselho da Justiça Federal (CJF). O modelo de órgãos jurisdicionais adotado, como regra, são as Turmas Recursais (TRs, podendo haver mais de uma por Seção Judiciária, a depender do volume processual, composta por cargos efetivos de Juízes Federais, criados pela Lei 12.665/2012), as Turmas Regionais de Uniformização (TRUs, sendo uma para cada uma das cinco regiões da Justiça Federal, compostas pelos Presidentes das TRs da região e presidida pelo Coordenador Regional dos Juizados) e a Turma Nacional de Uniformização (TNU, composta por dez juízes distribuídos igualmente entre as cinco regiões da Justiça Federal, presidida pelo Corregedor-Geral da Justiça Federal, função exercida por um Ministro do STJ).

Também adotou a Lei 10.259/01 a técnica da escolha de um Pedido de Uniformização representativo de outros (art. 14, § 6º) com subsequente devolução dos sobrestados juízo de retratação ou prejudicialidade após julgamento do representativo (art. 14, § 9º). De fato, anotam Savaris e Xavier[17]:

> O modelo de uniformização dos Juizados Especiais Federais reserva um especial mister racionalizador aos respectivos colegiados uniformizadores. Essa importante atribuição consiste em oferecer, não apenas aos jurisdicionados, mas às instâncias ordinárias dos Juizados Especiais, mínima orientação quanto à interpretação de lei federal de natureza material. Um mínimo de orientação com estabilidade.

---

17. SAVARIS, José Antonio; XAVIER, Flavia da Silva. **Manual dos recursos nos Juizados Especiais Federais**. 5. ed., Curitiba: Alteridade, 2015. p. 205.

Seguiu-se o advento do atual CPC (Lei 13.105, de 16 de março de 2015), que trouxe, dentre outros, um claro objetivo, indicado em sua exposição de motivos: imprimir maior grau de organicidade ao sistema, dando-lhe, assim, mais coesão. Há uma forte inspiração do princípio da segurança jurídica, seja sob uma ótica vertical, de submissão aos precedentes firmados por Cortes superiores, seja sob uma ótica horizontal, de decisões iguais a situações fático-jurídicas iguais por parte das próprias Cortes formadoras dos precedentes[18]

O CPC de 2015 detalhou um contexto de obrigatoriedade de os tribunais uniformizarem sua jurisprudência e mantê-la estável, íntegra e coerente (art. 926). Também se definiu um padrão (art. 927) segundo o qual devem os juízes observar (I) as decisões do STF em controle concentrado de constitucionalidade, (II) os enunciados de súmulas vinculantes, (III) os acórdãos em incidente de assunção de competência ou de resolução de demandas repetitivas ou em julgamento de recursos extraordinário e especial repetitivos, (IV) os enunciados das súmulas do STF e do STJ e (V) a orientação do plenário ou do órgão especial aos quais estiverem vinculados.

A par dos anteriores instrumentos de uniformização jurisprudencial, confirmados pelo CPC de 2015 no geral, outros foram criados. Globalmente, o quadro restou assim elencado: i) o incidente de assunção de competência, quando o julgamento de recurso, de remessa necessária ou de processo de competência originária envolver relevante questão de direito, com grande repercussão social, sem repetição em múltiplos processos (art. 947); ii) o incidente de resolução de demandas repetitivas quando houver, simultaneamente, efetiva repetição de processos que contenham controvérsia sobre a mesma questão unicamente de direito e risco de ofensa à isonomia e à segurança jurídica (art. 976, I e II); iii) o julgamento sob a sistemática de recursos repetitivos para os recursos extraordinário e especial (art. 1.036).

Houve, também, o reforço da importância dos enunciados das Súmulas do STF (inclusive as vinculantes), do STJ e do próprio tribunal, nos termos dos regimentos internos (§ 1º, art. 926). Embora deveras elogiado pela doutrina, há algum dissenso acerca da constitucionalidade da norma infraconstitucional instituir a obrigatoriedade de precedentes quanto aos incisos III, IV e V do art. 927[19]-[20]. Diz-se isso porque já havia decisões de observância obrigatória, como aquelas proferidas em controle abstrato de constitucionalidade (art. 102, § 2º da CF) e os entendimentos constantes nas súmulas vinculantes (art. 103-A da CF). De certa forma vinculante, pelo seu caráter uniformizador, os recursos repetitivos (art. 543-B e 543-C do CPC).

Assim, hoje, tanto na Lei 10.259/01 quanto no CPC, uma clara exigência de jurisprudência íntegra, estável e coerente. Isso porque razões maiores de segurança

---

18. MARINONI, Luiz G.; ARENHART, Sérgio C.; MITIDIERO, Daniel. **Novo Código de Processo Civil comentado.** São Paulo: RT, 2015. p. 868-872.
19. NERY JUNIOR, Nelson; NERY, Rosa Maria de Andrade. **Comentários ao Código de Processo Civil.** São Paulo: RT, 2016. p. 1837.
20. TUCCI, José Rogério Cruz e. O regime do precedente judicial no novo CPC. **Revista do Advogado.** São Paulo: AASP, v. XXXV, n. 126, maio/2015. p. 150.

jurídica, igualdade e previsibilidade evidenciam a necessidade que todos com identidade de litígios tenham a mesma solução jurídica. Isso evita litígios e tende à pacificação social. A doutrina é farta acerca da imperiosidade de decisões que sirvam de precedentes vinculantes ou meramente persuasivos (ALVIM et al, 2016, p. 1060-1064; AMARAL, 2015, p. 945-949; ARRUDA ALVIM WAMBIER, Teresa et al, 2015, p. 2072-2081; NERY JR e NERY, 2015, p. 1832-1835; THEODORO JR. et al, 2015, p. 323-361).

O recurso especial com fundamento na uniformização de jurisprudência (art. 105, III, "c" da CF) é inegavelmente quem inspira o Pedido de Uniformização da Lei 10.259/01. Não parece haver dúvida razoável quanto à natureza de recurso do Pedido de Uniformização da Lei 10.259/01 (CARDOSO, 2014, p. 103; CUNHA, 2010, p. 162-165; NOBRE JR., 2013, p. 20; RODRIGUES, 2011, p. 302-304; SARAIVA, 2016, p. 168; SAVARIS e XAVIER, 2015, p. 202), inclusive, no próprio direito jurisprudencial, havendo a TNU emitido a Questão de Ordem n. 1, adiante colacionada.

Há muito tempo a doutrina procura distinguir, de forma clara, processo de procedimento – ou ao menos melhor explicitar um e outro. Constitucionalmente assegurados e diferenciados em termos, inclusive, de competência legiferante privativa (22, I da Constituição Federal) ou concorrente (art. 24, XI), o dado concreto é que a discussão sempre se mostrará atual, principalmente porque o inciso X do art. 24 da mesma forma prevê a competência concorrente para criação, funcionamento e processo do juizado de pequenas causas, a inserir, para alimentar a confusão, processo numa norma que trata de procedimento. Para completar, utilizando uma nomenclatura arcaica (juizado de pequenas causas).

No direito italiano, Comoglio et al destacam ser necessário ao procedimento a regulação pela lei, a determinar-lhe o conteúdo, a forma, os efeitos e estabelecendo a ordem na qual devam ser exercidos. Os renomados italianos, porém, parecem dar menor importância à diferenciação entre processo e procedimento[21]. Pisani (2012, passim), por exemplo, em obra clássica, sequer procura aprofundar ou diferenciar processo de procedimento.

Já há algum tempo, lembrava Câmara[22], acerca da diminuição da importância do estudo do procedimento em relação ao processo e subsequente revitalização, a partir do dado que é essencial à legitimação da atividade estatal e de que seria o processo espécie de procedimento. O autor entende que o procedimento é um dos elementos que juntos formam o processo, ao lado do contraditório e da relação jurídica processual. Remata afirmando não ser possível processo sem procedimento, conquanto factível procedimento sem se falar em processo.

Rodrigues, ao estudar processo, parece evidenciar o que seria procedimento, a saber, "a relação jurídica em constante movimento, que se desenvolve de modo

---

21. COMOGLIO, Luigi Paolo; FERRI, Michele; TARUFFO, Michele. **Lezioni sul processo civile I. Il processo ordinario di cognizione.** 5. ed., Bologna: Mulino, 2011. p. 20-21.
22. CÂMARA, Alexandre Freitas. **Lições de direito processual civil.** vol. I, 14. ed., Rio de Janeiro: Lumen Juris, 2006. p. 146-147.

sequencial, progressivo, cujo principal objetivo é a entrega da tutela jurisdicional"[23]. Chega a mencionar processo como uma relação jurídica em movimento ou animada por um procedimento. Contudo, também este autor não aprofunda – ou ao menos parece não entender necessário – a distinção entre processo e procedimento. Dinamarco avança no ponto, destacando que contraditório e imposição de algum provimento estatal são essenciais à ideia de processo e procedimento[24]:

> Nem todo procedimento é processo, mesmo tratando-se de procedimento estatal e ainda que de algum modo possa envolver interesses de pessoas. O critério para a conceituação é a presença do contraditório. Por outro lado, a exigência do contraditório constitui consequência de tratar-se de procedimentos celebrados em preparação a algum provimento, qualquer que seja a natureza deste; provimento é ato de poder, imperativo por natureza e destinação, donde a necessária legitimação mediante o procedimento participativo.

Alvim[25] teve esmero no trato dessa matéria tão pouco dissecada, em estudo que se destaca. Definindo que "procedimento é a forma assumida pelo processo, o encadeamento dos atos, fatos e negócios processuais, no que diz respeito à forma, ao tempo e ao lugar", ele distingue as normas processuais civis em três subespécies. As (1) normas processuais civis stricto sensu, diretamente ligadas ao processo civil, reguladoras do processo contencioso, das atividades das partes, do reflexo dessas atividades nas próprias partes e, eventualmente, sobre terceiros, o órgão jurisdicional e sua atividade, bem como da atividade dos auxiliares da justiça.

As (2) normas processuais civis estritamente procedimentais, a regerem a forma do procedimento propriamente dito, aplicáveis não só aos processos contenciosos, mas da mesma forma aos de jurisdição voluntária. Sublinha que, fruto da nova organização constitucional, a legislação processual engloba "lato sensu" tanto as normas de processo quanto as normas procedimentais e stricto sensu as normas de processo ou normas processuais. Define como normas de processo (e não só de procedimento) os temas relacionados ao direito de ação (referente à própria existência do direito material), às partes (= capacidade, legitimação), às provas (concernentes à tradução ou demonstração do direito material em juízo), à sentença (= requisitos de existência e validade da sentença) e aos recursos (criação ou extinção). Seriam referentes a procedimento (portanto, de competência concorrente dos Estados e do Distrito Federal, observadas as cláusulas processuais constitucionalmente asseguradas, como contraditório, devido processo legal, ampla defesa), por exemplo: a) disciplina de atos, fatos e negócios processuais quanto à forma, tempo e lugar; b) criação de novas modalidades de citação e intimação; c) instituição de protocolo; d) procedimentos mais abreviados.

Por último, existiriam (3) as normas processuais civis lato sensu, assim tidas como aquelas que disciplinam e regulam a organização judiciária de cada um dos Estados.

---

23. RODRIGUES, Marcelo Abelha. **Manual de direito processual civil**. 5. ed., São Paulo: RT, 2010. p. 194-195.
24. DINAMARCO, Cândido Rangel. A instrumentalidade do processo. 8. ed., São Paulo: Malheiros, 2000. p. 133.
25. ALVIM, Arruda. **Manual de direito processual civil**. 13. ed., São Paulo: RT, 2010. p. 128-136.

O STF, em entendimento recente, parece aderir às conclusões acima que permitam distinguir matéria procedimental de matéria processual. Ao enfrentar e rejeitar o tema competência delimitada por lei estadual, consignou a Corte:

> "O Supremo Tribunal Federal, por diversas vezes, reafirmou a ocorrência de vício formal de inconstitucionalidade de normas estaduais que exorbitem da competência concorrente para legislar sobre procedimento em matéria processual, adentrando aspectos típicos do processo, como competência, prazos, recursos, provas, entre outros. Precedentes" (Pleno, ADI 1807/MT, Rel. Min. Dias Toffoli, DJe 9.2.2015, d.n.).

Os conceitos ricamente desenvolvidos pelo catedrático da PUC/SP são ora adotados, por sua pertinência. Pode haver dúvidas sobre a diferença entre norma processual e norma procedimental, mas não quanto a normas processuais ou procedimentais e normas materiais. O simples constar de uma norma processual ou procedimental na CF não transforma o conteúdo dessa mesma norma em direito material, por suposta constitucionalização.

Já foi dito, nos comentários ao Enunciado 42/TNU que os recursos de direito em sentido estrito (como o são o recurso extraordinário, o recurso especial e o pedido de uniformização) não têm ampla cognição. Isto é, diferentemente dos recursos ordinários, como a apelação no processo cível comum e o recurso inominado contra sentença dos Juizados Especiais, eles possuem fundamentação vinculada às hipóteses de cabimento expressamente previstas no direito positivo, constitucional ou infraconstitucional.

Dessa forma, não cabem recursos extraordinário ou especial fora das hipóteses constitucionalmente previstas (art. 102, III, e 105, III) bem como incidente de uniformização fora do que rege a Lei 10.259/01 (art. 14). Assim, o conteúdo alegável e cognoscível é bem mais restrito, donde não serem os órgãos jurisdicionais competentes para apreciar os recursos de direito em sentido estrito (STF, STJ, Turma Nacional de Uniformização e Turmas Regionais de Uniformização) o equivalente a 3ª ou 4ª instâncias de julgamento[26]. Bem verdade que há vozes estabelecendo uma distinção sutil quanto ao incidente de uniformização, no sentido de que, eventualmente, poderiam se constituir numa 3ª ou mesmo 4ª instâncias[27]. Não nos parece, porém, que haja certo nessa defesa sem que a natureza e finalidade do instituto seja desvirtuada.

Dito isso, é patentemente claro que não se pode conhecer no incidente de uniformização de questões diferentes da de direito material. É dizer: questões de direito processual ou mesmo procedimental não têm cabimento e não merecem enfrentamento. Não tem sido fácil, contudo, trilhar essa linha. Isso porque a Constituição Federal (CF) possui normas de direito constitucional processual e de direito processual

---

26. WAMBIER, Teresa A. Alvim. **Controle das decisões judiciais por meio de recursos de estrito direito e de ação rescisória.** São Paulo: RT, 2002. p. 166-167.
27. SAVARIS, José Antonio; XAVIER, Flavia da Silva. **Manual dos recursos nos Juizados Especiais Federais.** 5. ed., Curitiba: Alteridade, 2015. p. 233.

constitucional[28]. Pelas primeiras, tem-se o conjunto de normas de direito processual que se encontram na CF, ao passo que as segundas refletem o conjunto de princípios para regular a chamada jurisdição constitucional (o judicial controle da constitucionalidade das leis, a tutela das liberdades, por intermédio dos remédios constitucional-processuais). Nery Jr.[29] dá como exemplo de norma de direito constitucional processual a contida no inciso XXXV (princípio do acesso à justiça) do art. 5º, ou ainda o inciso III (substituição processual pelos sindicatos) do art. 8º. Institutos de direito processual constitucional são o "habeas corpus", o mandado de segurança, a ação popular etc.

A genérica afirmação de direito de ação como sustentáculo do conhecimento de incidentes de uniformização em matéria processual não encontra agasalho de substância, na medida que é uma norma declaradamente processual, conquanto contida na CF. Condições de ação e pressupostos processuais são condições gerais de admissibilidade, definidas infraconstitucionalmente, para ingressar em juízo e lograr-se uma decisão meritória. Elevar a análise de não preenchimento dessas condições gerais à negativa de um direito, garantia ou princípio constitucionais (dando uma análise material a uma regência processual) é esvaziar, completamente, a validade das normas processuais e procedimentais que respeitam exatamente à regulamentação, no processo, de como se deve agir para obter-se o direito material buscado, tornando desigual a consequência do incidente de uniformização. Nesse sentido, Savaris e Xavier[30] ao destacar que tal linha de raciocínio se prestaria a reconduzir-se a uma garantia fundamental (direito de ação) toda e qualquer discussão de natureza processual.

O próprio STF já assentou, em sede de repercussão geral, que não é passível de análise por aquela Corte violação ao direito de petição, inafastabilidade do controle jurisdicional, do contraditório, da ampla defesa, dos limites da coisa julgada, do devido processo legal e da fundamentação judicial, quando implicarem em exame de legislação infraconstitucional (STF, Pleno, ARE 748.371, Rel. Min. Gilmar Mendes, DJe 1.8.2013). Essa exegese do STF, firmemente seguida (2ª T., ARE 974.105/PR, Rel. Ricardo Lewandowski, DJe 5.4.2017; 1ª T, AI 863896-AgR/MG, Rel. Min. Roberto Barroso, DJe 29.3.2017), indica claramente que a simples alegação de ofensa a princípios constitucionais de cunho processual não é suficiente para ensejar controle de constitucionalidade, donde não se pode sustentar incidente de uniformização de jurisprudência, ignorando sua cognição restrita a direito material, para tratar de questão de direito processual, sob fundamento de que ofenderia princípios constitucionais, como o do acesso à justiça – mais comumente invocado – quando a própria Corte Constitucional assim não entende.

Por vezes, sob argumento de que as normas processuais contidas na CF se confundem com o próprio direito material (= constitucional), a TNU tem enveredado por fugir da sua função precípua e conhecer de incidentes de uniformização onde se

---

28. NERY JUNIOR, Nelson. **Princípios do processo civil na Constituição Federal**. 3. ed., São Paulo: RT, 1996. p. 19.
29. *Idem*, p. 19.
30. Ob. cit. p. 250.

discuta matéria eminentemente processual. Foi assim, por exemplo: a) TNU, Pedilef 00057709320124013813, Rel. Juiz Federal Ronaldo José da Silva, DOU 24.11.2016, ao "declarar nulo o acórdão recorrido por violação ao dever constitucional de motivação, determinando o retorno dos autos à origem para que a Turma Recursal analise a causa de pedir deduzida no recurso inominado pelo ora recorrente"; b) TNU, Pedilef 00147678420104036301, Rel. Juiz Federal João Batista Lazzari, DOU 31.7.2015, p. 140/180, ao anular acórdão e determinar novo julgamento de modo a enfrentar questões objeto de embargos de declaração, frisando que "esta Turma Nacional de Uniformização tem entendimento de que a generalidade do acórdão, que não se confunde com a fundamentação sucinta, a não se ater às especificidades do caso que lhe é trazido, acaba por violar o direito à fundamentação da sentença, inserto no art. 93, IX, da CF/88".

Porém, julgados em outro sentido e mais atuais têm claramente afastado a possibilidade de reconhecimento de incidentes calcados em matéria de cunho processual: a) TNU, Pedilef 05032946620134058311, Rel. Juiz Federal Fábio Cesar dos Santos Oliveira, DOU 10.11.2016, destacando que "embora o dissídio jurisprudencial tenha sido demonstrado pela parte autora, o art. 14, caput, da Lei 10.259/01, restringe a hipótese de cabimento do Pedido de Uniformização à divergência relacionada à interpretação de questões de direito material, a qual não abrange a análise de questões relacionadas ao alcance ou rescisão de coisa julgada"; b) TNU, Pedilef 05002416720144058303, Rel. Juíza Federal Carmen Elizangela Dias Moreira de Resende, DOU 12.8.2016, afirmando, quanto à extinção de processo por coisa julgada, que "no caso em apreço trata-se de discussão de caráter processual, ou seja, o cerne da questão é a existência de uma condição da ação referente ao interesse de agir da parte autora, atraindo a incidência da Súmula 43 desta TNU"; c) TNU, Pedilef 50162965920124047108, Rel. Juiz Federal Douglas Camarinha Gonzales, DOU 19.6.2015 PÁGINAS 134/196, asseverando que "eventual discussão sobre os limites da coisa julgada demandaria análise de questão processual´, incidindo, no caso, na Súmula n, 43 da TNU"; d) TNU, Pedilef 200872580017119, Rel. Juiz Federal Luiz Claudio Flores da Cunha, DOU 28.6.2013, p. 114/135, destacando, quanto à coisa julgada, que a "a questão aqui tratada é de natureza processual, embora com direta influência sobre a questão material, assim vindo decidindo a TNU, e a questão, eminente e exclusivamente processual, transborda dos limites da competência da TNU, conforme já foi estabelecido na Súmula 43".

Daí porque, a escorreita aplicação da norma do art. 14, *caput* da Lei 10.259/01 pressupõe, em fundamentação vinculada, o cabimento do incidente de uniformização jurisprudencial fundado tão-somente em norma de direito material, rejeitada a extensão do cabimento a hipóteses de direito processual.

◻ TNU. Questão de Ordem n. 1. I. Os Juizados Especiais orientam-se pela simplicidade e celeridade processual nas vertentes da lógica e da política judiciária de abreviar os procedimentos e reduzir os custos. II. Diante da divergência entre decisões de Turma Recursais de regiões diferentes, o pedido de uniformização tem a natureza jurídica de recurso, cujo julgado, portanto, modificando ou reformando, substitui a decisão ensejadora do pedido. III. A decisão constituída pela Turma de Uniformização servirá para fundamentar o juízo de retratação das ações com o processamento sobrestado ou para ser declarada a prejudicialidade dos recursos interpostos.

4. PROVAS

SÚMULA 6. A CERTIDÃO DE CASAMENTO OU OUTRO DOCUMENTO IDÔNEO QUE EVIDENCIE A CONDIÇÃO DE TRABALHADOR RURAL DO CÔNJUGE CONSTITUI INÍCIO RAZOÁVEL DE PROVA MATERIAL DA ATIVIDADE RURÍCOLA.

Súmula comentada/anotada no capítulo *Direito Previdenciário – Atividade rural*, retro.

SÚMULA 14. PARA A CONCESSÃO DE APOSENTADORIA RURAL POR IDADE, NÃO SE EXIGE QUE O INÍCIO DE PROVA MATERIAL, CORRESPONDA A TODO O PERÍODO EQUIVALENTE À CARÊNCIA DO BENEFÍCIO.

Súmula comentada/anotada no capítulo *Direito Previdenciário – Atividade rural*, retro.

SÚMULA 22. SE A PROVA PERICIAL REALIZADA EM JUÍZO DÁ CONTA DE QUE A INCAPACIDADE JÁ EXISTIA NA DATA DO REQUERIMENTO ADMINISTRATIVO, ESTA É O TERMO INICIAL DO BENEFÍCIO ASSISTENCIAL.

Súmula comentada/anotada no capítulo *Direito Previdenciário – Benefícios – Termo inicial de concessão*, retro.

SÚMULA 27. A AUSÊNCIA DE REGISTRO EM ÓRGÃO DO MINISTÉRIO DO TRABALHO NÃO IMPEDE A COMPROVAÇÃO DO DESEMPREGO POR OUTROS MEIOS ADMITIDOS EM DIREITO.

● *Súmula aplicável.* ● *DJ 22.6.2005.* ● *Referência legislativa: Lei 8.213/91.* ● *Precedentes: REsp 627.661/RS. Proc. 2004.35.00.719727-6/TR-GO. Proc. 2003.61.85.001696-6/TR-SP. PU/TNU 2004.72.95.005539-6/SC.*

▸ Gláucio Maciel Gonçalves

A Súmula foi editada com a finalidade de se dar fim à controvérsia relativa à manutenção ou não da qualidade de segurado do indivíduo após a cessação do recolhimento das contribuições previdenciárias, em razão do desemprego.

A Previdência Social possui caráter contributivo, de acordo com o art. 201 da Constituição. Dessa forma, é necessário demonstrar a filiação prévia ao regime previdenciário para ter direito ao respectivo benefício, já que, com a filiação, é obrigatório o recolhimento das contribuições previdenciárias, seja pelo próprio contribuinte, seja pelo seu empregador.

A filiação é a relação jurídica que se estabelece entre o indivíduo e a autarquia federal encarregada de gerir o sistema previdenciário, o Instituto Nacional do Seguro Social (INSS), fazendo com que o primeiro se torne segurado da Previdência e passe a ter direitos às prestações estabelecidas em lei. A partir do momento em que o indivíduo se filia ao regime geral de previdência (RGPS), seja como segurado obrigatório, seja como facultativo, e segue vertendo as suas contribuições, adquire ele a qualidade de segurado, que é requisito essencial para que goze dos benefícios e prestações postas à disposição do trabalhador segurado.

No entanto, essa qualidade de segurado não é definitiva, estabelecendo a lei hipóteses em que há a perda dessa condição. De acordo com a lei, se o segurado deixa de realizar atividade laborativa remunerada, é demitido ou, sendo contribuinte individual, deixa de pagar a contribuição previdenciária, perde ele a qualidade de segurado e, por consequência, deixa de fazer jus aos benefícios previdenciários. Todavia, em nome da dignidade da pessoa humana e da proteção ao trabalhador, a lei não impõe a perda desta qualidade de segurado e dos respectivos direitos quando se dá o fato gerador da perda. O art. 15 da Lei 8.213/91, em proteção à segurança jurídica do trabalhador, prevê a possibilidade de o indivíduo que já deixou de contribuir para o RGPS continuar a ostentar, temporariamente, a qualidade de segurado e receber as prestações correspondentes. A esse período em que a qualidade de segurado é estendida dá-se o nome de período de graça. E é, nesse ponto, que tem relevância e aplicação a Súmula sob comento.

O período de graça é o tempo previsto em lei em que o indivíduo, mesmo sem contribuir para o RGPS, é reconhecido ainda como segurado e faz jus aos benefícios e prestações previdenciárias, como se segurado fosse. A hipótese mais comum é a do indivíduo que estava trabalhando no mercado formal e ficou desempregado. Ao sair do emprego, ele deixa de verter as contribuições previdenciárias. Se não houvesse essa benesse legal – período de graça –, ele perderia automaticamente a qualidade de segurado e o direito às prestações previdenciárias.

O período de graça é, normalmente, de doze meses após a cessação das contribuições. Contudo, se o segurado já tiver pago mais de 120 contribuições sem interrupção que acarrete a perda da qualidade de segurado, o prazo se prorroga para até 24 meses (art. 15, II e § 1º, da Lei 8.213/91). Assim, em regra, a pessoa, mesmo depois de deixar de trabalhar, terá um período de graça de 12 meses (inciso II) ou de 24 meses (§ 1º), em que se considera segurado para fins de recebimento de benefícios.

O legislador, sensível aos casos em que o indivíduo permanece desempregado por mais tempo, previu, ainda, mais uma causa de aumento desse período de graça. O § 2º do art. 15 da Lei 8.213/91 estabelece que os prazos de doze meses (inciso II) ou de 24 meses (§ 1º do art. 15) são acrescidos de doze meses para o segurado desempregado, desde que comprovada essa situação pelo registro no órgão próprio do Ministério do Trabalho.

O registro a que se refere a lei consiste, em regra, na demonstração de obtenção do seguro desemprego ou de comparecimento ao serviço nacional de emprego (SINE) à busca de trabalho. Com um desses documentos, a ser apresentado ao INSS, o período de graça pode ser estendido ao máximo possível.

O problema surge quando o trabalhador não pediu seguro desemprego e não demonstrou que procurou trabalho no SINE. O INSS nega o alargamento do período de graça e o benefício é indeferido.

A norma que exige a demonstração do registro do desemprego é importante, porque se dirige à autarquia federal e serve como fio condutor da atuação administrativa, no sentido de que o agente público concessor dos benefícios somente pode computar o prazo alongado do período de graça se o trabalhador demonstrar, documentalmente, o seu desemprego. Todavia, jurisdicionada a questão, descabe à lei dizer como se prova um fato.

Vigora no direito processual brasileiro, no tocante à matéria probatória, o princípio do livre convencimento motivado. A não ser nos casos em que a prova não é admitida, por ser ilícita ou por estar expressamente excluída pela lei, todos os meios de prova são possíveis para se provar um fato, ficando a critério do juiz a análise da prova produzida e sua utilização ou não na demanda, com a justificativa expressa.

O sistema de tarifação legal das provas, desde que previsto em lei, pode ser utilizado na esfera administrativa, sobretudo diante do princípio da praticabilidade. São milhares de pedidos de concessão de benefícios solicitados ao INSS por mês e se não houver uma previsão de como um fato será provado administrativamente, a par de caracterizar insegurança jurídica, levaria a um atraso substancial no exame e deferimento do benefício previdenciário.

Já jurisdicionalmente, não. O juiz não está atado à forma da prova do fato específico. O fato ocorreu e cabe a parte prová-lo com todos os meios de prova lícitos e possíveis. Provado o fato, compete ao juiz chancelá-lo, sob pena de infringência da garantia constitucional de solucionar os conflitos em nome do Estado.

Ainda que não seja possível demonstrar o desemprego, pela simples ausência de anotação de registro na carteira de trabalho ou de recolhimento de contribuições previdenciárias no CNIS, tem a parte o direito de prová-lo por testemunhas, documentos não necessariamente oriundos do Ministério do Trabalho ou quaisquer outros meios de prova.

○ (...). Previdenciário. Perda da qualidade de segurado. Ocorrência. Ausência de registro no órgão competente. Impossibilidade de se acrescentar o prazo de 12 meses previsto no parágrafo 2º do artigo 15 da Lei n. 8.213/91. 1. Para o segurado que deixar de exercer atividade remunerada abrangida pela Previdência Social, a regra geral é a de que a perda da qualidade de segurado ocorrerá em 12 meses após a cessação das contribuições, podendo o prazo ser prorrogado para até 24 meses se o segurado já tiver pago mais de 120 contribuições mensais sem interrupção que acarrete a perda da qualidade de segurado, ou ainda, acrescido de 12 meses para o segurado desempregado, desde que comprovada essa situação pelo registro no órgão próprio do Ministério do Trabalho e da Previdência Social (artigo 15, inciso II e §§ 1º e 2º, da Lei n. 8.213/91). 2. A falta de anotação na CTPS de novo contrato de trabalho, por si só, não pode ser admitida como prova de desemprego para os fins do acréscimo de que trata o § 2º do artigo 15 da Lei n. 8.213/91, uma vez que a lei exige que o segurado tenha comprovado situação de desemprego pelo registro no órgão próprio do Ministério do Trabalho e da Previdência Social. (...). (STJ, REsp 627.661/RS, Rel. Min. Hamilton Carvalhido, 6ª T., DJ 2.8.2004)

SÚMULA 31. A ANOTAÇÃO NA CTPS DECORRENTE DE SENTENÇA TRABALHISTA HOMOLOGATÓRIA CONSTITUI INÍCIO DE PROVA MATERIAL PARA FINS PREVIDENCIÁRIOS.

● *Súmula mitigada.* ● *DJ 13.2.2006.* ● *Referência legislativa: Lei 8.213/91.* ● *Precedentes: Súm. 225/STF. Súm. 12/TST. REsp 319.426/SC. REsp 396.644/RN. REsp 495.237/CE. REsp 495.591/RN. REsp 500.674/CE. REsp 585.511/PB. REsp 652.493/ SE. REsp 616.242/RN. AgRg no REsp 529.814/RS. AgRg no AG 659.221/SP. PU/TNU 2003.83.20.001830-0/PE. PU/TNU 2002.51.51.023535-4/RJ.*

▶ *Alexandre Ferreira Infante Vieira*

O contrato de emprego é comprovado, em regra, pela anotação na Carteira de Trabalho e Previdência Social (CTPS) feita pelo empregador.

Quando a anotação na CTPS é seguida dos recolhimentos das contribuições previdenciárias (registrados no Cadastro Nacional de Informações Sociais – CNIS), o INSS reconhece tranquilamente o tempo de contribuição.

Já quando o segurado apresenta a CTPS anotada, mas não há registro das contribuições previdenciárias no CNIS, o INSS pode fazer prova contrária sobre a veracidade do vínculo de emprego e, em consequência, do tempo de contribuição correspondente.

Isso porque as anotações na CTPS gozam de presunção relativa de veracidade, segundo antiga orientação jurisprudencial. Nesse sentido, a Súmula 225 do STF, aprovada em 1963, já dispunha que "não é absoluto o valor probatório das anotações da carteira profissional". No mesmo sentido, em 1969, o TST aprovou sua Súmula 12, adiante transcrita. Entendimento prevalece ainda hoje.

Mas quando a anotação na CTPS é determinada por sentença proferida em reclamatória trabalhista, o INSS não reconhece o tempo de contribuição correspondente, sob o fundamento de que, por não ter participado do processo na Justiça do Trabalho, não se sujeita à coisa julgada que lá se formou. Portanto, o INSS ignora a anotação na CTPS e somente reconhece aquele tempo de contribuição se o segurado apresentar início de prova material (documental) contemporânea e esta for complementada, por exemplo, por prova testemunhal idônea.

Entretanto, em 2005, a TNU, baseando-se na jurisprudência ainda oscilante do STJ, consolidou o entendimento de que a anotação da CTPS decorrente de sentença trabalhista constitui início de prova material idôneo do tempo de serviço/contribuição (PU 2002.51.51.023535-4/RJ, Rel. Mônica Sifuentes, DJU 4.8.2005).

Cabe lembrar que o "início de prova material" é uma exigência do § 3º de seu art. 55 da Lei 8.213/91 para a comprovação do tempo de serviço/contribuição. Segundo o STJ, "o início de prova material, de acordo com a interpretação sistemática da Lei 8.213/91, é aquele feito mediante documentos que comprovem o exercício da atividade nos períodos a serem contados, devendo ser contemporâneos dos fatos a comprovar, indicando, ainda, o período e a função exercida pelo trabalhador" (STJ, 3ª S., AR 1.808/SP, Rel. Min. Hamilton Carvalhido, DJ 24.4.2006).

Consta do voto da Relatora de referido PU 2002.51.51.023535-4:

(...). Encontrei duas situações distintas nos acórdãos do Superior Tribunal de Justiça, que creio devam ser especialmente consideradas: 1ª situação: Há casos em que a sentença homologatória do acordo trabalhista é considerada início de prova e, constando dos autos, trabalhista ou previdenciário, outras provas, defere-se a averbação do tempo de serviço nela reconhecido. (...). 2ª situação: Há casos em que a sentença trabalhista é considerada não só como início de prova, mas como prova efetiva do tempo de serviço, embora nem nos autos da ação trabalhista e nem na previdenciária houvesse outro acervo probatório, a não ser a cópia da CTPS anotada ou contribuições previdenciárias recolhidas. (...). Parece, no entanto, não haver dúvida quanto à admissibilidade, por ambas as Turmas, da anotação oriunda de sentença trabalhista, como início de prova. Há divergência, no STJ, apenas quanto ao valor dessa anotação: se apenas como início de prova, ou como prova efetiva do tempo de serviço. (...). Tenho para mim que o melhor entendimento é o que considera a anotação decorrente de sentença trabalhista como início de prova material, devendo ser corroborado por outras provas, para efeito de comprovação do tempo de serviço.

Foi com base nesse específico acórdão que a TNU aprovou sua Súmula 31.

Portanto, segundo essa Súmula, a anotação na CTPS decorrente de sentença trabalhista homologatória de acordo sempre constituiria início de prova material no processo previdenciário, ainda que não tivesse havido instrução probatória no processo trabalhista.

Esse entendimento encontrava amparo na jurisprudência do STJ da época, que pode ser resumida no acórdão proferido no julgamento de embargos de divergência pela 3ª Seção em 10.8.2005: "as anotações feitas na Carteira de Trabalho e Previdência Social – CTPS determinadas por sentença proferida em processo trabalhista constituem início de prova material" (STJ, EREsp 652.493/SE, Rel. Min. José Arnaldo da Fonseca, DJ 14.9.2005).

Entretanto, a jurisprudência do STJ evoluiu para somente aceitar a sentença trabalhista como início de prova material se estiver fundada na produção de provas, testemunhal e/ou documental, que evidenciem o trabalho exercido e os períodos alegados pelo trabalhador.

Assim, a sentença homologatória de acordo trabalhista obtido após a produção de prova testemunhal a respeito do trabalho exercido durante o período alegado servirá como início de prova material no processo previdenciário. Já a sentença que homologa acordo trabalhista sem que antes tenha sido produzida qualquer prova não servirá como início de prova material, ainda que haja anotação do vínculo de emprego na CTPS por determinação da sentença.

Do mesmo modo, valerá como início de prova material a sentença trabalhista condenatória fundada em prova testemunhal que evidencie o trabalho exercido e os períodos alegados pelo trabalhador. Por outro lado, não servirá como início de prova material a sentença trabalhista condenatória fundamentada apenas na confissão ficta do empregador decorrente de sua revelia na reclamatória.

Além disso, o STJ (RMS 48257) firmou o entendimento de que a sentença trabalhista proferida sem a participação do INSS no processo de conhecimento nunca terá eficácia probatória plena contra este, servindo, no máximo, como início de prova material na ação previdenciária.

Diante da atual jurisprudência do STJ, a TNU parece caminhar para a modificação de sua Súmula, conforme se depreende de importante precedente, relatado pelo Juiz Federal Daniel Machado da Rocha, Pedilef 2012.50.50.002501-9, adiante colacionado.

Esse precedente parece ter chegado ao ponto de equilíbrio para a solução do problema, pois prestigia a jurisdição trabalhista quando esta tiver sido acionada para resolver lides reais entre empregado e empregador, caso em que a sentença trabalhista servirá como início de prova material do tempo de serviço/contribuição. Por outro lado, a sentença trabalhista não servirá de início de prova material quando for ajuizada para essa exclusiva finalidade, o que se presume sempre quando já houver se consumado a prescrição dos direitos trabalhistas decorrentes do vínculo alegado.

Por fim, cabe dizer que, em julho de 2016, o Presidente da TNU afetou o Pedilef 0001864-91.2013.4.01.3803 como representativo de controvérsia para definir a seguinte questão "saber se a sentença homologatória de acordo trabalhista, não lastreada em outros elementos, serve como início de prova material para reconhecimento da qualidade de segurado e concessão de pensão por morte" (Tema 152). Portanto, no julgamento desse recurso, a TNU poderá modificar sua Súmula.

Entretanto, em 27.4.2017, a TNU resolveu suspender o julgamento de referido recurso representativo de controvérsia até que o STJ julgue o PUIL 293 (Pedido de Uniformização de Interpretação de Lei), admitido pelo Relator, Min. Og Fernandes, em decisão publicada no DJe 19.4.2017.

◉ Súmula STF 225. Não é absoluto o valor probatório das anotações da carteira profissional.

◉ Súmula TST 12. As anotações apostas pelo empregador na carteira profissional do empregado não geram presunção "juris et de jure", mas apenas "juris tantum".

◉ (...). Carteira de trabalho e previdência social. Anotações feitas por ordem judicial. Sentença trabalhista não fundamentada em provas documentais e testemunhais. Início de prova material não-caracterizado. 1. A sentença trabalhista será admitida como início de prova material, apta a comprovar o tempo de serviço, caso ela tenha sido fundada em elementos que evidenciem o labor exercido na função e o período alegado pelo trabalhador na ação previdenciária. Precedentes das Turmas que compõem a Terceira Seção. 2. No caso em apreço, não houve produção de qualquer espécie de prova nos autos da reclamatória trabalhista, tendo havido acordo entre as partes. 3. Embargos de divergência acolhidos. (STJ, 3ª S., EREsp 616.242/RN, Rel. Min. Laurita Vaz, DJ 24.10.2005)

◉ (...). Tempo de serviço. Reclamatória trabalhista. Início de prova material. Sentença não fundamentada em provas documentais e testemunhais. Início de prova material não-caracterizado. 1. Segundo entendimento pacífico desta Terceira Seção, a sentença trabalhista será admitida como início de prova material, apta a comprovar o tempo de serviço, caso ela tenha sido fundada em elementos que evidenciem o labor exercido na função e o período alegado pelo trabalhador na ação previdenciária. (...). (STJ, 3ª S., AgRg nos EREsp 811.508/PR, Rel. Min. Jorge Mussi, DJe 5.12.2012)

◉ (...). Tempo de serviço. Início de prova material. Sentença homologatória exarada pela justiça do trabalho. Necessidade de que esteja fundamentada em provas documentais e/ou testemunhais. Precedentes. Acórdão recorrido que reconhece a existência de elementos probatórios a albergar a pretensão. (...). 1. A sentença trabalhista pode ser considerada como início de prova material, desde que fundada em elementos que demonstrem o labor exercido na função e os períodos alegados pelo trabalhador. 2. A Turma Nacional de Uniformização de Jurisprudência solveu a vexata quaestio de forma consonante com o bom direito, tendo em vista que manteve o decisum de piso, o qual, para julgar procedente o pedido, entendeu que os termos da sentença homologatória prolatada pela Justiça Obreira restaram devidamente corroborados pela prova testemunhal robusta colhida durante instrução do feito. (...). (STJ, 3ª S., AgRg na Pet 8.827/PR, Rel. Min. Laurita Vaz, DJe 6.3.2013)

◉ (...). Incidente de uniformização de jurisprudência dirigido ao STJ. Art. 14, § 4º, da lei 10.259/01. Tempo de serviço. Sentença trabalhista. Eficácia probatória. Divergência jurisprudencial não comprovada. Precedentes do STJ. (...). 1. Conforme acentuado na decisão ora agravada, é pacífico o entendimento do STJ no sentido de que a sentença trabalhista pode ser considerada como início de prova material para a determinação de tempo de serviço, caso tenha sido fundada em outros elementos de prova que evidenciem o labor exercido e os períodos alegados pelo trabalhador. 2. O julgado da Turma Nacional consignou que a sentença trabalhista, prolatada após a análise da prova oral colhida no processo, constitui elemento suficiente para reconhecimento do tempo de serviço. Portanto, não há falar em divergência jurisprudencial entre o julgado da Turma Nacional de Uniformização e a jurisprudência do Superior Tribunal de Justiça acerca do tema apta a amparar incidente de uniformização. (...). (STJ, 1ª S., AgRg na Pet 9.527/ES, Rel. Min. Mauro Campbell Marques, DJe 14.5.2013)

◉ (...). Pensão por morte. Qualidade de segurado. Sentença trabalhista homologatória de acordo entre o espólio do instituidor da pensão e o suposto empregador. 1. A jurisprudência desta Corte está firmada no sentido de que a sentença trabalhista pode ser considerada como início de prova material, desde que prolatada com base em elementos probatórios capazes de demonstrar o exercício da atividade laborativa, durante o período que se pretende ter reconhecido na ação previdenciária. 2. Na espécie, ao que se tem dos autos, a sentença trabalhista está fundada apenas nos depoimentos da viúva e do aludido ex-empregador, motivo pelo qual não se revela possível a sua consideração como início de prova material para fins de reconhecimento da qualidade de segurado do instituidor do benefício e, por conseguinte, do direito da autora à pensão por morte. (...). (STJ, 1ª T., REsp 1.427.988/PR, Rel. Min. Sérgio Kukina, DJe 9.4.2014)

◉ (...). Concessão de pensão por morte. Reconhecimento de união estável entre tio e sobrinha. Sentença em juízo de família. Efeitos relativos ao ente previdenciário que não foi parte na ação declaratória. Respeito ao direito ao contraditório e à ampla defesa. Controvérsia fática. Dilação probatória necessária. Inadequação da via eleita. (...). 3. A jurisprudência do STJ é em sentido contrário à tese de que a sentença exarada sem a participação no polo passivo do ente previdenciário tenha eficácia probatória plena. 4. São exemplificativos os casos de sentença trabalhista que reconhece tempo de serviço e de decisão judicial de Vara de Família que declara vínculo conjugal (o caso dos autos), situações em que o título judicial declaratório tem eficácia, mas sujeito a contraditório pelo ente previdenciário, se este não fez parte da relação jurídico-processual originária, na pretensão administrativa ou judicial de concessão do benefício previdenciário. Dessume-se essa compreensão de vários julgados do STJ, entre os quais (...). 5. Assim, a decisão trabalhista que declara vínculo laboral é considerada, no Regime Geral de Previdência Social, início de prova material na ação previdenciária, estando, pois, sujeita ao contraditório do ente previdenciário na ação própria. 6. Os julgados a seguir colacionados evidenciam que o ente previdenciário responsável pela concessão do benefício almejado deve ser demandado, se houver resistência, para fazer valer a decisão declaratória em que não foi parte (...). (STJ, 2ª T., RMS 48.257/RJ, Rel. Min. Herman Benjamin, DJe 10.10.2016)

◉ Pedido nacional de uniformização de jurisprudência. Sentença em reclamatória trabalhista. Início de prova material. A reclamatória trabalhista será válida como início de prova material em duas situações: (1) fundada em documentos que sinalizem o exercício da atividade laborativa na função e períodos alegados, ou (2) ajuizada imediatamente após o término do labor, antes da ocorrência da prescrição, cuja consumação impede a obtenção de direitos trabalhistas perante o empregador. Incidente provido. 1. Trata-se de pedido nacional de uniformização de jurisprudência formulado pela Autarquia Previdenciária em face de acórdão exarado por Turma Recursal dos JEFs da Seção Judiciária do Estado do Espírito Santo. 2. Alega divergência em relação a jurisprudência do

STJ, no sentido de que a sentença trabalhista não fundamentada em provas documentais e testemunhais não serve como início de prova material. Refere que, no caso, a reclamatória trabalhista foi julgada à revelia, sem a produção de provas. 3. O Min. Presidente deste colegiado encaminhou o incidente a esta Relatoria para melhor exame. 4. O pedido de uniformização foi apresentado tempestivamente, tendo sido demonstrada a divergência, razão pela qual deve ser conhecido. 4. No mérito, o incidente deve ser provido. 5. Como é do conhecimento dos colegas, a TNU possui a Súmula 31, editada em 2005, com o seguinte teor: "A anotação na CTPS decorrente de sentença trabalhista homologatória constitui início de prova material para fins previdenciários". 6. Considerando a vedação do § 3º do art. 55, a inteligência da referida súmula demanda breves considerações. De um lado, o legislador, preocupado com o interesse público de não conceder prestações previdenciárias para quem não implementou os requisitos, bem como a necessidade de coibir fraudes, previu que não se admite a comprovação de tempo de serviço com base em prova exclusivamente testemunhal. Contudo, sempre poderá haver a possibilidade de os trabalhadores serem explorados por maus empregadores, com prejuízos significativos no adimplemento dos direitos trabalhistas e previdenciários. Dessa forma, um ato praticado pelo Estado Juiz, que reconhece direitos trabalhistas em favor dos empregados não pode ser simplesmente desconsiderado, como se nenhuma valia pudesse ostentar. Claro que há casos em que se tenta burlar a regra de proteção do sistema previdenciário antes referida, mediante o ajuizamento de reclamatórias trabalhistas, quando o objetivo real perseguido não é a garantia de direitos trabalhistas que teriam sido violados por ocasião do desenvolvimento do pacto laboral. 7. Sobre o tema já tive oportunidade de, em sede doutrinária, consignar o seguinte: Muitas reclamatórias trabalhistas são ajuizadas com desvirtuamento da finalidade, ou seja, não visam a dirimir controvérsia entre empregador e empregado, mas, sim, a obter direitos perante a Previdência Social. Em alguns casos há uma verdadeira simulação de reclamatória, com o reconhecimento do vínculo empregatício por parte do empregador, em acordo ou quando os direitos trabalhistas já estão prescritos, como no caso de demanda ajuizada mais de 20 anos após a extinção do contrato de trabalho. Por isso, argumenta-se que sua admissibilidade como meio de prova de tempo de contribuição para fins previdenciários possui um óbice intransponível: a eficácia subjetiva da coisa julgada. Ademais, não tendo o Instituto integrado a lide, não pode sofrer os efeitos da decisão nela proferida. Além disso, a competência para conhecer de questões relativas à contagem do tempo de serviço destinado à obtenção de benefícios é da Justiça Federal. De todo modo, os documentos juntados ao processo trabalhista sempre poderão servir como elementos de convicção a serem apreciados pela autoridade administrativa ou na ação previdenciária proposta perante a Justiça Federal. Consoante o entendimento da 3ª Seção do STJ, a sentença trabalhista será admitida como início de prova material quando fundada em elementos que evidenciem o labor exercido na função e o período alegado pelo trabalhador na ação previdenciária. Uma linha intermediária de apreciação das reclamatórias trabalhistas, para fins previdenciários, que nos parece a mais adequada, é a que procura valorar as reclamatórias trabalhistas considerando não apenas os elementos documentais que a integram, mas também o momento em que ela foi produzida. Com efeito, quando a reclamatória é ajuizada antes de transcorrido o prazo prescricional trabalhista, de modo que tenha havido ônus para o empregador, será pouco provável que se cuide de reclamatória trabalhista simulada (Comentários à Lei de Benefícios da Previdência Social, 14. ed., Atlas, 2016). 8. Não se pode ignorar que a finalidade principal da reclamatória trabalhista é permitir a satisfação de uma necessidade imediata do empregado receber aquilo que lhe é devido. Por isto, muitas vezes, ele abre mão de parcela do direito vindicado mediante a realização de um acordo. Assim, ainda que exista a celebração de acordo, nos casos em que a reclamatória acarretou ônus para o empregador, e não apenas a mera anotação na carteira, e o seu ajuizamento seja contemporâneo ao término do pacto laboral, em princípio, a sua existência representa um elemento probatório relevante, pois neste caso indicará não ter se tratado de reclamatória atípica, ajuizada apenas para a formação de prova que não era autorizada pela legislação previdenciária. 9. Em suma a reclamatória trabalhista será válida como início de prova material em duas situações: (1) fundada em documentos que sinalizem o exercício da atividade laborativa na função e períodos alegados, ou (2) ajuizada imediatamente após o término do labor, antes da ocorrência da prescrição que impede ao reclamante obter direitos trabalhistas perante o empregador, consoante o art. 7º, inciso XXIX da CF/88. 10. Por tais motivos, a jurisprudência do Superior Tribunal de Justiça é firme no sentido de que a sentença trabalhista homologatória de acordo só pode ser considerada como início de prova material se fundada em elementos que demonstrem o labor exercido na função e nos períodos alegados pelo trabalhador (...). 11. No caso dos autos, a reclamatória trabalhista foi ajuizada em 2010, mais de 25 anos após o término do vínculo que a parte autora pretende comprovar (05.1.1971 a 31.7.1974). Ademais, a reclamatória foi julgada à revelia, sem amparo em elementos de prova. Por essa circunstância, a sentença proferida em reclamatória não serve como início de prova material. 12. Desta forma, deve incidir a regra do inciso X do art. 9º do Regimento Interno da Turma Nacional de Uniformização – TNU, que orienta no sentido de que o Relator poderá "dar provimento ao incidente se a decisão recorrida estiver em manifesto confronto com súmula ou jurisprudência dominante da Turma Nacional de Uniformização, do Superior Tribunal de Justiça ou do Supremo Tribunal Federal, podendo determinar o retorno dos autos à origem para a devida adequação". 13. Diante disso, dou provimento ao incidente para determinar a devolução dos autos à Turma Recursal de origem para adequação do julgado, nos termos da fundamentação. (TNU, Pedilef 2012.50.50.002501-9, Rel. Daniel Machado da Rocha, DOU 4.10.2016)

▶ **Lei 8.213/91. Art. 55.** (...). **§ 3º** A comprovação do tempo de serviço para os efeitos desta Lei, inclusive mediante justificação administrativa ou judicial, conforme o disposto no art. 108, só produzirá efeito quando baseada em início de prova material, não sendo admitida prova exclusivamente testemunhal, salvo na ocorrência de motivo de força maior ou caso fortuito, conforme disposto no Regulamento.

SÚMULA 34. PARA FINS DE COMPROVAÇÃO DO TEMPO DE LABOR RURAL, O INÍCIO DE PROVA MATERIAL DEVE SER CONTEMPORÂNEO À ÉPOCA DOS FATOS A PROVAR.

Súmula comentada/anotada no capítulo *Direito Previdenciário – Atividade rural*, retro.

SÚMULA 62. O SEGURADO CONTRIBUINTE INDIVIDUAL PODE OBTER RECONHECIMENTO DE ATIVIDADE ESPECIAL PARA FINS PREVIDENCIÁRIOS, DESDE QUE CONSIGA COMPROVAR EXPOSIÇÃO A AGENTES NOCIVOS À SAÚDE OU À INTEGRIDADE FÍSICA.

Súmula comentada/anotada no item *Beneficiários – Segurado Especial*, adiante.

SÚMULA 63. A COMPROVAÇÃO DE UNIÃO ESTÁVEL PARA EFEITO DE CONCESSÃO DE PENSÃO POR MORTE PRESCINDE DE INÍCIO DE PROVA MATERIAL.

Súmula comentada/anotada no capítulo *Direito Previdenciário – Benefícios em espécie – Pensão por morte*, retro.

SÚMULA 68. O LAUDO PERICIAL NÃO CONTEMPORÂNEO AO PERÍODO TRABALHADO É APTO À COMPROVAÇÃO DA ATIVIDADE ESPECIAL DO SEGURADO.

● *Súmula aplicável.* ● *DJ 24.9.2012.* ● *Precedentes: Pedilef 2004.83.20.000881-4. Pedilef 2008.72.59.003073-0. Pedilef 2006.71.95.024335-3. Pedilef 0000897-55.2009.4.03.6317.*

▶ *Gessiel Pinheiro de Paiva*

A Súmula trata de questão probatória da atividade especial, portanto, matéria processual. Assim, a primeira observação que deve ser feita diz respeito ao fato de que a TNU parece ter extrapolado o limite de sua competência recursal, prevista no artigo 14, da Lei 10.259/01.

A legislação que trata dos Juizados Especiais Federais expressamente limitou o conteúdo do recurso de uniformização a questões de direito material. Questões sobre provas de determinados fatos são eminentemente direito processual. Não obstante, a súmula está vigente e orienta a valoração probatória acerca da aposentadoria especial no âmbito dos Juizados Especiais Federais.

A primeira questão a ser dita é que a comprovação do tempo especial deve ser feita conforme as exigências da legislação vigente na época do exercício das atividades profissionais. Nesse sentido: STJ, REsp 382.318. Na mesma linha, o § 1º do artigo 70 do Decreto n. 3.048/99, incluído pelo Decreto 4.827/03.

A primeira lei que tratou de aposentadoria especial foi a Lei 3.807/60, conhecida como "LOPS" (Lei Orgânica da Previdência Social). Sob sua égide foram editados os Decretos 53.831/64 e 83.080/79. Tais decretos previam determinadas atividades cujo exercício, por si só, dava direito à contagem de tempo especial e, se preenchido o tempo mínimo exigido para cada atividade, à aposentadoria especial, além de prever também diversos agentes nocivos cuja exposição em qualquer atividade ensejava também o reconhecimento do tempo de serviço como especial.

Com o advento da Lei 8.213/91, que trouxe, após a Constituição de 1988, o atual Plano de Benefícios da Previdência Social, a redação original do seu artigo 58 previa que a relação de atividades profissionais prejudiciais à saúde ou à integridade física seria objeto de lei específica, a qual, no entanto, nunca chegou a ser editada. O artigo 152, da mesma Lei 8.213/91 trouxe regra de transição, prevendo que até que fosse editada a lei prevista no artigo 58 deveria prevalecer a lista constante da legislação então em vigor para aposentadoria especial, que era integrada pelos dois decretos mencionados no parágrafo anterior.

Sobre a documentação necessária para comprovar o tempo especial nesse período, explicam Daniel Machado da Rocha e José Paulo Baltazar Júnior[31]:

> No ensejo de facilitar a comprovação das atividades exercidas pelo segurado, criou-se um impresso padronizado que deveria ser preenchido pelas empresas, o qual ficou conhecido pela sigla 'SB-40', onde seriam lançadas as informações relevantes sobre as atividades especiais, tidas como presumivelmente verdadeiras, mas de forma relativa. Destarte, estando a atividade do segurado inscrita em regulamento, militava a presunção de que a atividade era especial, somente sendo necessária a perícia em caso de dúvida fundada.

Além do formulário SB-40, também é muito utilizado para o período anterior à 29.4.95 o formulário DSS-8030 (ou DIRBEN 8030), que possui características semelhantes. O único agente nocivo para o qual se exigia laudo técnico nesse período era o ruído, uma vez que necessária a análise de sua dosimetria, a fim de comprovar que

---

31. ROCHA, Daniel M.; BALTAZAR JR., José P. **Comentários à Lei de Benefícios da Previdência Social.** 11. ed. Porto Alegre: Livraria do Advogado, 2012. p. 267.

o nível de ruído ao qual estava exposto o trabalhador era igual ou superior àquele previsto na legislação que regulava a atividade especial.

Com a edição da Lei 9.032/95, foi promovida alteração no § 4º do artigo 57 da Lei 8.213/91, que passou a prever que "o segurado deverá comprovar, além do tempo de trabalho, exposição aos agentes nocivos químicos, físicos, biológicos ou associação de agentes prejudiciais à saúde ou à integridade física, pelo período equivalente ao exigido para a concessão do benefício".

A partir de então o INSS passou a exigir, ao lado dos formulários SB-40 ou DSS 8030 também laudo técnico, qualquer que fosse a atividade ou o agente nocivo. Contudo, somente com a edição do Decreto 2.172/97, passou a existir nova previsão de agentes nocivos cuja exposição enseja o reconhecimento da atividade como especial, valendo, até 4.3.1997 os agentes nocivos previstos nos Decretos 53.831/64 e 83.080/79, embora já fosse exigida a apresentação de laudo pericial.

Destarte, para o período posterior a 28.4.95, as empresas devem possuir Laudo Técnico de Condições Ambientais de Trabalho (LTCAT), e a partir da edição da Medida Provisória 1.596-14, posteriormente convertida na Lei 9.528/97, emitir e fornecer para o empregado, por ocasião da rescisão do contrato de trabalho, um documento denominado Perfil Profissiográfico Previdenciário (ou simplesmente PPP), no qual constem as atividades desenvolvidas pelo trabalhador e os agentes nocivos aos quais porventura estivesses exposto durante a jornada de trabalho, especificando se a exposição se dava de modo habitual e permanente, não ocasional nem intermitente.

O PPP deve ser preenchido com base no Laudo Técnico de Condições Ambientais de Trabalho, que deve ser expedido por médico do trabalho ou engenheiro de segurança do trabalho (artigo 68, § 3º, do Decreto 3.048/99, com a redação dada pelo Decreto 8.123/13).

Essa sucessão legislativa acerca da prova do tempo especial deixa evidente que a legislação passou a ser mais exigente, iniciando com a presunção da especialidade pelo exercício da atividade, e pela possibilidade de comprovação da exposição a agentes nocivos apenas com base em formulário preenchido pela empresa (SB-40, DSS 8030 ou DIRBEN 8030), sem a necessidade de laudo técnico (exceto em relação a ruído), para posteriormente exigir que tais formulários estivessem embasados em laudo técnicos para, por fim, exigir a apresentação de um formulário bem mais complexo (PPP), emitido com base em informações constantes em Laudo Técnico de Condições Ambientais do Trabalho (LTCAT) emitido por médico do trabalho ou engenheiro de segurança do trabalho.

Essa é a justificativa da súmula 68, da TNU, pois se anteriormente a atividade especial era passível de ser comprovada inclusive sem laudo técnico, não há qualquer óbice para que laudo técnico emitido posteriormente ao exercício da atividade seja utilizado para comprovação da especialidade, desde que ateste que nas atuais condições de trabalho há exposição a agentes nocivos, pois a presunção que deve haver é sempre no sentido de que, com o aperfeiçoamento das técnicas produtivas, as condições atuais são melhores que as de outrora, de modo que se atualmente ainda há exposição a agentes nocivos, não há razão para se concluir que anteriormente tais agentes não existiam, devendo a conclusão ser exatamente o contrário. Isto porque:

> Constatada a presença de agentes nocivos no ambiente de trabalho nos dias atuais, mesmo com as inovações tecnológicas e de medicina e segurança do trabalho advindas com o passar do tempo, reputa-se que, desde a época de início da atividade, a agressão dos agentes era igual, ou até maior, dada a escassez de recursos existentes para atenuar sua nocividade e a evolução dos equipamentos utilizados no desempenho das tarefas. (STJ, REsp 1408094).

Além disso, pode-se afirmar que:

> Fere os princípios da razoabilidade, da primazia da realidade da dignidade da pessoa humana presumir de forma pura e simples a inocorrência das condições especiais de trabalho alegadas tão-somente pelo fato dos documentos que possui não serem contemporâneos aos períodos vindicados. Admitir o contrário implica em ignorar as precárias condições de labor a que se encontram submetidos os trabalhadores no Brasil e também a deficiente fiscalização trabalhista e previdenciária das empresas empregadoras pelos órgãos competentes. (Pedilef 2004.83.0000881-4).

◉ (...). 10. Veja-se também o teor da Súmula 68 deste Colegiado: "O laudo pericial não contemporâneo ao período trabalhado é apto à comprovação da atividade especial do segurado". 11. Por sua vez, o recente entendimento do STJ nos REsp 1464602 e 1408094, este último de relatoria da Ministra Regina Helena Costa, DJ 7.8.2015, segundo o qual: "(...). 4. O fato do laudo técnico pericial ser extemporâneo, não afasta a sua força probatória, uma vez que, constatada a presença de agentes nocivos no ambiente de trabalho nos dias atuais, mesmo com as inovações tecnológicas e de medicina e segurança do trabalho advindas com o passar do tempo, reputa-se que, desde a época de início da atividade, a agressão dos agentes era igual, ou até maior, dada a escassez de recursos existentes para atenuar sua nocividade e a evolução dos equipamentos utilizados no desempenho das tarefas" (...). (TNU, Pedilef 50076897520124047102, Rel. Angela Cristina Monteiro, DOU 5.2.2016)

◉ (...). 10. Sobre o tema, a TNU definiu: SÚMULA 68: O laudo pericial não contemporâneo ao período trabalhado é apto à comprovação da atividade especial do segurado. 11. Analisando a súmula concluo que, não obstante a não menção expressa pelo enunciado da TNU à situação ora controversa, extrai-se dali o entendimento quanto à prevalência de laudo técnico superveniente ao período trabalhado mesmo em face da não comprovação da manutenção do ambiente físico de trabalho, conclusão que reputo intuitiva. 12. Isto porque, ao se admitir a extemporaneidade do laudo técnico, se releva eventuais modificações estruturais no ambiente de trabalho, sob pena de, assim não se entendendo, na prática se restringir quase ao ponto da inviabilização a aplicação do enunciado. 13. Primeiro, porque exigir-se para a validade do laudo extemporâneo que o ambiente de trabalho permaneça inalterado cria uma condição dificilmente alcançável, uma vez que a atividade empresarial é dinâmica, sujeita sempre a inovações técnicas, de maquinário e de ergometria que se intensificam à medida que se afasta o período de trabalho da época da prestação de serviço. 14. Haveria claro prejuízo ao trabalhador/segurado caso prevaleça tal interpretação. 15. Depois, apontando o laudo que as condições atuais são nocivas, é razoável concluir-se que o eram também à época da prestação do serviço, uma vez que é da praxe empresarial e, mesmo humana, a busca pela evolução, no sentido de ser aprimorar procedimentos e condições de trabalho e de vida, e não o contrário, no sentido de que se vive e trabalha de forma degenerativa, em retrocesso. 16. Aponte-se, neste sentido, o que restou consignado no Pedilef 2004.83.0000881-4, relator Juíza Federal Maria Divina Vitória, um dos precedentes que deram origem à Súmula 68 da TNU (e aqui utilizado pela parte-requerente como paradigma): "Além disso, entendo que fere os princípios da razoabilidade, da primazia da realidade da dignidade da pessoa humana presumir de forma pura e simples a inocorrência das condições especiais de trabalho alegadas tão-somente pelo fato dos documentos que possui não serem contemporâneos aos períodos vindicados. Admitir o contrário implica em ignorar as precárias condições de labor a que se encontram submetidos os trabalhadores no Brasil e também a deficiente fiscalização trabalhista e previdenciária das empresas empregadoras pelos órgãos competentes". 17. De fato, rejeitar-se laudo técnico que aponta que hodiernamente há exposição nociva a ruído junto à atividade/empresa a que se vinculava o trabalhador é desconhecer que a sociedade brasileira, nela incluída o mercado de trabalho, precisa ainda de aprimoramentos, estando imersa em processo social de busca do melhoramento das condições de segurança, trabalho e educação, etc. 18. No caso, se está diante de uma revaloração da prova que "pressupõe contrariedade a um princípio ou a uma regra jurídica no campo probatório, como ocorre, verbi gratia, em relação à qualificação jurídica de um documento" (STJ, REsp. 37072/RJ, 4ª T, Rel. Min. Sálvio de Figueiredo Teixeira, DJU 5.12.1994, pg. 33.563), porquanto o julgado recorrido negou validade jurídica a documentos apresentados pela parte-autora, não os acolhendo por serem extemporâneos ao período de carência, uma vez que o julgado ao exigir que o "laudo reflita as condições da época da prestação do serviço, ou assegure que as condições atualmente encontradas são as mesmas daquela época", na prática, exigiu laudo contemporâneo (...). (TNU, Pedilef 00036395320094036317. Rel. Sérgio Murilo Wanderley Queiroga, DOU 13.11.2015)

◯ (...). Como sabemos, mas não custa repetir, esta Corte Uniformizadora tem referendado o entendimento de que o laudo pericial não contemporâneo ao período trabalhado é apto à comprovação da atividade especial do segurado (Súmula nº 68). Analisando o aresto combatido, verifico que a Turma Recursal da Paraíba deixou de considerar atividades compreendidas entre 1976 e 1998 como especiais porque verificou que o laudo fez referência aos responsáveis técnicos somente a partir de 2004. A princípio, poder-se-ia então argumentar que isso é diferente de afastar o laudo por sua extemporaneidade, ou seja, por ter sido confeccionado em data não compreendida na época em que o autor almeja seja reconhecida a especialidade. Nesse caso, seria a hipótese de incidir a Questão de Ordem nº 22/TNU. Ocorre, porém, que (a) afastar a especialidade do tempo de serviço por motivo da extemporaneidade na elaboração do laudo, ou então, (b) porque essa peça técnica somente fez referência à presença de responsáveis técnicos a partir de data posterior aos períodos laborais os quais se pleiteia a especialidade são duas situações completamente equivalentes. Em outras palavras, tanto para o caso da extemporaneidade na confecção do laudo quanto para o de essa peça fazer referências aos profissionais técnicos para datas posteriores aos períodos vindicados, aplica-se o mesmo raciocínio subjacente à Súmula nº 68 desta Casa: que considerando as inovações tecnológicas e de medicina e segurança do trabalho advindas com o passar do tempo, reputa-se que, à época da atividade, a agressão dos agentes era igual, ou até maior, dada a escassez de recursos existentes para atenuar sua nocividade e a evolução dos equipamentos utilizados no desempenho das tarefas. Situação diferente seria se o laudo fizesse referência a medições ambientais em período anterior ao requerido pelo segurado. Nessa hipótese, penso que não haveria como ser presumida a permanência da nocividade outrora reconhecida, uma vez que os avanços tecnológicos e da medicina e segurança do trabalho poderiam ter eliminado o fator de risco. Mas a hipótese deste Incidente, como vimos acima, é justamente o oposto, permitindo a presunção (...). (TNU, Pedilef 05043493120124058200, Rel. Wilson José Witzel, DOU 6.11.2015)

▶ **LJEF. Art. 14.** Caberá pedido de uniformização de interpretação de lei federal quando houver divergência entre decisões sobre questões de direito material proferidas por Turmas Recursais na interpretação da lei.

▶ **Dec. 3.048/99. Art. 60. § 1º** A caracterização e a comprovação do tempo de atividade sob condições especiais obedecerá ao disposto na legislação em vigor na época da prestação do serviço.

Súmula 75. A Carteira de Trabalho e Previdência Social (CTPS) em relação à qual não se aponta defeito formal que lhe comprometa a fidedignidade goza de presunção relativa de veracidade, formando prova suficiente de tempo de serviço para fins previdenciários, ainda que a anotação de vínculo de emprego não conste no Cadastro Nacional de Informações Sociais (CNIS).

● *Súmula aplicável.* ● *DJ 13.6.2013.* ● *Precedentes: Pedilef 2009.71.63.001726-4. Pedilef 0026256-69.2006.4.01.3600. Pedilef 2008.71.95.005883-2.*

▸ Filipe Aquino Pessoa de Oliveira

O presente enunciado delimita a aptidão da Carteira de Trabalho e Previdência Social (CTPS) para valer, por si só, como prova para fins previdenciários, especialmente quanto ao início e fim dos vínculos empregatícios nela anotados.

Nos termos do artigo 29, da Consolidação das Leis do Trabalho – CLT, é obrigação do empregador promover a anotação na CTPS das informações básicas acerca do contrato de trabalho celebrado com o empregado, bem como registrar todas as alterações supervenientes. Além dessa obrigação, compete ao empregador a retenção da contribuição previdenciária devida pelo trabalhador e o posterior recolhimento aos cofres públicos, juntamente com a contribuição devida pelo próprio empregador. Tanto o início e fim dos vínculos empregatícios quanto a remuneração do contratado devem ser informadas ao Poder Público através da Guia de Recolhimento do Fundo de Garantia por Tempo de Serviço e Informações à Previdência Social – GFIP e do Sistema Empresa de Recolhimento do FGTS e Informações à Previdência Social – SEFIP.

As informações prestadas pelo empregador acerca de cada vínculo empregatício permitem, dentre outras coisas, que o Estado promova a fiscalização do cumprimento das obrigações tributárias e trabalhistas pelos empregadores, possibilitando, ainda, o acompanhamento do mercado de trabalho, taxas de desemprego, remuneração média de cada atividade etc. Além disso, esses dados alimentam o Cadastro Nacional de Informações Sociais – CNIS, banco de dados administrado pela Dataprev que reúne os dados cadastrais, histórico profissional e remuneração de cada trabalhador brasileiro.

Diante da credibilidade e segurança proporcionadas pelo CNIS, o legislador estabeleceu que o INSS, na análise e concessão dos benefícios previdenciários, utilizará as informações constantes no referido cadastro (art. 29-A da Lei 8.213/91). Regulamentando a matéria, o artigo 19, do Decreto 3.048/99 estabelece que "os dados constantes do Cadastro Nacional de Informações Sociais – CNIS relativos a vínculos, remunerações e contribuições valem como prova de filiação à previdência social, tempo de contribuição e salários-de-contribuição".. O mesmo artigo, em seu parágrafo sétimo aduz que "não constando do CNIS informações sobre contribuições ou remunerações, ou havendo dúvida sobre a regularidade do vínculo, motivada por divergências ou insuficiências de dados relativos ao empregador, ao segurado, à natureza do vínculo, ou a procedência da informação, esse período respectivo somente será confirmado mediante a apresentação pelo segurado da documentação comprobatória solicitada pelo INSS".

Da simples leitura das normas acima, percebe-se que o Decreto 3.048/99 considera o CNIS como fonte primária de informações para fins de concessão dos benefícios previdenciários, atribuindo ao segurado o ônus da prova da existência dos vínculos empregatícios que não constem do banco de dados estatal. É possível antever daí a existência do conflito judicial que levou à edição da Súmula 75 da TNU, uma vez que, como dito, compete ao empregador prestar as informações que alimentarão o CNIS, atividade sob fiscalização dos entes governamentais (INSS, Receita Federal, Ministério do Trabalho etc).

Fato é que inúmeras demandas judiciais foram (e ainda são) instauradas por segurados que, após o indeferimento na via administrativa em razão de divergência entre as anotações constantes na Carteira de Trabalho e as informações apuradas no CNIS, buscavam o reconhecimento de seu direito aos benefícios previdenciários. Nesse quadro, reconhecendo que não cabe ao empregado zelar pelo cumprimento das obrigações previdenciárias do empregador, a jurisprudência dos tribunais brasileiros consolidou o entendimento de que o empregado não pode ser penalizado por eventual omissão da empresa, firmando a tese contida na Súmula da Turma Nacional de Uniformização.

Vale destacar, contudo, que, para que a CTPS goze da credibilidade mencionada no enunciado sob análise, é necessário que o documento se apresente em perfeitas condições de forma e conteúdo, apresentando integridade física e coerência lógico--temporal, ou seja, as anotações devem seguir rigorosa ordem cronológica. Não sendo apurado qualquer defeito, será conferida presunção de veracidade às informações ali contidas, sendo possível o deferimento do benefício ainda que o período recusado pelo INSS não conste do CNIS. Importante dizer, porém, que tal presunção é de natureza relativa e, como toda presunção relativa, pode ser afastada por prova em sentido contrário que poderá ser produzida no processo em contraditório. Caberá à autarquia previdenciária, entretanto, o ônus de produção dessa prova.

Por fim, a presença de defeitos formais no documento, capazes de comprometer a fidedignidade das anotações ali contidas, impede a aplicação da tese estabelecida pela Súmula. Evidentemente, um documento sem assinatura dos responsáveis legais das empresas, que apresente rasuras ou possua anotações fora da ordem cronológica não merece credibilidade (ex. vínculo empregatício com data de início em momento anterior à expedição da própria CTPS ou anotações de alteração de salário fora de ordem), prevalecendo, nesse caso, as informações constantes no CNIS.

> Voto vencido. Voto. Previdenciário. Pedido de uniformização de jurisprudência. Sentença de procedência reformada pela turma recursal com base em suposta má-fé do segurado. Anotação de vínculo empregatício na ctps. Presunção relativa de veracidade. Ônus do réu comprovar a falsidade do registro. Má-fé do segurado não pode ser presumida. Recurso conhecido e provido. Sentença de primeiro grau restabelecida. (...). Apresenta como paradigma o Pedilef 2008.71.95.005883-2 (Rel. Juiz Herculano Martins Nacif, DJ 5.11.2012), em que foi decidido que "as anotações em CTPS presumem-se verdadeiras, salvo prova de fraude", ônus que cabe ao Réu. (...). No caso sob exame, o Juízo de Primeiro Grau se pronunciou especificamente sobre o elemento de prova questionado, esclarecendo que nos "autos há cópia da CTPS (...), a mesma apontada no registro de empregados (fl. 213), na qual se constata que o autor laborou na editora nos períodos de setembro/81 a fevereiro/82 e março/82 a novembro/99", e realçando que "o representante da Autarquia certificou que a cópia conferia com a original apresentada", bem assim que "as anotações apostas na Carteira de Trabalho gozam de presunção iuris tantum de veracidade, não podendo o juiz, a priori, pôr em dúvida suas informações", conforme entendimento jurisprudencial consolidado. (...). A posição adotada pela 2ª TR-JEF-SJRJ, no caso, está em rota de colisão com o entendimento consagrado no âmbito desta Turma Nacional (Pedilef

2008.71.85.005883-2, Rel. Juiz Herculano Martins Nacif). Reitera-se, por fim, que as anotações em CTPS gozam da presunção de veracidade quanto aos registros de vínculos empregatícios na mesma existentes, sendo ônus da Autarquia Previdenciária demonstrar sua imprecisão ou falsidade, dado que a má-fé do segurado não é presumida. (...). (TNU, Pedilef 201051620010074, Rel. Frederico Augusto Leopoldino Koehler, DOU 12.8.2016)

◎ Previdenciário. Aposentadoria por tempo de contribuição. Revisão. Validade de anotações em ctps. Correção monetária. Juros de mora. Honorários. (...). A questão em debate consiste na possibilidade de se reconhecer a validade de lapsos de trabalho comum do autor, com anotação em CTPS, para propiciar a revisão do benefício do requerente. As anotações na CTPS do requerente não apresentam irregularidades que justifiquem sua não aceitação pela Autarquia. O fato de não constar no sistema CNIS da Previdência Social o registro de recolhimentos previdenciários quanto aos períodos de 13.9.1966 a 16.9.1966, 17.10.1966 a 16.12.1967, 1.3.1968 a 30.12.1969 e 1.5.1970 a 2.2.1971 não pode prejudicar o autor, visto que tais recolhimentos são de responsabilidade dos empregadores. Além das anotações em CTPS, referentes aos contratos em trabalho em questão, os vínculos contam com início de prova material adicional, a reforçar a convicção acerca de sua veracidade. (...). (TRF3, 8ª T., Apelreex 00201111220114036301, Rel. Tania Marangoni, e-DJF3 20.3.2017)

Súmula 77. O julgador não é obrigado a analisar as condições pessoais e sociais quando não reconhecer a incapacidade do requerente para a sua atividade habitual.

● *Súmula aplicável.* ● *DJ 6.9.2013.* ● *Precedentes: Pedilef 0020741-39.2009.4.03.6301. Pedilef 0056265-97.2009.4.03.6301. Pedilef 0507072-34.2009.4.05.8101. Pedilef 0052862-57.2008.4.03.6301.*

▸ *Frederico Augusto Leopoldino Koehler*

A Súmula foi aprovada na sessão de julgamento de 4 de setembro de 2013 e embasa-se em diversos precedentes do colegiado da TNU, dentre os quais: Pedilef 0020741-39.2009.4.03.6301, Rel. André Carvalho Monteiro, DOU 22.3.2013; Pedilef 0056265-97.2009.4.03.6301, Rel. Kyu Soon Lee, DOU 26.4.2013; Pedilef 0507072-34.2009.4.05.8101, Rel. Rogério Moreira Alves, DOU 1.2.2013; Pedilef 0052862-57.2008.4.03.6301, Rel. Rogério Moreira Alves, DOU 16.8.2013.

O enunciado de súmula em comento surgiu para complementar o entendimento fixado na Súmula 47/TNU, segundo a qual: "Uma vez reconhecida a incapacidade parcial para o trabalho, o juiz deve analisar as condições pessoais e sociais do segurado para a concessão de aposentadoria por invalidez".

A aplicação literal do enunciado contido na súmula 47 levaria à conclusão de que, sempre que presente a incapacidade parcial para o trabalho, o juiz teria que analisar as condições pessoais e sociais do segurado para a concessão de aposentadoria por invalidez[32]. No entanto, a Súmula 47 não abrange os casos em que, apesar de ser a parte autora portadora de doença que a incapacita parcialmente, tal doença não seja incapacitante para a sua atividade laborativa habitual. Explica-se. Embora, na hipótese, esteja

---

32. Conforme Marina Duarte: "As condições pessoais do segurado devem ser avaliadas dentro de seu contexto social, devendo-se averiguar sua idade, aptidões, grau de instrução, limitações físicas que irão acompanhá-lo dali pra frente (...)". DUARTE, Marina Vasques. **Direito previdenciário**. 3. ed. Porto Alegre: Verbo Jurídico, 2004, p. 124.

presente a incapacidade parcial para o trabalho, tal incapacidade não gera o direito sequer ao auxílio-doença, tendo em vista que a parte autora tem condições de prosseguir trabalhando normalmente, sem a necessidade de apoio da Previdência Social.

Frise-se que a interpretação acima chegou a ser efetivamente adotada em alguns casos pela jurisprudência, anulando-se sentenças e acórdãos que não tivessem adentrado no exame detalhado das condições pessoais e sociais do segurado, mesmo quando a parte autora estivesse em plena capacidade de exercer sua profissão habitual. Eis o motivo para, em 4 de setembro de 2013, ter sido criada pela TNU o presente Verbete.

Portanto, a Súmula consolida o entendimento de que, presente a capacidade da parte autora para a sua atividade habitual, não se faz necessária qualquer análise adicional sobre as suas condições pessoais e sociais. A razão disso é que, nesse caso, não é cabível a concessão de qualquer benefício previdenciário. Se não é cabível sequer o auxílio-doença, menos ainda a aposentadoria por invalidez. Assim, não há qualquer motivo para exame de condições pessoais e sociais do requerente, uma vez que não lhe será devido qualquer benefício nessa hipótese[33]. Nesse sentido, confira-se trecho de precedente da TNU (Pedilef 0020741-39.2009.4.03.6301), adiante.

Conforme prescreve o artigo 42 da Lei 8.213/91, a aposentadoria por invalidez é devida ao segurado que, havendo cumprido o período de carência – quando esta for exigida -, seja considerado incapaz e insuscetível de reabilitação para o exercício de atividade que lhe garanta a subsistência.

O art. 59 da Lei 8.213/91, por sua vez, dispõe que "o auxílio-doença será devido ao segurado que, havendo cumprido, quando for o caso, o período de carência exigido nesta Lei, ficar incapacitado para o seu trabalho ou para a sua atividade habitual por mais de 15 (quinze) dias consecutivos".

Logo, se o magistrado entende que a incapacidade do requerente não abrange a sua atividade habitual, não está obrigado a analisar as suas condições pessoais e sociais. Isso porque, como dito, não caberá ao requerente a percepção de qualquer benefício previdenciário enquanto estiver em condições de continuar trabalhando normalmente.

Em resumo, podem ocorrer na prática as seguintes situações: 1) a doença da parte autora não gera incapacidade; conclusão: não lhe é devido qualquer benefício; 2) a doença da parte autora gera incapacidade parcial, porém esta não abrange seu trabalho habitual; conclusão: não lhe é devido qualquer benefício, incidindo a súmula 77 da TNU; 3) a doença da parte autora gera incapacidade parcial, que abrange seu trabalho habitual; conclusão: aplica-se a Súmula em análise, devendo as instâncias ordinárias procederem à análise das condições pessoais e sociais do segurado, a fim de averiguar se é possível cogitar-se de sua reabilitação funcional e de seu retorno ao mercado de

---

33. Sobre o ponto, imprescindível a leitura do esclarecedor texto de Clarissa Costa: COSTA, Clarissa Albuquerque. Benefícios por incapacidade para o trabalho: auxílio-doença e aposentadoria por invalidez. *In*: SAVARIS, José Antônio (coord.). **Direito Previdenciário: problemas e jurisprudência**. Curitiba: Alteridade, 2014, p. 161-166.

trabalho. Caso isso não seja possível, configura-se a hipótese de concessão de aposentadoria por invalidez em vez do auxílio-doença. Não custa lembrar que toda a matéria fática e probatória será fixada nos JEFs e nas Turmas Recursais, não cabendo à TNU (e nem às TRUs) adentrar em tal seara, consoante disposto na Súmula 42/TNU.

Por fim, cabe registrar que a Súmula 78/TNU veio para complementar a Súmula 77/TNU. Isso porque, nos casos de HIV – e de outras doenças de grande estigma social, como hanseníase, obesidade mórbida, doenças de pele graves etc. -, mesmo quando a perícia médica se manifesta pela capacidade da parte autora para a sua atividade laborativa habitual, impõe-se a análise das suas condições pessoais, sociais, econômicas e culturais. Corroborando o afirmado, colhe-se, adiante, trecho de precedente da TNU (Pedilef 5003198-07.2012.4.04.7108).

○ Súmula TNU 42. Não se conhece de incidente de uniformização que implique reexame de matéria de fato.

○ Súmula TNU 78. Comprovado que o requerente de benefício é portador do vírus HIV, cabe ao julgador verificar as condições pessoais, sociais, econômicas e culturais, de forma a analisar a incapacidade em sentido amplo, em face da elevada estigmatização social da doença.

○ Quando negada a incapacidade para o trabalho habitual, forçoso inadmitir o exame das condições pessoais, já que o mesmo não pode, por si só, afastar a conclusão sobre a aptidão laboral calcada na valoração de prova pericial. (TNU, Pedilef 0020741-39.2009.4.03.6301, DOU 22.3.2013, Rel. André Carvalho Monteiro).

○ Incidente de Uniformização de Jurisprudência conhecido e parcialmente provido para (i) reafirmar a tese de que a estigmatização da doença relacionada ao vírus HIV por si só não presume incapacidade laborativa; (ii) fixar a tese de que as condições pessoais, sociais, econômicas e culturais do segurado devem ser analisadas para a aferição da incapacidade nos casos de portadores do vírus HIV e outras doenças de grande estigma social, constituindo exceção à Súmula nº 77, da TNU (...). (TNU, Pedilef 5003198-07.2012.4.04.7108, Rel. Kyu Soon Lee, DOU 17.9.2014)

SÚMULA 79. NAS AÇÕES EM QUE SE POSTULA BENEFÍCIO ASSISTENCIAL, É NECESSÁRIA A COMPROVAÇÃO DAS CONDIÇÕES SOCIOECONÔMICAS DO AUTOR POR LAUDO DE ASSISTENTE SOCIAL, POR AUTO DE CONSTATAÇÃO LAVRADO POR OFICIAL DE JUSTIÇA OU, SENDO INVIABILIZADOS OS REFERIDOS MEIOS, POR PROVA TESTEMUNHAL.

Súmula comentada/anotada no capítulo *Direito Previdenciário – Benefícios em espécie – Benefício assistencial de prestação continuada*, retro.

SÚMULA 80. NOS PEDIDOS DE BENEFÍCIO DE PRESTAÇÃO CONTINUADA (LOAS), TENDO EM VISTA O ADVENTO DA LEI 12.470/11, PARA ADEQUADA VALORAÇÃO DOS FATORES AMBIENTAIS, SOCIAIS, ECONÔMICOS E PESSOAIS QUE IMPACTAM NA PARTICIPAÇÃO DA PESSOA COM DEFICIÊNCIA NA SOCIEDADE, É NECESSÁRIA A REALIZAÇÃO DE AVALIAÇÃO SOCIAL POR ASSISTENTE SOCIAL OU OUTRAS PROVIDÊNCIAS APTAS A REVELAR A EFETIVA CONDIÇÃO VIVIDA NO MEIO SOCIAL PELO REQUERENTE.

Súmula comentada/anotada no capítulo *Direito Previdenciário – Benefícios em espécie – Benefício assistencial de prestação continuada*, retro.

5. QUADRO SINÓPTICO

DIREITO PROCESSUAL CIVIL	
1. ANTECIPAÇÃO DE TUTELA	
Súm. 51. Os valores recebidos por força de antecipação dos efeitos de tutela, posteriormente revogada em demanda previdenciária, são irrepetíveis em razão da natureza alimentar e da boa-fé no seu recebimento.	aplicável
2. COMPETÊNCIA	
Súm. 17. Não há renuncia tácita no Juizado Especial Federal, para fins de competência.	aplicável
3. INCIDENTE DE UNIFORMIZAÇÃO DE JURISPRUDÊNCIA	
Súm. 7. Descabe incidente de uniformização versando sobre honorários advocatícios por se tratar de questão de direito processual.	aplicável
Súm. 42. Não se conhece de incidente de uniformização que implique reexame de matéria de fato.	aplicável
Súm. 43. Não cabe incidente de uniformização que verse sobre matéria processual.	aplicável
4. PROVAS	
Súm. 6. A certidão de casamento ou outro documento idôneo que evidencie a condição de trabalhador rural do cônjuge constitui início razoável de prova material da atividade rurícola.	aplicável
Súm. 14. Para a concessão de aposentadoria rural por idade, não se exige que o início de prova material, corresponda a todo o período equivalente à carência do benefício.	aplicável
Súm. 22. Se a prova pericial realizada em juízo dá conta de que a incapacidade já existia na data do requerimento administrativo, esta é o termo inicial do benefício assistencial.	aplicável
Súm. 27. A ausência de registro em órgão do Ministério do Trabalho não impede a comprovação do desemprego por outros meios admitidos em direito.	aplicável
Súm. 31. A anotação na CTPS decorrente de sentença trabalhista homologatória constitui início de prova material para fins previdenciários.	mitigada
Súm. 34. Para fins de comprovação do tempo de labor rural, o início de prova material deve ser contemporâneo à época dos fatos a provar.	aplicável
Súm. 62. O segurado contribuinte individual pode obter reconhecimento de atividade especial para fins previdenciários, desde que consiga comprovar exposição a agentes nocivos à saúde ou à integridade física.	aplicável
Súm. 63. A comprovação de união estável para efeito de concessão de pensão por morte prescinde de início de prova material.	aplicável
Súm. 68. O laudo pericial não contemporâneo ao período trabalhado é apto à comprovação da atividade especial do segurado.	aplicável
Súm. 75. A Carteira de Trabalho e Previdência Social (CTPS) em relação à qual não se aponta defeito formal que lhe comprometa a fidedignidade goza de presunção relativa de veracidade, formando prova suficiente de tempo de serviço para fins previdenciários, ainda que a anotação de vínculo de emprego não conste no Cadastro Nacional de Informações Sociais (CNIS).	aplicável

Súm. 77. O julgador não é obrigado a analisar as condições pessoais e sociais quando não reconhecer a incapacidade do requerente para a sua atividade habitual.	aplicável
Súm. 79. Nas ações em que se postula benefício assistencial, é necessária a comprovação das condições socioeconômicas do autor por laudo de assistente social, por auto de constatação lavrado por oficial de justiça ou, sendo inviabilizados os referidos meios, por prova testemunhal.	aplicável
Súm. 80. Nos pedidos de benefício de prestação continuada (LOAS), tendo em vista o advento da Lei 12.470/11, para adequada valoração dos fatores ambientais, sociais, econômicos e pessoais que impactam na participação da pessoa com deficiência na sociedade, é necessária a realização de avaliação social por assistente social ou outras providências aptas a revelar a efetiva condição vivida no meio social pelo requerente.	aplicável

ÍNDICE CRONOLÓGICO-REMISSIVO

1. SÚMULAS APLICÁVEIS

001 – A conversão dos benefícios previdenciários em URV, em março/94, obedece às disposições do art. 20, incisos I e II da Lei 8.880/94 (MP n. 434/94).>>**110**

002 – Os benefícios previdenciários, em maio de 1996, deverão ser reajustados na forma da Medida Provisória 1.415, de 29 de abril de 1996, convertida na Lei 9.711, de 20 de novembro de 1998.>>**112**

004 – Não há direito adquirido à condição de dependente de pessoa designada, quando o falecimento do segurado deu-se após o advento da Lei 9.032/95.>>**93**

005 – A prestação de serviço rural por menor de 12 a 14 anos, até o advento da Lei 8.213, de 24 de julho de 1991, devidamente comprovada, pode ser reconhecida para fins previdenciários.>>**68**

006 – A certidão de casamento ou outro documento idôneo que evidencie a condição de trabalhador rural do cônjuge constitui início razoável de prova material da atividade rurícola.>>**71, 293**

007 – Descabe incidente de uniformização versando sobre honorários advocatícios por se tratar de questão de direito processual.>>**277**

008 – Os benefícios de prestação continuada, no Regime Geral da Previdência Social, não serão reajustados com base no IGP-DI nos anos de 1997, 1999, 2000 e 2001.>>**113**

009 – O uso de Equipamento de Proteção Individual (EPI), ainda que elimine a insalubridade, no caso de exposição a ruído, não descaracteriza o tempo de serviço especial prestado.>>**155**

010 – O tempo de serviço rural anterior à vigência da Lei n. 8.213/91 pode ser utilizado para fins de contagem recíproca, assim entendida aquela que soma tempo de atividade privada, rural ou urbana, ao de serviço público estatutário, desde que sejam recolhidas as respectivas contribuições previdenciárias.>>**74**

012 – Os juros moratórios são devidos pelo gestor do FGTS e incidem a partir da citação nas ações em que se reclamam diferenças de correção monetária, tenha havido ou não levantamento do saldo, parcial ou integralmente. >>**238, 248**

013 – O reajuste concedido pelas leis 8.622/93 e 8.627/93 (28,86%) constituiu revisão geral dos vencimentos e, por isso, é devido também aos militares que não o receberam em sua integralidade, compensado o índice então concedido, sendo limite temporal desse reajuste o advento da MP 2.131 de 28.12.2000.>>**24**

014 – Para a concessão de aposentadoria rural por idade, não se exige que o início de prova material, corresponda a todo o período equivalente à carência do benefício.>> **78, 148, 293**

017 – Não há renúncia tácita no Juizado Especial Federal, para fins de competência.>>**271**

018 – Provado que o aluno aprendiz de escola técnica federal recebia remuneração, mesmo que indireta, à conta do orçamento da União, o respectivo tempo de serviço pode ser computado para fins de aposentadoria previdenciária.>>**159**

019 – Para o cálculo da renda mensal inicial do benefício previdenciário, deve ser considerada, na atualização dos salários de contribuição anteriores a março de 1994, a variação integral do IRSM de fevereiro de 1994, na ordem de 39,67% (art. 21, § 1º, da Lei n. 8.880/94).>>**116**

020 – A Lei n. 8.112, de 11 de dezembro de 1990, não modificou a situação do servidor celetista anteriormente aposentado pela Previdência Social Urbana.>>**251**

021 – Não há direito adquirido a reajuste de benefícios previdenciários com base na variação do IPC (Índice de Preço ao Consumidor), de janeiro de 1989 (42,72%) e abril de 1990 (44,80%).>>119

022 – Se a prova pericial realizada em juízo dá conta de que a incapacidade já existia na data do requerimento administrativo, esta é o termo inicial do benefício assistencial.>>141, 293

023 – As substituições de cargos ou funções de direção ou chefia ou de cargo de natureza especial ocorridas a partir da vigência da Medida Provisória n. 1.522, de 11.10.1996, e até o advento da Lei n. 9.527, de 10.12.1997, quando iguais ou inferiores a trinta dias, não geram direito à remuneração correspondente ao cargo ou função substituída.>>30

024 – O tempo de serviço do segurado trabalhador rural anterior ao advento da Lei n. 8.213/91, sem o recolhimento de contribuições previdenciárias, pode ser considerado para a concessão de benefício previdenciário do Regime Geral de Previdência Social (RGPS), exceto para efeito de carência, conforme a regra do art. 55, § 2º, da Lei n. 8.213/91.>>162

025 – A revisão dos valores dos benefícios previdenciários, prevista no art. 58 do ADCT, deve ser feita com base no número de salários mínimos apurado na data da concessão, e não no mês de recolhimento da última contribuição.>>123

026 – A atividade de vigilante enquadra-se como especial, equiparando-se à de guarda, elencada no item 2.5.7 do Anexo III do Decreto n. 53.831/64.>>45

027 – A ausência de registro em órgão do Ministério do Trabalho não impede a comprovação do desemprego por outros meios admitidos em direito.>>293

028 – Encontra-se prescrita a pretensão de ressarcimento de perdas sofridas na atualização monetária da conta do Plano de Integração Social – PIS, em virtude de expurgos ocorridos por ocasião dos planos econômicos Verão e Collor I.>>128

029 – Para os efeitos do art. 20, § 2º, da Lei n. 8.742, de 1993, incapacidade para a vida independente não é só aquela que impede as atividades mais elementares da pessoa, mas também a impossibilita de prover ao próprio sustento.>>189

030 – Tratando-se de demanda previdenciária, o fato de o imóvel ser superior ao módulo rural não afasta, por si só, a qualificação de seu proprietário como segurado especial, desde que comprovada, nos autos, a sua exploração em regime de economia familiar.>>99

031 – A anotação na CTPS decorrente de sentença trabalhista homologatória constitui início de prova material para fins previdenciários.>>296

033 – Quando o segurado houver preenchido os requisitos legais para concessão da aposentadoria por tempo de serviço na data do requerimento administrativo, esta data será o termo inicial da concessão do benefício.>>142

034 – Para fins de comprovação do tempo de labor rural, o início de prova material deve ser contemporâneo à época dos fatos a provar.>>81, 164, 301

035 – A Taxa Selic, composta por juros de mora e correção monetária, incide nas repetições de indébito tributário.>>221

036 – Não há vedação legal à cumulação da pensão por morte de trabalhador rural com o benefício da aposentadoria por invalidez, por apresentarem pressupostos fáticos e fatos geradores distintos.>>151, 209

037 – A pensão por morte, devida ao filho até os 21 anos de idade, não se prorroga pela pendência do curso universitário.>>211

038 – Aplica-se subsidiariamente a Tabela de Cálculos de Santa Catarina aos pedidos de revisão de RMI – OTN/ORTN, na atualização dos salários de contribuição.>>224

039 – Nas ações contra a Fazenda Pública, que versem sobre pagamento de diferenças decorrentes de reajustes nos vencimentos de servidores públicos, ajuizadas após 24.8.2001, os juros de mora devem ser fixados em 6% (seis por cento) ao ano (art. 1º-F da Lei 9.494/97).>>35

040 – Nenhuma diferença é devida a título de correção monetária dos depósitos do FGTS relativos ao mês de fevereiro de 1989.>>**241**

041 – A circunstância de um dos integrantes do núcleo familiar desempenhar atividade urbana não implica, por si só, a descaracterização do trabalhador rural como segurado especial, condição que deve ser analisada no caso concreto.>> **85, 102**

042 – Não se conhece de incidente de uniformização que implique reexame de matéria de fato.>>**279**

043 – Não cabe incidente de uniformização que verse sobre matéria processual.>>**285**

044 – Para efeito de aposentadoria urbana por idade, a tabela progressiva de carência prevista no art. 142 da Lei n. 8.213/91 deve ser aplicada em função do ano em que o segurado completa a idade mínima para concessão do benefício, ainda que o período de carência só seja preenchido posteriormente.>>**148**

045 – Incide correção monetária sobre o salário-maternidade desde a época do parto, independentemente da data do requerimento administrativo.>>**219**

046 – O exercício de atividade urbana intercalada não impede a concessão de benefício previdenciário de trabalhador rural, condição que deve ser analisada no caso concreto.>>**85**

047 – Uma vez reconhecida a incapacidade parcial para o trabalho, o juiz deve analisar as condições pessoais e sociais do segurado para a concessão de aposentadoria por invalidez.>>**151**

048 – A incapacidade não precisa ser permanente para fins de concessão do benefício assistencial de prestação continuada.>>**194**

049 – Para reconhecimento de condição especial de trabalho antes de 29.4.1995, a exposição a agentes nocivos à saúde ou à integridade física não precisa ocorrer de forma permanente.>>**53**

050 – É possível a conversão do tempo de serviço especial em comum do trabalho prestado em qualquer período.>>**164**

051 – Os valores recebidos por força de antecipação dos efeitos de tutela, posteriormente revogada em demanda previdenciária, são irrepetíveis em razão da natureza alimentar e da boa-fé no seu recebimento.>>**267**

052 – Para fins de concessão de pensão por morte, é incabível a regularização do recolhimento de contribuições de segurado contribuinte individual posteriormente a seu óbito, exceto quando as contribuições devam ser arrecadadas por empresa tomadora de serviços.>>**212**

052 – Para fins de concessão de pensão por morte, é incabível a regularização do recolhimento de contribuições de segurado contribuinte individual posteriormente a seu óbito, exceto quando as contribuições devam ser arrecadadas por empresa tomadora de serviços.>>**224**

053 – Não há direito a auxílio-doença ou a aposentadoria por invalidez quando a incapacidade para o trabalho é preexistente ao reingresso do segurado no Regime Geral de Previdência Social.>>**154, 175**

054 – Para a concessão de aposentadoria por idade de trabalhador rural, o tempo de exercício de atividade equivalente à carência deve ser aferido no período imediatamente anterior ao requerimento administrativo ou à data do implemento da idade mínima.>> **87, 150, 169**

055 – A conversão do tempo de atividade especial em comum deve ocorrer com aplicação do fator multiplicativo em vigor na data da concessão da aposentadoria.>> **56, 169**

056 – O prazo de trinta anos para prescrição da pretensão à cobrança de juros progressivos sobre saldo de conta vinculada ao FGTS tem início na data em que deixou de ser feito o crédito e incide sobre cada prestação mensal.>>**245, 249**

057 – O auxílio-doença e a aposentadoria por invalidez não precedida de auxílio-doença, quando concedidos na vigência da Lei n. 9.876/1999, devem ter o salário de benefício apurado com base na média aritmética simples dos maiores salários de contribuição correspondentes a 80% do período contributivo, independentemente da data de filiação do segurado ou do número de contribuições mensais no período contributivo.>>**154, 178**

058 – Não é devido o reajuste na indenização de campo por força da alteração trazida pelo Decreto 5.554/2005.>>40

059 – A ausência de declaração do objeto postado não impede a condenação da ECT a indenizar danos decorrentes do extravio, desde que o conteúdo da postagem seja demonstrado por outros meios de prova admitidos em direito.>>21

062 – O segurado contribuinte individual pode obter reconhecimento de atividade especial para fins previdenciários, desde que consiga comprovar exposição a agentes nocivos à saúde ou à integridade física.>> 58, 108, 301

063 – A comprovação de união estável para efeito de concessão de pensão por morte prescinde de início de prova material.>>216, 301

065 – Os benefícios de auxílio-doença, auxílio-acidente e aposentadoria por invalidez concedidos no período de 28.3.2005 a 20.7.2005 devem ser calculados nos termos da Lei n. 8.213/1991, em sua redação anterior à vigência da Medida Provisória n. 242/2005.>>154, 170, 181

066 – O servidor público ex-celetista que trabalhava sob condições especiais antes de migrar para o regime estatutário tem direito adquirido à conversão do tempo de atividade especial em tempo comum com o devido acréscimo legal, para efeito de contagem recíproca no regime previdenciário próprio dos servidores públicos.>>58, 254

067 – O auxílio-alimentação recebido em pecúnia por segurado filiado ao Regime Geral da Previdência Social integra o salário de contribuição e sujeita-se à incidência de contribuição previdenciária.>>174, 231

068 – O laudo pericial não contemporâneo ao período trabalhado é apto à comprovação da atividade especial do segurado.>>301

069 – O tempo de serviço prestado em empresa pública ou em sociedade de economia mista por servidor público federal somente pode ser contado para efeitos de aposentadoria e disponibilidade.>>169, 254

070 – A atividade de tratorista pode ser equiparada à de motorista de caminhão para fins de reconhecimento de atividade especial mediante enquadramento por categoria profissional.>>60

071 – O mero contato do pedreiro com o cimento não caracteriza condição especial de trabalho para fins previdenciários.>>63

072 – É possível o recebimento de benefício por incapacidade durante período em que houve exercício de atividade remunerada quando comprovado que o segurado estava incapaz para as atividades habituais na época em que trabalhou.>>196

073 – O tempo de gozo de auxílio-doença ou de aposentadoria por invalidez não decorrentes de acidente de trabalho só pode ser computado como tempo de contribuição ou para fins de carência quando intercalado entre períodos nos quais houve recolhimento de contribuições para a previdência social.>>155, 181

074 – O prazo de prescrição fica suspenso pela formulação de requerimento administrativo e volta a correr pelo saldo remanescente após a ciência da decisão administrativa final.>>132

075 – A Carteira de Trabalho e Previdência Social (CTPS) em relação à qual não se aponta defeito formal que lhe comprometa a fidedignidade goza de presunção relativa de veracidade, formando prova suficiente de tempo de serviço para fins previdenciários, ainda que a anotação de vínculo de emprego não conste no Cadastro Nacional de Informações Sociais (CNIS).>>306

076 – A averbação de tempo de serviço rural não contributivo não permite majorar o coeficiente de cálculo da renda mensal inicial de aposentadoria por idade previsto no art. 50 da Lei n. 8.213/91.>>110, 150

076 – A averbação de tempo de serviço rural não contributivo não permite majorar o coeficiente de cálculo da renda mensal inicial de aposentadoria por idade previsto no art. 50 da Lei n. 8.213/91.>>90

077 – O julgador não é obrigado a analisar as condições pessoais e sociais quando não reconhecer a incapacidade do requerente para a sua atividade habitual.>>308

078 – Comprovado que o requerente de benefício é portador do vírus HIV, cabe ao julgador verificar as condições pessoais, sociais, econômicas e culturais, de forma a analisar a incapacidade em sentido amplo, em face da elevada estigmatização social da doença.>>**95**

079 – Nas ações em que se postula benefício assistencial, é necessária a comprovação das condições socioeconômicas do autor por laudo de assistente social, por auto de constatação lavrado por oficial de justiça ou, sendo inviabilizados os referidos meios, por prova testemunhal.>>**198**

079 – Nas ações em que se postula benefício assistencial, é necessária a comprovação das condições socioeconômicas do autor por laudo de assistente social, por auto de constatação lavrado por oficial de justiça ou, sendo inviabilizados os referidos meios, por prova testemunhal.>>**310**

080 – Nos pedidos de benefício de prestação continuada (LOAS), tendo em vista o advento da Lei 12.470/11, para adequada valoração dos fatores ambientais, sociais, econômicos e pessoais que impactam na participação da pessoa com deficiência na sociedade, é necessária a realização de avaliação social por assistente social ou outras providências aptas a revelar a efetiva condição vivida no meio social pelo requerente.>>**201, 310**

081 – Não incide o prazo decadencial previsto no art. 103, caput, da Lei n. 8.213/91, nos casos de indeferimento e cessação de benefícios, bem como em relação às questões não apreciadas pela Administração no ato da concessão.>>**136**

082 – O código 1.3.2 do quadro anexo ao Decreto n. 53.831/64, além dos profissionais da área da saúde, contempla os trabalhadores que exercem atividades de serviços gerais em limpeza e higienização de ambientes hospitalares.>>**65**

083 – A partir da entrada em vigor da Lei n. 8.870/94, o décimo terceiro salário não integra o salário de contribuição para fins de cálculo do salário de benefício.>>**233**

084 – Comprovada a situação de desemprego por mais de 3 anos, o trabalhador tem direito ao saque dos valores depositados em sua conta individual do PIS.>>**257**

2. SÚMULAS CANCELADAS

003 – Os benefícios de prestação continuada, no Regime Geral de Previdência Social, devem ser reajustados com base no IGP-DI nos anos de 1997, 1999, 2000 e 2001.>>**183**

011 – A renda mensal, "per capita", familiar, superior a 1/4 (um quarto) do salário mínimo não impede a concessão do benefício assistencial previsto no art. 20, § 3º da Lei. 8.742 de 1993, desde que comprovada, por outros meios, a miserabilidade do postulante.>>**184**

015 – O valor mensal da pensão por morte concedida antes da Lei 9.032, de 28 de abril de 1995, deve ser revido de acordo com a nova redação dada ao art. 75 da Lei 8.213, de 24 de julho de 1991.>>**204**

016 – A conversão em tempo de serviço comum, do período trabalhado em condições especiais, somente é possível relativamente à atividade exercida até 28 de maio de 1998 (art. 28 da Lei 9.711/98).>>**158**

032 – O tempo de trabalho laborado com exposição a ruído é considerado especial, para fins de conversão em comum, nos seguintes níveis: superior a 80 decibéis, na vigência do Decreto n. 53.831/64 e, a contar de 5 de março de 1997, superior a 85 decibéis, por força da edição do Decreto n. 4.882, de 18 de novembro de 2003, quando a Administração Pública reconheceu e declarou a nocividade à saúde de tal índice de ruído.>>**50**

060 – O décimo terceiro salário não integra o salário de contribuição para fins de cálculo do salário de benefício, independente da data da concessão do benefício previdenciário.>>**229**

061 – As alterações promovidas pela Lei 11.960/2009 têm aplicação imediata na regulação dos juros de mora em condenações contra a Fazenda Pública, inclusive em matéria previdenciária, independentemente da data do ajuizamento da ação ou do trânsito em julgado.>>**249**

064 – O direito à revisão do ato de indeferimento de benefício previdenciário ou assistencial sujeita-se ao prazo decadencial de dez anos.>>**134**

ÍNDICE ALFABÉTICO-REMISSIVO

A

Acidente de trabalho >> **Súm. 73.**

ADCT >> **Súm. 25.**

Agentes nocivos >> **Súm. 49.**

Agentes nocivos >> **Súm. 62.**

AIDS >> **Súm. 78.**

Aluno-aprendiz >> **Súm. 18.**

Antecipação de tutela >> **Súm. 51.**

Aposentadoria >> **Súms. 18, 20, 55, 69.**

Aposentadoria especial >> **Súms. 26, 49, 62, 66, 70, 71.**

Aposentadoria por idade >> **Súms. 14, 44, 44, 54, 54, 76.**

Aposentadoria por invalidez >> **Súms. 36, 47, 53, 57, 65, 73.**

Aposentadoria por tempo de serviço >> **Súms. 9, 18, 24, 33, 34, 50, 54, 55, 69.**

Aposentadoria rural >> **Súm. 14.**

Assistente social >> **Súms. 79, 80.**

Atividade especial >> **Súm. 16.**

Atividade especial >> **Súms. 26, 26, 32, 49, 50, 55, 62, 66, 68, 70, 71.**

Atividade habitual >> **Súms. 72, 77.**

Atividade nociva >> **Súm. 32.**

Atividade remunerada >> **Súm. 72.**

Atividade rural >> **Súms. 5, 6, 10, 14, 34, 41, 46, 54, 76.**

Atividade urbana >> **Súms. 41, 46.**

Auxílio-alimentação >> **Súms. 67, 53, 57, 65, 73.**

B

Benefício assistencial >> **Súm. 64.**

Benefício assistencial de prestação continuada >> **Súms. 3, 8, 11, 22, 29, 48, 72, 79, 80.**

Benefício previdenciário >> **Súms. 1, 2, 19, 46, 60, 64.**

Boa-fé >> **Súm. 51.**

C

Carência >> **Súms. 14, 24, 44, 54, 73.**

Cargo de direção >> **Súm. 23.**

Carteira de Trabalho >> **Súm. 75.**

Categoria profissional >> **Súm. 70.**

Celetista >> **Súms. 20, 66.**

Certidão de casamento >> **Súm. 6.**

Cimento >> **Súm. 71.**

Citação >> **Súm. 12.**

CNIS >> **Súm. 75.**

Coeficiente de cálculo >> **Súm. 76.**

Competência >> **Súm. 17.**

Condição especial >> **Súms. 16, 49, 71.**

Condição pessoal >> **Súms. 47, 77.**

Condição social >> **Súms. 47, 77, 79, 80.**

Contagem recíproca >> **Súm. 10.**

Contribuição previdenciária >> **Súms. 10, 24, 52, 67.**

Contribuição social >> **Súm. 73.**

Contribuinte individual >> **Súms. 52, 62.**

Conversão de tempo de serviço >> **Súms. 16, 50.**

Correção monetária >> **Súms. 12, 28, 35, 40, 45.**

Correios >> Súm. 59.

CTPS >> Súms. 31, 75.

Curso universitário >> Súm. 37.

D

Dec. 4.882/03 >> Súm. 32.

Dec. 5.554/05 >> Súm. 58.

Dec. 53.831/64 >> Súms. 26, 32.

Decibéis >> Súm. 32.

13º salário >> Súm. 60.

Decisão administrativa >> Súm. 74.

Dependente >> Súm. 4.

Desemprego >> Súms. 27, 84.

Direito adquirido >> Súms. 4, 21.

Direito adquirido >> Súm. 66.

Disponibilidade >> Súm. 69.

Documento idôneo >> Súm. 6.

E

Economia familiar >> Súm. 30.

ECT >> Súm. 59.

Empresa pública >> Súm. 69.

EPI >> Súm. 9.

Equipamento de proteção individual >> Súm. 9.

Escola técnica federal >> Súm. 18.

Estigma social >> Súm. 78.

Exposição a ruído >> Súm. 32.

F

Falecimento >> Súm. 4.

Fator multiplicativo >> Súm. 55.

Fazenda Pública >> Súms. 39, 61.

FGTS >> Súms. 12, 40, 56.

Filho >> Súm. 37.

Função de direção >> Súm. 23.

G

Guarda >> Súm. 26.

H

HIV >> Súm. 78.

Honorários advocatícios >> Súm. 7.

I

IGP-DI >> Súms. 3, 8.

Incapacidade >> Súms. 22, 29, 47, 48, 72, 77, 78.

Incidente de uniformização >> Súms. 7, 42, 43.

Indenização de campo >> Súm. 58.

Índice de reajuste >> Súms. 1, 2, 8, 19, 21, 25.

Início de prova material >> Súms. 31, 34, 63.

Insalubridade >> Súm. 9.

IPC >> Súm. 21.

IRSM >> Súm. 19.

J

Julgador >> Súm. 77.

Juros de mora >> Súms. 12, 35, 39, 61.

Juros progressivos >> Súm. 56.

L

Laudo pericial >> Súm. 68.

Lei 11.960/09 >> Súm. 61.

Lei 8.112/90 >> Súm. 20.

Lei 8.213/91 >> Súms. 5, 10, 15, 24, 44, 65, 76.

Lei 8.622/93 >> Súm. 13.

Lei 8.627/93 >> Súm. 13.

Lei 8.742/93 >> Súms. 11, 29.

Lei 8.880/94 >> Súm. 1.

Lei 8.880/94 >> Súm. 19.

Lei 9.032/95 >> Súms. 4, 15.

Lei 9.494/97 >> Súm. 39.

Índice Alfabético-Remissivo

Lei 9.527/97 >> **Súm. 23.**

Lei 9.711/98 >> **Súms. 2, 16.**

Lei 9.876/99 >> **Súm. 57.**

Lei 12.470/11 >> **Súm. 80.**

M

Meios de prova >> **Súm. 59.**

Menor de idade >> **Súm. 5.**

Militares >> **Súm. 13.**

Ministério do Trabalho >> **Súm. 27.**

Miserabilidade >> **Súm. 11.**

Módulo rural >> **Súm. 30.**

Motorista de caminhão >> **Súm. 70.**

MPV 1.415/96 >> **Súm. 2.**

MPv 1.522/96 >> **Súm. 23.**

MPv 2.131/00 >> **Súm. 13.**

MPv 242/05 >> **Súm. 65.**

MPv 434/94 >> **Súm. 1.**

N

Núcleo familiar >> **Súm. 41.**

O

Oficial de Justiça >> **Súms. 79**

ORTN >> **Súm. 38.**

OTN >> **Súm. 38.**

P

Parto >> **Súm. 45.**

Pedreiro >> **Súm. 71.**

Pensão por morte >> **Súms. 15, 36, 37, 52, 63.**

Perícia >> **Súms. 22, 68.**

Pessoa com deficiência >> **Súm. 80.**

Pessoa designada >> **Súm. 4.**

PIS >> **Súms. 28, 84.**

Plano Collor I >> **Súm. 28.**

Plano Verão >> **Súm. 28.**

Prazo decadencial >> **Súm. 64.**

Prazo prescricional >> **Súms. 28, 56.**

Prescrição >> **Súm. 74.**

Presunção de veracidade >> **Súm. 75.**

Prova material >> **Súms. 6, 31, 34, 63.**

Prova pericial >> **Súm. 22.**

Prova testemunhal >> **Súm. 79.**

Provas >> **Súms. 6, 14, 22, 27, 31, 34, 62, 63, 68, 75, 77, 79, 80.**

R

Reajuste de benefícios >> **Súms. 1, 2, 8, 19, 21, 25.**

Reajuste de vencimentos >> **Súm. 39.**

Regime próprio de previdência >> **Súm. 66.**

Registro de emprego >> **Súm. 27.**

Renda familiar >> **Súm. 11.**

Renda mensal >> **Súms. 19, 76.**

Renúncia tácita >> **Súm. 17.**

Repetição de indébito >> **Súm. 35.**

Requerimento administrativo >> **Súms. 22, 33, 45, 74.**

Responsabilidade civil >> **Súm. 59.**

Revisão de benefício >> **Súm. 64.**

Revisão geral de vencimentos >> **Súm. 13.**

RGPS >> **Súms. 3, 8, 24, 53, 67.**

RMI >> **Súm. 38.**

Ruído >> **Súms. 9, 32.**

S

Salário de benefício >> **Súms. 57, 60.**

Salário de contribuição >> **Súms. 19, 38, 57, 60, 67.**

Salário mínimo >> **Súms. 11, 25.**

Salário-maternidade >> **Súm. 45.**

Segurado >> **Súm. 4.**

Segurado especial >> **Súms. 30, 41.**

Sentença trabalhista >> **Súm. 31.**

Serviço especial >> **Súm. 9**.

Serviço rural >> **Súms. 5, 10, 14, 30, 34, 41, 46, 54, 76**.

Servidor público >> **Súms. 13, 23, 39, 39, 58, 69**.

Sociedade de economia mista >> **Súm. 69**.

Substituição de cargo >> **Súm. 23**.

Substituição de função >> **Súm. 23**.

T

Tabela de cálculos >> **Súm. 38**.

Taxa Selic >> **Súm. 35**.

Tempo de contribuição >> **Súm. 73**.

Tempo de serviço >> **Súms. 18, 24, 50, 69, 75, 76**.

Termo inicial >> **Súms. 22, 33**.

Tomador de serviços >> **Súm. 52**.

Trabalhador rural >> **Súms. 6, 10, 14, 24, 30, 34, 36, 41, 46, 54, 76**.

Tratorista >> **Súm. 70**.

U

União estável >> **Súm. 63**.

URV >> **Súm. 1**.

V

Verba alimentar >> **Súm. 51**.

Vigilante >> **Súm. 26**.

REFERÊNCIAS

ALVIM, Arruda. **Manual de direito processual civil.** 13. ed., São Paulo: RT, 2010.

AMADO, Frederico. **Direito e processo previdenciário sistematizado.** 3. ed. Salvador: Juspodivm, 2012.

BARBALHO, João. **Constituição Federal brasileira: comentário.** Rio de janeiro, 1924.

BERNARDO, Leandro Ferreira; FRACALOSSI, Wiliam. **Direito previdenciário na visão dos tribunais: doutrina e jurisprudência.** 2. ed. São Paulo: Método, 2010.

BOBBIO, Noberto. **Teoria do ordenamento jurídico.** 4. ed. Brasília: Editora da Universidade de Brasília, 1982.

CALVINO, Ítalo. **Por que ler os clássicos.** Trad. Nilson Moulin. São Paulo: Companhia das Letras, 2002

CÂMARA, Alexandre Freitas. **Lições de direito processual civil.** vol. I, 14. ed., Rio de Janeiro: Lumen Juris, 2006.

CANCELIER, Ricardo C. L. Considerações acerca do agente ruído para fins de aposentadoria especial. In: VAZ, Paulo A. B; SAVARIS, José A. (Orgs.). **Curso modular de direito previdenciário.** v. 2. Florianópolis: Conceito Editorial; Porto Alegre: EMAGIS, 2010.

COMITÊ NACIONAL DE RUÍDO E CONSERVAÇÃO AUDITIVA. Perda auditiva induzida pelo ruído relacionada ao trabalho. **Revista de Previdência Social.** São Paulo, v. 18, n. 165,

COMOGLIO, Luigi Paolo; FERRI, Michele; TARUFFO, Michele. *Lezioni sul processo civile I. Il processo ordinario di cognizione.* 5. ed., Bologna: Mulino, 2011.

COSTA, Clarissa Albuquerque. Benefícios por incapacidade para o trabalho: auxílio-doença e aposentadoria por invalidez. In: SAVARIS, José Antônio (Coord.). **Direito Previdenciário: problemas e jurisprudência.** Curitiba: Alteridade, 2014,

DI PIETRO, Maria Sylvia Zanella. **Direito administrativo.** 19. ed. São Paulo; Atlas, 2006.

DINAMARCO, Cândido Rangel. **A instrumentalidade do processo.** 8. ed. São Paulo: Malheiros, 2000.

DUARTE, Marina Vasques. **Direito previdenciário.** 3. ed. Porto Alegre: Verbo Jurídico, 2004.

FERNANDES, Luciana de Medeiros. Princípio de direito processual: uma abordagem especial quanto aos princípios inspiradores dos juizados especiais e à questão da solidariedade. **Revista Esmafe.** n. 8, p. 243-313, dez. 2004.

FUTEMA, Fabiana. CUT e Força vão pedir a Jucá mudanças na MP do auxílio-doença. **Folha Online.** Brasília, 18.abr.2005.

GONÇALVES, Mariana Amélia Flauzino. Aposentadoria especial. In: SAVARIS, José Antônio (Coord.). **Direito Previdenciário: problemas e jurisprudência.** Curitiba: Alteridade, 2014.

MARINONI, Luiz G.; ARENHART, Sérgio C.; MITIDIERO, Daniel. **Novo Código de Processo Civil comentado.** São Paulo: RT, 2015.

MIRANDA, Pontes. **Tratado de direito privado.** Tomo VI. Campinas: Bookseller, 2000.

NERY JUNIOR, Nelson. **Princípios do processo civil na Constituição Federal.** 3. ed., São Paulo: RT, 1996.

NERY JUNIOR, Nelson; NERY, Rosa Maria de Andrade. **Comentários ao Código de Processo Civil.** São Paulo: RT, 2016.

PEDROTTI, Irineu Antônio. **Doenças profissionais ou do trabalho.** 2. ed., São Paulo: Leud, 1998,

PEREIRA, Guilherme Bollorini. O Tempo de Serviço sob Condições Especiais no Regime Geral da Previdência Social. **Revista da EMERJ.** Rio de Janeiro, v. 15, n. 58, p. 75-101, abr.-jun. 2012.

RIBEIRO, Ana Paula. Cálculo de benefícios previdenciários volta à regra antiga. **Folha Online.** Brasília, 2.jun.2005.

RIBEIRO. Maria Helena C. A. **Aposentadoria especial: regime geral da previdência social.** 5. ed. Curitiba: Juruá, 2013.

RIGOLIN, Ivan Barbosa. **Comentários ao Regime Único dos Servidores Públicos Civis.** 5. ed., São Paulo: Saraiva, 2007.

ROCHA, Daniel Machado da. BALTAZAR JUNIOR, José Paulo. **Comentários à lei de benefícios da previdência social: Lei 8.213, de 24 de julho de 1991.** 13. ed. São Paulo: Atlas, 2015.

RODRIGUES, Marcelo Abelha. **Manual de direito processual civil.** 5. ed., São Paulo: RT, 2010.

SANTOS, Marisa F. **Direito previdenciário esquematizado.** 5. ed. São Paulo: Saraiva, 2015.

SAVARIS, José Antônio. **Direito processual previdenciário.** 4. ed. Curitiba: Juruá, 2012,

SAVARIS, José Antonio; XAVIER, Flavia da Silva. **Manual dos recursos nos juizados especiais federais.** 5. ed., Curitiba: Alteridade, 2015.

SOUZA, Adriano. A revogação de antecipação de tutela concessiva de benefício previdenciário e o ressarcimento ao erário público, in RIBEIRO, Rodrigo Araújo; MORAIS, Dalton Santos; BATISTA, Flávio Roberto; MACIEL, Fernando. (Orgs.). **A seguridade social em questão: da normatividade à jurisprudência.** Belo Horizonte: Editora D'Plácido, 2016.

TARTUCE, Flávio. **Direito civil: Lei de Introdução e Parte Geral.** São Paulo: Método, 2005,

TUCCI, José Rogério Cruz e. O regime do procedente judicial no novo CPC. **Revista do Advogado.** São Paulo: AASP, v. XXXV, n. 126, p. 143-151, maio/2015.

VENOSA, Silvio de Salvo. **Enriquecimento sem causa.** Universo jurídico, Juiz de Fora, Ano XI, 29.01.2004.

WAMBIER, Teresa A. Alvim. **Controle das decisões judiciais por meio de recursos de estrito direito e de ação rescisória.** São Paulo: RT, 2002.